高等院校工程管理专业精品教材

工程项目管理

（第二版）

主　编　俞洪良
副主编　刘晓罡　唐洪川

ZHEJIANG UNIVERSITY PRESS
浙江大学出版社
·杭州·

内容简介

本书以工程项目管理的基本内容主线，系统地介绍了工程项目管理的基本理论、基本方法和实务。主要内容包括工程项目管理的基本概念、工程项目策划与管理规划、工程项目组织与协调、工程项目承发包模式与管理模式、工程项目计划与控制、工程项目进度控制、工程项目投资(成本)控制、工程项目质量控制、工程项目合同管理、工程项目安全与环境管理、工程项目风险管理、工程项目信息管理等。本书在内容上借鉴吸收了近年来大量的工程项目管理研究成果和实践经验，突出了案例教学和工程项目三大目标控制的理论、方法和实践等内容的阐述。在知识点上注重与国家各类执业资格考试相关内容的衔接，是一本内容丰富、体系完整、有较强理论性与实用性的工程项目管理教材。

本书可作为高等院校土木工程专业及工程管理专业本科生的教学用书，也可作为建筑与土木工程专业工程硕士及工程管理硕士(MEM)的教学参考书，还可作为政府管理部门、建设单位、设计单位、施工单位、工程管理单位等有关人员学习工程项目管理技术的参考用书。

图书在版编目（CIP）数据

工程项目管理／俞洪良主编. --2 版. --杭州：浙江大学出版社，2024. 8.（2026.1 重印）-- ISBN 978-7-308-25365-9

Ⅰ. F284

中国国家版本馆 CIP 数据核字第 2024LH5923 号

工程项目管理(第二版)

GONGCHENG XIANGMU GUANLI

主　编　俞洪良

责任编辑　王　波
责任校对　吴昌雷
封面设计　雷建军
出版发行　浙江大学出版社
(杭州市天目山路 148 号　邮政编码 310007)
(网址：http://www.zjupress.com)
排　　版　杭州好友排版工作室
印　　刷　杭州高腾印务有限公司
开　　本　787mm×1092mm　1/16
印　　张　25.5
字　　数　637 千
版 印 次　2024 年 8 月第 2 版　2026 年 1 月第 2 次印刷
书　　号　ISBN 978-7-308-25365-9
定　　价　76.00 元

第二版前言

PREFACE

《工程项目管理》第一版在 2014 年出版之际，正值我国工程建设快速发展时期，相应地，工程项目管理的理论与实践也得到了快速发展。在此时期，我们有幸参与到了多个重大工程项目的建设实践中，将理论与实践相结合，我们撰写了多个国家级或省级教学案例，这些教学案例在教学实践中取得了很好的效果。近十年来，国家及相关部委先后颁布或修改完善了一系列与工程管理有关的法律法规、规范标准，如：2015 年更新了 ISO 9001 质量管理体系；2019 年，住房城乡建设部、国家发展改革委制定了《房屋建筑和市政基础设施项目工程总承包管理办法》(建市规〔2019〕12 号)；2019 年，国家发展改革委、住房城乡建设部联合印发《关于推进全过程工程咨询服务发展的指导意见》(发改投资规〔2019〕515 号)；2020 年 5 月 28 日，《中华人民共和国民法典》颁布，自 2021 年 1 月 1 日起施行；2021 年，《建设工程项目管理规范》(GB/T 50326—2021)进行了修改，等等。特别是，党的二十大报告强调了要推动高质量发展，促进经济结构优化升级，并加强基础设施建设，提升公共服务水平，这为工程项目管理领域指明了新的发展方向。这一系列的变化，及多年来取得的教学实践新成果，迫切要求我们对 2014 年出版的《工程项目管理》教材进行修改完善。

本书第一、三章由俞洪良、唐洪川编写，第二、五、八、九章由俞洪良编写，第四、七章由俞洪良、刘晓罡、王昕、王哲、景雨雁编写，第六章由毛义华、刘晓罡、王哲、景雨雁编写，第十、十二章由俞洪良、唐洪川、邢科烨编写，第十一章由俞洪良、刘毅、邢科烨编写，全书由俞洪良统一审阅、定稿。从福祥、窦颖东、曹鹏、陈佳络、许浩、杨正涵、郑雨婷、邢科烨、俞锦东等参与了相关案例的调研及编写工作，方海英、许浙杭、高智博、杨冰、邢科烨、王哲、景雨雁、应哲等在文字录入、图表制作等方面做了大量工作，浙江大学出版社的王波老师对教材的排版、篇幅控制等方面提出了很多有益的建议，在此，对所有关心和帮助本书出版的同志表示衷心的感谢。另外，本书的编写，是在参阅了大量的文献资料的基础上进行的，对这些文献资料的作者我们表示最诚挚的谢意。由于编者水平有限，错误与疏漏之处在所难免，敬请读者批评指正。

编　者

2024 年 5 月于求是园

第一版前言

PREFACE

随着我国经济及社会的全面、快速、健康发展，工程项目建设也进入了快速发展的新阶段，大型、特大型工程项目层出不穷，工程项目管理这一古老又年轻的学科，正焕发出勃勃生机。一方面，国家及地方政府加大了相关建设法规及工程建设规范、标准的建设和完善的力度，近年来，先后颁布或修改完善了一系列与工程建设相关的法律、法规和规范、标准；另一方面，我国工程项目管理的理论研究和实践探索也得到了迅猛发展，并取得了一系列有价值的研究成果和实践经验。在工程项目管理课程的教学过程中及时反映和吸收这两方面的成果是十分必要的。

浙江大学土木工程管理研究所面向土木工程专业本科生、工程管理专业研究生开设工程项目管理课程的教学工作已有近 20 年的时间，其间积累了较丰富的教学经验和教学资源。另外，编者还参与了大量的工程项目管理实践工作，积累了丰富的实践经验。这些是我们编写这一教材的良好基础。

浙江大学建筑工程学院十分重视教学工作，鼓励教师在教学、科研和实践的基础上，总结教学及实践经验、吸收最新科研成果，编写各类适用教材。每年通过学院教学委员会评审，批准立项若干重点建设教材，给予经费等方面的支持。《工程项目管理》就是这些重点建设教材之一，得到了学院的大力支持，这是我们编写这一教材的有力保障。

在编写本教材之前，我们分析了大量的国内外已出版的《工程项目管理》教材的主要内容、知识体系及框架结构，根据有关工程项目管理课程教学的要求，结合本课程的教学特点，经过作者反复讨论和研究，确定了本教材的编写大纲、内容和要求。本书以工程项目管理的基本内容为主线，系统地介绍了工程项目管理的基本概念、基本理论、基本方法和实务。在具体内容上借鉴吸收了近年来大量的工程项目管理理论研究成果和工程实践经验，突出了工程项目进度、投资、质量三大目标控制的理论、方法和实践等内容的阐述。在知识点上注重与国家各类执业资格考试相关内容的衔接，是一本内容丰富、体系完整、有较强理论性与实用性的工程项目管理教材。

本书第一、二、三、四、七、八、九章由俞洪良编写，第五章由俞洪良、高智博、杨冰编写，第六、十、十二章由毛义华编写，第十一章由毛义华、韩秉玺、李洪宇编写，全书由俞洪良统一审阅、定稿。本书的编著过程中，方海英、许浙杭、高智博、杨冰等同志在文字录入、图表制作等方面做了大量工作，浙江大学出版社的杜希武老师对教材的排版、篇幅控制等方面提出了很多有益的建议，在此，对所有关心和帮助本书出版的同志表示衷心的感谢。另外，本书的编写，是在参阅了大量的文献资料的基础上进行的，对这些文献资料的作者我们表示最诚挚的谢意。由于编者水平有限，错误与疏漏之处在所难免，敬请读者批评指正。

编　者

2014 年 9 月于求是园

目录
CONTENTS

第一章　工程项目管理概论

工程项目具有悠久的历史。人类历史上留下了许多著名的工程项目，如古埃及的金字塔、古罗马的尼姆水道、古代中国的都江堰和万里长城等。近十几年来，我国重大工程项目的建设方兴未艾，如三峡工程、南水北调工程、2008 年北京奥运工程、2010 年上海世博工程、港珠澳跨海大桥、北斗卫星导航系统及全国各地重要城市正在兴建的城市地铁工程等。这些工程项目的建设，不仅推动了我国经济、社会的快速发展，也极大地促进了我国工程项目管理理论的研究、创新和发展。工程项目管理作为一种专门的技术，自 20 世纪 80 年代引入我国工程建设领域以来，在工程项目建设中得到了广泛的应用，对于提高项目质量、缩短建设周期、节约建设资金、降低工程建设风险等都发挥了重要作用。工程项目管理教育已经在许多工程技术和工程管理领域中得到普及，监理工程师、建造师、造价工程师、咨询工程师等职业资格考试中都有工程项目管理的内容。

第一节　项目与项目管理

一、项目及其特征

关于“项目”的定义，不同的机构、专业组织有不同的表达，比较典型的有以下几种。

(1)美国项目管理协会(Project Management Institute，PMI)将项目定义为：项目是为提供某项独特产品、服务或成果所做的临时性努力。PMI 认为项目具有临时性、独特性以及逐步完善的特征。

(2)德国 DIN(德国工业标准)69901 将项目定义为：项目是指在总体上符合下列条件的唯一性任务——具有预定的目标，具有时间、财务、人力和其他限制条件，具有专门的组织。

(3)英国标准化协会(British Standards Institution，BSI)发布的《项目管理指南》一书对项目的定义为：具有明确的开始和结束点、由某个人或某个组织所从事的具有一次性特征的一系列协调活动，以实现所要求的进度、费用以及各功能因素等特定目标。

(4)国际质量管理标准 ISO 10006 对项目的定义为：由一组有起止时间的、相互协调的受控活动所组成的特定过程，该过程要达到符合规定要求的目标，包括时间、成本和资源的约束条件。

(5)《中国项目管理知识体系纲要(2002 版)》中对项目的定义为：项目是创造独特产品、服务或其他成果的一次性工作任务。

一般来说，所谓项目，就是指在一定约束条件(主要是限定资源、限定时间、限定质量)下，具有特定目标的一次性任务。

虽然人们对“项目”定义的角度和描述各不相同，但通常都认为项目具有如下一些共同特征。

(1)项目具有一次性

项目的一次性是指任何项目都有自己确定的开始和结束时间,没有可以完全照搬的先例。不同于工业生产的批量性和可重复性,项目的建设过程是不可逆的。一次性是项目与其他常规运作的最大区别。项目的其他属性也是从这一主要的特征衍生出来的。

(2)项目具有独特性

每个项目都是独特的。要么项目提供的成果有自身的特点,要么其提供的成果虽然与其他项目类似,然而其时间和地点、内部和外部的环境、自然和社会条件有别于其他项目,因此项目总是独一无二的。

(3)项目具有特定的约束条件

每个项目都有自己特定的约束条件,这些约束条件可以是项目的质量、工期、成本等目标,也可以是项目所具有的有限的人工、材料等资源。

(4)项目组织具有临时性和开放性

项目组织是为开发特定项目而临时组建的,项目结束时,项目组织也将随之解散。在项目的开发实施过程中,项目组织的成员、人数以及职责都可能不断地变化。项目组织没有严格的边界,是临时的、开放的。

(5)项目的开发与实施具有渐进性

每一个项目都是独特的,因此其项目的开发必然是渐进的,不可能复制某一个模式。即使有可参照、借鉴的模式,项目的开发也都需要逐步地补充、修改和完善。项目的实施同样需要逐步地投入资源,持续地累积可交付的成果,始终要精工细作,直至项目的完成。

二、项目管理及其特点

(一)项目管理的发展阶段

项目管理经历了从低级阶段到高级阶段的发展过程,从其产生到形成较完整的学科,大体经历了以下五个阶段。

1. 项目管理的产生阶段

这一阶段从远古到20世纪30年代以前。

这一阶段对项目的管理还只是凭个别人的经验、智慧和直觉,依靠个别人的才能和天赋,还谈不上科学性。

2. 项目管理的初始形成阶段

这一阶段从20世纪30年代初期开始,到50年代初期结束。本阶段的特征是用横道图进行项目的规划和控制。

在这一阶段以及这一阶段之前,虽然人们对如何管理项目进行了广泛的研究和实践,但还没有明确提出项目管理的概念。项目管理的概念是在第二次世界大战后期,在实施曼哈顿项目时提出的。

3. 项目管理的推广发展阶段

这一阶段从20世纪50年代开始,到70年代结束。本阶段的重要特征是开发和推广应用网络计划技术。西方习惯于称现在的项目管理为MPM(modern project management),

网络计划技术的出现是 MPM 的起点。

在 20 世纪 60 年代初期,我国引进和推广了网络计划技术。华罗庚教授结合我国“统筹兼顾,全面安排”的指导思想,将这一技术称为“统筹法”,并组织小分队深入重点工程进行推广应用,取得了良好的经济效益。

网络方法的出现,为管理科学的发展注入了活力。它使 1957 年出现的系统工程得到了促进,第二次世界大战中发展起来的运筹学也得以充实。网络技术也由此而成为一门独立的学科,并逐渐发展和完善起来。

4. 项目管理的进一步完善阶段

这一阶段是从 20 世纪 70 年代开始,到 20 世纪 80 年代结束。这一阶段的特点表现为项目管理应用范围的扩大,以及与其他学科的交叉渗透和相互促进。20 世纪 70 年代以后,项目管理的应用范围由最初的航空、航天、国防、化工、建筑等部门,广泛普及至医药、矿山、石油等领域。计算机技术、价值工程和行为科学等理论在项目管理中的应用,更丰富了项目管理的内涵,推动了项目管理的发展。

5. 现代项目管理阶段

20 世纪 80 年代以后,特别是 90 年代以后,以信息系统工程、网络工程、软件工程等为代表的高科技项目的开展取得了突飞猛进的发展,相应地,项目管理在涉及的领域与方法上也不断发展,带动了项目管理的现代化。这一阶段,计划和控制技术与系统理论、组织理论、经济学、管理学、计算机技术等以及项目管理的实际结合起来,并吸收了控制论、信息论及其他学科的研究成果,项目管理发展成为一门比较完整的独立学科。项目管理的职业发展和项目管理的学术发展是现代项目管理的突出表现。

(二) 项目管理的概念

项目管理是通过项目经理和项目组织的努力,运用系统理论和方法对项目及其资源进行计划、组织、协调、控制,旨在实现项目目的的特定管理方法体系。

1. 项目管理是一种管理方法体系

项目管理是一种已被公认的管理模式,从 20 世纪 50 年代末、60 年代初诞生起至今,一直就是一种管理项目的科学方法,但并不是唯一的方法,更不是一个任意的管理过程。在项目管理诞生之前,人们用其他方法管理了无数的项目。就是在今天,也有无数的项目并没有采用项目管理的方法体系对它们进行管理。项目管理是在长期实践和研究的基础上总结成的理论方法,应用项目管理,必须按照其方法体系的基本要求去做;不按其模式管理项目,虽然不能否认是项目管理,但不能算是真正采用了项目管理。

项目管理作为一种管理方法体系,在不同的国家、不同的行业以及它自身的不同发展阶段,无论在结构、内容上,还是在技术、手段上都有一定的区别,但它最基本的方面,即上述定义中所规定的那些内容,则始终如一,相对固定,且已成为一种公认的专业知识。

2. 项目管理的对象、目的

项目管理的对象是项目,即一系列的临时任务。“一系列”在此有着独特的含义,它强调项目管理的对象——项目是由一系列任务组成的整体系统,而不是这个整体的一个或几个部分。其目的是通过运用科学的项目管理技术,更好地实现项目目标。不能把项目管理的对象与企业管理的对象混为一谈,项目只是企业庞大系统的一部分;也不能把企业管理的目的当成项目管理的目的，企业管理的目的是多方面的，而项目管理的主要目的是实现项目的预定目标。

3. 项目管理的任务、职能

项目管理的职能与其他管理的职能是完全一致的，即对组织的资源进行计划、协调、指挥、控制。资源是指项目所在的组织中可得知、为项目所需要的那些资源，包括人员、资金、技术、设备等，在项目管理中，时间是一种特殊的资源，项目管理的任务是对项目及其资源的计划、组织、协调、控制。切记不能将项目管理的任务与项目本身的任务混淆。

4. 项目管理运用系统理论与思想

项目在实施过程中，实现项目目标的责任和权力往往被集中到一个人(项目经理)或一个小组身上，由于项目任务是分别由不同的人执行的，所以项目管理要求把这些任务和人员集中到一起，把它们当作一个整体对待，最终实现整体目标，因此，需要以系统的观点来管理项目。

5. 项目管理职能主要是由项目经理执行的

在一般规模的项目中，项目管理由项目经理带领少量专职项目管理人员完成，项目组织中的其他人员，包括技术人员与非技术人员负责完成项目任务，并接受管理。如果项目规模很小，那么项目组织内可以只有一个专职管理人员，即项目经理；对于大项目，项目管理的基本权力和责任仍属于项目经理，只是更多的具体工作会分给其他管理人员，项目组织内的专职管理队伍也会更大，甚至组成一个与完成项目任务的人员相对分离的项目管理机构。

(三) 项目管理的特点

1. 项目管理的基本特点

项目管理具有以下基本特点。

(1)复杂性。项目管理是一项复杂的工作，一般由多个部分组成，工作跨越多个组织，需要运用多种学科的知识来解决问题。项目工作通常没有或很少有以往的经验可以借鉴，执行中有许多未知因素，每个因素又常常带有不确定性，还需要将具有不同经历、来自不同组织的人员有机地组织在一个临时性的组织内，在技术性能、成本、进度等较为严格的约束条件下实现项目目标，等等。这些都决定了项目管理是一项很复杂的工作，甚至其复杂性远远高于一般的生产管理。

(2)创造性。由于项目具有一次性的特点，因而项目管理既要承担风险又必须发挥创造性，这也是其与一般重复性管理的主要区别。项目管理的创造性依赖于科学技术的发展和支持，而近代科学技术的发展有两个明显的特点：一是继承积累性，体现为人类可以利用前人的经验，继承前人的知识、经验和成果，在此基础上向前发展；二是综合性，即要解决复杂的问题，必须依靠和综合多种学科的成果，将多种技术结合起来，才能实现科学技术的飞跃与更快的发展。

创造总是带有探索性的，会有较高的失败率，有时为了加快进度和提高成功的概率，需要有多个试验方案并进。例如，在新产品、新技术开发项目中，为了提高新产品、新技术的质量和水平，希望新构思越多越好，然后再进行严格的审查、筛选和淘汰，以确保最终产品和技术的优良性能或质量。而筛选淘汰下来的方案也并不是完全没有用，它们可以成为企业内部的技术储备，这种储备越多，企业越能应对外界条件的变化和具有应变能力。

(3)需要集权领导和建立专门的项目组织。项目的复杂性随其范围不同变化很大,项目越大越复杂,其所包括或涉及的学科、技术种类也越多。项目进行过程中可能会出现的各种问题多半是贯穿于组织中各个部门的,它们要求这些不同的部门迅速做出反应,而且相互配合,但传统的职能组织不能与横向协调的需求相适应,因此需要建立围绕专一任务进行决策的机制和相应的专门组织,这样的组织不受现存组织的任何约束,由各种不同专业、来自不同部门的专业人员构成。

(4)项目负责人责任重大。项目管理的主要原理之一是把一个时间有限和预算有限的事业委托给一个人,即项目负责人(或项目经理),他有权独立进行计划、资源分配、协调和控制。项目负责人的位置是由特殊需要形成的,因为他行使着大部分传统职能组织以外的职能。项目负责人必须能够了解、利用和管理项目的技术和逻辑方面的复杂性,必须能够综合各种不同专业观点来考虑问题。但只具备这些技术知识和专业知识仍是不够的,成功的管理还取决于预测和控制人的行为的能力。因此,项目负责人还必须通过人的因素来熟练地运用技术因素,以达到其项目目标。也就是说,项目负责人必须使他的组织成为一个真正的队伍,一个工作配合默契、具有积极性和责任心的高效群体。

2. 项目管理的综合性

项目管理与传统的部门管理相比,最大特点是注重综合性管理。而且项目管理工作有严格的时间限制,项目管理必须通过不完全确定的过程,在确定的期限内生产出不完全的产品,日程安排和进度控制对项目管理产生很大的压力,具体来讲表现在以下几个方面。

(1)项目管理的对象是项目或被当作项目来处理的工作。项目管理是针对项目的特点而形成的一种管理方式,因而其适用对象是项目,特别是大型的、比较复杂的项目。鉴于项目管理的科学性和高效性,有时人们会将重复性“工作”中的某些过程分离出来,加上起点和终点当作项目来处理,以便在其中应用项目管理的方法。

(2)项目管理的全过程都贯穿着系统工程的思想。项目管理把项目看成一个完整的系统,依据系统论“整体—分解—综合”的原理,可将系统分解为许多责任单元,由责任者分别按要求完成目标,然后汇总、综合成最终的成果;同时,项目管理把项目看成一个有完整生命周期的过程,强调部分对整体的重要性,促使管理者不要忽视其中的任何阶段,以免造成总体的效果不佳甚至失败。

(3)项目管理的组织具有特殊性。项目管理的另一个明显的特征就是其组织的特殊性,表现在以下几个方面:

1)有了“项目组织”的概念,项目本身作为一个组织单元,围绕项目来组织资源。

2)项目管理的组织是临时性的,由于项目是一次性的,而项目的组织是为项目的建设服务的,项目终结后,其组织的使命也就完成了。

3)项目管理的组织是柔性的,所谓柔性即是可变的。项目的组织打破了传统的固定建制的组织形式,并根据项目生命周期各个阶段的具体需要适当地调整组织的配置,以保障组织高效、经济地运行。

4)项目管理的组织强调其协调控制职能。项目管理是一个综合管理过程,其组织结构的设计必须充分考虑到有利于组织的协调与控制,以保证项目总体目标的实现。因此,目前项目管理的组织结构多为矩阵结构,而非直线职能结构。

(4)项目管理的体制是一种基于团队管理的个人负责制。由于项目系统管理的要求,需要集中权力以控制工作正常进行,因而项目经理是一个关键角色。

(5)项目管理的方式是目标管理。项目管理是一种多层次的目标管理方式。由于项目涉及的专业领域往往十分宽广,项目主管或项目经理不可能成为每一个专业领域的专家,其对某些专业虽然有所了解,但不可能是该领域的专家。现代的项目主管或项目经理只能以综合协调者的身份,向被授权的专家讲明应承担工作的意义,协商确定目标以及时间、经费、工作标准的限定条件,而具体工作则由被授权者独立处理。同时,项目主管或经理要经常反馈信息、检查督促,并在遇到困难需要协调时及时给予各方面相应的支持。可见,项目管理只要求在约束条件下实现项目的目标,其实现的方法具有灵活性。

(6)项目管理的要点是创造性和保持一种使项目顺利进行的环境。有人认为,“管理就是创造和保持一种环境,使置身于其中的人们能集中于一项工作以完成预定的使命和目标”。这一特点说明了项目管理是一个管理过程,而不是技术过程。处理各种冲突和意外事件是项目管理的主要工作。

(7)项目管理的方法、工具和手段具有先进性、开放性。项目管理采用科学先进的项目理论和方法,如采用网络图编制项目进度计划;采用目标管理、全面质量管理、价值工程、技术经济分析等理论和方法控制项目总目标;采用先进高效的管理手段和工具,主要指运用计算机进行项目信息处理等。

三、项目管理知识体系

现代项目管理的内容可以从两个已有的项目管理知识体系中发现。目前国际上的两大项目管理知识体系是:以欧洲国家为主的体系——国际项目管理协会(IPMA)和以美国为主的体系——美国项目管理协会(PMI)。在过去的50多年中,它们都做出了卓有成效的工作,为推动现代项目管理的发展发挥了积极作用。

成立于1969年的美国项目管理协会(PMI)是全球最大的由研究人员、学者、咨询师和管理人员组成的项目管理专业组织,现在已经有4万多名会员。它卓有成效的贡献是编写了《项目管理知识体系》(Project Management Body of Knowledge, PMBOK)。

PMBOK第六版把项目管理划分为10个知识领域,即范围管理、时间管理、成本管理、质量管理、人力资源管理、沟通管理、风险管理、采购管理、相关方管理、整体管理。

根据PMBOK第六版,项目管理的知识体系可用图1-1表示。

PMBOK第七版把项目管理划分为8个绩效域,分别为:干系人绩效域、团队绩效域、开发方法、生命周期绩效域、规划绩效域、项目工作绩效域、交付绩效域、测量绩效域、不确定性绩效域。

中国项目管理知识体系的研究工作开始于1993年,是由中国优选法统筹法与经济数学研究会项目管理委员会(PMPC)发起并组织实施的,并于2001年5月正式推出了中国的项目管理知识体系文件——《中国项目管理知识体系》(C-PMBOK)。

C-PMBOK的编写主要是以项目生命周期为基本线索进行展开的,从项目及项目管理的概念入手,按照项目开发的四个阶段——概念阶段、规划阶段、实施阶段及收尾阶段,分别阐述了每一个阶段的主要工作及其相应的知识内容,同时考虑到项目管理过程中所需要的共性知识及其所涉及的方法工具等。基于这一编写思路,C-PMBOK将项目管理的知识领域分为80个模块。C-PMBOK的框架及主要内容如表1-1所示。

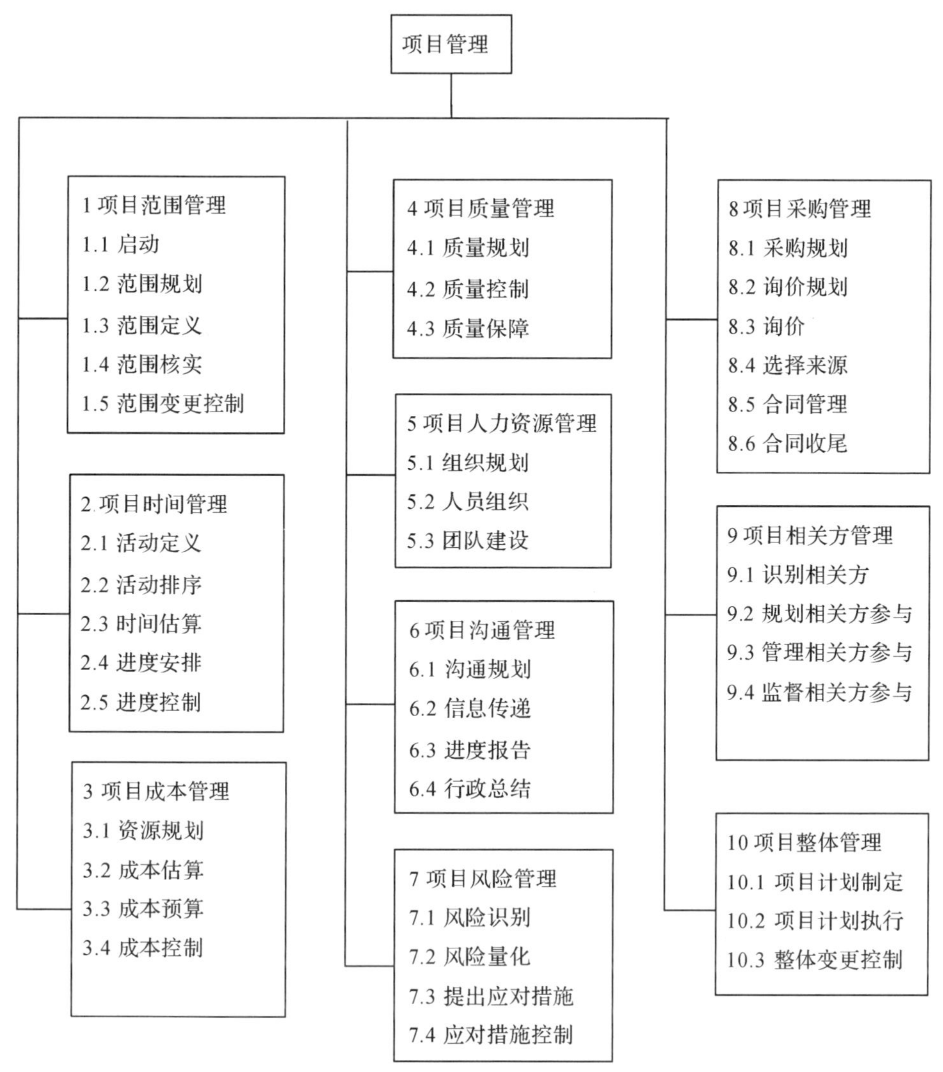

图 1-1 项目管理知识体系

中国建筑业协会工程项目管理委员会在借鉴国际上通用项目管理方法的基础上，结合中国近 20 年推行工程项目管理的实践经验建立了《中国工程项目管理知识体系》(Chinese Construction Project Management Body of Knowledge, C-CPMBOK)。C-CPMBOK 分别以工程服务过程为主线和项目管理模块为特征，构建了工程项目管理的知识体系模块，如图 1-2所示。

表 1-1　中国项目管理知识体系(C-PMBOK)

2 项目管理基础			
	2.1 项目	2.2 项目管理	
3 概念阶段	4 规划阶段	5 实施阶段	6 结束阶段
3.1 一般机会研究	4.1 启动	5.1 采购招标	6.1 项目资料验收
3.2 项目机会研究	4.2 范围规划	5.2 合同管理	6.2 项目交接或清算
3.3 方案策划	4.3 范围定义	5.3 合同收尾	6.3 费用决算
3.4 初步可行性研究	4.4 活动定义	5.4 质量保证	6.4 项目审计
3.5 详细可行性研究	4.5 质量计划	5.5 质量控制	6.5 项目后评价
3.6 项目评估与决策	4.6 组织规划	5.6 质量验收	
	4.7 采购规划	5.7 生产要素管理	
	4.8 活动排序	5.8 进展报告	
	4.9 活动持续时间估计	5.9 范围控制	
	4.10 进度安排	5.10 进度控制	
	4.11 资源计划	5.11 费用控制	
	4.12 费用估计	5.12 综合变更控制	
	4.13 费用预算	5.13 范围确认	
	4.14 项目计划集成		
7 项目管理领域相关知识			
7.1 项目范围管理	7.4 项目质量管理	7.6 项目信息管理	7.8 项目采购管理
7.2 项目时间管理	7.5 项目人力资源管理	7.7 项目风险管理	7.9 项目综合管理
7.3 项目费用管理			
8 项目管理常用方法与工具			
8.1 工作分解结构	8.8 质量控制方法	8.15 挣值方法	8.21 评价指标体系
8.2 网络计划技术	8.9 质量技术文件	8.16 并行工程	8.22 项目财务评价
8.3 甘特图	8.10 标杆管理	8.17 要素分层法	8.23 项目国民经济评价
8.4 里程碑图	8.11 责任矩阵	8.18 方案比较法	8.24 不确定性分析
8.5 项目融资	8.12 激励理论	8.19 SWOT 分析法	8.25 项目环境影响评价
8.6 资源费用曲线	8.13 沟通方式	8.20 资金时间价值	8.26 有无比较法
8.7 资源负荷图	8.14 模拟技术		
9 项目化管理			
9.1 项目化管理体系框架	9.3 项目化管理组织	9.4 项目化管理机制	9.5 项目化管理流程
9.2 项目化管理方法			

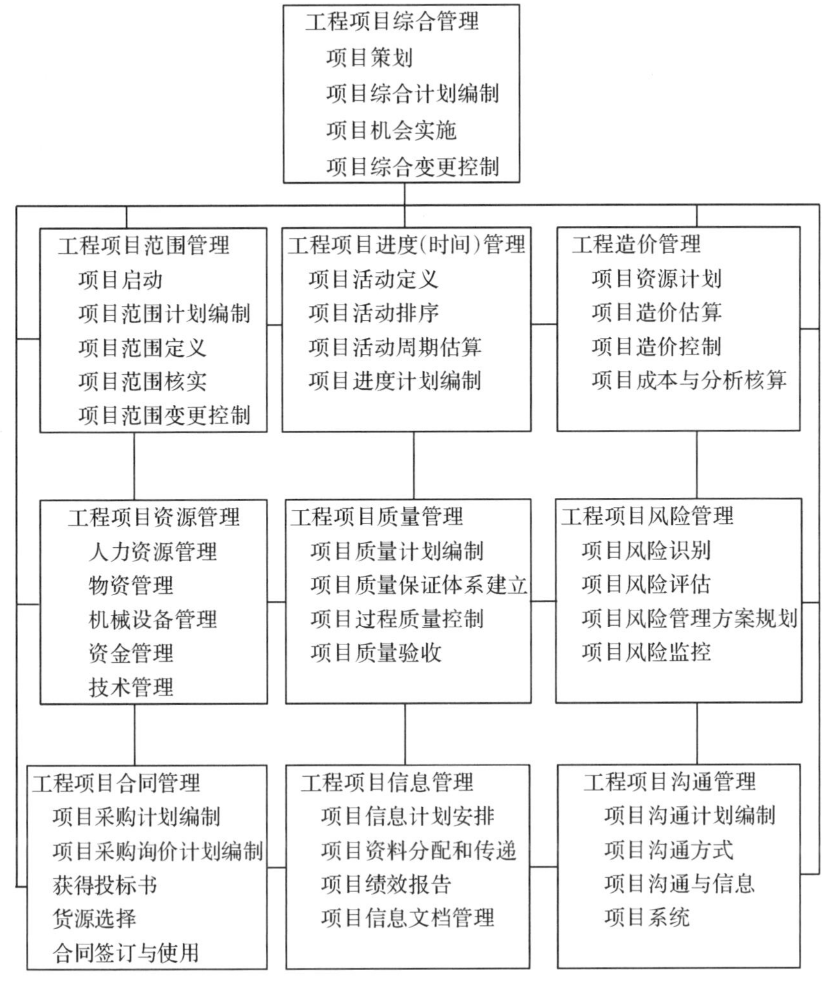

图 1-2 中国工程项目管理知识体系模块

第二节 工程项目与工程项目管理

一、工程项目

(一)工程项目的概念及组成

工程项目是最为常见、最为典型的项目类型,它属于投资项目中最重要的一类,是一种投资行为和建设行为相结合的投资项目。

工程项目可以分为单项工程、单位工程、分部工程和分项工程等。

单项工程是指具有独立的设计文件,竣工后可以独立发挥生产能力并获得效益的一组配套齐全的工程项目。一个工程项目可以仅包含一个单项工程,也可以由多个单项工程组成。例如,某高校新校区建设项目中图书馆的建设就是该项目中的一个单项工程。

单位工程是指具备独立施工条件并能形成独立使用功能的建筑物及构筑物。单位工程是单项工程的组成部分。对于图书馆这一单项工程来讲，又可以分为建筑工程和设备安装工程两个单位工程。

分部工程是单位工程的组成部分。一般的工业与民用建筑工程的分部工程包括地基与基础工程、主体结构工程、装饰工程、屋面工程、给排水及采暖工程、电气工程、智能建筑工程、通风与空调工程、电梯工程等。

分项工程是分部工程的组成部分，一般按照主要工种、材料、施工工艺、设备类别等进行划分。例如地基与基础工程可以分为土方开挖、支模板、混凝土浇筑、砖砌体、土方回填等分项工程。

(二)工程项目的特点及分类

工程项目一般具有固定性、多样性、社会性、投资额巨大、建设周期长、风险性大及管理复杂等特点。

工程项目种类繁多，可以从不同角度进行分类。

1. 按照投资用途分类

按照投资用途分类，工程项目可分为生产性工程项目和非生产性工程项目。

生产性工程项目是指直接用于物质资料生产或直接为物质资料生产服务的工程项目，例如工业、国防和农业建设项目，水利建设项目，交通、邮电建设项目，勘探建设项目，商业建设项目等。

非生产性工程项目是指用于满足人民物质、文化、福利需要的建设项目和非物质资料生产部门的建设项目，例如办公用房、住宅、公共建筑等。

2. 按照建设性质分类

按照建设性质分类，工程项目可以分为新建项目、扩建项目、改建项目、迁建项目和恢复项目。

新建项目是指根据国民经济和社会发展近远期规划，按照规定的程序立项，从无到有建设的工程项目。

扩建项目是指现有企事业单位为扩大产品的生产能力或增加经济效益而增建的项目以及事业和行政单位在原有业务系统的基础上扩充而进行的新增固定资产投资项目。

改建项目是指企事业单位对原有设施、工艺条件进行改造的项目，包括挖潜、节能、安全、环境保护等工程项目。

迁建项目是指原有企事业单位根据自身生产经营和发展要求，搬迁到异地而建设的项目。

恢复项目是指原有企事业和行政单位的固定资产全部或部分报废，需要进行投资重建，以恢复生产能力、业务工作条件和生活福利设施等的工程项目。

3. 按照工程项目的规模分类

按照工程项目的规模分类，基本建设项目可以分为大型、中型、小型三类。更新改造项目可以分为限额以上和限额以下两类。对于不同等级的工程项目，审批机关和报建程序不尽相同。

4. 按照工程项目的投资来源分类

按照工程项目的投资来源分类，工程项目可分为政府投资项目和非政府投资项目两类。

政府投资项目是指为了适应和推动国民经济或区域经济的发展，满足社会的文化、物质需求以及出于政治、国防等因素的考虑，由政府通过财政投资、发行国债或地方财政证券、利用外国政府赠款和国家财政担保的国内外金融组织的贷款等方式独资或合资兴建的工程项目。按照其营利性的不同，政府投资项目又可以分为经营性政府投资项目和非经营性政府投资项目。

非政府投资项目是指企业、集体单位、外商和私人投资兴建的工程项目。

二、工程项目管理

（一）工程项目管理的概念

《中国工程项目管理知识体系》对工程项目管理所下的定义是：工程项目管理是项目管理的一大类，是指项目管理者为了使项目取得成功（实现所要求的功能和质量、所规定的时限、所批准的费用预算等），对工程项目用系统的观念、理论和方法，进行有序、全面、科学、目标明确的管理，发挥计划职能、组织职能、控制职能、协调职能、监督职能的作用。其管理对象是各类工程项目，既可以是建设项目管理，又可以是设计项目管理和施工项目管理等。

我们可以从以下几个方面对工程项目管理进行更深一步的理解。

1. 工程项目管理的客体

工程项目管理的客体即为工程项目，并且是具有明确目标的项目，其中有些目标是项目本身所要求的，有些目标是项目相关方所要求的，这些目标需要项目管理者加以识别或确定。没有明确目标的工程项目不是项目管理的对象。

2. 工程项目管理的主体

一个工程项目的完成需要许多方面的人员或组织参与才可能实现。工程项目的最直接的相关方包括建设单位、承包商、咨询单位、供应商和政府，这些相关方都需要对其相关的部分进行管理。所以，可以认为工程项目管理是一个多主体的项目管理。

3. 工程项目管理的目的

工程项目管理的目的是实现工程项目的预期目标，包括工程项目的时间、费用、质量和安全等目标，并使项目相关利害方都满意。

（二）工程项目管理的特点

工程项目管理是在一定约束条件下，以实现工程项目目标为目的，对工程项目实施的全过程进行高效率的计划、组织、协调、控制的系统管理活动。

1. 工程项目管理是一种一次性管理

工程项目管理一旦出现失误，很难纠正，损失严重。所以在工程项目的建设过程中，对项目建设中的每个环节都应该进行严密的管理，认真选择项目经理、配备项目人员和设置项目组织机构。

2. 工程项目管理是一种全过程的综合性管理

工程项目的生命周期是一个有机成长过程，项目各阶段有明显的界限，相互有机衔接。这就决定了工程项目管理是对项目生命周期全过程的管理，如对项目可行性研究、勘察设计、招标投标、施工等各阶段全过程的管理。在每个阶段中又包含有进度、质量、成本、安全的管理。因此，项目管理是全过程的综合性管理。

3. 工程项目管理是一种约束性强的控制管理

工程项目管理的一次性特征,其明确的目标、限定的时间和资源消耗、既定的功能要求和质量标准,决定了约束条件的约束强度比其他的项目管理更高。因此,工程项目管理是强约束管理。工程项目管理的重要特点,在于工程项目管理者如何在一定时间内,在不超过这些条件的前提下,充分利用这些条件,去完成既定任务,达到预期目标。

(三)工程项目管理的职能

1. 策划职能

工程项目策划是把建设意图转换成定义明确、系统清晰、目标具体、活动科学、过程有效的,富有战略性和策略性思路的,高智能的系统活动,是工程项目概念阶段的主要工作。策划的结果是其后各阶段活动的总纲。

2. 决策职能

决策是工程项目管理者在工程项目策划的基础上,通过调查研究、比较分析、论证评估等活动,得出结论性意见,并付诸实施的过程。一个工程项目,其中的每个阶段、每个过程均需要启动,只有在做出正确决策以后的启动才有可能是成功的,否则就是盲目的、指导思想不明确的,也就可能是有损失的。

3. 计划职能

计划职能决定工程项目的实施步骤、搭接关系、起止时间、持续时间、中间目标、最终目标及措施。它是工程项目目标控制的依据和方向。计划职能可分为相互关联的四个阶段。

第一阶段:确定目标及其先后次序,即科学确定工程项目的总目标和分目标及其目标的先后次序,目标实现的时间和合理结构。

第二阶段:预测对实现目标可能产生影响的未来事态,通过预测决定计划期内活动期望能达到什么水平,能获得多少资源来支持计划的实施。

第三阶段:通过预算来实现计划。确定预算包括哪些资源,各资源预算之间的内在关系以及采用什么预算方法等。

第四阶段:通过分析评价,提出指导实现预期目标的最优方案或准则。方案反映组织的基础目标,是整个组织进行活动的指导方针,说明如何实现目标。为使方案有效,在制定方案时,要保证方案的灵活性、全面性、协调性和明确性。

项目系统综合上述四阶段的工作,就能制订出全面计划,用以引导工程项目的组织达到预期目标。

4. 组织职能

组织职能是划分建设单位、设计单位、施工单位、监理单位在各阶段的任务;对为达到目标所必需的各种业务活动进行分类组合;把监督每类业务活动所必需的职权授予主要人员;规定工程项目中各部门之间的协调关系,制定以责任制为中心的工作制度,以确保工程项目的目标实现。

5. 控制职能

控制职能是管理人员为保证实际工作按计划完成所采取的一切行动,即采取一系列纠正措施,把不符合要求的活动拉回到正常轨道上。控制职能在一定程度上使管理工作成为一个闭路系统。

6. 协调职能

协调就是联结、联合及调和所有的活动和力量。协调的目的是要处理好项目内外的大量复杂关系，调动协作各方的积极性，使之协同一致、齐心协力，从而提高项目组织的运转效率，保证项目目标的实现。

7. 指挥职能

指挥是管理的主要职能。计划、组织、控制、协调等都需要强有力的指挥。工程项目的顺利进行始终需要强有力的指挥，项目经理就是实现指挥职能的重要角色。指挥者需要将分散的信息集中起来变为指挥意图，用集中的意图统一管理者的步调，指导管理者的行动，集合管理者的力量。指挥职能是各类职能的动力和灵魂。

8. 监督职能

工程项目的管理需要监督职能，以保证法规、制度、标准和宏观调控措施的实施。对工程项目的监督方式有自我监督、相互监督、领导监督、权力部门监督、业主监督、司法监督、公众监督等。

总之，工程项目管理有众多职能。这些职能既是独立的，又是相互密切关联的，不能孤立地去看待它们。各种职能协调地发挥作用，才是管理有力的表现。

第三节　工程项目的生命期与建设程序

一、工程项目的生命期

项目的时间限制和一次性决定了工程项目的生命期，在这个期限中工程项目经历由产生到消亡的全过程。虽然不同类型和规模的工程项目的生命期是不一样的，但它们都可以分为以下四个阶段。

(1)项目的前期策划和决策阶段。这个阶段从项目构思到批准立项为止。

(2)项目的设计、计划与招投标阶段。这个阶段从批准立项到现场开工为止。

(3)项目的施工阶段。这个阶段从现场开工直到项目的可交付成果完成，工程竣工并通过验收为止。

(4)项目的使用阶段。在这个阶段项目处于运营过程中，直到运营终止。

一个工程建设项目的阶段划分可如图 1-3 所示。

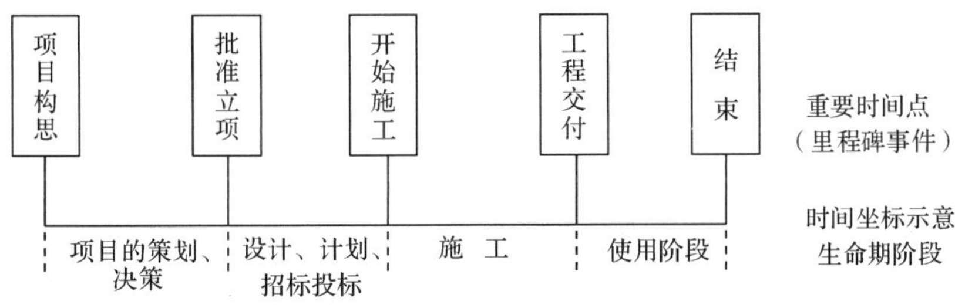

图 1-3　工程项目的生命期阶段划分

在项目生命期内上述阶段可能会出现交叉和重叠，实行并行管理。例如，设计和计划工作、招标投标工作有时会延伸到实施阶段中；实施阶段的有些工作会延伸到结束阶段。

二、工程项目的建设程序

任何工程项目在其生命期中都必须经历一个完整的工程建设程序。我国建设法律法规规定了工程项目建设过程中必须遵守的程序及要求。

按照工程项目的投资性质、规模、承发包方式不同，建设程序会有一定的差别，通常包括以下四个方面的内容。

（一）工程项目的前期策划

工程项目前期策划过程主要包括如下工作。

(1)工程项目构思的产生和选择。主要进行项目机会的寻求、分析和初步选择。

(2)确定工程项目建设要达到的总体目标。针对上层系统的情况和存在的问题、上层组织的战略，以及环境条件，提出通过工程项目所要达到的主要指标。

(3)项目的定义和总体方案策划。项目的定义是指划定项目的目标系统的构成、范围界限，并对项目的各个目标指标做出说明。根据项目总目标，对项目的总体技术方案、实施方案进行策划，如工程总的功能定位和各部分的功能分解，总的产品方案，工程总体的建设方案，工程的总布局，项目阶段的划分，总的融资方案，设计、实施、运营方面的组织策略等。

(4)提出项目建议书。项目建议书是对项目总体目标、情况和问题、环境条件、项目定义和总体方案的说明和细化，同时提出可行性研究的各个细节和指标，作为后继的可行性研究、技术设计和计划的依据。项目建议书已将工程项目目标转变成具体的项目任务。

(5)可行性研究，即对技术方案、实施方案进行全面的技术经济论证，同时对各种可行方案进行比较，看能否实现目标，并选择最优方案。

(6)工程项目的评估和决策。在可行性研究的基础上，对工程项目进行财务评价、国民经济评价和环境影响评价。根据可行性研究和评估的结果，由上层组织对工程项目的立项做出最后决策。

在我国，可行性研究必须经过行政审批，项目才能立项。经批准的可行性研究报告成为工程项目的任务书，以及项目初步设计的依据。

（二）工程项目的设计、计划与招投标过程

根据工程承包模式和管理模式的不同，这个阶段的工作过程会有所不同。通常这个阶段的主要工作有：

(1)工程项目管理组织筹建。按照我国的情况，项目立项后，就应正式组建工程建设单位，也就是通常意义上的业主，由它负责工程项目的建设管理。

(2)设计。设计是对工程的技术系统的定义和说明。通过设计文件，如图纸、规范及模型，对拟建的工程技术系统进行详细的描述。按照工程规模和复杂程度的不同，工程项目设计阶段的划分会有所不同。对一般的工程项目，设计分为两个阶段：初步设计和施工图设计。对技术比较复杂的项目，如工业建设项目，设计分为三个阶段：初步设计、技术设计和施工图设计。

(3)计划。计划是对工程建设和运营的实施方法、过程、费用(投资预算、资金)、时间(进度)、采购和供应、组织做详细的安排，以保证项目目标的实现。在项目立项后应做项目计

划。随着设计的不断深入，计划也在同步地细化，即每一步设计都有相应的计划。如初步设计后应做工程项目总概算，技术设计后应做修正总概算，施工图设计后应做施工图预算。同样，实施方案、进度计划、组织结构也在不断细化。

(4)工程招标，即通过招标委托工程项目范围内的设计、施工、供应、项目管理(咨询、监理)等任务，选择这些项目任务的承担者。这些项目任务的承担者通过投标承接项目任务。根据招标对象的不同，有些招标工作会延伸到工程的施工过程中，如一些装饰工程、部分材料和设备的采购等。

(5)各种审批手续的完成。在工程项目设计、计划与招投标阶段有许多审批手续，它们是项目行政性管理工作的一部分。有些必须经过政府部门的审批，如用地许可的审批、工程建设规划的批准、施工许可的批准等；有些必须由投资者、工程项目的上层组织审批，如每一步设计成果的审批、实施计划的审批、设计和实施计划重大修改的审批等。

(6)现场准备。包括征地，拆迁，场地的平整，现场施工用水、电、气、通信等的条件准备等。

(三)工程项目的施工阶段

在这个阶段，工程施工单位、供应商、项目管理(咨询、监理)公司及设计单位按照合同规定完成各自的工程任务，并通力合作，按照实施计划将项目的设计经施工一步步形成符合要求的工程。这个阶段是项目管理最为活跃的阶段，资源的投入量最大，管理的难度也最大。

当工程按照项目任务书，或设计文件，或合同完成规定的全部内容后，即可组织竣工验收和移交。如果工程项目由多个承包商承包，则每个承包商所承包的工程都有竣工验收和移交的过程。整个工程都经过竣工验收，则标志着整个施工任务(阶段)的结束。在施工结束和试运营前应有工程项目的运营准备工作。有些属于工程施工阶段的工作任务或竣工工作会持续到项目的运营阶段。

(四)工程项目使用阶段

(1)工程由业主移交工程的运营单位，工程项目进入运营(生产或使用)阶段。移交过程有各种手续和仪式，对工业建设项目，在此之前要与业主、施工单位、设计单位、供应单位共同进行试生产(试车)。

(2)工程项目竣工后的工作，包括工程竣工决算、竣工资料的总结、交付、存档等。

(3)工程的保修(缺陷通知期)和回访。在运营的初期，施工阶段的任务承担者(如设计、施工、供应、项目管理单位)和业主按照项目任务书或合同还要继续承担因建设问题产生的缺陷责任，包括维护、维修、整改、进一步完善等；他们还要对工程项目进行回访，了解工程项目的运营情况、质量和用户的意见等。

(4)工程项目的后评价。项目的后评价指对已投入运营的项目的目标、实施过程、运营效益、作用、影响进行系统客观的总结、分析和评价。

(5)运营过程中的维护管理，还可能包括对本工程的扩建、更新改造、资本的运作管理等。

第四节　工程项目管理的类型和任务

一、工程项目管理的类型

在工程项目的决策和实施过程中，由于各阶段的任务和实施主体不同，从而构成了不同类型的工程项目管理。

（一）业主方的工程项目管理

业主方的工程项目管理是全过程的工程项目管理，包括项目的决策阶段和实施阶段的各个环节。由于工程项目实施的一次性，业主方自行进行工程项目管理往往有很大的局限性，在技术和管理方面缺乏相应的配套力量，即使是配套健全的管理机构，如果没有持续不断的工程项目管理任务也是不经济的。为此，项目业主需要专业化、社会化的工程项目管理单位为其提供工程项目管理服务。

（二）设计方的工程项目管理

勘察设计单位在承揽工程项目的勘察设计任务后，须根据勘察设计合同所界定的工作目标及责任、义务，引进先进技术和科研成果，在技术和经济上对工程项目进行全面而详尽的安排，形成设计图纸和说明书，并在实施过程中参与监督。设计方的项目管理不仅仅局限于工程勘察设计阶段，而且延伸到了施工阶段和竣工验收阶段。

（三）施工方的工程项目管理

施工承包单位通过投标承揽到工程项目的施工任务后，无论是施工总包方还是分包方，均需要根据施工承包合同所界定的工程范围组织工程项目管理。施工方项目管理的目标体系包括工程项目施工质量（quality）、成本（cost）、工期（delivery）、安全（safety）、现场标准化和环境保护（environment），简称 QCDSE 目标体系。

（四）工程总承包方的工程项目管理

这是指当工程项目采用设计—施工一体化承包模式时，由工程总承包公司根据承包合同的工作范围和要求对工程的设计、施工阶段进行一体化管理。总承包方的项目管理是贯穿于项目实施全过程的全面管理，既包括工程项目的设计阶段，也包括工程项目的施工安装阶段。工程总承包的项目管理在性质上和设计方、施工方的工程项目管理相同，但是总承包方可以依据自身的技术和管理优势，通过对设计和施工方案的一体化优化以及实施中的整体化管理来实施项目管理。

（五）供货方的工程项目管理

建筑材料和设备的供给工作也是实施工程项目的一个子系统。该子系统具有明确的目标和任务、明确的约束条件以及与项目设计、施工等子系统的内在联系。因此，设备制造商、供应商同样需要根据加工生产制造和供应合同所界定的任务进行工程项目管理，以适应工程项目总目标的要求。

二、工程项目管理的任务

项目管理种类不同，具体的工作内容也不一样，但是从总的方面归纳，相同或相似的内容主要包括以下几项。

(一)项目组织的建立

目前我国实行建设项目法人责任制,新建项目在项目建议书被批准后,应及时组建项目法人筹备组,具体负责项目法人的筹建工作。项目法人筹备组应主要由项目的投资方派代表组成。在申报项目可行性研究报告时,须同时提出项目法人的组建方案。在可行性报告批准后,正式成立项目法人。原有企业负责建设的项目,只设分公司或分厂时,原有的企业法人就是项目法人。项目法人的组织形式是:国有独资公司设董事会;国有控股或参股的有限责任公司、股份有限公司设立股东会、董事会和监事会。由董事会负责聘请项目总经理,负责项目的实施。在项目建设期间至少应有一名董事常驻现场。项目管理要充分发挥咨询单位、监理单位、会计师事务所和律师事务所等各类社会中介组织的作用。

承包方的组织在签订合同后正式组建。

(二)组织协调

工程项目组织协调是项目管理的重要职能,是实现项目目标必不可少的方法和手段。在工程项目的实施过程中,组织协调的主要内容包括外部环境协调、项目参与单位之间的协调以及项目参与单位内部的协调三个方面。外部环境协调如与政府管理部门、资源供应部门之间的协调;项目参与单位之间的协调主要有业主、监理单位、设计单位、施工单位、供货单位、加工单位等之间的协调;项目参与单位内部的协调是指工程项目各参与单位内部各部门、各层次之间及个人之间的协调。

(三)合同管理

合同管理包括合同签订和合同执行管理两项任务。合同执行签订包括合同准备、谈判、修改和签订等工作;合同执行管理包括合同文件的执行、合同纠纷的处理和索赔事宜的处理等工作。

(四)目标控制

工程项目系统及其外部环境是复杂多变的,项目系统在运行中将出现大量的管理主体不可控的随机因素,即系统的实际运行轨迹是由预期量和干扰量共同作用而决定的。在工程项目实施过程中,得到的中间结果可能与预期目标不符,甚至相差甚远,因此必须及时调整人力、时间及其他资源,改变实施方法以期达到预期的目标和纳入原计划的轨道。如果这样做还不能奏效,就不得不调整或修改目标。这个过程称为工程项目的控制。

工程项目控制的主要任务有两个方面:一是把计划执行情况与计划目标进行比较,找出差异,对比较的结果进行分析,排除产生差异的原因,使总体目标得以实现。这个过程可归纳为“出现偏差—纠偏—再偏—再纠偏……”,称为被动控制。二是预先找出项目目标的干扰因素,预先控制中间结果对计划目标的偏离,以保证项目目标的实现,称为主动控制。

(五)风险管理

随着工程项目规模的不断增大和技术的复杂化,项目参与各方所面临的风险越来越多,风险的影响因素也越来越复杂。项目参与者必须加强风险管理,避免或减少由于风险所造成的损失,以实现自己的目标。

(六)信息管理

工程项目信息管理是指对工程项目的各类信息的收集、整理、处理、存储、传递与使用等一系列工作的总称。工程项目信息管理是项目目标控制的基础,其主要任务是及时、准确地向项目管理的各级管理人员提供所需的综合程度不同的信息，以便在项目实施过程中能迅速准确地做出各种决策，并及时检查决策的执行结果，以便进行动态的控制，保证项目目标的实现。

（七）环境保护

工程项目建设可以改造环境造福人类，优秀的设计作品还可以增添社会景观，给人们带来观赏价值。但一个工程项目的实施过程和结果，同时也存在着影响甚至恶化环境的种种因素。因此，在工程项目建设中要强化环保意识，切实有效地把保护环境和防止损害自然环境、破坏生态平衡、污染空气和水质、扰动周围建筑物和地下管网等现象的发生作为工程项目管理的重要任务之一。

复习思考题

1. 什么是项目和工程项目？它们各有哪些特征？举例说明工程项目的特点。
2. 什么是项目管理和工程项目管理？它们各有哪些特点？
3. 请阐述工程项目管理的职能有哪些。
4. 我国工程项目管理知识体系包括哪些内容？
5. 工程项目的生命周期分为哪几个阶段？
6. 工程项目的建设程序通常包括哪些内容？
7. 请简要叙述工程项目管理的类型。

第二章　工程项目策划与管理规划

工程项目策划是集科学发展观、市场需求、工程建设、节能环保、资本运作、法律政策、效益评估等众多专业学科于一体的系统分析活动。它是项目开展的起始阶段。项目决策、实施、运营的策划对项目后期的实施、运营乃至项目的成败具有决定性的作用，其重要性不言而喻。工程项目管理规划是确定工程项目管理的目标、依据、内容、组织、资源、方法、程序和控制措施等，以保证管理规划的项目成功进行。因此，工程项目策划与管理规划是工程项目管理的重要内容，也是保证工程项目顺利实施的关键。

第一节　工程项目策划

一、工程项目策划的定义

工程项目策划指的是通过调查研究和收集资料，在充分占有信息的基础上，针对工程项目的决策和实施，或决策和实施中的某个问题，进行组织、管理、经济和技术等方面的科学分析和论证，旨在为项目建设的决策和实施增值。其增值主要反映在以下几个方面：

(1)有利于人类生活和工作的环境保护；

(2)有利于建筑环境的改善；

(3)有利于项目的使用功能和建设质量的提高；

(4)有利于合理地平衡工程项目建设成本和运营成本的关系；

(5)有利于提高社会效益和经济效益；

(6)有利于实现合理的建设周期；

(7)有利于建设过程的组织和协调等。

工程项目策划的过程是专家知识的组织和集成以及信息的组织和集成的过程，其实质是知识管理的过程，即通过知识的获取，经过知识的编写、组合和整理，从而形成新的知识。工程项目策划是一个开放性的工作过程，它需要整合多方面专家的知识，如组织知识、管理知识、经济知识、技术知识、设计经验、施工经验、项目管理经验、项目策划经验等。

二、工程项目策划的类型

工程项目策划可以分成不同的类型，如表 2-1 所示。按项目策划的范围，可分为项目总体策划和项目局部策划。项目总体策划一般指在项目决策阶段所进行的全面策划；局部策划是指对全面策划分解后的一个单项性或专业性问题的策划。按工程项目建设程序，项目策划可分为工程项目决策阶段的策划和工程项目实施阶段的策划。由于各类策划的对象和性质不同，所以策划的依据、内容和深度要求也不同。

表 2-1　工程项目策划的类型

工程项目策划	按策划项目的性质划分	新建项目策划、改建项目策划、扩建项目策划 迁建项目策划、恢复项目策划
	按策划的范围划分	项目建设总体方案策划、项目建设局部方案策划
	按策划的阶段划分	项目决策策划、项目实施策划、项目运营策划
	按策划的内容划分	构思策划、融资策划、组织策划、采购策划等

三、工程项目决策阶段的策划

工程项目决策阶段的策划(简称项目决策策划)是在项目决策阶段所进行的总体策划，它的主要任务是提出项目的构思、进行项目的定义和定位，全面构思一个待建工程项目。工程项目的提出，一般是根据国内外社会经济的发展趋势和当地远近期规划以及提出者经营、生产或生活的需要。因此，项目决策策划必须以国家及当地法律法规和有关方针政策为依据，并结合国内外社会经济的发展趋势和实际的建设条件进行。

(一) 工程项目决策阶段策划的程序

工程项目决策策划主要通过对项目前期的调查与分析，进行项目建设基本目标的论证与分析，进行项目定义、功能分析等，并在此基础上对项目建设有关的组织、管理、经济与技术方面进行论证与策划，为项目的决策提供依据。

工程项目决策策划是一个相当复杂的过程，不同性质的项目决策策划的内容不一样，工作步骤也不完全一样，其程序如图 2-1 所示。

1. 环境调查与分析

环境调查与分析是项目决策策划工作的第一步，也是最基础的一环。因为策划是在充分占有信息和资料的前提下所进行的一种创造性劳动，因此，充分占有信息是策划的先决条件，否则策划就成为无源之水。如果不进行充分的环境调查，所决策的结果可能与实际需求背道而驰，甚至得出错误的结论，直接影响工程项目的实施。因此，策划的第一步必须对影响项目策划工作的各个方面进行调查，并进行认真分析，找出影响项目建设与发展的主要因素，为后续策划工作提供较好的基础。

对工程项目的环境调查，既包括对项目所处的建设环境、建筑环境、当地的自然环境、项目的市场环境、政策环境以及宏观经济环境等的客观调查，也包括对项目拟发展产业及其载体的概念、特征、现状与发展趋势、促进或制约其发展的优势或缺点的深入分析。

环境调查的工作范围为项目本身所涉及的各个方面的环境因素和环境条件，以及项目实施过程中所可能涉及的各种环境因素和环境条件。

2. 项目构思

项目的构思是指对策划整体的抽象描述，是完成策划的关键。项目构思产生的原因很多，不同性质的工程项目，构思产生的原因也不尽相同。例如，工业项目的构思的产生，可能是发现了新的投资机会，而城市交通基础设施项目构思的产生一般是为了满足城市交通的需要。

工程项目构思是一种概念性策划，它是在企业系统目标的指向下，从现实和经验中得出

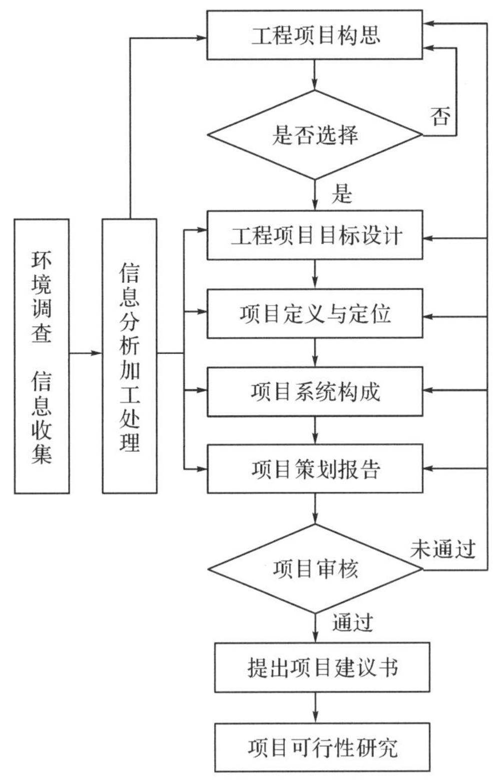

图 2-1　工程项目决策策划程序

项目策划的系列前提和假设，在此基础上形成项目的大致的策划轮廓，对这些策划的轮廓进行论证和选择才形成项目的构思。策划轮廓不是具体的创意，也不是策划的具体计划，只是一种希望做成某种具体策划的印象。这些策划的印象往往是丰富多彩的，而且很少一开始就完全正确，需要经过反复的论证，才逐步变得清晰、明朗。因此，有了策划的轮廓后，应进行调查研究，收集资料，收集策划线索，并逐步把策划印象清晰化，进行选择，使策划轮廓变成项目构思。

项目的构思过程是开放性的、自由度很大的。一般可以采用头脑风暴法来启发各种投资构思。在这些投资构思中，有些可能是不切实际的，或者是不能实现的。因此，必须通过构思的选择过程来筛选已经形成的各种投资构想。

构思的选择首先要考察项目的构思是否具有现实性，即是不是可以实现的，如果是建空中楼阁，尽管设想很好，也必须严格筛除；其次还要考虑项目是否符合法律法规的要求，如果项目的构思违背了法律法规的要求，则必须严格剔除；另外，项目构思的选择应考虑项目的背景和环境条件，并结合自身的能力来选择最佳的项目构思。项目构思选择的结果可以说是某个构思的完善，也可以说几个不同构思的组合。当项目的构思经过认真研究认为是可行的、合理的，便可以在此基础上进行项目目标设计和项目的定义与定位。

3. 项目目标系统设计

工程项目的目标系统设计是项目决策策划的重要内容，也是工程项目实施的依据。工程项目的目标系统由一系列的工程项目目标构成。按照性质不同，这些目标可以分为工程建设投资目标、质量目标和进度目标；按照层次不同，这些目标可以分为总目标和子目标。工程项目的目标系统设计需要按照不同的性质和不同的层次定义系统的各级目标。因此，工程项目的目标系统设计是一项复杂的系统工程。

项目目标是可行性研究的尺度，经过论证和批准后作为项目设计和计划、实施、控制的依据，最后作为项目评估的标准。准确地设定项目目标，是整个策划活动能解决问题、取得效果的必要前提。项目目标设计包括项目总目标体系设定和将总目标按项目、项目参与主体、实施阶段等进行分解的子目标设定。项目决策策划阶段的目标设计属于项目总目标的设定。

进行项目总体目标设定，首先应该了解业主的基本情况，正确把握项目业主的发展战略目标。项目业主的发展战略目标是业主根据自身的资源条件、经济实力、社会经济环境所制订的长期发展方向和预期目标，根据这些目标来设定项目目标对业主才有吸引力。

其次，进行环境信息的收集和策划环境的分析。要进行成功的策划，必须有真实、完善的数据资料，为此应进行内外环境的调查。环境调查的方法很多，有询问法、观察法、实验法、统计分析法等。在充分的调查研究的基础上进行策划环境分析。项目策划环境分析就是分析策划项目的约束条件，包括技术约束、资源约束、组织约束、法律约束等环境约束。策划环境分析包括两个方面：一是项目外部环境分析，主要是分析与项目有关的各项法律、法规和技术标准上的约束条件，分析和预测项目的社会人文环境、自然环境和项目建设条件等环境条件的现状和变化情况、有利因素与不利因素。社会人文环境包括地域环境、经济结构、投资环境、技术环境、社会文化、人口构成、生活方式、项目工业化与标准化水平等。自然环境包括地理、地质、地形、水源、能源、日照、气候等自然条件。项目建设条件包括城市现有的各项基础设施和道路交通、允许的容积率和建筑高度、要求的绿化覆盖率和绿地面积等。一般来说，社会经济因素是决定项目基本性质的基础。二是项目内部环境分析。项目内部环境分析是对项目的使用者、项目的功能要求、运营方式和实施条件的分析。

最后，项目目标因素的提出和建立目标系统。目标因素是指目标的构成要素，通常有三类：第一类是反映工程项目解决问题程度的目标要素，如工程项目的建成能解决多少人的居住问题，或工程项目建成后能解决多大的交通流量等；第二类是工程项目本身的目标因素，如工程项目的建设规模、总投资收益率和项目的时间目标等；第三类是与工程项目相关的其他目标因素，如工程项目对自然和生态环境的影响、工程项目提供的就业岗位数等。

在项目目标因素确立后，经过进一步的结构化，即可形成目标系统。工程项目的建设目标不是唯一的，工程项目的建设过程是工程项目系统多目标优化的过程。工程项目的各种目标构成了项目的目标系统。具体地说，目标系统是由工程项目的各级目标按照一定的从属关系和关联关系而构成的目标体系。工程项目目标系统的建立是工程项目实施的前提，也是项目管理的依据。

工程项目目标系统是由不同层次的目标构成的体系，可以根据项目的实际情况将目标分成若干级，如图 2-2 所示。目标体系结构是工程项目的工作任务结构分解的基础。

工程项目的目标可以分成不同的类型。按照目标的控制内容进行分类，可以分为投资目标、进度目标和质量目标等。投资、进度和质量目标被认为是工程项目实施阶段三大目标。按照目标的重要性进行分类，可以分为强制性目标和期望性目标等。强制性目标一般是指法律、法规和规范标准规定的工程项目必须满足的目标。如工程项目质量必须符合工

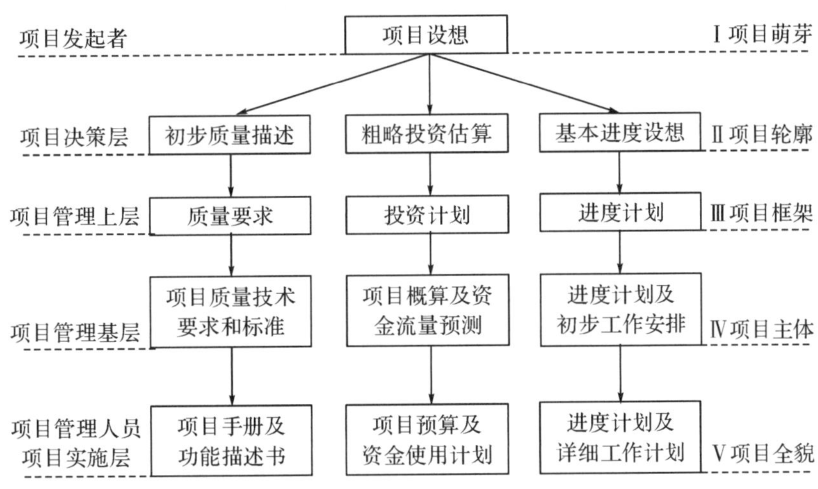

图 2-2 工程项目目标系统分解

程相关的质量验收规范的要求等。期望性目标则是指应尽可能满足的可以优化的目标。按照目标的影响范围进行分类，可以分为项目系统内部目标和项目系统外部目标。系统内部目标是直接与项目本身相关的目标，如工程项目的建设规模。系统外部目标则是控制项目对外部环境影响而制定的目标，如工程项目的污染物排放控制目标等。按照目标实现的时间进行分类，可以分为长期目标和短期目标。按照目标的层次进行分类，可以分为总目标、子目标和操作性目标等。

4. 项目的定位与定义

(1)项目定位

项目定位是指在项目构思的基础上，确定项目的性质、地位和影响力。

项目定位首先要明确项目的性质。例如同是建一座机场，该机场是用于民航运输还是用于军事目的，其性质显然不同。其性质不同将决定今后项目的建设目标和建设内容也有所区别。

其次，项目定位要明确项目的地位。项目的地位可以说是项目在企业发展中的地位，也可以是在城市和区域发展中的地位，或者是在国家发展中的地位。项目地位的确定应该与企业发展规划、城市和地区发展规划以及国家发展规划紧密结合。例如某城市交通基础设施建设项目列为城市发展的重点建设项目，是城市发展战略实施的重要内容。据此明确了项目建设的重要性，也明确了项目的地位。在确定项目地位时，应注意分别从政治、经济、社会等不同角度加以分析。

另外，项目定位还需要确定项目的影响力。例如某机场要建成具有国际影响力的世界一流的国际机场，某影城要建设成为亚太地区规模最大、技术最先进、设施最完备的国际影城等。对于某些房地产开发项目而言，确定项目的影响力也就明确了项目的市场影响范围，即明确了市场定位。如某住宅开发项目明确了未来的市场影响范围是在该城市工作的外籍成功人士，从而明确了项目未来建设的目标和内容应围绕着满足此类人群的需求而设计。

项目构思是项目决策策划的关键环节，也是项目目标设计的前提条件。项目定位的最终目的是明确项目建设的基本方针，确定项目建设的宗旨和方向。

(2)项目定义

项目的定义就是描述项目的性质、用途、建设范围和基本内容等。具体包括以下内容:1)项目的名称、范围和构成定界;2)拟解决的问题以及解决问题的意义;3)项目目标系统说明;4)项目的边界条件分析;5)关于项目环境和对项目有重大影响的因素的描述;6)关于解决问题的方案和实施过程的建议;7)关于项目总投资、运营费用的说明等。

可以看出,项目定义是对项目构思和项目目标设计工作的总结和深化,也是项目建议书的前导,是项目决策策划的重要环节。为了保证项目定义的科学性和客观性,必须要对其进行审核和确认。一般项目定义的审查包括以下内容:1)项目范围与拟解决问题的一致性;2)项目目标系统的合理性;3)项目环境和各种影响因素分析的客观性;4)解决问题的方案和实施过程的建议的可操作性。

项目定义审查可以作为提出项目建议书的依据,当项目审核过程中发现不符合要求的项目定义时,要重新进行项目的定义,项目定义完成后再进行审核,经过反复确认后,才能据此提出项目建议书。

5. 项目系统构成

将经过定义与定位的项目,在时间、空间、结构、资源多维关系中进行运筹安排,找出实施的最佳结合点,形成项目策划的实施系统。项目系统应能详细描述项目的总体功能、项目系统内部各单项单位工程的构成以及各自的功能和相互关系、项目内部系统与外部系统的协调和配套关系、实施方案及其可能性分析。

6. 项目策划报告

策划报告的拟定是将整个策划工作逻辑化、文件化、资料化和规范化的过程,它的结果是项目策划工作的总结和表述。项目策划报告书不但要有丰满、翔实的内容,能够完全表达项目策划人的意图,而且要具有简洁的、生动的、吸引人的表达方式。

项目决策策划报告一般包括以下几个部分:1) 环境调查分析报告;2) 项目定义与目标论证报告;3) 项目经济策划报告;4) 项目产业策划报告;5) 设计任务书。

其中,设计任务书是项目决策策划最终成果中的一项重要内容。设计任务书是对项目设计的具体要求,这种要求是在确定了项目总体目标、分析研究了项目开发条件和问题、进行了详细的目标定义和功能分析基础上提出的,因此更加有依据,也更加具体,便于设计者了解业主的功能要求,了解业主对建筑风格的喜好,使设计更有依据,也使得项目获得一个真正优秀设计创意,作品更加具有可行性,也使后续深化设计过程中有"法"可依,在一定程度上减少设计的返工。因此,设计任务书是项目设计的重要依据之一,也是项目决策策划的重要成果之一。

(二) 工程项目决策阶段策划的基本内容

1. 项目环境和条件的调查与分析

环境和条件包括自然环境、宏观经济环境、政策法律环境、市场环境、建设环境(能源、基础设施等)等。其中政策和法律环境泛指社会制度、政府的方针、政策,以及国家制定的与项目相关的法律法规等;市场环境包括项目所处行业的市场供求情况、价格水平以及竞争对象基本情况等;宏观经济环境主要指项目所在地国民收入、国内生产总值及其发展趋势、国民经济发展水平和经济发展速度等;项目建设环境主要包括当地的地质、气象、水文、土壤等地理环境，以及项目实施必需的能源、项目所在地的基础设施、交通条件等。

2. 项目定义和项目目标论证

主要是明确开发或项目建设的目的、宗旨和指导思想，确定项目的规模、组成、功能和标准，对项目总投资和建设周期进行规划和论证。

3. 组织策划

其主要工作内容包括：策划期的组织结构、策划期任务分工、策划期管理职能分工、策划期工作流程、实施期组织总体方案、项目编码体系分析。

4. 管理策划

其主要工作内容包括项目实施期管理总体方案、生产运营期实施管理总体方案、生产运营期经营管理总体方案。

5. 合同策划

合同策划是指确定决策期的合同结构、决策期的合同内容和文本及建设期的合同结构总体方案。

6. 经济策划

其主要工作内容包括项目建设投资估算（如建筑安装工程费用、工程建设其他费用、预备费、建设期利息等，其中建筑安装费用是项目总投资中最主要的组成部分）、项目效益分析、融资方案（融资方案策划主要包括融资组织与融资方式的策划、项目开发融资模式的策划等）、编制资金需求量计划等。

7. 技术策划

其主要工作内容包括技术方案分析和论证、关键技术分析和论证、技术标准、规范的应用和制定。

8. 风险策划

需要分析政治风险、经济风险、技术风险、组织风险和管理风险等。根据分析，对可能出现的风险提出预防和解决措施。

总的来说，项目决策策划工作从明确建设单位需求开始，在综合分析社会环境的基础上，进行项目定义，对项目进行总体构思和项目定位，进一步对项目进行功能策划、经济策划、组织目标控制策划，最终形成对设计的要求文件，并在其中运用多种方法和手段从技术、经济、财务、环境和社会影响、可持续发展等多个角度对项目进行可行性分析，其中有不断的反馈和调整的过程，直至项目能够最终通过审核，形成对设计的要求文件。工程项目决策阶段策划的成果为项目决策策划报告及各类文本和图纸资料。

四、工程项目实施阶段的策划

工程项目实施阶段的策划（简称项目实施策划）是在建设项目立项之后，为了把项目决策付诸实施而形成的具有可行性、可操作性和指导性的项目实施方案。项目实施策划又称为项目实施方案或项目实施规划。

项目实施策划最主要的任务是确定如何组织开发和建设该项目。由于策划所处的时期不同，项目实施策划任务的重点和工作重心以及策划的深入程度与项目决策策划任务也都有所不同。项目实施策划要详细分析实施中的组织、管理和协调等问题，包括如何组织设计、如何招标、如何组织施工、如何组织供货等问题。

工程项目实施策划内容涉及的范围和深度，在理论上和工程实践中并没有统一的规定，应视项目的特点而定。

工程项目实施阶段策划的基本内容有：项目实施的环境和条件的调查与分析、项目目标的分析和再论证、项目实施的组织策划、项目实施的目标控制策划、项目实施的合同策划、项目实施的经济策划、项目实施的技术策划、项目实施的风险策划等。如图 2-3 所示。

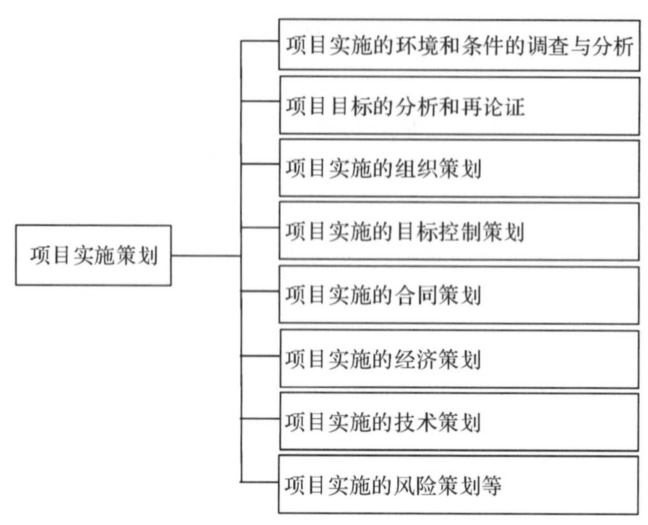

图 2-3　工程项目实施策划内容

(一)项目实施的环境和条件的调查与分析

环境和条件包括自然环境、建设政策环境、建筑市场环境、建设环境(能源、基础设施等)、建筑环境(民用建筑的风格和主色调等)等。

(二)项目目标的分析和再论证

项目管理的核心是目标控制，因此在项目实施前明确项目目标是关键。在项目决策策划中已经对投资、进度和质量目标进行了初步分析，但是在项目真正开始实施之前，必须对项目目标进一步分析和再论证，以对实施总体部署和安排确定行动纲领。项目目标的分析和再论证是项目实施策划的基础。应根据项目实施的内外部客观条件重新对项目决策策划中提出的项目性质和目标进行分析和调整，进一步明确项目实施的目标规划，以满足项目自身的经济效益定位和社会效益定位。因此，在项目实施目标控制策划中，只有从项目业主方的角度出发，才能统筹全局，把握整个项目管理的目标和方向。

其主要工作内容包括：1)投资目标的分解和论证；2)编制项目投资总体规划；3)进度目标的分解和论证；4)编制项目建设总进度规划；5)项目功能分解；6)建筑面积分配；7)确定项目质量目标。

(三)项目实施的组织策划

项目实施组织是指为实现项目目标而参与项目的所有人、单位或机构的组织，其中重点是项目业主方的组织，以及业主方与其他参与方之间的关系。

项目实施的组织策划是指为确保项目目标的实现，在项目开始实施之前以及项目实施前期，针对项目的实施阶段，逐步建立一整套项目实施期的科学化、规范化的管理模式和组织，及对项目参与各方，特别是业主方和代表业主利益的项目管理职能分工、工作流程等进行严格定义，为项目的实施服务，使之顺利实现项目目标。组织策划是项目实施策划的核心内容，是实现有效的项目管理的基础。

其主要工作内容包括：1)业主方项目管理的组织结构；2)任务分工和管理职能分工；3)项目管理工作流程；4)建立编码体系。

(四)项目实施的目标控制策划

项目实施目标控制策划是项目实施策划的重要内容。它是依据项目目标规划，制定项目实施中的质量、投资、进度目标控制的方案与实施细则。

1. 项目目标控制策划的依据

依据包括项目定义中项目分解结构和项目总体目标、建设外部环境分析、建设组织策划、项目合同的有关数据和资料等。

2. 项目目标控制策划应遵循的原则

(1)从系统的角度出发，全面把握控制目标

对于投资目标、进度目标、质量目标这三者而言，无法说哪个最重要，它们是对立统一的。尽管如此，三个目标仍处于一个系统中，寓于一个统一体。鉴于三大目标的系统性，项目实施阶段的目标控制策划也应坚持系统的观点，在矛盾中求得统一。既要注意到多方目标策划的均衡，又要充分保证各阶段目标策划的质量。

(2)明确项目目标控制体系的重心

项目目标体系的均衡并不排除其各个组成部分具有一定的优先次序，出现个别的或一定数量的“重点”目标，形成项目目标体系的重心。这往往是项目决策领导层的明确要求。但要注意，虽然项目目标体系重心的存在与项目目标体系整体的均衡之间并没有根本的冲突，然而，过分的强调会形成不合理的重心，破坏项目目标体系的均衡。

(3)采用灵活的控制手法、手段及措施

由于目标控制策划在项目建设不同时期的内容不同，应该有不同的控制方法、灵活的控制手段、多样化的控制措施与之相适应。不同的方法、手段和措施有着不同的作用和效果。

(4)主动控制与被动控制相结合

目标控制分为主动控制和被动控制。在项目目标控制策划中应考虑将主动控制和被动控制充分结合，此即项目实施阶段的目标组合控制策划。

3. 项目实施目标控制策划应采取的措施

项目实施目标控制策划应采取的措施主要有以下四个方面：

(1)技术措施。技术措施是指在项目控制中从技术方面对有关的工作环节进行分析、论证，或者进行调整、变更，确保控制目标的完成。

采用技术措施需要投入的资源主要是专门的技术、专业技术人员以及相应的管理组织力量和费用支出。例如，聘请各方面的专家，组织进行技术方案的分析、评审。或者针对项目实施中出现的问题，向专业技术人员征求咨询意见，进行技术上的调整。技术措施的作用大多直接表现为对质量、投资、进度等方面目标的影响，其效果可以用控制目标的各种指标变化直接表示出来。

(2)经济措施。经济措施是指从项目资金安排和使用的角度对项目实施过程进行调节、控制,保证控制目标的完成。

经济措施的主要方法是在一定范围进行资金的调度、安排和管理。因而,在项目目标控制策划中,多考虑将经济措施和技术措施结合起来使用,利用两种措施对项目实施过程和项目实施组织的双重作用,进行组合控制。

(3)合同措施。合同措施是指利用合同策划和合同管理所提供的各种控制条件对项目实施组织进行控制,从而实现对项目实施过程的控制,保证项目目标的完成。合同措施主要利用合同条款进行有关的控制工作,所需要的资源也主要是合同管理及法律方面的专业技术力量。例如,通过制定合同中费用支出条款来控制项目实施时,就需要熟悉有关的合同条件和法律知识的专业技术人员来完成这一工作。合同措施直接对有关的项目实施组织产生作用,对项目实施过程或项目控制目标的作用则比较简洁。它在最后会表现出强制性,可以作为项目控制的一个可靠保障。但在一般情况下,不宜将合同措施作为项目控制的唯一手段。进行过多强制性的控制,会对项目实施形成不利的干扰,影响项目实施过程的正常稳定性。

(4)组织措施。组织措施通过对项目系统内有关组织的结构进行安排和调整,对不同组织的工作进行协调,改变项目实施组织的状态,从而实现对项目实施过程的调整和控制。组织措施所需要的主要资源是与项目组织有关的技术力量和管理力量。例如,通过设置职能部门来加强某方面的目标控制,就需要调用有关的技术人员和管理人员。组织措施对项目系统中的有关组织直接产生作用,但与合同措施相比,组织措施的影响范围比较大,消极作用与积极作用总是不可避免地同时出现,产生的连锁反应也比较明显。其影响效果在控制目标上表现出来要迟缓一些,具有一定程度的时滞性。

(五)项目实施的合同策划

项目参与方之间错综复杂的关系,归纳起来最重要的是三大关系:指令关系、合同关系和信息交流关系。组织策划解决指令关系,而合同策划则重点解决合同关系。项目实施合同策划是策划工作中非常重要的一项内容,因为项目许多工作需要委托专业人士、专业单位承担,而委托与被委托关系需要通过合同关系体现,如果不能很好地管理这些合同关系,项目实施的进展就会受到干扰,并会对项目实施的目标产生不利影响。

其主要工作内容包括:承发包模式策划、合同类型策划、合同管理策划、合同文本及项目管理委托、设计、施工、物资采购的合同结构方案等。

此外,还有项目实施的经济策划(资金需求量计划、融资方案的深化分析)、项目实施的技术策划(技术方案的深化分析和再论证、关键技术的深化分析和再论证、技术标准和规范的应用和制定)和项目实施的风险策划等。

五、工程项目策划的作用

工程项目策划的主要作用体现在以下几方面:

(1)明确项目系统的构建框架。工程项目策划的首要任务是根据项目建设意图进行项目的定义和定位,全面构思一个拟建的项目系统。在明确项目的定义和定位的基础上,通过项目系统的功能分析,确定项目系统的组成结构,使其形成完整配套的能力。提出项目系统的构建框架,使项目的基本构想变为具有明确的内容和要求的行动方案,是进行项目决策和实施的基础。

(2)为项目决策提供保证。根据工程项目的建设程序,工程项目投资决策是建立在项目可行性研究的分析评价的基础上,可行性研究中的项目财务评价、国民经济评价和社会评价的结论是项目投资的重要决策依据。可行性研究的前提是建设方案本身及其所依据的社会经济环境、市场和技术水平,而一个与社会经济环境、市场和先进的技术水平相适应的建设方案的产生并不是由投资者的主观愿望和某些意图的简单构想就能完成的,它必须通过专家的认真构思和具体的策划,并进行实施的可能性和可操作性分析,才能使建设方案建立在可运作的基础上。因此,只有经过科学、周密的项目策划,才能为项目的投资决策提供客观、科学的基本保证。

(3)全面地指导项目管理工作。工程项目策划是根据策划理论和原则,密切结合具体项目的整体特征,对项目的发展和实施管理的全过程进行描述,它不仅把握项目系统总体发展的规律和条件,同时深入项目系统构成的各个层面,针对项目的各个阶段的发展变化对项目管理方案提出系统的具有可操作性的构想。因此,项目策划可直接成为指导项目实施和项目管理的基本依据。具体表现有以下几点:

1)澄清项目构成,确定项目管理工作的具体对象。项目构成是整个项目实施过程所包含的各种成分和因素,是项目管理工作的具体对象。澄清项目构成,一是为了进一步细化不同子项目的规模、功能、标准和要求,明确项目定义;二是为了区别不同类型的项目,进行有针对性的管理。项目策划在明确项目目标后,分析并确定项目构成是圆满完成项目管理工作的基础。

2)分析项目过程,明确项目管理的主要工作内容。项目过程中的各个工作环节和方式是项目管理的主要工作对象。如果项目过程不明确,或者难以确定,那么项目管理工作也就根本无法展开。通过项目策划,可明确项目实施过程具有的工作环节和方式,对多种方式优化比选,从而确定项目管理的主要工作内容。

3)分解项目工作任务并制订控制性计划。项目策划将主要的复杂的工作任务划分为比较具体、比较单纯、由多个不同的组织机构来分别承担完成的工作任务,制订控制性计划,确定工作任务的基本程序和要求,这充分保障了整个项目管理工作得以高效、协同地完成。

4)通过有计划地、系统地安排项目目标、项目组织、项目过程等活动,减少或消除项目管理中的不确定性因素,为项目建设的决策和实施增值。

第二节 工程项目决策

工程项目决策正确,意味着对项目建设做出科学的决断,选出最佳投资行动方案,达到资源的合理配置;工程项目决策失误,主要体现在不该建设的项目进行投资建设,或者项目建设地点的选择错误,或者投资方案的确定不合理等。诸如此类的决策失误,会直接带来不必要的资金投入和人力、物力及财力的浪费,甚至造成不可弥补的损失。因此,工程项目决策就显得至关重要,本节将着重介绍工程项目决策的有关内容。

一、工程项目决策概述

(一) 工程项目决策的含义

工程项目决策是指项目经营者按照自己的意图和目的,在调查分析、研究的基础上,采用一定的科学方法和手段对工程项目的建设规模、投资规模、建设工期,以及对经济社会发展的影响等方面进行技术经济分析和评价,以确定工程项目是否必要和可行的过程。

(二) 工程项目科学决策的重要性

一个工程项目从投资意向开始到投资终结的全过程,项目决策阶段主要决定其建设规模、产品方案、建设地址,以及决定采取什么工艺技术、购置什么样的设备以及建设哪些主体工程和配套工程、建设进度安排、资金筹措等事项,在激烈的市场竞争条件下,这些过程中任何一项决策失误,都有可能导致工程项目的失败。况且工程项目建设是一个难以逆转的过程,项目前期的失误在后期难以挽回,项目建设过程中的失误在工程运行中难以弥补。所以科学决策的重要性就不言而喻了。

(三) 工程项目决策的基本原则

(1)科学化。即在工程项目决策过程中,按照科学的程序,采用科学的方法,在调查研究的基础上,对拟建工程项目的可行性和发展前景进行认真的决策分析与评价。

(2)民主化。即善于吸纳各种不同意见,分析各种风险,多谋而后慎断。

(四) 工程项目决策分析与评价

1. 工程项目决策分析与评价的内容

工程项目决策分析与评价一般采取分阶段、由粗到细、由浅到深的方式进行。工程项目决策分析与评价的不同阶段,其工作内容与深度会有所不同。一般来说需要论证的内容包括:

(1)拟建项目是否符合国家经济和社会发展的需要。

(2)产品方案、产品质量、生产规模是否符合市场需要,在市场竞争中能否具有竞争力。

(3)生产工艺技术是否先进适用。

(4)项目建成后,投入品的供应和有关配套条件能否满足持续生产的需要。

(5)项目建成后,财务效益、国民经济效益、社会效益、环境效益能否满足各方的需要。

(6)资金投入和各项建设条件是否满足项目实施的要求。

(7)项目各项风险是否识别并采取了措施。

(8)建设方案是否进行了多方案比较,是否达到方案的最优。

工程项目决策分析与评价是一项复杂的、原则性很强的工作,大型工程项目决策分析与评价需要投入许多人力、物力。

2. 工程项目决策分析

(1)投资机会分析,常称投资机会研究。投资机会研究主要针对一般经营性项目,是投资人在拟投资建设项目前的准备性调查研究,是把项目的设想变为概略的投资建议,对设想的项目和投资机会做出鉴定,并确定有没有必要做进一步的研究。投资机会研究比较粗略,主要依靠估计,而不是靠详细的分析。其投资估算误差程度在±30%,研究费用一般占投资的0.2%~1.0%。投资机会研究的重点是分析投资环境,鉴别投资方向,选择建设项目。投资机会研究的主要目的是对政治经济环境进行分析,寻找投资机会,鉴别投资方向,选定项目，确定初步可行性研究范围，确定辅助研究的关键方面。投资机会的识别一般可从以下三个方面入手。

1)对投资环境进行客观分析，预测客观环境可能发生的变化，寻求投资机会。特别是要对市场供需态势进行分析，在市场经济条件下，市场反映投资机会状况。

2)对企业经营目标和战略进行分析。不同的企业其发展战略、投资机会的选择也有所不同。

3)对企业内外部资源条件进行分析。主要是企业财力、物力和人力资源力量的分析，企业技术能力和管理能力的分析，以及外部建设条件的分析。

通过上述机会研究，初步选定拟建项目，描述选定项目的背景和依据，做出市场与政策分析及预测，做出企业发展战略和内外部条件的分析，并提出投资总体结构以及其他具体建议。以此作为编制项目建议书的依据。

(2)工程项目初步方案决策分析，常称编制项目建议书，也称初步可行性研究，或称预可行性研究。在工程项目的规划设想经过投资机会研究，认为值得进一步研究时，就进入初步可行性研究阶段。初步可行性研究是投资机会研究和详细可行性研究的一个中间阶段。

由于详细地提出可行性报告，是一项很费钱和费时的工作，所以在它之前要进行初步可行性研究，它的主要任务是：对拟建项目的一个总体轮廓设想，是根据国民经济和社会发展长期规划、行业规划和地区规划，以及国家产业政策，经过调查研究，市场预测及技术分析，进一步判断投资机会是否有前途；是否有必要进一步进行详细的可行性研究；确定项目中哪些关键性问题需要进行辅助的专题研究，并初步分析项目建设的可能性。

初步可行性研究的内容与详细可行性研究大致相同，只是工作的深度和要求的精度不一样。初步可行性研究投资估算的误差一般在±20%，其研究的费用一般占投资的0.25%～1.0%。

(3)工程项目方案决策分析，常称工程项目详细可行性研究。它是工程项目投资决策的基础，为项目投资决策提供技术、经济、社会和环境方面的评价依据，也是对拟建项目的市场需求状况、建设条件、生产条件、协作条件、工艺技术、设备、投资、经济效益、环境和社会影响以及风险等问题，进行深入调查研究，进行充分的技术经济论证。它的重点是对项目进行财务效益和经济效益评价，它的目的是通过进行深入细致的技术经济分析，进行多方案选优，并提出结论性意见，做出项目是否可行的结论，选择并推荐优化的建设方案，为项目决策单位或业主提供决策依据。由此可见，项目建议书是围绕项目的必要性进行分析研究；详细可行性研究是围绕项目的可行性进行分析研究，必要时还需对项目的必要性进一步论证。

工程项目决策分析是一项复杂而细致的工作，一般需经过几次反复。一些工程项目在建成之后才发现问题，其原因是工程项目决策阶段的工作没有做细，或没有按科学规律办事。有的工程在建设过程中就停工，原因也是决策分析太粗糙或不科学。

详细可行性研究要求有较高精度，它的投资估算误差要求为±10%，研究的费用小型项目约占投资的1.0%～3.0%，大型项目为0.2%～1.0%。

3. 工程项目决策分析的基本要求

(1)数据信息准确可靠。数据信息是决策分析与评价的基础和必要条件，全面准确地了解和掌握决策分析与评价有关的资料数据是决策分析与评价的最基本要求。主要数据信息有：

1)国民经济长期规划、行业规划和地区规划。

2)国家颁布的有关项目评价的基本参数和指标。

3)有关技术、经济、工程方面的规范、标准、定额等指标以及国家颁布的技术法规和技术标准。

4)可靠的自然、地理、气象、水文、地质、社会、经济等基础数据资料、交通运输和环境保护资料。

5)有关项目本身的市场、原材料、资金来源等各项数据资料。

由于决策分析与评价是个动态过程,在实施中要注意新情况的出现,要及时、全面、准确地获取新的信息,必要时做出追踪决策分析。

(2)方法要科学、合理,并采用多种方法验证。决策分析与评价要注意方法的科学性、合理性,根据不同情况选择不同的方法。并通过多种方法进行验证,以保证决策的准确性。方案评价与选择的方法很多,可归纳为三大类。

1)经验判断法。即依靠咨询工程师的经验进行综合判断。这是一种常用的方法,尤其是对包括较多难以定量化的抽象因素(如社会因素、心理因素、道德因素等)的决策问题进行分析时,经验判断更不可缺少。经验之所以可作为决策选择的依据,在于历史发展存在规律性和继承性。但经验不能作为百分之百的依据,对于决策分析与评价中遇到的新情况、新问题,必须认真分析,不能机械地套用经验去做简单判断。经验判断法的最大缺点是容易受个人主观认识的限制。因此,在应用经验判断法时,要发扬决策民主化的作用,充分吸收他人的正确经验。

2)数学分析法。指包括系统分析、线性分析、统筹方法等建立在数学手段基础上的定量化分析技术。运用这些定量分析方法,无论在项目评价或决策方面,均能起到重要的作用。

3)试验法。由于在决策分析中不可能创造出像实验室那样人为的典型可控条件,所以试验法也不像在科学技术研究中那样作为一种基本方法。但对于一些经不起失误的重大决策,仍不失为一种可行的方法。

以上三种方法各有所长,应当根据决策分析与评价的问题性质和特点,灵活选用或结合使用。

(3)分析要符合逻辑、有说服力。

1)选择合适目标并掌握约束条件。进行科学的决策分析必须首先选择目标,目标选择的条件为:一是要选择有价值的目标;二是分析确定实现目标的顺序;三是对选择的目标具体化,要有明确的数量和质量指标;四是确定目标的方向和范围;五是确定实现目标的时限。其次,要客观分析并掌握约束条件。约束条件是指为实现确定目标所面临的限制条件或不利因素。在投资决策中,实现投资目标,往往受多种因素的制约。

2)定性与定量相结合,以定量为主。定性分析是一种在占有一定资料的基础上,根据咨询工程师的经验、直觉、学识、洞察力和逻辑推理能力进行的决策分析。随着应用数学和计算机的发展,经济决策更多地依赖于定量分析的结果,使得决策不再以感觉为基础,使决策更加科学化。建设项目决策分析与评价的本质是对项目建设和生产过程中各种经济因素给出明确、综合的数量概念,通过效益和费用的分析、比较,确定取舍。但是一个复杂的项目,总会有一些因素不能量化,不能直接进行定量分析,只能平行罗列,分别进行对比和做定性描述。因此,在项目决策分析与评价时,应遵循定量分析与定性分析相结合的原则,并以定量分析为主，力求能够正确反映项目实施中的所费（即费用，如投资、日常投入费用等）与所得（即效益，如销售收入等），对不能直接进行数量分析比较的，则应实事求是地进行定性分析。

3）静态分析与动态分析相结合。静态分析是指在项目决策分析与评价时，对资金的时间因素不做价值形态的量化。这种分析方法是很难反映未来时期的发展变化情况的，但指标比较简单、直观，使用起来比较方便。动态分析则是指在项目决策分析与评价时考虑资金的时间价值，用复利计算方法计算资金的时间价值，进行价值判断。动态分析方法将不同时间内资金的流入和流出换算成同一时点的价值，为不同方案和不同项目的比较提供了同等的基础，决策分析与评价中可以根据工作阶段和深度要求的不同，采用静态分析与动态分析相结合，以动态分析为主、静态分析为辅的决策分析与评价原则。

（4）多方案比较与优化。多个方案的比较与优化是项目决策分析与评价的关键，尤其是在多目标决策时，往往形成各个方案各有千秋的局面，这时可按以下方法进行选择。

1）综合评分法。此法的特点是先为每个目标的各个实现方案评定一定的优劣分数，然后按一定的算法规则，给各方案算出一个综合总分，最后按此综合总分的高低选择方案。

2）目标排序法。此法是在决策的全部目标按重要性大小排序的基础上，先根据最重要的目标从全部备选方案中选择出一个部分方案，然后按第二位的目标从被选出的这部分方案中再做选择，从中选出更小的一部分方案，这样按目标的重要性一步一步地选择下去。

3）逐步淘汰法。此法是对多方案采取逐步淘汰的办法直至最后不能再淘汰为止。

4）两两对比法。此法是把方案进行两两对比，在对比定出高低或优劣的基础上再做出综合评价。

二、工程项目建议书

（一）项目建议书的基本内容

项目建议书是工程项目建设程序的最初环节，是有关地区、部门、企事业单位或投资人根据国民经济和社会发展的长远规划、行业规划和地区规划的要求，经过周密细致的调查研究、市场预测、资源条件及技术经济分析后，提出建设某一项目的建议文件。项目建议书是鉴别项目投资方向、对拟建项目的一个总体轮廓设想，着重从宏观上对项目建设的必要性做出分析衡量，并初步分析项目建设的可能性，向决策者提出建议，推荐项目。

项目建议书的内容，视项目的不同情况有简有繁，一般包括以下几个方面的内容。

1．建设项目提出的依据和必要性

（1）建设项目的依据

概述项目所在地区的行政区划和自然、地理、资源等情况，生活经济现状以及地区国民经济与社会发展规划的要求。

概述项目所在地区建设现状及其近、远期发展规划和项目建设的要求。说明项目所依据的综合利用规划和各专业规划。阐述项目投资者的经营目标和战略。概述项目规划阶段方案、比选结果和规划成果审批意见。

（2）项目建设的必要性

阐述项目在国民经济和社会发展规划及区域规划中的地位与作用，论证项目建设的必要性。

根据地区国民经济发展规划和建设项目任务要达到的目标，在综合利用规划和专业规划的基础上，进行必要的补充调查研究工作，对所在地区功能基本相同的项目方案进行综合比较，阐明各项目方案的优缺点，论述推荐本项目的理由。

2. 产品方案、市场前景、拟建规模和建设地点的初步设想

在对客观环境、投资者经营目标和战略以及投资者内外资源条件分析的基础上，提出产品方案、市场前景、拟建规模和建设地点的初步设想。

(1)产品方案是指项目的产品结构、中间产品衔接和工艺流程。产品方案设想包括项目的最初产品、中间产品和最终产品的名称、规格、数量、质量标准以及生产的工艺流程。

(2)市场前景分析是在市场调查的基础上，对项目产品的市场容量、价格、竞争力、营销策略以及市场风险进行分析预测和研究，为确定项目建设规模和产品方案提供依据。

(3)拟建规模是指项目的全部生产能力或工程效益。其初步设想的内容包括：产品的市场预测，确定产品的年产量，一次建成规模和分期建设的设想，以及对拟建规模经济合理性的评价。

(4)建设地点是指建设项目的大体地理位置。建设地点应根据国家经济发展战略的总体规划布局和投资者经营目标和战略，充分考虑自然条件和社会条件、原材料来源及销售市场的远近，结合拟选地点的基础设施、交通运输状况及行业生产特点，在追求降低项目生产及产品流通费用、提高项目投资效益的原则下确定。一般来说，对于原料笨重、不便运输的工业项目，宜靠近原料产地建厂；对产品价值不高、运输途中易于损坏的生产项目，宜靠近销售市场建厂；而对于新兴的高技术产品，则应建在工业发达且有较高第三产业发展水平的地区。

3. 资源状况、建设条件、协作关系及引进国别和厂商的初步分析

(1)资源状况是指拟利用资源的供应可能性和可靠性。其初步分析包括拟开发范围内已探明的可用矿产产品的品名、品位、开采价值或资源的储量、质量、储藏情况以及开发条件。

(2)建设条件的初步分析主要是分析项目建设的市场条件、资源条件、技术条件、资金条件、环境条件、社会条件、施工条件、法律条件、外部协作配套条件以及项目拟建地的地形、地貌、水质、水量和排放条件等。

(3)协作关系的初步分析主要是指项目建成投产后所需原材料、燃料、供水、供电、供气、交通运输、协作产品等外部协作配套要求及其解决的可能性及初步分析。

(4)引进国别和厂商的初步分析是指对生产技术与工艺、主要专用设备来源的分析，如拟引进国外技术，应分析引进的理由、引进的国别和厂商、与国内外同行技术的差距、技术来源、建设鉴定及转让等情况。

4. 投资估算和资金筹措的设想

投资估算和资金筹措的设想包括：

(1)根据所掌握数据的情况，估算主要单项工程投资、工程静态总投资和动态总投资以及分年度投资。

(2)说明资金来源，利用贷款时需附贷款条件及利率，说明偿还方式，测算偿还能力。

(3)利用外资投资的项目，要说明利用外资的可能性，以及偿还贷款能力的初步测算。

5. 项目建设进度的设想

项目建设进度的设想包括：

(1)说明项目的建安工程量及总进度安排的设想、分期实施意见及控制性工程工期。

(2)建设前期工作的安排，如项目的询价、考察、谈判和设计等。

(3)估算项目建设需要的主要建筑材料数量和劳动力等。

6. 项目经济效益和社会效益的初步测算

项目经济效益和社会效益的初步测算包括：

(1)工业项目要说明产品的价格，估算成本，计算项目利润、投资利润率、投资回收期、内部收益率及其他必要的指标，进行盈亏能力、清偿能力及对社会贡献的初步分析。

(2)非工业项目要说明项目建成后对于人民物质、文化生活水平所作贡献的初步估计。

7. 结论与建议

本部分的主要内容包括：

(1)综述建设项目隶属关系、建设的必要性、建设规模、建设条件、建设方案、环境影响、建设工期、投资估算和经济评价等主要调研成果。

(2)简述项目建设的主要问题。

(3)简述地方政府以及各部门、有关方面的意见和要求。

(4)提出综合评价结论。

(5)提出今后工作的建议。

(二)项目建议书的编制和审批

1. 项目建议书的编制

按照建设项目的隶属关系，由有关部门、地区、企业或投资人根据国民经济和社会发展的长远规划、行业规划、地区规划及经济建设的方针、任务和技术经济政策等要求，结合资源情况、企业战略、建设条件等，在广泛调查研究、收集资料、踏勘建设地点、初步分析投资效果的基础上，按前述项目建议书的内容格式编制。

2. 项目建议书的审批

项目建议书按要求编制完成后，根据有关规定，按照根据建设总规模和限额划分的审批权限进行报批。

根据《国务院关于投资体制改革的决定》(国发〔2004〕20号)，政府对于投资项目的管理分为审批、核准和备案三种方式。对于政府投资项目或使用政府性资金、国际金融组织和外国政府贷款投资建设的项目，继续实行审批制；对于企业不使用政府性资金、国际金融组织和外国政府贷款投资建设的项目，一律不再实行审批制，区别不同情况实行核准制和备案制。

具体而言，审批项目建议书的建设项目包括以下几类：

(1)采用政府直接投资和资本金注入方式的建设项目，由国家发展和改革委员会审批或由国家发展和改革委员会审核报国务院审批；地方政府投资项目由国家发展和改革委员会审批。

(2)使用中央预算内投资、中央专项建设资金、中央统还国外贷款5亿元及以上的项目，由国家发展和改革委员会审核报国务院审批。

(3)使用中央预算内投资、中央专项建设资金、统借自还国外贷款的总投资50亿元及以上的项目，由国家发展和改革委员会审核报国务院审批。

(4)对于借用世界银行、亚洲开发银行、国家农业发展基金会等国际金融组织贷款和外国政府贷款及与贷款混合使用的赠款、联合融资等国际金融组织和外国政府贷款投资项目，根据中华人民共和国发展和改革委员会发布的《国际金融组织和外国政府贷款投资项目管理暂行办法》(国家发展和改革委员会令第28号，2005年2月28日签发)规定：

1)由中央统借统还的项目，按照中央政府直接投资项目进行管理。其项目建议书由国家发展和改革委员会审批或审核后报国务院审批。

2)由省级政府负责偿还或提供还款担保的项目，按照省级政府直接投资项目进行管理，其项目审批权限，按照国务院及国家发展和改革委员会的有关规定执行。除应当报国务院及国家发展和改革委员会审批的项目外，其他项目的建议书均由省级发展和改革委员会审批，审批权限不得下放。

项目建议书获得批准并不表明项目即可以投资，项目建议书不是项目的最终决策，只是选择建设项目和有根据地进行可行性研究的依据。

三、工程项目的可行性研究

(一)可行性研究的概念

项目可行性研究是指对某工程项目在做出是否投资的决策之前，先对与该项目相关的技术、经济、社会、环境等所有方面进行调查研究，对项目各种可能的拟建方案认真地进行技术经济分析论证，研究项目在技术上的先进适用性、在经济上的合理有利性和建设上的可能性，对项目建成后的经济效益、社会效益、环境效益等进行科学的预测和评价，据此提出该项目是否应该投资建设，以及选定最佳投资建设方案等结论性意见，为项目投资决策提供依据。

可行性研究是在工程投资决策之前，运用现代科学技术成果，对工程项目建设方案所进行的系统的、科学的、综合的研究、分析、论证的一种工作方法。它的目的是保证拟建项目在技术上先进可行、在经济上合理有利。

(二)可行性研究的依据

可行性研究的依据包括以下内容：

(1)国家有关法律、法规；

(2)国家和地方经济、社会发展的长远规划，经济建设的方针和政策，行业发展规划；

(3)项目建议书及其批复文件；

(4)委托单位的委托合同，委托单位的设想要求；

(5)对于大中型骨干建设项目，必须具有国家批准的资源报告、国土开发整治规划、区域规划、江河流域规划、工业基地规划等有关文件，因工程不同各有侧重；

(6)可靠的自然、经济、社会等基础原始资料，这些都是为厂址选择、工程设计、技术经济分析所不可缺少的基本数据；

(7)有关工程技术经济方面的规范、标准、定额，以及国家正式颁布的技术规范和技术标准；

(8)经国家统一颁发的有关项目的基本参数和指标，如基准收益率、社会折现率、折旧率、调整外汇率、工资和价格等，它们可作为项目可行性研究中财务评价和国民经济评价的基准依据和判别标准；

(9)合资、合作项目各方签订的协议书或意向书；

(10)有关的基础数据。

(三)可行性研究的作用

可行性研究的主要作用有：

(1)作为工程项目投资决策的依据。可行性研究对与工程项目有关的各个方面都进行了调查研究和分析，并论证了工程项目的先进性、合理性、经济性和环境性，以及其他方面的可行性，项目的决策者主要根据可行性研究的结果来做项目是否应该投资和应该如何投资的决策。

(2)作为编制设计任务书的依据。可行性研究中具有的技术经济数据，都要在设计任务书中明确规定，它是编制设计任务书的根据。

(3)作为筹集资金和银行申请贷款的依据。银行在接受项目贷款申请后，通过审查工程项目的可行性研究报告，确认了项目的经济效益水平和偿还能力，承担的风险不太大时，才同意贷款。

(4)作为与有关协作单位签订合同或协议的依据。根据可行性报告和设计任务书，工程项目组织可与有关的协作单位签订项目所需的原材料、能源资源和基础设施等方面协议和合同，引进技术和设备的正式签约。

(5)作为工程项目建设的基础资料。工程项目的可行性研究报告，是工程项目建设的重要基础资料。项目建设过程中的技术性更改，应认真分析其对项目经济社会指标影响程度。所以说，可行性研究报告是项目的实施和目标控制的重要依据。

(6)作为环保部门审查项目对环境影响的依据，并作为向项目所在地的政府和规划部门申请建设执照的依据。

(7)作为项目的科研试验、机构设置、职工培训、生产组织的依据。根据批准的可行性研究报告，进行与项目相关的科技试验，设置相应的组织机构，进行职工培训等生产准备工作。

(8)作为项目考核的依据。项目正式投产后，应以可行性研究所制定的生产纲要、技术标准及经济社会指标作为项目考核的标准。

(四)可行性研究的步骤

工程项目的可行性研究，涉及许多专业学科，往往要进行多学科的论证。所以，较大项目的可行性研究组，需要由技术、经济、工艺、土建、财会、系统工程以及程序设计等方面的专家组成。可行性研究的工作步骤如下：

(1)筹划准备。项目建议被批准后，建设单位即可组织或委托有资质的工程咨询公司对拟建项目进行可行性研究。双方应当签订合同协议，协议中应明确规定可行性研究的工作范围、目标、前提条件、进度安排、费用支付方法和协作方式等内容。建设单位应当提供项目建议书和项目有关的背景材料、基本参数等资料，协调、检查监督可行性研究工作。可行性研究的承担单位在接受委托时，应了解委托者的目标、意见和具体要求，收集与项目有关的基础资料、基本参数、技术标准等基准依据。

(2)调查研究。调查研究包括市场、技术和经济三个方面内容，如市场需求与市场机会、产品选择、需要量、价格与市场竞争；工艺路线与设备选择；原材料、能源动力供应与运输；建厂地区、地点、场址的选择,建设条件与生产条件等。对这些方面都要做深入的调查,全面地收集资料,并进行详细的分析研究和评价。

(3)方案的制定和选择。这是可行性研究的一个重要步骤,在充分的调查研究的基础上制定出技术方案和建设方案,经过分析比较,选出最佳方案。在这个过程中,有时需要进行专题性辅助研究,有时要把不同的方案进行组合,设计成若干个可供选择的方案,这些方案包括产品方案、生产经济规模、工艺流程、设备选型、车间组成、组织机构和人员配备等方案。在这个阶段有关方案选择的重大问题,都要与建设单位进行讨论。

(4)深入研究。对选出的方案进行详细的研究,重点是在对选定的方案进行财务预测的基础上,进行项目的财务效益分析和国民经济评价。在估算和预测工程项目的总投资、总成本费用、销售税金及附加、销售收入和利润的基础上,进行项目的盈利能力分析、清偿能力分析、费用效益分析和敏感性分析、盈亏分析、风险分析,论证项目在经济上是否合理有利。

(5)编制可行性报告。在对工程性能进行了技术经济分析论证后,证明项目建设的必要性、实现条件的可能性、技术上先进可行和经济上合理有利,即可编制可行性研究报告,推荐一个以上的项目建设方案和实施计划,提出结论性意见和重大措施建议供决策单位作为决策依据。

可行性报告有它特有的要求和格式,在编制时应注意以下几点:

1)重点阐明工程项目的意义、必要性和重要性,突出针对性。

2)要注意表达的精确性。这是编制可行性研究报告时应特别注意的问题,在可行性报告中不应采用模糊不清的表达方式,如“基本上能够达到”“如果这一点可能的话,还是比较有把握的”等。

3)编写可行性报告应严肃认真。运用语言文字要标准,不使用不规范的字或词。

4)可行性研究报告要注意内容的系统化和格式的规范化。由于工程项目的可行性研究报告是由多种专业人员或多个单位协作完成的,各个单项研究报告又可能由多人编写,因此,应根据工作程序、性质和内容,事前提出各项的具体要求,统一编写的方法和内容安排。可行性研究报告要注意格式的规范化,包括参考文献条目也要按照国家标准规定的格式书写。

(五)可行性研究报告的内容

工程项目种类繁多,建设要求和建设条件也各不相同,因此项目可行性研究的内容也各有侧重。但是,根据可行性研究的实践,各类工程项目研究的基本内容还是相同的,主要包括以下 10 个方面。

1. 总论

(1)工程项目概况。包括:工程项目的名称,主办单位,承担可行性研究的单位,工程项目提出的背景,投资的必要性和经济意义,调查研究的依据、范围、主要过程等。

(2)研究结果概要。

(3)存在的问题和建议。

2. 市场需求情况和拟建规模

市场需求预测是工程项目可行性研究的重要环节。通过市场调查和预测,了解市场对项目产品的需求程度和发展趋势,是进行是否投资和投资规模决策的重要依据。

(1)调查国内市场近期需求状况,并预测未来趋势。

(2)估算国内现有工厂生产能力。

(3)分析产品价格和竞争能力,预测产品销售前景(包括进入国际市场的前景)。

(4)确定拟建工程项目的规模,论述产品方案,就其发展方向进行技术经济分析。

3. 资源、原材料、燃料及公用设施情况

(1) 经过正式批准的资源储量、品位、成分以及开采、利用条件的评述。

(2)所需原料、辅助材料、燃料的种类、数量、来源和供应可能有毒、有害及危险品的种类、数量、质量及其来源和供应的可能性和储运条件。

(3)所需公用设施的数量、供应方式和条件、外部协作条件。

4. 建厂条件和厂址方案

(1)建厂的地理位置、气象、水文、地质、地形条件和社会经济现状。

(2)交通、运输及水、电、气的现状和发展趋势。

(3)对厂址进行多方案的技术经济分析和比较,提出选择意见。

5. 项目设计方案

(1)项目的构成范围,单项工程的组成、技术来源和生产方法、主要技术工艺和设备选型方案的比较,引进技术、设备的来源国别,设备的国内外比较、与外商合作制造方案设想。

(2)全厂布置方案的初步选择和土建工程估算。

(3)公用辅助设施和厂内外交通运输方式的比较和初步选择。

6. 环境保护

(1)对项目建设地区的环境状况进行调查,分析拟建项目的"三废"种类、成分和数量,对环境影响的范围和程度。

(2)治理方案的选择和废物回收利用情况。

(3)对环境影响的评价。

7. 生产组织、劳动定员和人员培训

(1)全厂生产管理体制、机构的设置,对选择的方案的论证。

(2)劳动定员的配备方案。

(3)人员培训规划和费用估算。

8. 项目的实施计划和进度要求

实施计划可用甘特图和网络图来表示。

(1)勘察设计的周期和进度要求。

(2)设备订货、制造时间要求。

(3)工程施工进度。

(4)调试或投产时间。

(5)整个工程项目的实施方案和总进度的选择方案。

9. 国民经济评价和财务评价

(1)总投资费用、各项建设支出和流动资金的估算。

(2)资金来源、筹集方式,各种资金来源所占的比例,资金的数量和筹措成本。

(3)生产成本的计算:总生产成本、单位生产成本。

(4)进行财务评价与国民经济评价。

10. 综合评价与结论、建议

(1)运用各项数据,从技术、经济、社会、财务等各个方面论述工程项目的可行性,推荐一个或几个可行方案。

(2)存在的问题和建议。

根据我国的规定,在依法必须进行招标的工程建设项目中,按照工程建设项目审批管理规定,凡应报送项目审批部门审批的,必须在报送的项目可行性研究报告中增加有关招标的内容。增加的内容主要是项目的勘察、设计、施工、监理以及重要设备、材料等采购活动的具体招标范围、拟采用的招标组织形式、招标方式以及其他有关的内容。所增加的招标内容作为可行性研究报告的附件与可行性研究报告一同报送。

(六) 项目可行性研究报告的报批

根据《国务院关于投资体制改革的决定》(国发〔2004〕20 号)规定,建设项目可行性研究报告的审批与项目建议书的审批相同,即:对于政府投资项目或使用政府性资金、国际金融组织和外国政府贷款投资建设的项目,继续实行审批制,需报批可行性研究报告。凡不使用政府性投资资金(国际金融组织和外国政府贷款属于国家主权外债,按照政府性投资资金项目管理办法管理)的项目,一律不再实行审批制,区别不同情况实行核准制和备案制,无须报批项目可行性研究报告。

根据《国家发展和改革委员会关于改进和完善报请国务院审批或核准的投资项目管理办法》(发改投资〔2005〕76 号)的规定:要逐步建立和完善政府投资责任追究制度,建立健全协同配合的企业投资监管体系,与项目审批、核准、实施有关的单位要各司其职、各负其责。

四、工程项目评估

工程项目决策分析主要是项目法人或投资人从自身的发展需要出发对工程项目的必要性和可行性做的分析论证。项目法人认为可行的工程项目是否对整个社会的发展也是必要和可行的呢？答案显然是不一定。因此,政府有必要委托具有一定资质的单位对项目法人认为是可行的工程项目进行分析、论证和评估,这也就是工程项目评估。

(一) 工程项目评估的原则

工程项目评估须考虑社会经济发展的总体要求,以最少的社会消耗换取社会的最大经济效果,其目的是满足人民群众日益增长的物质和文化生活的需要。因此进行项目评估必须掌握以下原则。

(1)项目建设必须符合国家的各项法律法规和方针政策。

(2)拟建项目的基本目标必须符合国家和地区的国民经济发展规划。拟建项目方案应与产业结构调整及国民经济发展方向保持一致。应在全国及地区经济发展战略的指导下进行项目评估。

(3)拟建项目要有较好的经济效益。项目评估应从多种角度来评价项目的经济效果,力求按恰当的衡量标准和尺度,求得微观经济效益和宏观经济效益的统一。一般来说,衡量项目的好坏应考虑:

1)项目产品应在一定时期内符合市场需求,并具有一定的竞争能力。

2)应考虑国力的承受程度,从宏观上考虑项目投入物及相关投入物的短缺程度,项目的投入必须小于产出。

3)要有货币的时间价值观念，动态地考虑项目营运对投资必须偿还的本金及利息。

4)要从宏观的角度，确定较为合理的价值尺度，调整换算投入物及产出物的价格，准确地分析项目的国民经济效益。

5)应考虑项目投入物及产出物的机会成本及边际效益，以最少的投入换取最大的社会经济效果。

(4)拟建项目要满足环境保护的基本要求，符合可持续发展的原则。

(二) 工程项目评估的内容

工程项目评估一般应着重从以下几个方面进行：

(1)各项数据、资料、标准、规范是否可靠、准确，是否符合国家有关规定。

(2)根据行业和项目的具体情况，有重点地审核带关键性的指标和有关问题，如矿产资源的储量、品位是否准确；项目的区域地质、水文地质、工程地质条件是否清楚；原材料燃料、动力供应来源是否可靠；交通运输条件、外部协作配套条件是否落实；等等。

(3)所采用的技术、工艺方案是否先进、成熟，并切合我国实际；设备选型是否得当；资源利用是否合理。

(4)市场调查和预测是否可靠，产品是否具有市场竞争能力；建设规模、产品方案是否符合国家的建设方针和长远规划的要求；配套工程能否同步建设，能否保证项目建成后正常营运，发挥投资效益。

(5)建设地点选择是否符合区域规划、城市规划的要求；生产工艺和“三废”治理是否符合生态环境保护要求。

(6)投资估算是否切合实际，有无高估冒算、任意提高标准或有无漏项、少算的情况。

(7)应着重进行企业经济评价和国民经济评价，并做不确定性分析。

(8)审查资金渠道是否符合国家规定，来源是否落实可靠。

(9)如系利用外资、引进技术项目，还应着重审查外资贷款额度是否得当，贷款条件是否合理，偿还能力是否可靠，国内配套投资是否落实，引进的技术是否符合国家有关政策规定和当地实际情况，有无重复引进和盲目引进的情况，是否考虑了消化吸收及国产化措施；如系中外合资、合营、合作的项目，还应了解国外合作者的信誉及双方权益和自有资金的比例安排是否妥当，外汇是否平衡，不确定性分析是否得当等。

(10)此外，应通过项目的经济效益分析，对有关政策和管理体制做出改进建议。

最后，在以上工作的基础上，对拟建项目做出总评价，得出项目是否应当建设的明确结论。

(三) 工程项目评估的工作步骤及评估报告

1. 工程项目评估工作步骤

工程项目评估涉及多学科的协同配合问题，应遵循一定的程序步骤，循序渐进，一般应经以下几个步骤：

(1)组建项目评估小组。应建立项目评估责任制，指定专家作为评估小组负责人，负责协调汇总专家意见并主持评估小组的全面工作。评估人员应按评估内容、质量要求严格把关，确保评估工作做到公正、可靠、科学。

(2)编制评估工作计划。根据评估要求，安排好初审、收集资料，各项评估内容及编写评估报告的进度。

(3)对拟建项目做一般性审查。这是评估工作的必经步骤,也是对项目的初步评审。审查方法可采用以下方法之一。

1)直观法。直观法是评估小组按国家计委颁布的关于项目可行性研究的有关规定,对项目可行性研究报告的编制程序、编制单位、编制内容和附件,逐条地核对、审查,直观地发现是否符合有关规定。发现不符合要求可行性研究报告,编制单位尽快改正补送。

2)经验法。经验法是凭借个人经验,根据已知的综合定额或经验数据,对可行性研究报告中的内容、资料、数据做简单估算和审查。特别是利用国内已建成的同类项目数据进行简单对比,以期及早发现问题。如属明显不合理的项目,则可停止评审。

(4)根据一般性审查的信息,确定调查目标,制定调查提纲,收集有关数据资料,进行调查。

(5)分工把关,对可行性研究报告进行详尽、全面的审查。

(6)通过项目经济效益分析,对有关政策及管理体制提出改进建议。

(7)对项目进行总评估,并编写评估报告。对项目是否应该建设、宜建规模、建设方案选择等,应提出明确的意见。

2. 工程项目评估报告

工程项目评估报告是向决策部门提供项目建设主要概况和评估结果的综合性技术经济文件,也是向银行申请贷款的主要依据,其内容一般应包括以下几个部分。

(1)总论。分析拟建项目的概况、历史背景和性质,并对项目可建的必要性做出评价。

(2)市场调查与预测。预测市场供求和产品竞争能力,以“产品未来需要量”与“产品总供应能力”进行分析比较,对建设项目规模进行评价。

(3)生产建设条件的评估。包括分析资源、工程地质和水文地质条件、工艺技术水平、燃料动力供应、交通运输条件及协作配套条件的落实情况、环境保护治理方案、引进成套项目的多方案比较、厂址选择的合理性等。

(4)技术评估。从可持续发展的高度出发,对项目方案的技术先进性和实现可能性做出科学、系统的评价。

(5)投资和财务基本数据评审。包括投资估算、资金来源、投资构成、流动资金估算、生产规模及产品方案数据、各项技术经济指标、产品成本、销售收入及税金估算、盈利水平、贷款利率及条件、贷款偿还能力等方面数据的审查。

(6)企业财务评价。分析计算企业内部收益率及投资回收期。同时,根据项目的需要,也可增加其他指标计算。

(7)国民经济评价。国民经济评价包括国民经济盈利能力分析、外汇效果分析和外部效果分析等内容。它以经济内部收益率为主要指标,除此之外还包括经济净现值、经济外汇净现值、经济换汇成本、经济结汇成本。

(8)不确定性分析。在企业经济效益和国民经济效益分析的基础上,对可能出现的原材料价格变化、产品价格升跌等不确定性因素进行风险分析,并提出相应对策。

(9)对影响项目提高经济效益的管理体制及财经政策提出建议。

(10)总体评估。在编写评估报告时,一是要归纳、综合评估工作的全过程,反映评估结果;二是要用简练的文字、数据来证明项目是否可行;三是提出的结论及政策建议要具有科学性、合理性和可行性。例如,对于社会效益较高而企业经济效益较低的项目,应站在国家利益的角度，确定其可行，并向有关部门建议，采取财政补贴或调整国内市场价格的办法，使企业有所盈利；如对企业经济效益较高而对社会效益来说不可取的项目，无论是现行价格不合理所造成或行业因素所造成（如重复建设的烟厂），都应做出项目不可行的结论。

第三节 工程项目管理规划

工程项目管理规划是指导工程项目管理工作的纲领性文件。它对工程项目管理的各项工作进行综合、完整、全面的总体计划，是对项目构思、项目目标更为详细的论证，是实际工作的指南和实施控制的依据，也是各个阶段责任及中间决策的依据。工程项目管理规划分工程项目管理规划大纲和工程项目管理实施规划。

一、工程项目管理规划的内容

工程项目管理规划内容涉及的范围和深度，在理论上和工程实践中并没有统一的规定，应视项目的特点而定。由于项目实施过程中主客观条件的变化是绝对的，不变则是相对的；在项目进展过程中平衡是暂时的，不平衡则是永恒的，因此，工程项目管理规划必须随着情况的变化而进行动态调整。

（一）工程项目管理规划大纲

工程项目管理规划大纲具有战略性、全局性和宏观性，因此需要依靠组织管理层的智慧与经验，取得充分依据，发挥综合优势进行编制。编制工程项目管理规划大纲从明确项目目标到形成文件并上报审批全过程，反映了其形成过程的客观规律性。

工程项目管理规划大纲的内容应包括下列方面：

(1)项目概况。应包括项目的功能、投资、设计、环境、建设要求、实施条件（合同条件、现场条件、法规条件、资源条件）等，不同的项目管理者可根据各自管理的要求确定内容。

(2)项目范围管理规划。应对项目的过程范围和最终可交付工程的范围进行描述。

(3)项目管理目标规划。应明确质量、成本、进度和职业健康安全的总目标并进行可能的目标分解。

(4)项目管理组织规划。应包括组织结构形式、组织构架、确定项目经理和职能部门、主要成员人选及拟建立的规章制度等。

(5)项目成本管理规划、项目进度管理规划、项目质量管理规划、项目职业健康安全与环境管理规划、项目采购与资源管理规划。应包括管理依据、程序、计划、实施、控制和协调等方面内容。

(6)项目信息管理规划。主要指信息管理体系的总体思路、内容框架和信息流设计等规划。

(7)项目沟通管理规划。主要指项目管理组织就项目所涉及的各有关组织及个人相互之间的信息沟通、关系协调等工作的规划。

(8)项目风险管理规划。主要是对重大风险因素进行预测、估计风险量，进行风险控制、转移或自留的规划。

(9)项目收尾管理规划。包括工程收尾、管理收尾、行政收尾等方面的规划。

（二）工程项目管理实施规划

工程项目管理实施规划应以工程项目管理规划大纲的总体构想和决策意图为指导，具体规定各项管理业务的目标要求、职责分工和管理方法，把履行合同和落实项目管理目标责任书的任务，贯彻在实施规划中，是项目管理人员的行为指南。

工程项目管理实施规划编制的主要内容是组织编制。在具体编制时，各项内容仍存在先后顺序关系，需要统一协调和全面审查，以保证各项内容的关联性。

编制工程项目管理实施规划的依据中，最主要的是工程项目管理规划大纲，应保持两者的一致性和连贯性，其次是同类项目的相关资料。

工程项目管理实施规划应包括的内容有：

(1)项目概况应在工程项目管理规划大纲的基础上根据项目实施的需要进一步细化。

(2)总体工作计划应将项目管理规划目标、项目实施的总时间和阶段划分具体明确，对各种资源的总投入做出安排，提出技术路线、组织路线和管理路线。

(3)组织方案应编制出项目的项目结构图、组织结构图、合同结构图、编码结构图、重点工作流程图、任务分工表、职能分工表并进行必要的说明。

(4)技术方案主要是技术性或专业性的实施方案，应辅以构造图、流程图和各种表格。

(5)进度计划应编制出能反映工艺关系和组织关系的计划、可反映时间计划、反映相应进程的资源(人力、材料、机械设备和大型工具等)需用量计划以及相应的说明。

(6)质量计划、职业健康安全与环境管理计划、成本计划、资源需求计划、风险管理计划、信息管理计划、项目沟通管理计划和项目收尾管理计划，均应按《建设工程项目管理规范》(GB/T 50326—2017)相应章节的条文及说明编制。为了满足项目实施的需求，应尽量细化，尽可能利用图标表示。各种管理计划应保存编制的依据和基础数据，以备查询和满足持续改进的需要。在资源需求计划编制前应与供应单位协商，编制后应将计划提交供应单位。

(7)项目现场平面布置图按施工总平面图和单位工程施工平面图设计和布置的常规要求进行编制，须符合国家有关标准。

(8)项目目标控制措施应针对目标需要进行制定，具体包括技术措施、经济措施、组织措施及合同措施等。

(9)技术经济指标应根据项目的特点选定有代表性的指标，且应突出实施难点和对策，以满足分析评价和持续改进的需要。

每个项目的项目管理实施规划执行完成以后，都应当按照管理的策划、实施、检查、处置(PDCA)循环原理进行认真总结，形成文字资料，并同其他档案资料一并归档保存，为项目管理规划的持续改进积累管理资源。

二、工程项目管理规划的编制方法

《建设工程项目管理规范》(GB/T 50326—2017)规定：

项目管理规划大纲应是项目管理工作中具有战略性、全局性和宏观性的指导文件。

项目管理规划大纲是指导项目管理的纲领性文件。制定前，组织可进行大纲框架结构策划和内容要点策划。

(1)大纲框架结构策划需依据本规范目录体系，并结合工程项目特点和管理需要，经策划人员共同选择、分析、调整、补充和完善，形成工程项目管理规划大纲框架。

(2)大纲内容要点策划需集成项目管理团队的共同智慧，对项目管理重要事项提出方向性、策略性的工作思路和办法，以形成项目管理规划大纲编制要点。

其中，大纲框架策划的要求：一是参照本规范管理要求，二是结合工程特点和管理任务目标。大纲内容策划需着重强调工作思路，并且要点要明确，此时不可能也没必要很具体很详细。

《建设工程项目管理规范》(GB/T 50326—2017)对工程项目管理规划大纲和工程项目管理实施规划的编制依据和编制工作程序做了如下规定。

(一)工程项目管理规划大纲的编制

1. 工程项目管理规划大纲的编制依据

工程项目管理规划大纲可依据下列资料编制：1)项目文件、相关法律法规和标准；2)类似项目经验资料；3)实施条件调查资料。

2. 工程项目管理规划大纲的编制工作程序

编制工程项目管理规划大纲应遵循下列程序：1)明确项目需求和项目管理范围；2)确定项目管理目标；3)分析项目实施条件，进行项目工作结构分解；4)确定项目管理组织模式、组织结构和职责分工；5)规定项目管理措施；6)编制项目资源计划；7)报送审批。

(二)工程项目管理实施规划的编制

1. 工程项目管理实施规划的编制依据

工程项目管理实施规划可依据下列资料编制：1)适用的法律、法规和标准；2)项目合同及相关要求；3)项目管理规划大纲；4)项目设计文件；5)工程情况与特点；6)项目资源和条件；7)有价值的历史数据；8)项目团队的能力和水平。

2. 工程项目管理实施规划的编制工作程序

编制工程项目管理实施规划应遵循下列程序：1)了解相关方的要求；2)分析项目具体特点和环境条件；3)熟悉相关的法规和文件；4)实施编制活动；5)履行报批手续。

复习思考题

1. 什么是工程项目策划？它包括哪些类型？

2. 工程项目决策阶段策划的程序是什么？

3. 工程项目决策阶段策划的基本内容有哪些？

4. 工程项目实施阶段策划的基本内容有哪些？

5. 工程项目决策的含义是什么？决策过程中应注意的基本原则有哪些？

6. 什么是工程项目的可行性研究？它的依据和步骤有哪些？

7. 简述工程项目评估的内容。

8. 工程项目管理规划大纲的内容应包括哪些？工程项目管理实施规划应包括哪些内容？

9. 举例说明工程项目决策阶段策划的程序、步骤及主要内容。

第三章　工程项目组织与协调

项目管理的核心任务是项目的目标控制，在整个项目的管理中，由哪个组织或部门定义项目的目标、怎样确定项目目标控制的任务分工、依据怎样的管理工作流程进行项目目标的动态控制等，这些都涉及项目的组织问题。项目组织管理是项目管理的首要职能，其他各项管理职能都要依托组织机构去执行，所以说，项目组织是实现有效的项目管理的前提和保障。

项目在运行过程中会涉及很多方面的关系，为了处理好这些关系，保证实现项目的目标，就需要协调。所谓协调，就是以一定的组织形式、手段和方法，正确处理组织内外各种关系，对项目中产生的关系不畅进行疏通，对产生的干扰和障碍予以排除，为组织正常运转创造良好条件和环境的活动。它的目的是力求得到各方面协助，促使各方协同一致，齐心协力，以实现预定目标。沟通是项目协调的实践基础，它使人与人之间的思想和信息得以交流，沟通顺利将加速预定目标实现，沟通不畅将直接影响目标实现的进度甚至导致目标的失败，因此沟通协调在工程项目管理中起着非常重要的作用。本章主要介绍工程项目的组织和沟通协调两个问题。

第一节　工程项目组织概述

一、组织的涵义

“组织”一词可以作为名词来理解，也可以作为动词来理解。作为名词理解时是指组织机构，是指按照一定的宗旨和系统建立起来的集体，它们是构成整个社会政治或经济系统的基本单位；作为动词来解释时，是指一种活动的过程，即安排分散的人或事物使之具有一定的系统性或整体性。管理学中的组织职能，是上述两种含义的有机结合而产生和起作用的。

首先，作为一种机构形式，组织是为了使系统达到它的特定目标，使全体参加者经分工与协作以及设置不同层次的权力和责任制度而构成的一种人的组合。它可以理解为：1)它是人们具有共同目标的集合体。2)它是人们相互影响的社会心理系统。3)它是人们运用知识和技术的技术系统。4)它是人们通过某种形式的结构关系而共同工作的集合体。

其次，作为一种活动过程，它是指为达到某一目标而协调人群活动的一切工作。作为一种活动的过程，组织的对象是组织内各种可调控的资源。组织活动就是为了实现组织的整体目标而有效地配置各种资源的过程。

在此概念的基础上组织理论的研究出现了两个相互联系的研究方向。一是组织结构研究方向，侧重于组织的静态研究，以建立精干、合理、高效的组织结构为目的；二是组织行为研究方向，侧重于组织的动态研究，以建立良好的人际关系，保证组织的高效运行为目的。

二、组织论和组织工具

组织论是一门非常重要的基础理论学科，是项目管理的母学科，它主要研究系统的组织结构模式、组织分工以及工作流程组织，组织论的基本内容如图 3-1 所示。组织结构模式反映了一个组织系统中各子系统之间或各元素(各工作部门或各管理人员)之间的指令关系。组织分工反映了一个组织系统中各子系统或各元素的工作任务分工和管理职能分工。组织结构模式和组织分工都是一种相对静态的组织关系。工作流程组织则反映了一个组织系统中各项工作之间的逻辑关系，是一种动态关系。就图 3-1 中的物质流程组织对于工程项目而言，是指工程项目实施的工作流程组织，如设计的工作流程组织可以是方案设计、初步设计、技术设计、施工图设计，也可以是方案设计、扩初设计、施工图设计。

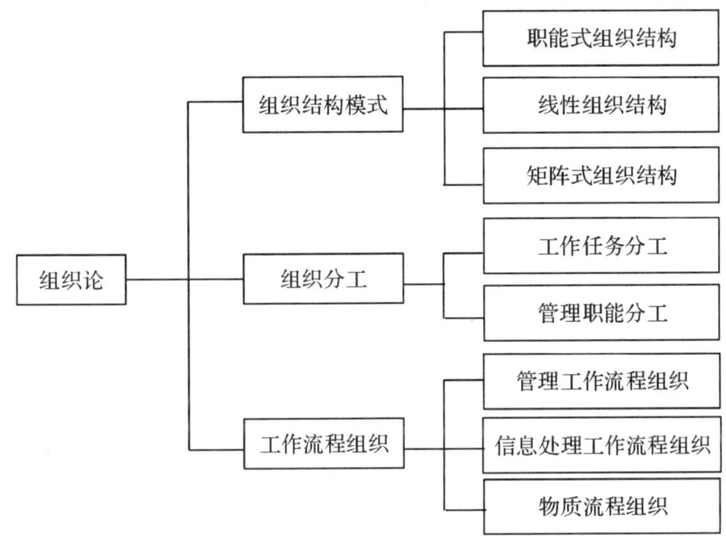

图 3-1　组织论的基本内容

组织工具是组织论的应用手段，用图或表等形式表示各种组织关系，包括组织结构图(管理组织结构图)、工作任务分工表、管理职能分工表和工作流程图等。

三、项目组织的特点

由于项目的特点决定了项目组织和其他组织相比具有许多不同的特点，这些特点对项目的组织设计和运行有很大的影响。

(一)项目组织的一次性

工程项目是一次性任务，为了完成项目目标而建立起来的项目组织也具有一次性。项目结束或相应项目任务完成后，项目组织就解散或重新组成其他项目组织。

(二)项目组织的类型多、结构复杂

由于项目的参与者比较多，他们在项目中的地位和作用不同，而且有着各自不同的经营目标，这些单位对项目进行管理，形成了不同类型的项目管理。不同类型的项目管理，由于组织目标不同，它们的组织形式也不同，但是为了完成项目的共同目标，这些组织形式应该

相互适应。

为了有效地实施项目系统，项目的组织系统应该和项目系统相一致，由于项目系统比较复杂，导致项目组织结构的复杂性。在同一项目管理中可能用不同的组织结构形式组成一个复杂的组织结构体系，例如某个项目的监理组织，总体上采用直线制组织形式，而在部分子项目中采用职能制组织形式。项目组织还要和项目参与者的单位组织形式相互适应，这也会增加项目组织的复杂性。

(三)项目组织的变化较大

项目在不同的实施阶段，其工作内容不一样，项目的参与者也不一样，同一参与者，在项目的不同阶段的任务也不一样。因此，项目的组织随着项目的不同实施阶段而变化。

(四)项目组织与企业组织之间关系复杂

在很多的情况下，项目组织是企业组建的，它是企业组织的组成部分。企业组织对项目组织影响很大，从企业的经营目标、企业的文化到企业资源、利益的分配都影响到项目组织效率。从管理方面看企业是项目组织的外部环境，项目管理人员来自企业，项目组织解体后，其人员返回企业。对于多企业合作进行的项目，虽然项目组织不是一个企业组建，但是它依附于各相关企业，受到各相关企业的影响。

四、项目组织结构设计

组织结构是指组织内部各构成部分和各部分间所确立的较为稳定的相互关系和联系方式。项目管理的组织结构的设计是项目管理的重要内容，项目管理的组织结构是项目管理取得成效的前提和保障。

(一)组织结构的构成因素

组织结构由管理层次、管理跨度、管理部门、管理职责四个因素组成。这些因素相互联系、相互制约。在进行组织结构设计时，应考虑这些因素之间的平衡与衔接。

1. 管理层次

管理层次是指从最高管理者到最低层操作者的等级层次的数量。合理的层次结构是形成合理的权力结构的基础，也是合理分工的重要方面。管理层次多，信息传递就慢，而且会失真。层次越多，所需要的人员和设备就越多，协调的难度也就越大。

2. 管理跨度

管理跨度也称管理幅度，是指一个上级管理者能够直接管理的下属的人数。跨度加大，管理的人员的接触关系增多，处理人与人之间关系的数量随之增加，他所承担的工作量也随之增加。法国管理顾问格兰丘纳斯在1933年首先提出了通过计算一个管理者所直接涉及的工作关系数来计算他所承担的工作量的模型：

$$C=N(2^{N-1}+N-1)$$

式中：C——可能存在的工作关系数；

N——管理跨度。

通过这个模型，我们可以发现，管理者所管理的下属人数按算术级数增加时，该管理者所直接涉及的工作关系数则呈几何级数增加。当 $N=3$ 时，$C=18$；当 $N=8$ 时，$C=1080$。所以跨度太大时，管理者所涉及的关系数太多，所承担的工作量过大，从而不能进行有效的管理。

管理跨度与管理层次相互联系，相互制约，二者成反比例关系，即管理跨度越大，则管理层次越少；反之，管理跨度越小，则管理层次越多。合理地确定管理跨度，对正确设置组织等级层次结构具有重要的意义。确定管理跨度的最基本原则是最终使管理人员能有效地领导、协调其下属的活动。确定管理跨度应考虑以下几个影响因素：

(1)管理者所处的层次。一般处于较高管理层次的管理者，应有较小的管理跨度，而处于较低管理层次的管理者可以有较大的管理跨度。

(2)被管理者的素质。下属的素质越高，处理上下级关系所需的时间和次数就越少。具有高度责任感、受训良好的下属不但能少占用上级管理者的时间，而且接触的次数也少，可以设置较宽的管理跨度。

(3)工作性质。工作性质复杂就应设置较窄的管理跨度。相反，完成简单的工作，则可以设置较宽的管理跨度。因为面对复杂的工作，管理者需要与其下属之间保持经常的接触和联系，一起探讨完成工作的方法和措施，所以只能够设置较窄的管理跨度。

(4)管理者的意识。对授权意识较强的管理者，可以设置较宽的管理跨度，这样可以充分发挥下属的积极性，使他们能从工作中得到满足。

(5)组织群体的凝聚力。对具有较强的群体凝聚力的组织，即使设置较宽的管理跨度，也可以满足管理和协调的需要，而群体凝聚力较弱的组织则应设置较窄的管理跨度。

此外，确定管理跨度还应考虑空间因素、组织环境、管理现代化程度以及组织信息传递方式等因素的影响。

3. 部门的划分

部门的划分是将完成组织目标的总任务划分为许多具体的任务，然后把性质相似或具有密切关系的具体工作合并归类，并建立负责各类工作的相应管理部门，并将一定的职责和权限赋予相应的单位或部门。部门的划分应满足专业分工与协作的要求。组织部门划分有多种方法，如按职能划分、按产品划分、按地区划分、按顾客划分、按市场渠道划分等。项目管理组织常用的是按职能划分和按产品划分两种。

(1)按职能划分。按职能划分就是按照为实现组织目标所需做的各项工作的性质和作用，把性质相同的或相似的具体工作归并为一个专门的单位负责。如建立计划、财务、技术、劳务、机械设备、材料、合同等部门。按职能划分是一种合乎逻辑并经过时间考验的方法，最能体现专业化分工的原则，因而有利于提高人力的利用效率。但是，按这种方法划分的部门，由于具有相对独立性，容易造成各部门之间的不协调，各部门往往只强调本部门的目标的重要性而忽视组织的整体目标，而且由于协调功能较差，当组织环境变化时，应变能力较差。

(2)按产品划分。按产品划分就是以某种产品为中心，将为实现管理目标所需做的一切工作，按是否与该产品有关而进行分类，与同一产品或服务有关的工作都归为一个部门。在这些产品部门下还可以按职能进一步划分职能部门。这种划分方法的优点是：有利于使用专用设备，部门内部的协调也比较容易，管理绩效的评价比较容易，有助于激发各个部门的主动性和创造性。其缺点是：由于机构的重叠造成管理资源的浪费；由于部门独立性较强难以做到统一指挥。

4. 管理职责

职责是责、权、利系统的核心。职责的确定应目标明确，有利于提高效率，而且应便于考核。为了达到这个目标，在明确职责时应坚持专业化的原则，这样有利于提高管理的效率和质量。同时应授予与职责相应的权力和利益，以保证和激励部门完成其职责。

(二)项目组织结构设计的原则

项目的组织结构设计，关系到项目管理的成败，所以项目组织结构的设计应遵循下列七项原则。

1. 目的性原则

从“一切为了确保项目目标实现”这一根本目标出发，因目标而设事，因事而设岗、设机构、分层次，同时定人定责，因责而授权。这是组织结构设计应遵循的客观规律，颠倒这种规律或离开项目目标，就会导致组织的低效或失败。

2. 集权与分权统一的原则

集权是指把权力集中在上级领导的手中，而分权是指经过领导的授权，将部分权力分派给下级。在一个健全的组织中不存在绝对的集权，绝对的集权意味着没有下属主管，也不存在绝对的分权，绝对的分权意味着上级领导职位的消失，也就不存在组织了。合理的分权既可以保证指挥的统一，又可以保证下级有相应的权力来完成自己的职责，能发挥下级的主动性和创造性。为了保证项目组织的集权与分权的统一，授权过程应包括确定预期的成果、委派任务、授予实现这些任务所需的职权，以及行使职责使下属完成这些任务。

3. 专业分工与协作统一的原则

分工就是为了提高项目管理的工作效率，把为实现项目目标所必须做的工作，按照专业化的要求分派给各个部门以及部门中的每个人，明确他们的目标、任务、该干什么和怎样干。分工要严密，每项工作都要有人负责，每个人负责他所熟悉的工作，这样才能提高效率。

分工要求协作，组织中只有分工没有协作，组织就不能有效运行。为了实现分工协作的统一，组织中应明确部门和部门内部的协作关系与配合方法，各种关系的协调应尽量规范化、程序化。

4. 管理跨度与层次划分适当的原则

适当的管理跨度加上适当的层次划分和适当的授权，是建立高效率组织的基本条件。在建立项目组织时，每一级领导都要保持适当的管理跨度，以便集中精力在职责的范围内实施有效的领导。

5. 系统化管理的原则

这是由项目的系统性所决定的。项目是一个开放的系统，是由众多的子系统组成的有机整体。这就要求项目组织也必须是一个完整的组织结构系统，否则就会出现组织和项目系统之间的不匹配、不协调。

6. 弹性结构原则

现代组织理论特别强调组织结构应具有弹性，以适应环境的变化。所谓弹性结构，是指一个组织的部门结构、人员职责和工作职位都是可以变动的，保证组织结构能进行动态的调整，以适应组织内外部环境的变化。工程项目是一个开放的复杂系统，项目以及它所处的环境的变化往往较大，所以弹性结构原则在项目组织结构设计中的意义很大，项目组织结构应能满足由于项目以及项目环境的变化而进行动态调整的要求。

7. 精简高效原则

项目组织结构设计应该把精简高效的原则放在重要的位置。组织结构中的每个部门、每个人和其他的组织要素为了一个统一的目标，组合成最适宜的结构形式，实行最有效的内部协调，使决策和执行简捷而正确，减少重复和扯皮，以提高组织效率。在保证必要职能履行的前提下，尽量简化机构，这也是提高效率的要求。

(三)项目组织结构设计的程序

在设计组织结构时，可按图 3-2 所示的程序进行。

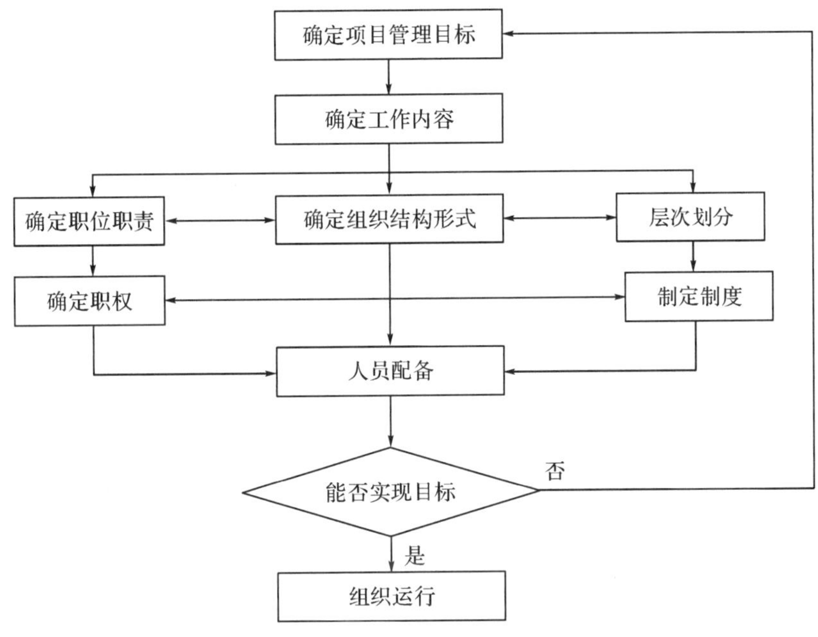

图 3-2 组织结构设置程序

1. 确定项目管理目标

项目管理目标是项目组织设立的前提，明确组织目标是组织设计和组织运行的重要环节之一。项目管理目标取决于项目目标，主要是在工期、质量、成本三大目标上。这些目标应分阶段根据项目特点进行划分和分解。

2. 确定工作内容

根据管理目标确定为实现目标所必须完成的工作，并对这些工作进行分类和组合，在进行分类和组合时，应以便于目标实现为目的，考虑项目的规模、性质、复杂程度以及组织人员的技术业务水平、组织管理水平等因素。

3. 选择组织结构形式、确定岗位职责、职权

根据项目的性质、规模、建设阶段的不同，可以选择不同的组织结构形式以适应项目管理的需要。组织结构形式的选择应考虑有利于项目目标的实现，有利于决策和执行，有利于信息的沟通。根据组织结构形式和例行性工作确定部门和岗位以及它们的职责，并根据责、权、利一致的原则确定它们的职权。

4. 设计组织运行的工作程序和信息沟通的方式

以规范化、程序化的要求确定各部门的工作程序，规定它们之间的协作关系和信息沟通方式，即制定一系列管理制度。

5. 人员的配备

按岗位职务的要求和组织原则，选配合适的管理人员，关键是各级部门的主管人员。人员配备是否合理直接关系到组织能否有效运行、组织目标能否实现。根据授权原理将职权授予相应的人员。

第二节　工程项目管理组织机构

不论是业主的项目管理、设计单位的项目管理、监理单位的项目管理，还是承包商的项目管理，均需建立一个科学的管理组织机构，这是实施项目管理的基础。项目组织规划设计的目的是在一定的要求和条件下，制定出一个能实现项目目标的理想的管理组织机构，并根据项目管理的要求，确定各部门职责及各职位间的关系。

一、工程项目的组织结构

组织结构形式是组织的模式，是组织各要素相互联结的框架形式。项目组织结构可按组织的结构分类或按项目组织与企业组织联系方式分类。按组织的结构分类，项目组织结构常见的有直线制、职能制、直线职能制、矩阵制、事业部制等。按项目组织与企业组织联系方式分类，项目组织结构常见的有职能式(部门控制式)、项目式、矩阵式等。

(一) 按组织的结构分类

1. 直线制组织结构

直线制组织结构是一种线性组织结构，它的本质就是使命令线性化，即每一个工作部门、每一个工作人员都只有一个上级，如图 3-3 所示。直线制组织结构具有结构简单、职责分明、指挥灵活等优点。缺点是项目负责人的责任重大，往往要求他是全能式的人物。图 3-3中 A 为最高领导层，B 为第一级工作部门，C 为第二级工作部门。为了加快命令传递的过程，直线制组织系统就要求组织结构的层次不要过多，否则会妨碍信息的有效沟通。因此，合理地减少层次是直线制组织系统的一个前提。同时，在直线制组织系统中，根据理论和实践，一般不宜设副职，或少设副职，这有利于线性系统有效地运行。

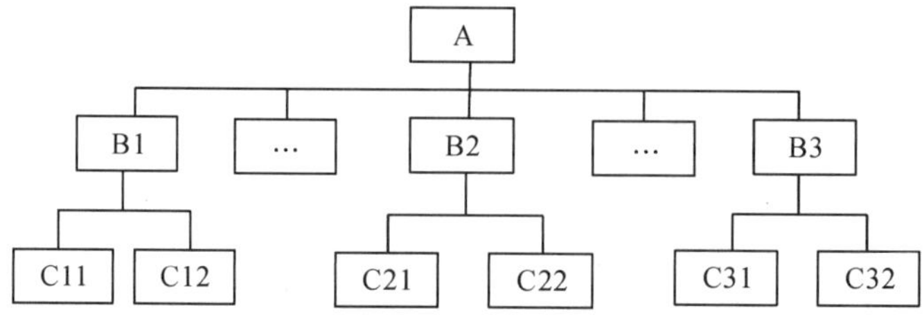

图 3-3　直线制组织结构

图 3-4 为承包商现场的直线制项目组织结构图。

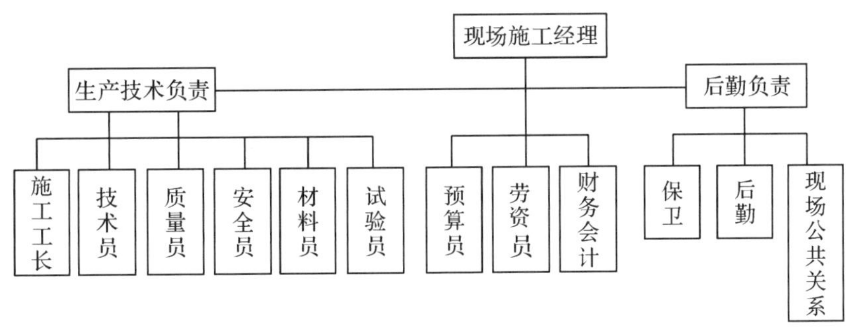

图 3-4 承包商现场的直线制项目组织结构

2. 职能制组织结构

职能制组织结构的特点是强调管理职能的专业化，即将管理职能授权给不同的专门部门，这有利于发挥专业人才的作用，有利于专业人才的培养和技术水平的提高，这也是管理专业化分工的结果。然而，职能制组织系统存在着命令系统多元化，各个工作部门界限也不易分清，发生矛盾时，协调工作量较大等弱点。图 3-5 是职能制组织结构示意图。其中 A、B、C 为不同管理层。

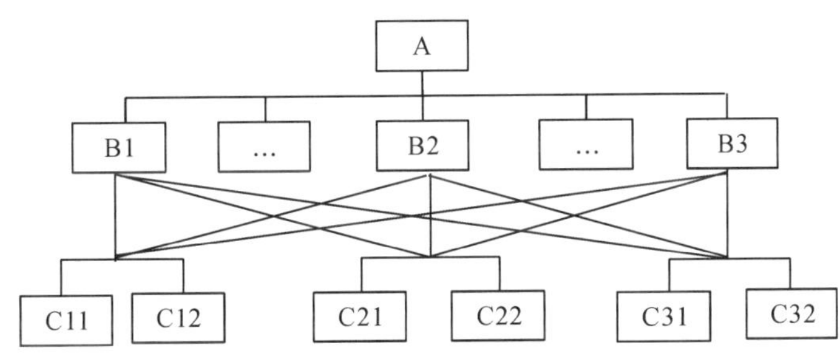

图 3-5 职能制组织结构

3. 直线职能制组织结构

直线职能制组织结构吸收了直线制和职能制的优点，并形成了它自身具有的优点。它把管理机构和管理人员分为两类：一类是直线主管，即直线制的指挥结构和主管人员，他们只接受一个上级主管的命令和指挥，并对下级组织发布命令和进行指挥，而且对该单位的工作全面负责；另一类是职能参谋，即职能制的职能结构和参谋人员。他们只能给同级主管充当参谋、助手，提出建议或提供咨询。这种结构的优点是：既能保持指挥统一，命令一致，又能发挥专业人员的作用；管理组织系统比较完整，隶属关系分明；重大方案的设计等有专人负责；能在一定程度上发挥专长，提高管理效率。其缺点是管理人员多，管理费用大。图3-6 是直线职能制组织结构示意图，A、B、C 为不同层次的领导机构；B 是同层的参谋机构。

4. 矩阵制组织结构

矩阵制组织结构如图 3-7 所示。其中 A 是最高管理人，B 是按职能划分的部门，C 是按子项工程（分类项目或任务）划分的管理部门或工作小组。

矩阵制组织方式是第二次世界大战后首先在美国出现的，它是为适应在一个组织内同

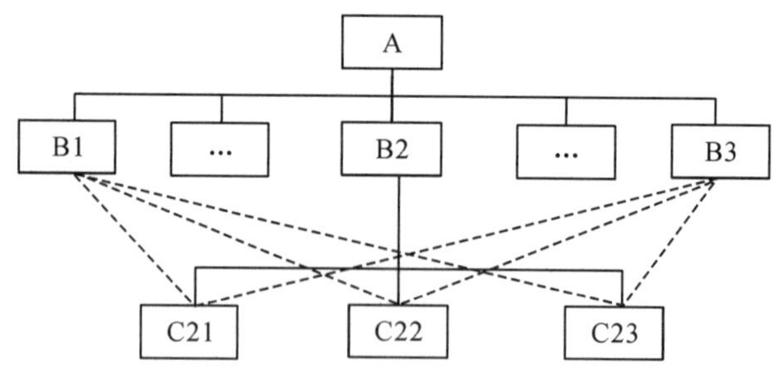

图 3-6　直线职能制组织结构

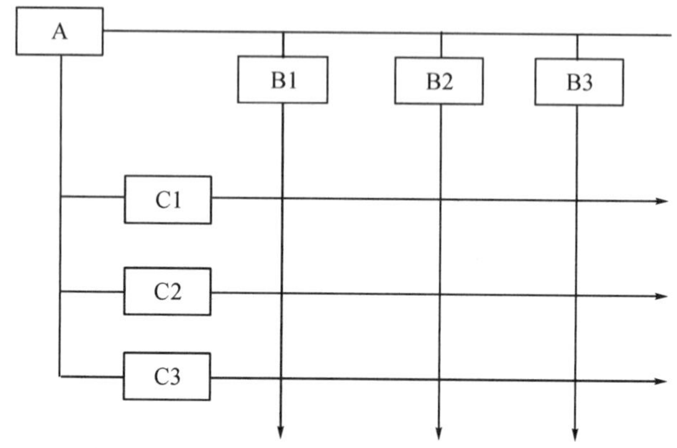

图 3-7　矩阵制组织结构

时有几个项目需要完成，而每个项目又需要有不同专长的人在一起工作才能完成这一特殊的要求而产生的。它的适用场合：

(1)用于需要同时管理多个项目的企业。在这种情况下，各项目对专业技术人才和管理人员都有需求，加在一起数量较大。采用矩阵制组织方式可以充分利用有限的人才对多个项目进行管理，特别有利于发挥稀有人才的作用。

(2)适用于大型、复杂的建设项目。因大型复杂的建设项目要求多部门、多技术、多专业配合实施，在不同阶段，对不同人员有不同数量和不同搭配的要求。显然，此时直线制和职能制就难以满足这种要求。此时可将项目分解成若干相互独立、互不依赖的子项目，则相当于进行多个平行项目的管理或建造。

矩阵制的优点表现在：

(1)它解决了传统模式中企业组织和项目组织相互矛盾的状况，把职能原则与对象原则融为一体，求得了企业长期例行性管理和项目一次性管理的统一。

(2)能以尽可能少的人力，实现多个项目(或多项任务)的高效管理。因为通过职能部门的协调，可根据项目的需求配置人才，防止人才短缺或无所事事，项目组织因此就有较好的弹性和应变能力。

(3)有利于人才的全面培养。不同知识背景的人员在一个项目上合作，可以使他们在知识结构上取长补短，拓宽知识面，提高解决问题的能力。

矩阵制的缺点表现在：

(1)由于人员来自职能部门,且仍受职能部门控制,这样就影响了他们在项目上积极性的发挥,项目的组织作用大为削弱。

(2)项目上的工作人员既要接受项目上的指挥,又要受到原职能部门的领导,当项目和职能部门发生矛盾时,当事人就难以适从。要防止这一问题的产生,必须加强项目和职能部门的沟通,还要有严格的规章制度和详细的计划,使工作人员尽可能明确干什么和如何干。

(3)管理人员若管理多个项目,往往难以确定管理项目的先后顺序,有时难免会顾此失彼。

5. 事业部制组织结构

(1)特点。图 3-8 是事业部制组织结构示意图。其特征是企业成立事业部,事业部对企业来说是职能部门,对企业外来说享有相对独立的经营权,可以是一个独立单位,事业部可以按地区设置,也可以按工程类型或经营内容设置。图 3-8中工程部下的工程处,也可以按事业部对待。事业部能较迅速适应环境变化,提高企业的应变能力,调动部门积极性。当企业向大型化、智能化发展并实行作业层和经营管理层分离时,事业部制是一种很受欢迎的选择,既可以加强经营战略管理,又可以加强项目管理。

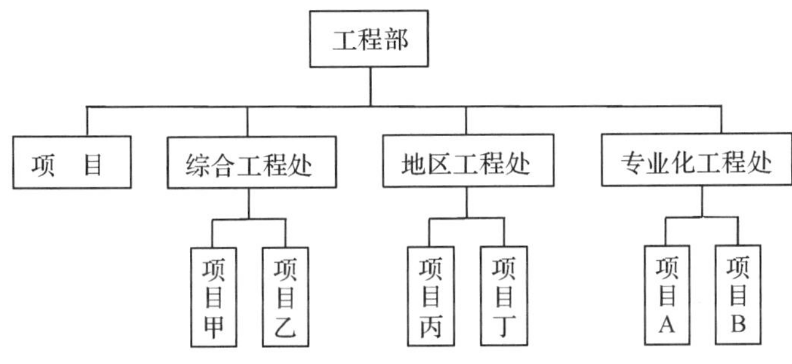

图 3-8　事业部制组织结构

在事业部(一般为其中的工程部或开发部,对外工程公司是海外部)下设置项目经理部。项目经理由事业部选派,一般对事业部负责,有的可以直接对业主负责,是根据其授权程度决定的。

(2)使用范围。事业部制项目组织适用于大型经济性企业的工程承包,特别是适用于远离公司本部的工程承包。需要注意的是,一个地区只有一个项目而没有后续工程时,不宜设立地区事业部,也即它适用于在一个地区内有长期市场或一个企业有多重专业化施工力量时采用。在此情况下,事业部与地区市场同寿命。地区没有项目时,该事业部应予撤销。

(3)优点。事业部制组织有利于延伸企业的经营职能,扩大企业的经营业务,便于开拓企业的业务领域。还有利于迅速适应环境变化以加强项目管理。

(4)缺点。事业部制项目组织的缺点是企业对项目经理部的约束力减弱,协调指导的机会减少,故有时会造成企业结构松散,必须加强制度约束,加大企业的综合协调能力。

(二)按项目组织与企业组织联系方式分类

1. 职能式组织结构

职能式组织结构也称部门控制式组织结构,是指按职能原则建立的项目组织。通常指项目任务以企业中现有的职能部门作为承担任务的主体组织完成项目。一个项目可能是由某一个职能部门负责完成，也可能是由多个职能部门共同完成。各职能部门与项目相关的协调工作需在职能部门主管这一层次上进行。职能式组织结构如图3-9所示。

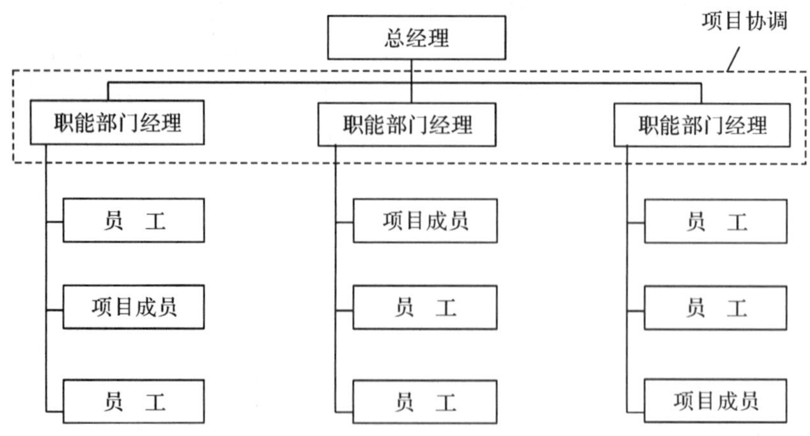

图3-9　职能式组织结构

职能式组织结构的主要优点：

(1)在人员的使用上具有较大的灵活性。不同专业技术人员可以被临时调配使用，工作完成后又可以返回他们原有的工作岗位。

(2)有利于同一部门的专业人员一起交流知识和经验，可使项目获得部门内所有的知识和技术支持，对创造性地解决项目技术问题很有帮助。

(3)具有较广专业基础的技术人员可同时参加不同的项目。

(4)当有人员离开项目组甚至离开公司时，职能部门可作为保持项目技术持续性的基础，人员风险较小。

(5)将项目委托给企业某一职能部门组织，不需要设立专门的组织机构，所以项目的运转启动时间短。

职能式组织结构的主要缺点：

(1)职能部门有其日常工作，项目及客户的利益往往得不到优先考虑。

(2)调配给项目的人员往往把项目看作是他们额外的工作甚至负担，其工作积极性不是很高。

(3)经常会出现没有一个人承担项目全部责任的现象。

(4)项目常常得不到很好的支持，与职能部门利益直接有关的问题得到很好的处理，而那些超出其利益范围的问题则容易被忽视。

(5)技术复杂的项目通常需要多个职能部门的共同合作，但跨部门之间的交流沟通较困难。

职能式组织结构一般适用于小型或单一的、专业性较强、不需要涉及许多部门的项目。

2. 项目式组织结构

项目式组织结构也称工作队式组织结构，是指公司首先任命项目经理，由项目经理负责从企业内部招聘或抽调人员组成项目的组织。所有项目组织成员在项目建设期间，中断与原部门组织的领导和被领导关系，原单位负责人只负责业务指导及考察，不得随意干预其工作或调回人员。项目结束后项目组织撤销，所有人员仍回原部门和岗位。项目式组织结构如图 3-10 所示。

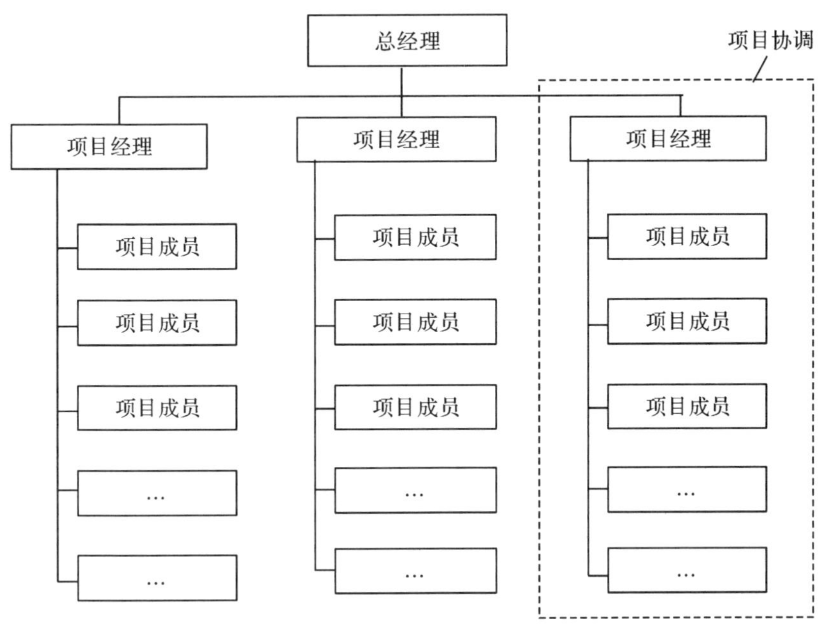

图 3-10 项目式组织结构

项目式组织结构的主要优点有：

(1)项目经理权力集中，可以及时决策，指挥方便，有利于提高工作效率。

(2)项目经理从各个部门抽调或招聘的是项目所需要的各类专家，他们在项目管理中可以相互配合、相互学习、取长补短，有利于培养一专多能的人才并充分发挥其作用。

(3)各种专业人才集中在一起，减少了等待或扯皮的时间，解决问题快，办事效率高。

(4)由于减少了项目组织与企业职能部门的结合部分，使协调关系减少，同时弱化了项目组织与企业组织部门的关系，减少或避免了本位主义和行政干预，有利于项目经理顺利地开展工作。

项目式组织结构主要缺点是：

(1)各类人员来自不同的部门，具有不同的专业背景，缺乏合作经验，难免配合不当。

(2)各类人员集聚在一起，但在同一时期内他们的工作量可能有很大的差别，因此很容易造成忙闲不均，从而导致人才的浪费。对专业人才，企业难以在企业内进行调剂，往往导致企业的整体工作效率降低。

(3)项目管理人员长期离开原单位，离开他们所熟悉的工作环境，容易产生临时观念和不满情绪，影响积极性的发挥。

(4)专业职能部门的优势无法发挥，由于同一专业人员分散在不同的项目上，相互交流困难，职能部门无法对他们进行有效的培训和指导，影响各部门的数据、经验和技术积累，难于形成专业优势。

项目组织结构适用于大型项目、工期要求紧迫的项目、要求多工种多部门密切配合的项目。

3．矩阵式组织结构

矩阵式组织结构是现代大型工程项目广泛应用的一种新型组织形式。它把职能原则和对象原则结合起来，既发挥了职能部门的纵向优势，又发挥项目组织的横向优势，形成了独特的组织形式。从组织职能上看，以实施企业目标为宗旨的企业组织要求专业化分工并且长期稳定，而一次性项目组织则具有较强的综合性和临时性。矩阵式组织形式能将企业组织职能与项目组织职能进行有机结合，形成一种纵向职能机构和横向项目机构相互交叉的“矩阵”形式。矩阵式组织结构又有弱矩阵、平衡矩阵和强矩阵之分。

(1)弱矩阵式组织结构。如图 3-11 所示。

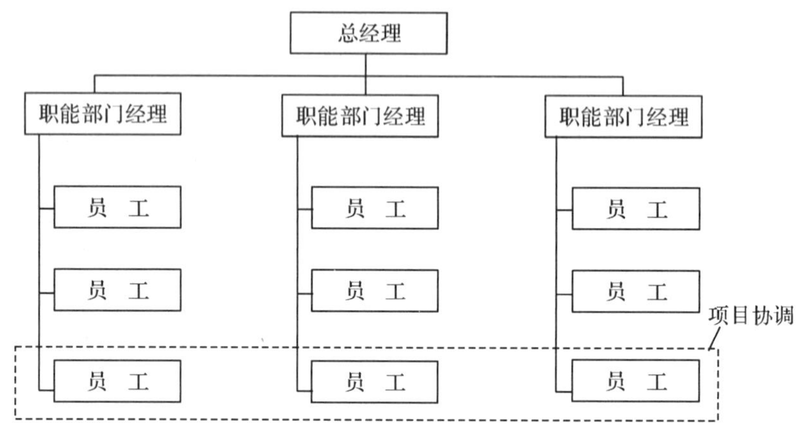

图 3-11　弱矩阵式组织结构

弱矩阵式组织结构的特点：从企业相关职能部门安排专门人员组成项目团队，但无专职的项目经理。该组织形式偏向于职能式组织结构，所以其优缺点和适用条件与职能式组织结构相似。

(2)平衡矩阵式组织结构。如图 3-12 所示。

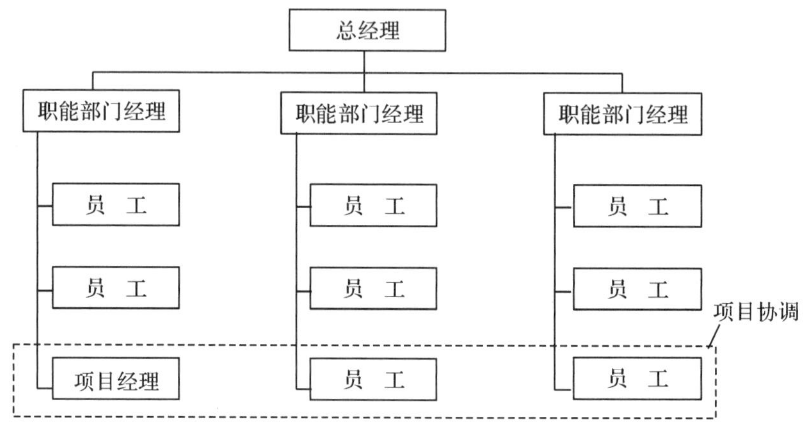

图 3-12　平衡矩阵式组织结构

平衡矩阵式组织结构特点：从企业相关职能部门安排专门人员组成项目团队，有专职的项目经理,且项目经理一般从企业某职能部门选聘。

(3)强矩阵式组织结构。如图 3-13 所示。

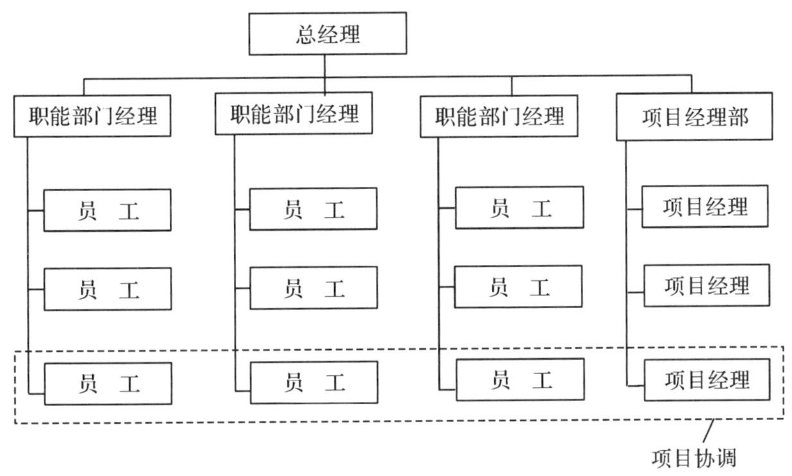

图 3-13 强矩阵式组织结构

强矩阵式组织结构特点:项目经理独立于企业职能部门之外,项目团队成员来源于相关职能部门,项目完成后再回到原职能部门。

在矩阵式组织结构中,永久性专业职能部门和临时性项目组织同时交互起作用。纵向表示不同的职能部门是永久性的,横向表示不同的项目是临时的。职能部门的负责人对本部门参与项目组织的人员负有组织调配、业务指导和管理考核的责任。项目经理将参加本项目的各种专业人员按项目实施的要求有效地组织协调在一起,为实现项目目标共同配合工作,并对他们负有领导责任。矩阵式组织中的每个成员,都应接受原职能部门负责人和项目经理的双重领导,他们参加项目从某种意义上说只是"借"到项目上,既接受项目经理的领导又接受原职能部门负责人的领导。在一般情况下,部门负责人的控制力大于项目经理的控制力。部门负责人有权根据不同项目的需要和工作强度,将本部门专业人员在项目之间进行适当调配,使专业人员可以同时为几个项目服务,避免出现某种专业人才在一个项目上闲置而在另一个项目上又奇缺的现象,大大提高人才的利用率。项目经理对参加本项目的专业人员有控制和使用的权力,当感到人力不足或某些成员不得力时,他可以向职能部门请求支持或要求调换,没有人员包袱。在这种体制下,项目经理可以得到多个职能部门的支持,但为了实现这些合作和支持,要求在纵向和横向有良好的沟通与协调配合,从而对整个企业组织和项目组织的管理水平和工作效率提出更高的要求。

一个大型建设工程项目如采用矩阵式组织结构,则纵向工作部门可以是投资控制、进度控制、质量控制、合同管理、人事管理、财务管理、物资管理、信息管理等职能部门,而横向工作部门可以是各子项目的项目管理部,如图 3-14 所示。

矩阵式组织结构的主要优点是:

(1)兼有职能式和项目式两种组织结构的优点。它把职能原则和对象原则有机地结合起来,既发挥了纵向职能部门的优势,又发挥了横向项目组织的优势,解决了传统组织模式中企业组织和项目组织相互矛盾的难题,增强企业长期例行性管理和项目一次性管理的统

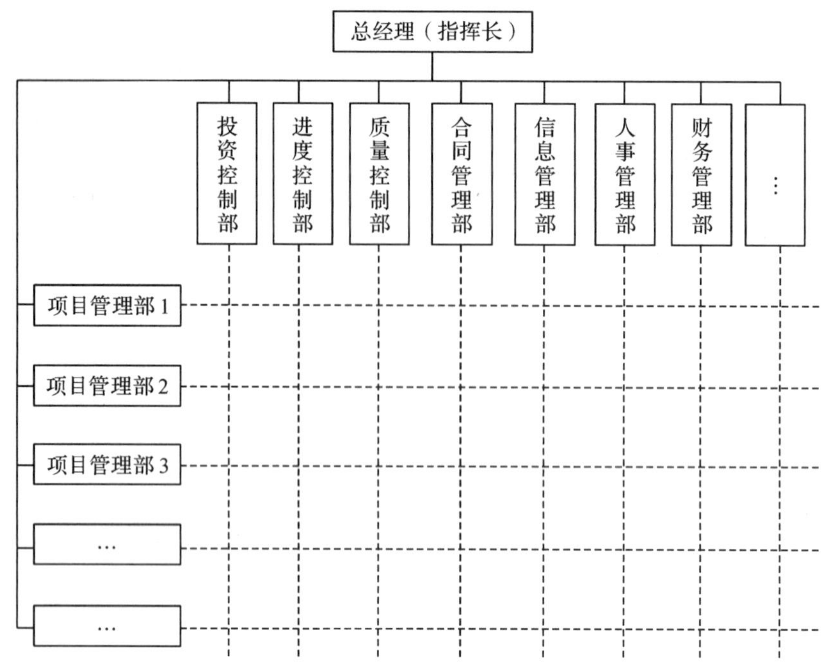

图 3-14　大型建设工程项目采用矩阵式组织结构

一性。

(2)能有效地利用人力资源。它可以通过职能部门的协调，将一些项目上闲置的人才及时转到急需的项目上去，实现以尽可能少的人力实施多个项目管理的高效率，使有限的人力资源得到最佳的利用。

(3)有利于人才的全面培养。它既可以使不同知识背景的人在项目组织的合作中相互取长补短，在实践中拓宽知识面，有利于培养人才的一专多能，又可以充分发挥纵向专业职能集中的优势，使人才的成长有深厚的专业训练基础。

矩阵式组织结构的主要缺点是：

(1)双重领导。矩阵式组织中的成员要接受来自横向、纵向领导的双重指令。当双方目标不一致或有矛盾时，当事人就会无所适从。当出现问题时，往往会出现相互推诿、无人负责的现象。

(2)管理要求高，协调较困难。矩阵式组织结构对企业管理和项目管理的水平、领导者的素质、组织机构的办事效率、信息沟通渠道的畅通均有较高的要求。由于矩阵式组织的复杂性和项目结合部的增加，往往导致信息沟通量的膨胀和沟通渠道的复杂化，致使信息梗阻和信息失真增加，这就使组织关系的协调更加困难。

(3)经常出现项目经理的责任与权力不统一的现象。在一般情况下，职能部门对项目组织成员的控制力大于项目经理的控制力，导致项目经理的责任大于权力，工作难以开展。项目组织成员受到职能部门的控制，所以凝聚在项目上的力量减弱，使项目组织的作用发挥受到影响。同时，管理人员同时身兼多职地管理多个项目，难以确定管理项目的前后顺序，有时会顾此失彼。

矩阵式组织结构主要适用于大型复杂项目、对人工利用率要求高的项目，或公司同时承担多个项目的情况。

二、工程项目组织结构形式的选择

工程项目组织结构形式的选择就是要解决项目实施与公司日常业务的关系问题，即使是对一个有经验的专业人士来说，也是一件非常困难的事情。前面介绍了几种可供选择的工程项目组织结构形式，究竟哪一种形式最好？或者说对某一项目来说，有没有唯一的最优选择？要回答这个问题是非常困难的，一方面是衡量选择的标准难以确定。项目成功的影响因素很多，即使采用同一组织也可能有截然不同的结果。另一方面正如人们常说的管理是科学也是艺术，而艺术性正体现在权变性地将管理理论应用于实践中去。项目的内外环境的复杂性及如上所述每种组织形式的各种优劣，使得几乎没有普遍接受、步骤明确的方法来告诉人们怎样决定需要什么类型的组织结构，可以说这是项目管理者知识、经验及直觉等的综合结果。

这里介绍一下职能式、项目式和矩阵式组织结构的选择。它们各有优缺点，主要的优缺点见表 3-1。

表 3-1　三种组织结构形式的比较

组织结构	优点	缺点
职能式	没有重复活动；职能优异	狭隘、不全面； 反应缓慢；不注重客户
项目式	能控制资源；向客户负责	成本较高，项目间缺乏知识信息交流
矩阵式	有效利用资源；职能所有专业知识可供所有项目使用； 促进学习、交流知识；沟通良好；注重客户	双层汇报关系； 需要平衡权力

它们也有着内在的联系，可以表示为一个变化的系列，职能式组织结构在一端，项目式组织结构在另一端，而矩阵式组织结构是介于职能式和项目式之间的一种结构形式。如图 3-15 所示。

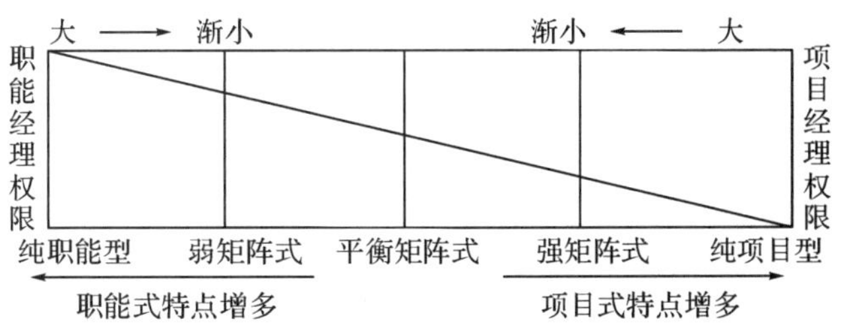

图 3-15　三种形式的内在联系

随着某种组织结构的工作人员人数在项目团队中所占比重的增加，该种组织结构的特点也渐趋明显；反之，则相反。

不同的项目组织结构形式对项目实施的影响不相同，如表 3-2 所示。

表 3-2 组织结构形式及其对项目的影响

形式特征	职能式	矩阵式			项目式
		弱矩阵	平衡矩阵	强矩阵	
项目经理的权限	很少或者没有	有限	小到中等	中等到大	很高，甚至全权
全职工作人员的比例	几乎没有	0～25%	15%～60%	50%～95%	85%～100%
项目经理投入时间	半职	半职	全职	全职	全职
项目经理的常用头衔	项目协调员	项目协调员	项目经理	项目经理	项目经理
项目管理行政人员	兼职	兼职	半职	全职	全职

在具体的项目实践中，究竟选择何种项目组织结构没有一个可循的公式，一般在充分考虑各种组织结构的特点、企业特点、项目的特点和项目所处的环境等因素的条件下，才能做出较为适当的选择。因此，在选择项目组织的形式时，一般来说，职能式组织结构比较适用于规模较小、偏重于技术的项目，而不适用于环境变化较大的项目。因为，环境的变化需要各职能部门间的紧密合作，而职能部门本身的存在以及权责的界定成为部门间密切配合不可逾越的障碍。当一个公司中包括许多项目或项目的规模较大、技术复杂时，则应选择项目式的组织结构。同职能式组织相比，在应对不稳定的环境时，项目式组织实现了自己潜在的长处，这来自项目团队的整体性和各类人才的紧密合作。同前两种组织结构相比，矩阵式组织结构无疑在充分利用企业资源上显示出了巨大的优越性，由于其融合了两种结构的优点，这种组织形式在进行技术复杂、规模较大的项目管理时呈现出了明显的优势。

第三节 工程项目结构分解

工程项目结构分解是项目管理的基础工作，结构分解文件是项目管理的中心文件，是对项目进行设计、计划、目标和责任分解、成本核算、质量控制、信息管理、组织管理的对象。在国外，工程项目结构分解被称为“工程项目管理最得力的、有用的工具和方法”。因此，掌握工程项目结构分解就显得必不可少，本节主要介绍工程项目结构分解的概念、方法、原则、作用等。

一、工程项目结构分解的概念

工程项目是由许多互相联系、互相影响、互相依赖的活动组成的行为系统，它具有系统性、集合性、相关性、整体性特点。将一个完整的工程项目分解成若干工作单元是工程项目管理最基本也是最重要的工作。工程项目结构分解的目的是明确一个工程项目所包含的各项工作，也就是将复杂的工程项目逐步分解成一层一层的要素(工作)，直到具体明确为止。

即通过定义这些要素(工作)的费用、进度和质量,以及它们之间的内在联系,并将完成这些工作的责任赋予相应的部门和人员,建立明确的责任体系,达到控制整个项目的目的。

工程项目分解的工具是工作结构分解原理。工作结构分解,即 WBS(work breakdown structure)方法,是一种在项目全范围内分解和定义各层次工作的方法。它将项目按照其内在结构或实施过程的顺序进行逐层分解,将项目分解到相对独立的、内容单一的、易于成本核算与检查的工作单元,并将各工作单元在项目中的地位与构成直观地表示出来。

例如,图 3-16 所示是某软件园项目结构的一个示例,这是一个群体项目,可按照功能区进行第一层次的分解,即:软件研发、生产功能;硬件研发、生产功能;公共服务功能区;园区管理功能区、生活功能区。如对其进行第二层次的分解,其中软件研发、生产功能区包括软件研发生产大楼和独立式软件研发生产基地。其他功能区也可再分。某些第二层次的项目组成部分(如独立式软件研发生产基地)还可再分解。

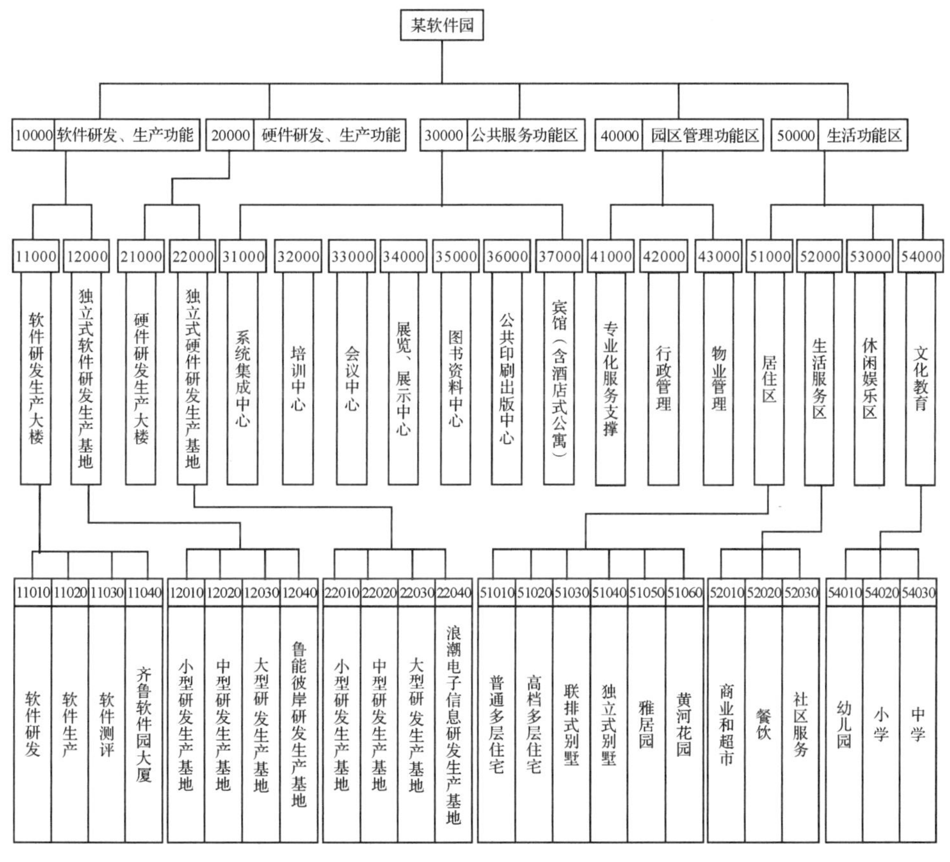

图 3-16 某软件园项目结构

二、工程项目系统分解的方法和过程

(一) 项目中常用系统分解方法

系统分解是将复杂的管理对象进行分解,以观察内部结构和联系,它是项目管理最基本的方法之一。在项目管理中常用的系统分解方法有以下两种。

1. 结构化分解方法

任何项目系统都有它的结构,都可以进行结构分解。例如:工程技术系统可以按照一定的规则分解成子系统、功能区和专业要素;项目的目标系统可以分解成系统目标、子目标、可执行目标;项目的总成本可以按照一定的规则分解为成本要素。此外,组织系统、管理信息系统也都可以进行结构分解。分解的结果通常为树型结构图。图 3-17 所示的工作分解结构就是基于结构化分解法。

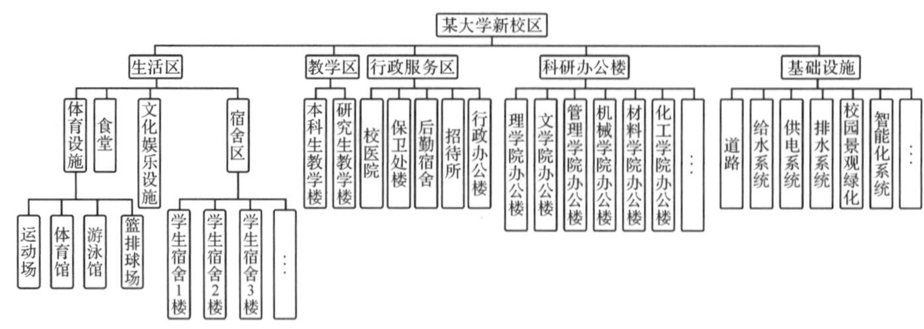

图 3-17　某大学新校区工程项目基于成果的工作分解结构

2. 过程化方法

项目由许多活动组成,活动的有机组合形成过程。该过程可以分为许多互相依赖的子过程或阶段。在项目管理中,可以从如下几个角度进行过程分解:

(1)项目实施过程。根据系统生命期原理,把工程项目科学地分为若干发展阶段,如前期策划、设计和计划、实施、运行等,每一个阶段还可以进一步分解成工作过程。

不同的项目的实施过程会有些差别,例如美国海军部将武器研制项目分为七大阶段:任务需求评估、初步可行性研究、可行性研究、项目决策、计划与研制、生产以及使用等阶段。相邻两个阶段之间有一个决策点和正式评审程序。同样,每个阶段又可分解为许多工作过程。

(2)管理工作过程。例如,整个项目管理过程,或某一种职能管理(如成本管理、合同管理、质量管理等)过程都可以分解成许多管理活动,如预测、决策、计划、实施控制、反馈等。它们形成一个工作过程。

(3)行政工作过程。例如,在项目实施过程中有各种申报和批准的过程、招标投标过程等。

(4)专业工作的实施过程。这种分解对工作包内工序(或更细的工程活动)的安排和构造工作包的子网络是十分重要的。

在这些过程中,项目实施过程和项目管理过程是对项目管理者最重要的过程,他必须十分熟悉这些过程。项目管理实质上就是对这些过程的管理。例如,某宾馆建设项目采用基于过程化法进行分解,其结构如图 3-18 所示。

(二) 工程项目结构分解过程

对于不同种类、性质、规模的项目,从不同的角度,其结构分解方法和思路有很大的差别,但分解过程却很相近。基本思路是:以项目目标体系为主导,以工程技术系统范围和项目的实施过程为依据,按照一定的规则由上而下、由粗到细地进行。一般经过如下几个步骤:

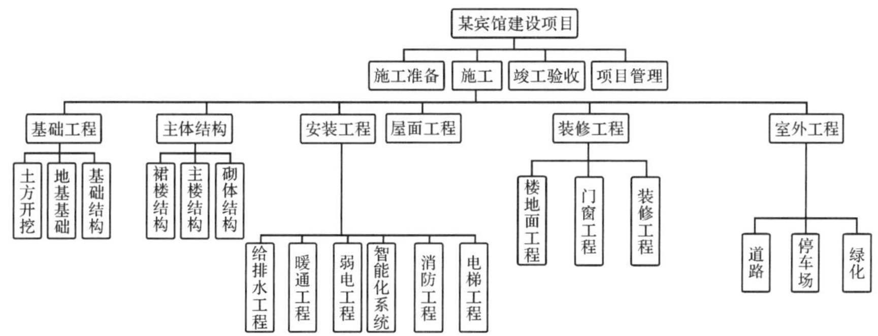

图 3-18　某宾馆建设项目基于过程化法的工作分解结构

(1)分析工程的主要组成部分，将项目分解成单个定义且任务范围明确的子部分(子项目)。这些子项目的总和构成整个工程项目。

(2)研究并确定每个子部分的特点和结构规则，它的实施结果以及完成它所需的活动，以做进一步的分解。

(3)确定该级别的每一单元是否分解得足够详细，以便可以方便地估算费用和工期。

(4)将各层次项目单元(直到最低层的工作包)收集于检查表上，用系统规则将项目单元分组，构成项目的工作分解结构图(包括子结构图)。工作包可以用工作包说明表来表示，如表 3-3所示。

表 3-3　工作包说明表

项目包		工作包编码：	日期	
子项目包			版次	
工作包名称：				
结果：				
前提条件：				
工程活动：				
负责人：				
费用		其他参加者：	工期	
计划			计划	
实际			实际	

工作包说明表用来描述和定义该工作包的各项目标和计划内容。工作包说明表的内容包括任务范围、前导活动、工作包所包含的工序及子网络、责任人、所需资源量、工期计划、费用计划、实际工期和费用对比等。下面以施工项目为例，对这些要素一一说明。

1)工程量。通过预算定额，根据本工作包的工作范围，从图纸中计算得到。因为企业投标报价需计算工程量，现在有些招标文件中就附有工程量清单，所以工作包中的工作量也可从总的工程量表中直接分解得到。

2)质量。按照合同的质量等级，根据国家制定的规范及质量验收评定标准，结合企业 ISO 9000 质量管理体系，落实各工作包的质量要求。应提出保证质量的措施。

3)工序及子网络。根据施工方案、施工方法、施工习惯等来确定工作包所含的工序及子网络。

4)前导活动。根据施工部署和施工方案,判断出每一工作包的前导活动。前导活动与工期目标也有联系,它确定了工程活动之间的逻辑关系,是构成网络的基础。

5)所需资源量。对工作包中的工程量,通过工料分析,计算出所需各种资源的数量。为使资源优化配置,应定义资源的优先级。

6)持续时间。根据工程量的大小,视合同工期的要求,请有经验的工程技术人员估计,或通过工程量、劳动效率和投入人数等关系分析得到。与持续时间相适应的是完成该工作包所需的工人人数,这两个要素应相互调整,以满足工期要求。

7)成本。可根据中标价或企业下达给项目部的成本目标分解落实到工作包中。可通过工程量比例分摊,或通过定额进行计算。

实际上,工作包说明表形成了某一项目或某一部分工作任务的综合计划内容。工作包说明表在作结构分解时,是用来帮助对结构分解的描述,并使总目标得以分解落实。工作包说明表还有其他用途,如:项目实施后,每一份说明表即是一份工作任务单,下达给实施责任人;责任人任务完成后,可作为对责任人的考核标准;所有的任务完成后,即可作为已完工程输入计算机,并与计划进行对比,以实现计划的动态管理。

(5)分析评价各层次的分解结果的正确性、完整性,是否符合项目结构分解的原则。

(6)由决策者决定结构图,并做相应的说明文件。

(7)建立项目的编码规则,对分解结果进行编码。

编码是工程项目结构分解的一项主要工作,是 WBS 的组成部分。通过编码表示并区别每一个目标单元,使人们以及计算机可以方便"读出"某一个项目单元的信息。这样在工程项目的信息管理中,就能方便实现工作包以及其有关资料信息的存档、查询与汇总。由于项目结构分解是项目计划编制、责任分配和信息传输(报告系统)的基础性工作,所以在同一项目中,WBS 编码的统一、规范和使用方法明确,是项目管理规范化的要求,也是项目管理系统集成的前提条件。

项目的编码设计直接与 WBS 结构有关,并采用"父码+子码"的方法编制。项目结构分解中第一级表示某一项目,为了表示项目的特征以及与其他项目的区别,可用 1~2 位数字或字母来表示,或英文缩写,或汉语拼音缩写,方便识别。第二级或代表实施过程的主要工作,或代表关键的单项工程或各个承建合同,同样可采用 1~2 位的数字或英文缩写、汉语拼音缩写等表示,以此类推,一般编到工作包级为止。每一级前面的编码决定了该级编码的含意。编码中应注意:某一级项目单元(一般是下面几级)具有同样的性质(如实施工作、分区、功能和要素等),而它们的上一级单元彼此不相同时,最后采用同一意义的代码,这有利于项目管理与计划工作的细化。根据项目结构分解从高层向低层对每项工作进行编码,要求每项工作有唯一的编码。编码的方法有两种。

方法 1:多位编码方法,如图 3-19 所示。

方法 2:少位编码方法,如图 3-20 所示。

目前项目结构分解工作主要由管理人员承担,常常被作为一项办公室的工作。但是,任何项目单元都是由实施者完成的,所以在结构分解过程中,甚至在整个项目的系统分解过程中,应尽可能让相关部门的专家、将来项目相关任务的承担者参加,并听取他们的意见,这样

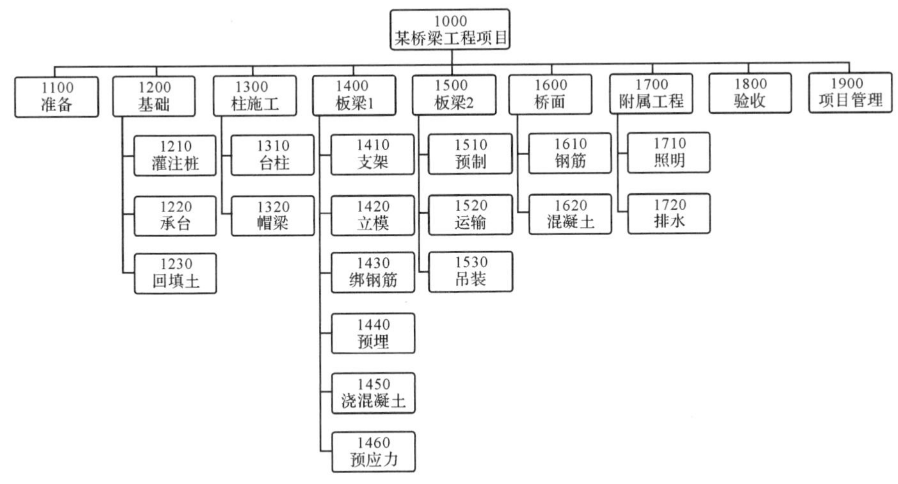

图 3-19 WBS 多位编码方法示例

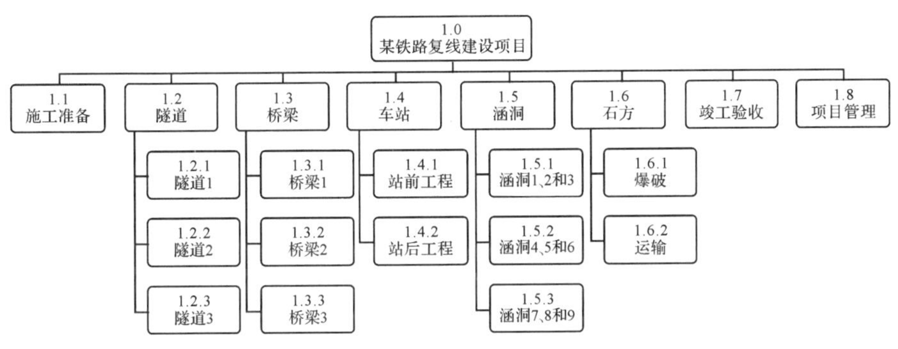

图 3-20 WBS 少位编码方法示例

才能保证分解的科学性和实用性，同时才能保证整个计划的科学性。项目结构分解是一个渐进的过程，它随着项目目标设计、规划、详细设计和计划工作的进展而逐渐细化。

三、项目结构分解的基本原则

项目结构分解工作非常重要，但人们常常由于缺少经验和科学方法，不重视这项工作，不系统地做这项工作，或不充分地利用项目结构分解的结果。这常常是项目计划失误、实施失控的重要原因之一。

从总体上说，应通过项目结构分解，将一个工程项目分解为可管理的、可定量核查的、可分配任务的活动。但目前对一些工程项目尚没有统一的普遍适用的分解方法和规则。按照实际工作经验和系统工作方法，它应符合工程的特点、项目自身的规律性，符合项目实施者的要求和后继管理工作的需要。分解过程应注意如下基本原则。

1. 应在各层次上保持项目内容上的完整性，不能遗漏任何必要的组成部分。要不断地检查项目结构分解所得到的活动的完整性。

任何一个单元 J 在被分解成几个低一层次单元 $J_1, J_2, \cdots, J_n$ 时，应存在集合关系：

$$J = J_1 \cup J_2 \cup J_3 \cup J_4 \cup \cdots$$

而 J_i 和 J_j 之间互不重叠，存在以下关系：

$$J_i \cap J_j = \varnothing (i \neq j)$$

在工作内容上，完成了 $J_1, J_2, \cdots, J_n$，即完成了 J。

$J_1, J_2, \cdots, J_n$ 的成本之和应等于 J 的总成本，即

$$C_J = \sum C_{J_i}$$

J 的工期由 $J_1, J_2, \cdots, J_n$ 的开始时间的最小值和结束时间的最大值所定义。

2. 一个项目单元 J_i 只能从属于某一个上层单元 J，不能同时交叉属于两个上层单元 J 和 I。如果发生这种情况，则可能在上层分解时 I 和 J 的界限不清楚。这个问题可以通过如下办法解决：

(1)重新定义 I 和 J，使它们界限清楚，再做进一步分解。

(2)将 I 和 J 合并。

(3)将 J_i 分解成两部分，使它们分别属于 I 和 J。

3. 通常由一个上层单元 J 分解得到的几个下层项目单元 $J_1, J_2, \cdots, J_n$ 应有相同的性质。例如，$J_1, J_2, \cdots, J_n$ 都表示功能，或都为要素，或都为实施过程。不能出现 J_1 表示过程，J_2 表示功能，而 J_3 却表示要素的情况，否则容易造成混乱。

4. 项目单元应能区分不同的责任者和不同的工作内容，应有较高的整体性和独立性，单元之间的工作责任界面应尽可能小而明确，这样才能明确地划分各单元和各项目参加者之间的界限，方便项目目标和责任的分解和落实以及进行成果评价和责任分析。

项目结构分解应适应组织管理的需要，保证可以方便地进行采购发包和签订合同。如果无法划定责任者，如必须由两个人(或部门)共同负责，则必须清楚地说明双方的责任界限。由于项目的任务经常是通过合同委托的，而一个合同范围又是独立的，所以项目分解结构应适应项目的承包方式和合同结构。

5. 由于项目结构分解是为项目的计划和实施控制服务的，是计划和控制的主要对象，所以系统分解的合理性还应体现在：

(1)分解后的任务应该有可管理、可度量的和界面清楚的、相对独立的可交付成果。能方便地应用工期、质量、成本、合同、信息等管理方法和手段，符合计划和项目目标控制的要求。

(2)应注意物流、工作流、资金流、信息流的效率和质量。

(3)注意功能之间的有机组合和实施工作任务的合理归属。

(4)考虑工程的功能或技术的特殊性。

(5)最低层次的项目单元(工作包)上的单位成本不要太大，工期不要太长。如果最低层次单元的持续时间跨几个控制期(或结算期)，则它的可控性就很差。

6. 项目结构分解应有一定的弹性，应能方便地扩展项目的范围、变更项目的内容和结构。在项目实施中，设计的变更、计划的修改、工程范围的扩大和缩小是难免的。如果分解结构没有弹性，则一个微小的变更就可能对结构图有大的影响，甚至导致一个新的分解版本或一套新的计划。在这里，项目编码体系设计的科学性很重要。

7. 适当的详细程度。对一个项目进行结构分解，究竟要达到什么样的详细程度才比较适合？例如，应分解到多少层次、分解到多少个工作包才比较适合？对此很难定量地规定。总体方针是，在一个结构图内不要建太多的层次。层次太多不能进行有效的管理。通常 4

～6 层为宜,即使对大项目也不要超过 6 层,这通常与这个项目的具体情况相关。

(1)在进行项目结构分解时,要防止以下两种倾向:

1)通常项目分解层次和单元过少,则项目单元上的任务和信息容量太大,难以具体、精细地设计、计划和控制,则失去分解的作用。如工作包上的成本(价格)太大、工期太长,则很难进行有效、精确的控制。

2)如果分解得过细,层次与单元太多,结构图和结构表都极为复杂,则会造成如下问题:

①项目结构失去弹性,机动灵活性较小,项目调整的余地较小,或变更的影响面太大。

②给计划工作带来困难,计划费用增加。例如,网络的节点、工作包说明表大量增加,则计划必须十分细致,这使计划的可行性很差。将基层的执行者(工作包责任人)的工作细节都做了详细的规定,这会使他受到束缚,他的自由度很小,无法发挥灵活性和创造力。

③工程过程中的信息处理量会成倍增加。每一个项目单元都是信息的对象,项目结构中每增加一个单元,工程中要增加许多相关的图表文件和管理工作量,则相应的管理费用增加。

④有的项目管理者主观地想分解很细,但实际上却做不到。通常相应的成本责任和成本核算要能落实到最低层次单元,否则该层次的分解价值就不大。

⑤会造成项目组织跨度太大和(或)组织层次太多。

(2)确定结构分解的详细程度要综合考虑如下几方面因素:

1)项目承担者的角色。项目结构分解与项目管理者所处的层次、所负责的工作范围有关。

不同的项目参加者对结构分解有不同的要求。例如,业主要求按项目任务书进行总体的全面的分解,即以整个项目为对象,将项目的全过程、全部空间、所有专业纳入分解范围,但常常比较粗略,一般只抓住上面几层。在业主的项目总结构分解中,一个承包商所完成的项目任务(合同)仅作为一个子项或一个任务。承包商项目的任务是完成合同所规定的工作(工程),要具体组织施工,他必须对合同所规定的承包范围进行分解,而且分解得较细。

对工作包的继续分解通常由工程小组或分包商完成。

2)工程的规模和复杂程度。大的、复杂的项目分解层次和单元自然较多;反之,小的简单的项目较少。

3)风险程度。对风险程度较大的项目或项目单元(如子项目、任务等),如使用新技术、新工艺,在特殊环境内实施等,则分解得较细。这样就能详细周密地计划,可以透彻地分析风险。而对于风险较小的、常规性的、技术上已经成熟的项目可以分解得较粗。

4)承(分)包商或工程小组的数量。项目单元要区分不同的实施者,特别是在最低层次的工作包上。如果专业化分工较细,承(分)包商数量较多,则项目单元也应分得较细。所以,承包方式对项目结构有很大的影响。

5)项目实施的不同阶段。一般在可行性研究时就已开始项目结构分解,随着项目的进程逐渐由粗到细,由上到下,不断细化,有不同的版本。但它们应前后连贯,保持稳定性。

6)各层次管理者(特别是上层管理者)对项目计划和实施状况报告的结构、详细程度和深度要求。如果项目成本、工期、质量报告要求详细则应分解较细。

工作包是项目结构分解的最小单位,也是项目成本核算和控制的最小单位。各种目标的分解、信息、核算、组织责任要能落实到工作包。否则,这一层次的分解就没有意义。

项目结构分解没有定型的模式，它常常受到管理者工作经验和管理水平的影响和制约。高层管理者切莫在计划初期就试图将项目分解得很细，或自己主观地进行分解，应吸收任务承担者、实际操作人或下层机构的人员参与结构分解，利用他们的经验并使他们能够理解和接受分解结果。

四、工程项目结构分解的作用

工程项目结构分解的基本作用有：

(1)保证项目结构的系统性和完整性。分解结果代表被管理的项目范围和组成部分，它包括项目应包含的所有工作，不能有遗漏。这样才可能保证项目的设计、计划、控制的完整性。这是项目结构分解最基本的要求。

(2)通过结构分解，使项目的形象透明，使人们对项目一目了然，使项目的概况和组成明确、清晰。这使项目管理者，甚至不懂项目管理的业主、投资者也能对整个项目方便地观察、了解和控制整个项目过程，同时可以分析可能存在的项目目标的不明确性。

(3)对项目的工期计划、成本和费用进行估计，以及确定资源分配的对象。

(4)用于建立项目目标保证体系。工作结构分解能将项目实施过程、项目成果和项目组织有机地结合在一起，是进行项目任务承发包、建立项目组织、落实组织责任的依据。所以项目结构分解图对项目组织形式有规定性。

工作分解结构可以满足各层次项目参与者的需要。工作分解结构可与项目组织结构有机地结合在一起(表 3-4 所示的项目工作责任分配表)，有助于项目经理根据各个项目单元的要求，赋予项目各部门和各职员相应的职责。

(5)将项目质量、工期、成本(投资)目标分解到各项目单元，这样可以对项目单元进行详细的设计，确定实施方案，做各种计划和风险分析，进行实施控制，对完成状况进行评价。

表 3-4　某项目结构分解表(项目工作责任分配表)

编码	活动名称	负责人(单位)	预算成本	计划工期	……
10000					
11000 11100 11200					
12000 12100 12200 12210 12220 12221 12222 12223 12230					
13000					
14000					

项目结构分解是编制项目进度计划的主要依据，在编制进度计划时，根据各活动间的逻

辑关系,构成网络,再确定完成工作所需的持续时间、项目的开工日期,就可以确定整个项目的进度计划。

(6)作为项目报告系统的对象,是进行各部门、各专业协调的手段。项目分解结构和编码在项目中充当一个共同的信息交换语言。项目中的大量信息,如资源使用、进度报告、成本开支账单、质量报告、变更、会谈纪要,都以项目单元为对象收集、分类和沟通。

第四节　工程项目的组织分工

工程项目的组织分工包括工程项目的工作任务分工和管理职能分工。工程项目工作任务分工是在组织结构确定后,对各个部门或个体的主要职责进行分配,是对项目组织结构的说明和补充,它是建立在工作分解结构(WBS)的基础上的,将组织结构中各个单位部门或个体的职责进行细化扩展。它体现的是组织结构中各个单位或个体的职责任务范围,从而为各单位部门或个体指出工作的方向。项目管理职能分工就是对项目管理班子(如内部项目经理、各工作部门等)进行职能分工,理顺各管理部门的任务,使之各司其职,各负其责,提高工作效率。

一、工作任务分工

业主方和项目各参与方,如设计单位、施工单位、供货单位和工程管理咨询单位等都有各自的项目管理的任务,上述各方都应该编制各自的项目管理任务分工表。

为了编制项目管理任务分工表,首先应对项目实施的各阶段的费用(投资或成本)控制、进度控制、质量控制、合同管理、信息管理和组织与协调等管理任务进行详细分解,在项目管理任务分解的基础上定义项目经理和费用(投资或成本)控制、进度控制、质量控制、合同管理、信息管理和组织与协调等主管工作部门或主管人员的工作任务。

(一)工作任务分工

每一个建设项目都应编制项目管理任务分工表,这是一个项目的组织设计文件的一部分。在编制项目管理任务分工表前,应结合项目的特点,对项目实施的各阶段的费用(投资或成本)控制、进度控制、质量控制、合同管理、信息管理和组织与协调等管理任务进行详细分解。某项目的项目管理任务分解示例如表3-5所示。在项目管理任务分解的基础上,明确项目经理和费用(投资或成本)控制、进度控制、质量控制、合同管理、信息管理和组织与协调等主管工作部门或主管人员的工作任务,从而编制工作任务分工表。

表3-5　任务分解表

3.设计阶段项目管理的任务			备注
	3.1 设计阶段的投资控制		
	3101	在可行性研究的基础上,进行项目总投资目标的分析、论证	
	3102	根据方案设计,审核项目总估算,供业主方确定投资目标参考,并基于优化方案协助业主对估算做出调整	

续表

	3103	编制项目总投资切块、分解规划，并在设计过程中控制其执行；在设计过程中若有必要，及时提出调整总投资切块、分解规划的建议	
	3104	审核项目总概算，在设计深化过程中严格控制在总概算所确定的投资计划值中，对设计概算做出评价报告和建议	
	3105	根据工程概算和工程进度表，编制设计阶段资金使用计划，并控制其执行，必要时，对上述计划提出调整建议	
	3106	从设计、施工、材料和设备等多方面做必要的市场调查分析和技术经济比较论证，并提出咨询报告，如发现设计可能突破投资目标，则协助设计人员提出解决办法，供业主参考	
	3107	审核施工图预算，调整总投资计划	
	3108	采用价值工程方法，在充分满足项目功能的条件下考虑进一步挖掘节约投资的潜力	
	3109	进行投资计划值和实际值的动态跟踪比较，并提交各种投资控制报表和报告	
	3110	控制设计变更，注意检查变更设计的结构性、经济性、建筑造型和使用功能是否满足业主的要求	
	3.2 设计阶段的进度控制		
	3201	参与编制项目总进度计划，有关施工进度与施工监理单位协商讨论	
	3202	审核设计方提出的详细的设计进度计划和出图计划，并控制其执行，避免发生因设计单位推迟进度而造成施工单位要求索赔	
	3203	协助起草主要甲供材料和设备的采购计划，审核甲供进口材料设备清单	
	3204	协助业主确定施工分包合同结构及招标投标方式	
	3205	督促业主对设计文件尽快做出决策和审定	
	3206	在项目实施过程中进行进度计划值和实际值的比较，并提交各种进度控制报表和报告(月报、季报、年报)	
	3207	协调室内外装修设计、专业设备设计与主设计的关系，使专业设计进度能满足施工进度的要求	
	3.3 设计阶段的质量控制		
	3301	协助业主确定项目质量的要求和标准，满足设计质监部门质量评定标准要求，并作为质量控制目标值，参与分析和评估建筑物使用功能、面积分配、建筑设计标准等，根据业主的要求，编制详细的设计要求文件，作为方案设计优化任务书的一部分	
	3302	研究图纸、技术说明和计算书等设计文件，发现问题，及时向设计单位提出；对设计变更进行技术经济合理性分析，并按照规定的程序办理设计变更手续，凡对投资及进度带来影响的变更，需会同业主核签	
	3303	审核各设计阶段的图纸、技术说明和计算书等设计文件是否符合国家有关设计规范、有关设计质量要求和标准，并根据需要提出修改意见，确保设计质量获得有关部门审查通过	

（二）工作任务分工表

在工作任务分工表（见表 3-6）中应明确各项工作任务由哪个工作部门（或个人）负责，由哪些工作部门（或个人）配合或参与。在项目的进展过程中，应视必要对工作任务分工表进行调整。

表 3-6 工作任务分工表

工作任务	工作部门								
	项目经理部	投资控制部	进度控制部	质量控制部	合同管理部	信息管理部			

某大型公共建筑属国家重点工程，在项目实施的初期，项目管理咨询公司建议把工作任务划分成 26 个大块，针对这 26 个大块任务编制了工作任务分工表（见表 3-7），随着工程的进展，任务分工表还将不断深化和细化，该表有如下特点：

（1）任务分工表主要明确哪项任务由哪个工作部门（机构）负责主办，明确协办部门和配合部门，主办、协办和配合在表中分别用三个不同的符号表示；

（2）在任务分工表的每一行中，即每一个任务，都有至少一个主办工作部门；

（3）运营部和物业开发部参与整个项目实施过程，而不是在工程竣工前才介入工作。

表 3-7 某大型公共建筑的工作任务分工表

序号	工作项目	经理室、指挥部室	技术委员会	专家顾问组	办公室	总工程师室	综合部	财务部	计划部	工程部	设备部	运营部	物业开发部
1	人事	☆					△						
2	重大技术审查决策	☆	△	○	○	△	○	○	○	○	○	○	○
3	设计管理			○		☆			○	△	△	○	
4	技术标准			○		☆				△	△	○	
5	科研管理			○		☆		○	○	○	○		
6	行政管理				☆	○	○	○	○	○	○	○	○
7	外事工作			○	☆	○				○	○	○	
8	档案管理			○	☆	○	○	○	○	○	○	○	○
9	资金保险						○	☆	○				
10	财务管理						○	☆	○				
11	审计						☆	○	○				

续表

序号	工作项目	经理室、指挥部室	技术委员会	专家顾问组	办公室	总工程师室	综合部	财务部	计划部	工程部	设备部	运营部	物业开发部
12	计划管理						○	○	☆	△	△	○	
13	合同管理						○	○	☆	△	△	○	
14	招标投标管理			○		○	○		☆	△	△	○	
15	工程筹划			○		○				☆	○	○	
16	土建评定项目管理			○		○				☆	○		
17	工程前期工作			○				○	○	☆	○		○
18	质量管理			○		△				☆	△		
19	安全管理					○	○			☆	△		
20	设备选型			△		○					☆	○	
21	设备材料采购							○	○	△	△		☆
22	安装工程项目管理			○					○	△	☆	○	
23	运营准备			○		○				△	△	☆	
24	开通、调试、验收			○		△				△	☆	△	
25	系统交接			○	○	○	○	○	○	☆	☆	☆	
26	物业开发						○	○	○	○	○	○	☆

☆——主办； △——协办；○——配合。

二、管理职能分工

管理是由多个环节组成的过程(见图 3-21)，即：1)提出问题；2)筹划提出解决问题的可能的方案，并对多个可能的方案进行分析；3)决策；4)执行；5)检查。

这些组成管理的环节就是管理的职能。管理的职能在一些文献中也有不同的表述，但

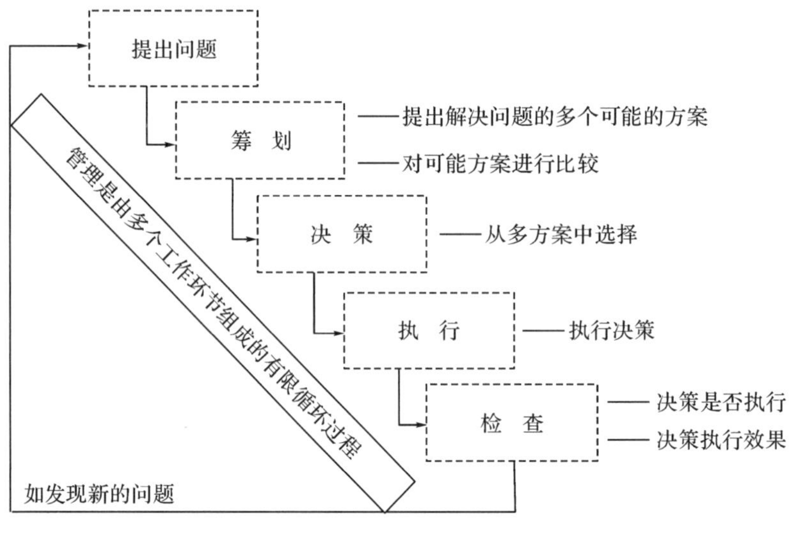

图 3-21 管理职能

其内涵是类似的。

以下以一个示例来解释管理职能的含义：

(1)提出问题——通过进度计划值和实际值的比较，发现进度推迟了；

(2)筹划——加快进度有多种可能的方案，如改一班工作制为两班工作制，增加夜班作业，增加施工设备和改变施工方法，应对这三个方案进行比较；

(3)决策——从上述三个可能的方案中选择一个将被执行的方案，即增加夜班作业；

(4)执行——落实夜班施工的条件，组织夜班施工；

(5)检查——检查增加夜班施工的决策有否被执行，如已执行，则检查执行的效果如何。

如通过增加夜班施工，工程进度的问题解决了，但发现新的问题，施工成本增加了，这样就进入了管理的一个新的循环：提出问题、筹划、决策、执行和检查。整个施工过程中管理工作就是不断发现问题和不断解决问题的过程。

以上不同的管理职能可由不同的职能部门承担，如：

(1)进度控制部门负责跟踪和提出有关进度的问题；

(2)施工协调部门对进度问题进行分析，提出三个可能的方案，并对其进行比较；

(3)项目经理在三个可供选择的方案中，决定采用第一方案，即增加夜班作业；

(4)施工协调部门负责执行项目经理的决策，组织夜班施工；

(5)项目经理助理检查夜班施工后的效果。

业主方和项目各参与方，如设计单位、施工单位、供货单位和工程管理咨询单位等都有各自的项目管理的任务和其管理职能分工，上述各方都应该编制各自的项目管理职能分工表。

管理职能分工表是用表的形式反映项目管理班子内部项目经理、各工作部门和各工作岗位对各项工作任务的项目管理职能分工(见表3-8)。表中用拉丁字母表示管理职能。管理职能分工表也可用于企业管理。

如为了区分业主方和代表业主利益的项目管理方和工程建设监理方等的管理职能，可以用管理职能分工表来区分，如表3-9所示。表的横轴是参与工程项目建设的各方，表的纵轴是项目的所有任务，表的内容是参与工程建设项目各方在各项任务中的管理职能分工代码。

表3-8 管理职能分工表

工作任务	项目经理部	投资控制部	进度控制部	质量控制部	合同管理部	信息管理部						

每一个方块用拉丁字母表示管理的职能

表 3-9　某项目管理职能分工表

序号	任务		业主方	项目管理方	工程监理方
	设计阶段				
1	审批	获得政府有关部门的各项审批	E		
2		确定投资、进度、质量目标	DC	PC	PE
3	发包与合同管理	确定设计发包模式	D	PE	
4		选择总包设计单位	DE	P	
5		选择分包设计单位	DC	PEC	PC
6		确定施工发包模式	D	PE	PE
7	进度	设计进度目标规划	DC	PE	
8		设计进度目标控制	DC	PEC	
9	投资	投资目标分解	DC	PE	
10		设计阶段投资控制	DC	PE	
11	质量	设计质量控制	DC	PE	
12		设计认可与批准	DE	PC	
	招标阶段				
13	发包	招标、评标	DC	PE	PE
14		选择施工总包单位	DE	PE	PE
15		选择施工分包单位	D	PE	PEC
16		合同签订	DE	P	P
17	进度	施工进度目标规划	DC	PC	PE
18		项目采购进度规划	DC	PC	PE
19		项目采购进度控制	DC	PEC	PEC
20	投资	招标阶段投资控制	DC	PEC	
21	质量	制定材料设备质量标准	D	PC	PEC

P——筹划；D——决策；E——执行；C——检查。

第五节　工程项目的工作流程组织

工程项目的工作流程组织主要包括：管理工作流程组织（如投资控制、进度控制、合同管理、付款和设计变更等流程）、信息处理工作流程组织（如与生成月度进度报告有关的数据处理流程）、物质流程组织（如钢结构深化设计工作流程、弱电工程物资采购工作流程、外立面施工工作流程）等。

一、工作流程组织的任务

每一个建设项目应根据其特点，从多个可能的工作流程方案中确定以下几个主要的工作流程组织：1）设计准备工作的流程；2）设计工作的流程；3）施工招标工作的流程；4）物资采购工作的流程；5）施工作业的流程；6）各项管理工作（投资控制、进度控制、质量控制、合同管理和信息管理等)的流程;7)与工程管理有关的信息处理的流程。这也就是工作流程组织的任务,即定义工作的流程。

工作流程图应视需要逐层细化,如投资控制工作流程可细化为初步设计阶段投资控制工作流程图、施工图阶段投资控制工作流程图和施工阶段投资控制工作流程图等。

业主方和项目各参与方,如工程管理咨询单位、设计单位、施工单位和供货单位等都有各自的工作流程组织的任务。

二、工作流程图

工作流程图用图的形式反映一个组织系统中各项工作之间的逻辑关系,它可用以描述工作流程组织。工作流程图是一个重要的组织工具,如图 3-22 所示。工作流程图用矩形框表示工作,见图 3-22(a),箭线表示工作之间的逻辑关系,菱形框表示判别条件。也可用如图 3-22(b)所示的方式表示工作和工作的执行者。

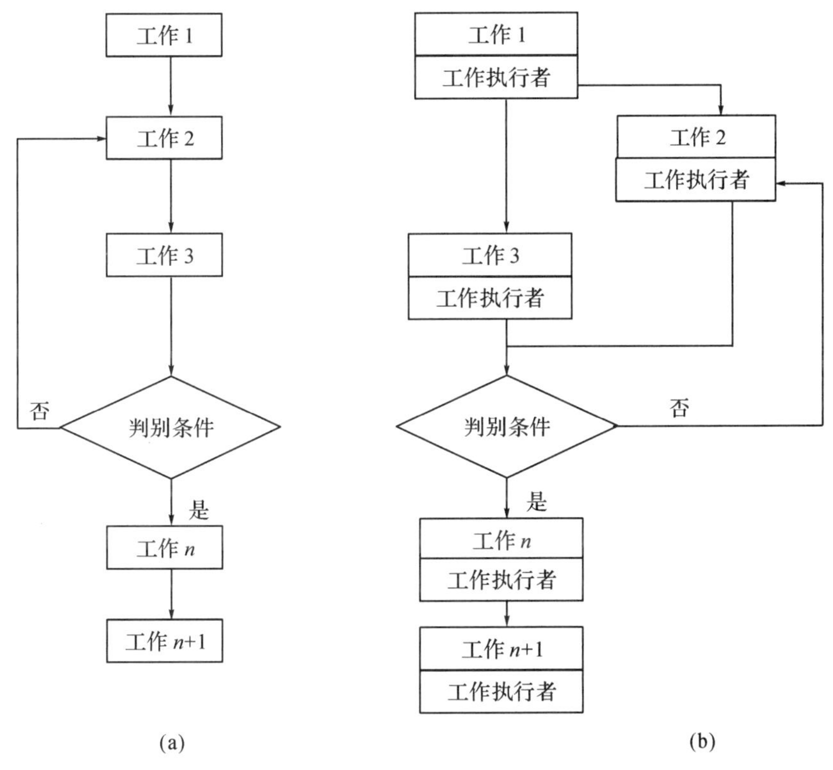

图 3-22 工作流程图示例

以下以几个工作流程图的示例进一步解释工作流程图的含义和图的表达方式。

设计变更在工程实施过程中时有发生,设计变更可能由业主方提出,也可能由施工方或设计方提出,一般设计变更的处理涉及监理工程师、总监理工程师、设计单位、施工单位和业主方。图 3-23 是某工程设计变更的工作流程图,反映了上述的工作顺序关系。

某软件园的策划工作由工程管理咨询(顾问)公司承担(以下简称为策划方),规划工作由规划设计方承担,开发方对策划和规划的阶段性成果将表达其意见,政府对规划的阶段性

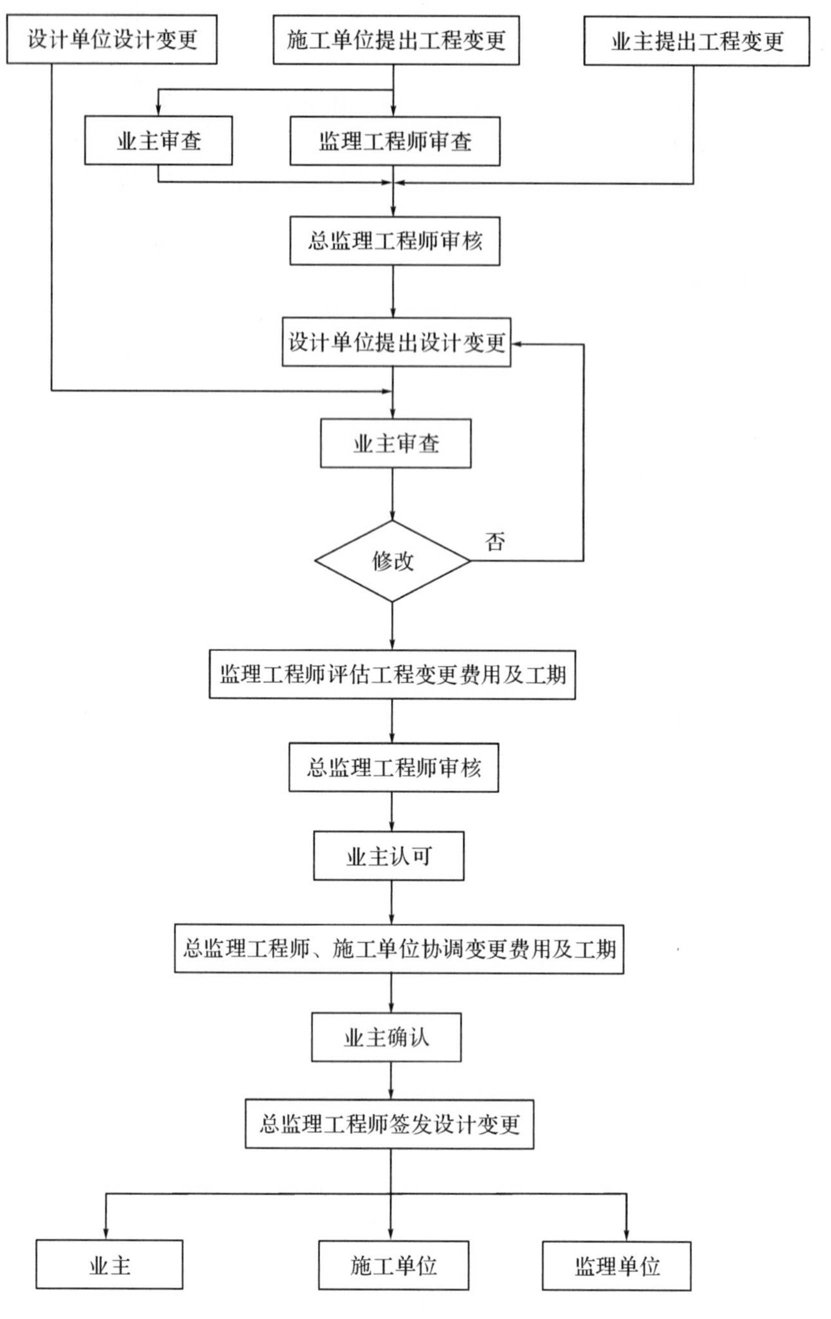

图 3-23　设计变更工作流程图示例

成果要履行审批职能。策划方、规划设计方、开发方和政府有关部门的工作按一定的顺序进行，相互之间也有一定的交叉。用工作流程图可清晰地表达有关的逻辑关系（见图 3-24）。图 3-24 将图面纵向地划分为 4 个条块，可以非常清楚地识别哪些工作由哪方承担。

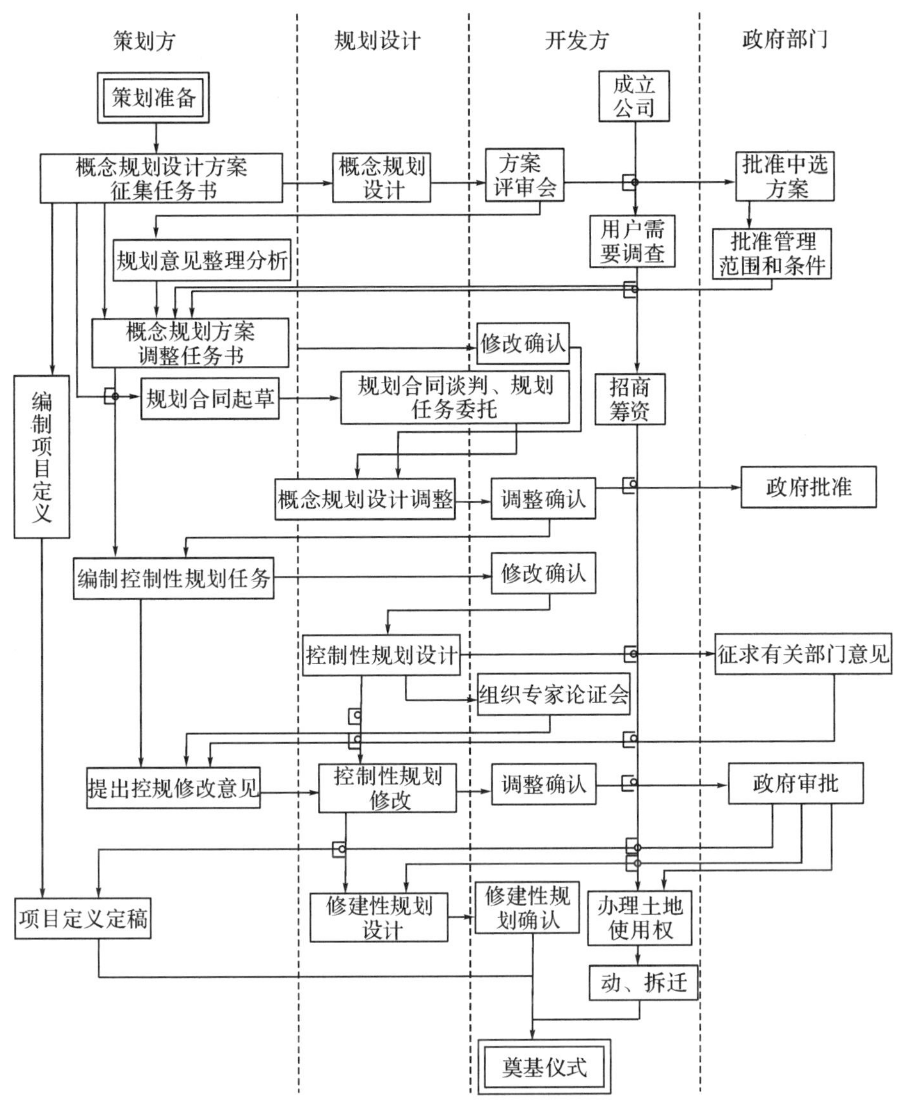

图 3-24　某软件园策划工作的流程图示例

第六节　工程项目人力资源管理

人力资源管理是工程项目管理中一种重要的、不可忽视的管理职能。

一、工程项目人力资源管理及其特点

目前，学术界对于人力资源虽有不同的认识和看法，但均强调人力资源创造财富这一特征。与其他资源不同的是，人力资源的载体是人的身体和劳动，其具有能动性、再生性、社会性和智能性等特点。

工程项目人力资源管理就是对工程项目开发建设过程中所需的人力资源进行规划、选聘和合理配置，并定期对他们的工作业绩进行评价和激励，以提高他们对工程项目开发建设的敬业精神、积极性和创造性，最终保证工程项目目标的实现。

工程项目人力资源管理的对象包括项目团队的所有成员和项目团队本身，由于工程项目的一次性或临时性及系统性特征，工程项目人力资源管理在遵循企业组织人力资源管理原理的同时，还有下列特点：

(1)工程项目人力资源管理强调高效快捷。高效快捷主要体现在项目团队成员的选拔和培训上，项目团队成员的选拔和培训通常是针对完成项目任务所需的知识和技能进行的，也就是说，选拔项目团队成员尤其是骨干成员时主要是看其是否已具有相关知识和技能以及是否有一定的实践经验，而且项目团队成员也要具有挑战精神，敢于承担责任。对于项目团队成员的激励也要强调高效性和及时性，因此工程项目人力资源管理中所使用的激励手段一般是以短期激励效果为主，如物质激励。

(2)工程项目人力资源管理强调团队建设。工程项目目标的实现需要一个跨职能团队的共同努力才能完成，因此项目团队的建设意义尤为重大。它是工程项目人力资源管理的中心任务。这不但要求工程项目人力资源管理中的项目团队成员尤其是项目经理的挑选和确定要考虑项目团队建设的需要，即项目团队成员要具有合作精神，项目经理要具有较强的个人影响力和组织管理能力，而且要求在工作业绩的评价、员工激励和项目问题或冲突解决方式方法等方面也要考虑项目团队建设的需要。

二、工程项目人力资源管理的主要内容

工程项目人力资源管理主要包括如下内容。

(1)工程项目组织的工作分析。工程项目组织的工作分析就是对达到工程项目目标所需进行的各项任务和活动进行分析研究，以确定工程项目管理与实施需要安排哪些具体的职务和岗位，以及这些岗位和职务的任职条件和知识、技能与专业要求。显然，工作分析的成果主要是工作说明书和工作规范。工作说明书详细描述了某职务或岗位的工作内容、环境及工作条件，而工作规范则详细说明了从事该项工作的人员所需具备的最低资格。

(2)工程项目人员的获得与配备。工程项目组织根据前述工作分析结果，采用招聘等方式从一定的渠道获得合适的人员，并根据工程项目工作的特点和人员的知识、技能进行安排和配备。

(3)工程项目人员的培训。工程项目人员的培训是为了使员工获得或改善与工作有关的知识、技能和动机、态度，以利于提高员工的绩效和对工程项目目标的贡献。

(4)绩效评估与激励。绩效评估是通过对项目团队成员工作绩效的评价，反映员工的实际工作能力和对某种工作职位的适应程度。激励则是通过满足员工的某种需要，以激发员工充分发挥其潜能，为实现工程项目目标服务。

三、工程项目人员的获得与配备

(一) 工程项目人员的获得

工程项目人员主要是通过外部招聘和内部选拔两种方式获得。相比较而言，内部选拔有以下优点：

(1)内部候选人更熟悉企业组织的政策环境,因此能够迅速开展工作。

(2)企业组织熟悉内部候选人的工作表现和相关能力,内部选拔费用较少,同时,还可省去一些不必要的培训。

但是内部选拔也可能存在一些弊端。特别是当有多个内部候选人竞聘时,若选拔工作稍有不当,都可能引起落选同事的不满,从而影响被选拔者开展工作。

企业组织在下列情形下也可能考虑采用外部招聘的方式选择项目组成员。

(1)需要外来"空降人员"新的管理理念、经验和新技术。

(2)没有合格的内部候选人申请或内部竞聘过于激烈,有可能造成同事间的紧张关系时。

(3)项目小组中的某些临时工作人员如有些特殊技术顾问的选用。

(二)工程项目人员的配备

"骏马能历险,力田不如牛。坚车能载重,渡河不如舟。"从这两句诗中,可体会到项目人员的合理配置对于项目目标的实现是非常重要的。在工程项目中配备人员一般遵循以下原则:

(1)因事择人和因材器使的原则。不同的工程项目任务需要不同的人去进行,而不同的人也具有不同的能力和素质,能够从事不同的工作。因此,只有将职务要求与项目人员的兴趣、爱好和能力紧密结合起来,进行充分考虑、统筹安排,才能"事得其人,人爱其岗"。

(2)精简、高效、节约原则。工程项目组织作为一个临时组织,绝不能够作为一种福利性组织,为了多养人而降低劳动定额或定员标准,而应强调项目组织的精简、高效、节约。也就是说,要提倡兼职或"一人多能",兼任多项职务或岗位,这是因为工程项目团队中的职能工作种类可能很多,但是每项职能工作的工作量可能很小。另外,兼职也可减少项目组织中信息沟通渠道的长度,增加信息传递的速度,从而使各种职能业务工作处理速度更快。

(3)人事动态平衡原则。人事动态平衡主要体现在两个方面:一是随着工程项目任务的不断完成和重新开始,其所需要的项目人员的知识和技能可能有所不同,因此要根据项目的任务不同来调整项目人员的配备;二是随着工作的进行,项目人员的能力发展也呈现出不平衡的局面,此时,应该根据项目人员的工作表现,让能力得到发展和证实的人去从事更重要的工作任务,让能力平平、不符合职务要求的人有机会进行其力所能及的活动,以使每一个人都能得到最合理的使用,实现人与工作的动态平衡。

四、绩效评估与激励

绩效评估或工作业绩评价作为工程项目人员工作的贡献大小和能力的一种反馈机制,是与报酬机制、激励机制一起发挥作用的。恰如其分地评价项目人员的工作业绩、实际能力和工作态度,能够有效地采取相应的激励和惩罚措施,调动项目人员的积极性和增强项目团队的凝聚力;能够帮助项目人力资源管理者重新进行人力资源规划和针对不足之处,加强培训和制度管理。

(一)绩效评估指标与评价方法

在绩效评估中,应遵循公开、公正、多层次、全方位的原则,建立合理的绩效评估指标体系,采用适当的绩效评估方法。

(1)绩效评估指标体系。绩效评估指标体系是在工作分析的基础上建立的,也就是说,必须明确某一职务或岗位的工作职责和工作要求，才能建立客观、公正和全面的绩效评估指标体系。下面以项目经理为例，说明绩效评估指标体系的建立过程。

由于项目经理在项目团队中的地位和作用，项目经理的绩效评估指标不仅要考虑其工作成就，还要考虑其工作过程中的表现，可从以下 4 个方面建立相应的绩效评估指标体系。

1)工程项目总体成效。主要指工程项目总体完成情况，可从 4 个方面衡量：时间(是否按期完工)、质量(是否达到合同标准)、费用或成本(是否在预先制定的预算范围内)、功能(是否满足了用户的预期功能要求)。

2)资源管理成效。主要指在工程项目实施的过程中，投入的主要物化资源和时间的利用程度，可从两个方面衡量：资源管理的规范化和资源利用效率。

3)团队管理成效。主要指项目经理在建设项目团队方面的成效，可从 4 个方面衡量：角色的到位(项目小组成员明确自身角色的职责和目标，并执行该角色的程度)、群体凝聚力、团队工作意愿(项目小组成员的协作意愿和留职意愿)、激励强度(项目经理能否有效利用激励手段、个人专长权或影响权等充分调动项目小组成员的积极性)。

4)工作关系处理成效。主要指项目经理在处理各种人际关系及其冲突方面所表现出来的成效，可从两个方面衡量：与外部主要协作单位的协调、与上下级的协调。

通常在上述绩效评价指标体系中并不是每一个指标都具有同等的重要程度，因此在实际应用中，一般首先要采用专家评议法、层次分析法等方法确定各个层次上指标的权重，然后才能进行综合评价，综合评价方法有加权平均法、模糊评价法等。

(2)绩效评估方法。项目组织绩效评估的方法有很多，不同方法有不同的侧重点，所以在开展绩效评估时，要根据具体情况，综合使用各种绩效评估方法。下面介绍 4 种常用的方法。

1)评分表法。使用该种方法的关键是建立一系列的绩效评价指标和评价等级，在绩效评估时，要根据每一个项目小组成员的实际情况，对每一项评估指标进行打分，然后应用数学方法对所有分数进行处理，最终得到该员工的评估结果。

2)排序法。这是一种把一定范围内的同类员工，按照一定的标准进行评价，然后将评价结果采用由低到高或由高到低的方法进行排序的绩效评价方法。

3)工作标准法。这是一种把项目员工的工作与项目组织制定的工作标准相对照，从而评价并确定出项目小组成员工作绩效的方法。

4)描述法。描述法又可分为鉴定法和关键事件法两类。鉴定法是指绩效评估者以叙述性的文字描述被评估者的能力、态度、优缺点和发展潜力等，由此得到对被评估者的综合评价。而关键事件法是指绩效评估者关注的是被评估者在完成项目任务时所表现出来的特别有效的行为和特别无效的行为，从而据此评价被评估者的工作绩效。

(二) 工程项目人员的激励

激励简单地说就是激发人的积极性、主动性和创造性。心理学理论认为个体会将外部刺激或自身生理需要转化为内部心理动力，使其动机系统激活，从而产生强大的拉力，为实现目标而行动，这就是激励的基本过程。只有在绩效评估的基础上，将有效激励与制度管理结合起来，才能高效地实现项目组织的目标。

(1)工程项目人员激励的原则。工程项目人员激励的主要原则有：

1)目标原则。个体行动是目标导向的，对项目团队成员的激励必须与项目的目标紧密结合起来，鼓励他们为实现项目的目标而努力工作。按照斯金纳的强化理论，只有将项目总目标不断细分为稍经努力就可实现的小目标时，激励才有效。

2)客观、公正原则。准确、客观、公正地评价每个项目小组成员的努力程度和给项目小组成员提供强激励是互补行为，必须协同进行，否则会适得其反，使项目小组成员产生不公平感，降低其努力水平。

3)按需激励原则。激励的关键在于满足项目小组成员的需要，但是小组成员的需要存在个体差异性和动态性，激励只有因人而异、因时而异，满足每个小组成员的迫切需要，激励强度才最大。因此，项目管理人员要不断了解员工的需求层次和需求变化趋势，有针对性地采取各种激励措施，以达到事半功倍的效果。

4)及时激励原则。激励的效果与项目管理者承诺给予奖励的数量和兑现奖励的时间存在着正向相关关系。也就是说，项目管理者承诺给予奖励的数量越高，激励效果一般而言越好；项目管理者越能按时兑现奖励，则激励效果也就越好。反过来说，若项目管理者迟延激励的时间越长、次数越多，激励效果就越差，严重者甚至还可能出现适得其反的结果。因此，项目管理者应尽量言出有信，按照承诺及时激励。

5)团队激励与个人激励有效结合的原则。项目成员是作为一个团队而开展工作的，因此项目目标的实现一般是项目团队共同努力的结果。企业组织在对项目团队激励时，要切忌在团队内部搞平均奖励，否则会出现团队惰化倾向；也要切忌在团队内部搞个人“英雄主义”，否则团队凝聚力会下降。只有将团队激励与个人激励有效结合，不偏不倚，既能重奖贡献多的团队成员，又能保持甚至提高团队凝聚力。

(2)工程项目人员激励的方法。工程项目人员激励的方法一般有以下几种。

1)物质激励。物质激励手段包括工资、奖金和福利待遇等，这是工程项目组织中常采用的一种激励方法，其满足了项目小组成员的社会生存需要。

2)精神激励。精神激励是工程项目组织对个体或群体的高度评价，通过口头表扬、颁发荣誉证书等手段来向他人或社会证实其价值，以满足人们的自尊需要。

3)榜样激励。榜样激励是通过满足项目小组成员的模仿和学习需要，从而引导其行为达到项目组织目标所期望的方向。

4)参与激励。参与激励是指充分信任项目小组成员的能力，让他们了解工程项目组织的真实情况，并允许他们在不同层次和深度上畅所欲言，参与决策，从而激发他们的主人翁精神。

5)晋升激励。对于工程项目管理人员而言，如果能将其在项目组织中的工作表现与在企业组织中的职位晋升机会结合起来，那么这些工程项目管理人员的工作积极性将会更高。

6)自我激励。自我激励是指工程项目组织通过团队学习，使每一个项目小组成员改变其心智模式，不断超越自我，树立新的有助于项目成功的人生目标，从而激发员工忘我工作。

五、项目经理

项目经理即项目的负责人，他是项目组织机构中的最高管理者或指挥者。

(一)项目经理的地位和作用

项目经理对相应的项目管理全面负责，是工程项目的管理中心，在整个项目活动中占有举足轻重的地位，具体表现如下：

(1)项目经理是企业法人代表在项目上的全权委托代理人。从企业内部看,项目经理是项目活动全过程所有工作的总负责人,是项目生产要素投入和优化组合的组织者;从对外方面看,项目经理作为法人代表的全权委托代理人,是履行合同义务、执行合同条款、承担合同责任、处理合同变更、行使合同权力的最高合法当事人。

(2)项目经理是协调各方面关系,使之相互紧密协作、配合的桥梁和纽带。工程项目管理是一动态管理过程,在实施中,众多的结合部、复杂的人际关系,必然产生各种矛盾、冲突和纠纷,而负责沟通、协商、解决这些矛盾的关键人物就是项目经理。

(3)项目经理对项目实施进行控制,是各种信息的集散中心。自下、自外而来的信息,通过各种渠道汇集到项目经理手中;项目经理又通过指令、计划和文件等形式,对下、对外发布信息,通过信息的散发达到控制的目的,使项目取得成功。

(4)项目经理是工程项目责、权、利的主体。项目经理是项目责任的主体,是实现项目目标的最高责任者。项目经理又必须是权力的主体,权力是确保项目经理能够承担起责任的条件和手段,权力的大小,则需视项目经理责任的要求而定。若没有必要的权力,项目经理就无法对工作负责。项目经理还必须是项目利益的主体。利益是项目经理工作的动力,是由于项目经理负有相应的责任而应得到的报酬,利益的多少应视项目经理的责任而定。若没有一定的利益,项目经理就不愿负有相应的责任,也不会认真行使相应的权力。

(二) 项目经理的任务和职责

工程项目的类型和性质不同,其项目经理的具体任务和职责可能不同,但其基本职责应该是相似的。项目经理的任务主要包括两个方面:一方面要保证工程项目按照规定的目标高速、优质、低耗地全面完成;另一方面是保证各生产要素在项目经理职权范围内做到最大限度的优化配置。具体来讲主要有以下几项:

(1)确定项目管理组织机构并配备人员,制定规章制度,明确有关人员的职责,组织项目活动正常运转。

(2)确定项目管理阶段目标,进行目标分解,制订总体控制计划,确保项目建设成功。

(3)及时、适当地做出项目管理决策,包括投标报价决策、人事任免决策、重大技术组织措施决策、财务工作决策、资源调配决策、进度计划决策等。

(4)协调本组织机构与各协作单位之间的协作配合及经济、技术关系,代表企业法人进行有关签证。

(5)建立完善的内部及对外信息管理系统。

(6)实施合同,处理好合同变更,搞好有关单位的协作。

项目经理的职责是由其所承担的任务所决定的。一般而言,项目经理应履行以下职责:

(1)贯彻执行国家和工程所在地政府的有关法律、法规和政策,执行企业的各项管理制度。

(2)严格财经制度,加强财经管理,正确处理国家、企业与个人的利益关系。

(3)执行工程项目合同中由项目经理负责履行的各项条款。

(4)对工程项目活动进行有效控制,执行有关技术规范和标准,积极推广应用新技术。

(三) 项目经理的素质

从项目经理在工程项目管理中的地位和作用以及他承担的职责可以看出,项目经理的素质要求较高。负责一个大中型工程项目的项目经理,都是日理万机,并且面对的大量问题大都是开创性的,或具有挑战性。大量实践表明,项目经理应具有下列基本素质。

(1)思想政治素质。有从事社会主义建设事业的精神,能坚持社会主义经营方向,有高度的事业心和责任感,对工程项目建设有献身精神;廉洁奉公,联系群众,善于与人共事,团结合作;懂得有关经济政策和法律、法规,并能规范地执行。

(2)技术业务素质。项目经理应当是个专家,具有大专以上相应学历和文凭,熟悉工程项目建设的客观规律,懂经营管理、合同管理和法律知识,具有较强的决策能力、组织能力、指挥能力和应变能力。

(3)领导素质。项目经理是一名领导者,应具有较高的组织领导工作能力。具体要求他博学多识,通情达理,即具有现代管理、科学技术、心理学等基础知识,见多识广眼光开阔,通社会主义之人情,达社会主义的事理,能按照社会主义的思想、品质、道德和作风的要求去处理人际关系;多谋善断,灵活机变,即具有独立解决问题和与外界洽谈业务的能力,主意多,办法多,善于选择最佳主意和办法,能当机立断,坚决果断地去实行;知人善任、善与人同,即要知人所长,用其所长,避其所短,尊贤爱才,不任人唯亲,不任人唯资,不任人唯顺,不任人唯全,宽容大度,有容人之量,善于与人求同存异,与下属共享荣誉与利益,劳苦在先,享受在后;公道正直,以身作则,即要求下属的,自己先做到。

(4)实践经验及技能素质。项目经理不仅应懂技术,会管理,既是管理专家又是专业技术上的内行,他更应有丰富的实践阅历和解决实际问题的技能。仅懂管理理论和专业技术知识是当不好项目经理的。管理既是科学,又是艺术,没有丰富的实际锻炼是培养不出合格的项目经理的。一般培养一个项目经理至少需要 10 年以上时间,以使他在实际工作中锻炼成长。

(5)身体素质。项目经理日理万机,负担沉重,特别是施工项目经理,工作条件和生活条件都因现场性而相当艰苦。因此,必须年富力强,具有健康的身体,以保持充沛的精力和旺盛的意志,否则是无法承担项目经理这一重任的。

美国项目管理专家约翰·宾认为项目经理应具备的素质有 6 条:一是具有本专业知识;二是有工作干劲,主动承担责任;三是有成熟而客观的判断能力,成熟是指有经验,能够看出问题来,客观是指他能看到最终目标,而不是只顾眼前;四是具有管理能力;五是诚实可靠与言行一致,答应的事就一定做到;六是机警、精力充沛、能吃苦耐劳,随时都准备着处理可能发生的事情。

六、工程项目团队建设

工程项目团队是工程项目组织的核心,是项目成功的基本组织保障,但项目团队并不是简单的个体集合,而是具有高度凝聚力和团队精神的群体,并不能自发形成,需要精心组织建设。因此在工程项目动态实施过程中不断建设团队、改善团队、发展团队,是项目管理中的一项十分重要的内容。

组织行为学理论认为,群体成员之间存在互动现象,可能出现两种效应:群体协同效应和群体促进效应。群体协同效应是指两种以上的物质相互作用所产生的效果不同于单一物质作用的总和,即我们常说的“1+1>2”,但协同效应又可分为积极效应和消极效应两种,通常把消极效应称为群体惰化现象。群体促进效应是指个体在他人面前,其绩效水平提高或降低的一种倾向。显然,我们所希望的工程项目团队是一种高效的、具有积极协同效应的群

体。因此可把工程项目团队定义为:由一组个体成员为实现一个具体工程项目目标而组建的协同工作队伍。它具有以下特征:

(1)工程项目团队具有强目的性。项目团队是为完成特定项目而设立的专门组织,其使命是实现特定项目的既定目标,绝不应该有与既定项目无关的其他的使命或任务。因此,项目团队具有很强的目的性。

(2)工程项目团队是临时性组织。工程项目是一次性或临时性的事业或任务,而为完成特定工程项目组建的项目团队显然也是一种临时性的组织。当工程项目完成后,项目团队的使命已结束,即可解散。

(3)工程项目团队强调团队精神和团队合作。实践证明,一个项目团队的效率是与它的团队精神紧密相关的。一个具有团队精神的项目团队成员之间是相互平等的,是高度相互信任、相互依赖和互助合作的。工程项目管理任务的多元性决定了项目团队成员专业结构、年龄结构等的差异性,工程项目管理的系统性又决定了项目团队成员之间的合作性,因此,为了高效率地完成项目团队的使命,项目团队必须强调团队精神和团队合作。

(4)工程项目团队是一个具有弹性的专门组织。工程项目团队具有弹性是指项目团队成员的人数和具体人选会随着项目的发展与变化而不断地调整变化,一般而言,项目初级阶段项目成员较少,随着项目的进展和任务的展开,项目团队会不断扩大,其组织结构也会做出相应的调整。

(一) 工程项目团队建设阶段及相应特征

一个工程项目团队从组建到解散,有着其自身的发展规律。根据组织行为学的团队理论可知,项目团队的发展过程可描述为组建阶段、磨合阶段、规范阶段、辉煌阶段和解散阶段五个阶段。这五个阶段依次展开,形成了一个团队从组建到壮大,并在完成使命后最终解散的过程,工程项目团队在各发展阶段的主要特征描述如下。

1. 组建阶段

在组建阶段,来自企业组织内部的不同部门甚至于企业组织外部的工程项目团队成员刚刚聚集在一起,置身于一种新环境之中,心理处于一种兴奋状态,他们总体上有一种积极向上的愿望,并急于在新的工作舞台上展示自己。但由于项目团队刚刚组建,团队成员对于他们自己的职责及角色和其他团队成员的工作关系不是非常清楚,因此对于工作的开展还处于一种茫然和摸索阶段,对工程项目的目标与自身工作关系还比较模糊。显然项目经理在这一阶段的主要任务就是要为整个项目团队明确方向、目标和任务,及时公布有关工程项目的质量标准、预算及进度计划的要求、标准和限制,为每个项目团队成员确定其职责和角色。只有这样才能完成项目团队的组建工作。

2. 磨合阶段

团队形成之后,团队成员已经对项目的目标逐步了解,并明确了自己的职责与角色,开始按照分工进行初步的合作。但在实际工作中,一些问题逐步暴露出来,如项目团队成员之间的人际关系可能因工作矛盾而不融洽,在项目组织中的工作环境、工作待遇等与自己当初的设想不相一致,项目的任务比预计的更为繁重或更为困难等,于是项目团队成员可能会灰心丧气,消极地对待工作,项目团队士气较组建阶段明显下沉。当项目团队中出现这种现象时,就意味着项目团队进入了磨合阶段。

项目团队成员在磨合阶段的最显著特点是冲突和不和谐,在项目团队中弥漫着一种紧张的、不利于工作开展的不良情绪。在这一阶段，项目经理需要应对和解决出现的各种问题和矛盾，需要容忍和耐心，需要创造一些团队聚会的机会来协调项目团队成员之间的人际关系，帮助项目团队成员认清项目利益中与个人利益一致的地方，以便项目团队成员能够相互了解，能够克服狭隘的个人利益观，能够抛开个人恩怨热情地投入工作中去。

3. 规范阶段

经受了磨合阶段的考验后，项目团队成员之间、团队成员与项目经理之间的关系理顺了，同时项目团队成员的个人情绪也得到较好的调适，并熟悉和接受了现有的工作环境和条件，项目管理的各种规程得以改进和规范化，预示着项目团队进入了正常发展的规范阶段。此时项目经理已经开始逐步向团队成员授权，总体看来在规范阶段，项目团队的矛盾要低于磨合阶段，项目推动凝聚力开始形成，团队内部信息交流量大大增加，合作意识增强，项目团队成员可以自由地、建设性地表达他们的情绪及评论意见。项目经理在这一阶段应该积极听取项目团队成员的各种建议，并鼓励项目团队成员积极参与各种项目管理工作，同时还要进一步规范项目团队的行为，从而使项目团队健康发展。

4. 辉煌阶段

辉煌阶段的来临就标志着项目团队的工作绩效水平更高，团队成员的集体感和荣誉感更强。项目团队已经具有合作互助、开放坦诚的团队精神，项目团队可以根据实际需要，以团队、个人或临时小组的方式开展工作，团队成员不仅在工作中相互帮助，而且在生活中也能相互扶持。团队成员全身心地投入工作中去，以工作成败和挑战性来衡量自身的存在价值，并希望借此获得职业上的发展。

由于在此阶段，项目团队成员的工作能力得到了长足的锻炼和发展，项目经理可进一步充分授权，充分发挥项目团队成员的创造能力，为实现项目目标而积极努力。

5. 解散阶段

随着工程项目的竣工，项目目标得以实现，该项目团队即可准备解散。此时，项目团队成员开始考虑自己“何去何从”的出路和今后发展问题，项目团队甚至可能出现人心涣散的局面，仿佛又回到了组建阶段。一旦出现这种局面，项目经理必须改变工作方式才能完成最后的各种具体任务，最好能够帮助项目团队成员找到较好的去处，此时项目团队成员的满意度是较高的，并且更加留念团队工作中的工作和私人友谊。

(二) 工程项目团队建设的具体工作

高效项目团队的形成并不是朝夕之间的事情，需要进行精心建设。项目团队建设与发展涉及很多方面的工作，除了任命一个优秀的项目领导，即项目经理外，以下一些基本工作是必需的。

1. 员工培训

员工培训是指在了解项目团队成员的培训需求后，制订培训计划，通过在岗或脱岗学习考察等方式提高项目团队成员为完成项目任务所必需的管理技能或技术技能，同时通过培训来影响和改变团队成员的心智模式，帮助团队成员实现自我超越，从一个安于现状的人转变为一个具有挑战精神、敢于面对风险和承担责任的人。

2. 加强宣传，明确项目团队的共同目标

项目经理首先要明确工程项目的总体质量目标、预算目标和进度计划目标，并加强宣传使得总体目标深入民心；然后通过工程项目工作结构的分解和项目组织结构的分解、预算计划的分解和进度计划的细分等明确各个项目团队成员的职责，各司其职，以此从每个环节保证项目目标的实现；最后项目经理还要善于授权，只有善于将权力授予适当的人，才能有效地提高项目团队成员的积极性，否则有责无权，项目团队成员根本无法开展工作，时间一长，项目团队成员势必没有积极性开展工作。

3. 加强沟通，采取多元化激励方式

加强沟通就是要创造机会让团队成员相互了解，然后在相互了解的基础上项目团队成员自觉地就某些必要的问题或信息进行沟通、处理。显然，良好的沟通是项目团队中进行激励和控制的前提条件。

要建设高效的项目团队，项目经理还要善于运用激励手段调动团队成员的积极性。项目团队成员一般具有一定的创造精神，因此项目经理不能过分倚重于物质激励，而应针对不同成员的不同主导需要，采取多元化的激励手段，例如让某些事业心强的人到一个责任比较重的岗位上去，充分发挥其聪明才智，努力工作才是他们最大的享受；或者企业组织承诺在项目中表现突出者将有可能获得晋升的机会；或者对工作表现突出者给予通报表扬和树立为榜样等。只有这样才能适应当今团队成员的多元化需要，才能从根本上激发团队成员的工作热情。

第七节　工程项目组织协调

项目组织协调是提高项目组织运行效率的重要措施，是项目成功的关键因素之一。从组织系统角度看，项目组织的协调可分为项目组织内部关系协调和项目组织系统外部的协调。项目组织系统外部的协调，根据项目组织与外部联系的程度又可分为近外层协调和远外层协调。近外层协调是指项目直接参与者之间的协调，远外层协调是指项目组织与间接参与者以及其他相关单位的协调。如图 3-25 表示施工承包商的组织协调范围。而协调工作就离不开人与人之间的沟通，如何进行有效的沟通从而达到事半功倍的效果，就显得至关重要，本节内容重点介绍项目沟通和项目组织协调问题。

一、项目沟通的方法与途径

（一）沟通概述

项目沟通贯穿于项目的整个生命周期中，在概念阶段，收集市场信息、识别客户需求、明确项目目标等，离不开沟通；在计划阶段，开会、讨论、做决策等，离不开沟通；在实施阶段，协调、检查、解决问题、平衡冲突等，离不开沟通；在收尾阶段，验收、评审、经验分享、教训总结等，也离不开沟通。沟通发生在项目团队与客户、管理层、职能部门、供应商、分承包商等利益相关者之间以及项目团队内部。当项目发生变更需调整计划时需要沟通，当项目发生冲突和问题需要解决时也需要沟通。可以毫不夸大地说，没有沟通就没有项目的成功。

从沟通的对象上看，项目沟通是以项目经理为中心，纵向对高层管理者、项目发起人、小组成员，横向对职能部门、客户、供应商、社会团体等进行项目信息的交换。如图 3-26 所示。

项目经理作为项目信息的官方发言人，应确保沟通信息的准确、及时、有效和权威。为

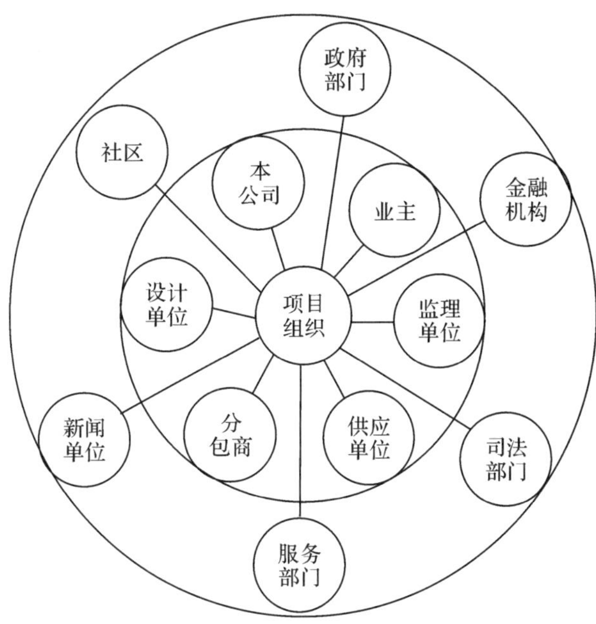

图 3-25 施工承包商的组织协调范围示意

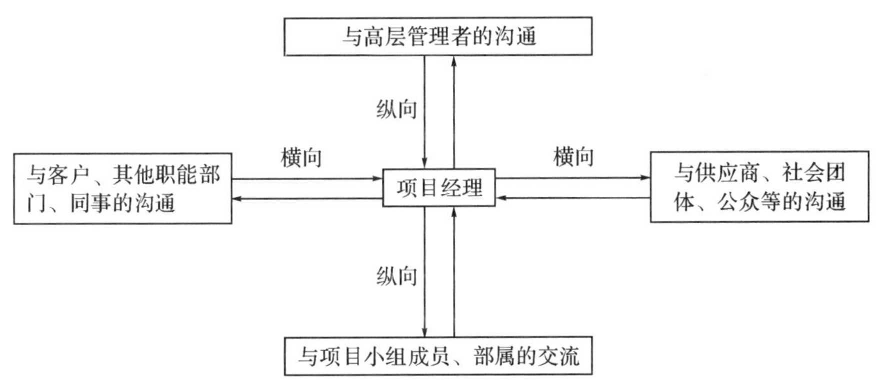

图 3-26 项目经理沟通图

此，必须贯彻以下原则：

(1)准确。在沟通过程中，必须保证所传递的信息有根据、准确无误，语言文字明确、肯定，数据表单真实、充分，避免使用似是而非、模棱两可、容易引起歧义的语言来传递信息。不准确的信息不但毫无价值，而且还有可能引起混乱，导致接收者的误解，使接收者做出错误的判断和行为，给项目带来负面影响。

(2)及时。项目具有时限性，因此，必须保持沟通快速、及时地传递，这样当出现新情况、新问题时，才能保证及时通知给有关各方，使问题得到迅速解决。如果信息滞后，时过境迁，客观条件发生了变化，信息也就失去了传递的价值，即便传递过来，也丝毫没有使用价值。

(3)完整。首先，必须保持沟通信息本身的完整性，不能断章取义，也不能以偏概全，否则，就会误导他人。轻者传递的信息令人难以理解，容易引起接收者的误会；重者由于信息不完全，使人们很容易听信谣言，从而出现混乱、难以控制的局面。其次，必须保持沟通过程的完整性，不能扣押信息，也不能越级沟通，尽量保持信息传递渠道的完整。否则就会涣散人心，瓦解斗志。

(4)有效。信息的发送者必须表达清晰，尽量以通俗易懂的方式进行信息的传递与交流，避免使用生僻的、过于专业的语言和符号，信息的接收者必须积极倾听，正确理解和掌握表达者真正意图，并提供反馈意见。只有这样，才能提高信息沟通的效率，真正实现沟通的目标。

(二) 沟通的方式

1. 正式沟通与非正式沟通

(1)正式沟通。这是通过项目组织明文规定的渠道进行信息传递和交流的方式，如组织规定的汇报制度、例会制度、报告制度及与其他组织的公函来往。它的优点是沟通效果好，有较强的约束力，缺点是沟通速度慢。

(2)非正式沟通。这是指在正式沟通渠道之外进行的信息传递和交流。如员工之间的私下交流、小道消息等，这种沟通的优点是沟通方便，沟通速度快，且能提供一些正式沟通中难以获得的信息。缺点是容易失真。

2. 上行、下行和平行沟通

(1)上行沟通。上行沟通是指意见向上级反映，即自下而上的沟通。项目经理应鼓励下级向上级反映情况，只有上行沟通渠道畅通，项目经理才能掌握全面情况，做出符合实际的决策。上行沟通有两种形式，一是层层传递，即依据一定的组织原则和组织程序逐渐向上反映；二是越级反映，它指的是减少中间层次，让项目最高决策者与一般员工直接沟通。

(2)下行沟通。下行沟通是指领导者对员工进行的自上而下的信息沟通。如将项目目标、计划方案等传给基层群众，发布组织新闻消息，对组织面临的一些具体问题提出处理意见等。这种沟通形式是领导者向被领导者发布命令和指示的过程。国外的有关专家认为，这种沟通方式有五个目的：1)员工明确组织的目标；2)有关工作方面的指示；3)提醒对于工作及其任务的关系的了解；4)对部属提供关于程序和实务的资料；5)对部属反馈其本身工作和绩效。

(3)平行沟通。平行沟通是指组织中各平行部门之间的信息交流，是指在组织内各阶层间横向的一种沟通程序。因为是平级关系，所以相互之间威胁性就小，也没有上下级沟通那样与惩罚发生联系。由于横向沟通大多是发生在工作的求助上，所以相互推诿的情况就特别多，以至沟通困难。在项目实施过程中经常看到各部门之间发生矛盾和冲突，除其他因素外，部门之间的相互不通气是重要原因之一。保证平行部门间沟通渠道畅通，是减少部门之间冲突的一项重要措施。

平行沟通的障碍：本位主义，短视现象，对组织结构认识中存在贵贱或等级偏见，员工性格差异或知识水平差异，对某些政策的认识存在猜忌、恐惧、感到威胁存在。

3. 单向沟通与双向沟通

(1)单向沟通。单向沟通是指发送者和接收者两者之间的地位不变更(单向传递)，一方只发送信息，另一方只接收信息，双方无论是在情感上还是在语言上都不需要信息反馈。如做报告、发布指令等。这种方式信息传递速度快，但准确性较差，有时还容易使接收者产生抗拒心理。

(2)双向沟通。双向沟通中,发送者和接收者两者之间的位置不断交换,且发送者是以协商和讨论的姿态面对接收者,信息发出以后还需及时听取反馈意见,必要时双方可进行多次重复商谈,直到双方共同明确和满意为止。如交谈、协商等。优点是沟通信息准确性较高,接收者有反馈意见的机会,产生平等感和参与感,增加自信心和责任心,有助于建立双方的感情。但是,对发送者来说,在沟通时随时会受到接收者的质询、批评和挑剔,因而心理压力较大,同时信息传递速度也较慢。

4. 书面沟通和口头沟通

(1)书面沟通。这是指用书面形式所进行的信息传递和交流,如通知、文件、报刊、备忘录等。其优点是可以作为资料长期保存,反复查阅。

(2)口头沟通。这是指运用口头表达进行信息交流活动,如谈话、游说、演讲等,其优点是比较灵活,速度快,双方可以自由交换意见,且传递消息较为准确。一个人的口头沟通能力好坏,决定了其在工作、社交和个人生活中的品质和效益。口头沟通时需要注意以下三个要素:一是要引起对方的注意和兴趣;二是让对方了解话中的意思;三是使对方边听边接受发讯者的主张,同时,产生行动的意识。除了三要素之外,还要根据当时的气氛,考虑说话的目的、内容,以及话的长短。

5. 言语沟通和体语沟通

言语沟通是利用语言、文字、图画、表格等形式进行的。体语沟通是利用动作、表情姿态等非语言方式(形体)进行的。比如,欢乐时手舞足蹈,悔恨时捶胸顿足,惧怕时手足无措等。一个动作、一个表情、一个姿态都可以向对方传递某种信息;不同形式的简单的“肢体语言”也在一定程度上起着非常重要的沟通作用。

(三) 有效沟通的途径

1. 有效沟通的障碍

在任何沟通系统中都存在沟通的障碍。归纳起来,主要有以下几种。

(1)语义上的障碍。由于人与人之间的信息沟通主要是借助于语言进行的,而语言只是交流思想的工具、表达思想的符号系统,而并不是思想本身。这就使沟通容易产生语义上的障碍。如口头语言和书面语言沟通。由于人们的语言修养不同,表达能力的差别,对同一思想、事物的表达有清楚和模糊之分,有人听后马上理解了,有人听来听去还是不理解;有人听后做这样的解释,有人听后做那样的解释,因而产生语义上的障碍。

(2)知识经验水平的限制。当发送者与接收者在知识水平上相距太大,在发送者看来是很简单的内容,而接收者却由于知识和经验水平太低理解不了,双方没有“共同的经验区”,因而接收者不能正确理解发送者的信息含义。

(3)知觉的选择性。人们在接收或转述一个信息时,符合自己需要又与自己切身利益有关的内容很容易听进去,而对自己不利、可能损害自身利益的内容则不容易听进去。这样就会在有意无意中产生知觉的选择性,造成沟通障碍。

(4)心理因素的影响。在信息沟通中有很多障碍是由心理因素引起的。个人的性格、气质、态度、情绪、兴趣等的差异,都可能引起信息沟通的障碍。

(5)组织结构的影响。合理的组织结构有利于信息沟通,如果组织机构过于庞大,中间层次太多，那么不仅容易使信息失真、遗漏，而且还会浪费时间，影响信息传递的及时性和沟通，最终影响工作的效率。

(6)沟通渠道的选择。信息沟通有多种多样的渠道，各种渠道有各自的优缺点，如果不考虑本组织机构的实际情况和具体要求，随便选择沟通方式和渠道，势必造成信息沟通的障碍。

(7)信息量过大。信息并非越多越好，重要的是要有充分、有用的信息，优质的信息。信息过量反而会成为沟通的障碍因素。

总之，造成项目内部机构、机构之间及人与人之间沟通的障碍因素很多，因此，在项目管理中，应该注意到这些障碍，采取一切可能的方法消除这些障碍，使项目组织机构中上下左右的沟通渠道能够准确、迅速、及时地交流信息。

2. 改善有效沟通的方法及途径

沟通的有效性主要看发送者转交接收者态度的状态及其程度。人际沟通是否成功，取决于领导者(发信者)所要向下级人员提供的信息与下级人员通过理解而获得的意义是否一致。为了增加沟通成功的可能性，必须保证领导者(发信者)提供的信息(下达的指令)与下级人员(接收者)对信息(指令)理解的最大限度的吻合性。改善有效沟通的方法及途径有以下内容：

(1)重视双向沟通。双向沟通伴随反馈过程，使发送者可以及时了解到信息在实际中如何理解，从而得到帮助和解决。

(2)多种沟通渠道的利用。一个项目组织，往往是综合运用多种方式进行沟通，如在语言沟通时辅之以表情、手势；又如会议结束时有个纪要，与会人员在回去口头传达、汇报时，兼有纪要，就可使会议精神更完整地为会外人员所理解，只有这样，才能提高信息沟通的整体效应。

(3)正确地运用文字语言。使用对方易懂的语言，意思要明确，条理要清楚，不要模棱两可，语言要精练，针对性要强。

对于有效的沟通途径，有许多国家曾经提出许多不同的准则，其中比较完整的是美国项目管理协会提出的一套建议，其要点如下：

(1)沟通前先澄清概念。经理人员事先要有系统地思考，分析和明确沟通信息，并将接收者及可能受到该项沟通之影响者予以考虑。

(2)只沟通必要的信息。现代化社会变化迅速，经理人员应从大量信息中进行选择，只把那些与下级人员的工作有密切关系的信息提供给分享者，避免他们信息负担过重。

(3)明确沟通的目的。经理人员必须弄清楚，此次沟通的真正目的是什么？要下级人员理解什么？确定了沟通的目标，则沟通内容就容易规划了。

(4)考虑沟通时的一切环境情况。包括沟通的背景、社会环境、人的环境以及过去沟通的情况等，以使沟通的信息得以配合环境情况。

(5)尽可能取得他人意见。计划沟通内容时应尽可能取得其他人的意见，与他人商议，既可以获得更深入的看法，也易于获得其积极的支持。

(6)精确表达自己想法。要使用精确的表达，以把经理人员的想法用语言和非语言精确表达出来，而且要使接收者从沟通的语言或非语言中得出所期望的理解。

(7)要进行信息追踪与反馈。信息沟通后必须同时设法取得反馈，以弄清下属是否已了解,是否愿意遵循,是否采取了相应的行动,等等。

(8)要言行一致地沟通。经理人员必须以自己的行动支持自己的想法和说法,而且更有效的沟通是“行”重于“言”。

(9)沟通时要着眼于现在和未来。沟通时不仅要着眼于现在,还应该着眼于未来,大多数的沟通,均要切合当前情况和需要,但是,沟通也不应忽视长远目标的配合。例如,一项有关如何改进绩效与促进士气的沟通。固然是为了处理眼前的问题,但也同时应该是为了长远的组织改革。

(10)应该成为一个“好听众”。经理人员在听取他人的陈述时,应专心致志,成为一个“好听众”,才能理解对方说些什么。在团队沟通中,言谈是最直接、最重要和最常见的一种途径,有效的言谈沟通很大程度上取决于倾听。作为团队,成员的倾听能力是保持团队有效沟通和旺盛生命力的必要条件;作为个体,要想在团队中获得成功,倾听是基本要求。

二、项目组织内部关系的协调

项目组织内部关系有多种,项目组织内部关系的协调也有多方面的内容,主要包括项目组织内部人际关系的协调、项目组织内部组织关系的协调、项目组织内部需求关系的协调等。

(一) 项目组织内部人际关系的协调

人是项目组织中最重要最活跃的要素,组织的运行效率,很大程度上取决于人际关系的协调程度。为了顺利地完成工程项目目标,项目经理应该十分注意项目组织内部人际关系的协调。

项目组织内部人际关系协调的内容多而复杂,因此协调的方法也是多种多样的,为了做好项目组织内部人际关系的协调工作,应该注意以下工作。

1. 正确对待员工,重视人的能力建设

正确对待员工是搞好项目人际关系协调的基础。项目管理者要以新的管理理念来协调项目内部的人际关系,不要把人只看成是项目管理的基本要素之一,这种以“经济人”假设为基础和前提的物本管理,见物不见人,强调的是对人进行经济和物质鼓励,把协调工作简单化。在项目管理实践中,应该既要把人看作“社会人”,以人为本,以行为科学的理论指导协调工作,又要把人看成是“能力人”,以能力为本,大力开发人力资源,营造一个能发挥创造能力的环境,充分调动人的创造能力和智力,为实现项目目标服务。

2. 重视沟通工作

沟通是协调各个个体、各个要素,使项目成为一个整体的凝聚剂。每个工程项目组织都由许多人组成,项目每天的活动也由许许多多的具体工作构成,由于各个个体的地位、利益和能力不同,他们对项目目标的理解、所掌握的信息也不同,这就使得各个个体的目标有可能偏离项目目标,甚至完全背离,这就需要相互交流意见,统一思想认识,自觉地协调各个个体的工作,以保证项目目标的实现。没有沟通就没有协调,也就不可能完成项目目标。

3. 做好激励工作

激励是协调工作的重要内容,在项目中每个员工都有自己特性,他们的需求、期望、目标等都各不相同。项目管理者应根据激励理论,针对部下的不同特点采用不同的方法进行激励。在项目管理中常用的方法主要有工作激励、成果激励、批评激励和教育培训激励。工作激励是通过分配恰当的工作来激发员工的内在工作热情;成果激励是指通过在正确评估工作成果的基础上给员工以合理的奖惩,以保证员工行为的良性循环;批评激励是指通过批评来激发员工改造错误行为的信心和决心;教育激励是指思想教育、建设和能力培训等手段,通过提高员工的素质来激发其工作热情。

4. 及时处理各种冲突

冲突是指由于某种差异而引发的抵触、争执或争斗的对立状态。员工之间由于利益、观点、掌握的信息以及对事物的理解都可能存在差异,有差异就有可能引起冲突。这种冲突中很多情况下有一个过程,项目管理者要及时处理好各种冲突,以减少由于冲突所造成的损失。

(二)项目组织内部组织关系的协调

项目组织是由若干个子系统组成的系统。每个子系统都有自己的目标和任务,并按规定的和自定的方式运行。组织内部关系协调的目的是,使各个子系统都能从项目组织整体目标出发,理解和履行自己的职责,相互协作和支持,使整个组织系统处于协调有序的状态,以保证组织的运行效率。因此,项目经理应当用很大的精力进行组织关系的协调。

组织关系协调的工作很多,但主要是解决项目组织内部的分工与协作问题,可以从以下几个方面入手。

1. 合理地设置组织机构和岗位

根据组织设计原则和组织目标,合理地设置组织机构和岗位,既要避免机构重叠,人浮于事,又要防止机构不全、缺人少物的情况出现。

2. 明确每个机构和岗位的目标职责和合理的授权,建立合理的责权利系统

根据项目组织目标和工作任务来确定机构和岗位的目标职责,并根据职责授权,建立执行、检查、考核和奖惩制度。

3. 建立规章制度,明确各机构在工作中的相互关系

通过制度明确各个机构和人员的工作关系,规范工作程序和考核标准。

4. 建立信息沟通制度

信息沟通是消除不协调、达到相互配合的前提,项目组织应该通过组织关系建立正常的信息沟通制度,使项目的信息沟通得到基本保证。项目组织内部信息沟通的方式灵活多样,项目组织既要注意通过制度明确的正式信息沟通,又要注意各种非正式的信息沟通,倡导相互主动沟通信息。

5. 建立良好的组织文化

组织文化是组织全体成员沟通接受的价值观念、行为准则、团队意识、思维方式、工作作风、心理预期和团队归属感等群体意识。良好的组织文化鼓励创新、鼓励竞争、鼓励开拓,要求企业与企业之间、员工与员工之间,创造一种合作、协调、沟通、互助的氛围,通过团队精神的开发和利用,充分发挥企业人、财、物的资源优势,达到“1+1>2”的目的;良好的组织文化还在企业文化中提倡一种严谨的工作作风。

6. 及时消除工作中的不协调现象

项目系统比较复杂,影响因素多,各种利益关系复杂,在实施过程中不可避免地存在各

种不协调现象。这些不协调的现象可能随着项目的进一步展开,诱发各种严重的矛盾或冲突,导致组织的无序。因此,项目经理应该注意及时消除各种不协调现象,防止产生严重的后果。

(三) 项目组织内部需求关系的协调

在工程项目实施过程中,组织内部的各个部门为了完成其任务,在不同的阶段,需要各种不同的资源,如对人员的需求、材料的需求、设备的需求、能源动力的需求、配合力量的需求等。工程项目始终是在有限资源的约束条件下实施,因此搞好项目组织内部需求关系,既可以合理使用各种资源,保证工程项目建设的需要,又可以充分地提高组织内部各部门的积极性,保证组织的运行效率。

大型项目的需求关系复杂,协调工作量大,在实际工作需要注意以下重点环节。

1. 计划环节

项目内部需求关系协调的目的是解决各种资源的供求平衡和均衡配置问题,而搞好供求平衡和均衡配置的关键在于计划环节。工程项目的不同实施阶段,组织内部的各个部门对资源的需求不同,为了搞好需求关系的协调,首先应该在项目的总体目标和资源约束条件下,编制各种资源的需求计划,并严格按计划来供应各种资源。各种资源供应计划既是资源的供应依据,也是供求关系是否平衡的评价标准。抓计划环节,要注意计划在期限上的及时性、规格上的明确性、数量上的准确性、质量上的规定性,以充分发挥计划的指导性。

2. 瓶颈环节

工程项目在实施过程中,项目的内部环境和外部环境千变万化,由于这些变化导致某些环节受到人力、材料、设备、技术等资源的限制或人为的影响而成为影响整个项目实施的瓶颈环节。这些环节是主要矛盾,是对项目全局产生较大影响的关键性环节,协调好这些环节可以为整个项目的需求平衡创造条件。因此,在协调中抓瓶颈环节,就是抓重点和关键。

3. 调度环节

工程项目的实施需要土建、机械化施工、机电安装、材料供应等各个专业工种的交替进行或配合进行。为了保证各工种能合理衔接、密切配合,就应该注意做好调度工作。通过调度,使各种配合力量及时到位,保证项目的顺利实施。

三、项目组织系统外部关系的协调

(一)项目组织与近外层关系的协调

不同类型的项目管理,其项目组织与近外层关系协调的工作内容不同,但协调的原理和方法是相似的。下面以承包商的项目组织为例说明项目组织与近外层的关系协调。施工承包商的项目组织的近外层关系的协调的主要工作包括:与本公司关系的协调、与业主关系的协调、与监理单位的协调、与设计单位的协调、与供应单位的协调和与分包单位的协调等。

1. 项目组织与本公司关系的协调

项目组织是项目经理受公司的委派,为了完成项目的目标而建立的工作体系。从管理角度看,项目组织是公司内部的一个管理层次,要接受公司的检查、指导、监督、控制。从合同关系看,项目组织往往和公司签订内部承包合同,是平等的合同关系。项目组织与本公司的关系协调的主要工作如下。

（1）经济核算关系的协调

项目成本核算是项目管理的基本特征之一。项目组织作为公司一个相对独立的核算单位，应根据公司的核算制度、方法、资金有偿使用制度，负责整个工程项目的财务收支和成本核算工作。核算的结果应真实反映项目组织的经营成果。

（2）材料供应关系协调

公司与项目的材料供应关系常见有三种方式。一是统一供应，工程项目所需的建筑材料、钢木门窗及构配件、机电设备，由项目经理部按工程用料计划与公司材料供应部门签订供需合同，材料供应部门根据合同向项目经理部派出管理机构，实行加工、采购、运输、管理一体化服务。二是项目组织单独供应，由项目组织的材料采购部门根据项目材料需用计划、材料采购计划与材料供应商签订供需合同，由材料供应商直接供料。三是混合供应，项目上需要的材料部分由公司供应，部分由项目组织直接向市场采购。

（3）周转料具供应关系的协调

工程项目所需机械设备及周转性材料，主要由公司供应部门供应，部分机械设备及周转性材料由项目组织向物资租赁市场租赁使用。设备进入项目施工现场后由项目组织统一管理使用。

（4）预决算关系协调

工程项目的预算和结算是公司与项目组织应该密切配合、认真做好的一件重要工作。项目组织的预算人员要和公司预算管理部门分工合作，及时做好预算和结算。

（5）技术、质量、安全、测试等工作关系的协调

公司对项目组织的管理方式不同，这些工作的协调关系也不同，一般是由公司通过业务管理系统，对项目实施的全过程进行监控、检查、考核、评比，以实现其严格的管理。

（6）计划统计关系的协调

项目组织的计划统计工作应该纳入公司的计划统计工作体系，项目组织应该根据公司的规定，向公司报送项目的各种统计报表和计划，并接受公司的计划统计部门的指导、检查。

2. 项目组织与业主关系的协调

项目组织和业主对工程承包负有共同履约的责任。项目组织与业主的关系协调，不仅影响到项目的顺利实施，而且影响到公司与业主的长期合作关系。在项目实施过程中，项目组织和业主之间发生多种业务关系，实施阶段不同，这些业务关系的内容也不同，因此项目组织与业主的协调工作内容也不同。

（1）施工准备阶段的协调

项目经理作为公司在项目上的代表人，应参与工程承包合同的洽谈和签订，熟悉各种洽谈记录和签订过程。在承包合同中应明确相互的权、责、利，业主要保证落实资金、材料、设计、建设场地和外部水、电、路，而项目组织负责落实施工必需的劳动力、材料、机具、技术及场地准备等。项目组织负责编制施工组织设计，并参加业主的施工组织设计审核会。开工条件落实后应及时提交开工报告。

（2）施工阶段的协调

施工阶段的主要协调工作有以下方面。

1）材料、设备的交验

项目组织负责提出根据合同规定应由业主提供的材料、设备的供应计划，并根据有关规

定对业主提供的材料、设备进行交接验收。供应到现场的各类物资必须在项目组织调配下统一设库、统一保管、统一发料、统一加工、按规定结算。

2)进度控制

项目组织和业主都希望工程项目能按计划进度实施。双方应密切合作,创造条件保证项目的顺利进行。项目组织应及时向业主提出施工进度计划表、月份施工作业计划、月份施工统计表等,并接受业主的检查、监督。

3)质量控制

项目组织在进行质量控制时应注意尊重业主对质量的监督权,对重要的隐蔽工程和关键工序,如地槽及基础的质量检查,应请业主代表参加认证并签字,确认合格后方可进入下道工序。项目组织应及时向业主或业主代表提交材料报验单、进场设备报验单、施工放样报验单、隐蔽工程验收通知、工程质量事故报告等材料,以便业主或业主代表进行分析、监督和控制。

4)合同关系

承包商和业主是平等的合同关系,双方都应真心实意共同履约。项目经理作为承包商在项目上的代表,应注意协调与业主的合同关系。对合同纠纷,首先应协商解决,协商不成再向合同管理机构申请调解、仲裁或法院审判解决。施工期间,一般合同问题切忌诉讼,遇到非常棘手的合同问题,不妨暂时回避,等待时机,另谋良策。只有当对方严重违约而使自己的利益受到重大损失时才采用诉讼手段。

5)签证问题

在项目的施工过程中,出现工程变更和项目的增减现象往往是不可避免的。对较大的设计变更和材料代用,应经原设计部门签证,合同双方再根据签证文件办理工程增减,调整施工图预算。国家规定的材料、设备价格的调整等,可请业主或业主代表签证,作为工程结算的依据。

6)收付进度款

项目组织应根据已完成工程量及收费标准,计算已完工程价值,编制“工程价款结算单”和“已完工程月报表”等送交业主代表办理签证结算。

(3)交工验收阶段的协调

当全部工程项目或单项工程完成后,双方应按规定及时办理交工验收手续。项目组织应按交工资料清单整理有关交工资料,验收后交业主保管。

3. 项目组织与监理单位关系的协调

监理单位与承包商都属于企业的性质,都是平等的主体。在工程项目建设中,他们之间没有合同关系。监理单位之所以对工程项目建设行为具有监理的身份,一是因为业主的授权,二是因为承包商在承包合同中也事先予以承认。同时,国家建设监理法规也赋予监理单位具有监督建设法规、技术标准实施的职责。监理单位接受业主的委托,对项目组织在施工质量、建设工期和建设资金使用等方面,代表业主实施监督。项目组织必须接受监理单位的监理,并为其开展工作提供方便,按照要求提供完整的原始记录、检测记录、技术及经济资料。

4. 项目组织与设计单位关系的协调

项目组织与设计单位都是具有承包商性质的单位,他们均与业主签订承包合同,但他们之间没有合同关系。虽然他们没有合同关系，但他们是图纸供应关系、设计与施工关系，需要密切配合。为了协调好两者关系，应通过密切接触、相互信任、相互尊重、友好协商的方法，有时也可以利用业主或监理单位的中介作用，做好协调工作。

5. 项目组织与分包商关系的协调

项目组织在处理与分包商的关系时，应注意做好以下几方面工作。第一是选好分包商。为了顺利地实施项目目标，应选择具有相应资质条件的分包商，最好是选择实力较强、信誉好、曾经有过良好合作关系的分包单位。除了总包合同约定的分包外，所选择的分包商必须经过业主的认可。第二是明确总承包单位与分包单位的责任。总承包单位与分包单位应通过分包合同的形式，明确双方的责任、义务和权利。总包单位按照总承包合同的约定对业主负责，分包单位按照分包合同的约定对总承包单位负责，总承包单位和分包单位就分包工程对业主承担连带责任。第三是处理好总承包单位与分包单位的经济利益。第四是及时解决总分包单位之间的纠纷。对在项目实施过程中所发生的总分包单位之间的纠纷应及时解决，双方应本着相互理解的原则依据合同条款协商解决；协商解决不了时，提请主管部门调解；调解不成，可向合同仲裁机关申请仲裁或提出诉讼。

（二）项目组织与远外层关系的协调

项目组织与远外层关系是指项目组织与项目间接参与者和相关单位的关系，一般是非合同关系。有些处于远外层的单位对项目的实施具有一定的甚至是决定性的控制、监督、支持或帮助作用。项目组织与远外层关系协调的目的是得到批准、许可、支持或帮助。协调的方法主要是请示、报告、汇报、送审、取证、宣传、沟通和说明等。项目组织与远外层关系的协调主要包括与政府部门、金融组织、社会团体、新闻单位、社会服务单位等单位的协调。协调这些关系没有固定的模式，协调的内容也不相同，项目组织应按有关法规、公共关系准则、经济联系规定来处理。

案例分析

效率之道组织为基：
桐乡农商银行 EPC 项目设计管理组织优化

案例正文：（请扫描阅读）

启发思考题

（1）工程项目组织结构有哪几种？各种结构之间有何差别？案例中为何采用矩阵制组织结构？请结合项目特点详细分析理由。

(2)工程项目组织分工包含哪些内容？案例中经理宏川及其团队是如何进行组织分工的？

(3)工程项目工作流程组织包括哪些内容？经理宏川及其团队如何进行工作流程组织优化？请你对案例中的组织流程优化工作进行评述。

(4)结合案例分析，经理宏川及其团队在此项目中开展的设计管理组织优化工作，还有哪些不足？如果你是经理，你还将采取哪些组织优化的策略？

复习思考题

1. 请分析组织论与项目管理的关系。
2. 请分析职能式组织结构、项目式组织结构和矩阵式组织结构的特点。
3. 工程项目结构分解的基本原则有哪些？
4. 简述工程项目的工作任务分工和管理职能分工的含义。
5. 项目经理的任务和职责有哪些？你认为他应具备什么样的素质？
6. 项目团队的特点和团队成长的阶段各有哪些？
7. 为什么项目经理应该是一个通才而不应是一个技术专家？
8. 有效沟通的障碍和改善有效沟通的方法及途径各有哪些？
9. 举例说明工程项目组织结构形式的选择与应用。

第四章　工程项目承发包模式与管理模式

工程项目管理就是为了使工程项目在一定的约束条件下取得成功，对项目的活动实施决策与计划、组织与指挥、控制与协调等一系列工作的总称。随着社会生产力的发展和建设规模的扩大，近代工程项目由于投资大、结构和技术复杂等原因，产生了设计、施工、供应、管理等专业化分工，但随着业主适应市场要求的变化，加上信息技术等科技的高速发展，专业分工的进一步整合重新被人们认同，工程项目管理在这个过程中就慢慢形成了不同的管理方式，它们有各自的特点和利弊，搞清这些管理方式的特点和优缺点对工程项目选择什么样的管理方式有着非常重要的作用。

工程项目管理方式是指工程项目建设和管理过程中形成的各参与方之间的生产关系，包括有关各方之间的经济法律关系和工作（或协作）关系等。目前，工程项目管理方式通常是指工程项目承发包模式和管理模式，这些工程项目管理方式还在不断地创新和完善。本章主要介绍几种国内外常用的工程项目承发包模式和管理模式。

第一节　工程项目承发包模式

工程项目承发包是一种商业行为，交易的双方为业主和承包商（建筑施工企业）；双方签订承发包合同，明确双方各自的权利与义务，承包商负责为业主完成工程项目全部或部分的施工建设工作，并从业主处取得相应的报酬。

工程的承发包方式多种多样，适用于不同的情形。业主应结合自己的意愿、工程项目的具体情况，选择有利于自己进行项目管理，达到节省投资、缩短工期、确保质量的发包方式。而承包商也应结合自身的经营状况、承包能力及工程项目的特点、业主所选定的发包方式等因素，选择承包有利于减少自身风险，且有合理利润的工程项目。常见的承发包模式有以下几种。

一、平行承发包模式

这种组织方式也称“分别承包方式”，是指业主根据实际情况将工程项目分解后由业主分别委托几家承包单位来进行建造的方式。采用平行承发包模式，对业主而言，其将直接面对多个施工单位、多个材料设备供应单位和多个设计单位，而这些单位之间的关系是平行的，各自对业主负责。

（一）平行承发包模式的合同结构

根据承发包方式的形成特征，即业主将工程分解后分别进行发包，分别与各承建单位签订工程合同。因为工程师采用切块平行发包，如业主将工程施工切成 N 块，则业主就会签订 N 个设计合同；工程任务切块分解越多，业主的合同数量也就越多，其合同结构如图 4-1 所示。

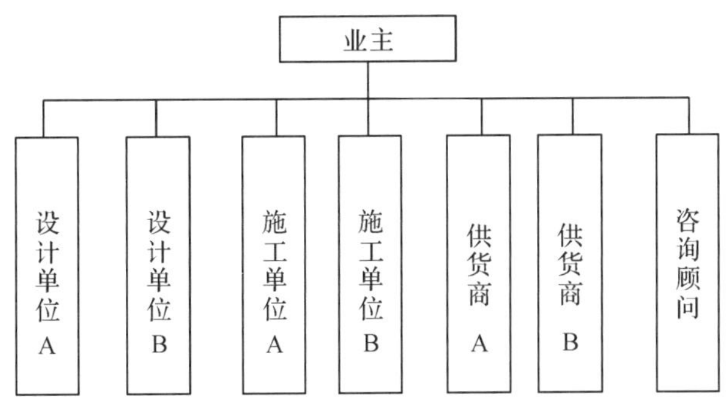

图 4-1 平行承发包模式的合同结构

(二) 平行承发包模式对业主方项目管理的利弊

(1)采用平行承发包模式,合同的乙方数量多,业主对合同各方的协调与组织工作量大,管理比较困难。业主需要管理协调设计与设计、施工与施工、设计与施工等各方相互之间出现的矛盾和问题。因此,客观上就要求业主方建立一个强有力的项目管理班子对工程实施管理,并很好地协调各参与单位之间的关系。

(2)对投资控制有利的一面:因为业主是直接同各承建方签约,再分包的情况基本很少,业主一般可以得到较有竞争力的投标报价,而合同价会相对较低。对投资控制不利的一面是:整个过程的总合同价款必须在所有合同全部签订以后才能得知,总合同价不易在短期内确定,在某种程度上会影响到投资控制。

(3)采用平行承发包可以提前开始各发包工程的施工,经过合理的切块分解,设计与施工可以交错进行,从而缩短整个项目的工期,有利于实现进度控制的目标。

(4)有利于工程质量的控制。由于工程分别发包给各承建单位,合同间的相互制约使各发包工程内容的质量及进度要求可以一定程度上得到保证,各承包商能形成相互检查与监督的约束力。如果当前有一工序的工程质量有缺陷,则后一工程的承建单位不会同意在不合格的工程上继续进行施工。

(5)建设项目招标的组织管理工作量大,同时合同管理的工作量也大,且将项目平行切块的发包单位数越多,导致业主要签订的合同数也就越多,管理的工作量也就越大。采用平行承发包形式的核心是要有效合理地确定每一发包合同的合同标的物的界面,合同界面不清,业主方合同管理的工作量及难度都会加大,对各个承包商的协调及组织工作量将不可避免地加大好多倍。

二、设计/施工总承包模式

设计/施工总承包的承发包模式是业主将工程的设计任务委托给一家设计单位、将施工任务委托给一家施工单位进行承建的方式。这一设计单位就成为设计总承包单位,施工单位就成为施工总承包单位。采用设计/施工总承包形式,业主将直接面对的是两个承建单位,即一个设计总承包单位和一个施工总承包单位。设计总承包单位与施工总承包单位之间的关系是平行的,它们各自对业主负责。

(一) 设计/施工总承包模式的合同结构

采用设计/施工总承包模式,业主仅与设计总承包单位签订设计总承包合同,与施工总承包单位签订施工总承包合同。总承包单位与业主签订总承包合同后，可以将其总承包任务的一部分再分包给其他承包单位，形成工程总承包与分包的关系。总承包单位与分包单位分别签订工程分包合同，分包单位对总承包单位负责，业主与分包单位没有直接承发包关系。其合同结构如图 4-2 所示。

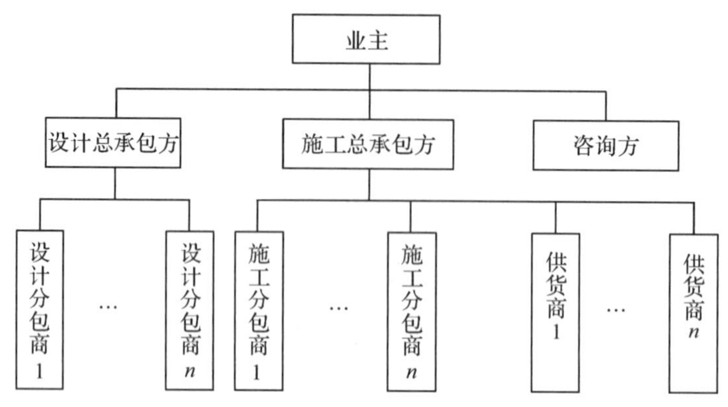

图 4-2　设计/施工总承包模式的合同结构

(二)设计/施工总承包模式对业主项目管理的利弊

(1)业主方对承建单位的协调管理工作量较小。从合同关系上，业主只需处理设计总承包和施工总承包之间出现的矛盾和问题，总承包单位协调与管理分包单位的工作。总承包单位向业主负责，分包单位的责任将被业主看作是总承包单位的责任。因此，设计/施工总承包形式有利于项目的组织管理，可以充分发挥总承包单位的专业协调能力，减少业主方的协调工作量，使其能专注于项目的总体控制与管理。

(2)设计/施工总承包单位形式的总承包合同价格可以较早地确定，宜于对投资控制。但由于总承包单位需对分包单位实施管理，并需承担包括分包单位在内的工程总承包风险，因此总承包合同价款相对平行承发包要高，业主方的工程款支出会大一些。

(3)在工程质量控制方面，总承包单位能以自己的专业能力和经验对分包单位的质量进行管理，可以监督分包工程质量，对质量控制有利。但如果总承包单位出于切身利益或不负责任，则有可能对工程质量进行隐瞒，对业主方的质量控制造成不利影响。

(4)采用设计/施工总承包模式，一般需要在工程设计全部完成以后进行工程的施工招标，设计与施工不能交错进行。但另一方面，总承包单位须对工程总进度负责，需要协调各分包工程的进度，因而有利于总体进度的协调控制。

三、工程项目总承包模式

(一) 工程项目总承包概述

工程项目总承包是指工程总承包人受业主委托，按照合同约定对工程项目的勘察、设计、采购、施工、试运行(竣工验收)等实行全过程或若干阶段的承包。工程总承包人按照合同约定对工程项目的质量、工期、造价等向业主负责。工程总承包人可依法将所承包工程中的部分工作发包给具有相应资质的分包商；分包商再按照分包合同的约定对总承包人负责。

工程总承包的具体方式、工作内容和责任等，由业主与工程总承包企业在合同中约定。

工程总承包主要有如下方式：

(1)设计—施工总承包(DB 模式)。设计—施工总承包是指工程总承包企业按照合同约定，承担工程项目设计和施工，对承包工程的质量、安全、工期、造价全面负责。

(2)设计—采购—施工(EPC)/交钥匙总承包。EPC 是指工程总承包商按照合同约定，承担工程项目的设计、采购、施工、试运行服务等工作，对承包工程的质量、安全、工期、造价全面负责。Turnkey(交钥匙工程)是 EPC 业务和责任的延伸，最终是向业主提交一个满足使用功能、具备使用条件的工程项目。

(3)设计—采购总承包(EP)。EP 是指工程总承包商按照合同约定，承担工程项目的设计、采购等工作，对工程的设计和采购全面负责。

(4)采购—施工总承包(PC)。PC 是指工程总承包商按照合同约定，承担工程项目的采购、施工等工作，对工程的采购和施工全面负责。

具体工程总承包模式可用表 4-1 表示，下文还将对几种主要的工程总承包方式进行讨论。

表 4-1 工程总承包模式

总承包模式	项目程序						
	项目决策	初步设计	技术设计	施工图设计	材料设备采购	施工安装	试运行
交钥匙	——	——	——	——	——	——	——
设计—采购—施工		——	——	——	——	——	——
设计—建造		——	——	——		——	
设计—采购		——	——	——	——		
采购—施工					——	——	

(二) 工程项目总承包模式的合同结构

采用项目总承包模式，业主与项目总承包单位签订总承包合同，只与其发生合同关系。项目总承包单位拥有设计和施工力量，具备较强的综合管理能力。项目总承包单位拥有设计和施工单位组成的项目总承包联合体，两家单位就某一项目联合与业主签订项目总承包合同，在这个项目上共同向业主负责。对于总承包的工程，项目总承包单位可以将部分的工程任务分包给分包单位完成，总承包单位负责对分包单位的协调和管理，业主与分包商不存在直接的承发包关系。工程项目总承包模式的合同结构如图 4-3 所示。

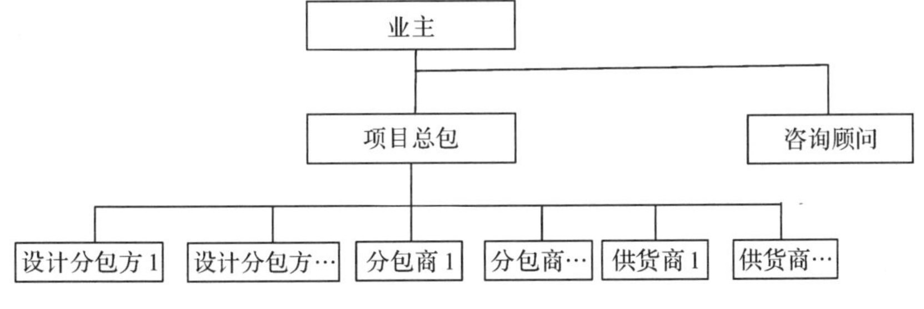

图 4-3 项目总承包模式的合同结构

（三）几种主要的工程项目总承包模式

1. DB 模式

(1)DB 模式及其发展

DB 模式是指由单一承包人负责项目的设计与建造工作。该承包人既可以是某一公司,也可以是承包联合体。在 DB 模式下,通常总承包人居于领导地位,设计方仅是 DB 实体中的一员。

采用 DB 模式的业主一般首先选择一家工程咨询/设计公司进行初步设计,这种设计的工作量相当于完成工程总设计工作量的 25%～30%,设计深度以满足 DB 模式的招标为原则。然后,通过竞争性招标来选择 DB 承包人。DB 承包人对设计、施工阶段工程的质量、进度和成本负责,并以竞争性招标方式选择分包商或使用本公司的专业人员自行完成工程的建设任务。DB 模式的组织形式如图 4-4 所示。

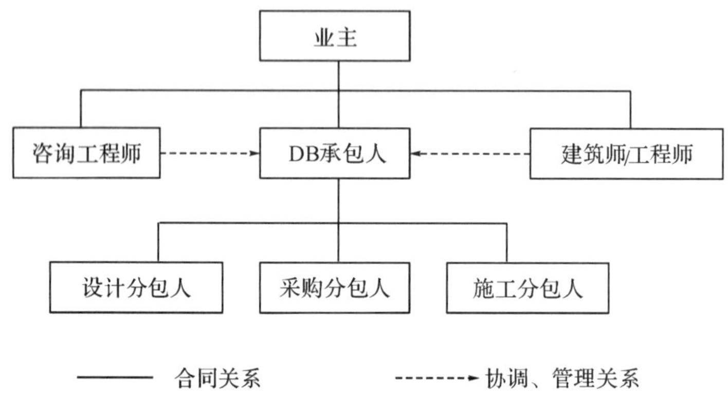

图 4-4　DB 模式示意

图 4-4 中,咨询工程师受业主的委托,主要承担项目可行性研究和初步设计的工作;建筑师/工程师受业主的委托,承担传统的项目实施阶段的监督管理工作。DB 承包人可承担设计施工中的全部任务,也可承包其中的部分任务,此时可将其他的部分任务对外分包,分包的内容可以是设计的部分或全部,也可以是施工、采购中的部分或全部,这取决于 DB 承包人的承包能力,但不管如何 DB 承包人应向业主承担工程设计与施工的全部责任。

DB 模式 20 世纪 80 年代初起源于西方,是对传统的工程项目设计—招标—建造方式(即 DBB 模式)的发展。英国皇家特许测量师学会和里丁大学研究表明,到 1996 年,DB 模式在英国建设市场的份额已达到 30%。美国设计建造学会 2001 年的研究表明,在美国截止到 2002 年,采用 DB 模式的项目市场份额已接近 40%,到 2005 年采用 DB 模式的项目市场份额将达到 45%以上,超过传统的 DBB 模式。英美工程项目管理专家的研究认为,DB 模式迅速发展的主要原因在于:

1)在传统的 DBB 模式下,业主对工程监理方,如建筑师、工程师,在控制工程费用和工期方面的信心不足。

2)在传统的 DBB 模式下,当工程出现质量问题后,责任方不易认定,设计方与施工方相互推诿责任,致使业主的利益得不到保障。

3)在传统的 DBB 模式下,业主单独委托设计单位进行工程设计,承包商根据工程量清单、设计图纸等文件进行报价，但在合同的执行过程中，对这些文件的理解经常会出现偏差，极易导致争端，影响到项目的顺利进行。

4)在传统的DBB模式下，一般是在设计基本完成后才开始施工招标，这种程序对工期紧迫的项目而言是极为不利的。

5)在传统的DBB模式下，设计方不能及时向承包商提供设计图纸和其他文件是司空见惯的事，这经常导致承包商向业主方索赔工期和费用。

在我国推行DB模式还能解决收费机制不科学的问题。工程设计是工程项目经济性的决定因素，但在DBB模式下设计者的酬金是根据工程投资额的百分比计取的，工程投资额越高对设计者越有利。因此，一般设计者往往较少考虑设计的经济性。而采用DB模式后，设计和施工捆在一起，设计者首先要考虑的是设计优化，这样在DB工程的投标中才具有竞争实力。

(2)DB模式的特点

与DBB模式相比，DB模式具有下列特点：

1)"单一责任制"。DB模式使得工程在出现质量等问题时，责任十分明确，容易追究。

2)有利于进度控制，缩短整个工程的建设工期，使工程可以较早投入使用。由于在设计阶段可以根据承包商的施工经验，所拥有的施工机械、熟练工人和技术人员等情况考虑结构形式和施工方法，一般而言，可以使工程比采用DBB模式提前完工。

3)有利于减少业主管理的工作量，降低工程交易费用。工程初步设计完成后，业主只需经过一次招标、签订一个DB总承包公司，并且仅对一个合同进行管理，因此，招标信息收集、合同谈判、管理协调等方面的工作量大大减少。与DBB模式相比，DB模式的交易费用也有明显的降低。

4)有利于投资控制，能够降低工程总造价。在DB模式下，可将设计和施工作为一个整体来考虑，在满足业主的功能要求的前提下，投标人考虑到竞争性，首先会在设计优化上做文章。这克服了DBB模式中工程设计阶段工程投资难以把握的缺陷，DB可在源头上控制工程项目的投资。国外的经验表明，采用DB模式，与采用DBB模式相比，大约可降低工程造价10%左右，此外，DB模式常采用总价合同，在签订总承包合同时就将合同总价明确下来，一方面可以及时明确投资目标，使业主尽早安排资金计划；另一方面对DB承包人有较大的约束力度，有利于工程项目投资控制。

(3)DB模式的适用场合

DB模式的应用必须考虑工程建设条件，业主必须清楚自身的项目管理能力和经验、对拟建工程的功能需求，以及拟建工程的资源限制，包括建设工期、项目预算、现场条件等。

工程项目的规模和技术难度也是影响选择DB模式的一个重要因素。一般而言，规模和难度较大的工程项目，采用DB模式更为有利。因为当工程规模和难度较大时，更能使优秀的承包商体现价值，在优化设计和施工过程方面独树一帜，在保证工程质量、实现业主的工程功能的基础上，自身也能取得相应的回报。

研究表明，满足下列条件的工程项目，DB模式的优势能得到更好的发挥：

1)业主对工程项目的要求能以比较客观的"性能标准"去描述和规定，使得承包商能够准确地去理解业主方的需求。

2)业主方对项目的要求，基本上均能由相关行业颁布的规程规范或标准来确定。目前大部分项目能做到这一点。

3)工程项目本身有许多地方存在“可建造性”的问题,即施工是否可行的问题。针对“可建造性”,DB 模式更能发挥其优势。在传统 DBB 模式下,设计与施工分离,设计人员在设计时对施工方案的“可建造性”重视不够,这不仅会影响施工效率,而且在施工过程中经常也会导致设计与施工方的争端,相互推诿扯皮,降低工程建设的效率。在 DB 模式下,“可建造性”在设计过程中可得到充分考虑,可以避免 DBB 模式下的这种缺陷。

以下的几种情况下不宜采用 DB 模式:

1)纪念性建筑。因为这类项目优先考虑的往往不是造价和进度等经济因素,而是建筑造型艺术和工程细部处理等因素。

2)新型建筑。这种项目一般都有较高的建筑要求,同时结构形式选择和处理有许多不确定性因素,无论是设计者还是施工者都可能缺乏这方面的经验。如采用 DB 总承包方式,风险太大,也不符合业主方的利益。

3)不确定性较大的项目。工程项目不确定性较大时,仅有一个初步设计一般还不能完全确定工程项目的内容,因此不适宜采用 DB 模式。

4)设计工作量较少、技术简单的项目。如大型的土石方工程。

2. EPC 模式

(1)EPC 模式的概念

EPC 模式一般是指 EPC 总承包商负责工程项目的策划、计划、设计、采购、施工等全过程的总承包,并负责试运行服务(由业主进行试运行)。与 DB 总承包方式相比,EPC 的承包工程范围进一步向工程项目的前期延伸,业主仅大致提出投资的意图和要求,其他工作均由 EPC 总承包人来完成。

EPC 模式在 20 世纪 80 年代首先在美国出现,后来得到广泛的认同,并在国际工程承包市场上的应用逐渐扩大,FIDIC 于 1999 年编制了标准的 EPC 合同条件。EPC 是目前国际上工程承包,特别是技术复杂的大型工程承包中采用的主要方式之一。EPC 总承包人承接到工程项目后,根据其承包工程的能力,可将工程项目设计、采购和施工中的部分或全部进行分包。根据工程项目的分包程度,可将 EPC 分为 EPC(max sub-contract,msc)和 EPC(self perform construction,spc)两种类型。

1)EPC(msc)模式。EPC 总承包商最大限度地将承包的工程项目进行分包,选择分包商来完成工程建设,分包商的主要内容是施工,其组织形式如图 4-5 所示。

2)EPC(spc)模式。EPC 总承包商除将少量的专业性强的工作分包外,自己要承担主要的工程设计、采购和施工任务。其组织形式如图 4-6 所示。

(2)EPC 总承包的衍生模式

EPC 的几种衍生模式如下:

1)EPCm,即设计、采购、施工管理承包,是指 EPC 总承包人除了负责工程项目的设计与采购外,还负责施工管理。施工承包人与业主直接签订承包合同,但接受 EPC 总承包人的监督管理。EPC 总承包人要对工程设计、采购和施工向业主全面负责。其组织形式如图 4-7 所示。

2)EPCs,即设计、采购、施工监理承包,是指 EPC 总承包人负责工程项目的设计与采购,并监督施工承包人按照设计要求的标准、操作规程等进行施工。其中,施工监理的内容

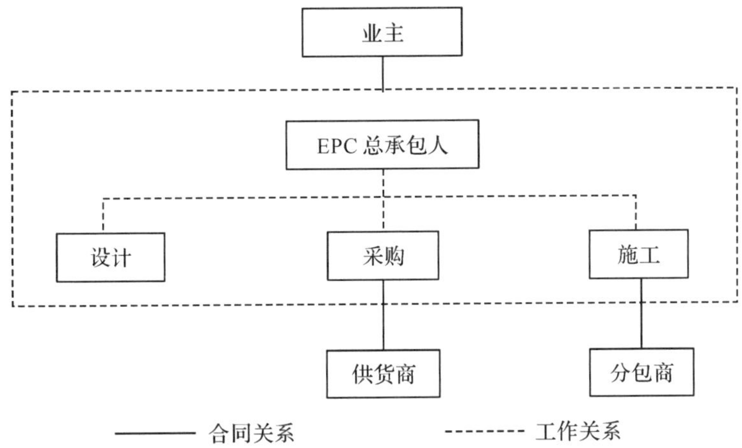

图 4-5 EPC(msc)总承包组织形式

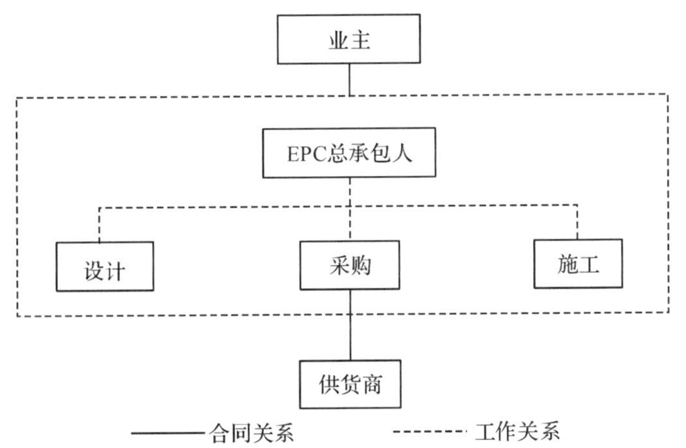

图 4-6 EPC(spc)总承包组织形式

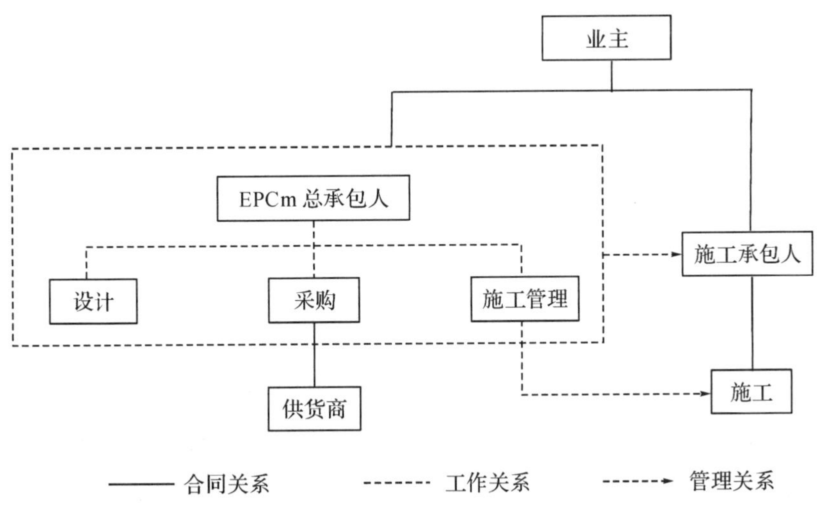

图 4-7 EPCm 承包组织形式

仅是受业主的委托，对施工承包合同进行监督和管理；施工监理费用不包括在总承包价中，单独计取。业主与施工承包人签订承包合同，与 EPCs 总承包人无关。EPCs 的组织形式如图 4-8 所示。

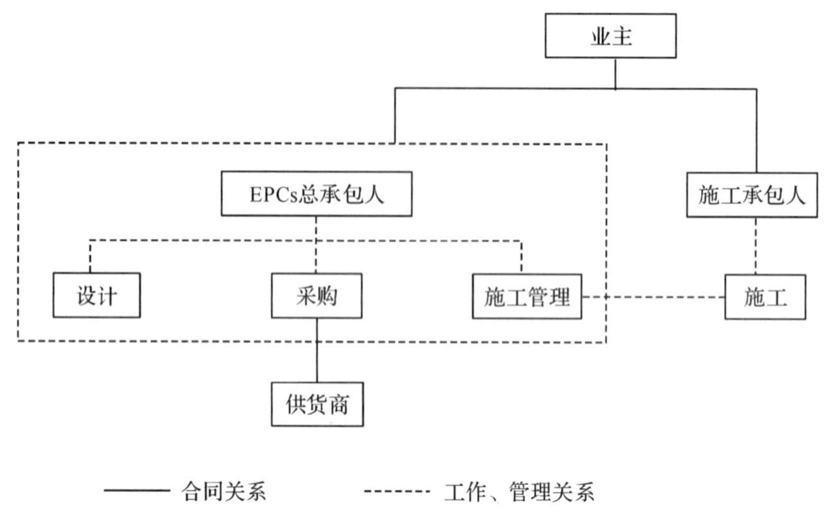

图 4-8　EPCs 承包组织形式

3)EPCa，即设计、采购和施工咨询承包，是指承包人负责工程项目的设计和采购，并在施工阶段向业主提供咨询服务。施工咨询费不含在承包价中，按实际工时计取。业主与施工承包人签订承包合同，与 EPCa 总承包人无关，其组织形式如图 4-9 所示。

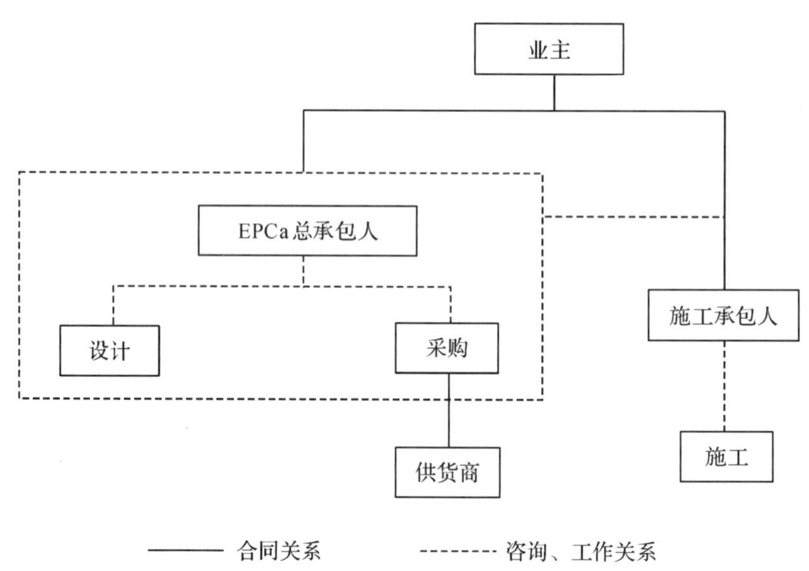

图 4-9　EPCa 承包组织形式

(3)EPC 模式的特点

EPC 模式有以下主要特点：

1)业主把工程的设计、采购、施工和试车服务工作/工程验收全部委托给 EPC 总承包人负责组织实施，业主只负责整体的、原则的、目标的管理和控制，具体组织实施的程度较低；总承包商更能发挥主观能动性，运用其管理经验，为业主和承包商自身创造更多的效益。

2)业主把管理风险转移给总承包人。在 DBB 模式中，一般在合同中都将工程的风险比较适当地分配给业主或承包人。如，业主承担的风险大致包括：政治风险（如战争、军事政变等）、社会风险（如罢工、内乱等）、经济风险（如物价上涨、汇率波动等）、法律风险（如立法的变更）、外界风险（包括自然）等，其余风险由承包商承担。当不可抗力事件发生时，业主一般要承担承包商的直接损失。但在 EPC 模式下，上述 DBB 模式中的外界（包括自然）风险、经济风险一般都要求承包商来承担，即项目实施中的大部分风险由 EPC 承包人承担。因此，一般来说，EPC 承包人的报价比在 DBB 下的报价要高，甚至会高出很多。对业主来说，只要承包商的报价在其投资预算的范围内，他就可能接受，因为基本上固定不变的合同价使得业主的投资可行性和收益得到保证。但有时也可能会出现承包人报价太高，导致整个项目不可行的情况。

3)业主只与 EPC 总承包人签订一个工程总承包合同，且采用总价合同。设计、采购、施工的组织实施在 EPC 总承包人统一策划、统一组织、统一指挥、统一协调下进行，并得到全过程控制。总价合同并不是 EPC 独有的，但与其他交易方式相比，EPC 的总价合同更接近固定总价合同。通常，在国际工程中，一般情况下，固定总价合同仅在工程规模小、工期短的条件下出现，而 EPC 模式适用的工程一般规模较大、工期较长且技术也复杂。因此，EPC 方式在合同选择上具有独到之处。这也意味着，EPC 总承包人要承担更多的责任和风险，当然也拥有更多获利的机会。

4)业主或业主代理人管理工程实施。在 EPC 模式下，业主不再聘请工程师/监理工程师管理工程，而是自己或委托代表来管理工程。如，在 FIDIC 的 EPC 的合同条件中规定，如业主委派代表来管理，业主代表应是业主的全权代表，如果业主更换代表，只要提前 14 天通知承包商，不需征得承包商同意。而这一点在其他交易方式的标准化合同条件下就有不同的规定。

5)EPC 模式的交易成本低。采用 EPC 模式的工程项目，主要合同只有一个，招标、合同谈判的成本低，合同又是固定总价合同。因此，一般合同实施中的由于工程变更、索赔原因使工程费用增加的机会将减少，由合同争端所导致费用增加的可能性也较小。因此，整体上工程的交易成本较低。

(4)EPC 模式的适用条件和场合

EPC 模式的适用条件包括：应有充分的时间让投标人研究工程及其招标文件。由于承包人承担了工程建设的大部分风险，因此在工程招标阶段，业主应给予投标人充分时间，以使其能仔细研究业主方的要求，从而彻底领会招标文件对工程目的、范围、设计标准和其他方面的要求；投标前投标人能把握工程状况。这要求所承包工程包含的地下工程不能太多，投标人在投标前无法勘察的区域也不能太大。否则，承包人无法判断工程量和施工的难度，增加了承包人的风险，承包人难以准确合理地报价，其结果要么损害业主的利益，要么损害承包商的利益；建设市场要相当发育，建设信用体系要完善。虽然业主或业主代表有权监督承包人的工作，但不能过分地干预承包商的工作，也不要审核大批的图纸。这有利于简化管理工作程序，减少管理成本，保证建设工期。但从保证工程质量角度看，业主方面临着较大的“道德风险”。工程质量的保障全靠承包商的自觉性，他完全可以通过调整设计方案包括工艺等来降低成本，而并不需要采用低级的“偷工减料”来降低成本。因此，这就要求建设市场要相当发育，工程承包信用体系建设达到一定的水平。

EPC模式也有一定的适用场合，FIDIC在《设计采购施工(EPC)/交钥匙工程合同条件》的前言中推荐：EPC模式可适用于以交钥匙方式提供加工或动力设备、工厂或类似设施，或基础设施工程，或其他类型开发项目；项目的最终价格和要求的工期具有更大程度的确定性；由承包人承担项目的设计和实施的全部职责，业主介入很少。交钥匙工程的通常情况是，由承包商进行全部设计、采购和施工(EPC)；提供一个配套完善的设施，“转动钥匙”时即可运行。

(四)案例：EPC在伯利兹Mollejion水电工程的应用

1．工程背景与承发包方式

1992年4月，中国水利电力对外公司(CWE)与美国Dominion能源公司在伯利兹的子公司伯利兹电力公司，签订了Mollejion水电站及输变电设施的规划、设计、设备供应及施工协议书，即EPC合同，合同总金额3000万美元。该电站是Dominion能源公司在伯利兹的BOT项目，运营期40年，试图解决东道国办电财力不足、向外举债又有困难的问题。该电站建成后将为该国大部分地区供电。为此，BECOL已与伯利兹电力局签订了购电协议(PPA)，规定了每年该电站的售电量和电价，保证了市场和预期的投资回报。

该项目采用议标方式确定承包人，CWE与一家国外公司参加议标，CWE采取薄利经营策略，以低价优势中标，力争通过该项目打开中南美洲工程承包市场。该电站是中国在中美洲承包的第一个水电交钥匙工程，也是当时中国在海外承包范围最广的水电项目。主要包括混凝土重力坝、引水管洞、引水式明厂房和升压站4部分，装机容量3×8400kW。

CWE为EPC总承包人，并承担土建、水工工程；中国长江勘测规划设计研究院承担勘探、规划和设计；中国机械设备进出口总公司和中国电工设备总公司分包金属结构、机电设备的成套供货、安装调试、试运行、人员培训及其验收移交。该EPC方式参建各方关系如图4-10所示。

2．EPC合同的特点

伯利兹Mollejion水电工程EPC具有如下特点：

(1)承包人的风险大。本工程资料数据不十分完整，如当地水文资料仅有近8年的数据。但EPC合同规定，承包人要承担工地区内与预期地形地貌或地质土建不符，或与以前提供的地质条件不符的风险而引起的费用；承包人在隧洞施工遇到阻力或一个有经验的承包人也无法预见的地质条件时，可延长工期，但不增加合同费用。

(2)承包人对工程控制灵活性大。承包人可以充分发挥自身设计和施工的经验，在货源、运输、资源配置、施工计划安排上，承包人有很大的灵活性。在土建工程进度的确认上，业主仅把握关键工程部位，减少了大量的工程计量工作。业主根据控制性项目完成的工作量，按合同支付工程款项。

(3)付款条件对承包人比较宽松。预付款为合同价的15%；某项工程进度完成50%时，总支付进度款将达90%；工程主体竣工时，总支付95%，剩余5%为质保金。

(4)工程保险险种多。包括对工程、材料、设备、转港、场外仓库、人员伤亡、财产损失、技术责任等的险种。开工前，承包商应向业主提供已经投保的相关证明，否则业主有权通过直接支付方式获得上述各种保险，并在合同价中抵消。

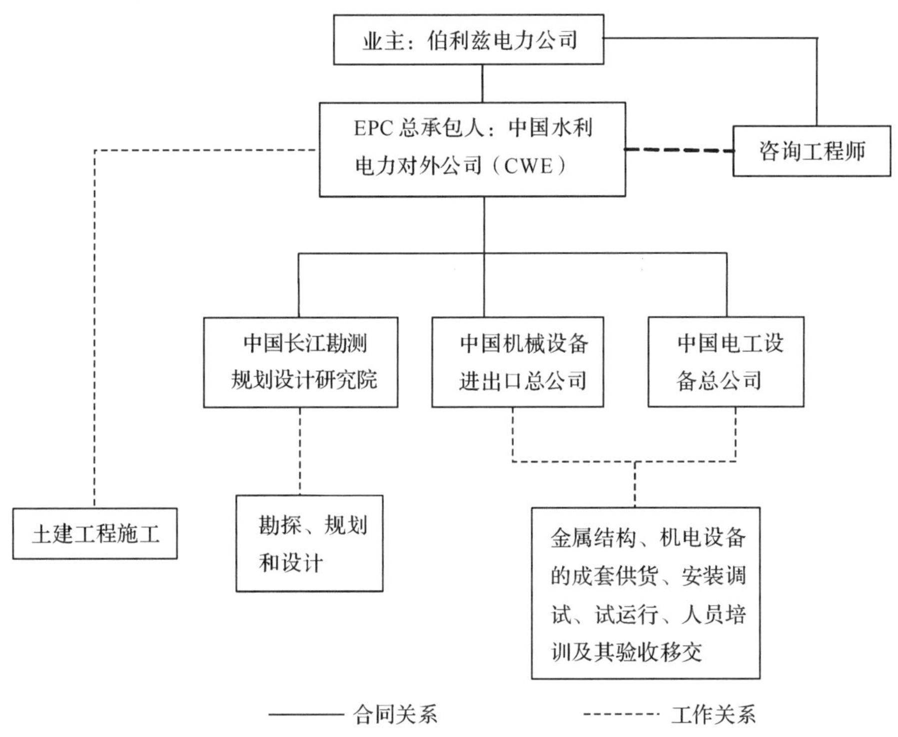

图 4-10 伯利兹 Mollejion 水电工程 EPC 总承包示意图

(5)重视环保。合同中对废物处理、漏油、水质污染等方面要求严格。

(6)对分包的规定。合同中明确选择 CMEC 作为机电设备分包商；在各分包合同中，始终强调 EPC 合同是各分包商必须执行的，分包合同中与 EPC 合同不一致的地方以 EPC 合同为准。

3. EPC 承包人的施工管理

根据 EPC 合同确定的业主和承包商的责任，EPC 承包人重视施工索赔，有关业主方责任的问题随时向业主提出。例如，合同规定，进场道路由业主方提供，而从 CWE 营地到施工工地的简易公路常在暴雨后产生水坑或有山石滚落，影响到交通安全。CWE 每遇到这种情况都及时通报业主，业主能快速进行清理、修复，保证道路畅通安全。

伯利兹 Mollejion 水电工程位于热带雨林山区，气候多变，河道窄，水文资料缺乏。1994 年雨季，多年不遇的洪水泛滥，造成工地被淹，来不及撤退的施工机械和设备受淹，特别严重的是围堰被冲，直接影响到施工进度。针对这一情况 CWE 立即组织班子搜集证据、寻找合同依据，做施工进度影响分析，认定此为不可抗力事件，并确定受影响的工作在关键线路上，对建设工期有直接影响。经与业主多次谈判，业主方最后确认了这一有经验的承包人也难以预见、难以克服的事件。最终 CWE 获得了延长工期的索赔。

4. 案例解析

EPC 合同一般存在较大的风险，包括自然的、工程资料数据方面的、经济社会的等，对于国际工程还存在国别风险。本案例从 EPC 承包人的角度做介绍，对它来说，降低风险的措施是争取有利的合同条件和提高索赔意识；而对于项目业主而言，降低风险的措施是尽可能减少工程的不确定性、合理分配风险和控制承包人的索赔。

第二节 工程项目管理模式

工程项目与其他项目相比，最显著的特点是规模大、参与方多、投资巨大、建设工期长、项目间存在个体差异性。这些项目特性的存在，使得项目建设隐含着巨大的风险。因而管理工程项目就显得非常重要，而运用不同的项目管理模式，是规避风险、实现项目目标的重要方法。在项目管理产生的近百年时间里，工程项目管理产生了多种成熟的项目管理模式，可以说每一种项目管理模式都有合理的地方也有缺陷，只有采用适宜的模式才能达到最佳的建设目标。下面介绍几种常见的工程项目管理模式。

一、业主自管模式

业主自行组织项目管理机构进行全过程项目管理，项目完成后，项目管理机构即解散。由于项目管理机构是临时性的，所以往往缺乏经验，不利于项目目标的实现。

二、委托咨询公司协助业主管理的模式

有些业主采用委托咨询工程师进行前期各项工作的管理，如进行机会研究、可行性研究等。项目实施过程中，业主委托咨询工程师或监理工程师进行工程监督管理。咨询工程师或监理工程师长期从事工程项目的咨询和管理工作，具有丰富的工程管理经验。因此，这种模式有利于保证工程项目质量和工期，有利于节省投资。

三、工程指挥部模式

工程指挥部相当于一个项目经理部，在接到项目后从各个部门抽调人员，临时组建成工程指挥部，工程结束后指挥部解散，如果再承接下一个工程，一般要重新分配人员。

这种模式具有效率高、针对性强等优点，但也存在诸多缺点：一是人员流动快，不利于管理。由于指挥部人员大部分是各单位临时抽调的，身兼多职，或者是向社会招聘的临时工，因工作需要或者待遇问题，人员经常流动，缺乏责任心，不利于工作开展。二是项目建设完成后部分指挥部人员长期留置。正常情况下，工程项目施工高峰期需要管理人员较多，而施工基本完成后到指挥部撤销这一时期需要管理人员较少，但实际上指挥部的人员往往是从成立到撤销都不会改变，造成后期人力资源浪费，增加管理成本。

四、CM 模式

（一）CM 模式的含义及其特点

CM(Construction Management)模式是美国汤姆森等人 1968 年在研究关于如何加快设计和施工进度及改进管理控制方法时，提出的快速路径施工管理方法的简称，有学者将其译为快速轨道法或快速路径法。快速路径施工管理方法又称阶段施工法。Construction Management 的中文直译为“施工管理”或“建设管理”，这两个概念在我国已有明确的内涵，而 CM 方式的内涵要比“施工管理”或“建设管理”丰富。事实上，即使在 CM 的发源地美

国，对 CM 模式也没有一个统一的、准确的定义。因此，目前习惯上仍采用 CM 模式这一提法。

CM 模式是指 CM 单位接受业主的委托，采用“Fast Track（快速路径）”组织方式来协调设计和进行施工管理的一种管理模式。它具有以下特点：

（1）采用“Fast Track”生产组织方式。CM 模式的出发点是为了缩短工程建设工期，它的基本思想是通过采用“Fast Track”快速路径法的生产组织方式，即设计一部分、招标一部分、施工一部分的方式，实现设计与施工的充分搭接，以缩短整个建设工程期。如图 4-11 所示。

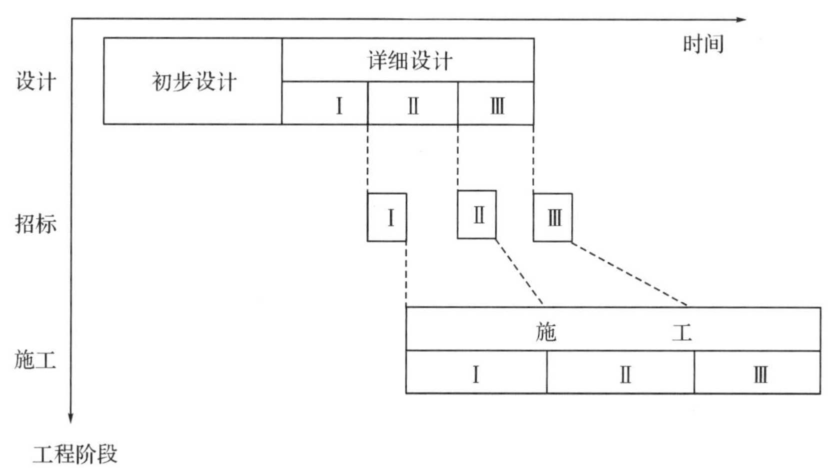

图 4-11　CM 模式组织工程实施示意图

（2）委托 CM 单位。由于管理工作的相对复杂性，业主需要委托一个 CM 单位来承担管理的角色。CM 单位的基本属性是承包商，而不是咨询单位，它与咨询单位的最大不同是它可以直接参与施工活动。但是，它又区别于一般的承包商，CM 承包是一种管理型承包，CM 单位的工作重点是协调设计与施工的关系，它在设计阶段就介入项目，它不是单纯的按图施工，而可以通过合理化建议在一定程度上影响设计。它也不同于仅有技术和管理人员的纯管理型公司，CM 单位一般拥有可以直接从事施工活动的力量。CM 单位被称为 CM 承包商。

（3）计价方式。由于签约时设计还没有结束，因此 CM 合同价通常既不采用总价合同，也不采用单价合同，而采用成本加利润的方式。CM 单位向业主收取其工作成本，再加上一定比例的利润。CM 单位不赚总包与分包之间的差价，它与分包商的合同价对业主是公开的。

（二）CM 模式的分类

从国际上的应用实践看，CM 的应用模式多种多样，对 CM 模式进行完整的分类是困难的。根据 CM 单位是否直接与分包商签订合同，可将 CM 模式分为代理型和非代理型两类。

1. 代理型 CM 模式

采用代理型 CM 模式时，业主方一般选择有丰富工程施工管理经验的咨询单位或工程开发建设公司作为 CM 单位，业主与 CM 单位签订的合同为管理服务、咨询类合同，合同价一般按工程造价的某一百分比计，或一笔固定的费用；业主分别与设计单位、施工承包商、供应商签订合同，CM 单位负责各种合同的管理。代理型 CM 模式各方关系如图 4-12 所示。

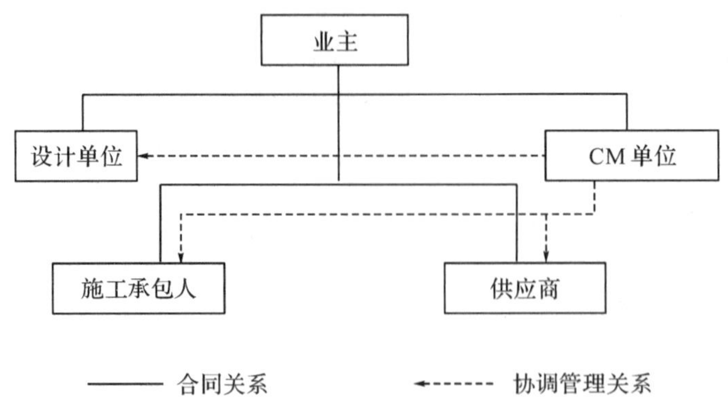

图 4-12 代理型 CM 模式各方关系

在图 4-12 中，CM 单位与设计单位是一种协调关系，CM 单位与施工承包人和供应商之间是一种监督管理关系。CM 模式下的工程施工，业主经常采用分项直接发包模式，图 4-12 中的施工承包人和供应商均可能有多个。代理型 CM 模式标准合同条件被 AIA 定为“B801/CMa”，同时被 AGC 定义为“AGC510”。

2. 非代理型 CM 模式

非代理型 CM 模式又称风险型 CM，类似于英国的管理承包型，据英国有关文献报道，这种模式英国早在 20 世纪 50 年代就开始采用。

采用非代理型 CM 模式时，业主方一般选择有丰富工程施工承包和施工管理经验的工程总承包公司作为 CM 单位；CM 单位一般要承担部分施工任务；业主与 CM 单位签订的合同为具有承包性质的合同；业主常将大部分工程施工和采购任务向 CM 单位总发包，但有时也将少量的专业工程施工、材料或设备的采购直接发包，并委托 CM 单位管理。CM 单位向业主总承包工程后，一般要分包，并与分包人签订分包合同。非代理型 CM 模式各方关系如图 4-13 所示。

在图 4-13 中，业主方直接对外发包的内容很少，施工承包商、供应商也不多，而 CM 单位除了少量自己完成的任务外，其他均进行分包，一般而言所涉及的施工分包商和供应分包商较多。

对于非代理型 CM 模式的合同价，由于 CM 单位在工程设计还没有完成就介入工程，且不承担工程设计，因此，不能像 DB、EPC 模式那样与业主签订工程总价合同，而只能在合同中确定施工管理服务这一块费用，即所谓 CM 费用，工程施工费用则为施工分包合同费用累加，必要时再加上 CM 单位自身完成的工程施工费用。

显然，在非代理型 CM 模式中，业主方对工程费用一般不直接进行控制，因而存在较大的风险。为促使 CM 单位加强费用控制，经常在非代理型 CM 合同中双方预先商定合同的一个最高保证价(GMP)，GMP 是保证最大工程费用(Guaranteed Maximun Price)的英文缩写。所谓 GMP 是 CM 单位向业主保证的最大的合同价，就是通过 CM 单位进行的管理工

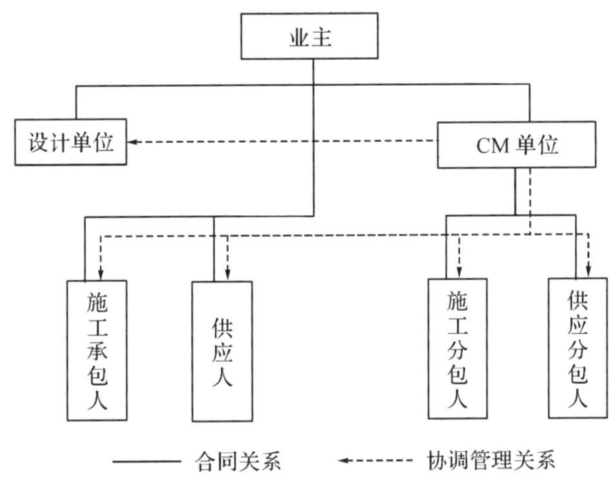

图 4-13 非代理型 CM 模式各方关系

作,保证实际工程的总费用和 CM 单位利润的总和不超过预先商定的一个目标值。在该合同中同时规定,若实际费用(包括实际的工程费用和 CM 费)超过了 GMP,超出部分由 CM 单位承担或双方按一定比例分担;若实际费用低于 GMP,降低部分归业主或双方按一定比例分享。非代理型 CM 模式标准合同条件被 AIA 定为"B801/CMc",同时被 AGC 定义为"AGC565"。非代理型 CM 模式中的 CM 单位大部分情况是由工程总承包商担任。

(三) CM 模式的主要优缺点

CM 模式有下列优点:

(1)CM 模式是一种施工管理或管理型承包模式,CM 单位的工作重点是协调设计与施工的关系,以及对分包商和施工现场进行管理。它区别于一般的工程咨询,对工程设计不能直接下达指令或直接做工程设计;它也区别于施工总承包,但是它又可以承担部分零星工程的施工。

(2)CM 单位的早期介入,部分改变了传统承发包模式中设计与施工相互脱节的弊病。它与设计单位的关系是相互协调的关系,CM 单位在一定程度上不是单纯的按图施工,它可以通过合理化建议来影响设计,但它区别于 DB 模式的是,它与设计单位没有紧密的合作关系。

(3)CM 的基本指导思想是缩短建设周期,即施工组织方式是采用"Fast Track",即设计一部分,招标一部分,施工一部分,实现有条件的"边设计、边施工",从而大大缩短建设周期。这是 CM 模式最大的优点。

(4)CM 合同签订之后,当设计图纸和文件达到足够深度时,业主与 CM 单位商定一个 GMP,这是 CM 模式所特有的一种取费方式,目的是减少业主的费用控制风险,将业主承担的工程费用风险转由 CM 单位来承担。

CM 模式的主要缺陷:

(1)对 CM 单位及其项目经理的要求较高。为保证采用 CM 模式的顺利实施,对 CM 单位的工程技术、项目管理能力、工程经验等方面有较高的要求,对 CM 派驻现场的项目经理的知识结构、技术和管理能力也有较高的要求。此外,业主方在选择 CM 单位时,对 CM

单位的信用、抗风险能力等方面也会提出较高的要求。这样在建设市场上选择 CM 单位范围就有较多的限制。

(2)在 CM 模式中,分阶段多次招标,且设计、施工、施工管理均分离,协调工作量大,整个工程的交易费用比其他交易方式会高。

(四) CM 模式的适用场合

CM 模式特别适用于以下类型的工程项目:项目组成或参与单位复杂,对变更的灵活性要求较高,各方面技术不够成熟的项目;建设周期长、工期要求紧,不能等到设计全部完成后再招标的项目;投资量大、规模大的项目,如现代化的群体高层建筑或智能化大厦;由于工作范围和规模不确定而无法准确定价的项目。

下列项目则不宜采用 CM 模式:规模小、工期短的小型项目;设计已经标准化的项目(如普通宿舍、多层住宅等);施工图设计已经完成的项目;设计简单、技术成熟的项目。

五、PM 模式

PM(Project Management)的概念较为广泛,人们经常将业主方、设计方、施工方等参与工程建设过程的管理统称为项目管理,即 PM。但对 PM 模式,一般总是指工程项目业主委托工程项目管理公司或咨询公司,采用科学的方法和手段,对工程项目的全过程或项目的实施阶段进行的管理服务。PM 模式是 20 世纪 60 年代初开始在欧美国家广泛应用的一种项目管理模式。在 PM 模式中,参与工程建设各方的关系如图 4-14 所示。

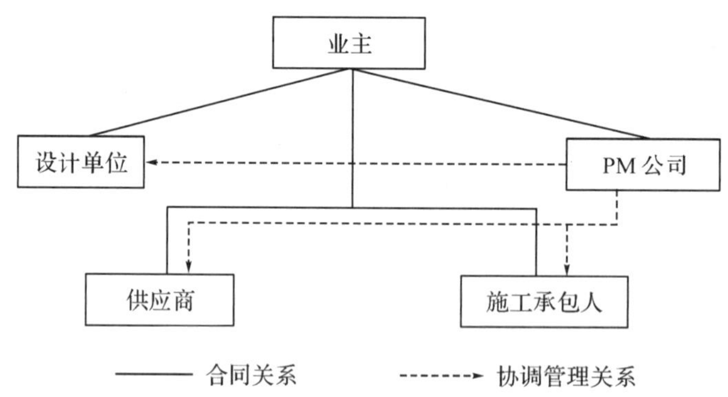

图 4-14　PM 模式各参建方关系

图 4-14 中,业主分别与设计单位、PM 公司、供应商、施工承包人签订合同,其中与设计单位和 PM 公司的合同一般为咨询类合同,与供应商和施工承包人签订的为承发包合同。业主在工程发包过程中,经常采用 DBB 模式,因此,在图 4-14 中,可能会有多个供应商和施工承包人参与工程建设。PM 公司受业主的委托,以代理人的身份对工程设计、材料和设备的供应、工程施工进行监督管理。

值得注意的是,PM 的主要特征是,业主方在工程建设中,为了提高项目管理水平,而聘用专业的、具有丰富经验的项目管理公司或咨询公司作为其代理,对工程项目进行管理。PM 公司提供的是一种管理服务,而这种管理服务经常针对项目的全过程,有时也可能从工程项目初步设计开始或初步设计完成后开始,若这样,业主一般需另请其他咨询公司做项目的前期工作。

（一）PM 与 CM 的区别

PM 与 CM 虽是一字之差，但其内涵有较大的差异，主要表现在：

（1）PM 与 CM 的出发点不同。PM 的出发点是业主委托 PM 公司进行项目管理，以提高项目管理水平，实现工程的建设目标；而 CM 尽管也对提高工程项目管理水平有好处，但其基本的出发点是缩短工程建设工期，因此 CM 在方法上最大的特点是采用快速路径法。

（2）PM 公司与 CM 公司介入工程项目的时间不同。CM 公司一般是在项目初步设计完成后才介入，工作的重点是施工过程的协调、组织和管理。PM 公司一般参与全过程的项目管理，经常从项目开始就介入，但将项目管理工作还是分为两个阶段。第一阶段称为项目定义阶段，PM 公司要负责组织/完成基础或初步设计，确定所有技术方案及专业设计方案，确定设备、材料的规格与数量，做出比较准确的工程估算，并编制工程设计、采购和施工的招标书，最终确定各个项目的承包商。第二阶段称为执行阶段，由中标承包商负责实施，包括详细设计、采购和施工，PM 公司要代表业主负责全部项目的管理工作，直到项目完成。

（3）PM 公司与 CM 公司和施工承包商、设计单位的关系不一样。PM 中施工承包商直接与业主签订合同，与 PM 公司没有合同关系，PM 公司负责对承包商进行监督管理，并向业主负责；在 CM 中，CM 公司可与分包商直接签订合同。PM 公司可对设计单位发号施令，但 CM 公司只能与设计单位就有关事项进行协商或向设计单位提出建议，绝不能发号施令。

（4）PM 公司与 CM 公司的属性有差异。PM 公司一般是智力密集型和咨询管理类公司，没有施工机械设备，不具备施工能力；CM 公司经常是工程总承包性质的公司，具有施工机械设备和施工承包能力。

（5）PM 与 CM 合同计价和风险分配原则不同。PM 公司获得的是管理咨询服务酬金，合同价通常按工程概算的百分比计取；而 CM 合同价经常采用成本加利润的方式。PM 公司一般仅承担职业责任风险，而 CM 公司除此之外还需承担其他风险，如非代理型 CM 模式中 CM 公司一般要承担超 GMP 的风险。

（二）PM 与全过程工程咨询

目前我国在工程建设领域在推行全过程工程咨询，这与 PM 模式有异曲同工之妙，因此在推行全过程工程咨询过程中，就应对 PM 模式进行研究，以促进全过程工程咨询的广泛应用。

1. 全过程工程咨询的概念

全过程工程咨询的概念以国家发展改革委出台的《工程咨询行业管理办法》（2017 年第 9 号令）中对全过程工程咨询的描述为准：采用多种服务方式组合，为项目决策、实施和运营持续提供局部或整体解决方案以及管理服务。有关工程设计、工程造价、工程监理等资格，由国务院有关主管部门认定。另一方面，住房城乡建设部关于开展《全过程工程咨询试点工作的通知》（建市〔2017〕101 号）也做出了相关描述：试点地区住房城乡建设主管部门要引导大型勘察、设计、监理等企业积极发展全过程工程咨询服务，拓展业务范围。在民用建筑项目中充分发挥建筑师的主导作用，鼓励提供全过程工程咨询服务。

推行全过程工程咨询是建设项目绿色发展的现实需要，解决项目利益相关方的冲突矛盾，打造求同存异的工作环境，有利于维护良好的生态环境和减少污染的建设项目；推行全过程工程咨询是建设项目继承传统文化的时代任务，努力实现传统文化的创造性转化、创新性发展，有利于传统与现实文化的相融相通；推行全过程工程咨询是建设项目集约管理的迫切需求，全过程工程咨询将集约思想融入建设项目中，充分有效地发挥全过程工程咨询的作用，有利于提高建设项目的质量和效率，使建设资源的运用更加科学、合理、节约；推行全过程工程咨询是建设项目提升价值的集中体现，提高工程建设管理水平，提升行业集中度，保证建设项目获取最大的经济和使用效益。

在建设项目咨询服务过程中，全过程工程咨询一方面通过协调管理打破过程中的信息与资源壁垒，提高沟通效率，保证项目顺利运营，达成建设项目边际效益最大化的目标；另一方面实现工程咨询机构转型升级，增强综合实力，加快与国际建设管理服务方式接轨，是适应社会主义市场经济发展的必然要求。

2. 全过程工程咨询目标

为更好地适应当前社会与行业发展趋势，全过程工程咨询逐步走入大家的视野。全过程工程咨询的目标是：通过全过程工程咨询服务，打造优质建设项目产品，满足人民群众日益增长的美好生活需要，尽快解决不平衡不充分的发展问题。

打造优质的建设项目既是全过程工程咨询的目标也是其实现方式，优质的建设项目在建设项目的基础上提出更高的标准。建设项目是指按一个总体规划或设计进行建设的，是由一个或若干个互有内在联系的单项工程（单项工程是指具有独立的设计文件，建成后能独立发挥生产能力或使用功能的工程项目）组成的工程总和。优质建设项目是指反映当地文化的特色建设产品、实现可持续发展的环境要求、提高建设项目的效率和价值的项目。

根据国家发展改革委《中央企业固定资产投资项目后评价工作指南》（国务院国有资产监督管理委员会 2005 年）和《国家发展改革委关于印发中央政府投资项目后评价管理办法和中央政府投资项目后评价报告编制大纲（试行）的通知》（发改投资〔2014〕2129 号），财政部《关于印发〈财政支出绩效评价管理暂行办法〉的通知》（财预〔2011〕285 号）、《关于推进预算绩效管理的指导意见》（财预〔2011〕416 号）及《关于印发〈预算绩效评价共性指标体系框架〉的通知》（财预〔2013〕53 号）等相关文件规定，本书将项目的后评价和绩效评价中的指标因素作为优质建设项目的评判标准。具体如下：

（1）项目立项的规范性。包括项目申报合规性、项目决策必要的过程。

（2）绩效目标合理性。包括绩效目标依据充分、合法合规和绩效目标可行性。

（3）绩效目标明确性。包括项目绩效目标的投资目标、功能目标、规模目标、技术目标、环境目标、节能目标、社会满意度目标的可衡量性。

（4）项目实施准备情况。项目勘察设计的合规性及程度，招投标组织实施的合规性。

（5）项目资金审核的合规性，资金的到位率和及时率。

（6）制度执行的合规性和落实性。

（7）合同管理的可控性强，少变更。

（8）项目质量标准的健全性和质量控制措施，安全施工措施的充分性。

（9）管理制度的健全性、资金使用的合规性、财务监控的有效性。

（10）质量目标、时间目标、投资目标和劳动安全卫生消防目标的实现程度高。

（11）较好的社会效益、生态效益，对所在地的可持续影响。

（12）项目技术的先进性、适用性、经济性、安全性。

（13）项目对地区、企业效益的作用和影响。

(14)项目对环境和社会的影响。

3. 全过程工程咨询优势

(1)提高投资效益,打破条块分割

采用投资人单次招标的方式,使得其时间成本远低于传统模式下设计、造价、监理等参建单位多次发包的时间成本。由一家咨询单位或者采用联合体的形式通过总咨询师的协调管理,将咨询服务覆盖工程建设全过程,包含传统模式下设计、造价、监理等各专业咨询单位的职责义务。这种高度整合各阶段的服务内容,一方面,将更有利于实现全过程投资控制,有效解决各阶段各专业之间的条块分割问题;另一方面,通过限额设计、优化设计和精细化管理等措施提高投资收益,确保项目投资目标的实现。

(2)保障项目合规,助力政府监管

当前建设市场还不完善,监管需加强。一些地方存在违规审批、违规拆迁、违法出让土地等损害群众利益的问题,少数干部违规插手项目建设,扰乱了社会主义市场经济秩序。通过全过程管理,能够有效整合社会资源,对建设项目进行有效监管,为政府提供强有力的全过程监管措施;由总咨询师统一指导梳理建设项目全过程的报批流程、资料,避免出现错报、漏报现象,有利于规范建筑市场秩序、减少违法违规行为。

(3)加强风控预防,降低项目风险

发挥全过程管理优势,通过强化管控决策、投资、过程、运营、自然、社会等风险,一方面对于项目而言,有效降低决策失误、投资失控的概率,减少生产安全事故;另一方面对于社会而言,也可避免自然环境的破坏,保护生态,有效集约利用资源,减少冲突。

(4)提高项目品质,增强行业价值

首先,不同专业咨询工程师自发组建咨询团队参与全过程工程咨询,各专业咨询工程师工作统筹安排,分工协作,极大提高服务质量和项目品质,弥补了多个单一服务团队组合下可能出现的管理疏漏和缺陷,并有利于激发专业咨询工程师的主动性、积极性和创造性,促进新技术、新工艺和新方法的应用。其次,响应党的号召,培养具备国际视野的人才,促进行业转型升级,提高工程咨询行业的国际竞争力,借助“一带一路”的机会平台,支持工程咨询行业走出去,在国际建设项目中立足,同时吸引优秀的国际化人才,保持行业的可持续性发展。

目前我国在工程建设领域在推行代建制,这与PM模式有异曲同工之妙,因此在推行代建制过程中,就应对PM模式进行研究,以促进代建制的广泛应用。在PM的发展中,出现了一些PM的变形模式,其中典型的有PMC和PMT模式。

六、PMC模式

PMC(Project Management Contractor)模式,是PM的一种衍生模式,是指PM公司除了向业主提供PM中的项目管理服务外,还承包部分工程设计、施工的内容,甚至对整个工程的设计、施工承包,但PM公司的角色主要还是项目管理者,很少做项目的设计,绝不做具体的施工。PMC模式下,参与工程建设各方的关系如图4-15所示。

图4-15(a)中,PMC公司承担了部分设计,承包了部分工程,并将承包的这部分工程全部分包,然而,其主要任务是项目管理。图4-15(b)中,PMC公司向业主承包了工程建设的全部内容,然后全部分包,其从事整个工程项目的管理,并向业主方负总责。

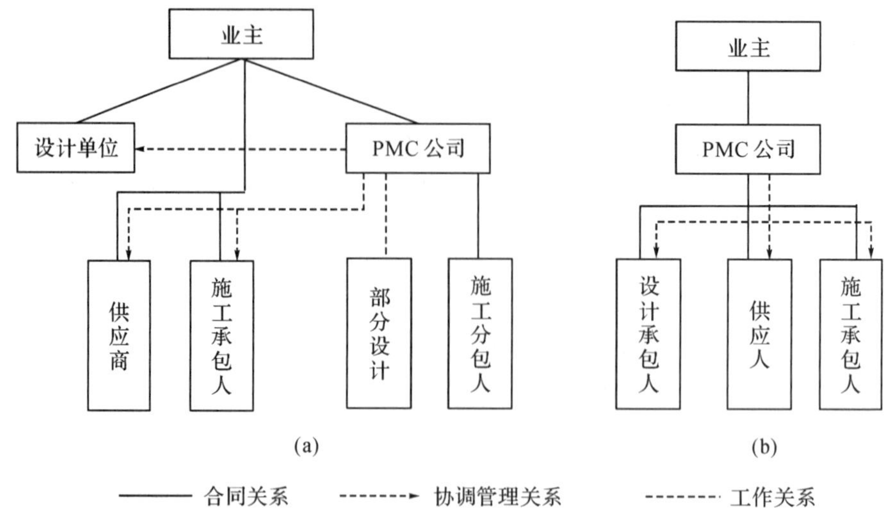

图 4-15　PMC 模式参与各方关系

值得注意的是，不管如何 PMC 公司的主要任务仍是项目管理，这是与 DB 或 EPC 模式的主要差别所在。

案例：PMC 模式在东深供水改造工程上的应用

东深供水工程是向香港、深圳以及工程沿线东莞城镇提供饮用原水及农田灌溉用水的跨流域大型供水工程。东深供水改造工程是对东深供水工程彻底改造的工程，其内容包括：新建抽水流量为 90～100m^3/s 的大型供水泵站 3 座、新建总长为 3927m 的渡槽 3 座、新建 7 条总长为 14.7km 的城门型无压隧洞、新建压力单孔混凝土矩形箱涵、双孔混凝土矩形箱涵和地下埋管全长 10.1km，以及新建无压输水明渠、箱涵和涵洞 10.4km，工程概算总投资 49 亿元，计划建设工期 3 年。该工程建设采用 PMC 模式，如图 4-16 所示。

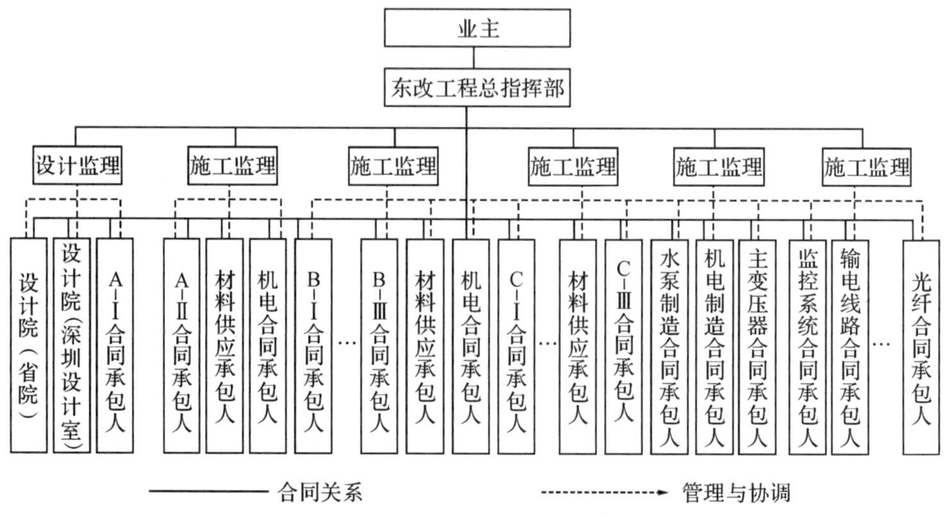

图 4-16　东深供水改造工程参建各方关系

在图 4-16 中，参与各方的职责分工如下：

(1)项目业主。广东粤港供水有限公司，该公司将东深供水改造工程的设计、采购和施工以总价承包的形式委托给广东省供水工程管理总局。

(2)东改工程总指挥部。广东省供水工程管理总局组建的工程项目部，作为业主代理，其具体承担东深供水改造工程建设管理任务，行使业主方的职权。东改工程总指挥部并不承担工程的设计和施工，而仅是负责工程建设管理。其在承包整个工程的设计、采购、施工等任务后，将各项发包给其他分包商，由他们来承担具体的工程设计、施工任务，东改工程建设总指挥部仅负责工程的建设管理。同时，东改工程总指挥部还借助社会各方面的专业力量，包括工程监理、咨询、律师等，为工程建设服务。

(3)工程监督。东改工程总指挥部在整个工程建设期内，主动接受政府监督部门、业务主管部门和业主的监督。在行政和财务方面接受广东省水利厅专门成立的东改工程监察审计组的监督审查；在工程质量和安全方面，接受广东省水利水电工程质量安全监督中心的监督；在财务方面接受业主委派的——粤港供水公司驻工地财务总监的监督。

(4)工程施工、机电设备制造和材料供应。该工程主体土建工程共 16 个标段；分水土建工程 8 个标段；机电设备供应标段、机电设备安装标段、金属结构制安标段共 19 个标段；钢筋与水泥等主要建筑材料供应 8 个标。这些承包人都是由东改工程总指挥部以公开招标方式选定的，并确立合同关系。同时，东改工程总指挥部委托监理单位对承包人承包的标(段)的实施全过程进行监理，所有承包人都应按照合同规定全面完成各项承包工作，并承担合同规定的全部义务和责任。

(5)工程设计。对工程施工图设计，东改工程总指挥部主要委托具有东深供水工程设计经验的广东省水利电力勘测设计研究院承担，其中沙湾隧洞工程的施工图设计委托深圳市水利规划设计院承担。这两个设计单位与东改工程总指挥部都是合同关系，并接受设计监理的监督、管理。

(6)工程监理。该工程的监理包括工程设计监理、工程施工阶段监理、设备监造及征地移民监理。所有监理单位与东改工程总指挥部的关系都是合同关系，用合同方式明确了监理单位的责、权、利。

七、PMT 模式

PMT(Project Management Team)模式，是 PM 模式的又一种衍生模式，也称一体化项目管理模式，是指项目业主和 PM 公司均派出人员共同组成项目联合管理小组，负责整个项目的管理工作。

PMT 的特点是业主与项目管理公司在组织结构、项目程序上，以及项目设计、采购、施工等各个环节上都实行一体化运作，以实现业主和项目管理公司的资源优化配置。实际运作中，项目联合管理小组成员只有职责之分，而不究其来自何方。这样，项目业主既可以利用 PM 公司的项目管理技术和人才优势，又不失去对项目的决策权，同时也有利于业主把主要精力放在专有技术、资金筹措、市场开发等核心业务上，有利于项目竣工交付使用后业主的运营管理，如维修、保养等。我国近几年在石化行业中开始探索 PMT 模式，并取得了初步的实践经验。

八、Partnering 模式

(一) Partnering 模式的概念

Partnering 一词并不复杂,但根据其在工程项目管理中的应用,准确地译成中文却相当困难。我国台湾有的学者将其译为合作管理;我国香港房屋委员会将其译为伙伴关系;在美国学者埃德·里格斯比著的《合作的艺术》一书中文版中,译者将其译为合作伙伴。总之,对 Partnering 的翻译五花八门,为避免歧义本书不将其翻译成中文而沿用英文。

Partnering 模式于 20 世纪 80 年代中期首先出现在美国,1984 年,壳牌(Shell)石油公司与 SIP 工程公司签订了被美国建筑业协会(The Construction Industry Institute, CII)认可的第一个真正的 Partnering 协议;1988 年,美国陆军工程公司开始采用 Partnering 模式并应用得非常成功;1992 年,美国陆军工程公司规定在其所有新的建设工程上都采用 Partnering 模式,从而大大促进了 Partnering 模式的发展。到 20 世纪 90 年代中后期,Partnering 模式的应用已逐渐扩大到英国、澳大利亚、新加坡等国家和地区,越来越受到建筑工程界的重视。

20 世纪 80 年代美国建筑业受进度、成本、质量目标的约束和为了提高市场竞争力,提出了采用 Partnering 模式的管理模式。CII 建立了一个特别小组专门研究将 Partnering 模式作为在业主、承包方和设计方之间的一种“合同”方式的可行性。1989 年,Hancher 提出了 CII 对 Partnering 模式的定义:Partnering 模式是“在两个或两个以上的组织之间为了获取特定的商业利益,最大化地利用各组织的资源而做出的一种长期承诺。这种关系建立在信任、追求共同目标和理解各组织的期望和价值观的基础之上”。如今通常普遍应用的 Partnering 模式定义是 CII 在 1991 年提出的,它是对 Hancher 提出的定义的进一步完善和具体化,将 Partnering 模式的成效与建筑业的目标密切联系在一起。CII 认为 Partnering 模式是“在两个或两个以上的组织之间为了获取特定的商业利益,最大化地利用各组织的资源而做出的一种长期承诺。这一承诺要求使传统组织间孤立的关系转变成一种不受组织边界约束,能够共享组织资源、利益的融洽关系。这种关系建立在信任、追求共同目标和理解各组织的期望和价值观的基础之上。期望获取的利益包括提高工作效率、降低成本、增加创新机遇和不断提高产品和服务的质量”。

(二) Partnering 模式的核心理念

Partnering 模式的核心理念概括为 8 个方面:信任、承诺、协同、宽容、理解、关心、相互依存和发展壮大。

1. 信任

信任是伙伴关系的第一核心理念,是伙伴联盟的坚实基础。信任的含义是信心、依赖,或是建立在诚信、真实、公正、友谊等对他人或他物的一些正当的原则之上的信赖,它能将整个组织凝聚在一起,使其具有较强的凝聚力。在伙伴关系团队中,要将最初的想法转化为行为,信任是不可缺少的,它是伙伴双方共同希望并要共同拥有的。当然,信任他人,自己就要承担风险,不愿承担风险的人也就不可能获取利益,要想建立成功的伙伴关系团队就必然要承担风险。

伙伴关系中的信任是建立在对彼此互相尊重基础上的。例如成功的伙伴关系要求每个伙伴成员都能共享他们的一些战略和信息。通常共享程度的深浅取决于合作伙伴对团队的工作范围、目标期望和自我利益的理解程度深浅。因此共享资源时要尊重其他伙伴对本组织某些机密信息的保留。信任关系的建立需要各方长期的投入和精心的呵护，“Rome wasn't built in a day”(伟业非一日之功)。而破坏已建立的信任关系却是轻而易举的事，且重新建立的信任关系也是脆弱的。

2. 承诺

承诺是建立伙伴关系重要的核心理念。对伙伴的承诺有时意味着要去做那些明知令人不愉快但又必须要做的事情，对不断进步的承诺还要求为你的伙伴提供他们所需要的东西。建立长期的合作目标，并努力帮助实现他们的短期、长期目标，这是承诺的重要表现。承诺是建立在相似的基本目标之上的。

伙伴关系的承诺通常由高层管理人员做出，以保证承诺的准确性、权威性和可实施性。同时要制定 Partnering 协议来避免由于高层管理人员的变动而造成已做出承诺的变更，不要把所有的鸡蛋放在一个篮子里，尽可能地保持与各伙伴成员的积极关系。

3. 协同

协同的理想结果类似于一个成功的婚姻带来的好处。Herbert F. Harback 在其文章“Partnering Paradigm”中将建立 Partnering 模式类比为建立婚姻。伙伴关系与婚姻制度有很多相似之处，两者都要求有很恰当的核心理念，两者力量的相加都能够为对方带来的利益远远超过单独一方可能带来的好处。当两个人结合后，结果是一加一等于三：你、我和我们，“我们”开始了新生活，而你和我依然保留着自己独特的个性。这无论对婚姻还是伙伴关系来说都是一个成功的模式。

协同优势是伙伴关系的一项特征，能带来所追求的利益。尽管在开始时要费些工夫，但是它将会做得比想象的还要好而令人满意。这一点建筑业在 20 世纪 80 年代末 90 年代初就发现了。近期由美国承包商联合总会出版的一篇有关加州法律案件简介的文章中也说明了这一点。

4. 宽容

宽容虽然常常被挂在嘴边，但却很少能做到。对工作中的伙伴关系，这个观点必须被团队中的每个人所珍视并付诸实施。当接受一种想法所表达的观点而不仅仅是关心这个想法是谁提出时，就真正做到了宽容，并真正理解了对方。

在相处时，不管是商务关系还是别的关系，容易陷入一个误区，就是对对方要求过高。就像有时一个人会对他的伙伴说：“要是你……的话，那该多好。”“要是我是你，就会……”在一定程度上要忍耐你的伙伴的不足、缺点，这将有利于避免冲突，不至于削弱已建立起的联盟关系。只要不耐烦、抵触的心理表现出来，矛盾通常会容易激化，从而使问题变得难以解决。

5. 理解

理解是宽容的姊妹，在许多领域中相互理解对合作成功至关重要。了解什么是伙伴关系，并知道它是怎样运作的；知道使伙伴关系成功需要哪些支撑点；理解对方的期望、目标；理解 Partnering 模式带来的成效和风险等，这些是建立伙伴关系的基础。随着世界经济的发展，发展方向的新变化，目标的变动，伙伴成员愿意随之改变自己。理解也意味着接受新情况新观点，愿意根据变化着的需要或经济发展状况来改变自己。

6. 关心

关心团队组织及组织成员，使个人行为更协调，避免或减少矛盾，促进合作的成功。关心能让每一个伙伴成员都感到他的意见被重视，而不是让他陷入无端的指责中。关心也体现在伙伴一方与另一方频繁的沟通和交流，使用对方更习惯的那种工作模式和方法。充分的关心能很好地促进实现共同的目标。

7. 相互依存

伙伴关系将个人和组织联合在一起，将各个不同利益相关组织联合在一起，因此只有当所有人既有付出又有收获时，才称得上是成功的伙伴关系。在相互协作的过程中，各个合作方都根据他们的能力和需要来付出和索取。相互依存并不一定意味着平等，它只能说明所有人的需要都很大程度上得到了满足。相互依存还体现在各参与组织共同分担风险，共享组织资源，追求共同的组织目标上。

8. 发展壮大

在商务关系的联盟中，发展壮大是一个根本动因，同样在激烈竞争的建筑业中，为了增强竞争力，如果没有发展壮大，拥有更大的市场占有率这一理念的话，寻求伙伴，建立伙伴关系就不会重要了。发展壮大源于敏锐的洞察力和各方面的协作。所以选择那些愿意并有能力成长壮大的人作为伙伴很重要。伙伴成员的选择对该模式的实施甚至项目的运行起到了关键的作用。伙伴联盟的强弱通常取决于那个最弱的伙伴，即木桶的短板效应。当那个最弱的伙伴并不想努力去成功、促进发挥联盟的作用时，他就成了障碍，成了一只会吸附在别的鱼身上的章鱼。所以要想有一个成功的伙伴关系团队，选择合适的伙伴成员，以便能够相互促进、协同发展壮大，将是一个重要的因素。

伙伴关系的核心理念在实践中从不同角度还可以总结出其他的理念。例如罗杰・B.汤普金提出的利益重叠能够促进伙伴关系成功的理念；在国内的某些文献中专门将共享作为一种核心理念提出等。

(三) Partnering 模式的特征

根据 Partnering 模式的定义、类型和核心理念，从 Partnering 模式成功实施的角度概括出 Partnering 模式的特征主要表现为出于自愿、高层管理者的参与、Partnering 协议不是法律意义上的合同和信息的开放性四个方面。

1. 出于自愿

在 Partnering 模式中，建立伙伴关系的各方必须是完全自愿，而非出于任何原因的强迫。要充分认识到，这种模式的出发点是实现建设工程的共同目标以使参与各方都能获益。只有在认识上统一才能在行动上采取合作和信任的态度，才能愿意共同分担风险和有关费用，共同解决问题和争议。

2. 高层管理者的参与

Partnering 模式的实施需要突破传统的观念和传统的组织界限，因而建设工程参与各方高层管理者的参与以及高层管理者之间达成的共识，对该模式的顺利实施是非常重要的。这是因为该模式要由参与各方共同组成工作小组，要分担风险、共享资源，甚至是公司的重要信息资源等，因此高层管理者的认同、支持和决策是关键因素。

3. Partnering 协议不是法律意义上的合同

Partnering 协议与工程合同是两个完全不同的文件。在工程合同签订后，建设工程参与各方经过讨论协商后才会签署 Partnering 协议。该协议并不改变参与各方在有关合同规定范围内的权利和义务关系，参与各方对有关合同规定的内容仍然要切实履行。伙伴协议主要确定了参与各方在建设工程上的共同目标、任务分工和行为规范，是工作小组的纲领性文件。该协议的内容也不是一成不变的，当有新的参与者加入时，或某些参与者对协议的某些内容有意见时，都可以召开会议讨论对协议内容进行修改。

4. 信息的开放性

Partnering 模式强调资源共享，信息作为一种重要的资源对于参与各方必须公开。同时，参与各方要保持及时、经常和开诚布公的沟通，在相互信任的基础上，要保证工程的设计资料、投资、进度、质量等信息能被参与各方及时、便利地获取。这不仅能保证建设工程目标得到有效的控制，而且能减少许多重复性的工作，降低成本。

复习思考题

1. 常见的承发包模式有哪些？各有什么利弊？
2. 工程项目总承包主要有哪些方式？
3. 简述 DB 模式、EPC 模式的特点和适用条件。
4. 工程项目管理模式有哪些？并分析各自的特点。
5. 什么叫 CM 模式？简述 CM 模式的主要特点及适用场合。
6. 简述 Partnering 模式的核心理念。
7. 举例说明工程项目承发包模式的选择与应用。

第五章　工程项目计划与控制

计划是管理的重要职能，没有计划，工程项目的建设就不能顺利进行。工程项目的计划以项目的目标为归宿，以工程实际条件为出发点，综合安排项目的资源，形成工程项目计划文件，是项目实施的指南。在项目实施过程中，计划又是控制的依据，必要时，还将根据质量、进度、投资控制的实际需要，对计划进行调整，形成新的计划。由此可见，工程项目的计划既具有前瞻性，又是一个动态的过程，它贯穿项目建设的始终，是工程项目管理的重要组成部分。控制是工程项目管理的重要管理活动，也是管理的重要职能。控制通常是指管理人员按计划标准来衡量所取得的成果，纠正所发生的偏差，使目标和计划得以实现的管理活动。控制的目的就是使一切活动都能按计划进行。

第一节　工程项目计划概述

一、工程项目计划的作用

工程项目计划是指对实施过程(活动)进行各种计划、安排的总称，是对项目实施过程的设计。计划是项目管理的一大职能，又是项目建设过程中一个极为重要的环节。它在工程项目管理中具有十分重要的地位。

(1)在工程项目的总目标确定后，通过计划可以分析研究总目标能否实现，总目标确定的费用、工期、功能要求是否能得到保证，是否平衡。如果发现不能实现或不平衡，则必须修改目标，修改技术设计，甚至可能取消项目。所以计划又是构思、项目目标、技术设计更为详细的论证。

有时项目目标是由业主或上层管理者随意提出的，在其中可能存在不明确、要求不清、矛盾、不完备之处，通过计划可以分析并解决这些问题。

(2)计划既是对目标实现方法、措施和过程的安排，又是目标的分解过程。计划结果是许多更细、更具体的目标的组合，它们将被作为各级组织的责任落实，以保证工程的顺利实施和目标的实现。

在项目过程中，计划常常又是中间决策的依据，因为对项目计划的批准是一项重要的决策工作。

(3)计划是实施的指南和实施控制的依据。计划描述了项目实施过程和前景状况。通过科学的计划能合理、科学地协调各工种、各单位、各专业之间的关系，能充分利用时间和空间，可以保证有秩序地工作；可以进行各种技术经济比较和优化，提高项目的整体效益。计划文件经批准后作为项目的工作指南，必须在项目实施中贯彻执行，以计划作为对实施过程进行监督、跟踪和诊断的依据；最后它又作为评价和检验实施成果的尺度，作为对实施者业绩评价和奖励的依据。所以没有计划,任何控制工作都是没有意义的。由于项目是一次性的、唯一的,所以与企业计划相比,项目的实施成果评价困难,通常只能与计划比,与目标比。这样也使得项目计划工作十分重要,同时又富于挑战性。

(4)业主和项目的其他方面(如投资者)需要利用计划的信息,以及计划和实际比较的信息了解和控制工程,做项目阶段决策、安排资金及做后期生产准备。

在现代工程项目中,没有周密的计划,或计划得不到贯彻和保证,项目是不可能取得成功的。

二、工程项目计划的要求

项目计划作为一个重要的项目阶段,在项目过程中承上启下,必须防止计划的失误和失败。由于项目的特殊性和计划在项目管理中的独特的作用,对项目计划有特殊的要求:

(1)计划是为保证实现总目标而做的各种安排,所以目标是计划的灵魂,必须按照批准的项目总目标、总任务做详细的计划。计划人员首先必须详细地分析目标,弄清任务。如果对目标和任务理解有误,或不完全,必然会导致计划的失误。

对工程的承包商、供应商来说,必须弄清楚招标文件和合同文件的内容,正确、全面地理解业主的要求,了解项目总目标和总体安排。

业主和上层管理者应使目标、计划过程、计划的前提条件透明,以方便和简化计划工作。

(2)符合实际。计划要有可行性,不能纸上谈兵。在实际工作中计划的失误经常是由于人们不了解实际情况,缺少和实际工作者的沟通造成的。符合实际主要体现在如下方面:

1)符合环境条件。项目计划必须受环境的制约,考虑到环境的因素,如场地的限制、当地气候条件、当地市场的供应能力、运输条件等。同时最大限度地利用当地已有的资源条件,如当地的人力、市场、自然资源、现存的建筑物、基础设施等,以求达到更经济的效果。

所以大量的环境调查和充分利用调查结果,是制订正确计划的前提条件。

2)符合项目本身的客观规律性,按工程规模、复杂程度、质量水平、工程自身的逻辑性和规律性做计划。不能过于强调压缩工期和降低费用。

在计划中应充分利用以往同类工程的经验和资料。最好选择结构特点、技术、性质、地区、时间较近的同类工程,掌握该工程的信息,了解该工程中的特殊问题,如失误、技术难点、重点、不正常状况等方面的经验教训。这些资料对于项目的计划和控制、风险管理都是十分有用的,但应验证这些资料对本项目条件的符合程度。

3)反映工程各参加者的实际情况。包括:业主的支付能力、设备供应能力、管理和协调能力、资金供应能力;承包商的施工能力、劳动力供应能力、设备装备水平,生产效率和管理水平,过去同类工程的经验等,承包商现有在手工程的数量,对本工程能够投入的资源数量;设计单位、供应商、分包商等的能力等。

所以项目管理者做计划时必须经常与业主商讨,必须向生产者(承包商、工程小组、供应商、分包商等)做调查,征求意见,一起安排工作过程,确定工作持续时间,确定计划的一些细节问题,切不可闭门造车。由实施者制订相关的实施计划会更有效,如果变动实施者,则要分析原计划的可行性。

(3)经济性要求。项目计划的目标不仅要求项目要有较高的效率(进度快),而且要求有较高的整体经济效益,即费用省、收益(效用)高,同时要求项目在财务上平衡(即资金平衡)。

这不仅是项目计划的要求，而且是项目计划的内容。一个好的计划必须基于完成项目任务的最好的(经济、安全、合理、高效率)方法上。所以在计划中必须提出多个方案进行技术经济分析，可以采用价值分析、费用/效用比较、活动分析、工期—费用优化、资源平衡等方法进行优化。在计划中应探讨新的解决方案的可能性。

(4)全面性要求。要使项目顺利实施，必须安排各方面的工作，提供各种保证。项目的计划必须包括项目实施的各个方面和各种要素，在内容上必须周密。一般的建设工程项目计划应包括：

1)通过结构分解得到的所有项目单元；

2)项目单元的各个方面，如质量、数量、实施方案、工序的安排、成本计划、工期的安排；

3)包括项目的全过程，即从项目开始直到项目结束的各个阶段；

4)所有的项目参加者；

5)项目所需资源或条件的各个方面，如资金、人力、材料、设备、仓储、运输、临时设施和工作面等的安排，而且要反映在项目实施过程中上述各因素动态的变化情况。

这样能形成一个非常周密的多维的计划系统。所以项目的计划工作具有普遍性，各层次的管理人员和项目实施者都要订计划，做计划工作。

由于计划过程又是资源分配的过程，为了保证计划的可行性，人们还必须注意项目计划与企业计划的协调。例如对建筑工程承包企业，企业的计划常常是多个承包项目计划的总和，企业总资源必须在各个项目上进行分配和平衡。

(5)计划的弹性要求。项目的计划是建立在预定项目目标和实施方案、以往工程的经验、环境状况以及对将来合理的预测基础上的，所以计划的人为因素较强。在实际工作中计划受到许多方面的干扰，需要改变或调整：

1)由于市场变化、环境变化、气候的影响，原计划可能不符合实际，必须做调整；

2)投资者的情况的变化，新的主意、新的要求；

3)其他方面的干扰，如政府部门的干预、新的法律的颁布；

4)可能存在机会、设计考虑不周、错误或矛盾，造成工程量的增加、减少和方案的变更，以及由于工程质量不合格而引起的返工。

这些变化会影响或损害项目正常的实施过程。这就使得项目计划在实施过程中必须不断地调整，使项目的实施一直适应新的情况。

计划中必须留有余地，例如工期安排中必须考虑正常的阴雨天，费用计划中必须考虑正常的通货膨胀的影响等，必须安排一定量的备用金(如FIDIC合同中的暂定金额)。

计划应有弹性，考虑到特殊情况和风险发生的备用方案，考虑排除干扰改善生产条件，提高劳动效率的方案，工期、费用、材料数量都留有余地。当然这又会产生一定的浪费。

计划应是积极的、激励的、适当的。这要求计划不能太松，否则对组织没有激励，效率得不到发挥；但计划太紧，对组织成员的压力太大，也会适得其反。机动余地一般由上层管理者控制，不能随任务下达，否则会被下层实施者在没有干扰或问题的情况下用光；或者会使下层管理者预先已有机动余地的概念，而不去积极追求更高的经济效益。

(6)计划详细程度的要求。项目计划不可太细，太细则束缚实施者的活力，使下级丧失创造力和主动精神，造成执行和变更的困难；造成信息处理量大，计划费用多。但如果太粗又达不到指导实际工作和进行实施控制的要求，容易造成混乱。

计划的详细程度通常与如下几个因素有关：

1)项目技术设计的深度。计划是为了解决工程技术系统的实施问题，所以它必须与项目技术设计的深度相适应，在项目初期就希望做出详细的计划，是超前的计划行为，不可能有适用的科学的计划。

2)项目结构的分解程度。计划的许多内容是落实在项目单元（工程活动）上的，所以计划与项目结构分解相协调。计划的质量在很大程度上依赖结构分解的正确性和科学性。

3)计划与项目组织相协调。不同的组织层次做不同的计划，有不同的计划深度和详细程度。例如企业经理只掌握项目的总体计划，而项目经理则应做全面的、较细的项目计划，工程小组掌握相关工程活动的操作计划，职能部门仅掌握相关专业工作计划。

4)工程的复杂程度。对采用新工艺、不熟悉、技术密集的部分工程应做详细计划。

5)计划期的长短。任何工程项目要做详细的科学的计划，都必须有一个较为充裕的计划期，例如工程招标时应给承包商一个合理的做标时间，这样承包商的报价、实施方案、工期计划才能比较科学和合理。

在实际工程中，由于工期比较紧，许多上层管理者都企图通过压缩计划期来压缩总工期，例如缩短招标文件的起草时间，缩短承包商的做标期和评标期，缩短承包商的施工准备期。这一切都会导致计划的失误，结果是欲速则不达。这已经被许多实际工程案例所证明。

6)掌握计划资料的数量和质量，特别是环境调查的深度和精确度。

(7)计划中必须包括相应的风险分析的内容。对可能发生的困难、问题和干扰做出预测，并提出预防措施。

第二节　工程项目的计划系统及主要内容

一、工程项目的计划系统

工程项目的计划是一个持续、循环、渐进的过程。随着工程项目的进展，情况也在不断变化发展，这就要求对计划不断地研究、修改、调整，形成一个前后相继的计划系统，如图5-1所示。

二、工程项目计划的主要内容

(一) 项目计划过程的基本问题

一个完整的项目计划通常需要明确具体任务分工、执行人、时间、费用预算和预期成果。因此，在项目计划制订过程中必须清楚五个基本问题：项目做什么、如何做、谁去做、何时做及花费多少。

(1)做什么：明确项目要实现什么样的目标、项目最终交付的成果，这是项目经理和项目组成员在检查项目目标时必须清楚的。

(2)如何做：通过制定工作结构分解图可以将项目目标分解到具体的可实现的任务，工作结构分解图提供了必须完成的各项任务的一张清单。

(3)谁去做：决定何人做何事，可以通过人员使用计划来解决，并在工作结构分解图中

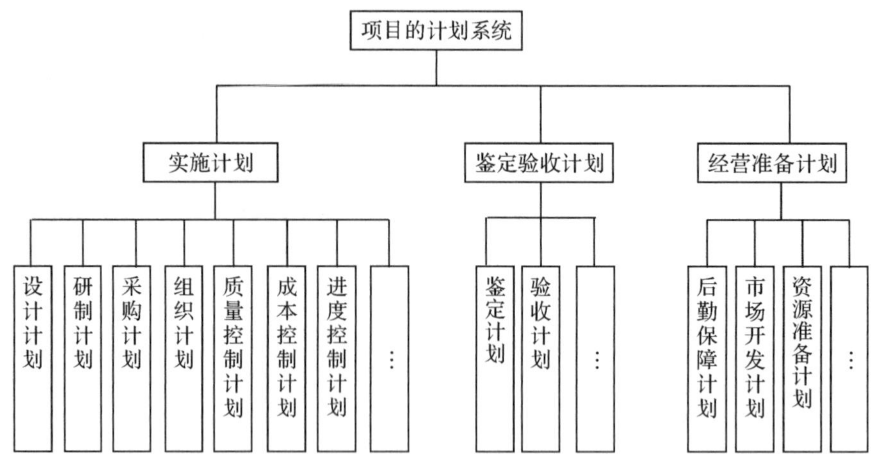

图 5-1　项目计划系统图

注明。

(4)何时做:决定每一项工作在何时实施、需多长时间、每项工作需要哪些资源等问题。

5. 花费多少:实施这一项目需要多少经费,并明确各具体工作包所需费用。

(二) 工程项目计划文件的主要内容

在工程项目的运行过程中,既要有统筹全局的总体性计划,也要有诸方面的工作计划。虽然项目计划都在回答上述基本问题,但是,不同层次、不同类别的计划的侧重点是不同的,计划文件的主要内容因此也有所差别。

1. 工程项目总体计划的编制内容

(1)总则

总则包括:1)项目背景、工程概况的简要描述;2)项目的目标、性质、范围;3)项目的环境与项目的关系;4)发、承包的权利、义务、责任和奖罚方法;5)项目规格(采用的规范标准);6)项目管理机构;7)项目进度的主要关键点;8)特殊问题说明。

(2)项目的目标和基本原则

项目的目标和基本原则如下:1)详细说明项目的总目标;2)项目的组织机构原则;3)业主参与的范围;4)与其他方面的关系;5)质量衡量标准、语言的规定;6)其他特殊事项的规定,如设计变更、图纸修改的规定。

(3)项目实施总方案

项目实施总方案包括两点:1)技术方案(工艺、工程设计、施工方案、技术措施等);2)管理方案(承发包形式、采购运输、施工管理、成本控制等)。

(4)合同形式

合同的形式包括:1)合同类型和选择;2)承包商的选择;3)咨询方式;4)合同双方的通信方式;5)业主方面提供的资源;6)项目复查和审核、付款的手续和程序;7)特殊管理的规定;8)移交的方式、规定和进度安排。

(5)进度计划

进度计划包括:1)说明并列举各项进度安排,说明各关键工作点;2)各项工作的执行者做出其完成工作的时间估计;3)以 1)、2)为依据制订项目的总进度计划;4)各级负责人在最终计划上签字确认。

(6)资源使用

1)资源分类:资金、设备、材料、人力等;2)预算;3)成本监督、控制方法和程序。

(7)人事安排与组织机构

1)人员培训,人员补充;2)人事制度、法律、政策;3)安全保障(保密要求、人身安全);4)组织机构的人事安排,责权分工;5)人员流动与项目计划的关系。

(8)监理、控制与评价

1)监理、控制的内容范围;2)通信方式;3)文件、信息收集(内容、时间)、整理、管理;4)评价方法、指标。

(9)潜在问题

1)列举可能发生的意外事故,障碍因素分析,气候、资源短缺、扯皮、分包商破产、技术失败等事故;

2)应急计划。

上述工程项目总体计划的内容是基本内容,其他更详细的分类计划由相应的职能部门做出。

2. 工程项目各项分计划的编制内容

(1)工程项目的组织计划

为保证工程项目的顺利实施,应当做出组织方面的规划。目的是确保建立一个健全的组织机构,以便工程实施中指挥灵便,协调一致,互相配合,信息传递及反馈准确及时,出现问题能迅速妥善解决,从而保证工程项目的高效管理。

项目的组织计划包括以下几方面:

1)组织机构设计计划,如项目经理人选、经理班子组成、职能机构设置等。

2)生产人员的组织计划,如生产工人的专业构成、专业班组设置、工人来源及人员培训等。

3)协作计划,如与设计单位、施工单位、设备材料供应单位以及与政府有关部门的协作计划等。

4)规章制度的建立计划,如项目投产后的经营管理制度、生产技术制度、劳动制度及行政管理制度等。

5)管理信息系统的计划,如有关项目实施过程中各种信息的传递方式、渠道、存贮、处理各环节的设计等。

(2)工程项目的综合进度计划

工程项目的综合进度计划是把各参与单位的工作进行统一安排和部署的综合性计划。通过这一计划,可以对工程项目进行有效管理。综合进度计划必须考虑和解决局部与整体、当前与长远,以及各个局部之间的关系,以确保工程项目从前期决策到试投产全过程的各项工作能按照计划日程顺利完成。

根据工程项目计划控制的需要,综合进度计划一般包括下列内容。

1)总进度计划。主要确定哪些工作必须完成、每一阶段的工作量和需要的时间。

2)设计工作进度计划。设计工作进度是设计单位按照项目计划的总体要求,并根据施工进度的要求和设计工作中各专业的工作顺序,安排各个设计专业的进度计划,同时还必须确定分阶段的出图日期。

3)设备供应进度计划。根据工艺流程图和设备系统图及电气和水暖系统图,编制出设备采购清单及采购和到达现场的时间。

4)施工进度控制计划。此项计划必须明确规定工程项目的开工和竣工时间。施工单位和施工配合单位据此再按照施工工序的要求制订出整个工程的施工进度计划,并具体编排出工程项目年度、季度计划和月、旬作业计划。

5)竣工验收和试生产计划。根据工程进度计划和有关方面的资料,在工程竣工后,安排出竣工验收、设备运转试验及生产等一系列活动的日期,以此作为各方共同的工作目标,以便各自做好人力、物力和财力方面的安排。

根据工程项目的特点,进度计划大都采用图和表的形式来表示将要进行的工作。编制程序一般采用工作结构分解方法,将整个工程逐层分解为若干工作单元,按逻辑顺序排列,以图或表来确定其相互制约关系。因进度计划是项目计划的关键,而工期又是进度计划的核心,所以要根据工程项目的估算,经分解后确定每一工作单元所需的工时数,求出每一单元的工期和整个工程的总工期。

(3)工程项目的经济计划

工程项目的经济计划包括劳动工资计划、材料计划、构件及加工半成品需用量计划、施工机器及工具需要量计划、项目降低成本计划、资金使用计划、利润计划等。

1)劳动力需用量及工资计划

劳动力需用量计划应根据工程项目的组织计划、劳动定额及工程进度计划进行编制。用工计划的控制数按施工预算确定,不应超过设计预算数。施工进度计划编制以后,即可得出各工种用工数及需要的供应进度,因此它是劳动力供应计划的编制依据。

无论编制劳动力计划还是配备劳动力,均应同时核算工资。

2)材料计划

工程项目实施的材料计划包括材料需用量计划、材料供应计划、材料申请计划、材料订货计划和材料采购计划。

3)构件及加工半成品需用量计划

预制加工品需用量计划是根据施工图纸、设计预算及施工进度计划编制的。该计划又是翻样和委托加工订货的依据。

4)施工机器及工具需用量计划

该计划要提出机具型号、规格,用以落实机具来源及组织进场。它是根据施工方案及施工进度计划编制的。

5)工程项目降低成本措施及降低成本计划

工程项目降低成本的措施是在预算成本的基础上,以施工预算为尺度,以企业的年度、季度降低成本计划和技术组织措施计划为依据进行编制的,制定时要针对工程中成本降低潜力大(工程量大、造价高,有采取措施的可能性)的项目提出措施。这些措施必须不影响质量,保证施工安全。降低成本措施应包括节约劳动力、节约材料、节约机械设备费用和工具费用、节约施工管理费、节约临时设施费和节约资金等措施。

降低成本计划是在预算成本(或概算成本)的基础上,考虑降低成本措施的经济效果后编制的计划。该计划提供成本控制目标,实际上也是编制利润计划的基础。

6)资金使用计划

工程项目承包单位施工所需的流动资金如果实行预付备料款制度,则除开工前支付部分外(一般为25%),其余均按进度按月结算拨给承包方,对一个工程项目无须编制流动资金计划。

如果工程项目承包方的流动资金改为银行贷款,则需要根据工程施工进度计划编制贷款计划向银行贷款,并支付利息。因此在编制贷款计划时,应考虑使支付的利息最少。

7)利润计划

建筑工程项目的利润,称为工程结算利润,由法定利润额、降低成本额和管理费用节约额构成。法定利润额的计算是工程的预(概)算成本与法定利润率的乘积。降低成本额由降低成本计划确定。

编制利润计划应在量本利分析的基础上进行。

(4)物资供应和设备采购计划

要确定物资供应和设备采购的方针和策略、顺序和责任、数量和质量、到货日期和地点等,以满足工程施工、设备安装和试投产的需要。

(5)施工总进度计划和单位工程进度计划

施工单位要按照项目综合进度计划对施工阶段的进度要求,编制施工总进度计划和单位工程进度计划。

施工总进度计划是施工组织设计的重要组成部分,是施工总体方案在时间序列上的反映,是根据施工合同的工期要求,合理确定各主要工程项目施工的先后顺序、施工期限、开工和竣工日期,以及各项目之间的搭接关系、搭接时间,综合平衡各施工阶段建筑安装工程工作量、不同时期的资源量及投资分配等,它确定工程施工的总体部署和实现目标。

一项建筑工程是由多种专业相互配合、共同施工安装而完成的综合性产品,在整个工程施工中是以土建总包单位为主体,其他专业紧密配合,按设计图纸合理地进行工序穿插,分层、分段有节奏地配合完成。因此,为指导整个工程科学有序协调地施工,就必须编制综合施工进度计划。

(6)项目质量计划

项目质量计划是针对工程项目实施质量管理的文件,包括以下主要内容。

1)确定工程项目的质量目标。依据项目的重要程度和可能达到的管理水平,确定工程预期达到的质量等级(如合格、优良或省、市、部优质工程等)。

2)明确工程项目从施工准备到竣工交付使用各阶段质量管理的要求,对企业在质量手册、程序文件或管理制度中没有明确的内容,如材料检验、文件和资料控制、工序控制等做出具体规定。

3)施工全过程应形成的施工技术资料等。

工程项目质量计划经批准发布后,工程项目的所有人员都必须贯彻实施,以规范各项质量活动,达到预期的质量目标。

(7)报表计划

项目经理在项目实施过程中,需要及时了解项目的进展情况及存在的问题,以便预测今后的发展趋势和寻找解决问题的办法。报表计划是完成这一工程的主要手段。

报表有的采用表格形式,有的采用简报或一般的报告形式。

在报表计划中应规定报告编制负责人、报告对象、报告内容、报告所含的信息范围、报告时间等。

(8)应变计划

由于工程项目实施中不确定因素很多,项目计划与实际不符是经常发生的。因此从项目实施开始,就应考虑在工期预算方面留有余地(如宽限工期和资金的额外储备),以备应急需要。这种难以预料的需要称为"意外需要"(它不包括预先能估计到的需要),它是管理上的储备量,除项目经理外,其他人不准动用。

储备有两种:一是业主的储备,二是项目经理的储备。有经验的项目经理往往要准备一套全面的应急计划,预先估计各种可能发生的不测事件,并准备应急行动方案及相应的时间和资金。

(9)竣工验收计划

它是根据承包合同中对工程竣工日期的总要求而制订的工程验收、移交计划。其中明确了工程验收的时间、依据、标准、程序及向甲方移交的日期等内容,是工程竣工验收的指导性文件。

第三节　工程项目计划的编制

一、工程项目计划编制的原则

工程项目计划编制的原则如下。

(一)统一性和灵活性相结合

工程项目计划是宏观计划指导下的微观计划,所以必须维护宏观计划的统一性。但是计划的统一性并不排斥个别项目计划在一定范围的灵活性。这就是说,项目计划应该在宏观计划的指导下,可根据项目的实际情况做出有利于项目发展的工作安排。

(二)预见性与现实性相结合

项目计划既有相对的长期计划,又有短期的现实奋斗目标。这就要求编制计划时必须长短结合,才能使计划保持连续性和阶段性,既实现长远目标,又可随着形势发展因时制宜地挖掘潜力,促进项目发展。

(三)系统性与综合性相结合

项目计划的内容是复杂的,每项工作都应制订自成体系的计划,但是项目全部计划是一个统一体,必须从全局出发统筹兼顾,全面安排,也就是要搞好综合平衡。这样才能把整个项目的各个环节统一起来,使每个局部都能自觉地服从整体,使项目的全部活动形成一个完整的系统。

二、工程项目计划编制的程序

项目计划编制一般按下列 6 个步骤进行。

(一)计划信息的收集和整理

有效的项目计划取决于信息系统的结构、质量和效率。作为编制项目计划的第一步,必须收集与项目有关的各种信息。应通过正式的、非正式的多种渠道收集有关的历史资料、上级文件，调查有关的政治、经济、技术、法律的信息，召开必要的专家会，对与编制计划有关的问题进行分析预测。

对信息的收集和整理应尽可能做到及时、全面、准确。

(二)确认项目目标及项目环境分析

(1)目标的识别。根据获得的信息，首先明确项目的具体投资额、工期或质量等，并在识别项目目标时，明确业主的真正目的，提出目标的背景，实现这些目标的标准、条件及目标与目标之间的关系。

(2)目标实现的先后顺序。项目往往有多个目标，在确认了项目各目标之间的关系后，需要对目标进行排序，分清主次。如果把工期作为主要目标，则成本和质量目标就要做出让步。

(3)目标的衡量(量化)。对项目的目标，最好将其量化。对难以量化的目标，应找出可量化的相关指标或标准，同时对目标的实现程度给出“满意度”要求，如确定一个可接受的置信水平(规定一个适度偏差$\pm\Delta$)，则目标实现程度在$E\pm\Delta$范围内时，就认为目标实现是满意的。

(4)实现项目目标的环境分析与评价。应从政策、法律、自然条件、施工条件等方面进行分析。

(三)工作说明

工作说明是对实现项目目标所进行的工作或活动的描述。

一般来讲，在项目目标确定之后，需列举实现这些目标的工作和任务，说明这些工作或任务的内容、要求和工作的程序，并按一定的格式写出，称为工作说明。

(四)工作结构分解

工作结构分解是指将项目的各项内容按其相关关系逐层进行工作分解，直到工作内容单一、便于组织管理的单项工作为止，并把各单项工作在整个项目中的地位、相对关系直观地用树形图表示出来，以便更有效地计划、组织、控制项目整体的实施。工作结构分解是项目计划和控制的基础，其目的是使项目各方从整体上了解自己承担的工作与全局的关系。

工作结构分解的编制程序如下。

(1)根据工作说明，列出项目的任务清单和有关规定的说明。据此明确有哪些任务需要完成，这些任务是否存在着等级相关(指两项任务之间是否存在一项是另一项的一部分)或相互重叠，如果存在应重新安排，使其等级关系明朗化。

(2)将项目的各项活动按其工作内容进行逐级分解，直至相对独立的工作单元(如分部与分项工程)。每个工作单元既表示一项基础活动，又表示一个输入输出单元，还要表示一个责任班组或个人。工作单元要求具有下列性质：

1)易于管理;

2)有确定的衡量工作任务的标准;

3)实施过程中人、财、物的消耗易测定,便于成本核算;

4)责、权明确,工作单元的任务能完整地分派给某个班组或个人来完成。

(3)明确每个工作单元需要输入的资源和完成的时间。为此,要证明每个工作单元的性质、工作内容、目标,并确定执行施工任务的负责人及组织形式。

(4)分析并明确各工作单元实施的先后顺序及它们的逻辑关系,确定它们之间的等级关系和平行关系,即各项活动之间的纵向隶属关系和横向关系。

(5)将各工种单元的费用逐级汇总,累积成项目的"总概算",作为各分计划成本控制的基础;再根据各工作单元作业时间的估算及关键活动与各项活动的逻辑关系,汇总为项目的"总进度计划"作为各分计划的基础,将各工作单元所需的资源汇总成项目的"总资源使用计划"。

(6)项目经理对工作结构分解做出综合评价,然后拟订项目的"实施方案",形成项目计划,上报审批。

(五)编制线性责任图

将工作分解结构与组织机构图对照使用,则形成线性责任图,如图 5-2 所示。

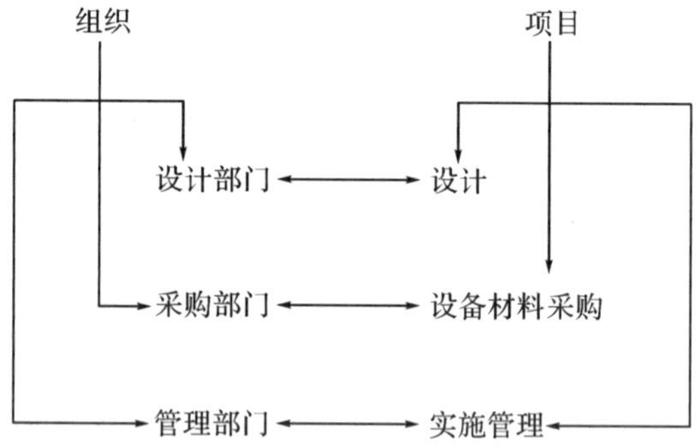

图 5-2 线性责任图

线性责任图将所分解的工作落实到有关部门、班组或个人,并明确表示出有关部门与该项工作的关系,对该项工作的责任和地位,以便分工负责和实施管理。

(六)绘制逻辑关系图

在将一项目的总体任务分解为许多单项工作任务的基础上,按各项活动的先后顺序和衔接关系画出的各项活动的关系图称为逻辑关系图。

三、工程项目资源计划的编制

根据计划内容和形式的不同,工程项目计划可以分为许多种,如总体计划、分项计划等。其中,工程项目进度计划、成本计划和资源计划最为常见。工程项目进度计划、成本计划将在后续章节分别介绍,这里主要介绍工程项目资源计划的编制。

劳动力、材料和设备是工程项目中常见的资源。因此,资源计划就需要对这些资源进行安排,形成相应的计划,指导项目的实施和控制。

(一) 资源计划的主要依据

1. 工作分解结构(WBS)

利用 WBS 进行项目资源计划时,工作划分得越细,越具体,所需资源种类和数量越容易估计。工作分解自上而下逐级展开,各类资源需要量可以自下而上逐级累加,便得到了整个项目各类资源需要量。

2. 项目工作进度计划

项目工作进度计划是项目计划中最主要的,是其他各项目计划(如质量计划、资金使用计划、资源供应计划)的基础。资源计划必须服务于工作进度计划,什么时候需要何种资源是围绕工作进度计划的需要而确定的。

3. 历史资料

历史信息记录了先前类似工作使用资源的需求情况,有些资料如能获得的话,无疑对现在工作资源需求确定有很大的参考作用。

4. 项目范围陈述

项目范围陈述包括了划定哪些工作属于项目应该做的,哪些工作不包括在项目之内,以及对项目目标的描述,这些在项目资源计划的编制过程中应特别注意。

5. 资源安排的描述

什么样的资源(人、设备、材料)是否能够获得,是项目资源计划所必须掌握的,特别是资源水平的描述和对于资源安排的描述是很重要的。例如,在工程项目的早期阶段可能需要大量的建筑、结构、给排水、电气、智能化等专业的高中级设计工程师,而在工程项目的后期常缺乏关于如何以项目早期的情况判断项目结果的人员。

6. 组织策略

在资源计划的过程中还必须考虑人事因素、设备的租赁和购买策略。比如工程项目施工过程中劳务人员是用外包工还是本企业职工,施工机械设备是租赁还是购买等等,都对资源计划产生影响。

(二) 资源计划过程

(1)在工程技术设计和施工方案的基础上确立资源的种类、质量、用量。目前我国是在工程预算中对各分项工程进行工料分析后可汇总得到某单位工程的各种资源的总用量。由于工程预算在实际工作中普遍使用预算软件,这种统计工作变得非常简单。但必须注意两个问题:一是通用预算软件使用的是地方统一预算定额,材料、人工、机械台班消耗量标准较低,实际工作中应按企业的技术水平与管理水平适当调整;二是预算软件的统计目标是资源总量,而编制资源计划时需要针对工程项目结构分解中的工作包或项目单元,或者针对网络计划中的工作任务先进行计算然后再汇总,这可能显得烦琐,但正是这种基础工作使资源计划的编制、资源管理以及成本管理变得简单一些。

(2)资源供应情况调查和询价。调查资源的各种来源、渠道,各供应商资源的供应能力、质量和稳定性,通过市场比较确定各个资源的进货单位,进而确定各种资源的费用。

(3)确立各种资源使用的约束条件,包括资源总量、单位时间用量限制条件和过程的限制。编制工程网络计划时就必须考虑这些限制。

(4)在工程项目进度计划的基础上,确定资源使用计划,即资源投入量—时间直方图表,确定各资源的使用时间和地点。由于与时间进度计划相关联，所以成本计划、资金计划、资源计划都属于进度计划。

(5)确定各种资源的采购供应方案，各个供应环节，并确定它们的时间安排。如材料、设备的储存、运输、采购、订货计划，人员的调遣、培训、招雇、解聘计划等。

(6)确定项目的后勤保障体系，确定现场的仓库、办公室、宿舍、工棚、运输工具的数量及平面布置，确定现场的水电管网及布置。

(三)劳动力计划

1. 劳动力使用计划

劳动力使用计划是确定工程项目实施中，各工种劳动力在时间进度上需求量以及需求总量。

劳动力使用计划首先需要确定各工作任务劳动力的投入量。

$$\text{劳动力投入总工时}=\frac{\text{工作量}}{\text{产量/单位时间}}=\text{工作量}\times\frac{\text{工时消耗}}{\text{单位工作}}$$

$$\text{工作任务劳动力投入量}=\frac{\text{劳动力投入总工时}}{\text{班次/日}\times\text{工时/班次}\times\text{活动持续时间}}$$

劳动力数量的确定需要考虑几方面的因素：

(1)劳动效率。劳动效率的基准可参照各种定额，如企业施工定额、地方预算定额、全国劳动统一定额，这些定额代表的定额水平是不同的。在实际应用时，必须考虑具体情况，如环境、气候、地形、地质、工程特点、实施方案、现场平面布置、劳动组合以及工期的松紧程度等进行调整。一般应参考有长期实践经验的工程技术、管理人员的意见。

(2)每日工作班次、每班工作小时、活动持续时间等参数。

(3)实际工程中，劳动力有固定的班组配合，不要轻易打破这种结构。

(4)现场其他人员的使用计划，包括为劳动力服务的人员(如医生、厨师、司机等)和工地警卫、勤杂人员等，可根据劳动力投入量按比例(一般占总劳动量的10%～20%)计算，或根据实际需要安排。

2. 劳动力的雇佣、调遣、培训和解聘计划

为了保证劳动力的使用，在这之前必须进行招聘、培训和调遣工作，工程完工或暂停必须解雇或调遣到其他工程项目工地工作。这些计划首先根据劳动力使用计划向前倒排，再考虑工程实际情况及企业专业工作队情况、劳务市场情况，做出相应的安排。

对于业主而言，还需要考虑项目运行阶段所需操作人员、管理人员的招聘与培训等劳动力安排计划。

(四)材料和设备供应计划

1. 材料和设备的使用计划

材料和设备的使用计划同劳动力使用类似，需要根据工程项目的进度安排，确定各时期不同品种、规格材料、设备的需求量。在确定需求量的基础上，可以进一步编制材料的供应计划。

2. 材料的供应计划

(1)根据材料使用计划需求目标，对主要的供应活动做出合理安排。

(2)市场调查，了解各种材料市场供应能力、供应条件、价格等，了解供应商名称、地址、

联系人，有时直接向供应商询价。

(3)采购订货，通过合同形式委托供应任务，以保证正常供给。

(4)运输、进场以后各种检验、储存等工作安排。

3. 设备供应计划

大中型工程建设项目通常采用招标方式选择所需要的通用设备、专用设备和非标准设备。一般采用邀请招标或公开招标。

(1)通过招标确定供应商后签订供货合同。通过招标，可以获得更为合理的合同价格、条件更优惠的供应，通常这种供应方式时间较长。

(2)设备生产过程的质量监督。为了确保设备质量符合要求，业主或监理单位在必要时应介入设备生产过程，对设备质量进行监督。

(3)要求设备供应商辅助安装、指导和协调解决安装过程中出现的问题。

(4)有时还要求设备供应商为用户培训操作人员。

(5)设备供应还应包括一定的零配件和辅助设备，各种操作文件、设备生产的技术文件以及运行软件，甚至包括运行的规章制度。

(6)设备在供应(或安装)后必须有一个责任保修期。

(五) 资源计划的成果

依据工作分解结构、历史资料、项目范围说明和组织策略，通过专家的判断和数学模型进行确认，最终形成资源计划。资源计划的成果可以用各种形式的表格予以反映，如资源计划矩阵(表 5-1)、资源数据表(表 5-2)、资源甘特图(图 5-3)、资源累计需求量曲线图(图 5-4)等。

表 5-1　资源计划矩阵

工作	资源需要量				相关说明
	资源 1	资源 2	……	资源 n	
工作 1					
工作 2					
……					
工作 m					

表 5-2　资源数据表

资源需求种类	资源需求总量	时间安排(不同时间资源需求量)						相关说明
		1	2	3	4	……	T	
材料 1								
材料 2								
……								
劳动力								
设备 1								
设备 2								
……								

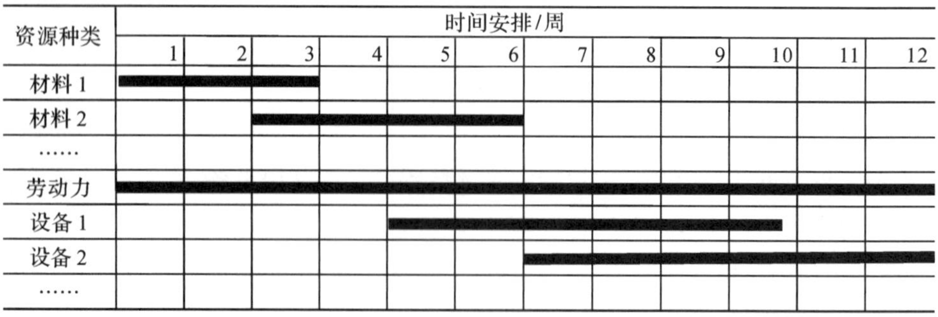

资源种类
时间安排/周
1 2 3 4 5 6 7 8 9 10 11 12
材料 1
材料 2
……
劳动力
设备 1
设备 2
……

图 5-3　资源甘特图

某资源累计需求量
某资源需求总量
时间/周
0 1 2 3 4 5 6 7 8 9 10 11 12

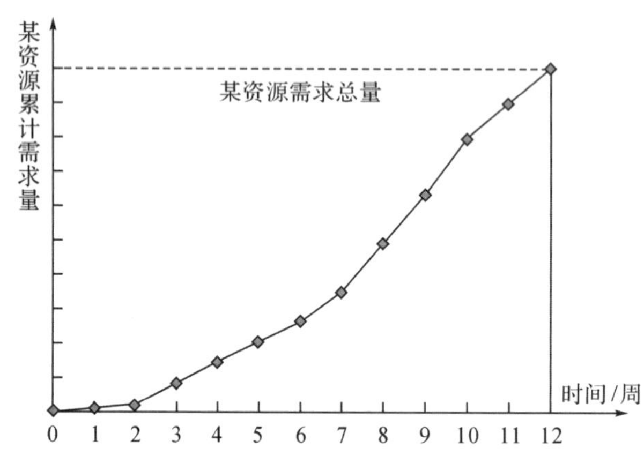

图 5-4　某项目资源累计需求量曲线图

第四节　工程项目控制原理

一、工程项目动态控制原理

以项目目标为归宿的控制活动以计划为起点，然而，在项目实施过程中，干扰的存在使得工程实际不能完全按计划展开，因此，管理者的控制工作需要根据现场实际动态调整。应用于项目目标控制的众多方法论中，动态控制原理是最基本的方法论之一。项目目标动态控制遵循控制循环理论，是一个动态循环过程。项目目标动态控制的工作程序如图 5-5 所示。

具体来说，工程项目目标动态控制的工作步骤如下。

(1)第一步，项目目标动态控制的准备工作。

将项目的目标(如投资、进度和质量目标)进行分解，以确定用于目标控制的计划值(如计划投资、计划进度和计划质量等)。

(2)第二步，在项目实施过程中(如设计过程中、招投标过程中和施工过程中等)对项目

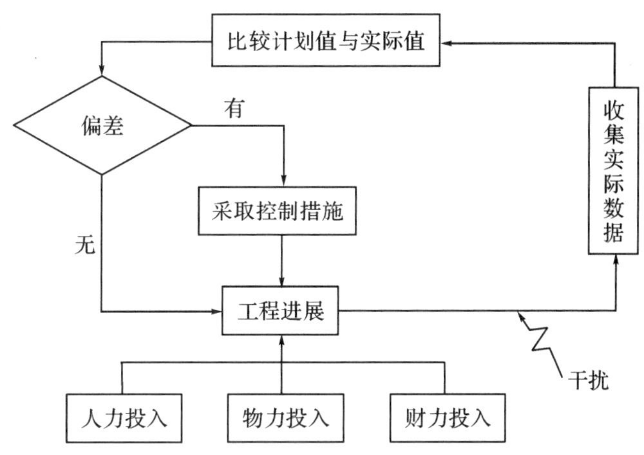

图 5-5　项目目标动态控制的工作程序

目标进行动态跟踪和控制：

1)收集项目目标的实际值，如实际投资、实际进度和施工质量状况等；

2)定期进行项目目标的计划值和实际值的比较，如有偏差，则采取纠偏措施进行纠偏。

(3)第三步，如有必要(即原定的项目目标不合理，或原定的项目目标无法实现)，进行项目目标的调整，目标调整后控制过程再回到上述的第一步。

项目目标动态控制中的三大要素是目标计划值、目标实际值和纠偏措施。目标计划值是目标控制的依据和目的，目标实际值是进行进度控制的基础，纠偏措施是目标实现的途径，三者是相互联系、相互影响的。

目标控制过程中关键一环，是通过目标计划值和实际值的比较分析，以发现偏差，即项目实施过程中项目目标的偏离趋势和大小。这种比较是动态的、多层次的。同时，目标计划值与实际值是相对的。如投资控制，是在决策阶段、设计阶段和施工阶段等不同阶段内及不同阶段之间进行的，初步设计概算相对于可行性研究报告中的投资估算是“实际值”，而相对于施工图预算是“计划值”。

由于在项目目标动态控制时要进行大量的数据处理，当项目的规模比较大时，数据处理的量就相当可观。采用计算机辅助的手段可高效、及时而准确地生成许多项目目标动态控制所需要的报表，如计划成本与实际成本的比较报表、计划进度与实际进度的比较报表等，将有助于项目目标动态控制的数据处理。

二、工程项目现场控制

项目管理者在项目的实施阶段不仅仅是提出咨询意见、做计划、指出怎样做，而且要直接组建项目组，在现场负责，是管理任务的承担者。

项目管理注重实务，为了使项目管理有效，使控制得力，项目管理人员必须介入项目的具体的实施过程，亲自安排、布置工作，监督现场实施状况，参与现场的各种会议。所以现场工程一开始，项目管理工作就转移到施工现场。

三、工程项目控制的矛盾性

工程项目控制并非在项目实施阶段才开始，它在项目构思、目标设计阶段即已开始，对项目阶段工作成果的审查、批准都是控制工作。而且按照项目生命期的影响曲线(见图5-6)，项目早期控制的效果最大，它能影响整个生命期。所以控制措施越早做出，对工程、对成本(投资)影响越大、越有效。但遗憾的是在项目早期对项目的功能、技术标准要求、实施方法等各方面的目标尚未明确，或没有足够的说明，使人们控制的依据不足。因此，人们常常疏于在项目前期的控制工作，这似乎是很自然的，但常常又是非常危险的。所以，应该强调项目前期的控制。项目前期的控制主要是企业(即项目上层系统)管理的任务，主要表现为在项目的目标确定、项目范围定义、可行性研究、设计和计划中的阶段决策和各种审批工作。

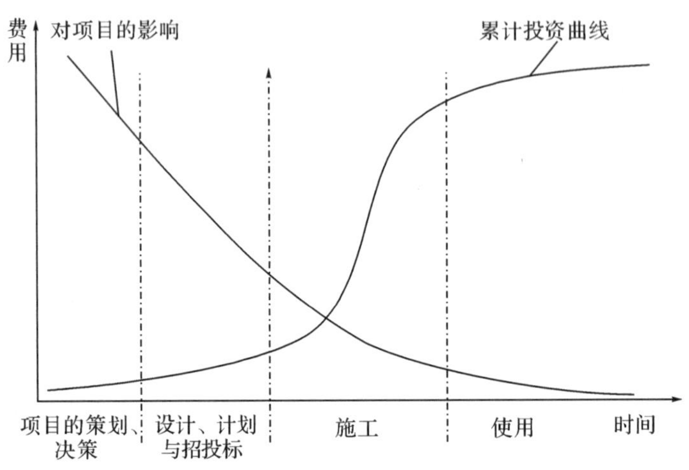

图 5-6　项目累计投资和影响对比图

在项目实施阶段，由于技术设计、计划、合同等已经全面定义，控制的目标十分明确，所以人们十分强调这个阶段的控制工作，将它作为项目管理的一个独特的阶段。它是项目管理工作最为活跃的阶段。但它的影响比前期控制要小多了。工程前期多花 1 元钱，也许可使施工阶段少花 10 元钱，或更有效地使用这 10 元钱，控制措施采取得越早越有效。

第五节　工程项目实施的控制系统

一、工程项目控制的要素

(一) 工程项目控制的对象

现代工程项目要求系统的、综合的控制，形成一个由总体到细节，包括各个方面、各种职能的严密的多维的控制体系。工程项目控制的对象主要包括：

(1)工程项目结构各层次的单元，直到工作包和各个工程活动，它们是控制最主要的对象。从宏观到微观方面，常常只有控制到最小单元才能真正控制成本、工期、质量，才能真正理解偏差的原因。

(2)项目的各个生产要素，包括劳动力、材料、设备、现场、费用等。

(3)项目管理任务的各个方面，如成本、质量、工期、合同等。

(4)工程项目的实施过程的秩序、安全、稳定性等。

项目控制的深度和广度完全依赖设计和计划的深度和广度以及计划的适用性。一般来说，计划越详细、越严密，则控制就必须越严密。

(5)为了便于有效地控制和检查，对控制对象要设置一些控制点。控制点通常都是关键点，能最佳地反映目标。控制点一般设置在：

1)重要的里程碑事件上；

2)对工程质量有重大影响的工程活动或措施上；

3)对成本有重大影响的措施上；

4)标的(合同额、工程范围)大，持续时间长的主要合同上；

5)主要的工程设备、主体工程上。

(二) 工程项目控制的目标

工程项目采用目标管理方法，所以项目实施控制又是目标控制。控制的目的是将整个项目的实施控制在总目标上。

但项目实施控制与传统的机械控制有很大的区别。机械控制仅跟踪目标，而项目实施控制具有如下特点：

(1)目标的可变性，即在项目实施中由于上层组织战略的变化、实施环境的干扰、新的技术的出现等原因需要修改目标。

(2)项目有许多目标，而且经常产生目标争执。在控制过程中必须保证目标系统的平衡，包括子目标和总目标，阶段性目标与整体目标，质量(及功能)、工期、成本(投资)三大目标的平衡。

(3)组织行为对控制具有很大的影响，项目参加者在项目实施中的行为主要受他在项目中的利益驱动。参加者所属企业的目标常常决定他的行为。

(4)外界环境变化造成对项目实施的外部干扰，使实施过程偏离目标。项目目标与环境之间的交互作用是控制的难点，在项目实施的整个过程中应一直加强对环境的监控和预警。

所以项目的目标控制是动态的、多变的。

(三) 工程项目控制的内容

项目实施控制包括极其丰富的内容，以前人们将它归纳为三大控制，即工期(进度)控制、成本(投资、费用)控制、质量控制，这是由项目管理的三大目标引出的。这三个方面包括了工程实施控制最主要的工作，此外还有一些重要的控制工作，例如：

(1)合同控制。现代工程项目参加单位通常都用合同连接，以确定在项目中的地位和责权利关系，合同定义着工程的目标、工期、质量和价格。它具有综合的特点，它还定义着各方的责任、义务、权力、工作，所以与合同相关的工作也应受到严格的控制。

(2)风险控制。目前项目管理中，人们对风险控制做了许多研究，它是项目管理的一个热点问题。

(3)项目变更管理及项目的形象管理。控制经常要采取调控措施，而这些措施必然会造成项目目标、对象系统、实施过程和计划的变更,造成项目形象的变化。

尽管按照结构分解方法,控制系统可以分解为几个子系统,但要注意,在实际工程中,各种控制工作内容是互相影响、互相联系的,所以强调综合控制。在分析问题、做项目实施状况诊断时,必须综合分析成本、工期、质量、工作效率状况并做出评价。在考虑调整方案时也要综合地采取技术、经济、合同、组织、管理等措施,对工期、成本、质量进行综合调整。如果仅控制一两个参数容易造成误导。

(四)工程项目控制的依据

工程项目控制的依据从总体上来说是定义工程项目目标的各种文件,如项目建议书、可行性研究报告、项目任务书、设计文件、合同文件等,此外,还应包括如下三个部分:

(1)对工程适用的法律、法规文件。工程的一切活动都必须符合这些要求,它们构成项目实施的边界条件之一。

(2)项目的各种计划文件、合同分析文件等。

(3)在工程中的各种变更文件。

具体地说,工程项目的控制内容、目的、目标、依据可由表5-3所示。

表5-3 工程项目控制的内容、目的、目标和依据

序号	控制内容	控制目的	控制目标	控制依据
1	成本控制	保证按计划成本完成工程,防止成本超支和费用增加,达到盈利目的	计划成本	各分项工程、分部工程、总工程计划成本、人力、材料、资金计划、计划成本曲线等
2	质量控制	保证按任务书(或设计文件或合同)规定的数量和质量完成工程,使工程顺利通过验收,交付使用,实现使用功能	规定的质量标准	各种技术标准,规范、工程说明、图纸、工程项目定义、任务书、批准文件
3	进度控制	按预定进度计划实施工程,按期交付工程,防止工程拖延	任务书(或合同)规定的工期	工期定额规定的总工期计划、批准的详细的施工进度计划、网络图、横道图等
4	合同控制	按合同规定全面完成自己的义务,防止违约	合同规定的各项义务、责任	合同范围内的各种文件、合同分析资料

(五)工程项目的控制期

在控制过程中,控制期的确定是十分重要的。通常按项目的生命期划分成几个大的阶段,由于项目的实施阶段时间很长,还必须进一步细分为许多控制期。人们通常按年、季、月、周划分控制期。按照控制期提供项目报告、做出阶段核算、召开协调会议。

最小控制期的设定与总工期有关,通常一年以上的项目,控制期以月计。对工期较短的项目控制期可以为周或双周。

控制期越短,越能早发现问题,并及早采取纠正措施。但计划和控制的费用会大幅度增加。在特殊情况下,如项目出现失控现象,或对重要的、风险大、内容复杂、新颖的项目或项目单元,可以缩短控制期,做更精细的计划和更严密的控制。

二、工程项目控制系统

(一) 项目控制过程

工程项目实施控制是一个积极的过程。作为一个完整的控制过程,项目实施控制包括的工作内容与过程如图 5-7 所示。

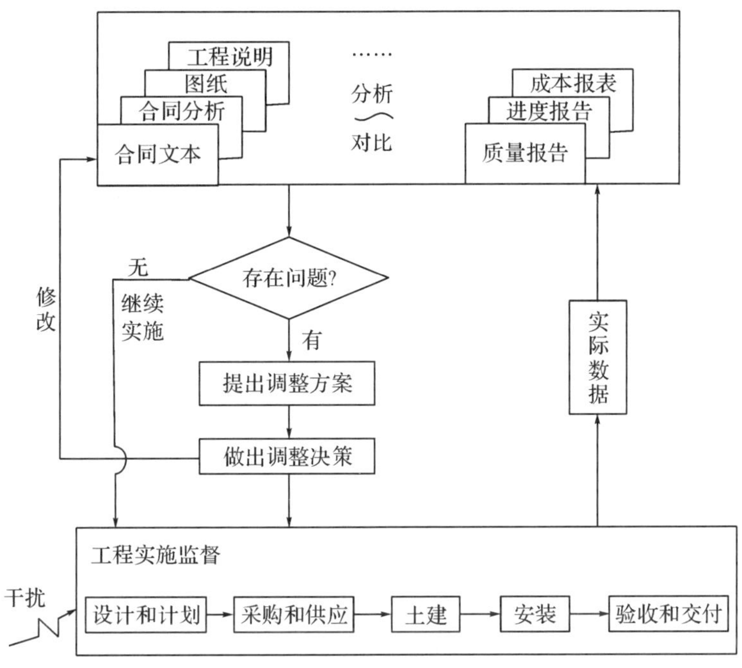

图 5-7 工程项目实施控制的工作内容与过程

(二) 项目控制的主要工作

1. 管理和监督项目实施

实施控制的首要任务是监督,通过经常性的监督以保证整个项目和各个工程活动按照计划和合同(预定的质量要求、预计的花费、预定的工期)有效地和经济地实施,达到预定的项目目标。工程监督包括许多工作内容,例如:

(1)领导整个项目工作,做工作安排,沟通各方面的关系,提供工作条件,培训人员。

(2)工作过程中的各项工作、各个参加者之间的协调,处理矛盾,发布工作指令,划分各方面责任界面,解释合同。

(3)各种工作的检查,例如,各种材料和设备进场及使用、工艺过程、隐蔽工程、部分工程及整个工程的检查、验收、试验等,并管理现场秩序。

(4)工程过程中对各种干扰和潜在的危险的预测,并及时采取预防性措施。

(5)记录各种实际工程实施情况及环境状况,并收集各种原始资料。例如每日每周每月的工程进度、成本记录、质量报告、人力、物力、材料使用及消耗报告,各工程小组和分包商的状况报告,工程中的气象记录、市场价格变动记录、交通情况记录等。情况记录和报告是控制的主要手段之一。通过监督应能获得正确的第一手资料,这是控制工作的基础。

(6)各种工作和文件的审查、批准。

监督工作必须保证实时性,必须立足现场。

2. 跟踪项目实施过程

通过对实施过程的监督获得反映工程实施情况的资料和对现场情况的了解。将这些资料经过信息处理,管理者可以获得项目实施状况的报告。将它与项目的目标、项目的计划相比较,可以确定实际与计划的差距,认识何处何时哪方面出现偏差。在工程过程中,项目管理者一方面必须一直跟踪项目的实施过程,对它有清楚的了解,另一方面还必须一直把握项目的目标和项目的边界条件。

(1)及时地认识偏差,可以及时分析问题,及时采取措施,这样控制简单而有效,反应时间短,使花费或损失尽可能地小。通常项目控制过程中的反应时间由如下几部分构成:

1)偏差出现到识别的时间。这需要迅速提供信息,反映项目实施问题,建立有效的早期预警系统。

2)原因分析和措施提出时间。

3)决策时间,即要迅速选定措施。

4)措施应用时间。

5)措施产生效果的时间。

实践证明,如果控制过程太长,反应太慢,措施滞后,会加大纠正偏差的难度,造成更大的损失。当然反应时间还与控制期的长短和控制对象的划分细度有关。

(2)对偏差的分析应是全面的,从宏观到微观,由定性到定量,包括每个控制的对象。在工程中偏差可能表现在:

1)工程(整个工程、各部分工程)的完备性、工作量和质量;

2)生产效率:控制期内完成的工作量和相应的劳动消耗;

3)费用/成本:各工作包费用、各费用项目剩余成本;

4)工期:如工作包最终工期、剩余工期。

这些应在报告中确定,并详细说明。在控制中应注意并抓住重大的差异,特别是在控制点上的差异。

这里应注意到,由于项目实施中环境不断变化,业主就会有新的要求,从而造成计划的变更。例如工程量的增加和减少,增加附加工程,业主指令停工或加速。这会导致目标的变更和新的计划版本。这样实际工程与原计划甚至原目标(指实施前制定的)可比性不大,应该在原计划的基础上考虑各种变更的影响。所以通常有三类数据的互相比较:

①原计划的数据。即在工程初期由任务书、合同文件、合同分析文件、实施计划确定。

②在原计划的基础上考虑到各种变更,包括目标的变化,设计、工程实施过程的变化等确定的状况。计划的变更是使计划更适应实际,而实施的控制是使实际更符合计划(或变更了的计划)。

③实际的情况,即实际工程的进度、成本、工作量、质量的状况。

④这三种状态的比较代表着不同的意义和内容。如果仅用实际和原计划对比可能会导致错误的结果。对管理者更有实际意义的(特别对成本分析和责任分析)是变更了的计划和实际状况的对比。

在实际工作中跟踪比较必须是对相同的对象、相同的内容,同时要有与项目目标要求一致的、能反映实际情况的报告体系，作为对实际实施状况的系统描述，并保证其正确性、真实性和客观性。

但由于计划的单位、对象较粗（例如计划劳动力以人・月计，而实际核算以人・小时计），同时又有许多不确定因素，例如计划时工作包的技术方案、劳动力安排尚不清楚，存在一定的风险，所以有的对比容易产生错误和误导。

3. 实施过程诊断

实施诊断包括极其复杂的内容：

（1）对工程实施状况的分析评价。这是一个对项目工作业绩（项目过程和输出结果）的总结和评价过程。按照计划、项目早期确定的组织责任和衡量业绩的标准（如实物、成本、收益、工作量、质量等指标），评价项目总体的和各部分的实施状况。

（2）对产生问题和偏差原因的分析，即为什么会产生偏差。偏差原因很多：可能有目标的变化；新的边界条件和环境条件的变化；计划错误；新的解决方案；不可预见的风险发生；上层系统的干扰等。

由于项目的实施计划是经过一定程度的优化的，所以通常偏差很少是有积极作用的和有益的，大多数是消极的。原因的分析必须是客观的、定量和定性相结合的。原因分析可以采用因果关系分析图等方法。

（3）原因责任的分析。

1）责任分析的依据是原定的目标分解所落实的责任，它由任务书、任务单（对工程小组任务下达文件）、合同（分包合同）、项目手册等定义。通过分析确定是不是由于项目组织中的成员未能完成规定的责任而造成偏差。

2）在实际工程中常常存在多方面责任，或多种原因的综合，则必须按责任者、按原因进行分解。

有时对重要的偏差要提出专题分析报告。

（4）实施过程趋向的预测。在项目实施控制中趋向分析是极为重要的，它比跟踪有更大的意义，特别对上层决策者。实施趋向预测是在目前实际状况的基础上对后期工程活动做新的费用预算、新的工期计划（或调整计划）。预测包括如下几个方面：

1）偏差对项目的结果状况有什么影响，即按目前状况继续实施工程，不采取新的措施会有什么结果。例如工期、质量、成本开支的最终状况，所受到的处罚（如合同违约金），工程的最终收益（利润或亏损），完成最终目标的程度。

2）如果采取调控措施，以及采取不同的措施，工程项目将会有什么结果。项目管理者的这个估计（预测）是措施选择和决策的基点。在实际工程中，人们（项目经理和业主）经常对实际状况的认识不客观，会有过于乐观的但却是错误的估计，特别当不直接接触项目实际实施过程时。

3）事先预测和评价潜在的危险和将来可能发生的干扰，以准备采取预防性行动，否则会加大调整的难度。

在现代工程中，人们对预警的要求越来越高，已将其作为项目全过程的一项管理工作。FIDIC 合同规定，只有当发生一个有经验的承包商不能预见的情况时，才能给承包商免责。有些国际工程合同规定，承包商有责任对可能引起工期拖延、成本超支的情况提出预见警告，否则将承担一定的责任。

在诊断中如果仅依赖报告数据，会产生误导。项目管理者要深入现场，直接了解现场情况，特别注重软信息的收集和分析。

4. 采取调控措施

对项目实施的调整通常有两大类：

(1)对项目目标的修改。即根据新的情况确定新目标或修改原定的目标。例如修改设计或计划、重新商讨工期、追加投资等，而最严重的措施是中断项目，放弃原来的目标。如果已发现项目决策存在重大失误，项目是没有前途的，中断项目是一个较有利的选择，可以避免更大的损失。但在实际工程中，常常由于如下原因，使项目不能中断：

1)决策者或项目管理者由于情感或面子原因不愿意否定过去，不愿意否定自己；

2)已有大量投入，不愿意承担责任；

3)对项目的将来还有侥幸心理，希望通过努力挽回失败，但通常都事与愿违。

(2)按目前新发生的情况(新环境、新要求、工程的实际实施状态)做出新的计划，或对计划做出调整。利用对项目实施过程的调控手段，如技术的、经济的、组织的、管理的或合同的手段，干预实施过程，协调各单位、各专业的设计和施工工作。项目调整中，首先要最大限度地利用合同赋予的权力和可能性，同时将对方要求降到最小。

在工程实施过程中调整是一个连续的滚动的过程，在每个控制期结束，都有相应的协调会议，进行常规的工作调整、修改计划、安排下期的工作、预测未来的状况。当发现意外情况(发生重大偏差)时，还必须进行特殊的调整会议。

注意：采取调控措施是一个复杂的决策过程，会带来许多问题，例如：

1)如何提出对实施过程进行干预的可选择方案，以及如何进行方案的组合。对差异的调整有的只需一个措施，有的却要几个措施综合，有的仅需局部调整，有的却需要系统调整。

2)对方案(或其组合)进行技术经济分析，选择(决定)投入省、影响小而且行之有效的方案。新的方案同样会造成目标系统的争执。

调控决策应有专门的书面文件，避免个人决断的随意性。重大的修改或调控方案的决策必须通过决策会议，并及时做出报告，有时必须经过权力部门的批准。

在采取调控措施时必须与职能人员、下层的操作人员充分协商，取得共识，多听取他们的意见。措施的有效性常常是由项目组织保证的。

3)按照实际工程新的情况(新环境、新要求、工程的实际实施状态)做出新的(或修改原定的)计划。在计划中对措施的行使状况应有一个合理的预测。这是一个新的计划过程，但它又没有合理的计划期和计划过程(如项目初期一样)，由于时间紧迫，需要管理者“即兴而作”，毫不拖延地解决问题。所以它更加困难，更容易造成损失。

任何措施都会带来新的问题和风险，有附加作用。例如采用增加劳动力投入以解决工期的拖延，需要追加费用，所以损失常常又用其他损失来弥补，但要选择损失最小的方案。

新的计划一经形成，必须将它与原定目标进行比较，分析各种变量，以预测项目将提前还是延期完成，是低于还是超过预算完成。

4)进入下一个控制循环，对过程实施新的控制，包括措施投入的安排、监督。

5. 变更管理

(1)变更的种类。在项目过程中变更是十分频繁的，这里所指的变更主要有如下几种：

1)目标的变更。由于新的情况，要求对原定的目标进行修改。这是对项目可能产生根本性影响的最大的变更。

2)工程技术系统的变更,如功能的修改、质量标准的提高、工程范围的增加。

3)实施计划或实施方案的修改。

4)其他,如投资者的退出。

在一个工程中,变更的次数、范围和影响的大小与该工程的完备性、技术设计的正确性以及实施方案和实施计划的科学性直接相关。

(2)变更的影响。变更会导致项目系统状态的变化,对项目实施影响很大,主要表现在如下几方面:

1)定义工程项目和工程实施的各种文件,如设计图纸、规范、各种计划、合同、施工方案、供应方案等,都应做相应的修改和变更。有些重大的变更会打乱整个施工部署。

2)引起项目组织责任的变化和组织争执。

3)有些工程变更还会引起已完工程的返工、现场工程施工的停滞、施工秩序的打乱、已购材料的损失等。

变更的影响程度常常取决于做出变更的时间。同样一个变更,发生在项目早期对项目目标以及实施过程的影响要比发生在项目实施中小。

(3)变更的处理要求。

1)变更尽可能快地做出。在实际工作中,变更决策时间过长和变更程序太慢会造成很大的损失,常有这两种现象:

①现场施工停止,承包商等待变更指令或变更会谈决议,造成拖延。

②变更指令不能迅速做出,而现场继续施工,造成更大的返工损失。

这就要求变更程序非常简单和快捷。

2)变更指令做出后,应迅速、全面、系统地落实变更指令。

①全面修改相关的各种文件,例如图纸、规范、施工计划、采购计划等,使它们一直反映和包容最新的变更。

②在相关的实施者的工作中落实变更指令,并提出相应的措施,对新出现问题给出解释和对策,同时又要做好与项目其他过程和其他工作的协调。

在实际工程中,由于变更时间紧,难以详细地计划和分析,使责任落实不全面,容易造成计划、安排、协调方面的漏洞,引起混乱,导致损失。

(4)变更程序。变更应有一个正规的程序,应有一整套申请、审查、批准、通知(指令)等手续。

1)工程变更申请。在工程项目管理中,工程变更通常要经过一定的申请手续。工程变更申请表的格式和内容可以按具体工程需要设计。

2)变更审查与批准。

①变更必须授权,即变更必须有相应层次的管理者批准,这是聪明目标控制的要求。变更的批准权力应与项目的批准权力一致。通常涉及项目总目标的变更、技术系统重大技术方案的变更、实施过程重大的调整,必须经过高层决策,并应经顾客及其他利益相关者同意。

②提出变更的需求和影响说明文件。

③对变更进行全面评审。

④应将变更的情况通知项目参加者,如果变更影响大,则应通知修改各方。

有关项目范围、进度计划和预算变更的信息，一旦被列入计划并取得了各参加者同意，就必须建立一个新的实施计划。

(三) 其他控制手段的使用

前述的控制过程从系统分类上来说属于反馈控制系统过程，即根据工程实施状况的报告与目标(计划)对比，以发现、分析问题，采取措施，这在工作中是十分有用的。但很显然，它的控制存在时滞，即已出现问题了再调整，往往难免造成损失，为此可以综合采用以下控制手段。

(1)前馈控制。它不是按照已获得的结果，而是事先考虑将产生的或可能产生的结果采取措施。它不依据工程报告、报表和统计数字，而是根据项目投入(如工艺、材料、人力、气候、信息、技术方案)分析研究，预测结果，将这种结果与目标相比较，再控制投入和实施过程。例如常见的前馈控制措施有：

①通过详细的调查研究、详细设计和计划，科学地安排实施过程；

②在材料采购前进行样品认可和入库前检查；

③对供应商、承(分)包商进行严格的资格审查；

④进行严格的库存控制；

⑤收听天气预报以调整工期计划，特别在雨季和冬季施工中；

⑥加强项目前期的各种开发和研究性工作；

⑦对风险进行预警等。

(2)防护性控制。即在实施过程进行中采取控制手段。例如通过严密的组织落实责任体系，建立管理程序和规章制度，在各职能管理之间建立权力制衡，定期的审计等，项目管理系统设计应贯彻防护性控制原则。

此外，会计程序、采购程序、人事程序等都体现防护性控制。

在防护性控制中，应注重合同的作用，例如通过合同加强承包商自我控制的责任和积极性。在一些新的国际工程承包合同中越来越体现这种精神。

三、工程项目目标控制的措施

为了取得目标控制的理想成果，应当从多方面采取措施实施控制，通常可以将这些措施归纳为组织措施、技术措施、经济措施、合同措施四个方面。这四方面措施在建设工程实施的各个阶段的具体运用不完全相同。

(一)组织措施

组织措施是从目标控制的组织管理方面采取的措施，如落实目标控制的组织机构和人员，明确各级目标控制人员的任务和职能分工、权力和责任、改善目标控制的工作流程等。组织措施是其他各类措施的前提和保障，而且一般不需要增加什么费用，运用得当可以收到良好的效果。尤其是对由于业主原因所导致的目标偏差，这类措施可能成为首选措施，故应予以足够的重视。

(二)技术措施

技术措施不仅对解决建设工程实施过程中的技术问题是不可缺少的，而且对纠正目标偏差亦起相当重要的作用。任何一个技术方案都有基本确定的经济效果，不同的技术方案就有着不同的经济效果。因此，运用技术措施纠偏的关键，一是要能提出多个不同的技术方案，二是要对不同的技术方案进行技术经济分析。在实践中，要避免仅从技术角度选定技术方案而忽视对其经济效果的分析论证。

（三）经济措施

经济措施是最易为人接受和采用的措施。需要注意的是，经济措施绝不仅仅是审核工程量及相应的付款和结算报告，还需要从一些全局性、总体性的问题上加以考虑，往往可以取得事半功倍的效果。另外，不要仅仅局限在已发生的费用上。通过偏差原因分析和未完工程投资预测，可以发现一些可能引起未完工程投资增加的现有和潜在的问题，对这些问题应以主动控制为出发点，及时采取预防措施。由此可见，经济措施的运用绝不仅仅是财务人员的事情。

（四）合同措施

由于投资控制、进度控制和质量控制均要以合同为依据，因此合同措施就显得尤为重要。对于合同措施要从广义上理解，除了拟订合同条款、参加合同谈判、处理合同执行过程中的问题、防止和处理索赔等措施之外，还要协助业主确定对目标控制有利的建设工程组织管理模式和合同结构，分析不同合同之间的相互联系和影响，对每一个合同做总体和具体分析等。这些合同措施对目标控制更具有全局性的影响，其作用也就更大。另外，在采取合同措施时要特别注意合同中所规定的业主和监理工程师的义务和责任。

案例分析

“火、雷”建造树标杆，科学管理保工期：
杭州某超高层项目主体结构工程进度管控

案例正文：（请扫描阅读）

启发思考题

（1）在建设工程项目中有哪些原因会导致进度拖延？结合本案例，分析该项目进度拖延的原因。

（2）进度计划的表达方式有哪些？试分析在本案例中刘经理及其项目团队运用了哪些方式？

（3）进度计划的制订与优化调整应考虑哪些因素？请分析本项目中刘经理及其项目团队是如何调整与制订进度计划的？

（4）建设工程项目进度控制的措施有哪些？结合本案例，分析刘经理及项目团队运用了哪些进度控制的措施。

复习思考题

1. 工程项目计划的作用和要求有哪些?
2. 简述工程项目计划编制的原则及程序。
3. 工程项目资源计划的编制依据有哪些?
4. 请叙述工程项目动态控制的原理。
5. 工程项目目标控制的措施有哪些?

第六章　工程项目进度控制

控制建设工程进度，不仅能够确保工程建设项目按预定的时间交付使用，及时发挥投资效益，而且有益于维护国家良好的经济秩序。为实现进度控制的工期目标，需要根据工程实际，编制科学合理的进度计划，并在工程实施过程中，检查记录工程实际进度，针对实际进度与计划进度的偏差，分析具体原因，及时采取控制措施。进度控制主要从组织、技术、经济以及合同四个方面着手。本章主要介绍工程项目进度控制的技术措施。

第一节　工程项目进度控制概述

一、进度与进度控制概念

进度通常是指工程项目实施结果的进展情况。工程项目的进度控制是指根据工程项目各阶段的工作内容、工作程序、持续时间和衔接关系来编制计划，将该计划付诸实施，在实施过程中经常检查实际进度是否按计划要求进行，对出现的偏差分析原因，采取补救措施或调整、修改原计划，直至工程竣工，交付使用。进度控制的最终目的是确保项目进度目标的实现，工程项目进度控制的总目标是项目的工期。

工程项目建设环境复杂，许多不确定因素都可能对项目实施造成影响，使实际进度偏离计划进度。为实现工期目标，进度控制需要完成一系列的工作：根据各工序的持续时间和相互间的关系，制订合理的进度计划；在工程实施过程中，及时根据各不确定性因素对工程实施的影响，检查记录实际进度；分析实际进度跟计划进度的关系，当出现进度拖延时，分析进度拖延的原因，并采取应对措施，以实现进度控制的目标。总之，进度控制是一个为实现工期目标而进行计划、检查、调整等一系列动态活动的过程。

工程项目进度控制过程可用图 6-1 表示。

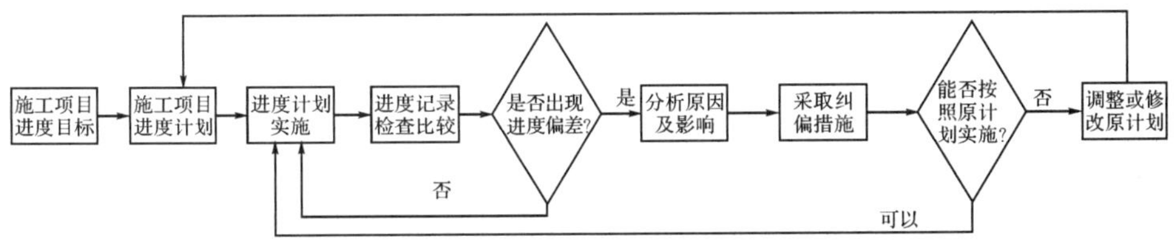

图 6-1　工程项目进度控制过程

二、影响工程项目进度的因素

建设工程所处的环境复杂，实施过程中很多因素都可能导致实际进度滞后于计划进度。

从责任角度划分,通常可将这些因素分为两类:承包商因素和非承包商因素。其中,承包商因素是指承包商方面导致进度拖延的原因,这类进度拖延称为延误;非承包因素指承包商以外的导致进度拖延的原因,这类进度拖延称为延期。具体来讲,又可以对以上因素进一步细分。

(1)勘察设计因素。勘察结果与实际不符,设计文件的变动等,都可能导致项目范围的改变,从而对进度造成影响。如勘察资料不准确,特别是地质资料错误或遗漏;设计内容不完善,规范应用不恰当,设计有缺陷或错误;设计对施工的可能性未考虑或考虑不周等。

(2)施工技术因素。如复杂的工程地质条件;不合理的施工组织设计;施工安全措施不当;不可靠的技术应用等。

(3)物资供应因素。如材料、构配件、机具、设备供应环节的差错,品种、规格、质量、数量、时间不能满足工程的需要;特殊材料及新材料的不合理使用;施工设备不配套,选型失当,安装失误;资金不到位等。

(4)组织管理因素。如进度计划和其他施工安排不合理;未及时到行政部门办理相关建设手续;组织协调不力,导致停工待料、相关作业脱节;各工种间衔接不畅等。

(5)不可抗力因素。如地震、洪水等地质灾害;战争、罢工等政治事件。显然,这些因素超出了建设单位、承包商或其他任何项目参与方可控制的范围,统称为不可抗力。

在项目实施工程中,上述因素的存在使得实际进度往往与计划进度不一致。充分认识影响进度的因素,有利于我们在编制进度计划、进行项目实施过程中的进度控制时,综合考虑,防患未然,从而提高控制工作的效率。

三、工程项目进度控制的主体及内容

工程项目的参与者众多,建设单位、咨询机构、勘察设计单位、监理单位、施工单位、材料和设备供应商都在不同程度上影响着工程项目的进度。其中,监理单位、施工单位同进度控制工作的关系最为密切。二者根据各自在工程项目中扮演的不同角色,承担相应的进度控制职责,是工程项目进度控制的主体。

(一)监理单位的进度控制内容

(1)在设计前的准备阶段,向建设单位提供有关工期的信息和咨询,协助其进行工期目标和进度控制决策。

(2)进行环境和施工现场调查和分析,编制项目进度规划和总进度计划,编制设计前准备工作详细计划并控制执行。

(3)发出开工通知书。

(4)审核总承包单位、设计单位、分包单位及供应单位的进度控制计划,并在其实施过程中,通过履行监理职责,监督、检查、控制、协调各项进度计划的实施。

(5)通过核准、审批设计单位和施工单位的进度付款,对其进度实行动态控制,并妥善处理进度索赔。

(二)施工单位的进度控制内容

(1)根据合同工期目标,编制施工准备工作计划、施工方案、项目施工总进度计划和单位工程施工进度计划,以确定工作内容、工作顺序、起止时间和衔接关系,为实施进度控制提供依据。

(2)编制月(旬)作业计划和施工任务书,做好进度记录以掌握施工实际情况,加强调度工作以促进进度的动态平衡,从而促进计划的实施以取得成效。

(3)采用实际进度与计划进度对比的方法,以定期检查为主,应急检查为辅,对进度实施跟踪控制。实行进度控制报告制度,在每次检查之后,写出进度控制报告,提供给建设单位、监理单位和企业领导作进度控制参考。

(4)监督并协助分包单位实施其承包范围内的进度控制。

(5)对项目及阶段进度控制目标的完成情况、进度控制中的经验和问题做出总结分析,积累进度控制信息,使进度控制水平不断提高。

(6)接受监理单位的施工进度控制监理。

第二节 网络计划技术

一、双代号网络图概述

任何一项计划,都将有许多工序(工作)需要完成,用一箭杆代表一项工序,将工序名称写在箭杆上面,完成该项工序所需时间(小时、天、周)写在箭杆下面,箭尾表示工序的开始,箭头表示工序的结束,从箭尾到箭头就表示一道工序的整个作业过程(见图 6-2)。箭杆的长度与作业时间长短无关,不一定按比例绘制。在箭头和箭尾各画上一个圆圈,圆圈称为节点并编上号码,两个号码 i-j 或 j-k 即代表一项工序,所以称为双代号。位于箭尾的节点称为该工序的开始节点,位于箭头的节点称为该工序的结束节点,一项工序的结束节点同时也是后面一项工序的开始节点。节点与箭杆不同,它不占用时间,也不消耗资源,它只是某一工序开始(结束)的瞬时。

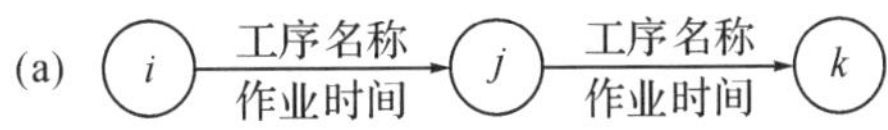

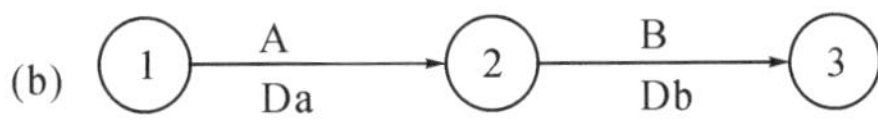

图 6-2 工序的双代号表达

将一项工程任务的所有工序,按照工艺流程或它们之间的相互关系,用若干箭杆和节点从左向右绘制成的网状图即称网络计划图(或称网络图)。

例如,某建筑物基础工程施工,分为两个施工段,每一段内部都包括挖土、垫层、砌砖基础和回填土四项工序。该项基础工程的网络图如图 6-3 所示。先由挖土工作队在第一段挖土(代号 1-2),完成以后,挖土工作队转入第二段挖土(代号 2-4),第一段则由垫层工作队作垫层(代号 2-3),由图 1-2 可知工序 2-3 和 2-4 两者系同时开始,但不一定同时结束,当第一段垫层完成后由砌砖工作队砌第一段基础(代号 3-5),当第二段挖土和第一段垫层都完了以后,垫层工作队才能转入第二段作垫层(代号 4-6)。依次类推。

在图 6-3 中有两个虚箭杆 3-4 和 5-6,叫作虚工序,它是实际上不存在的工序,其作用只是为了说明工序之间的衔接关系。虚工序的作业时间为零,故也称为零工序,它在网络图中有着重要的作用,要善于使用。

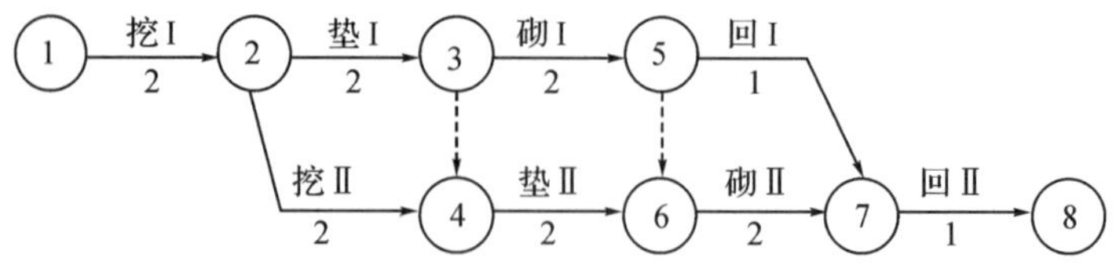

图 6-3 基础施工双代号网络图

二、双代号网络图的绘制

绘制一项工程的网络计划图，其方法和步骤与绘制施工进度计划横道图相似，首先应详细划分工序项目、计算劳动量和机械台班量从而确定工序作业时间，其后根据施工方法和工艺流程确定出各工序之间的约束关系并列成表，最后用网络技术符号和表示方法绘制成网络计划图。

（一）工序之间的约束关系的逻辑表达

(1)D 只有在 C 完成以后才能开始(图 6-4(a))。

(2)D 和 E 在 C 完成以后才能开始，可同时开始或平行(图 6-4(b))。

(3)A 和 B 可平行作业，E 必须待 A 和 B 都完成后才能开始(图 6-4(c))。

(4)A 和 B 可平行作业，但 E 和 F 均必须待 A 和 B 都完成后才能开始(图 6-4(d))。

(5)K 要在 C 和 D 都完成以后才能开始，但 L 只要求在 D 完成后即可开始(图 6-4(e))。

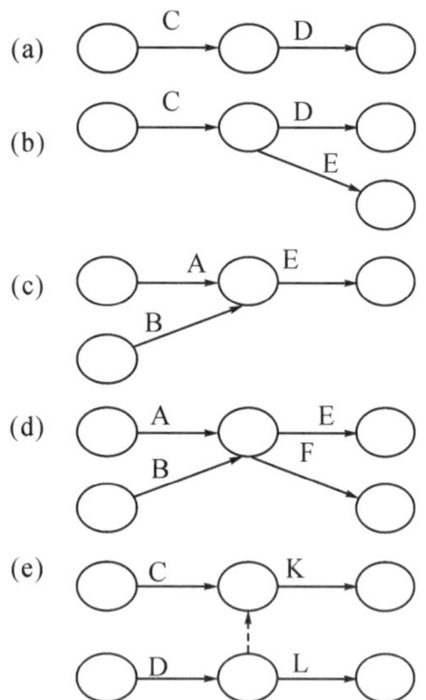

图 6-4 双代号工序逻辑表达法

在组织流水作业时，要特别注意下列出现的错误画法。

例如，某大型钢筋混凝土基础分三段施工，该工程的双代号网络图应绘成图 6-5(a)或(b)的形式。图 6-5(c)的形式是错误的，从表面上看，其工艺关系似乎合理，而且排列整齐，但仔细分析即可看出：

支模Ⅱ与浇筑Ⅰ之间并无必然的工艺联系；支模Ⅲ与浇筑Ⅱ也无直接的工艺联系，但在图中根据箭头指向，要求完成了支模Ⅱ才能进行浇筑Ⅰ，完成了支撑Ⅲ才能进行浇筑Ⅱ，这不符合工艺逻辑关系。图 6-5(a)及(b)切断了某些箭杆，增加了一定的节点和虚工序，保证了工艺的合理性。

从网络图的排列看，图 6-5(a)是按工种排列的，图 6-5(b)是按施工段排列的，这是两种流水作业的排列方法。

（二）双代号网络图的绘制要求

(1)节点：起始节点只有一个，且无任何工序箭杆指向它；中间节点若干个，既有指向箭杆又有引出箭杆；终止节点只有一个(单目标网络图)，且无任何引出箭杆。

(2)节点编号应有一定顺序，箭尾节点编号小于箭头节点编号。编号从起始节点出发，

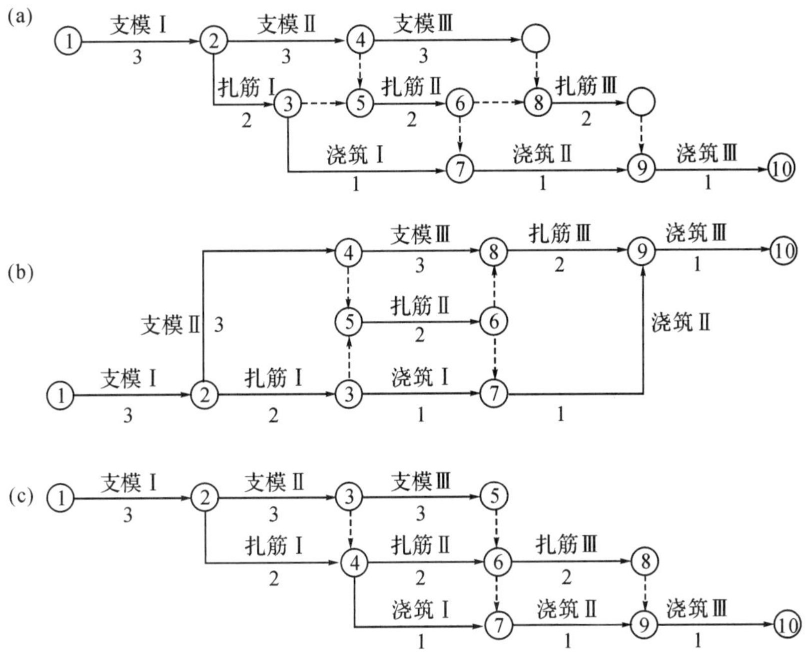

图 6-5 某大型钢筋混凝土基础施工网络图

一般其编号为 1，当有 n 个节点时，终止节点编号为 n。在某些情况下可不连续编号(但仍 $i<j$)，这样，调整时比较灵活。

(3)节点编号不允许出现重号，即不同节点必须有不同的号码，同时，两个节点之间只能有一个工序箭杆，如有两个以上，除一个外，其余须增加节点并用虚工序连接，如图 6-6 所示。

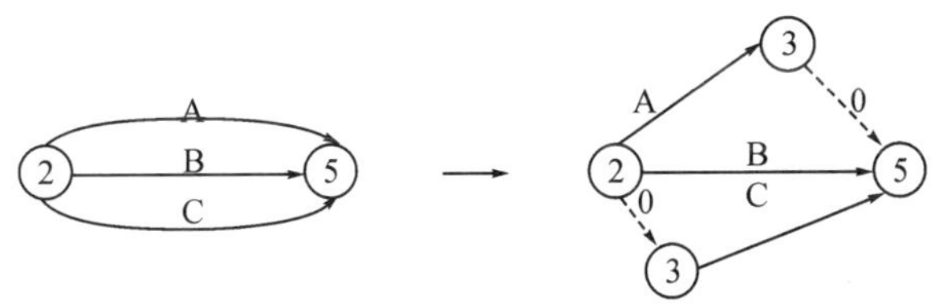

图 6-6 平行作业工序表示法

(4)不允许出现闭合回路，因为闭合回路在逻辑关系上是矛盾的，如图 6-7 所示的情况。

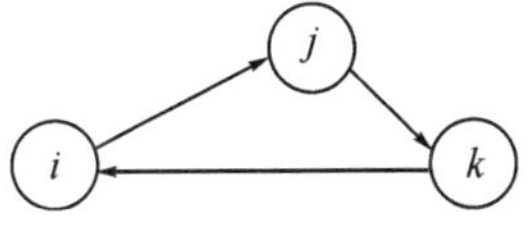

图 6-7 闭合回路

(三)网络图绘制举例

【例 1】 某厂混凝土道路工程分四段施工,根据施工工艺要求,经工序分析确定出各工序的约束关系见表 6-1,试绘制(拼接)网络图。步骤及方法如下:

表 6-1 工序约束关系

序号	工序名称	作业时间	紧前工序	紧后工序	备 注
1	排水管 E	7	—	A_2	开始工序
2	路基土方 A_2	5	E	A_3,B_2	
3	路床 B_2	1	A_2,B_1	B_3,C_2	
4	砂石垫层 C_2	7	B_2,C_1	C_3,D_2	
5	混凝土路面 D_2	9	C_2,D_1	D_3	
6	路基土方 A_1	7	—	B_1	开始工序
7	路床 B_1	2	A_1	B_2,C_1	
8	砂石垫层 C_1	11	B_1	C_2,D_1	
9	混凝土路面 D_1	13	C_1	D_2	
10	路基土方 A_3	7	A_2	A_4,B_3	
11	路床 B_3	3	A_3,B_2	B_4,C_3	
12	砂石垫层 C_3	12	B_3,C_2	C_4,D_3	
13	混凝土路面 D_3	14	C_3,D_2	D_4	
14	路基土方 A_4	6	A_3	B_4	
15	路床 B_4	2	A_4,B_3	C_4	
16	砂石垫层 C_4	9	B_4,C_3	D_4	
17	混凝土路面 D_4	9	C_4,D_3	—	结束工序

(1)首先绘出开始工序(见图 6-8(a)),并从工序表上勾掉,因为一条工序约束关系一经被使用就再不涉及它了。

(2)从工序表内找出和已拼接工序有关的其他工序约束关系并一一绘在图上(见图 6-8(b)),同理也从表内勾掉。

(3)重复上述过程,直至绘出整个网络图(见图 6-9)。

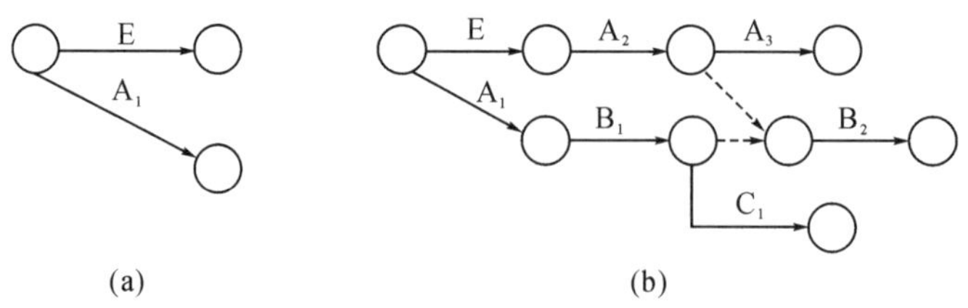

图 6-8 工序约束关系

必须注意,工序关系表中的工序约束关系条款可能会有重复、多余甚至出现矛盾,此时须认真进行工序分析并合理解决。

网络图上的工序箭杆不宜画成任意方向或曲线形式,使得阅读和计算都不方便,一般宜画成水平形式(虚箭杆除外),如图 6-9 所示。工序名称可用字母或加数字符号表示,但一般只在绘图过程中使用,为阅读的方便,图上还是直接写工序名称较好,如图 6-5 所示。

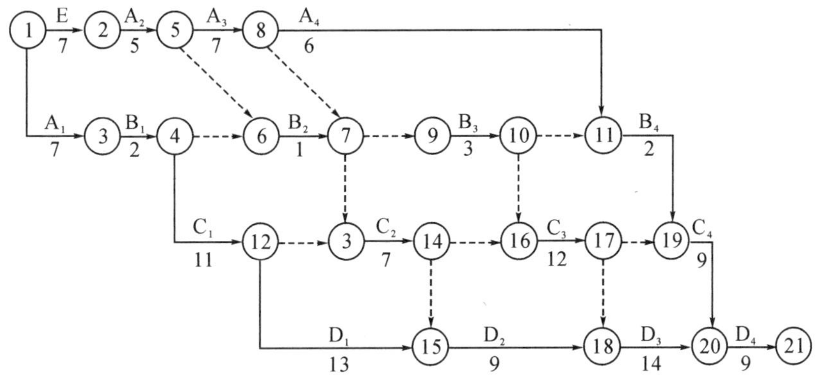

图 6-9　某道路工程网络图

三、双代号网络图的时间参数计算

没有时间参数的网络图仅能反映工序之间的衔接关系,只是一张工艺流程图,有了时间参数,就能够反映出工序的活动状态,在生产管理上发挥计划作用。

双代号网络图的时间参数通常按工作计算法计算。

(一)工作最早开始时间和最早完成时间的计算

工作最早开始时间应从网络计划的起点节点开始,顺着箭线方向依次计算。计算步骤如下:

(1)以网络计划的起点节点为开始节点的工作的最早开始时间为零,如网络计划起点节点代号为 1,则

$$ES_{i-j}=0 \qquad (i=1) \tag{6-1}$$

式中:ES_{i-j}——工作 $i-j$ 的最早开始时间。

(2)其他工作的最早开始时间等于其紧前工作的最早开始时间加上该紧前工作的持续时间所得之和的最大值,即

$$ES_{i-j}=\max\{ES_{h-i}+D_{h-i}\} \tag{6-2}$$

式中:ES_{h-i}——工作 $i-j$ 的紧前工作 $h-i$ 的最早开始时间;

D_{h-i}——工作 $i-j$ 的紧前工作 $h-i$ 的持续时间。

(3)工作最早完成时间等于工作最早开始时间加上本工作的持续时间,即

$$EF_{i-j}=ES_{i-j}+D_{i-j} \tag{6-3}$$

式中:EF_{i-j}——工作 $i-j$ 的最早完成时间;

D_{i-j}——工作 $i-j$ 的持续时间。

(4)网络计划的计算工期等于以网络计划的终点节点为完成节点的工作的最早开始时间加上该工作的持续时间所得之和的最大值,即

$$T_c=\max\{ES_{i-n}+D_{i-n}\} \tag{6-4}$$

式中:T_c——网络计划的计算工期;

ES_{i-n}——以网络计划的终点节点 n 为完成节点的工作的最早开始时间；

D_{i-n}——以网络计划的终点节点 n 为完成节点的工作的持续时间。

（二）工作最迟开始时间和最迟完成时间的计算

工作最迟开始时间应从网络计划的终点节点开始，逆着箭线方向依次计算，计算步骤如下：

（1）以网络计划的终点节点为完成节点的工作的最迟开始时间等于网络计划的计划工期减去该工作的持续时间，即

$$LS_{i-n}=T_p-D_{i-n} \tag{6-5}$$

式中：LS_{i-n}——以网络计划的终点节点 n 为完成节点的工作的最迟开始时间；

T_p——网络计划的计划工期。当已规定了要求工期 T_r 时，$T_p<T_r$；当未规定要求工期时，$T_p=T_c$；

D_{i-n}——以网络计划的终点节点 n 为完成节点的工作的持续时间。

（2）其他工作的最迟开始时间等于其紧后工作的最迟开始时间减去本工作的持续时间所得之差的最小值，即

$$LS_{i-j}=\min\{LS_{j-k}-D_{i-j}\} \tag{6-6}$$

式中：LS_{i-j}——工作 $i-j$ 的最迟开始时间；

LS_{j-k}——工作 $i-j$ 的紧后工作 $j-k$ 的最迟开始时间；

D_{i-j}——工作 $i-j$ 的持续时间。

（3）工作最迟完成时间等于工作最迟开始时间加上本工作的持续时间，即

$$LF_{i-j}=LS_{i-j}+D_{i-j} \tag{6-7}$$

式中：LF_{i-j}——工作 $i-j$ 的最迟完成时间。

（三）总时差的计算

工作总时差等于工作的最迟开始时间减去最早开始时间，即

$$TF_{i-j}=LS_{i-j}-ES_{i-j} \tag{6-8}$$

式中：TF_{i-j}——工作 $i-j$ 的总时差。

（四）自由时差的计算

工作自由时差等于该工作的紧后工作的最早开始时间减去本工作的最早完成时间所得之差的最小值。即

$$FF_{i-j}=\min\{ES_{j-k}-EF_{i-j}\} \tag{6-9}$$

式中：FF_{i-j}——工作 $i-j$ 的自由时差；

ES_{j-k}——工作 $i-j$ 的紧后工作 $j-k$ 的最早开始时间。

结束工作的自由时差应等于计划工期 T_p 与本工作最早完成时间之差，即

$$FF_{i-n}=T_p-EF_{i-n} \tag{6-10}$$

当计算较熟练时，可以直接在图上进行计算，不必列式计算。通过分析我们发现下列结论：

（1）工作最早开始时间等于该工作的紧前工作的最早完成时间的最大值，即

$$ES_{i-j}=\max\{EF_{h-i}\} \tag{6-11}$$

式中：EF_{h-i}——工作 $i-j$ 的紧前工作 $h-i$ 的最早完成时间。

(2)工作最迟完成时间等于该工作紧后工作的最迟开始时间的最小值,即

$$LF_{i-j}=\min\{LS_{j-k}\} \tag{6-12}$$

(3)网络计划的计算工期等于以网络计划的终点节点为完成节点的工作的最早完成时间的最大值,即

$$T_c=\max\{EF_{i-n}\} \tag{6-13}$$

在图上直接进行计算时,若能灵活运用上述结论,则可以加快计算速度,检查计算结果的正确性。

上述时间参数的计算结果,可采用"六时标注法",按图6-10予以标注。

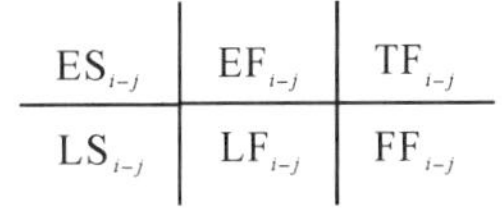

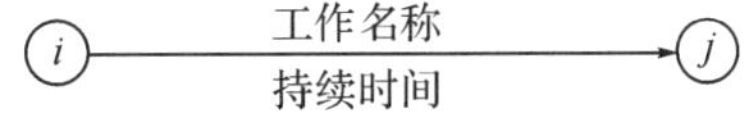

图6-10 按工作计算法的标注方式

(五)确定关键工作和关键线路

在网络计划中,总时差最小的工作为关键工作。特别地,当网络计划的计划工期等于计算工期时,总时差为零的工作就是关键工作。找出关键工作之后,将这些关键工作首尾相连,便构成至少一条从起点节点到终点节点的通路,通路上各项工作的持续时间总和最大的就是关键线路。在关键线路上可能有虚工序存在。

当计划工期等于计算工期时,判断关键工序的方法有二。

方法一:关键工序的基本时间参数应满足如下要求:

$$\left.\begin{aligned}&ES_{i-j}=LS_{i-j}\text{或}EF_{i-j}=LF_{i-j}\\&LF_{i-j}-ES_{i-j}=D_{i-j}\end{aligned}\right\} \tag{6-14}$$

方法二:关键工序的总时差为0,即

$$TF_{i-j}=0 \tag{6-15}$$

在一个网络图中,关键线路可以有一条或者若干条。在图上绘成双线或加粗线,以便识别。关键线路的作用在于明确表示出工程施工中的主要矛盾,以便集中力量重点控制,合理调配人力、物力,保证关键工序的按期完工,防止延误工程进度。

双代号网络计划技术能够比较方便地确定关键线路,并指导进度的控制。但是,双代号网络图中的时间数据与工程建设过程中的时点还有一定距离,在指导工程实践上还不够直观,时标网络计划应运而生。时标网络与无时标网络计划相比较,具有横道计划的优点,而且主要的时间参数一目了然,可大大节省计算量。它已被广泛运用于网络计划的优化以及网络计划的执行和管理中。

【例2】 试计算图6-11所示双代号网络计划的时间参数,并将计算结果标注在图中。

(1)计算工作最早时间

最早时间从起点节点开始,顺着箭杆方向依次进行。

①各工序的最早开始时间为

$ES_{1-2}=0$;

$ES_{1-3}=0$;

$ES_{1-4}=0$;

$ES_{2-7}=ES_{1-2}+D_{1-2}=0+6=6$;

$ES_{3-5}=ES_{1-3}+D_{1-3}=0+4=4$;

$ES_{4-6}=\max\{ES_{1-3}+D_{1-3},ES_{1-4}+D_{1-4}\}=\max\{4,2\}=4$;

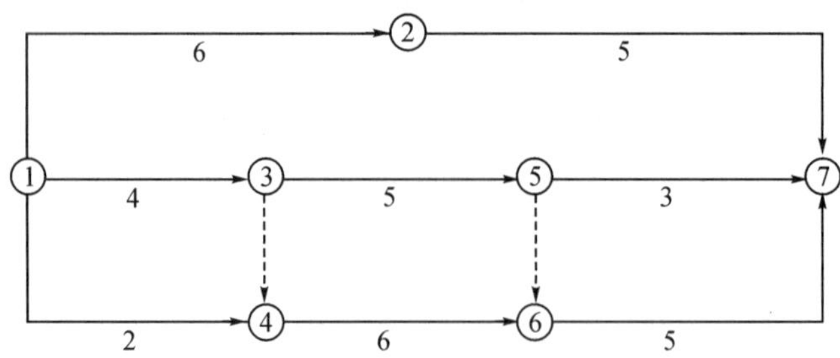

图 6-11　双代号网络计划

$ES_{5-7}=ES_{3-5}+D_{3-5}=4+5=9$;

$ES_{6-7}=\max\{ES_{3-5}+D_{3-5},ES_{4-6}+D_{4-6}\}=\max\{9,10\}=10$

②各工序的最早完成时间为

$EF_{1-2}=ES_{1-2}+D_{1-2}=0+6=6$;

$EF_{1-3}=ES_{1-3}+D_{1-3}=0+4=4$;

$EF_{1-4}=ES_{1-4}+D_{1-4}=0+2=2$;

$EF_{2-7}=ES_{2-7}+D_{2-7}=6+5=11$;

$EF_{3-5}=ES_{3-5}+D_{3-5}=4+5=9$;

$EF_{4-6}=ES_{4-6}+D_{4-6}=4+6=10$;

$EF_{5-7}=ES_{5-7}+D_{5-7}=9+3=12$;

$EF_{6-7}=ES_{6-7}+D_{6-7}=10+5=15$

③网络计划的计算工期为

$T_c=\max\{ES_{2-7}+D_{2-7},ES_{5-7}+D_{5-7},ES_{6-7}+D_{6-7}\}$

$=\{EF_{2-7},EF_{5-7},EF_{6-7}\}=\max\{11,12,15\}=15$

(2)计算工作最迟时间

最迟时间从终点节点开始，逆着箭杆方向依次进行。

由于本题未规定要求工期 T_r，则其计划工期等于计算工期，即 $T_p=T_c=15$

①各工序的最迟开始时间为

$LS_{2-7}=T_p-D_{2-7}=15-5=10$;

$LS_{5-7}=T_p-D_{5-7}=15-3=12$;

$LS_{6-7}=T_p-D_{6-7}=15-5=10$;

$LS_{1-2}=LS_{2-7}-D_{1-2}=10-6=4$;

$LS_{3-5}=\min\{LS_{5-7}-D_{3-5},LS_{6-7}-D_{3-5}\}=\min\{7,5\}=5$;

$LS_{4-6}=LS_{6-7}-D_{4-6}=10-6=4$;

$LS_{1-3}=\min\{LS_{3-5}-D_{1-3},LS_{4-6}-D_{1-3}\}=\min\{1,0\}=0$;

$LS_{1-4}=LS_{4-6}-D_{1-4}=4-2=2$

②各工序的最迟完成时间为

$LF_{2-7}=LS_{2-7}+D_{2-7}=10+5=15$;

$LF_{5-7}=LS_{5-7}+D_{5-7}=12+3=15$;

$LF_{6-7}=LS_{6-7}+D_{6-7}=10+5=15$;

$LF_{1-2}=LS_{1-2}+D_{1-2}=4+6=10$；

$LF_{3-5}=LS_{3-5}+D_{3-5}=5+5=10$；

$LF_{4-6}=LS_{4-6}+D_{4-6}=4+6=10$；

$LF_{1-3}=LS_{1-3}+D_{1-3}=0+4=4$；

$LF_{1-4}=LS_{1-4}+D_{1-4}=2+2=4$

(3)计算总时差和自由时差

①各工序的总时差为

$TF_{1-2}=LS_{1-2}-ES_{1-2}=4-0=4$；

$TF_{1-3}=LS_{1-3}-ES_{1-3}=0-0=0$；

$TF_{1-4}=LS_{1-4}-ES_{1-4}=2-0=2$；

$TF_{2-7}=LS_{2-7}-ES_{2-7}=10-6=4$；

$TF_{3-5}=LS_{3-5}-ES_{3-5}=5-4=1$；

$TF_{5-7}=LS_{5-7}-ES_{5-7}=12-9=3$；

$TF_{4-6}=LS_{4-6}-ES_{4-6}=4-4=0$；

$TF_{6-7}=LS_{6-7}-ES_{6-7}=10-10=0$

②各工序的自由时差为

$FF_{1-2}=ES_{2-7}-EF_{1-2}=6-6=0$；

$FF_{1-3}=\min\{ES_{3-5}-EF_{1-3},ES_{4-6}-EF_{1-3}\}=\min\{0,0\}=0$

$FF_{1-4}=ES_{4-7}-EF_{1-4}=4-2=2$；

$FF_{2-7}=T_p-EF_{2-7}=15-11=4$；

$FF_{3-5}=\min\{ES_{5-7}-EF_{3-5},ES_{6-7}-EF_{3-5}\}=\min\{0,1\}=0$；

$FF_{5-7}=T_p-EF_{5-7}=15-12=3$；

$FF_{4-6}=ES_{6-7}-EF_{4-6}=10-10=0$；

$FF_{6-7}=T_p-EF_{6-7}=15-15=0$

计算结果如图 6-12 所示。

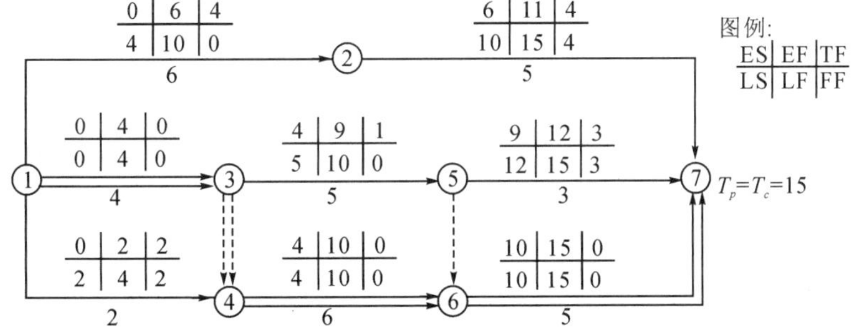

图 6-12 双代号网络计划(六时标注法)

(4)确定关键工作和关键线路

在网络计划中，总时差最小的工作为关键工作。特别地，当网络计划的计划工期等于计算工期时，总时差为零的工作为关键工作。本例中，工作 1－3、工作 4－6、工作 6－7 为关键工作。

将这些关键工作首尾相连，便构成从起点节点到终点节点的通路，位于该通路上各项工作持续时间总和最大，这条通路就是关键线路。在关键线路上可能有虚工序存在。本例中双箭线标出的线路①—③—④—⑥—⑦即为关键线路。

四、双代号时标网络图的绘制

时标网络计划的绘制是在标有时间单位的时标计划表上进行的，时间单位可根据需要定为时、天、周、月或季等。绘制时标网络计划的工作，当实箭线之后有波形线且其末端有垂直部分时，其垂直部分用实线绘制；当虚箭线有时差且末端有垂直部分时，其垂直部分用虚线绘制。

(一) 绘制的基本要求

(1)时间长度以所有符号在时标表上的水平位置及水平投影长度来表示，与其所代表的时间值相对应。

(2)节点的中心必须对准时标的刻度线。

(3)工作以实箭线表示；自由时差以波形线表示；虚工序以垂直虚箭线表示，有时差加波形线表示。

(4)时标网络计划宜按最早时间编制，不宜按最迟时间编制。

(5)绘制前应先绘制无时标网络计划。

(6)绘制方法有两种：

1)先算出无时标网络计划的时间参数，再按该计划在时标表上进行绘制。

2)不计算时间参数，直接根据无时标网络计划在时标表上进行绘制。

(二) 时标网络计划图的绘制步骤

以图 6-13 为例，绘制完成的时标网络计划如图 6-14 所示。

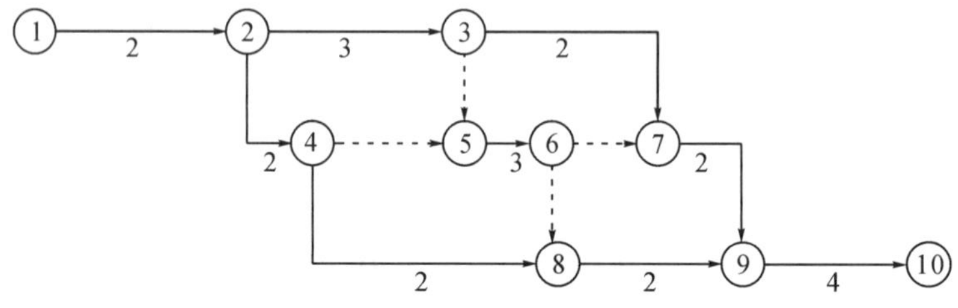

图 6-13　无时标网络计划

绘制时标网络计划的步骤如下：

(1)绘制时标计划表。

(2)将起点节点定位在时标计划表的起始刻度线上，见图 6-14 的节点①。

(3)按工作持续时间在时标表上绘制起点节点的外向箭线，见图 6-14 的 1—2。

(4)工作的箭头节点，必须在其所有内向箭线绘出以后，定位在这些内向箭线中最晚完成的实箭线处，如图 6-14 中的节点⑤、⑦、⑧、⑨。

(5)某些内向实箭线长度不足以到达该箭线节点时，用波形线补足，如图 6-14 中的 3—

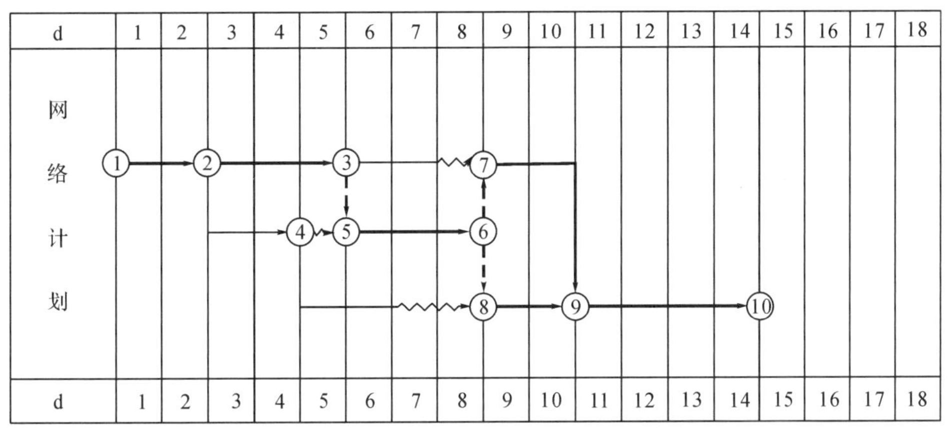

图 6-14 时标网络计划

7,4—8,如果虚箭线的开始节点和结束节点之间有水平距离,以波形线补足,如箭线 4—5。如果没有水平距离,则绘制垂直虚箭线,如 3—5,6—7,6—8。

(6)用上述方法自左向右依次确定其他节点的位置,直至终点节点定位,绘图完成。注意确定节点的位置时,尽量与无时标网络图的节点位置相当,以保持布局基本不变。

(7)给每个节点编号,编号与无时标网络计划相同。

五、双代号时标网络图时间参数的计算

(一)时标网络计划关键线路的确定与表达方法

1. 关键线路的确定

自终点节点至始点节点逆箭线方向朝起点节点观察,自始至终不出现波形线的线路,为关键线路。如图 6-14 中的 1—2—3—5—6—7—9—10 线路和 1—2—3—5—6—8—9—10 线路。

2. 关键线路的表达

关键线路的表达与无时标网络计划相同,即用粗线、双线和彩色线标注均可。图 6-14 是用粗线表达的。

(二)时间参数的确定

1. "计算工期"的确定

时标网络计划的"计算工期",应是其终点节点与起点节点所在位置的时标值之差,如图 6-14 所示的时标网络计划的计算工期是 14－0＝14(天)。

2. 最早时间的确定

时标网络计划中,每条箭线尾节点中心所对应的时标值代表工作的最早开始时间。箭线实线部分右端或箭尾节点中心所对应的时标值代表工作的最早完成时间。虚箭线的最早开始时间和最早完成时间相等,均为其所在刻度的时标值。如图 6-14 中的箭线 6—8 的最早开始时间和最早结束时间均为第 8 天。

3. 工作自由时差值的确定

时标网络计划中，工作自由时差值等于其波形线在坐标轴上水平投影的长度。如图 6-14中工作 3—7 的自由时差值为 1 天，工作 4—5 的自由时差值为 1 天，工作 4—8 的自由时差值为 2 天，其他工作无自由时差。这个判断的理由是，每项工作的自由时差均为其紧后工作的最早开始时间与本工作的最早完成时间之差。如图 6-14 中的工作 4—8，其紧后工作 8—9 的最早开始时间以图判定为第 8 天，本工作的最早完成时间以图判定为第 6 天，其自由时间为 8－6＝2(天)，即为图上该工作实线部分之后的波线的水平投影长度。

4. 工作总时差的计算

时标网络计划中，工作总时差应自右而左进行逐个计算，一项工作只有其紧后工作的总时差值全部计算出后才能计算出其总时差值。

工作总时差值等于其各紧后工作总时差值的最小值与本工作自由时差值之和，其计算公式是：

(1)以终点节点($j=n$)为箭头节点的工作的总时差 TF_{i-j} 按网络计划的计划工期 T_p 计算确定，即

$$TF_{i-n}=T_p-EF_{i-n} \tag{6-16}$$

2)其他工作的总时差应为

$$TF_{i-j}=\min\{TF_{j-k}+FF_{i-j}\} \tag{6-17}$$

按式(6-16)计算得

$TF_{9-10}=14-14=0$(天)

按式(6-17)计算得

$TF_{7-9}=0+0=0$(天)

$TF_{3-7}=0+1=1$(天)

$TF_{8-9}=0+0=0$(天)

$TF_{4-8}=0+2=2$(天)

$TF_{5-6}=\min\{0+0,0+0\}=0$(天)

$TF_{4-5}=0+1=1$(天)

$TF_{2-4}=\min\{2+0,1+0\}=1$(天)

以此类推，可计算出全部工作的总时差值。

计算完成后，如果有必要，可将工作总时差值标注在相应的波形线或实箭线之上，如图 6-15所示。

5. 工作的最迟时间的计算

由于已知最早开始时间和最早结束时间，又知道了总时差，故其工作的最迟时间可用以下公式进行计算：

$$LS_{i-j}=ES_{i-j}+TF_{i-j} \tag{6-18}$$

$$LF_{i-j}=EF_{i-j}+TF_{i-j} \tag{6-19}$$

按公式(6-18)和(6-19)进行计算，可得

$$LS_{2-4}=ES_{2-4}+TF_{2-4}=2+1=3\text{(天)}$$

$$LF_{2-4}=EF_{2-4}+TF_{2-4}=4+1=5\text{(天)}$$

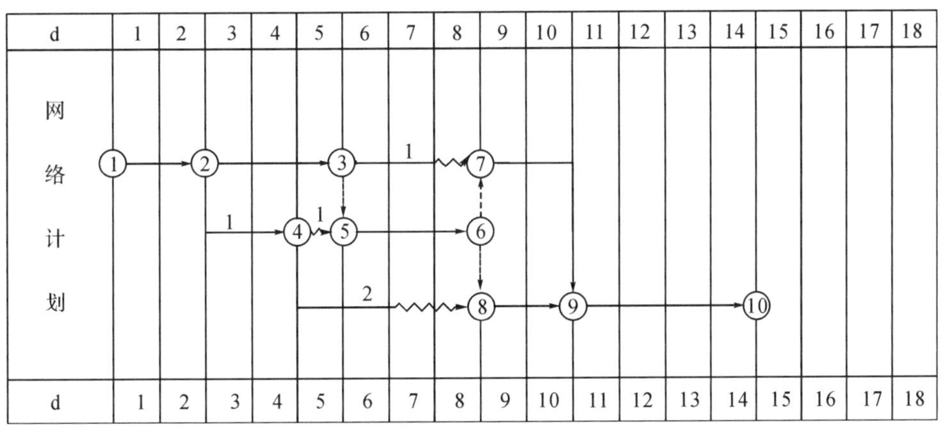

图 6-15　在时标网络计划上标注工作总时差

第三节　进度计划的其他表达方式

网络计划技术是工程项目进度计划的常用工具。在工程实践中，除了网络计划技术外，还有多种表示进度计划的方法。下面介绍其中常见的几种方法。

一、横道图

(一) 横道图的表达

横道图也称甘特图，是美国人甘特在 20 世纪 20 年代提出的。由于其形象、直观，且易于编制和理解，因而长期以来被广泛应用于建设工程进度控制中。

用横道图表示的建设工程进度计划一般包括两个基本部分，即左侧的工作名称、工作持续时间等基本数据和右侧的横道线部分。横道线的左右两个端点分别表示工序的开始时间和完成时间，横道线长度所对应的时间为工序的持续时间。图 6-16 所示即为用横道图表示的某桥梁工程施工进度计划。该计划明确地表示出各项工作的划分、工作的开始时间和完成时间、工作的持续时间、工作之间的相互搭接关系，以及整个项目的开工时间、完工时间和总工期。

(二) 横道图的特点

1. 横道图的优点

(1)它能够清楚地表达活动的开始时间、结束时间和持续时间，一目了然，易于理解。

(2)使用方便，制作简单。

(3)横道图不仅能够安排工期，而且可以与劳动力计划、资源计划、资金计划相结合。

2. 横道图的缺点

(1)很难表达工程活动之间的逻辑关系。如果一个活动提前或推迟，或延长持续时间会影响哪些活动，不能通过该图表现出来。

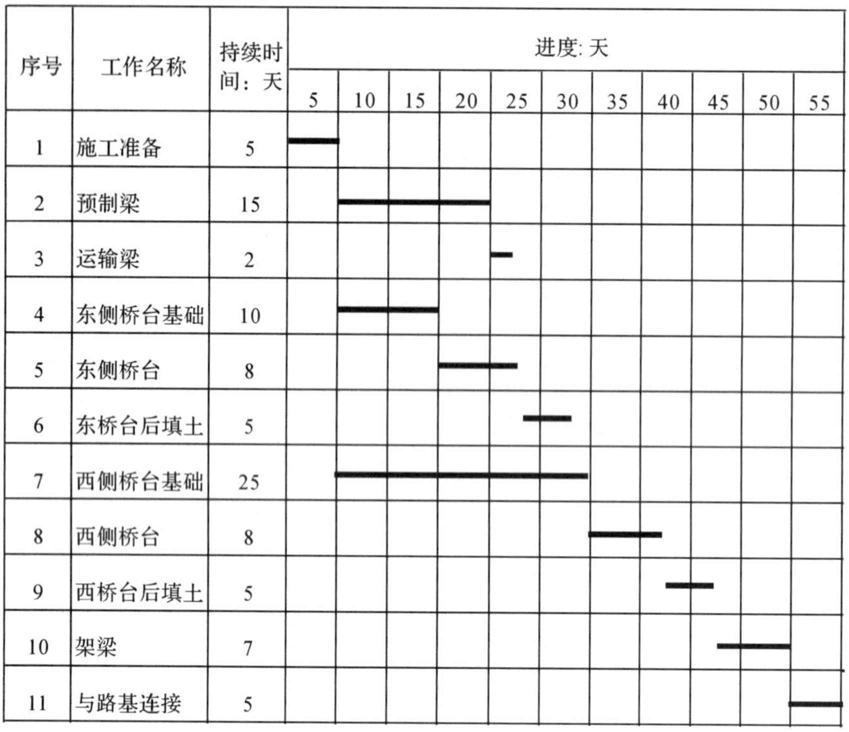

序号	工作名称	持续时间：天	进度:天										
			5	10	15	20	25	30	35	40	45	50	55
1	施工准备	5											
2	预制梁	15											
3	运输梁	2											
4	东侧桥台基础	10											
5	东侧桥台	8											
6	东桥台后填土	5											
7	西侧桥台基础	25											
8	西侧桥台	8											
9	西桥台后填土	5											
10	架梁	7											
11	与路基连接	5											

图 6-16　某桥梁工程施工进度横道计划

(2)不能表示活动的重要性,如哪些活动是关键的,哪些活动有推迟或拖延的余地,以及余地的大小。

3. 横道图的应用范围

横道图的优缺点,决定了它既有广泛的应用范围和很强的生命力,同时又有局限性。

(1)它可直接用于一些简单的小项目。由于活动较少,可以直接用它安排工期。

(2)项目初期由于没有做详细的项目结构分解,工序之间的逻辑关系尚不明确,一般都采用横道图做总体计划。

(3)高层管理者一般仅需了解总体计划,它们都用横道图表示。

(4)作为网络分析的输出结果。现在几乎所有的网络分析程序都有横道图的输出功能,而且它被广泛应用。

二、S 形曲线

S 形曲线是以横坐标表示进度时间、以纵坐标表示累计工作任务完成量,绘制出的一条按时间累计完成任务量或累计完成成本量的曲线。当纵坐标表示的是计划累计完成工程量时,S 形曲线可以用来表示工程的进度计划。下面通过例子来说明 S 形曲线的绘制方法。

【例 3】 某混凝土工程的浇筑总量为 2000m^3,按照施工方案,计划 9 个月完成,每月计划完成的混凝土浇筑量如图 6-17 所示,试绘制该混凝土工程计划的 S 形曲线。

由计划每月完成工程量易得累计完成工程量随时间的变化情况。在总工程量已知的情况下,可以算出计划累计完成工程量的百分比,结果见表 6-2。

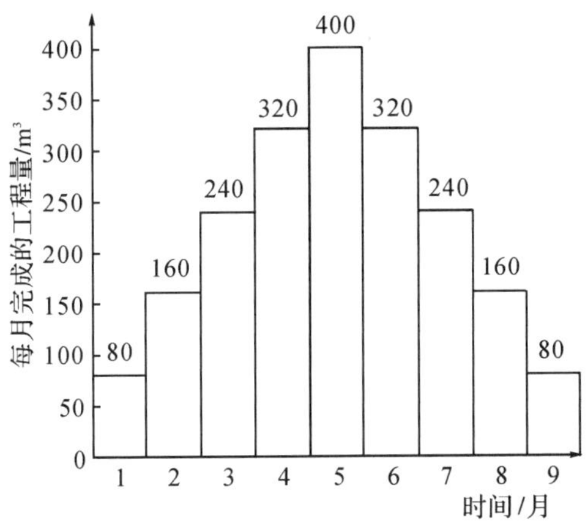

图 6-17 计划每月完成工程量

表 6-2 计划累计完工百分比

时间/月	1	2	3	4	5	6	7	8	9
累计完成工程量/m^3	80	240	480	800	1200	1520	1760	1920	2000
累计完成工程量百分比/%	4	12	24	40	60	76	88	96	100

由表 6-2 的数据，可以在坐标轴上做出计划累计完工百分比与时间的关系曲线图，该曲线呈 S 形，S 形曲线由此得名，如图 6-18 所示。从 S 形曲线可以看出对工程进度的安排。

S 形曲线的斜率表示施工速度的快慢。由于在施工前期和后期，资源投入量通常较少，施工速度较慢，因此，S 形曲线的斜率呈现先增大后减小的趋势。

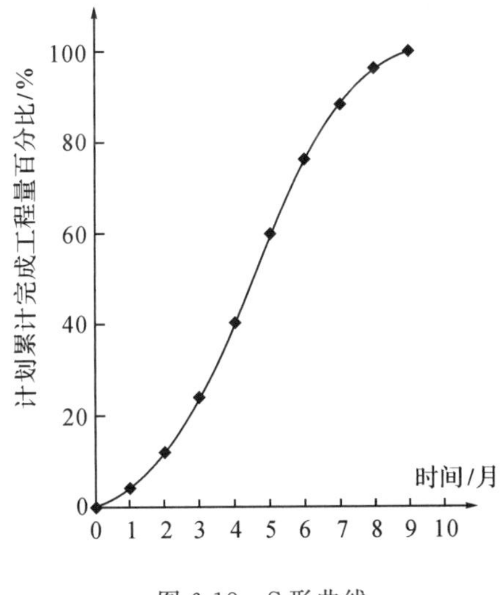

图 6-18 S 形曲线

三、香蕉曲线

网络计划技术和 S 形曲线均可用于对进度计划的描述。在网络计划技术的基础上，进一步运用S形曲线，可得香蕉曲线。对一个工程项目的网络计划来说，如果以其中各项工作的最早开始时间安排进度而绘制出的S形曲线，称为ES曲线；如果以其中各项工作的最迟开始时间安排进度而绘制出的S形曲线，称为LS曲线。在计算工期同计划工期相等时，ES曲线与LS曲线有相同的起点和终点，两条曲线构成一个闭合图形，形如香蕉，故称为香蕉曲线，如图6-19所示。

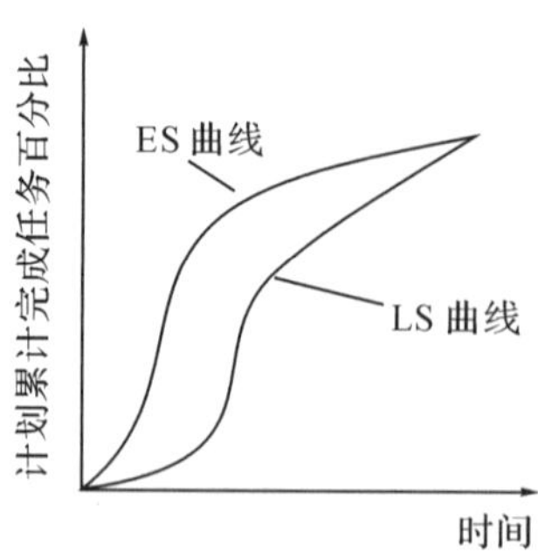

图6-19 香蕉曲线

显然，从香蕉曲线能够比从S形曲线获得更多的信息，为工程项目进度优化提供指导。如果工程项目中的各项工作均按其最早开始时间安排进度，将导致项目的投资加大；而如果各项工作都按照其最迟开始时间安排进度，则一旦受到进度影响因素的干扰，将导致工期拖延，使进度风险加大。因此，安排实际进度时，应该在香蕉曲线的基础上进一步优化。

香蕉曲线的绘制方法与S形曲线的绘制方法基本相同，所不同之处在于香蕉曲线是以工作按最早开始时间安排进度和按最迟开始时间安排进度分别绘制两条S形曲线而成。

【例4】 某工程项目网络计划如图6-20所示，图中箭线上方括号内数字表示各项工作计划完成的任务量，以劳动消耗量表示，假设各项工作均为匀速开展，即各项工作在每周内劳动消耗量相同(完成的工程量也就相同)；箭线下方数字表示各项工作的持续时间(周)。试绘制香蕉曲线。

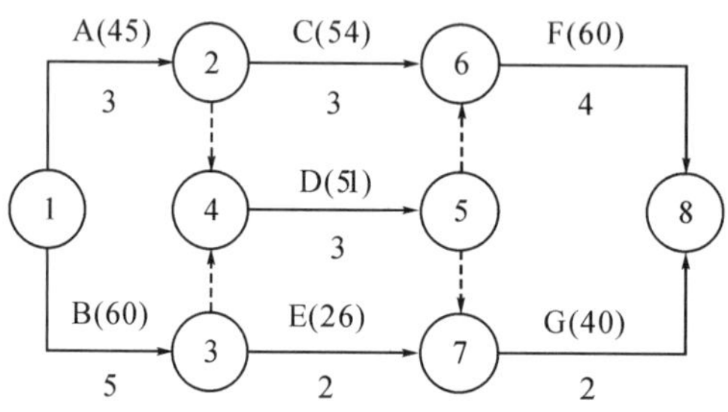

图6-20 某工程项目网络计划

解 (1)确定各项工作每周的劳动消耗量：

工作A：45÷3=15 工作B：60÷5=12 工作C：54÷3=18 工作D：51÷3=17 工作E：26÷2=13 工作F：60÷4=15 工作G：40÷2=20

(2)计算工程项目劳动消耗总量Q：

$Q=45+60+54+51+26+60+40=336$

(3)根据各项工作按最早开始时间安排的进度计划，确定工程项目每周计划劳动消耗量及各周累计劳动消耗量，如图 6-21 所示。

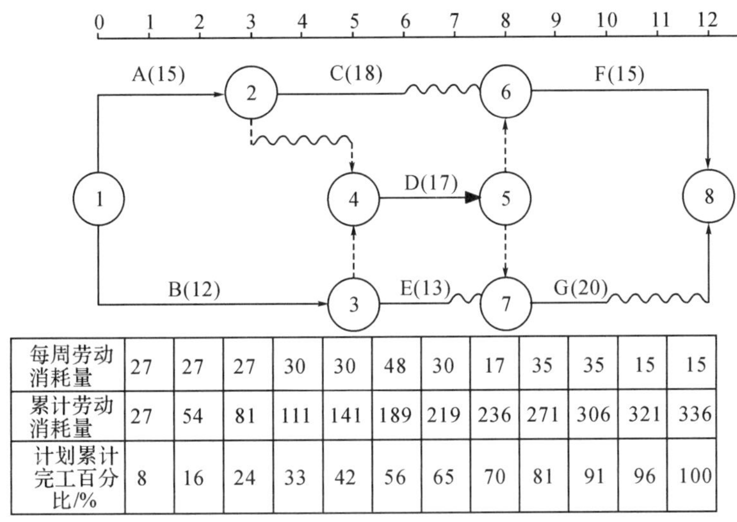

每周劳动消耗量	27	27	27	30	30	48	30	17	35	35	15	15
累计劳动消耗量	27	54	81	111	141	189	219	236	271	306	321	336
计划累计完工百分比/%	8	16	24	33	42	56	65	70	81	91	96	100

图 6-21 按最早开始时间安排的进度计划及累计完工百分比

(4)根据各项工作按最迟开始时间安排的进度计划，确定工程项目每周计划劳动消耗量及各周累计劳动消耗量，如图 6-22 所示。

(5)根据不同的计划累计完工百分比分别绘制 ES 曲线和 LS 曲线，便得到香蕉曲线，如图 6-23 所示。

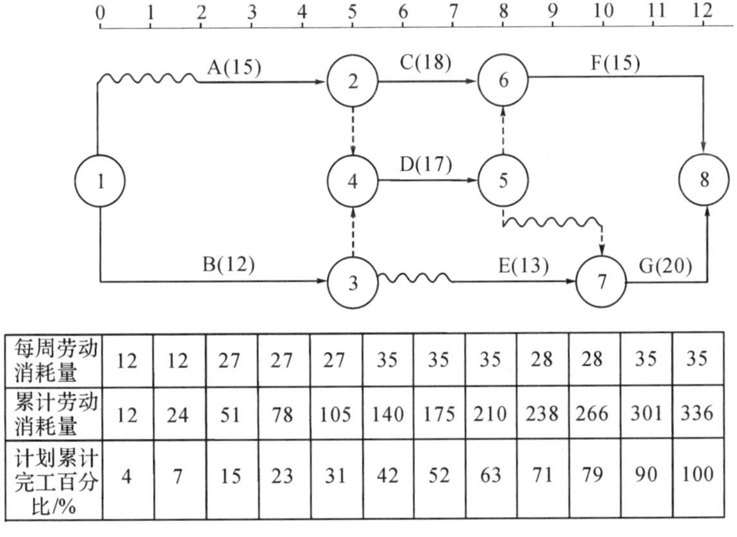

每周劳动消耗量	12	12	27	27	27	35	35	35	28	28	35	35
累计劳动消耗量	12	24	51	78	105	140	175	210	238	266	301	336
计划累计完工百分比/%	4	7	15	23	31	42	52	63	71	79	90	100

图 6-22 按最迟开始时间安排的进度计划及累计完工百分比

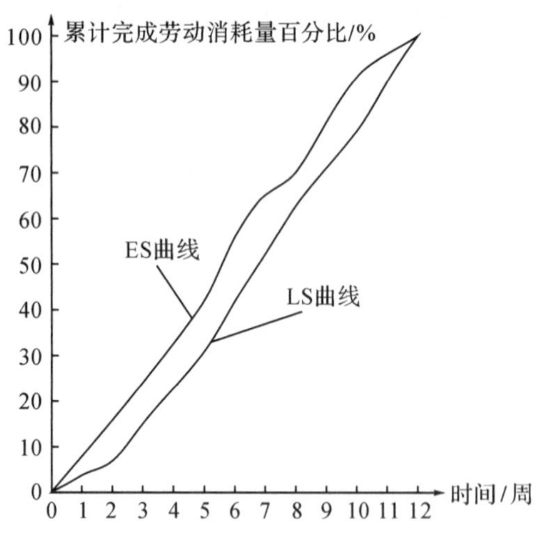

图 6-23　该工程香蕉曲线

第四节　实际进度与计划进度的比较

在施工进度计划执行过程中，由于人力、物资的供应和自然条件等因素的影响而打破原计划是常有的事，为确保工期目标的实现，必须对实际进度进行检查。通过实际进度与计划进度的对比，及时发现存在的进度问题，以便根据具体问题采取相应的调整措施。根据不同的计划表达形式，进度的检查又可分为横道图比较法、S 形曲线比较法、香蕉曲线比较法、赢得值法和前锋线法等。

一、横道图比较法

横道图比较法就是将项目实施中针对工作任务收集的信息，经整理后直接用横道线并列标于原计划横道处，进行直观比较的方法。采用横道图比较法，可以形象、直观地反映实际进度与计划进度的比较情况。

例如，某工程项目基础工程的计划进度和截止到第九周末的实际进度如图 6-24所示。从图中实际进度与计划进度的比较可以看出，到第 9 周末进行进度检查时，挖土方和做垫层两项工作已经完成；支模板按计划也应该完成，但实际只完成 75%，任务量拖欠 25%；绑扎钢筋按计划应该完成 60%，而实际只完成 20%，任务量拖欠 40%。

图 6-24 所表达的比较方法仅适用于工程项目中的各项工作都是均匀进展的情况，即每项工作在单位时间内完成的任务量都是相等的情况。事实上，工程项目中各项工作的进展不一定是匀速的。根据工程项目中各项工作进展是否匀速，可以分别采用以下两种方法进行实际进度与计划进度的比较。

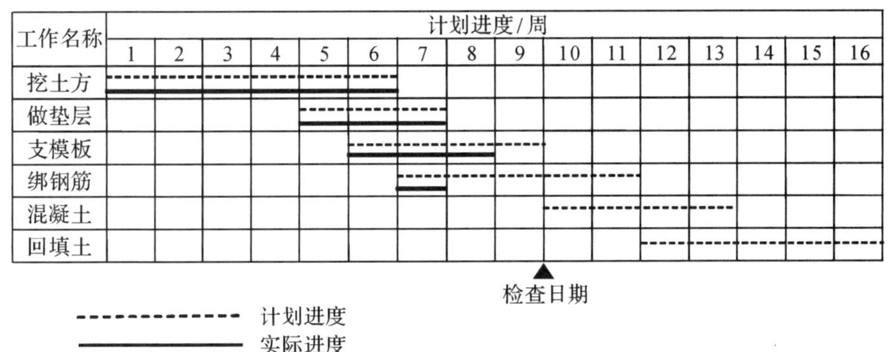

图 6-24 某基础工程实际进度与计划进度比较图

(一)匀速进展横道图比较法

匀速进展是指在工程项目中，每项工作在单位时间内完成的任务量是相等的，即工作的进展速度是均匀的。此时，每项工作累计完成的任务量与时间呈线性关系。

采用匀速进展横道图比较法时，其步骤如下：

(1)编制横道图进度计划；

(2)在进度计划上标出检查日期；

(3)将检查收集到的实际进度数据经加工整理后按比例用涂黑的粗线标于计划进度的下方，如图 6-25 所示；

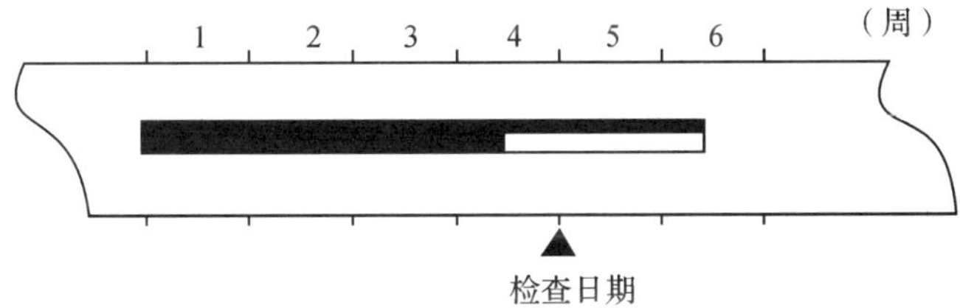

图 6-25 匀速进展横道图比较图

(4)对比分析实际进度与计划进度：

1)如果涂黑的粗线右端落在检查日期左侧，表明实际进度拖后；

2)如果涂黑的粗线右端落在检查日期右侧，表明实际进度超前；

3)如果涂黑的粗线右端与检查日期重合，表明实际进度与计划进度一致。

必须指出，该方法仅适用于工作从开始到结束的整个过程中，其进展速度均为固定不变的情况。如果工作的进展速度是变化的，则不能采用这种方法进行实际进度与计划进度的比较；否则，会得出错误的结论。

(二)非匀速进展横道图比较法

当工作在不同单位时间里的进展速度不相等时，累计完成的任务量与时间的关系就不可能是线性关系。此时，应采用非匀速进展横道图比较法进行工作实际进度与计划进度的比较。非匀速进展横道图比较法在用涂黑粗线表示工作实际进度的同时，还要标出其对应时刻完成任务量的累计百分比，并将该百分比与其同时刻计划完成工作量的累计百分比相比较，判断工作实际进度与计划进度之间的关系。

采用非匀速进展横道图比较法时，其步骤如下：

(1)编制横道图进度计划；

(2)在横道线上方标出各主要时间工作的计划完成任务量累计百分比；

(3)在横道线下方标出相应时间工作的实际完成任务量累计百分比；

(4)用涂黑粗线标出工作的实际进度，从开始之日标起，同时反映出该工作在实施过程中的连续与间断情况；

(5)通过比较同一时刻实际完成任务量累计百分比和计划完成任务量累计百分比，判断工作实际进度与计划进度之间的关系：

1)如果同一时刻横道线上方累计百分比大于横道线下方累计百分比，表明实际进度拖后，拖欠的任务量为二者之差；

2)如果同一时刻横道线上方累计百分比小于横道线下方累计百分比，表明实际进度超前，超前的任务量为二者之差；

3)如果同一时刻横道线上下方两个累计百分比相等，表明实际进度与计划进度一致。

可以看出，由于工作进展速度是变化的，因此，在图中的横道线，无论是计划的还是实际的，只能表示工作的开始时间、完成时间和持续时间，并不表示计划完成的任务量和实际完成的任务量。此外，采用非匀速进展横道图比较法，不仅可以进行某一时刻(如检查日期)实际进度与计划进度的比较，而且还能进行某一时间段实际进度与计划进度的比较。当然，这需要实施部门按规定的时间记录当时的任务完成情况。

【例 5】 某工程项目中的基槽开挖工作按施工进度计划安排需要 7 周完成，每周计划完成的任务量百分比如图 6-26 所示。编制横道图进度计划，比较实际进度与计划进度。

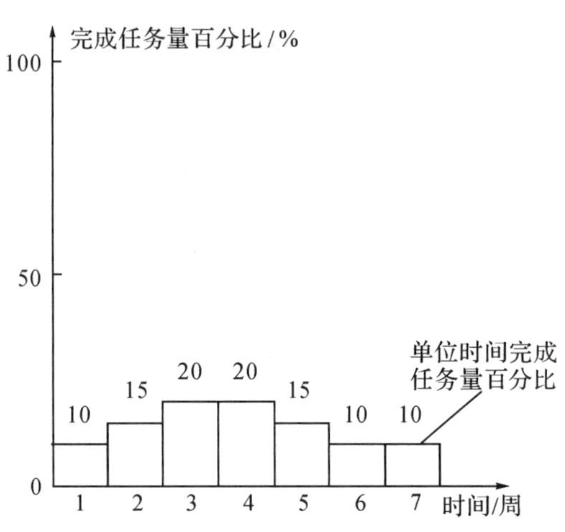

图 6-26　基槽开挖工作进展时间与完成任务量关系图

解：

(1)编制横道图进度计划，如图 6-27 所示。

(2)在横道线上方标出基槽开挖工作每周计划累计完成任务量的百分比，分别为 10%、25%、45%、65%、80%、90%、100%。

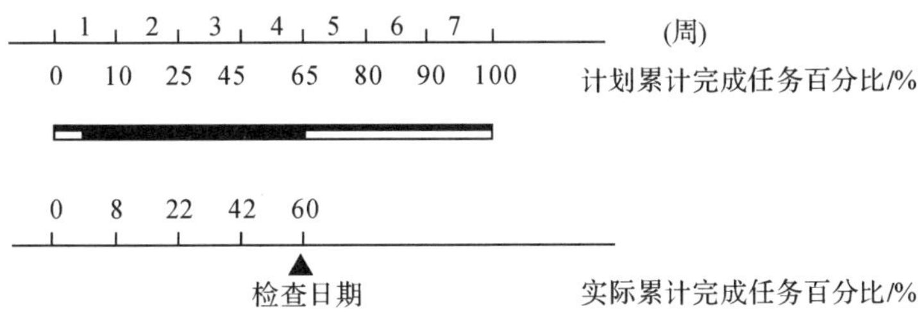

图 6-27 非匀速进展横道图比较图

(3)在横道线下方标出第一周至检查日期(第四周)每周实际累计完成任务量的百分比，分别为 8%、22%、42%、60%。

(4)用涂黑粗线标出实际投入的时间。图 6-27 表明，该工作实际开始时间晚于计划开始时间，在开始后连续工作，没有中断。

(5)比较实际进度与计划进度。从图 6-27 中可以看出该工作在第一周实际进度比计划进度拖后 2%，以后各周末累计拖后分别为 3%、3%和 5%。

横道图比较法虽有记录和比较简单、形象直观、易于掌握、适用方便等优点，但由于其以横道计划为基础，因而带有不可克服的局限性。在横道计划中，各项工作之间的逻辑关系表达不明确，关键工作和关键线路无法确定。一旦某些工作实际进度出现偏差时，难以预测其对后续工作和工程总工期的影响，也就难以确定相应的进度计划调整方法。因此，横道图比较法主要用于工程项目中某些工作实际进度与计划进度的局部比较。

二、S 形曲线比较法

S 形曲线比较法是在原 S 形计划曲线的基础上，记录实际完成工程百分比同时间的关系得到实际工程进度 S 形曲线，再与计划 S 形曲线对比，从而对进度计划的执行情况进行评价的方法。图 6-28 中的计划 S 形曲线表示出了按计划累计完成工程量百分比与时间的关系，实际 S 形曲线记录了 T_b 之前实际进度情况。

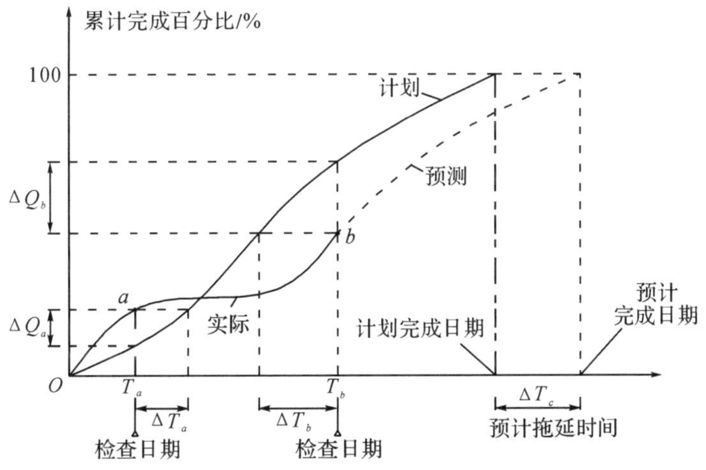

图 6-28 S 形曲线比较法

以图 6-28 为例，我们可以通过 S 形曲线比较法得到如下有用信息：

(1)判断进度计划的执行情况。若实际工程进展点落在计划 S 形曲线左侧，表示实际进度比计划进度超前；若实际进展点落在计划 S 形曲线右侧，则表示实际进度比计划进度落后；若实际进展点落在计划 S 形曲线上，则表示二者一致。在图 6-28 中，在实际 S 形曲线与计划 S 形曲线相交以前，实际进度超前于计划进度；在实际 S 形曲线与计划 S 形曲线的交点以后，实际进度滞后于计划进度。

(2)获得实际进度比计划进度超前或落后的时间。在 T_a 和 T_b 两个时间分别进行检查，发现 T_a 时刻实际进度超前，ΔT_a 表示相应时刻实际进度比计划进度超前的时间；T_b 时刻实际进度比计划进度滞后，ΔT_b 表示相应时刻实际进度比计划进度滞后的时间。

(3)同理，还可以知道项目实际进度同计划进度相比超额或拖欠的工程量。在 T_a 和 T_b 两个时间分别进行检查，ΔQ_a 表示相应时刻实际进度同计划进度相比超额完成的工程量；ΔQ_b 表示相应时刻实际进度同计划进度相比拖欠的工程量。

(4)预测工程的完工时间。采用合理的预测技术，利用已有的进度信息，还可以从该图上得到该工程的预计完工时间。根据预计完工时间与计划工期的关系，确定后续施工安排。如该工程预计完工时间比计划工期晚了 ΔT_c，即 ΔT_c 为预计拖延时间。此时，工程相关各方将根据具体情况，决定采取何种措施应对。当工期不允许拖延时，需要对后续作业进行调整，采取赶工措施；当工期允许拖延时，可能将继续按原计划施工。

三、香蕉形曲线比较法

前面进度计划表达的部分已经介绍了香蕉曲线的概念。香蕉曲线由两条 S 形曲线组成一个闭合的空间，不仅可以用来指导进度计划的优化，还可以用来对实际进度进行检查。由于香蕉曲线中一条 S 形曲线是按各项工作的计划最早开始时间绘制的(ES)，另一条 S 形曲线是按各项工作的计划最迟开始时间绘制的(LS)，因此，同一时刻两条曲线所对应的计划完成量，形成一个允许实际进度变动的弹性区间。在项目实施中，进度控制的理想状态是任一时刻实际进度对应的任务完成量应该落在闭合的香蕉曲线内。在图 6-29 中，香蕉曲线内还有一条 S 形曲线，该曲线为进度优化曲线，是在充分利用网络计划技术的基础上对进度的进一步优化，可认为是进度计划曲线。在工程实施过程中，实际进度曲线几乎不可能和计划进度曲线重合。当实际进度曲线偏离计划曲线时，需要根据偏离程度，利用香蕉曲线对偏离可能造成的后果进行判断，从而为进一步决策提供参考。

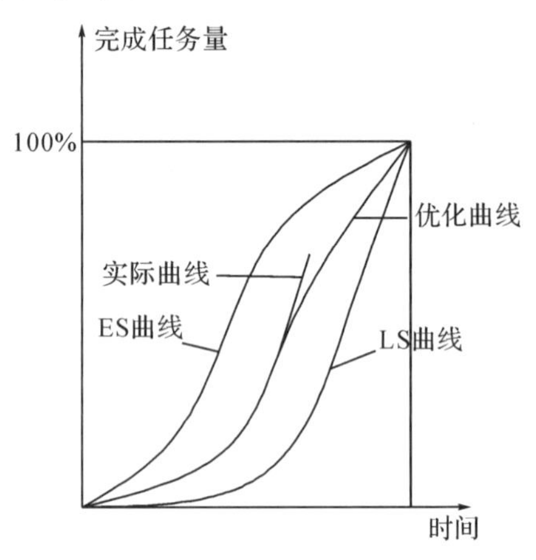

图 6-29　香蕉形曲线比较法

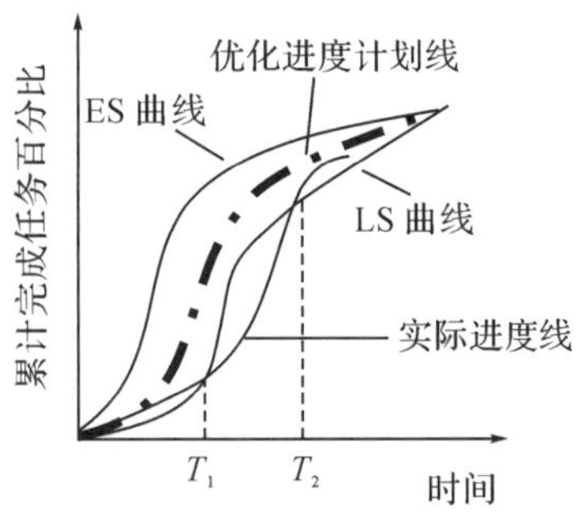

图 6-30　香蕉曲线图

图 6-30 将 ES-LS 香蕉曲线、优化后的进度计划曲线和部分实际进度曲线展示了出来。通过该

图,可以加深对香蕉曲线的理解。在该图中,实际进度曲线只在项目刚开始实施阶段与优化进度曲线比较一致,随着项目的继续进行,前者偏离优化进度计划线的程度开始增大。香蕉曲线比较法的意义在于判断实际进度的滞后是否会对总工期造成影响。当实际进度曲线出现在ES-LS香蕉曲线的右边时,表示进度出现滞后且该滞后会导致总工期的延长,此时,如果总工期不能拖延,则需要采取赶工措施,在后续施工中弥补前一阶段的进度滞后。如图6-30中,T_1之前虽然已经出现进度拖延,但是按原计划继续施工还不至于导致总工期延长;自T_1开始,实际进度曲线进入LS的右方,此时,如果不采取赶工措施,将导致总工期的延长。在采取赶工措施后,在T_2时刻实际进度曲线再次进入香蕉曲线的闭合空间里,表明此后继续按计划施工可避免竣工时间的后延。

四、赢得值法

赢得值法(Earned Value Management, EVM)作为一项先进的项目管理技术,最初是美国国防部于1967年首次确立的。到目前为止国际上先进的咨询公司已普遍采用赢得值法进行工程项目的投资、进度综合分析控制。用赢得值法进行投资、进度综合分析控制,基本参数有三项,即已完工作预算投资、计划工作预算投资和已完工作实际投资。

(一)赢得值法的基本参数

1. 已完工作预算投资

已完工作预算投资,简称BCWP(Budgeted Cost for Work Performed),是指在某一时间已经完成的工作(或部分工作),以批准认可的预算为标准所需要的资金总额,由于发包人正是根据这个值为承包人完成的工作量支付相应的投资,也就是承包人获得(挣得)的金额,故称赢得值或挣值:

已完工作预算投资(BCWP)=已完成工作量×预算单价

2. 计划工作预算投资

计划工作预算投资,简称BCWS(Budgeted Cost for Work Scheduled),即根据进度计划,在某一时刻应当完成的工作(或部分工作),以预算为标准所需要的资金总额。一般来说,除非合同有变更,BCWS在工程实施过程中应保持不变。

计划工作预算投资(BCWS)=计划工作量×预算单价

3. 已完工作实际投资

已完工作实际投资,简称ACWP(Actual Cost for Work Performed),即到某一时刻为止,已完成的工作(或部分工作)所实际花费的总金额。

已完工作实际投资(ACWP)=已完成工作量×实际单价

(二)赢得值法的评价指标

在这三个基本参数的基础上,可以确定赢得值法的四个评价指标,它们都是时间的函数。

1. 投资偏差CV(Cost Variance)

投资偏差CV是将BCWP(即已完成或进行中的工作的预算投资)与ACWP(即此工作的实际投资)比较所得的差值。

投资偏差(CV)=已完工作预算投资(BCWP)-已完工作实际投资(ACWP)

负值 CV 意味着完成工作的投资多于计划。即当投资偏差 CV 为负值时，表示项目运行超出预算投资；当投资偏差 CV 为正值时，表示项目运行节支，实际投资没有超出预算投资。

2. 进度偏差 SV(Schedule Variance)

进度偏差 SV 是将 BCWP 与 BCWS 进行比较所得的差值。

进度偏差 SV＝已完工作预算投资(BCWP)－计划工作预算投资(BCWS)

负值意味着与计划对比，完成的工作少于计划的工作。即当进度偏差 SV 为负值时，表示进度延误，实际进度落后于计划进度；当进度偏差 SV 为正值时，表示进度提前，实际进度快于计划进度。

【例 6】 某工程施工至 2018 年 9 月底，经统计分析得：已完工作预算投资为 38000 元，已完工作实际投资为 48000 元，计划工作预算投资为 42000 元。

问题：该工程此时的进度偏差为多少？

【解】 BCWS＝42000 元

BCWP＝38000 元

ACWP＝48000 元

SV＝BCWP－BCWS＝38000－42000＝－4000(元)

SV 为负值，即项目进度延误 4000 元。

(3)投资绩效指数(CPI)

投资绩效指数(CPI)＝已完工作预算投资(BCWP)/已完工作实际投资(ACWP)

当投资绩效指数(CPI)＜1 时，表示投资超支，即实际投资高于预算投资。

当投资绩效指数(CPI)＞1 时，表示投资节支，即实际投资低于预算投资。

(4)进度绩效指数(SPI)

进度绩效指数(SPI)＝已完工作预算投资(BCWP)/计划工作预算投资(BCWS)

当进度绩效指数(SPI)＜1 时，表示进度延误，即实际进度比计划进度拖后。

当进度绩效指数(SPI)＞1 时，表示进度超前，即实际进度比计划进度快。

【例 7】 某工程施工至 2018 年 9 月底，经统计分析得：已完工作预算投资为 38000 元，已完工作实际投资为 48000 元，计划工作预算投资为 42000 元。

问题：该工程此时的进度偏差为多少？

【解】 BCWS＝42000 元

BCWP＝38000 元

ACWP＝48000 元

SPI＝BCWP/BCWS＝38000/42000＝0.9

即每 1.00 元计划做的工作价值取得了 0.9 元的已完工作的价值，即进度延误，实际进度比计划进度拖后。

五、前锋线法

当采用时标网络计划时，可以用实际进度前锋线记录项目执行状况，进行实际进度与计划进度的对比。

实际进度前锋线是在原时标网络计划上，自上而下地从检查时刻的时标点出发，用虚线或点画线依次将各项工作实际进度达到的前锋点连接而成的，通常为一段折线。通过实际进度前锋线与原计划中各工作箭线交点的位置可以判断实际进度与计划进度是否存在偏差以及偏差的大小。

当前锋线与计划进度线路的交点正好在检查日期线上时，表示进度正常；当交点在检查日期线前（右方）时，表示进度提前；当交点在检查日期线后（左方）时，则表示拖后。画出前锋线，实际进度便一目了然了。

在图 6-31 中，在第 5 天末进行进度检查，图中虚线即为前锋线。易知，工序③—⑦比计划进度提前了一天；工序④—⑤比计划进度滞后了一天；工序④—⑧的进度跟计划进度吻合。显然，上述判断假定各工序匀速进展。

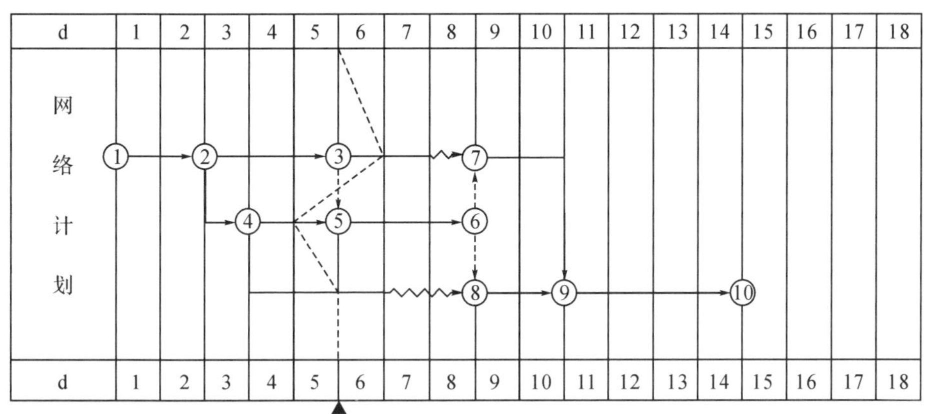

图 6-31 前锋线法在时标网络中的应用

通过实际进度与计划进度的比较确定进度偏差后，还可以根据工作的自由时差和总时差预测该进度偏差对后续工作及项目总工期的影响。由此可见，前锋线比较法既适用于工作实际进度与计划进度之间的局部比较，又可用来分析和预测工程项目整体进度状况。

【例 8】 某工程项目时标网络计划如图 6-32 所示。该计划执行到第 6 周末检查实际进度时，发现工作 A 和 B 已经全部完成，工作 D、E 分别完成计划任务量的 20%和 50%，工作 C 尚需 3 周完成，试用前锋线法进行实际进度与计划进度的比较。

根据第 6 周末实际进度的检查结果绘制前锋线，如图 6-32 中左边的点画线所示。通过比较可以看出：

（1）工作 D 实际进度滞后 2 周，将使其后续工作 F 的最早开始时间推迟 2 周，不采取措施，将使总工期延长一周；

（2）工作 E 实际进度拖后 1 周，既不影响总工期，也不影响其后续工作的正常进行；

（3）工作 C 实际进度滞后 2 周，将使其后续工作 G、H、J 的最早开始时间推迟 2 周，如果不采取措施，将导致总工期延长 2 周。

综上可知，按第 6 周末的实际进度看，如不采取措施，总工期将延长 2 周。针对该情况，在总工期不能后延的情况下，施工方及时采取了赶工措施，对相应工序的施工力量进行了再安排。第 12 周末再次进行检查，得到实际进度前锋线如图 6-32右边的点画线所示。此时，工序 F、J 实际进度与计划进度一致，工序 H 实际进度比计划进度滞后一周，但该滞后并不

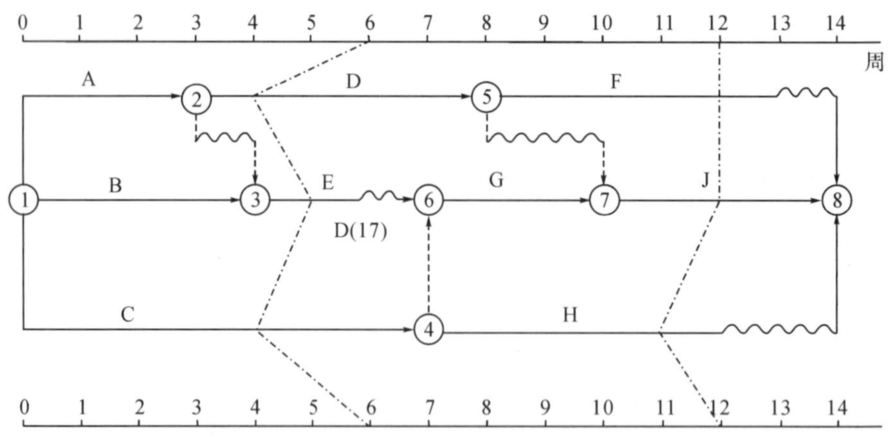

图 6-32 某工程前锋线比较图

影响总工期，即工程有望如期完成。可见，在前一次前锋线检查的基础上采取的调整措施有效，实现了赶工目的。

第五节 项目实施过程中进度计划的调整

通过对实际进度与计划进度的比较，可以判断网络计划是否存在进度偏差，若存在，必须认真寻找产生进度偏差的原因，分析进度偏差对后续施工活动的影响，并采取必要的调整措施，以确保进度目标的实现。

一、进度偏差原因分析

进度拖延的原因是多方面的，常见的有以下几种。

(一) 工期及相关计划的失误

计划失误是常见的现象。人们在计划期将持续时间安排得过于乐观了，包括：

(1)计划时忘记部分必需的功能或工作。

(2)计划值(如计划工作量、持续时间)不足，相关的实际工作量增加。

(3)资源或能力不足，例如计划时没有考虑到资源的限制或缺陷，没有考虑如何完成工作。

(4)出现了计划中未能考虑到的风险或状况，未能使工程实施达到预定的效率。

(5)在现代工程中，建设单位常常在一开始提出很紧迫的工期要求，使承包商的工期约束过紧。

(二) 边界条件的变化

(1)工作量的变化。可能是由于设计的修改、设计的错误、业主的新要求、修改项目的目标及系统范围的扩展造成的。

(2)外界(如政府)对项目新的要求或限制。设计标准的提高可能造成项目资源的缺乏，使工程无法及时完工。

(3)环境条件的变化。如不利的施工条件不仅造成对工程实施过程的干扰，有时还直接要求调整原来已确定的计划。

(4)发生不可抗力事件,如地震、台风、动乱、战争等。

(三) 管理过程中的失误

(1)计划部门与实施者之间、总分包商之间缺乏有效沟通。

(2)工程实施者缺乏工期意识,例如管理者任务下达时缺少必要的工期说明和责任落实,导致了进度拖延。

(3)项目参加单位对各个活动(各专业工程和供应)之间的逻辑关系(活动链)没有清楚地了解,下达任务时也没有做详细的解释,同时对活动必要的前提条件准备不足,各单位之间缺少协调和信息沟通,许多工作脱节,资源供应出现问题。

(4)由于其他方面未完成项目计划规定的任务造成拖延。例如设计单位拖延设计、运输不及时、上级机关拖延批准手续、质量检查拖延等。

(5)承包商没有集中力量施工,材料拖欠,资金缺乏,工期控制不紧。

(6)建设单位没有集中资金的供应,拖欠工程款,或业主的材料、设备供应不及时。

(四) 其他原因

例如由于采取其他调整措施造成工期的拖延,如设计的变更,质量问题的返工,实施方案的修改等。

二、进度偏差影响分析

当出现进度偏差时,进度偏差的大小及其所处的位置,对后续工作及总工期的影响程度是不相同的,调整措施亦会有差异。进度偏差影响分析的方法主要是利用网络计划中总时差和自由时差来进行判断,具体分析如下。

(一)找出产生进度偏差的工作

若产生进度偏差的是关键工作,则必定影响后续工作和总工期,应采取措施;如果产生偏差的是非关键工作,则有待进一步分析。

(二)判断进度偏差是否大于总时差

如果某工作的进度偏差大于其总工期,则此偏差必将影响后续工作和总时差;若进度偏差小于总时差,则这项偏差不会影响总工期,对后续工作是否有影响还需进一步考察。

(三)判断进度偏差是否大于自由时差

如果某项工作的进度偏差大于其自由时差,则此偏差必影响后续工作;若此偏差小于或等于自由时差,则不会影响后续工作,也不影响总工期,可不对其做出调整。

三、进度偏差的调整

当工程项目的实际进度偏差影响到后续工作及总工期,需要调整进度计划时,其调整方法主要有以下两种。

(一)改变某些工作间的逻辑关系

当工程项目实施过程中产生的进度偏差影响到总工期,且有关工作的逻辑关系允许改变时,可以改变关键线路和超过计划工期的非关键线路上的有关工作之间的逻辑关系,达到缩短工期的目的。例如,将顺序进行的工作改为平行作业或搭接作业以及分段组织流水作业等,都可以有效地缩短工期。

(二)缩短某些工作的持续时间

不改变工程项目中各项工作之间的逻辑关系,而通过采取增加资源投入、提高劳动生产率等措施来缩短某些工作的持续时间,使工程进度加快,以保证按计划工期完成该工程项目。被压缩持续时间的工作是位于关键线路和超过计划工期的非关键工作线路上的工作。同时,这些工作又是其持续时间可被压缩的工作。其调整方法根据有关限制条件及其对后续工作和总工期的影响程度不同而采取不同的处理方法。

四、解决进度拖延的措施

(一) 应对进度拖延的基本策略

进度计划是工程实施过程中进度监测、分析的基础,当出现进度拖延时,就需要决策是否采取措施以及采取什么措施应对。根据实际情况,应对进度拖延有以下两种基本策略。

1. 不采取赶工措施,继续执行原定计划

由于建设工程各工序间的逻辑关系严密,当不针对拖延采取赶工措施时,某一工序工期的拖延可能最终导致总工期的大大增加,因此风险较大。

2. 采取积极的赶工措施,以弱化已经发生的拖延可能对整个进度计划带来的冲击

赶工意味着对部分工序计划工期的压缩,因此赶工一方面会增加施工费用,另一方面需要对后续作业进度计划进行调整。进度控制需要根据具体情况采取赶工措施,以保证赶工计划的落实。

(二) 常用的赶工措施

当决定采取赶工措施,以弥补已经发生的进度拖延时,具体采用何种赶工措施,需要根据工程实际灵活选择。但是,增加施工资源投入、重新分配项目资源等,是进度控制中常采用的方法。

1. 增加资源投入

例如增加劳动力、材料、周转材料和设备的投入量。这是赶工最常用的措施,但是,受资源有限的限制,该类措施将带来以下问题:

(1)造成费用增加。如允许夜间赶工时,照明费用、加班人员的工资等都可能导致实际费用超出预期。

(2)造成资源使用效率的降低。如增加作业人员或施工机械时,受场地因素限制,人员或机械相互影响,导致生产率下降。

(3)增加管理难度。

2. 重新分配资源,调整不同工序间施工力量

在网络进度计划中,体现为从部分非关键工序中抽调施工力量投入关键工序的作业中。该措施将带来不同工序间的资源竞争。

3. 改变项目范围,调整施工方案

该措施能显著地改变工期,但是在实施中有以下方面需要注意:

(1)施工方案或项目范围的改变必须按照相应程序,征得建设单位和设计单位等相关方的批准,否则,调整不仅不能改善工期,反而可能由于返工导致工期的进一步恶化。

(2)通常采取该措施后将对后续相关工序产生重大影响,因此必须详细评估,做好计划,使其与后续工序顺利衔接。

4. 提高劳动生产率

分为人员和机械作业效率的提高两方面：

(1)提高作业人员的生产率可以采取激励、培训等手段。通常，培训需要花费较多的时间，针对一般项目可能效果有限。激励手段见效快，在赶工计划中运用空间很大，如设定赶工绩效工资，就可以在一定程度上提高现场作业人员的劳动生产率。

(2)施工机械的合理使用也将提高其生产率。一方面，可以通过管理，进一步优化施工机械的布置；另一方面，制订合理的机械使用计划，使机械处于良好的运行状态。

5. 采取外包策略，利用行业内其他企业的技术力量

尤其是其他公司具有更好的技术和管理水平时，相对于原定进度计划，工序工期压缩效果将非常明显。

复习思考题

1. 什么叫工程项目进度控制？简述工程项目进度控制的系统过程。
2. 简述工程项目进度控制的主体及相应的控制内容。
3. 影响工程项目进度的因素有哪些？
4. 结合案例分析工程项目进度拖延的原因，并提出解决进度拖延的措施。
5. 进度表达的方法有哪些？
6. 工程项目实际进度与计划进度的比较有哪些方法？各有何特点？
7. 请分析进度偏差对后续工作及总工期的影响。
8. 结合案例，阐述赢得值原理及其应用。

第七章　工程项目投资控制

投资控制是工程项目管理中重要的控制内容之一，是工程项目实现其经济效益和社会效益的重要手段。建设工程总投资由建设投资和流动资产投资组成，随着项目的进展，工程项目投资额度被不断深化，直至最终确定。工程项目投资控制就是在工程项目的不同阶段，采取相应的手段，将投资额度确定在一定的范围内，从而实现工程项目的投资控制目标。

第一节　工程项目投资

一、工程项目投资的概念

工程项目投资是指进行某项工程建设花费的全部费用。生产性建设工程项目总投资包括建设投资和铺底流动资金两部分；非生产性建设工程项目总投资则只包括建设投资。我国现行建设工程总投资构成如图 7-1 所示。

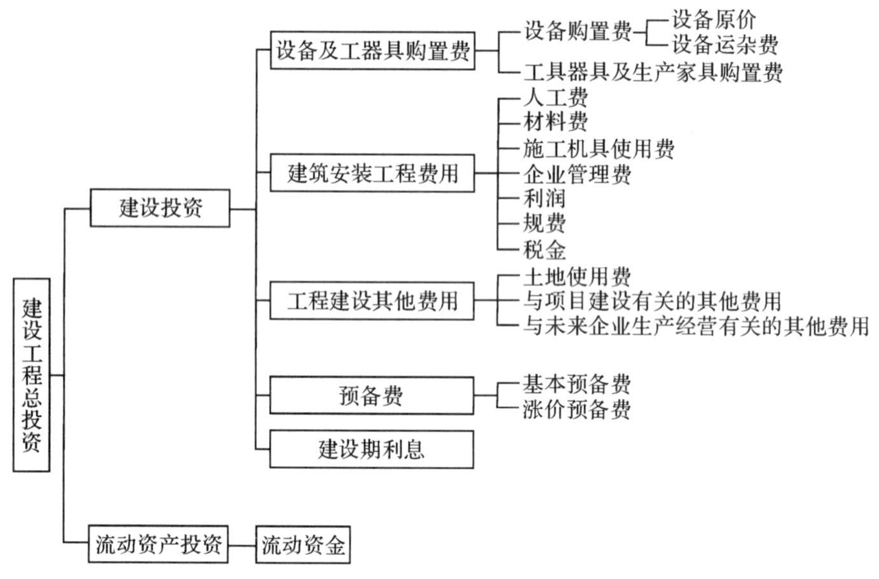

图 7-1　建设工程总投资的构成

建设投资由设备及工器具购置费、建筑安装工程费、工程建设其他费用、预备费(包括基本预备费和涨价预备费)和建设期利息组成。

设备及工器具购置费是指按照建设工程设计文件要求，建设单位(或其委托单位)购置或自制达到固定资产标准的设备和新、扩建项目配置的首套工器具及生产家具所需的费用。

设备及工器具购置费由设备原价、工器具原价和运杂费(包括设备成套公司服务费)组成。

建筑安装工程费是指建设单位用于建筑和安装工程方面的投资,它由建筑工程费和安装工程费两部分组成。建筑工程费是指建设工程涉及范围内的建筑物、构筑物、场地平整、道路、室外管道铺设、大型土石方工程费用等。安装工程费是指主要生产、辅助生产、公用工程等单项工程中需要安装的机械设备、电器设备、专用设备、仪器仪表等设备的安装及配件工程费,以及工艺、供热、供水等各种管道、配件、闸门和供电外线安装工程费用等。

工程建设其他费用是指未纳入以上两项的费用。根据设计文件要求和国家有关规定应由项目投资支付的、为保证工程建设顺利完成和交付使用后能够正常发挥效用而发生的一些费用。工程建设其他费用可分为三类:第一类是土地使用费,包括土地征用及迁移补偿费和土地使用权出让金;第二类是与项目建设有关的费用,包括建设单位管理费、勘察设计费、研究试验费、建设工程监理费等;第三类是与未来企业生产经营有关的费用,包括联合试运转费、生产准备费、办公和生活家具购置费等。

建设投资可分为静态投资部分和动态投资部分。静态投资部分由建筑安装工程费、设备及工器具购置费、工程建设其他费和基本预备费构成。动态投资部分是指在建设期内,因建设期利息和国家新批准的税费、汇率、利率变动以及建设期价格变动引起的建设投资增加额,包括涨价预备费和建设期利息。

工程造价一般是指一项工程预计开支或实际开支的全部固定资产投资费用,在这个意义上工程造价与建设投资的概念是一致的。因此,我们在讨论建设投资时,经常使用工程造价这个概念。需要指出的是,在实际应用中工程造价还有另一种含义,那就是指工程价格,即为建成一项工程,预计或实际在土地市场、设备市场、技术劳务市场以及承包市场等交易活动中所形成的建筑安装工程的价格和建设工程的总价格。

二、工程项目投资的特点

工程项目投资的特点是由工程项目的特点决定的。

(一)工程项目投资数额巨大

工程项目投资数额巨大,动辄上千万、数十亿。工程项目投资数额巨大的特点使它关系到国家、行业或地区的重大经济利益,对国计民生也会产生重大的影响。从这一点也说明了工程项目投资管理的重要意义。

(二)工程项目投资差异明显

每个建设工程项目都有其特定的用途、功能、规模,每项工程的结构、空间分割、设备配置和内外装饰都有不同的要求,工程内容和实物形态都有其差异性。同样的工程处于不同的地区或不同的时段在人工、材料、机械消耗上也有差异。所以,工程项目投资的差异十分明显。

(三)工程项目投资需单独计算

每个工程项目都有专门的用途,所以其结构、面积、造型和装饰也不尽相同。即使是用途相同的工程项目,技术水平、建筑等级和建筑标准也有所差别。工程项目还必须在结构造型等方面适应项目所在地的气候、地质、水文等自然条件,这就使工程项目的实物形态千差万别。再加上不同地区构成投资费用的各种要素的差异,最终导致建设工程项目投资的千差万别。因此,建设工程项目只能通过特殊的程序(编制估算、概算、预算、合同价、结算价及最后确定竣工决算等),就每个项目单独计算其投资。

(四)工程项目投资确定依据复杂

建设工程项目投资的确定依据繁多,关系复杂。在不同的建设阶段有不同的确定依据,且互为基础和指导,互相影响(见图 7-2)。如预算定额是概算定额(指标)编制的基础,概算定额(指标)又是估算指标编制的基础;反过来,估算指标又控制概算定额(指标)的水平,概算定额(指标)又控制预算定额的水平。这些都说明了建设工程项目投资的确定依据复杂的特点。

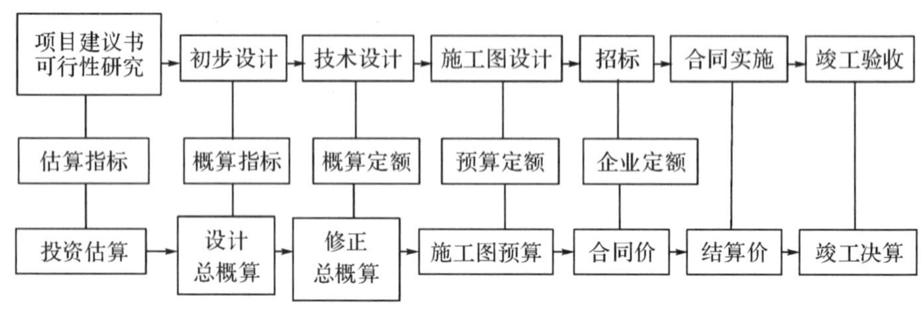

图 7-2　建设工程投资确定示意图

(五)工程项目投资确定层次繁多

凡是按照一个总体设计进行建设的各个单项工程汇集的总体即为一个建设工程项目。在建设工程项目中凡是具有独立的设计文件、竣工后可以独立发挥生产能力或工程效益的工程为单项工程,也可将它理解为具有独立存在意义的完整的工程项目。各单项工程又可分解为各个能独立施工的单位工程。考虑到组成单位工程的各部分是由不同工人用不同工具和材料完成的,又可以把单位工程进一步分解为分部工程。然后还可按照不同的施工方法、构造及规格,把分部工程更细致地分解为分项工程。此外,需分别计算分部分项工程投资、单位工程投资、单项工程投资,最后才能汇总形成建设工程项目投资。可见建设工程项目投资的确定层次繁多。

(六)工程项目投资需动态跟踪调整

每个工程项目从立项到竣工都有一个较长的建设期,在此期间都会出现一些不可预料的变化因素,对建设工程项目投资产生影响。如工程设计变更,设备、材料、人工价格变化,国家利率、汇率调整,因不可抗力出现或因承包方、发包方原因造成的索赔事件出现等,必然要引起建设工程项目投资的变动。所以,建设工程项目投资在整个建设期内都属于不确定的,需随时进行动态跟踪、调整,直至竣工决算后才能真正确定建设工程项目投资。

三、工程项目投资的组成

(一) 建筑安装工程费用

建筑安装工程费用的组成有两种划分方式,分别是按照费用构成要素划分和按照造价形成划分。下面将根据这两种不同的划分方式,详细介绍建筑安装工程费用的组成。

1. 按照费用构成要素划分

建筑安装工程费由人工费、材料(包含工程设备,下同)费、施工机具使用费、企业管理费、利润、规费和税金组成。其中人工费、材料费、施工机具使用费、企业管理费和利润包含在分部分项工程费、措施项目费、其他项目费中。按费用构成要素划分的建筑安装工程费用项目组成如图7-3所示。

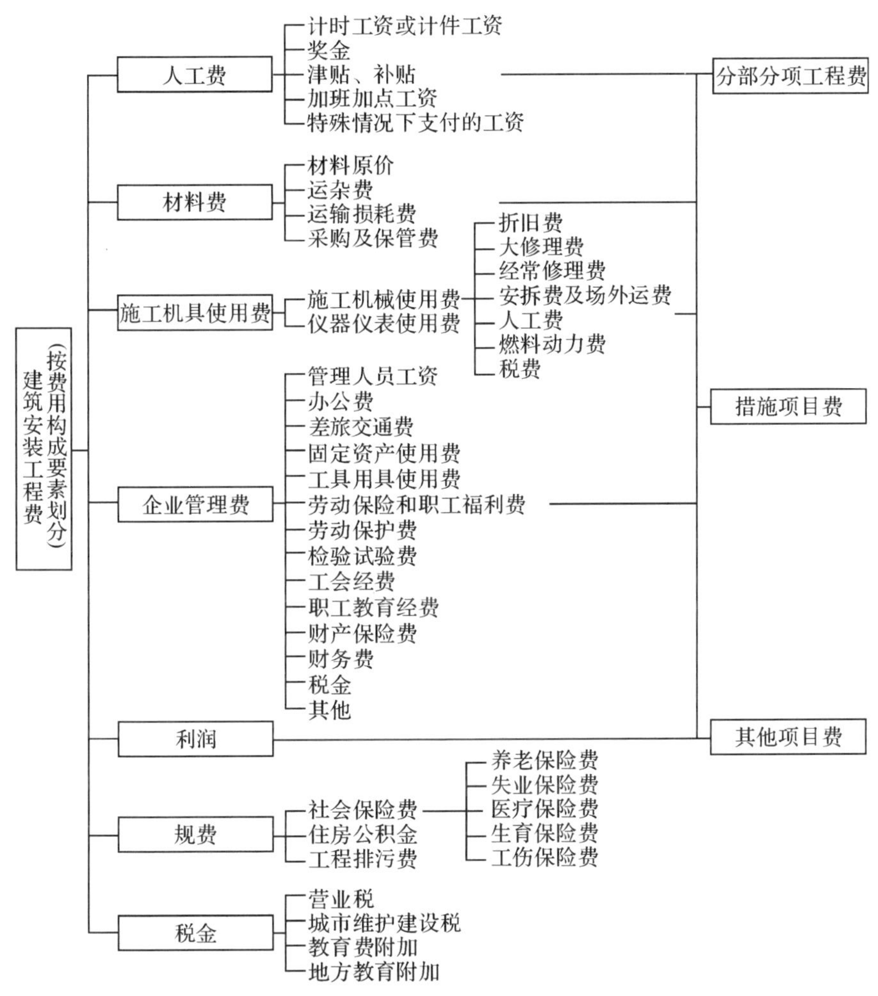

图7-3 按费用构成要素划分的建筑安装工程费用项目构成

(1)人工费

人工费是指按工资总额构成规定,支付给从事建筑安装工程施工的生产工人和附属生产单位工人的各项费用。内容包括:

1)计时工资或计件工资:是指按计时工资标准和工作时间或对已做工作按计件单价支付给个人的劳动报酬。

2)奖金:是指对超额劳动和增收节支支付给个人的劳动报酬。如节约奖、劳动竞赛奖等。

3)津贴、补贴:是指为了补偿职工特殊或额外的劳动消耗和因其他特殊原因支付给个人的津贴,以及为了保证职工工资水平不受物价影响支付给个人的物价补贴。如流动施工津贴、特殊地区施工津贴、高温(寒)作业临时津贴、高空津贴等。

4)加班加点工资:是指按规定支付的在法定节假日工作的加班工资和在法定日工作时间外延时工作的加点工资。

5)特殊情况下支付的工资:是指根据国家法律、法规和政策规定,因病、工伤、产假、计划生育假、婚丧假、事假、探亲假时间、定期休假、停工学习、执行国家或社会义务等原因按计时工资标准或计时工资标准的一定比例支付的工资。

(2)材料费

材料费是指施工过程中耗费的原材料、辅助材料、构配件、零件、半成品或成品、工程设备的费用。内容包括:

1)材料原价:是指材料、工程设备的出厂价格或商家供应价格。

2)运杂费:是指材料、工程设备自来源地运至工地仓库或指定堆放地点所发生的全部费用。

3)运输损耗费:是指材料在运输装卸过程中不可避免的损耗。

4)采购及保管费:是指为组织采购、供应和保管材料、工程设备的过程中所需要的各项费用。包括采购费、仓储费、工地保管费、仓储损耗。

工程设备是指构成或计划构成永久工程一部分的机电设备、金属结构设备、仪器装置及其他类似的设备和装置。

(3)施工机具使用费

施工机具使用费是指施工作业所发生的施工机械、仪器仪表使用费或其租赁费。内容包括:

1)施工机械使用费:以施工机械台班耗用量乘以施工机械台班单价表示。施工机械台班单价应由下列七项费用组成。

①折旧费:是指施工机械在规定的使用年限内,陆续收回其原值的费用。

②大修理费:是指施工机械按规定的大修理间隔台班进行必要的大修理,以恢复其正常功能所需的费用。

③经常修理费:是指施工机械除大修理以外的各级保养和临时故障排除所需的费用。包括为保障机械正常运转所需替换设备与随机配备工具附具的摊销和维护费用,机械运转日常保养所需润滑与擦拭的材料费用及机械停滞期间的维护和保养费用等。

④安拆费及场外运费:安拆费指施工机械(大型机械除外)在现场进行安装与拆卸所需的人工、材料、机械和试运转费用以及机械辅助设施的折旧、搭设、拆除等费用;场外运费指施工机械整体或分体自停放地点运至施工现场或由一施工地点运至另一施工地点的运输、装卸、辅助材料及架线等费用。

⑤人工费:是指机上司机(司炉)和其他操作人员的人工费。

⑥燃料动力费:是指施工机械在运转作业中所消耗的各种燃料及水、电等。

⑦税费:是指施工机械按照国家规定应缴纳的车船使用税、保险费及年检费等。

2)仪器仪表使用费:是指工程施工所需使用的仪器仪表的摊销及维修费用。

(4)企业管理费

企业管理费是指建筑安装企业组织施工生产和经营管理所需的费用。内容包括：

1)管理人员工资：是指按规定支付给管理人员的计时工资、奖金、津贴补贴、加班加点工资及特殊情况下支付的工资等。

2)办公费：是指企业管理办公用的文具、纸张、账表、印刷、邮电、书报、办公软件、现场监控、会议、水电、烧水和集体取暖降温(包括现场临时宿舍取暖降温)等费用。

3)差旅交通费：是指职工因公出差调动工作的差旅费、住勤补助费，市内交通费和误餐补助费，职工探亲路费，劳动力招募费，职工退休、退职一次性路费，工伤人员就医路费，工地转移费以及管理部门使用的交通工具的油料、燃料等费用。

4)固定资产使用费：是指管理和试验部门及附属生产单位使用的属于固定资产的房屋、设备、仪器等的折旧、大修、维修或租赁费。

5)工具用具使用费：是指企业施工生产和管理使用的不属于固定资产的工具、器具、家具、交通工具和检验、试验、测绘、消防用具等的购置、维修和摊销费。

6)劳动保险和职工福利费：是指由企业支付的职工退职金、按规定支付给离休干部的经费、集体福利费、夏季防暑降温、冬季取暖补贴、上下班交通补贴等。

7)劳动保护费：是企业按规定发放的劳动保护用品的支出。如工作服、手套、防暑降温饮料以及在有碍身体健康的环境中施工的保健费用等。

8)检验试验费：是指施工企业按照有关标准规定，对建筑以及材料、构件和建筑安装物进行一般鉴定、检查所发生的费用，包括自设试验室进行试验所耗用的材料等费用。不包括新结构、新材料的试验费，对构件做破坏性试验及其他特殊要求检验试验的费用和建设单位委托检测机构进行检测的费用，对此类检测发生的费用，由建设单位在工程建设其他费用中列支。但对施工企业提供的具有合格证明的材料进行检测其结果不合格的，该检测费用由施工企业支付。

9)工会经费：是指企业按《工会法》规定的全部职工工资总额比例计提的工会经费。

10)职工教育经费：是指按照职工工资总额的规定比例计提，企业为职工进行专业技术和职业技能培训，专业技术人员继续教育、职工职业技能鉴定、职业资格认定以及根据需要对职工进行各类文化教育所发生的费用。

11)财产保险费：是指施工管理用财产、车辆等的保险费用。

12)财务费：是指企业为施工生产筹集资金或提供预付款担保、履约担保、职工工资支付担保等所发生的各种费用。

13)税金：是指企业按规定缴纳的房产税、车船使用税、土地使用税、印花税等。

14)其他：包括技术转让费、技术开发费、投标费、业务招待费、绿化费、公证费、法律顾问费、审计费、咨询费、保险费等。

(5)利润

利润是指施工企业完成所承包工程获得的盈利。

(6)规费

规费是指按国家法律、法规规定，由省级政府和省级有关权力部门规定必须缴纳或计取的费用。包括：

1)社会保险费

①养老保险费：是指企业按照规定标准为职工缴纳的基本养老保险费。

②失业保险费：是指企业按照规定标准为职工缴纳的失业保险费。

③医疗保险费：是指企业按照规定标准为职工缴纳的基本医疗保险费。

④生育保险费：是指企业按照规定标准为职工缴纳的生育保险费。

⑤工伤保险费：是指企业按照规定标准为职工缴纳的工伤保险费。

2)住房公积金：是指企业按规定标准为职工缴纳的住房公积金。

3)工程排污费：是指按规定缴纳的施工现场工程排污费。

其他应列而未列入的规费，按实际发生计取。

(7)税金

税金是指国家税法规定的应计入建筑安装工程造价内的营业税、城市维护建设税、教育费附加以及地方教育附加。

2. 按照工程造价形成划分

建筑安装工程费由分部分项工程费、措施项目费、其他项目费、规费、税金组成，分部分项工程费、措施项目费、其他项目费包含人工费、材料费、施工机具使用费、企业管理费和利润。按造价形成划分的建筑安装工程费用项目组成如图 7-4 所示。

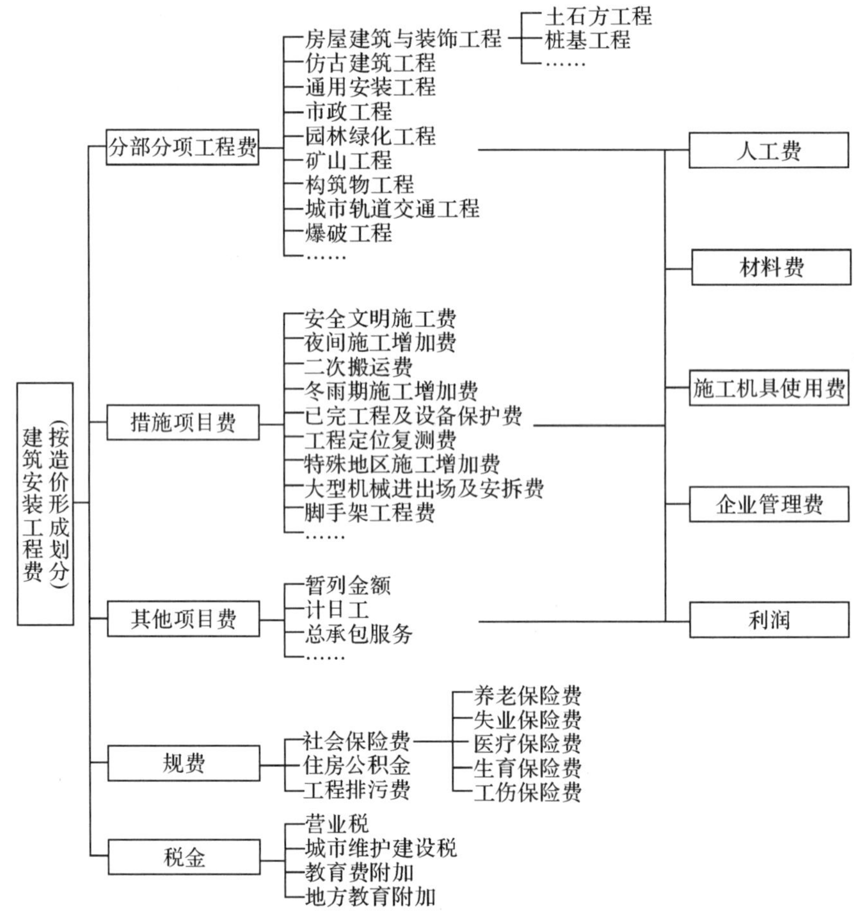

图 7-4　按造价形成划分的建筑安装工程费用项目组成

(1)分部分项工程费

分部分项工程费是指各专业工程的分部分项工程应予列支的各项费用。

1)专业工程

这是指按现行国家计量规范划分的房屋建筑与装饰工程、仿古建筑工程、通用安装工程、市政工程、园林绿化工程、矿山工程、构筑物工程、城市轨道交通工程、爆破工程等各类工程。

2)分部分项工程

这是指按现行国家计量规范对各专业工程划分的项目。如房屋建筑与装饰工程划分的土石方工程、地基处理与桩基工程、砌筑工程、钢筋及钢筋混凝土工程等。

各类专业工程的分部分项工程划分见现行国家或行业计量规范。

(2)措施项目费

措施项目费是指为完成建设工程施工,发生于该工程施工前和施工过程中的技术、生产、安全、环境保护等方面的费用。内容包括:

1)安全文明施工费

①环境保护费:是指施工现场为达到环保部门要求所需要的各项费用。

②文明施工费:是指施工现场文明施工所需要的各项费用。

③安全施工费:是指施工现场安全施工所需要的各项费用。

④临时设施费:是指施工企业为进行建设工程施工所必须搭设的生活和生产用的临时建筑物、构筑物和其他临时设施费用。包括临时设施的搭设、维修、拆除、清理费或摊销费等。

2)夜间施工增加费

这是指因夜间施工所发生的夜班补助费、夜间施工降效、夜间施工照明设备摊销及照明用电等费用。

3)二次搬运费

这是指因施工场地条件限制而发生的材料、构配件、半成品等一次运输不能到达堆放地点,必须进行二次或多次搬运所发生的费用。

4)冬雨期施工增加费

这是指在冬期或雨期施工需增加的临时设施,防滑、排除雨雪、人工及施工机械效率降低等费用。

5)已完工程及设备保护费

这是指竣工验收前,对已完工程及设备采取的必要保护措施所发生的费用。

6)工程定位复测费

这是指工程施工过程中进行全部施工测量放线和复测工作的费用。

7)特殊地区施工增加费

这是指工程在沙漠或其边缘地区、高海拔、高寒、原始森林等特殊地区施工增加的费用。

8)大型机械设备进出场及安拆费

这是指机械整体或分体自停放场地运至施工现场或由一个施工地点运至另一个施工地点,所发生的机械进出场运输及转移费用及机械在施工现场进行安装、拆卸所需的人工费、材料费、机械费、试运转费和安装所需的辅助设施的费用。

9)脚手架工程费

这是指施工需要的各种脚手架搭、拆、运输费用以及脚手架购置费的摊销(或租赁)费用。

措施项目及其包含的内容详见各类专业工程的现行国家或行业计量规范。

(3)其他项目费

1)暂列金额

这是指建设单位在工程量清单中暂定并包括在工程合同价款中的一笔款项。用于施工合同签订时尚未确定或者不可预见的所需材料、工程设备、服务的采购,施工中可能发生的工程变更、合同约定调整因素出现时的工程价款调整以及发生的索赔、现场签证确认等的费用。

2)计日工

这是指在施工过程中,施工企业完成建设单位提出的施工图纸以外的零星项目或工作所需的费用。

3)总承包服务费

这是指总承包人为配合、协调建设单位进行的专业工程发包,对建设单位自行采购的材料、工程设备等进行保管以及施工现场管理、竣工资料汇总整理等服务所需的费用。

(4)规费

定义同上。

(5)税金

定义同上。

(二)设备及工器具购置费用

设备、工器具购置费用是由设备购置费用和工具、器具及生产家具购置费用组成。在工业建设工程中,设备、工器具费用与资本的有机构成相联系,设备、工器具费用占投资费用的比例大小,意味着生产技术的进步和资本有机构成的程度。

1. 设备购置费的组成

设备购置费是指为建设工程购置或自制的达到固定资产标准的设备、工具、器具的费用。所谓固定资产标准,是指使用年限在一年以上,单位价值在国家或各主管部门规定的限额以上。例如,1992 年财政部规定,大、中、小型工业企业固定资产的限额标准分别为 2000 元、1500 元和 1000 元以上。新建项目和扩建项目的新建车间购置或自制的全部设备、工具、器具,不论是否达到固定资产标准,均计入设备、工器具购置费中。设备购置费包括设备原价和设备运杂费,即:

设备购置费=设备原价或进口设备抵岸价+设备运杂费

上式中,设备原价系指国产标准设备、非标准设备的原价。设备运杂费系指设备原价中未包括的包装和包装材料费、运输费、装卸费、采购费及仓库保管费、供销部门手续费等。如果设备是由设备成套公司供应的,成套公司的服务费也应计入设备运杂费之中。

2. 工具、器具及生产家具购置费的组成

工器具及生产家具购置费是指新建项目或扩建项目初步设计规定所必须购置的不够固定资产标准的设备、仪器、工卡模具、器具、生产家具和备品备件的费用。其一般计算公式为:

工器具及生产家具购置费=设备购置费×定额费率

(三) 工程建设其他费用的组成

工程建设其他费用是指从工程筹建到工程竣工验收交付使用止的整个建设期间,除建筑安装工程费用和设备、工器具购置费以外的,为保证工程建设顺利完成和交付使用后能够正常发挥效用而发生的一些费用。

工程建设其他费用,按其内容大体可分为三类:第一类为土地使用费,由于工程项目固定于一定地点与地面相连接,必须占用一定量的土地,也就必然要发生为获得建设用地而支付的费用;第二类是与项目建设有关的费用;第三类是与未来企业生产和经营活动有关的费用。

1. 土地使用费

(1)农用土地征用费

农用土地征用费由土地补偿费、安置补助费、土地投资补偿费、土地管理费、耕地占用税等组成,并按被征用土地的原用途给予补偿。

征用耕地的补偿费用包括土地补偿费、安置补助费以及地上附着物和青苗的补偿费。

1)征用耕地的土地补偿费,为该耕地被征用前三年平均年产值的 6～10 倍。

2)征用耕地的安置补助费,按照需要安置的农业人口数计算。需要安置的农业人口数,按照被征用的耕地数量除以征地前被征用单位平均每人占有耕地的数量计算。每一个需要安置的农业人口的安置补助费标准,为该耕地被征用前三年平均年产值的 4～6 倍。但是,每公顷被征用耕地的安置补助费,最高不得超过被征用前三年平均年产值的 15 倍。

征用其他土地的土地补偿费和安置补助费标准,由省、自治区、直辖市参照征用耕地的土地补偿费和安置补助费的标准规定。

3)征用土地上的附着物和青苗的补偿标准,由省、自治区、直辖市规定。

4)征用城市郊区的菜地,用地单位应当按照国家有关规定缴纳新菜地开发建设基金。

(2)取得国有土地使用费

取得国有土地使用费包括土地使用权出让金、城市建设配套费、拆迁补偿与临时安置补助费等。

1)土地使用权出让金:是指建设工程通过土地使用权出让方式,取得有限期的土地使用权,依照《中华人民共和国城镇国有土地使用权出让和转让暂行条例》规定,支付的土地使用权出让金。

2)城市建设配套费:是指因进行城市公共设施的建设而分摊的费用。

3)拆迁补偿与临时安置补助费:此项费用由两部分构成,即拆迁补偿费和临时安置补助费或搬迁补助费。拆迁补偿费是指拆迁人对被拆迁人,按照有关规定予以补偿所需的费用。拆迁补偿的形式可分为产权调换和货币补偿两种形式。产权调换的面积按照所拆迁房屋的建筑面积计算;货币补偿的金额按被拆房屋的结构和折旧程度划档,按平方米单价计算。

在过渡期内,被拆迁人或者房屋承租人自行安排住处的,拆迁人应当支付临时安置补助费。

2. 与项目建设有关的其他费用

(1)建设单位管理费

建设单位管理费是指建设工程从立项、筹建、建设、联合试运转、竣工验收交付使用及后评价等全过程管理所需的费用。内容包括:

1)建设单位开办费:是指新建项目为保证筹建和建设工作正常进行所需办公设备、生活家具、用具、交通工具等购置费用。

2)建设单位经费:包括工作人员的基本工资、工资性津贴、职工福利费、劳动保护费、劳动保险费、办公费、差旅交通费、工会经费、职工教育经费、固定资产使用费、工具用具使用费、技术图书资料费、生产人员招募费、工程招标费、合同契约公证费、工程质量监督检测费、工程咨询费、法律顾问费、审计费、业务招待费、排污费、竣工交付使用清理及竣工验收费、后评估等费用。不包括应计入设备、材料预算价格的建设单位采购及保管设备材料所需的费用。

(2)可行性研究费

可行性研究费是指在工程项目投资决策阶段,依据调研报告对有关建设方案、技术方案或生产经营方案进行的技术经济论证,以及编制、评审可行性研究报告所需的费用。此项费用应依据前期研究委托合同计列,或参照《国家计委关于印发〈建设项目前期工作咨询收费暂行规定〉的通知》规定计算。

(3)研究试验费

研究试验费是指为建设工程提供或验证设计参数、数据资料等进行必要研究试验以及设计规定在施工中进行的试验、验证所需费用,包括自行或委托其他部门研究所需的人工费、材料费、试验设备及仪器使用费,支付的科技成果、先进技术的一次性技术转让费。按照设计单位根据本工程项目的需要提出的研究试验内容和要求计算。

(4)勘察设计费

勘察设计费是指为建设工程提供项目建议书、可行性研究报告及设计文件等所需费用。内容包括:

1)编制项目建议书、可行性研究报告及投资估算、工程咨询、评价以及为编制上述文件所进行勘察、设计、研究试验等所需费用。

2)委托勘察、设计单位进行初步设计、施工图设计及概预算编制等所需费用。

3)在规定范围内由建设单位自行完成的勘察、设计工作所需费用。

勘察设计费应按照国家计委颁发的工程勘察设计收费标准计算。

(5)环境影响评价费

环境影响评价费是指按照《中华人民共和国环境保护法》《中华人民共和国环境影响评价法》等规定,在工程项目投资决策过程中,为全面、详细评价本建设项目对环境产生的污染或造成的重大影响所需的费用。包括编制环境影响报告书(含大纲)、环境影响报告表进行评估等所需的费用。此项费用可参照《关于规范环境影响咨询收费有关问题的通知》规定计算。

(6)劳动安全卫生评价费

劳动安全卫生评价费是指按照劳动部《建设项目(工程)劳动安全卫生监察规定》和《建设项目(工程)劳动安全卫生预评价管理办法》的规定,为预测和分析建设项目存在的职业危险、危害因素的种类和危险危害程度,并提出先进、科学、合理可行的劳动安全卫生技术和管理对策所需的费用。包括编制建设项目劳动安全卫生预评价大纲和劳动安全卫生预评价报告书以及为编制上述文件所进行的工程分析和环境现状调查等所需费用。

(7)临时设施费

临时设施费是指建设期间建设单位所需临时设施的搭设、维修、摊销费用或租赁费用。

临时设施包括临时宿舍、文化福利及公用事业房屋与构筑物、仓库、办公室、加工厂以及规定范围内道路、水、电、管线等临时设施和小型临时设施。

(8)建设工程监理费

建设工程监理费是指委托工程监理单位对工程实施监理工作所需费用。建设工程监理与相关服务收费根据建设项目性质不同情况,分别实行政府指导价或市场调节价。依法必须实行监理的建设工程施工阶段的监理收费实行政府指导价;其他建设工程施工阶段的监理收费和其他阶段的监理与相关服务收费实行市场调节价。

(9)工程保险费

工程保险费是指建设工程在建设期间根据需要,实施工程保险部分所需费用。包括以各种建筑工程及其在施工过程中的物料、机器设备为保险标的的建筑工程一切险,以安装工程中的各种机器、设备为保险标的的安装工程一切险,以及机器损坏保险等。

(10)引进技术和进口设备其他费

引进技术和进口设备其他费包括出国人员费用、国外工程技术人员来华费用、技术引进费、分期或延期付款利息、担保费以及进口设备检验鉴定费。

(11)特殊设备安全监督检验费

特殊设备安全监督检验费是指安全监察部门对在施工现场组装的锅炉及压力容器、压力管道、消防设备、燃气设备、电梯等特殊设备和设施实施安全检验收取的费用。

(12)市政公用设施费

市政公用设施费是指使用市政公用设施的工程项目,按照项目所在地省级人民政府有关规定缴纳的市政公用设施建设配套费用,以及绿化工程补偿费用。

3. 与未来企业生产经营有关的其他费用

(1)联合试运转费

联合试运转费是指新建企业或新增加生产工艺过程的扩建企业在竣工验收前,按规定的工程质量标准,进行整个车间的负荷试运转发生的费用。费用内容包括:试转运所需的原料、燃料、油料和动力的费用,机械使用费用,低值易耗品及其他物品的购置费用和施工单位参加联合试运转人员的工资等。试运转收入包括试运转产品销售和其他收入。不包括应由设备安装工程费开支的单台设备调试费及无负荷联动试运转费用。

(2)生产准备费

生产准备费是指新建企业或新增生产能力的企业,为保证竣工交付使用进行必要的生产准备所发生的费用。费用内容包括:

1)生产职工培训费。自行培训、委托其他单位培训人员的工资、工资性补贴、福利费、差旅交通费、学习资料费、学费、劳动保护费。

2)生产单位提前进厂参加施工、设备安装、调试等以及熟悉工艺流程及设备性能等人员的工资、工资性补贴、职工福利费、差旅交通费、劳动保护费等。

(3)办公和生活家具购置费

办公和生活家具购置费是指为保证新建、改建、扩建项目初期正常生产、使用和管理所必须购置的办公和生活家具、用具的费用。改、扩建项目所需的办公和生活用具购置费,应低于新建项目。其范围包括办公室、会议室、资料档案室、阅览室、文娱室、食堂、浴室、理发室和单身宿舍等。

(四) 预备费

按我国现行规定，预备费包括基本预备费和涨价预备费。

1. 基本预备费

基本预备费是指在项目实施中可能发生难以预料的支出，需要预先预留的费用，又称不可预见费。主要指设计变更及施工过程中可能增加工程量的费用。计算公式为：

基本预备费=(设备及工器具购置费+建筑安装工程费+工程建设其他费用)×基本预备费率

2. 涨价预备费

涨价预备费是指建设工程项目在建设期内由于价格等变化引起投资增加，需要事先预留的费用。涨价预备费以建筑安装工程费、设备工器具购置费之和为计算基数。计算公式为

$$PC = \sum_{t=1}^{n} I_t[(1+f)^t - 1]$$

式中：PC——涨价预备费；

I_t——第 t 年的建筑安装工程费、设备及工器具购置费之和；

n——建设期；

f——建设期价格上涨指数。

(五) 建设期利息

建设期利息是指项目借款在建设期内发生并计入固定资产的利息。为了简化计算，在编制投资估算时通常假定借款均在每年的年终支出，借款第一年按半年计息，其余各年份按全年计息。计算公式为：

各年应计利息=(年初借款本息累计+本年借款额/2)×年利率

(六) 铺底流动资金

铺底流动资金是指生产性建设工程为保证生产和经营正常进行，按规定应列入建设工程总投资的铺底流动资金。一般按流动资金的30%计算。

第二节　工程项目投资控制

所谓工程项目投资控制，就是在投资决策阶段、设计阶段、发包阶段、施工阶段以及竣工阶段，把建设工程投资控制在批准的投资限额以内，随时纠正发生的偏差，以保证项目投资管理目标的实现，以求在建设工程中能合理利用人力、物力、财力，取得较好的投资效益和社会效益。

一、工程项目投资控制的目标

控制是为确保目标的实现而服务的，一个系统若没有目标，就不需要、也无法进行控制。目标的设置应是很严肃的，应有科学的依据。

工程项目建设过程是一个周期长、投入大的生产过程，建设者在一定时间内占有的经验知识是有限的，不但常常受到科学条件和技术条件的限制，而且也受到客观过程的发展及其表现程度的限制，因而不可能在工程建设伊始，就设置一个科学的、一成不变的投资控制目标，而只能设置一个大致的投资控制目标，这就是投资估算。随着工程建设实践、认识、再实践、再认识，投资控制目标一步步清晰、准确，这就是设计概算、施工图预算、承包合同价等。也就是说，投资控制目标的设置应是随着工程项目建设实践的不断深入而分阶段设置，具体来讲，投资估算应是建设工程设计方案选择和进行初步设计的投资控制目标；设计概算应是进行技术设计和施工图设计的投资控制目标；施工图预算或建安工程承包合同价则应是施工阶段投资控制的目标。有机联系的各个阶段目标相互制约，相互补充，前者控制后者，后者补充前者，共同组成建设工程投资控制的目标系统。

目标要既有先进性又有实现的可能性，目标水平要能激发执行者的进取心和充分发挥他们的工作能力，挖掘他们的潜力。若目标水平太低，如对建设工程投资高估冒算，则对建造者缺乏激励性，建造者亦没有发挥潜力的余地，目标形同虚设；若水平太高，如在建设工程立项时投资就留有缺口，建造者一再努力也无法达到，则可能产生灰心情绪，使工程投资控制成为一纸空文。

二、工程项目投资控制的重点

投资控制贯穿于项目建设的全过程，这一点是毫无疑义的，但是必须重点突出。国内外研究者通过对不同建设阶段影响建设工程投资程度的研究表明，影响项目投资最大的阶段，是约占工程项目建设周期四分之一的技术设计结束前的工作阶段。在初步设计阶段，影响项目投资的可能性为75%～95%；在技术设计阶段，影响项目投资的可能性为35%～70%；在施工图设计阶段，影响项目投资的可能性则为5%～35%。如图7-5所示。很显然，项目投资控制的重点在于施工以前的投资决策和设计阶段，而在项目做出投资决策后，控制项目投资的关键就在于设计。据西方一些国家分析，设计费一般只相当于建设工程全寿命费用的1%以下，但正是这少于1%的费用却基本决定了几乎全部随后的费用。由此可见，设计对整个建设工程的效益是何等重要。这里所说的建设工程全寿命费用包括建设投资和工程交付使用后的经常性开支费用（含经营费用、日常维护修理费用、使用期内大修理和局部更新费用）以及该项目使用期满后的报废拆除费用等。

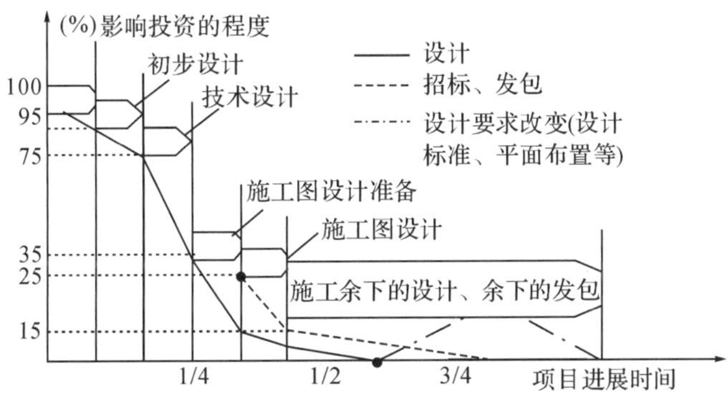

图7-5 不同建设阶段影响项目建设投资程度

三、工程项目投资控制的任务

在工程项目的建设实施中，投资控制的任务是对建设全过程的投资费用负责，是要严格按照批准的可行性研究报告中规定的建设规模、建设内容、建设标准和相应的工程投资目标值等进行建设，努力把建设项目投资控制在计划的目标值以内。在工程项目的建设过程中，各阶段均有投资的规划与投资的控制等工作，但不同阶段投资控制的工作内容与侧重点各不相同。

(一)设计准备阶段投资控制的主要任务

在建设项目的设计准备阶段，投资控制主要任务是按项目的构思和要求，深化投资估算，进行投资目标的分析、论证和分解，以作为建设项目实施阶段投资控制的重要依据。在此阶段的投资控制工作，是要参与对工程项目的建设环境以及各种技术、经济和社会因素进行调查、分析、研究、计算和论证，参与建设项目的功能定义和投资定义等。

在做出项目建设的投资决策以后，工程项目的建设就进入实施阶段，此时首先着手开始工程设计的工作。设计阶段建设项目投资的控制是要用项目决策阶段的投资估算，指导工程设计的进行，控制与工程设计结果相对应的投资费用，使设计阶段形成的建设项目投资数值能够被控制在投资估算允许的浮动范围以内。

投资估算是在建设项目的投资决策阶段，确定拟建项目所需投资数量的费用估算文件。与投资决策过程中的各个工作阶段相对应，投资估算也需按相应阶段进行编制。编制投资估算的主要目的，一是作为拟建项目投资决策的依据；二是若决定工程项目的建设以后，则其将成为拟建工程项目实施阶段投资控制的目标值。

(二)设计阶段投资控制的主要任务

在建设项目的设计阶段，投资控制的主要任务和工作是按批准的项目规模、内容、功能、标准和投资规划等指导和控制设计工作的开展，组织设计方案竞赛，进行方案比选和优化，编制及审查设计概算和施工图预算，采用各种技术方法控制各个设计阶段所形成的拟建项目的投资费用。

工程设计一般分为两个设计阶段：初步设计阶段和施工图设计阶段。大型和复杂的项目，工程在初步设计之前，要做方案设计，进行设计方案竞赛，优选方案。对技术上复杂又缺乏设计经验的工程，在初步设计完成之后，可增加技术设计阶段。因此，设计的阶段总体上可划分为方案设计、初步设计、技术设计和施工图设计四个阶段。对应工程的设计阶段，有确定建设项目投资费用的文件：在初步设计阶段，需要编制设计概算；在技术设计阶段，需要编制修正概算；在施工图设计阶段需要编制施工图预算。设计概算、修正概算、施工图预算均是工程设计文件的重要组成部分，是确定和反映工程项目建设在各相应设计阶段的内容以及建设所需费用的文件。

在设计阶段，进行建设项目投资是要以投资估算控制初步设计的工作；以设计概算控制施工图设计的工作。如果设计概算超过投资估算，应对初步设计进行调整和修改。同理，如果施工图预算超过设计概算，应对施工图设计进行调整和修改。通过对设计过程中形成的投资费用的层层控制，以实现拟建工程项目的投资控制目标。要在设计阶段有效的控制投资，需要从多方面采取措施，随时纠正发生的投资偏差。技术措施和技术方法在设计阶段的投资控制中起着极为重要和积极的作用。

(三)施工准备和施工阶段投资控制的主要任务

建设项目施工准备阶段的投资控制,是以工程设计文件为依据,结合工程施工的具体情况,选择工程承包单位。此阶段投资控制的具体工作包括参与工程招标文件的制定,编制招标工程的标底,选择合适的合同计价方式,评价承包商的投标报价,参加合同谈判,确定工程承包合同价格,参与材料和设备订货的价格确定等。

在建设项目的施工阶段,投资控制的任务和工作主要是以施工图预算或工程承包合同价格作为投资控制目标,控制工程实际费用的支出。在施工阶段,需要编制资金使用计划,合理确定实际投资费用的支出;严格控制工程变更,合理确定工程变更价款;以施工图预算或工程合同价格为目标,通过工程计量,合理确定工程结算价款,控制工程进度款的支付。工程结算是在工程施工阶段施工单位根据工程承包合同的约定而编制的确定应得到的工程价款的文件,其经审核通过后,建设单位就应按此向施工单位支付工程价款。因此,工程结算价款对建设单位而言是真正的实际费用的支出。就投资估算、设计概算、施工图预算甚至是工程合同价格来说,在某种程度均可以理解为是建设项目的计划投资,其作用主要是用于控制而非实际支付,工程的实际费用并不一定按此发生。而工程结算价款则不同,若其计算确定为多少,建设单位就需实际支出多少,其是建设项目实际投资的重要部分。

(四)竣工验收及保修阶段投资控制的主要任务

在建设项目的竣工验收及保修阶段,投资控制的任务和工作包括按有关规定编制项目竣工决算,计算确定整个建设项目从筹建到全部建成竣工为止的实际总投资,即归纳计算实际发生的建设项目投资。整个建设项目的建造完成所需花费支出的实际总投资通过竣工决算最后确定。在此阶段,要以设计概算为目标,对建设全过程中的投资费用及其控制工作进行全面总结,对建设项目的建设与运行进行综合评价。

所有竣工验收的建设项目在办理验收手续之前,必须对所有财产和物资进行清理,编好竣工决算。竣工决算是反映建设项目实际投资和投资效果的文件,是竣工验收报告的重要组成部分。及时和正确地编报竣工决算,对于总结分析工程建设项目建设过程中的经验教训,提高建设项目投资控制水平以及积累技术经济资料等,都具有重要意义。

在工程的保修阶段,要参与所发生的工程质量问题的处理工作,对由此产生的工程保修费用进行控制。

四、工程项目投资控制的措施

为了有效地控制建设工程投资,应从组织、技术、经济、合同与信息管理等多方面采取措施。从组织上采取措施,包括明确项目组织结构,明确投资控制者及其任务,以使投资控制有专人负责,明确管理职能分工;从技术上采取措施,包括重视设计多方案选择,严格审查监督初步设计、技术设计、施工图设计、施工组织设计,深入技术领域研究节约投资的可能性;从经济上采取措施,包括动态地比较投资的实际值和计划值,严格审核各项费用支出,采取节约投资的奖励措施等。

应该看到,技术与经济相结合是控制投资最有效的手段。长期以来,在我国工程建设领域,技术与经济相分离。许多国外专家指出,中国工程技术人员的技术水平、工作能力、知识面,跟外国同行相比,几乎不分上下,但他们缺乏经济观念。国外的技术人员时刻考虑如何降低工程投资,但中国技术人员则把它看成与己无关的财会人员的职责。而财会、概预算人员的主要责任是根据财务制度办事,他们往往不熟悉工程知识,也较少了解工程进展中的各种关系和问题,往往单纯地从财务制度角度审核费用开支,难以有效地控制工程投资。为此,当前迫切需要解决的是以提高项目投资效益为目的,在工程建设过程中把技术与经济有机结合,要通过技术比较、经济分析和效果评价,正确处理技术先进与经济合理两者之间的对立统一关系,力求在技术先进条件下的经济合理,在经济合理基础上的技术先进,把控制工程项目投资观念渗透到各阶段中。

由于建设工程的投资主要发生在施工阶段,在这一阶段需要投入大量的人力、物力、财力等,是工程项目建设费用消耗最多的时期,浪费投资的可能性比较大。因此,建设单位、监理单位应督促承包单位精心地组织施工,挖掘各方面潜力,节约资源消耗,仍可以收到节约投资的明显效果。参建各方对施工阶段的投资控制应给予足够的重视,仅仅靠控制工程款的支付是不够的,应从组织、经济、技术、合同等多方面采取措施,控制投资。

第三节　设计阶段的投资控制

一、设计阶段投资控制的技术方法

工程项目投资控制的重点在设计阶段,做好设计阶段的投资控制工作对实现项目投资目标有着决定性的意义。在工程设计阶段,可以应用价值工程和限额设计等管理技术和方法,对建设项目的投资实施有效的控制。

(一) 价值工程方法

价值工程是运用集体智慧和有组织的活动,对所研究对象的功能与费用进行系统分析并不断创新,使研究对象以最低的总费用可靠地实现其必要的功能,以提高研究对象价值的思想方法和管理技术。这里的“价值”,是功能和实现这个功能所耗费用(成本)的比值。价值工程表达式为

$$V=F/C$$

式中:V——价值系数;

F——功能系数;

C——费用系数。

1. 价值工程的特点

价值工程活动的目的是以研究对象的最低寿命周期费用,可靠地实现使用者所需的功能,以获取最佳综合效益。价值工程的主要特点如下。

(1)以提高价值为目标

研究对象的价值着眼于全寿命周期费用。全寿命周期费用指产品在其寿命期内所发生的全部费用,即是从为满足功能要求进行研制、生产到使用所花费的全部费用,包括生产成本和使用费用。提高产品价值就是以最小的资源消耗获取最大的经济效果。

(2)以功能分析为核心

功能是指研究对象能够满足某种需求的一种属性,也即产品的特定职能和所具有的具体用途。功能可分为必要功能和不必要功能,其中,必要功能是指使用者所要求的功能以及

与实现使用者需求有关的功能。

(3)以创新为支柱

价值工程强调“突破、创新和求精”,充分发挥人的主观能动作用,发挥创造精神。首先,对原方案进行功能分析,突破原方案的约束。然后,在功能分析的基础上,发挥创新精神,创造更新方案。最后,进行方案对比分析,精益求精。能否创新及其创新程度是关系价值工程成败与效益的关键。

(4)技术分析与经济分析相结合

价值工程是一种技术经济方法,研究功能和成本的合理匹配,是技术分析与经济分析的有机结合。因此,分析人员必须具备技术和经济知识,做好技术经济分析,努力提高产品价值。

2. 价值工程的基本内容

价值工程可以分为四个阶段:准备阶段、分析阶段、创新阶段和实施阶段。其大致可以分为八项内容:价值工程对象选择、收集资料、功能分析、功能评价、提出改进方案、方案的评价与选择、试验证明和决定实施方案。

价值工程主要回答和解决下列问题:

(1)价值工程的对象是什么?

(2)它是干什么的?

(3)其费用是多少?

(4)其价值是多少?

(5)有无其他方法实现同样功能?

(6)新方案的费用是多少?

(7)新方案能满足要求吗?

3. 价值工程在建设项目设计阶段的应用

进行工程项目的建设,都需要投入资金,也都要求获得建设项目功能。在建设项目的设计阶段,应用价值工程具有重要的意义,其是投资控制的有效方法之一。尽管在产品形成的各个阶段都可以应用价值工程提高产品的价值,但在不同的阶段进行价值工程活动,其经济效果的提高幅度却是大不相同的。一旦设计图纸已经完成,产品的价值就基本决定了,因此应用价值工程的重点是在产品的研究和设计阶段。在设计阶段应用价值工程,对建设项目的设计方案进行功能与费用分析和评价,可以起到节约投资、提高建设项目投资收益的效果。

同一个建设项目、同一单项或单位工程可以有不同的设计方案,也就会有不同的投资费用,这就可用价值工程方法进行设计方案的选择。这一过程的目的在于论证拟采用的设计方案技术上是否先进可行,功能上是否满足需要,经济上是否合理,使用上是否安全可靠。因此,要善于应用价值工程的原理,以提高设计对象价值为中心,把功能分析作为重点,通过价值和功能分析将技术问题与经济问题紧密地结合起来。价值工程中价值的大小取决于功能和费用,从价值与功能和费用的关系式中可以看出提高产品价值的基本途径:

(1)保持产品的功能不变,降低产品成本,以提高产品的价值;

(2)在产品成本不变的条件下,提高产品的功能,以提高产品的价值;

(3)产品成本虽有增加,但功能提高的幅度更大,相应提高产品的价值;

(4)在不影响产品主要功能的前提下,针对用户的特殊需要,适当降低一些次要功能,大幅度降低产品成本,提高产品价值;

(5)运用新技术,革新产品,既提高功能又降低成本,以提高价值。

(二)限额设计方法

在工程设计阶段采用限额设计方法控制建设项目投资,是投资控制的有力措施之一。在设计阶段对投资进行有效的控制,需要从整体上由被动反应变为主动控制;由事后核算变为事前控制,限额设计就是根据这一思想和要求提出的设计阶段控制建设项目投资的一种技术方法。

所谓限额设计方法,就是在设计阶段根据拟建项目的建设标准、功能和使用要求等,进行投资规划,对建设项目投资目标进行切块分解,将投资分配到各个单项工程、单位工程或分部工程;分配到各个专业设计工种,明确建设项目各组成部分和各个专业设计工种所分配的投资限额。而后,将其提交设计单位,要求各专业设计人员按分配的投资限额进行设计,并在设计的全过程中,严格按照分配的投资限额控制各个阶段的设计工作,采取各种措施,以使投资限额不被突破,从而实现设计阶段投资控制的目标。

1. 投资目标分解

采用限额设计方法,在工程设计开始之前就需要确定限额设计的限额目标,即进行投资目标的分解,确定拟分配至各专业设计工种和项目各组成部分的投资限额。投资目标及其分解的准确与合理,是限额设计方法应用的前提。投资限额目标若存在问题,则无法用于指导设计和控制设计工作,设计人员也无法按照分配的限额进行设计。因此,在设计准备阶段需要科学合理地编制投资规划文件,依据批准的可行性研究报告、拟定的工程建设标准、建设项目的功能描述和使用要求等,给出建设项目各专业和各组成部分的投资限额。由于工程设计尚未开始,建设项目的功能要求和使用要求就成为分配投资限额最主要的依据。限额设计的投资目标分解和确定,不能一味考虑节约投资,也不能简单地对投资进行裁剪,而应该是在保证各专业各组成部分达到使用功能和拟定标准的前提下,进行投资的合理分配。

因此,投资目标的分解和限额分配要尊重科学,实事求是,需要掌握和积累丰富的投资数据和资料,采用科学的分析方法,否则,限额设计很难取得好的效果。此外,投资限额目标一旦确定,必须坚持投资限额的严肃性,不能随意进行变动。

2. 限额设计的控制内容

投资目标的分解工作完成以后,就需在设计全过程中按分配的投资限额指导和控制工程设计工作,使各设计阶段形成的投资费用能够被控制在确定的投资限额以内。

(1)建设前期的工作内容

建设项目从可行性研究开始,便要建立限额设计的观念,充分理解和掌握建设项目的设计原则、建设方针和各项技术经济指标,认真做好项目定义及其描述等工作,合理和准确地确定投资目标。可行性研究报告和投资估算获得批准以后,就应成为下一阶段进行限额设计和控制投资的重要依据。

(2)方案设计阶段的工作内容

在进入设计阶段以后,首先就应将投资目标及其分配的限额向各专业的设计人员进行说明和解释,使其明确限额设计的基本要求和工作内容,明确各自的投资限额,取得设计人员的理解和支持。在方案设计阶段,以分配的投资限额为目标,通过多方案的分析和比较,合理选定经济指标，严格按照设定的投资限额控制设计工作。如果设计方案的投资费用突破投资限额，则需要对相应专业或工程相应的组成部分或内容进行调整和优化。

(3)初步设计阶段的工作内容

在初步设计阶段，严格按照限额设计所分配的投资限额，在保证建设项目使用功能的前提下进行设计，按确定的设计方案开展初步设计的工作。在设计过程中，要跟踪各专业设计的设计工作，与各专业的设计人员密切配合，对主要工程、关键设备、工艺流程及其相应各种费用指标进行分析和比较，研究实现投资限额的可行方案。随着初步设计工作的进展，经常分析和计算各专业设计和各工程组成部分设计形成的可能的投资费用，并定期或不定期地将可能的投资费用与设定的投资限额进行比较，若两者出现较大差异，需要研究调整方法和措施。工程设计是一项涉及面广和专业性强的技术工作，采用限额设计方法就是要用经济观念来引导和指导设计工作，以经济理念能动地影响工程设计，从而实现在设计阶段对建设项目投资进行有效的控制。

初步设计的设计文件形成以后，要准确编制设计概算，分析比较设计概算与投资估算的关系，分析比较设计概算中各专业工程费用与投资限额的关系，发现问题及时调整，按投资限额和设计概算对初步设计的各个专业设计文件做出确认。经审核批准后的设计概算，便是下一阶段即施工图设计阶段控制投资的重要目标。

(4)施工图设计阶段的工作内容

施工图设计文件是设计的最终产品，施工图设计必须严格按初步设计确定的原则、范围、内容和投资限额进行设计。施工图设计阶段的限额设计工作应在各专业设计的任务书中，附上设定的投资限额和批准的设计概算文件，供设计人员在设计中参考使用。在施工图设计过程中，局部变更和修改是正常的，关键是要进行核算和调整，使施工图预算不会突破设计概算的限额。对于涉及建设规模和设计方案等的重大变更，则必须重新编制或修改初步设计文件和设计概算，并以批准的修改后的设计概算作为施工图设计阶段投资控制的目标值。

施工图设计的设计文件形成以后，要准确编制施工图预算，分析比较施工图预算与设计概算的关系，分析比较施工图预算中各专业工程费用与投资限额的关系，发现问题及时调整，按施工图预算对施工图设计的各个专业设计文件做出最后确认，实现限额设计确定的投资限额目标。

(5)加强对设计变更的管理工作

加强对设计变更的管理工作，对于确实可能发生的变更，应尽量提前解决，避免或减小可能的损失。对影响建设项目投资的重大设计变更，更需先算账后变更，这样才能保证工程设计的结果和费用不突破规定的投资限额。

从限额设计的控制内容可见，采用限额设计方法，就是要按照批准的可行性研究报告及投资估算控制初步设计；按照批准的初步设计和设计概算控制施工图设计，使各专业在保证达到功能要求和使用要求的前提下，按分配的投资限额控制工程设计，严格控制设计的不合理变更，通过层层控制和管理，保证工程项目投资限额不被突破，最终实现设计阶段投资控制的目标。

二、设计概算的编制与审查

设计概算是在初步设计或扩大初步设计阶段，按照设计要求概略地计算拟建工程从立项开始到交付使用为止全过程所发生的建设费用的文件。建设项目设计概算是设计文件的重要组成部分，是确定和控制建设项目全部投资的文件，是编制固定资产投资计划、实行工程项目投资包干、签订承发包合同的依据，是签订贷款合同、项目实施全过程造价控制管理以及考核项目经济合理性的依据。设计概算由项目设计单位负责编制，并对其编制质量负责。

(一) 设计概算的内容

设计概算文件的编制形式应视项目情况采用三级概算编制或二级概算编制形式。对单一的、具有独立性的单项工程建设项目，可按二级编制形式直接编制总概算。建设工程总概算的内容见图 7-6，单项工程综合概算的组成见图 7-7，建设工程总概算的组成见图 7-8。

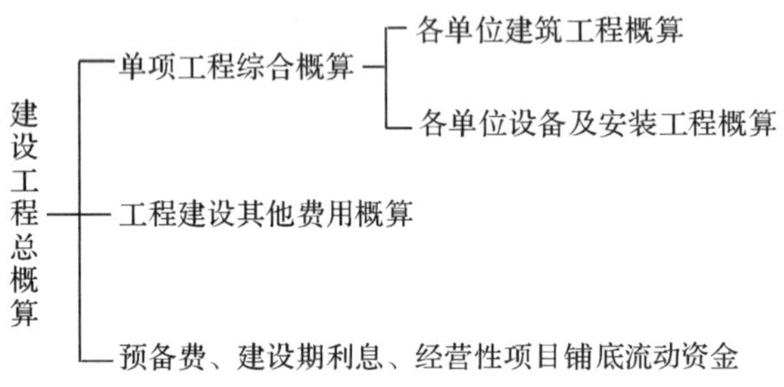

图 7-6　建设工程总概算的内容

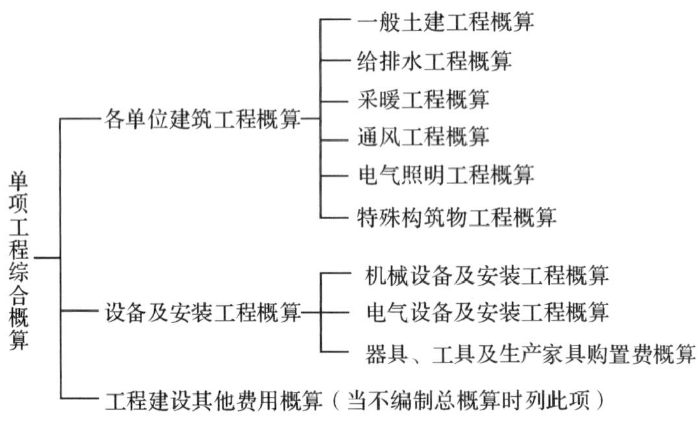

图 7-7　单项工程综合概算的组成

三级编制(总概算、综合概算、单位工程概算)形式设计概算文件的组成：封面、签署页及目录；编制说明；总概算表；其他费用表；综合概算表；单位工程概算表；补充单位估价表(附件)。

二级编制(总概算、单位工程概算)形式设计概算文件的组成：封面、签署页及目录；编制说明；总概算表；其他费用表；单位工程概算表；补充单位估价表(附件)。

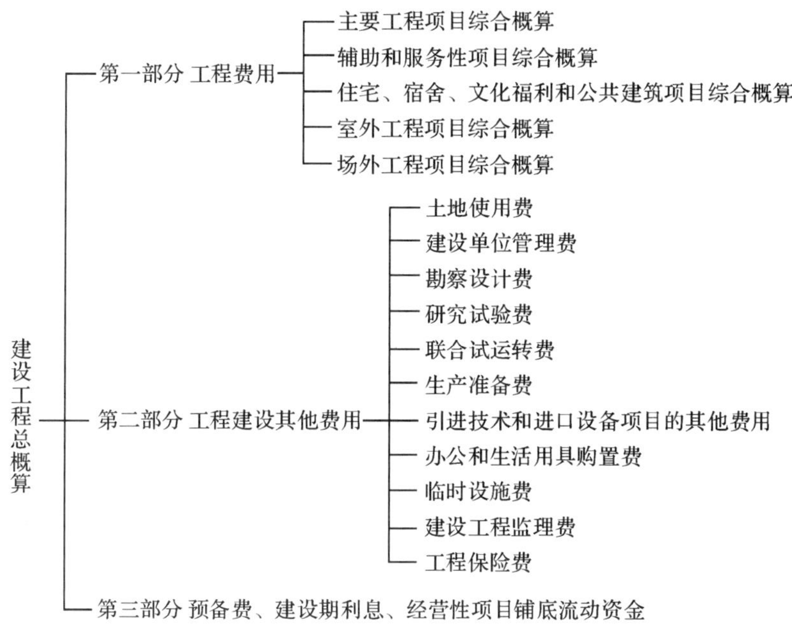

图 7-8 建设工程总概算的组成

(二)设计概算编制依据

概算编制依据主要有：

(1)批准的可行性研究报告；

(2)设计工程量；

(3)项目涉及的概算指标或定额；

(4)行业和地方政府有关法律、法规或规定；

(5)资金筹措方式；

(6)正常的施工组织设计；

(7)项目涉及的设备材料供应及价格；

(8)项目的管理(含监理)、施工条件；

(9)项目所在地区有关的气候、水文、地质地貌等自然条件；

(10)项目所在地区有关的经济、人文等社会条件；

(11)项目的技术复杂程度，以及新技术、专利使用情况等；

(12)有关文件、合同、协议等。

(三)设计概算编制办法

1．建设项目总概算及单项工程综合概算的编制

(1)概算编制说明

概算编制说明应包括以下主要内容：

1)项目概况：简述建设项目的建设地点、设计规模、建设性质(新建、扩建或改建)、工程类别、建设期(年限)、主要工程内容、主要工程量、主要工艺设备及数量等。

2)主要技术经济指标：项目概算总投资(有引进地给出所需外汇额度)及主要分项投资、

主要技术经济指标(主要单位投资指标)等。

3)资金来源:按资金来源的不同渠道分别说明,发生资产租赁的说明租赁的方式及租金。

4)编制依据。

5)其他需要说明的问题。

6)附录表:建筑、安装工程工程费用计算程序表;引进设备材料清单及从属费用计算表;具体建设项目概算要求的其他附表及附件。

(2)总概算表。概算总投资由工程费用、其他费用、预备费及应列入项目概算总投资中的几项费用组成。

第一部分,工程费用:按单项工程综合概算组成编制,采用二级编制的按单位工程概算组成编制。市政民用建设项目一般排列顺序:主体建(构)筑物、辅助建(构)筑物、配套系统。工业建设项目一般排列顺序:主要工艺生产装置、辅助生产装置、公用工程、总图运输、生产管理服务性工程、生活福利工程、场外工程。

第二部分,其他费用:一般按其他费用概算顺序列项。

第三部分,预备费:包括基本预备费和价差预备费。

第四部分,应列入项目概算总投资中的几项费用:建设期利息,铺底流动资金。

(3)综合概算以单项工程所属的单位工程概算为基础,采用“综合概算表”进行编制,分别按各单位工程概算汇总成若干个单项工程综合概算。

2. 单位工程概算的编制

单位工程概算是编制单项工程综合概算(或项目总概算)的依据,单位工程概算项目根据单项工程中所属的每个单体按专业分别编制。

单位工程概算一般分建筑工程、设备及安装工程两大类。建筑工程概算费用内容及组成按照《建筑安装工程费用项目组成》确定,按构成单位工程的主要分部分项工程编制,根据初步设计工程量按工程所在省、自治区、直辖市颁发的概算定额(指标)或行业概算定额(指标),以及工程费用定额计算。以房屋建筑为例,根据初步设计工程量按工程所在省、自治区、直辖市颁发的概算定额(指标)分土石方工程、基础工程、墙壁工程、梁柱工程、楼地面工程、门窗工程、屋面工程、保温防水工程、室外附属工程、装饰工程等项编制概算,深度应达到《建设工程工程量清单计价规范》的要求。

设备及安装工程概算由设备购置费和安装工程费组成。定型或成套设备购置费=设备出厂价格+运输费+采购保管费。非标准设备原价有多种不同的计算方法,如综合单价法、成本计算估价法、系列设备插入估价法、分部组合估价法、定额估价法等。工具、器具及生产家具购置费一般以设备购置费为计算基数,按照部门或行业规定的工具、器具及生产家具费率计算。设备及安装工程概算采用“设备及安装工程概算表”形式,按构成单位工程的主要分部分项工程编制,根据初步设计工程量按工程所在省、自治区、直辖市颁发的概算定额(指标)或行业概算定额(指标),以及工程费用定额计算。概算编制深度可参照《建筑安装工程工程量清单计价规范》深度执行。

3. 建筑工程概算的编制方法

编制建筑单位工程概算一般有扩大单价法、概算指标法两种,可根据编制条件、依据和要求的不同适当选取。对于通用结构建筑可采用“造价指标”编制概算;对于特殊或重要的建构筑物，必须按构成单位工程的主要分部分项工程编制，必要时结合施工组织设计进行详细计算。

(1)扩大单价法

首先根据概算定额编制成扩大单位估价表(概算定额基价)。概算定额一般以分部工程为对象，包括分部工程所含的分项工程，完成某单位分部工程所消耗的各种材料人工、机具的数量额度，以及相应的费用。扩大单位估价表是确定单位工程中各扩大分部分项工程或完整的结构构件所需全部材料费、人工费、施工机具使用费之和的文件。计算公式为：

概算定额基价＝概算定额单位材料费＋概算定额人工费
＋概算定额单位施工机具使用费
＝∑(概算定额中材料消耗量×材料预算价格)
＋∑(概算定额中人工工日消耗量×人工工资单价)
＋∑(概算定额中施工机具台班消耗量×机具台班费用单价)

将扩大分部分项工程的工程量乘以扩大单位估价进行计算。其中，工程量的计算必须按概算定额中规定的各个分部分项工程内容，遵循定额中规定的计量单位、工程量计算规则及方法来进行。完整的编制步骤为：

1)根据初步设计图纸和说明书，按概算定额中划分的项目计算工程量。

2)根据计算的工程量套用相应的扩大单位估价，计算出材料费、人工费、施工机械使用费三者之和。

3)根据有关取费标准计算企业管理费、规费、利润和税金。

4)将上述各项费用累加，其和为建筑工程概算造价。

采用扩大单价法编制建筑工程概算比较准确，但计算较烦琐。在套用扩大单位估价表时，若所在地区的工资标准及材料预算价格与概算定额不符，则需要重新编制扩大估价或测定系数加以修正。

当初步设计达到一定深度、建筑结构比较明确时，可采用这种方法编制建筑工程概算。

(2)概算指标法

由于设计深度不够等原因，对一般附属、辅助和服务工程等项目，以及住宅和文化福利工程项目或投资比较小、比较简单的工程项目，可采用概算指标法编制概算。

概算指标是比概算定额更综合和简化的综合造价指标。一般以单位工程或分部工程为对象，包括所含的分部工程或分项工程，完成某计量单位的单位工程或分部工程所需的直接费用。通常以每 $100m^2$ 建筑面积或每 $1000m^3$ 建筑体积的人工、材料消耗以及施工机具消耗指标，结合本地的工资标准、材料预算价格计算人工费、材料费、施工机具使用费。

其具体步骤如下：

1)计算单位建筑面积或体积(以 100 或 1000 为单位)的人工费、材料费、施工机具使用费。

2)计算单位建筑面积或体积的企业管理费、利润、规费、税金及概算单价。概算单价为各项费用之和。

3)计算单位工程概算价值：

概算价值＝单位工程建筑面积或建筑体积×概算单价

4)计算技术经济指标。

当设计对象结构特征与概算指标的结构特征局部有差别时,可用修正概算指标,再根据已计算的建筑面积或建筑体积乘以修正后的概算指标及单位价值,算出工程概算价值。

4. 设备及安装工程概算的编制

设备及安装工程分为机械设备及安装工程和电气设备及安装工程两部分。设备及安装工程的概算由设备购置费和安装工程费两部分组成。

设备及安装工程概算编制的基本方法有:

(1)预算单价法。当初步设计有详细设备清单时,可直接按预算单价(预算定额单价)编制设备安装工程概算。根据计算的设备安装工程量,乘以安装工程预算单价,经汇总求得。

用预算单价法编制概算,计算比较具体,精确性较高。

(2)扩大单价法。当初步设计的设备清单不完备,或仅有成套设备的重量时,可采用主体设备、成套设备或工艺线的综合扩大安装单价编制概算。

(3)概算指标法。当初步设计的设备清单不完备,或安装预算单价及扩大综合单价不全,无法采用预算单价法和扩大单价法时,可采用概算指标编制概算。

(四)设计概算的审查

设计概算的审查,主要从概算文件的质量要求、设计概算的编制依据、设计概算的构成内容等方面进行审查。

设计概算审查一般采用集中会审的方式进行。根据审查人员的业务专长分组,将概算费用进行分解,分别审查,最后集中讨论定案。

设计概算投资一般应控制在立项批准的投资控制额以内;如果设计概算值超过控制额,必须修改设计或重新立项审批;设计概算批准后不得任意修改和调整;如需修改或调整时,须经原批准部门重新审批。

三、施工图预算的编制与审查

(一)施工图预算计价模式与作用

施工图预算是以施工图设计文件为主要依据,按照规定的程序、方法和依据在施工招投标阶段编制的预测工程造价的经济文件。

1. 施工图预算计价模式

按预算造价的计算方式和管理方式的不同,施工图预算可以划分为以下两种计价模式。

(1)传统计价模式

传统计价模式是采用国家、部门或地区统一规定的定额和取费标准进行工程计价的模式,通常也称为定额计价模式。发包人和承包人均先根据预算定额中的工程量计算规则计算工程量,再根据定额单价(单位估价表)计算出对应工程所需的人料机费用、管理费用及利润和税金等,汇总得到工程造价。

传统计价模式对我国建设工程的投资计划管理和招投标起到过很大的作用,但其计价模式的工、料、机消耗量是根据“社会平均水平”综合测定的,取费标准是根据不同地区价格水平的平均测算的,企业自主报价的空间很小,不能结合项目具体情况、自身技术管理水平和市场价格自主报价,也不能满足招标人对建筑产品质优价廉的要求。同时,由于工程量计算由招投标的各方单独完成，计价基础不统一，不利于招标工作的规范性。在工程完工后，工程结算烦琐，易引起争议。

(2)工程量清单计价模式

工程量清单计价模式是指按照建设工程工程量计算规范规定的工程量计算规则，由招标人提供工程量清单和有关技术说明，投标人根据自身实力，按企业定额、资源市场单价以及市场供求及竞争状况进行施工图预算的计价模式。

2. 施工图预算的作用

施工图预算对不同的工程项目参与主体而言，作用是不一样的。

(1)施工图预算对发包人的作用

1)施工图预算是施工图设计阶段确定建设项目造价的依据。

2)施工图预算是编制招标控制价的基础。

3)施工图预算是发包人在施工期间安排建设资金计划和使用建设资金的依据。

4)施工图预算是发包人采用经审定批准的施工图纸及其预算方式发包形成的总价合同时，按约定工程计量的形象目标或时间节点进行计量、拨付进度款及办理结算的依据。

(2)施工图预算对承包人的作用

1)施工图预算是确定投标报价的依据。在竞争激烈的建筑市场，承包人需要根据施工图预算造价，结合企业的投标策略，确定投标报价。

2)施工图预算是承包人进行施工准备的依据，是承包人在施工前组织材料、机具、设备及劳动力供应的重要参考，是承包人编制进度计划、统计完成工作量、进行经济核算的参考依据。施工图预算的工、料、机分析，为承包人材料购置、劳动力及机具和设备的配备提供参考。

3)施工图预算是控制施工成本的依据。根据施工图预算确定的中标价格是施工企业收取工程款的依据，企业只有合理利用各项资源，采取技术措施、经济措施和组织措施降低成本，将成本控制在施工图预算以内，企业才能获得良好的经济效益。

(3)施工图预算对其他方面的作用

1)施工图预算编制的质量好坏，体现了工程咨询企业为委托方提供服务的业务水平、素质和信誉。

2)施工图预算是工程造价管理部门监督检查企业执行定额标准情况、确定合理的工程造价、测算造价指数及审定招标工程标底的依据。

3)施工图预算是仲裁、管理、司法机关在处理合同经济纠纷时的重要依据。

(二)施工图预算的编制内容

根据《建设项目施工图预算编审规程》CECA/GC 5—2010，施工图预算的构成如图 7-9 所示。

施工图预算根据建设项目实际情况可采用三级预算编制或二级预算编制形式。当建设项目有多个单项工程时，应采用三级预算编制形式，三级预算编制形式由建设项目总预算、单项工程综合预算、单位工程预算组成。当建设项目只有一个单项工程时，应采用二级预算编制形式，二级预算编制形式由建设项目总预算和单位工程预算组成。

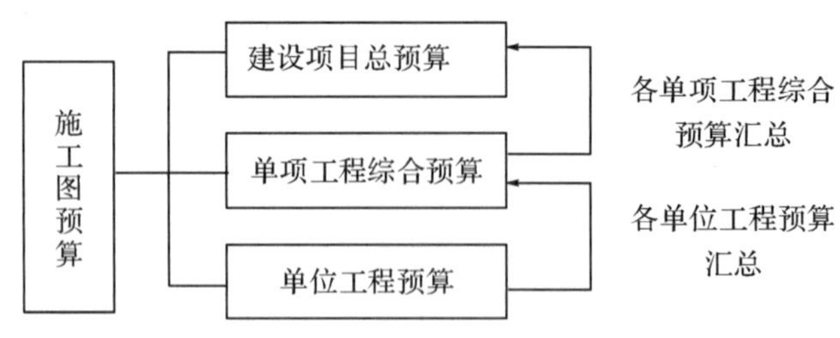

图 7-9　施工图预算构成图

1. 建设项目总预算

建设项目总预算是反映施工图设计阶段建设项目投资总额的造价文件，是施工图预算文件的主要组成部分。总预算由组成该建设项目的各个单项工程综合预算和相关费用组成。

2. 单项工程综合预算

单项工程综合预算是反映施工图设计阶段一个单项工程（设计单元）造价的文件，是总预算的组成部分。单项工程综合预算由构成该单项工程的各个单位工程施工图预算组成。

3. 单位工程预算

单位工程预算是依据单位工程施工图设计文件、现行预算定额以及人工、材料和施工机具台班价格等，按照规定的计价方法编制的工程造价文件。

4. 工程预算文件的内容

采用三级预算编制形式的工程预算文件包括封面、签署页及目录、编制说明、总预算表、综合预算表、单位工程预算表、附件等内容。

采用二级预算编制形式的工程预算文件包括封面、签署页及目录、编制说明、总预算表、单位工程预算表、附件等内容。

各表格形式详见《建设项目施工图预算编审规程》CECA/GC 5—2010。

（三）施工图预算的编制依据

（1）国家、行业和地方政府发布的计价依据，有关法律、法规和规定。

（2）建设项目有关文件、合同、协议等。

（3）批准的概算。

（4）批准的施工图设计图纸及相关标准图集和规范。

（5）相应预算定额和地区单位估价表。

（6）合理的施工组织设计和施工方案等文件。

（7）项目有关的设备、材料供应合同、价格及相关说明书。

（8）项目所在地区有关的气候、水文、地质地貌等的自然条件。

（9）项目的技术复杂程度，以及新技术、专利使用情况等。

（10）项目所在地区有关的经济、人文等社会条件。

（11）建筑工程费用定额和各类成本与费用价差调整的有关规定。

（12）造价工作手册及有关工具书。

（四）施工图预算的编制方法

单位工程施工图预算的编制是编制各级预算的基础。单位工程预算包括单位建筑工程预算和单位设备及安装工程预算。《建设项目施工图预算编审规程》CECA/GC 5—2010 中给出的单位工程施工图预算的编制方法如图 7-10 所示。

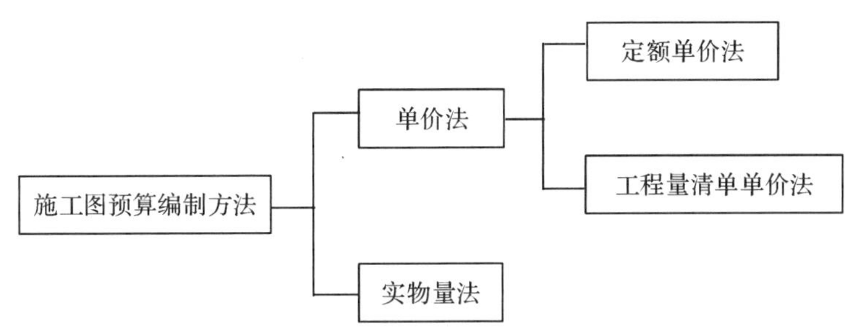

图 7-10 施工图预算的编制方法

1. 单价法

(1)定额单价法

定额单价法（也称为预算单价法、定额计价法）是用事先编制好的分项工程的单位估价表来编制施工图预算的方法。按施工图及计算规则计算的各分项工程的工程量，乘以相应工料机单价，汇总相加，得到单位工程的人工费、材料费、施工机具使用费之和；再加上按规定程序计算出企业管理费、利润、措施费、其他项目费、规费、税金，便可得出单位工程的施工图预算造价。

定额单价法编制施工图预算的基本步骤如下：

1)编制前的准备工作

编制施工图预算，不仅应严格遵守国家计价法规、政策，严格按图纸计量，还应考虑施工现场条件因素，因此，必须事前做好充分准备。准备工作主要包括两个方面：一是组织准备；二是资料的收集和现场情况的调查。

2)熟悉图纸和预算定额以及单位估价表

图纸是编制施工图预算的基本依据。熟悉图纸不但要弄清图纸的内容，还应对图纸进行审核。

①图纸间相关尺寸是否有误。

②设备与材料表上的规格、数量是否与图示相符，详图、说明、尺寸和其他符号是否正确等，若发现错误应及时纠正。

③图纸是否有设计更改通知（或类似文件）。

通过对图纸的熟悉，要了解工程的性质、系统的组成，设备和材料的规格型号和品种，以及有无新材料、新工艺的采用。

预算定额和单位估价表是编制施工图预算的计价标准，对其适用范围、工程量计算规则及定额系数等都要充分了解，做到心中有数，这样才能使预算编制准确、迅速。

3)了解施工组织设计和施工现场情况

要熟悉与施工安排相关的内容。例如各分部分项工程的施工方法，土方工程中余土外运使用的工具、运距，施工平面图对建筑材料、构件等堆放点到施工操作地点的距离等，以便能正确计算工程量和正确套用或确定某些分项工程的基价。

4)划分工程项目和计算工程量

①划分工程项目。划分的工程项目必须和定额规定的项目一致，这样才能正确地套用定额。不能重复列项计算，也不能漏项少算。

②计算并整理工程量。必须按定额规定的工程量计算规则进行计算，当按照工程项目将工程量全部计算完以后，要对工程项目和工程量进行整理，即合并同类项和按序排列，为套用定额，计算人、料、机费用和进行工料分析打下基础。

工程量计算一般按如下步骤进行：

a.根据工程内容和定额项目，列出需计算工程量的分部分项工程；

b.根据一定的计算顺序和计算规则，列出分部分项工程量的计算式；

c.根据施工图纸上的设计尺寸及有关数据，代入计算式进行数值计算；

d.对计算结果的计量单位进行调整，使之与定额中相应的分部分项工程的计量单位保持一致。

5)套单价(计算定额基价)

即将定额子项中的基价填于预算表单价栏内，并将单价乘以工程量得出合价，将结果填入合价栏。在进行套价时，需注意以下几项内容：

①当分项工程的名称、规格、计量单位与预算单价或单位估价表中所列内容完全一致时，可以直接套用预算单价。

②当分项工程的主要材料品种与预算单价或单位估价表中规定材料不一致时，不能直接套用预算单价；需要按实际使用材料价格换算预算单价。

③当分项工程施工工艺条件与预算单价或单位估价表不一致而造成人工、机械的数量增减时，一般调量不换价。

④当分项工程不能直接套用定额、不能换算和调整时，应编制补充单位估价表。

⑤由于预算定额的时效性，在编制施工图预算时，应动态调整相应的人工、材料费用价差。

6)工料分析

工料分析即按分项工程项目，依据定额或单位估价表，计算人工和各种材料的实物耗量，并将主要材料汇总成表。工料分析的方法是首先从定额项目表中分别将各分项工程消耗的每项材料和人工的定额消耗量查出；再分别乘以该工程项目的工程量，得到分项工程工料消耗量，最后将各分项工程工料消耗量加以汇总，得出单位工程人工、材料的消耗数量。

7)计算主材费(未计价材料费)

因为有些定额项目(如许多安装工程定额项目)基价为不完全价格，即未包括主材费用在内。计算所在地定额基价费(基价合计)之后，还应计算出主材费，以便计算工程造价。

8)按费用定额取费

如不可计量的总价措施费、管理费、规费、利润、税金等应按相关的定额取费标准(或范围)合理取费。

9)计算汇总工程造价

将人料机费用及各类取费汇总，确定工程造价。

10)复核

对项目填列、工程量计算公式、计算结果、套用的单价、采用的取费费率、数字计算、数据精确度等进行全面复核,以便及时发现差错,及时修改,提高预算的准确性。

11)编制说明、填写封面

编制说明主要应写明预算所包括的工程内容范围、依据的图纸编号、承包方式、有关部门现行的调价文件号、套用单价需要补充说明的问题及其他需说明的问题等。封面应写明工程编号、工程名称、预算总造价和单方造价、编制单位名称、负责人和编制日期以及审核单位的名称、负责人和审核日期等。

(2)工程量清单单价法

工程量清单单价法是指招标人按照设计图纸和国家统一的工程量计算规则提供工程数量,采用综合单价的形式计算工程造价的方法。综合单价是指完成一个规定计量单位的分部分项工程量清单项目或措施清单项目所需的人工费、材料费、施工机具使用费和企业管理费与利润,以及一定范围内的风险费用。工程量清单费用构成及计量费用计算程序如图 7-11所示。

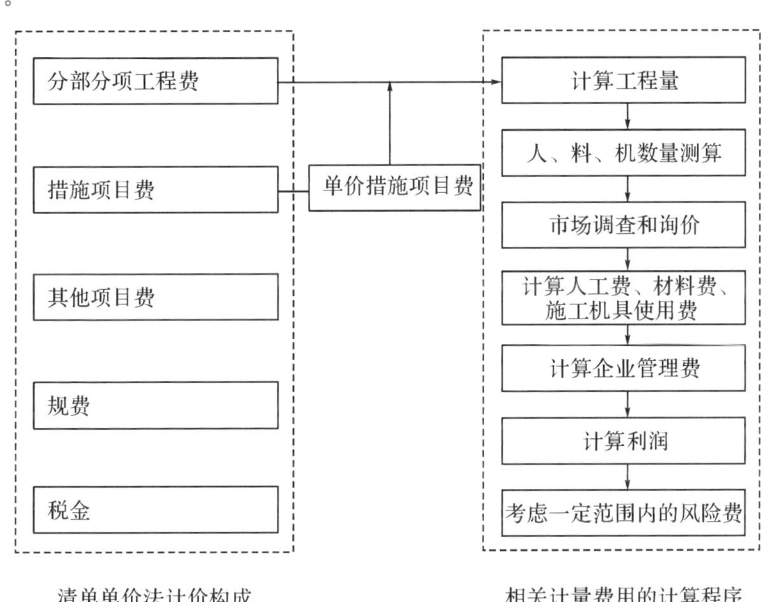

图 7-11 清单费用构成及计量费用计算程序

2. 实物量法

实物量法编制施工图预算即依据施工图纸和预算定额的项目划分及工程量计算规则,先计算出分部分项工程量,然后套用预算定额(实物量定额)计算出各类人工、材料、机械的实物消耗量,根据预算编制期的人工、材料、机械价格,计算出人工费、材料费、施工机具使用费、企业管理费和利润,再加上按规定程序计算出的措施费、其他项目费、规费、税金,便可得出单位工程的施工图预算造价。

实物量法编制施工图预算的步骤为:

(1)准备资料、熟悉施工图纸

全面收集各种人工、材料、机械的当时当地的实际价格,应包括不同品种、不同规格的材料预算价格：不同工种、不同等级的人工工资单价；不同种类、不同型号的机械台班单价等。要求获得的各种实际价格应全面、系统、真实、可靠。具体可参考预算单价法相应步骤的内容。

(2)计算工程量

本步骤的内容与预算单价法相同，不再赘述。

(3)套用消耗定额，计算人料机消耗量

定额消耗量中的“量”应是符合国家技术规范和质量标准要求、能反映现行施工工艺水平的分项工程计价所需的人工、材料、施工机具的消耗量。

根据预算人工定额所列各类人工工日的数量，乘以各分项工程的工程量，计算出各分项工程所需各类人工工日的数量，统计汇总后确定单位工程所需的各类人工工日消耗量。同理，根据材料预算定额、机具预算台班定额分别确定出工程各类材料消耗数量和各类施工机具台班数量。

(4)计算并汇总人工费、材料费、机具使用费

根据当时当地工程造价管理部门定期发布的或企业根据市场价格确定的人工工资单价、材料预算价格、施工机具台班单价分别乘以人工、材料、机具消耗量，汇总即为单位工程人工费、材料费和施工机具使用费。

(5)计算其他各项费用，汇总造价

其他各项费用的计算及汇总，可以采用与预算单价法相似的计算方法，只是有关的费率要根据当时当地建筑市场供求情况来确定。

(6)复核

检查人工、材料、机具台班的消耗量计算是否准确，有无漏算、重算或多算；套取的定额是否正确；检查采用的实际价格是否合理。其他内容可参考预算单价相应步骤的介绍。

(7)编制说明、填写封面

本步骤的内容和方法与预算单价法相同。

实物量法编制施工图预算的步骤与预算单价法基本相似，但在具体计算人工费、材料费和施工机具使用费及汇总三种费用之和方面有一定区别。实物量法编制施工图预算所用人工、材料和机械台班的单价都是当时当地的实际价格，编制出的预算可较准确地反映实际水平，误差较小，适用于市场经济条件波动较大的情况。

单项工程综合预算造价由组成该单项工程的各个单位工程预算造价汇总而成。计算公式如下：

单项工程施工图预算＝∑单位建筑工程费用＋∑单位设备及安装工程费用

建设项目总预算的编制费用项目是各单项工程的费用汇总，以及经计算的工程建设其他费、预备费和建设期利息和铺底流动资金汇总而成。

三级预算编制中总预算由综合预算和工程建设其他费、预备费、建设期利息及铺底流动资金汇总而成，计算公式如下：

总预算＝∑单项工程施工图预算＋工程建设其他费＋预备费＋建设期利息＋铺底流动资金

3. 调整预算的编制

工程预算批准后，一般不得调整。但若发生重大设计变更、政策性调整及不可抗力等原

因造成的可以调整。

调整预算编制深度与要求、文件组成及表格形式同原施工图预算。调整预算还应对工程预算调整的原因做详尽分析说明，所调整的内容在调整预算总说明中要逐项与原批准预算对比，并编制调整前看预算对比表，分析主要变更原因。在上报调整预算时，应同时提供有关文件和调整依据。

（五）施工图预算的审查内容与审查方法

1．施工图预算审查的基本规定

施工图预算文件的审查，应当委托具有相应资质的工程造价咨询机构进行。

从事建设工程施工图预算审查的人员，应具备相应的执业（从业）资格。需要在施工图预算审查文件上签署注册造价工程师执业资格专用章或造价员从业资格专用章，并出具施工图预算审查意见报告。报告要加盖工程造价咨询企业的公章和资格专用章。

2．预算的审查内容

（1）审查施工图预算的编制是否符合现行国家、行业、地方政府有关法律、法规和规定要求。

（2）审查工程量计算的准确性、工程量计算规则与计价规范规则或定额规则的一致性。工程量是确定建筑安装工程造价的决定因素，是预算审查的重要内容。工程量审查中常见的问题为：

1）多计工程量。计算尺寸以大代小，按规定应扣除的不扣除。

2）重复计算工程量，虚增工程量。

3）项目变更后，该减的工程量未减。

4）未考虑施工方案对工程量的影响。

（3）审查在施工图预算的编制过程中，各种计价依据使用是否恰当，各项费率计取是否正确；审查依据主要有施工图设计资料、有关定额、施工组织设计、有关造价文件规定和技术规范、规程等。

（4）审查各种要素市场价格选用、应计取的费用是否合理。

预算单价是确定工程造价的关键因素之一，审查的主要内容包括单价的套用是否正确，换算是否符合规定，补充的定额是否按规定执行。

根据现行规定，除规费、措施费中的安全文明施工费和税金外，企业可以根据自身管理水平自主确定费率，因此，审查各项应计取费用的重点是费用的计算基础是否正确。

除建筑安装工程费用组成的各项费用外，还应列入调整某些建筑材料价格变动所发生的材料差价。

（5）审查施工图预算是否超过概算以及进行偏差分析。

3．施工图预算的审查方法

施工图预算的审查方法常见的有逐项审查法、标准预算审查法、分组计算审查法、对比审查法、“筛选”审查法、重点审查法等，在此不做详细介绍。

应当注意的是，除了逐项审查法之外，其他各种方法应注意综合运用，单一使用某种方法可能会导致审查不全面或者漏项。例如，可以在筛选的基础上，对重点项目或者筛选中发现有问题的子项进行重点审查。

第四节　施工阶段的投资控制

一、施工阶段投资控制概述

工程项目的实施是工程项目生命周期中一个重要的环节，业主或项目组织者通过招标将工程项目的实施发包给承包商，承包商组织全部实施活动，包括施工项目组织的建立、劳动力的调配与安排，各种资源采购、运输及转换等，按施工图及规范实现工程项目。所以，工程项目中最大一部分投资实际是通过承包商的实施活动产生的。因此，工程项目建设单位和承包商都是施工阶段的投资控制的主体。根据两者控制目标、任务、手段的不同，通常本阶段业主控制造价的活动称为投资控制，而将承包商的造价控制活动称为成本控制。

项目组织者对工程项目实施过程中投资控制的任务主要是：确定合同的计价方式，确定合同文本及其条款，确定承包商的合同价，控制承包商的实施支付申请，进行索赔管理、工程款的结算。项目组织者不负责对实施过程成本的发生、控制与纠偏等具体的工作。

承包商根据与业主签订的合同价剔除其中经营性利润部分和企业应收款的费用部分，将其余部分作为成本目标并连同合同赋予他的各项责任，下达转移到施工项目部，形成施工项目经理的目标责任，所以，实际工程施工成本控制的任务就落实到施工项目经理及施工项目部。施工项目部在项目经理领导下，对生产经营所消耗的人力资源、物质资源和费用开支，进行指导、监督、调节和限制，及时纠正将要发生的和已经发生的偏差，把各项生产费用控制在计划成本范围内，以保证成本目标的实施。

二、施工阶段建设单位的投资控制

在施工过程中，建设单位投资控制的基本原理是把计划投资额作为投资控制的目标值，在工程施工过程中定期进行投资实际值与目标值的比较，通过比较发现并找出实际支出额与投资控制目标值之间的偏差，分析偏差产生的原因，并采取有效措施加以控制，以保证投资控制目标的实现。在工程项目建设实行建设监理制度的情况下，建设单位投资控制的任务，通常委托监理单位来实施。

(一) 资金使用计划的编制

1. 投资目标的分解

编制资金使用计划过程中最重要的步骤，就是项目投资目标的分解。根据投资控制目标和要求的不同，投资目标的分解可以分为按投资构成分解、按子项目分解、按时间分解三种类型。

(1)按投资构成分解的资金使用计划

工程项目的投资主要分为建筑安装工程投资、设备及工器具购置投资及工程建设其他投资。由于建筑工程和安装工程在性质上存在着较大差异，投资的计算方法和标准也不尽相同。因此，在实际操作中往往将建筑工程投资和安装工程投资分解开来。这样，工程项目投资的总目标就可以按图 7-12 分解。

图 7-12 中的建筑工程投资安装工程投资、设备购置投资、工器具购置投资可以进一步

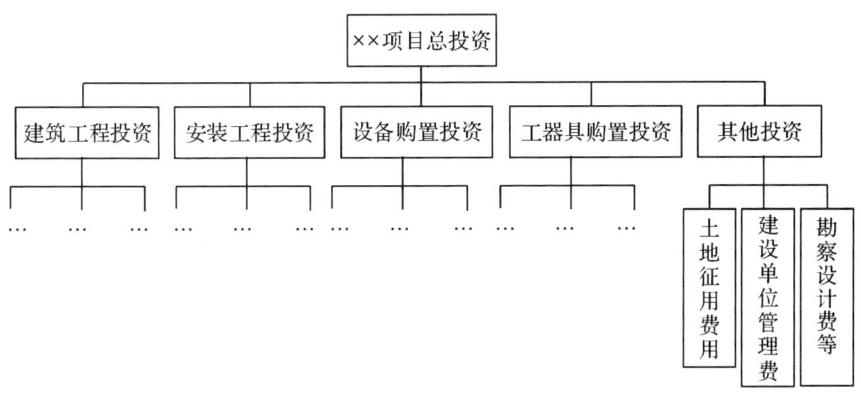

图 7-12　按投资构成分解目标

分解。另外，在按项目投资构成分解时，可以根据以往的经验和建立的数据库来确定适当的比例。必要时也可以做一些适当的调整。例如：如果估计所购置的设备大多包括安装费，则可将安装工程投资和设备购置投资作为一个整体来确定它们所占的比例，然后再根据具体情况决定细分或不细分。按投资的构成来分解的方法比较适合于有大量经验数据的工程项目。

(2)按子项目分解的资金使用计划

大中型的工程项目通常是由若干单项工程构成的，而每个单项工程包括了多个单位工程，每个单位工程又是由若干个分部分项工程构成的，因此，首先要把项目总投资分解到单项工程和单位工程中，如图 7-13 所示。

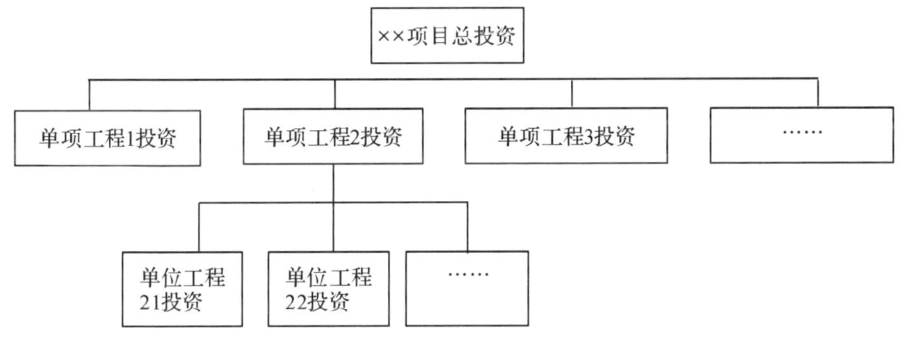

图 7-13　按子项目分解投资目标

一般来说，由于概算和预算大都是按照单项工程和单位工程来编制的，所以将项目总投资分解到各单项工程和单位工程是比较容易的。需要注意的是，按照这种方法分解项目总投资，不能只是分解建筑工程投资、安装工程投资和设备工器具购置投资，还应该分解项目的其他投资。但项目其他投资所包含的内容既与具体单项工程或单位工程直接有关，也与整个项目建设有关，因此必须采取适当的方法将项目其他投资合理分解到各个单项工程和单位工程中。最常用的也是最简单的方法，就是按照单项工程的建筑安装工程投资和设备工器具购置投资之和的比例分摊。但其结果可能与实际支出的投资相差甚远。因此，实践中一般应对工程项目的其他投资的具体内容进行分析，将其中确实与各单项工程和单位工程有关的投资分离出来，按照一定比例分解到相应的工程内容上。其他与整个项目有关的投资则不分解到各单项工程和单位工程上。

另外，对各单位工程的建筑安装工程投资还需要进一步分解，在施工阶段一般可分解到分部分项工程。

(3)按时间分解的资金使用计划

工程项目的投资总是分阶段、分期支出的，资金应用是否合理与资金的时间安排有密切关系。为了编制项目资金使用计划，并据此筹措资金，尽可能减少资金占用和利息支出，有必要将项目总投资按其使用时间进行分解。

编制按时间进度的资金使用计划，通常可利用控制项目进度的网络图进一步扩充而得。即在建立网络图时，一方面确定完成各项活动所需花费的时间，另一方面同时确定完成这一活动的合适的投资支出预算。在实践中，将工程项目分解为既能方便地表示时间，又能方便地表示投资支出预算的工作是不容易的，通常如果项目分解程度对时间控制合适的话，则对投资支出预算可能分配过细，以至于不可能对每项活动确定其投资支出预算。反之亦然。因此，在编制网络计划时应在充分考虑进度控制对项目划分要求的同时，还要考虑确定投资支出预算对项目划分的要求，做到两者兼顾。

以上三种编制资金使用计划的方法并不是相互独立的。在实践中，往往是将这几种方法结合起来使用，从而达到扬长避短的效果。例如，将按子项目分解项目总投资与按投资构成分解项目总投资两种方法相结合，横向按子项目分解，纵向按投资构成分解，或相反。这种分解方法有助于检查各单项工程和单位工程投资构成是否完整，有无重复计算或缺项；同时还有助于检查各项具体的投资支出的对象是否明确或落实，并且可以从数字上校核分解的结果有无错误。或者还可将按子项目分解项目总投资目标与按时间分解项目总投资目标结合起来，一般是纵向按子项目分解，横向按时间分解。

2. 资金使用计划的形式

(1)按子项目分解得到的资金使用计划表

在完成工程项目投资目标分解之后，接下来就要具体地分配投资，编制工程分项的投资支出计划，从而得到详细的资金使用计划表。其内容一般包括：

1)工程分项编码；

2)工程内容；

3)计量单位；

4)工程数量；

5)计划综合单价；

6)本分项总计。

在编制投资支出计划时，要在项目总的方面考虑总的预备费，也要在主要的工程分项中安排适当的不可预见费，避免在具体编制资金使用计划时，可能发现个别单位工程或工程量表中某项内容的工程量计算有较大出入，使原来的投资预算失实，并在项目实施过程中对其尽可能地采取一些措施。

(2)时间—投资累计曲线

通过对项目投资目标按时间进行分解，在网络计划基础上，可获得项目进度计划的横道图，并在此基础上编制资金使用计划。其表示方式有两种：一种是在总体控制时标网络图上表示(图 7-14);另一种是利用时间—投资曲线(S形曲线)表示(图 7-15)。

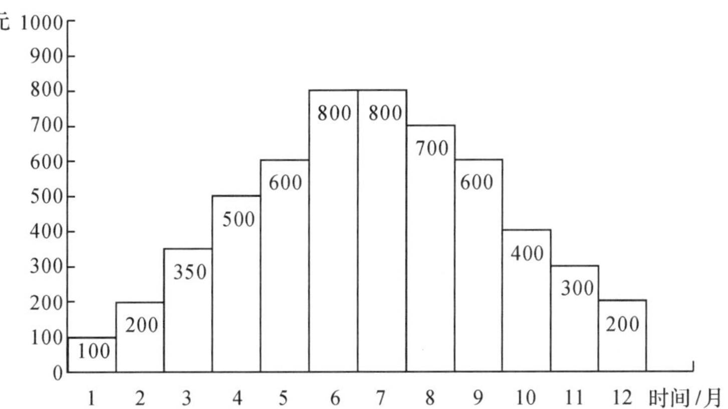

图 7-14 时标网络图上按月编制的资金使用计划

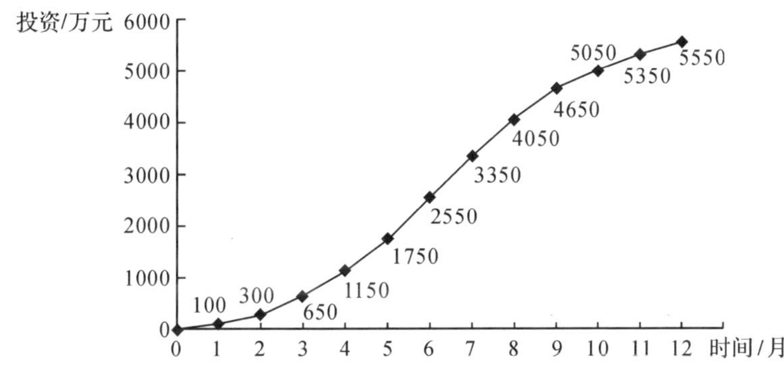

图 7-15 时间—投资累计曲线(S形曲线)

时间—投资累计曲线的绘制步骤如下:

1)确定工程项目进度计划,编制进度计划的横道图。

2)根据每单位时间内完成的实物工程量或投入的人力、物力和财力,计算单位时间(月或旬)的投资,在时标网络图上按时间编制投资支出计划,如图 7-14 所示。

3)计算规定时间 t 计划累计完成的投资额。其计算方法为:各单位时间计划完成的投资额累加求和,即

$$Q_t = \sum_{n=1}^{t} q_n$$

式中:Q_t——某时间 t 计划累计完成投资额;

q_n——单位时间 n 的计划完成投资额;

t——某规定计划时刻。

4)按各规定时间的 Q 值,绘制 S 形曲线,如图 7-15 所示。

每一条 S 形曲线都对应某一特定的工程进度计划。因为在进度计划的非关键路线中存在许多有时差的工序或工作,因而 S 形曲线(时间—投资曲线)必然包络在由全部工作都按最早开始时间开始和全部工作都按最迟必须开始时间开始的曲线所组成的“香蕉图”内。发

包人可根据编制的投资支出预算合理安排资金，同时发包人也可以根据筹措的建设资金来调整S形曲线，即通过调整非关键路线上的工序项目的最早或最迟开工时间，力争将实际的投资支出控制在计划的范围内。

一般而言，所有工作都按最迟开始时间开始，对节约发包人的建设资金贷款利息是有利的，但同时，也降低了项目按期竣工的保证率。因此，监理工程师必须合理地确定投资支出计划，达到既节约投资支出，又能控制项目工期的目的。

(3)综合分解资金使用计划表

将投资目标的不同分解方法相结合，会得到比前者更为详尽、有效的综合分解资金使用计划表。综合分解资金使用计划表一方面有助于检查各单项工程和单位工程的投资构成是否合理，有无缺陷或重复计算；另一方面也可以检查各项具体的投资支出的对象是否明确和落实，并可校核分解的结果是否正确。

(二) 工程计量

工程计量是指根据设计文件及承包合同中关于工程量计算的规定，项目监理机构对承包商申报的已完成工程的工程量进行的核验。合同条件中明确规定工程量表中开列的工程量是该工程的估算工程量，不能作为承包商应予完成的实际和确切的工程量。因为工程量表中的工程量是在编制招标文件时，在图纸和规范的基础上估算的工作量，不能作为结算工程价款的依据，而必须通过项目监理机构对已完的工程进行计量。经过项目监理机构计量所确定的数量是向承包商支付任何款项的凭证。

严格控制工程计量，关键在于明确工程计量的依据，按工程计量程序的要求，正确运用工程计量的方法。

1. 工程计量的依据

计量依据一般有质量合格证书、工程量清单前言、技术规范中的“计量支付”条款和设计图纸。也就是说，计量时必须以这些资料为依据。

2. 工程计量的程序

按照建设工程监理规范的规定，工程计量应按照如下程序进行：

(1)承包单位统计经专业监理工程师质量验收合格的工程量，按施工合同的约定填报工程量清单和工程款支付申请表；

(2)专业监理工程师进行现场计量，按施工合同的约定审核工程量清单和工程款支付申请表，并报总监理工程师审定；

(3)总监理工程师签署工程款支付证书，并报建设单位。

3. 工程计量的方法

监理人一般只对以下三方面的工程项目进行计量：1)工程量清单中的全部项目；2)合同文件中规定的项目；3)工程变更项目。

一般可按照以下方法进行计量：

(1)均摊法

所谓均摊法，就是对清单中某些项目的合同价款，按合同工期平均计量。如：为监理人提供宿舍，保养测量设备，保养气象记录设备，维护工地清洁和整洁等。这些项目都有一个共同的特点，即每月均有发生。所以可以采用均摊法进行计量支付。例如：保养气象记录设备，每月发生的费用是相同的，如本项合同款额为 2000 元，合同期为 20 个月，则每月计量、支付的款额为：2000 元/20 月＝100 元/月。

(2)凭据法

所谓凭据法，就是按照承包人提供的凭据进行计量支付。如建筑工程险保险费、第三方责任险保险费、履约保证金等项目，一般按凭据法进行计量支付。

(3)估价法

所谓估价法，就是按合同文件的规定，根据监理人估算的已完成的工程价值支付。如为监理人提供办公设施和生活设施，为监理人提供用车，为监理人提供测量设备、天气记录设备、通信设备等项目。这类清单项目往往要购买几种仪器设备，当承包人对于某一项清单项目中规定购买的仪器设备不能一次购进时，则需采用估价法进行计量支付。其计量过程如下：

1)按照市场的物价情况，对清单中规定购置的仪器设备分别进行估价；

2)按下式计量支付金额：

$$F=A\cdot\frac{B}{D}$$

式中：F——计算支付的金额；

A——清单所列该项的合同金额；

B——该项实际完成的金额(按估算价格计算)；

D——该项全部仪器设备的总估算价格。

从上式可知：

①该项实际完成金额 B 必须按估算各种设备的价格计算，它与承包人购进的价格无关。

②估算的总价与合同工程量清单的款额无关。

当然，估价的款额与最终支付的款额无关，最终支付的款额总是合同清单中的款额。

(4)断面法

断面法主要用于取土坑或填筑路堤土方的计量。对于填筑土方工程，一般规定计量的体积为原地面线与设计断面所构成的体积。采用这种方法计量，在开工前承包人需测绘出原地形的断面，并需经工程师检查，作为计量的依据。

(5)图纸法

在工程量清单中，许多项目都采取按照设计图纸所示的尺寸进行计量。如混凝土筑物的体积、钻孔桩的桩长等。

(6)分解计量法

所谓分解计量法，就是将一个项目，根据工序或部位分解为若干子项。对完成的各子项进行计量支付。这种计量方法主要是为了解决一些包干项目或较大的工程项目的支付时间过长，影响承包人的资金流动等问题。

(三)工程项目变更价款的确定

在工程项目的实施过程中，由于多方面的情况变更，经常出现工程量变化、施工进度变化，以及发包人与承包人在执行合同中的争执等许多问题。这些问题的产生，一方面是由于勘察设计工作不细，以致在施工过程中发现各市地多个招标文件中没有考虑或估算不准确的工程量，因而不得不改变施工项目或增减工程量；另一方面，是由于发生不可预见的事件，如自然或社会原因引起的停工或工期拖延等。由于工程变更所引起的工程量的变化、承包人的索赔等，都有可能使项目投资超出原来的预算投资，监理工程师必须严格予以控制，密切注意其对未完工程投资支出的影响及对工期的影响。

1. 工程变更处理程序

承包人提出工程变更的情形有：一是图纸出错、漏、碰、缺等缺陷无法施工；二是图纸不便施工，变更后更经济、方便；三是采用新材料、新产品、新工艺、新技术的需要；四是承包人考虑自身利益，为费用索赔提出工程变更。项目监理机构可按下列程序处理承包人提出的工程变更。

(1)总监理工程师组织专业监理工程师审查承包人提出的工程变更申请，提出审查意见。对涉及工程设计文件修改的工程变更，应由发包人转交原设计单位修改工程设计文件。必要时，项目监理机构应建议发包人组织设计、施工等单位召开论证工程设计文件修改方案的专题会议。

(2)总监理工程师组织专业监理工程师对工程变更费用及工期影响做出评估。

(3)总监理工程师组织发包人、承包人等共同协商确定工程变更费用及工期变化，会签工程变更单。

(4)项目监理机构根据批准的工程变更文件督促承包人实施工程变更。

除承包人提出的工程变更外，发包人可能由于局部调整使用功能，也可能是方案阶段考虑不周而提出工程变更。项目监理机构应对发包人要求的工程变更可能造成的设计修改、工程暂停、返工损失、增加工程造价等进行全面评估，为发包人正确决策提供依据，避免反复和不必要的浪费。

2. 工程变更价款的确定方法

(1)已标价工程量清单项目或其工程数量发生变化的调整办法

《建设工程工程量清单计价规范》GB 50500—2013 规定，工程变更引起已标价工程量清单项目或其工程数量发生变化，应按照下列规定调整：

1)已标价工程量清单中有适用于变更工程项目的，采用该项的单价。但当工程变更导致该清单项目的工程数量发生变化，且工程量偏差超过 15%，此时调整的原则为：当工程量增加 15%以上时其增加部分的工程量的综合单价应予调低；当工程量减少 15%以上时，减少后剩余部分的工程量的综合单价应予调高。

2)已标价工程量清单中没有适用，但有类似于变更工程项目的，可在合理范围内参照类似项目的单价。

3)已标价工程量清单中没有适用也没有类似于变更工程项目的，由承包人根据变更工程资料、计量规则和计价办法、工程造价管理机构发布的信息价格和承包人报价浮动率提出变更工程项目的单价，报发包人确认后调整。承包人报价浮动率可按下列公式计算：

①招标工程

$$承包人报价浮动率\ L=(1-中标价/招标控制价)\times 100\% \tag{7-1}$$

②非招标工程

$$承包人报价浮动率\ L=(1-报价值/施工图预算)\times 100\% \tag{7-2}$$

4)已标价工程量清单中没有适用也没有类似于变更工程项目，且工程造价管理机构发布的信息价格缺价的，由承包人根据变更工程资料、计量规则、计价办法和通过市场调查等取得有合法依据的市场价格提出变更工程项目的单价，报发包人确认后调整。

(2)措施项目费的调整

工程变更引起施工方案改变并使措施项目发生变化时，承包人提出调整措施项目费的，应事先将拟实施的方案提交发包人确认，并应详细说明与原方案措施项目相比的变化情况。拟实施的方案经发承包双方确认后执行，并应按照下列规定调整措施项目费：

1)安全文明施工费按照实际发生变化的措施项目调整不得浮动。

2)采用单价计算的措施项目费，按照实际发生变化的措施项目及前述已标价工程量清单项目的规定确定单价。

3)按总价(或系数)计算的措施项目费，按照实际发生变化的措施项目调整，但应考虑承包人报价浮动因素，即调整金额按照实际调整金额乘以公式(7-1)或公式(7-2)得出的承包人报价浮动率计算。

如果承包人未事先将拟实施的方案提交给发包人确认，则视为工程变更不引起措施项目费的调整或承包人放弃调整措施项目费的权利。

(四)投资偏差分析

在确定了投资控制目标之后，为了有效地进行投资控制，建设单位就必须定期进行投资计划值与实际值的比较，当实际值偏离计划值时，分析产生偏差的原因，采取适当的纠偏措施，以使投资超支尽可能小。

投资偏差分析的方法很多，这里着重介绍赢得值(挣值)法。关于赢得值法的基本原理，可以参照进度控制相关章节的内容。

1．投资分析赢得值法的基本参数

(1)已完工作预算投资

已完工作预算投资为BCWP(Budgeted Cost for Work Performed)，是指在某一时间已经完成的工作(或部分工作)，以批准认可的预算为标准所需要的资金总额，由于发包人正是根据这个值为承包人完成的工作量支付相应的投资，也就是承包人获得(挣得)的金额，故称赢得值或挣值：

已完工作预算投资(BCWP)＝已完成工作量×预算单价

(2)计划工作预算投资

计划工作预算投资简称BCWS(Budgeted Cost for Work Scheduled)，即根据进度计划，在某一时刻应当完成的工作(或部分工作)，以预算为标准所需要的资金总额。一般来说，除非合同有变更，BCWS在工程实施过程中应保持不变。

计划工作预算投资(BCWS)＝计划工作量×预算单价

(3)已完工作实际投资

已完工作实际投资简称ACWP(Actual Cost for Work Performed)，即到某一时刻为止，已完成的工作(或部分工作)所实际花费的总金额。

已完工作实际投资(ACWP)＝已完成工作量×实际单价

2．投资分析赢得值法的评价指标

在这三个基本参数的基础上，可以确定赢得值法的四个评价指标，它们都是时间的函数。

(1)投资偏差 CV(Cost Variance)

将已完成或进行中的工作的预算数(即 BCWP)与此工作的实际投资(即 ACWP)比较。

投资偏差(CV)=已完工作预算投资(BCWP)-已完工作实际投资(ACWP)

负值 CV 意味着完成工作的投资多于计划。即当投资偏差 CV 为负值时,表示项目运行超出预算投资;当投资偏差 CV 为正值时,表示项目运行节支,实际投资没有超出预算投资。

【例 1】 某工程施工至 2012 年 9 月底,经统计分析得:已完工作预算投资为 38000 元,已完工作实际投资为 48000 元,计划工作预算投资为 42000 元。问题:该工程此时的投资偏差为多少?

【解】 BCWS=42000 元

BCWP=38000 元

ACWP=48000 元

CV =BCWP-ACWP

=38000-48000=-10000(元)

即项目运行超出预算投资 10000 元。

(2)投资绩效指数(CPI)

投资绩效指数(CPI)=已完工作预算投资(BCWP)/已完工作实际投资(ACWP)

当投资绩效指数(CPI)<1 时,表示投资超支,即实际投资高于预算投资。

当投资绩效指数(CPI)>1 时,表示投资节支,即实际投资低于预算投资。

【例 2】 某工程施工至 2012 年 9 月底,经统计分析得:已完工作预算投资为 38000 元,已完工作实际投资为 48000 元,计划工作预算投资为 42000 元。问题:该工程此时的投资绩效指数为多少?

【解】 BCWS=42000 元

BCWP=38000 元

ACWP=48000 元

CPI=BCWP/ACWP

=38000/48000=0.79

即每 1.00 元的花费实际只做了价值为 0.79 元的工作,即投资超支,实际投资高于预投资。

投资(进度)偏差反映的是绝对偏差,结果很直观,有助于投资管理人员了解项目投资出现偏差的绝对数额,并以此采取一定措施,指定或调整投资支出计划和资金筹措计划。但是,绝对偏差有其不容忽视的局限性。如同样是 10 万元的投资偏差,对于总投资 1000 万元的项目和总投资 1 亿元的项目而言,其严重性显然是不同的。因此,投资(进度)偏差仅适合于对同一项目做偏差分析。投资(进度)绩效指数反映的是相对偏差,它不受项目层次的限制,也不受项目实施时间的限制,因而在同一项目和不同项目比较中均可采用。

在项目的投资、进度综合控制中引入赢得值法,可以克服过去进度、投资分开控制的缺点,即当我们发现投资超支时,很难立即知道是由于投资超出预算,还是由于进度提前。相反,当我们发现投资低于预算时,也很难立即知道是由于投资节省,还是由于进度拖延。而引入赢得值法即可定量地判断进度、投资的执行效果。

3. 偏差分析的表达式

在项目实施过程中，以上三个参数可以形成三条曲线，即计划工作预算投资(BCWS)曲线、已完工作预算投资(BCWP)曲线、已完工作实际投资(ACWP)曲线，如图 7-16 所示。

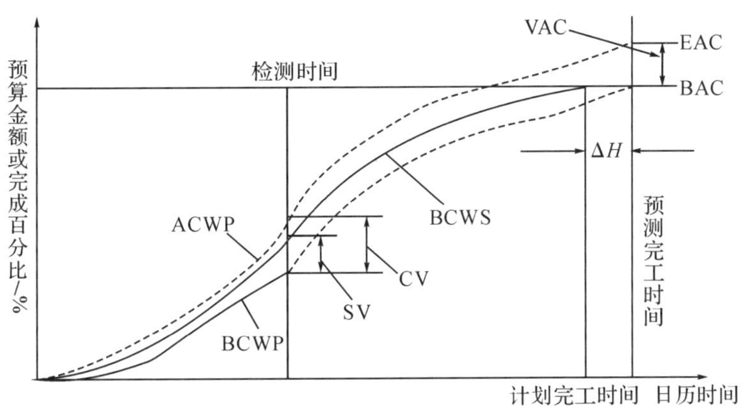

图 7-16　赢得值法评价曲线

图中：CV＝BCWP－ACWP，由于两项参数均以已完工作为计算基准，所以两项参数之差反映项目进展的投资偏差。

SV＝BCWP－BCWS，由于两项参数均以预算值(计划值)作为计算基准，所以两者之差反映项目进展的进度偏差。

采用赢得值法进行投资综合控制，还可以根据当前投资偏差情况，通过原因分析，对趋势进行预测，预测项目结束时的投资情况。在图 7-16 中：

BAC(Budget at Completion)——项目完工预算，指编计划时预计的项目完工投资。

EAC(Estimate at Completion)——预测的项目完工估算，指计划执行过程中根据当前的进度、投资偏差情况预测的项目完工总投资。

VAC (Variance at Completion)——预测项目完工时的投资偏差：

VAC＝BAC－EAC。

【例 3】 某工程完工预算为 80000 元，施工至某月月底的投资绩效指数为0.79，则在该时间节点下工程项目预测的完工投资为多少？

【解】 EAC 的一种估算方法：

EAC＝BAC/CPI

BAC＝80000 元

CPI＝0.79

EAC＝80000/0.79＝101265(元)

VAC ＝BAC－EAC

＝80000－101265

＝－21265(元)

即该时间节点下预测的完工投资为 101265 元，根据当前绩效，项目将超预算 21265 元。

4．投资偏差的应对

当出现投资偏差时，应查明原因并及时进行偏差纠正。通常，有如下方法可供借鉴。

(1)修改投资计划

修改投资计划就是对用于管理项目的投资文件进行修正，比如调整设计概算，变更合同价格等，必要时，必须通知工程项目的利益关系者。

(2)采取纠偏措施

对偏差原因进行分析的目的是有针对性地采取纠偏措施，从而实现投资的动态控制和主动控制。纠偏首先要确定纠偏的主要对象，导致偏差的原因，有些是无法避免和控制的，如客观原因，充其量只能对其中少数原因做到防患于未然，力求减少该原因所产生的经济损失。对于施工原因所导致的经济损失通常是由承包人自己承担的，从投资控制的角度只能加强合同的管理，避免被承包人索赔。所以，这些偏差原因都不是纠偏的主要对象。纠偏的主要对象是发包人原因和设计原因造成的投资偏差。在确定了纠偏的主要对象之后，就需要采取有针对性的纠偏措施。纠偏可采用组织措施、经济措施、技术措和合同措施等。例如：

1)寻找新的、更好更省的、效率更高的设计方案；

2)购买部分产品，而不是采用完全由自己生产的产品；

3)重新选择供应商，但会产生供应风险，选择需要时间；

4)改变实施过程；

5)变更工程范围；

6)索赔等。

(3)按照完成情况估计完成项目所需的总投资 EAC

按照完成情况估计目前实施情况下完成项目所需的总投资 EAC(Estimate at Completion)，有以下三种情况：

1) EAC＝实际支出＋按照实施情况对剩余预算所做的修改。这种方法通常用于当前的变化可以反映未来的变化时。

2) EAC＝实际支出＋对未来所有剩余工作的新的估计。这种方法通常用于当过去的执行情况显示了所有的估计假设条件基本失效的情况下或者由于条件的改变造成原有的假设不再适用时。

3) EAC＝实际支出＋剩余的预算。适用于现在的变化仅是一种特殊情况，项目经理认为未来的实施不会发生类似的变化。

(4)整理纠偏资料，吸取教训

找出产生偏差的原因后，连同所选择的纠偏措施以及从投资控制中吸取的其他方面的教训等都要形成文字材料，作为本工程项目或其他工程项目的历史资料，以供参考。

三、施工阶段承包商的成本控制

承包商作为施工生产活动的主体，是施工过程造价控制中最活跃的因素。虽然承包商相对于监理工程师和业主来说是管理对象，但相对于施工中所需要的各种资源、资源的合理组织与流动来说，却是施控主体，而投入的各种资源则是施控对象。从广义上看，造价控制的主要目标是节省资源消耗、增加经济效果，为社会创造更多的财富。因此，施工阶段承包商成本控制的重点应放在如何采取有效措施来确保工程质量、工期、降低成本、减少消耗、提高资源的利用效果上；以科学的施工管理、合理的施工组织、完善的施工方案、精湛的施工技术来实现工程质量目标、进度目标、使用功能目标和成本目标，达到成本控制的目的。

(一) 施工阶段成本控制的重点

1. 施工组织设计的优化

施工组织设计是施工单位编制的用以指导施工准备和施工全过程的技术经济文件。在开始施工前，施工人员必须对施工的各项活动做出全面的部署，把设计和施工、技术和经济、前方和后方、企业的全局活动和工程的施工组织以及施工中各单位、各阶段、各项目之间的关系等更好地协调起来，使施工建立在科学合理的基础上，从而做到人尽其力、物尽其用，优质、低耗、高速度地取得最好的经济效益和社会效益。在施工组织设计实际编制的过程中，应注意从以下几个方面对其进行优化。

(1)重视施工准备工作，不打无准备之仗

在收到中标通知书以后，承包商就应该着手编制详尽的施工组织设计。工程开工前必须完成的一系列准备工作可以采用不同的方法去进行，但其经济效果是不一样的。承包商应结合工程项目的性质和规模、工期长短、工人数量、机械装备程度、材料供应情况、运输条件、地质条件、气候条件等各项具体的技术经济条件，对承包商自己所制定的方案进行改进，优化施工组织设计。

(2)建设进度安排上的均衡原则

按照工程项目合理的建设程序排列施工的先后顺序，根据实际情况安排各项单位工程的施工周期，做到使建设工作分期分批地进行，避免过分集中，有效地削减高峰工作量、减少临时设施，避免劳力、机械、材料的大进大出，保证工程建设按计划、有节奏地进行。

(3)作业的高效性

应广泛推行流水作业，如组织专业作业队或多工种的混合作业队，按照规定顺序不间断地在若干个工作性质相同的工作面上流动施工，专业组由于操作专业化，有利于保证工作质量、提高工作效率、提高机械设备的利用率。同时可保证工作面不空闲，工序作业不间断，实现均衡连续作业，有利于缩短工期、降低工程成本。

(4)充分利用现有机械设备，内部合理调度，力求提高主要机械的利用率

主要施工机械利用率的高低，直接影响工程成本，考虑不当时还可能影响施工进度。因此在当前技术装备的情况下，必须充分利用现有的机械设备，使大型机械和中小型机械结合起来，使机械化和半机械化结合起来，在不影响总进度的前提下对进度计划做出适当的调整，以提高主要机械的利用率，从而达到降低成本的目的。

(5)施工技术以提高经济效益，简化工序为原则

重视施工技术的每一个细小环节，从各方面采取措施，以获得最佳经济效果。“从技术入手，以经济结束”构成技术管理的核心内容。

2. 施工方案的技术经济优化

施工方案的技术经济分析，应从建立技术经济分析指标体系入手，灵活运用定性方法和有针对性地应用定量方法，对各种施工方案从技术上和经济上进行对比评价，最后优化选定最合理利用人力、物力、财力、资源的方案，即项目造价最低的方案。

(1)施工方案的技术经济指标

施工方案的技术经济指标主要包括成本、工期、质量三个方面。其中,有关工程成本的指标包括单位工程量成本、工程成本降低率(或成本节约额)、工料节约率(或主要材料耗用指标)、劳动生产率(或劳动力消耗)、机械利用率等;有关工程工期的指标包括工期、施工均衡性、竣工率;有关工程质量的指标包括合格品率、优良品率;其他方面的指标还有施工机械化、安全生产等。这些指标是进行施工方案技术优化的重要依据之一。

(2)施工方案的技术经济分析方法

1)定性分析法。根据经验对施工方案的优劣进行分析。例如,施工平面图设计是否合理,主要看场地是否合理利用,临时设施费用是否适当。定性分析法比较方便,但不精确,要求造价工程师必须具有丰富的施工经验和管理经验。

2)定量分析法。建立量化指标,进行定量分析。

3)多指标比较法。这是目前采用比较多的一种方法。它的基本原理是选用一组适当的指标,列出对比方案的指标值,一一进行对比分析,然后根据指标的高低分析判断优劣。这种方法的优点是简便实用,缺点是不便于考虑功能评价,不便于定量的综合分析。有两种情况要分别对待:

①一个方案的各项指标均优于另一个方案,优劣是明显的;

②因方案的可比性差即客观标准不一致时,要特别注意检查对比方案在使用功能和工程质量方面的差异,并分析这些差异对各指标的影响,避免导致错误的结论。

4)价值工程分析法。利用价值工程的基本原理来分析选择施工方案。

5)价值法。即对各方案均计算出最终价值,用价值量大小评定方案优劣。

6)单位工程量成本比选法。单位工程量成本是指完成单位工程量所花费的固定成本与变动成本之和。施工方案的经济性可以用单位工程量成本的高低来衡量,单位工程量成本较低的方案为经济性较好的方案。

(二)施工阶段成本控制的组织与分工

施工项目成本控制是所有项目管理人员必须重视的一项工作,它必须依赖各部门、各单位的通力合作,所以应对成本控制工作做有效的组织与分工。

1. 建立以项目经理为核心的项目成本控制体系

项目经理负责制是项目管理的特征之一。项目经理必须对工程项目的进度、质量、成本、安全和现场管理标准化等全面负责,特别要把成本控制放在首位。

2. 建立成本管理责任制

项目管理人员的成本责任不同于其工作责任。有时工作责任已经完成,甚至还完成得相当出色,但成本责任却没有完成。每一个项目管理人员都必须明确,在完成工作责任的同时,还要为降低成本精打细算,为节约成本开支严格把关。

各个项目管理人员应明确自己对成本控制的责任。要明确合同预算人员、工程技术人员、材料管理人员、机械管理人员、行政管理人员、财务成本人员的成本管理责任。

3. 将施工任务型的工作包及项目单元的成本责任落实到工作队

(1)项目经理部与施工队之间可以签订劳务合同或内部劳务协议。在工程实施过程中,项目经理部有权对施工队的进度、质量、安全和现场管理进行检查与评价,并按劳动合同或内部协议规定支付劳务费用。施工队成本的节约或超支,项目经理部无权过问。

(2)施工队同样可采用施工任务单和限额领料单的形式,将成本责任进一步分解落实到生产班组。施工队需要联系生产班组责任成本的实际完成情况,结合进度、质量、安全和文明施工的具体要求进行综合考评。

施工任务单、限额领料单是项目管理中最基本、最扎实的基础管理,它能综合控制工程项目的进度、质量、成本以及安全与文明施工。这就需要对施工任务单和限额领料单与项目管理的任务分解、进度计划、成本计划、资源计划以及进度、成本、质量三大控制相容。实践证明,以施工项目结构分解(CWBS)中的项目单元、工作包的说明表作为施工任务单,并将其中的计划资源量作为限额领料量的依据,是最合适的。

贯彻工程项目结构分解(WBS)和各个施工项目结构分解(CWBS)的一致性原则,能最为有效地实现项目的系统管理,从而使承包商的项目管理工作及其行为纳入工程项目的整体,并形成与业主、项目组织者及其他参加者之间高度的配合。

(三)施工阶段成本控制的实施

1. 施工前期的成本控制

(1)投标阶段,进行成本预测,提出投标决策。

(2)中标后,以"标书"为依据确定项目的成本目标,并作为项目经理部的成本责任。

(3)施工准备阶段,对施工方法、施工顺序、作业组织形式、机械的设备选型、技术组织措施等认真研究分析,并运用价值工程原理,制定出科学先进、经济合理的施工方案。

(4)根据企业下达的成本目标,以工作包或项目单元所包含的实际工程量或工作量为基础,联系消耗标准(如我国的基础定额、企业的施工定额)和技术组织措施的节约计划,在优化的施工方案的指导下,编制明确而具体的成本计划,并将各项单元或工作包的成本责任落实到各职能部门、施工队和班组,为今后的成本控制做好准备。

(5)根据项目工期的长短和参加工程的人数的多少,编制间接预算,并进行明细分解,落实到项目经理部有关部门,为今后的成本控制和绩效考评提供依据。以施工项目结构分解的项目单元或工作包为对象计划成本,并落实给责任人,这是一些非常烦琐的工作,但这是成本控制最重要的基础。这实际是将以工程活动为对象的大量成本的计算工作转移到前期来(目前我国工程人员还习惯事后处理工程核算)。如果不能有效地完成这些工作,成本控制工作将难以进行实际与计划的对比。

2. 施工期间的成本控制

(1)加强施工任务单和限额领料单的管理。施工任务单应与工作包表结合起来,做好每一个工作包及其工序的验收(包括实际工程量的验收和工作内容、进度、质量要求等综合验收评价)以及实耗人工、实耗材料的数量核对,以保证施工任务单和限额领料单的信息绝对正确,为成本控制提供真实可靠的数据。

(2)根据施工任务单进行实际与计划的对比,计算工作包的成本差异,分析差异产生的原因,并采取有效的纠偏措施。

(3)做好检查周期内成本原始资料的收集、整理,准确计算各工作包的成本,并做好已完成工作包实际成本的统计,分析该检查期内实际成本与计划成本的差异。

(4)在上述工作基础上,实行责任成本核算,也就是利用会计核算资料,通过工作码按责任部门或责任者归集成本费用,每月结算一次,并与责任成本进行对比,由责任部门或责任者自行分析成本差异和产生差异的原因，自行采取措施纠正差异。

(5)做好工程承包的管理工作，提示各责任部门及责任者的合同责任，避免业主或项目组织者的索赔，同时对不是因承包商自身原因造成的损失，及时进行索赔工作。

3. 竣工验收阶段的成本控制

(1)精心安排，干净利落完成竣工扫尾工作，以防扫尾工作拖拉，战线拉得很长，机械、设备无法转移，成本费用照常发生，从而使施工阶段取得的经济效益逐步流失。

(2)重视竣工验收工作，顺利交付使用，对验收中业主提出的意见，如不符合合同要求，且涉及费用，则应做好索赔处理。

(3)及时办理结算，注意结算资料的完整，避免漏算。

(4)在工程保修期间，明确保修责任者，做好保修期间的费用控制。

(四)施工阶段实际成本核算与开支监督

1. 实际成本核算过程

(1)人工、材料、机械台班消耗记录。

一旦项目开工就必须记录各分项工程中消耗的人工、材料、机械台班的数量及费用，这是成本控制的基础工作。

有些消耗是必须经过分摊才能进入工作包的，如在一段时间内几个工作包共用的原材料、劳务、设备，必须按照实际情况进行合理的分摊。

(2)本期内工程完成状况的量度。

在这里，已完工程的量度比较简单，困难的是跨期的分项工程，即已开始但尚未结束的分项工程。由于实际工程进度是作为成本花费所获得的已完产品，它的量度的准确性直接关系到成本核算、成本分析和趋势预测(剩余成本估算)的准确性。在实际工程中人为的影响较大，弄得不好会造成项目成本大起大落，喜忧无常。

在实际成本核算时，对已开始但未完成的工作包，它的已完成成本及已完成程度的客观估算是困难的。

为了解决这一问题，可采用企业同类项目成本消耗标准。

(3)工程工地管理费及总部管理费开支的汇总、核算和分摊。

(4)各分项工程以及总工程的各个费用项目核算及盈亏核算，提出工程成本核算报表。

在上面的各项核算中，许多费用开支是经过分摊进入分项工程成本或工程总成本的，例如周转材料、大型通用机械、工地管理费和总部管理费等。

分摊是选择一定的经济指标按比例核算的。例如，企业管理费按企业同期所有工程总成本(或人工费)分摊到各个工程；工地管理费按本工程各分项工程直接费总成本分摊到各个分项工程，有时周转材料和设备费用也必须采用分摊的方法核算。由于它是按成本比例计算的，所以不能完全反映实际情况。它的核算和经济指标的选取受人为因素的影响较大，常常会影响成本核算的准确性和成本评价的公正性。所以对能直接核算到分项工程的费用应尽量采取直接核算的办法，尽可能减少分摊费用值及分摊名目。

在工程中许多大宗材料已领用但尚未用完，对已消耗量(或剩余量)的估计也是十分困难的，而且人为的影响因素很大。这些也会导致实际成本核算的不准确。

2. 成本开支监督

成本控制一定要着眼于成本开支之前和开支过程中，因为当发现成本超支时，损失已成为现实,很难甚至无法挽回。人们对超支的成本经常企图通过在其他工作包上的节约来解决,这是十分困难的,因为这部分工作包要想压缩成本必然会损害工期和质量,反之如果不发生损害,则说明原成本计划没有优化。

(1)落实成本目标,不仅要落实一般的分项工程及项目单元的成本目标,而且要落实资源的消耗和工作效率指标。例如,下达与工作量相应的用工定额、用料定额、费用指标,在施工中如果需要追加则应有一定的手续。

(2)开支的审查和批准,特别是各种费用开支,即使已经做了计划仍需加强事前批准、事中监督和事后审查。对于超支或超量使用,必须做特别审批,追查原因,落实责任。

(3)签订各种外包合同(如劳务供应、工程分包、材料供应、设备租赁等)时,一定要在合同价方面进行严格控制,包括价格水准、付款方式和付款期、价格补偿条件和范围等。在实际施工中还应严格控制各款项的支付。

(五)成本状况分析

施工成本分析的方法包括比较法、因素分析法、差额计算法、比率法等基本方法。

1. 比较法

比较法又称"指标对比分析法",就是通过技术经济指标的对比,检查目标的完成情况,分析产生差异的原因,进而挖掘内部潜力的方法。比较法的应用通常有下列形式。

(1)将实际指标与目标指标对比。以此检查目标完成情况,分析影响目标完成的积极因素和消极因素,以便及时采取措施,保证成本目标的实现。

(2)本期实际指标与上期实际指标对比。通过这种对比,可以看出各项技术经济指标的变动情况,反映施工管理水平的提高程度。

(3)与本行业平均水平、先进水平对比。通过这种对比,可以反映本项目的技术管理和经济管理与行业的平均水平和先进水平的差距,进而采取措施赶超先进水平。

【例 4】 某项目本年节约"三材"的目标为 100000 元,实际节约 120000 元,上年节约 95000 元,本企业先进水平节约 130000 元。试将本年实际数与本年目标数、上年实际数、企业先进水平对比。

列出表 7-1,计算出本年实际数的差异,实际数比目标数和上年实际数均有所增加,但是本企业比先进水平还少 1 万元,尚有潜力可挖。

表 7-1 实际指标与目标指标、上年指标、先进水平对比表

指标	本年目标数	上年实际数	企业先进水平	本年实际数	差异数		
					与目标比	与上年比	与先进比
"三材"节约额/元	100000	95000	130000	120000	+20000	+25000	−10000

2. 因素分析法

因素分析法又称连环置换法。这种方法可用来分析各种因素对成本的影响程度。在进行分析时,首先要假定众多因素中的一个因素发生了变化,而其他因素则不变,然后逐个替换,分别比较其计算结果,以确定各个因素的变化对成本的影响程度。因素分析法的计算步骤如下:

(1)确定分析对象，并计算出实际数与目标数的差异；

(2)确定该指标是由哪几个因素组成的，并按其相互关系进行排序；

(3)以目标数为基础，将各因素的目标数相乘，作为分析替代的基数；

(4)将各个因素的实际数按照上面的排列顺序进行替换计算，并将替换后的实际数保留下来；

(5)将每次替换计算所得的结果，与前一次的计算结果相比较，两者的差异即为该因素对成本的影响程度；

(6)各个因素的影响程度之和，应与分析对象的总差异相等。

【例 5】 某工程浇筑一层结构商品混凝土，目标成本为 364000 元；实际成本为 383760 元，比目标成本增加 19760 元；关于该工程的相关资料列于表 7-2 中。试根据表中的资料，用因素分析法分析其成本增加的原因。

表 7-2 商品混凝土目标成本与实际成本对比表

项　目	计　划	实　际	差　额
产　量/m^3	500	520	＋20
单　价/元	700	720	＋20
损耗率/%	4	2.5	－1.5
成　本/元	364000	383760	＋19760

由上述信息可知，分析对象是浇筑一层结构商品混凝土的成本，实际成本与目标成本的差额为 19760 元。该指标是由产量、单价、损耗率三个因素组成的。

1)以目标数 364000 元(＝500×700×1.04)为分析替代的基础。

第一次替代产量因素：以 520 替代 500，520×700×1.04＝378560(元)

第二次替代单价因素：以 720 替代 700，并保留上次替代后的值，520×720×1.04＝389376(元)

第三次替代损耗率因素：以 1.025 替代 1.04，并保留上两次替代后的值，520×720×1.025＝383760(元)

2)计算差额：

第一次替代与目标数的差额＝378560－364000＝14560(元)

第二次替代与第一次替代的差额＝389376－378560＝10816(元)

第三次替代与第二次替代的差额＝383760－389376＝－5616(元)

3)产量增加使成本增加了 14560 元，单价提高使成本增加了 10816 元，而损耗率下降使成本减少了 5616 元。

4)各因素的影响程度之和＝14560＋10816－5616＝19760(元)，与实际成本和目标成本的总差额相等。

5)为了使用方便，企业也可以通过运用因素分析表来求出各因素变动对实际成本的影响程度，其具体形式见表 7-3。

表 7-3 商品混凝土成本变动因素分析表

顺 序	连环替代计算	差异/元	因 素 分 析
目标数	500×700×1.04		
第一次替代	520×700×1.04	14560	由于产量增加 $20m^3$，成本增加 14560 元
第二次替代	520×720×1.04	10816	由于单价提高 20 元，成本增加 10816 元
第三次替代	520×720×1.025	−5616	由于损耗率下降 1.5%，成本减少 5616 元
合 计	14560+10816−5616=19760	19760	

3. 差额计算法

差额计算法是因素分析法的一种简化形式，它利用各个因素的目标值与实际值的差额来计算其对成本的影响程度。

【例 6】 某施工项目某月的实际成本降低额比目标数提高了 2.40 万元，见表 7-4，用差额分析法进行分析。

由题意可知：

预算成本增加对成本降低额的影响程度：

(320−300)×4%=0.80(万元)

表 7-4 降低成本目标与实际对比表

项目	目标	实际	差异
预算成本/万元	300	320	+20
成本降低率/%	4	4.5	+0.5
成本降低额/万元	12	14.40	+2.40

成本降低率提高对成本降低额的影响程度：

(4.5%−4%)×320=1.60(万元)

以上两项合计：0.80+1.60=2.40(万元)。其中成本降低率提高是主要原因，应进一步分析寻找成本降低率提高的原因。

4. 比率法

比率法是指用两个以上的指标的比例进行分析的方法。它的基本特点是：先把对比分析的数值变成相对数，再观察其相互之间的关系。常用的比率法有以下几种。

(1)相关比率法

由于项目经济活动的各个方面是相互联系、相互依存又相互影响的，因而可以将两个性质不同而又相关的指标加以对比，求出比率，并以此来考察经营成果的好坏。例如：产值和工资是两个不同的概念，但它们的关系又是投入与产出的关系。在一般情况下，都希望以最少的工资支出完成最大的产值。因此，用产值工资率指标来考核人工费的支出水平，就很能说明问题。

(2)构成比率法

又称比重分析法或结构对比分析法。通过构成比率，可以考察成本总量的构成情况及各成本项目占成本总量的比重，同时也可看出量、本、利的比例关系(即预算成本、实际成本和降低成本的比例关系)，从而为寻求降低成本的途径指明方向。

(3)动态比率法

就是将同类指标不同时期的数值进行对比，求出比率，以分析该项指标的发展方向和发展速度。动态比率的计算，通常采用基期指数和环比指数两种方法。

(六)成本超支原因分析及降低成本的措施

1．成本超支原因分析

经过对比分析，发现某一方面已经出现成本超支，或预计最终将会出现成本超支，则应将它提出，做进一步的原因分析。成本超支的原因可以按照具体超支的成本对象(费用要素、工作包、工程分析等)进行分析。原因分析是成本责任分析和提出成本控制措施的基础。造成成本超支的原因是多方面的，例如：

(1)原成本计划数据不准确，估价错误，预算太低，不适当地采用低价策略；

(2)外部原因：业主的干扰，阴雨天气，物价上涨，不可抗力事件等；

(3)实施管理中的问题：

1)不适当的控制程序，费用控制存在的问题，许多预算外开支，被罚款；

2)成本责任不明，实施者对成本没有承担义务，缺少成本(投资)方面限额的概念，同时又没有节约成本的奖励措施；

3)劳动效率低，工人频繁地调动，施工组织混乱；

4)采购了劣质材料，工人培养不充分，材料消耗增加，浪费严重，发生事故，返工，周转资金占用量大，财务成本高；

5)合同不利，在合同执行中存在缺陷，承包商(分包商、供应商)的赔偿要求不能成立。

(4)工程范围的增加，设计的修改，功能和建设标准提高，工作量大幅度增加。

成本超支的原因非常多，不胜枚举。可以说在项目的目标设计、可行性研究、设计和计划、实施中，以及在技术、组织、管理、合同等任何一方面出现问题都会反映在成本上，造成成本的超支。

原因分析可以采用因果关系分析图进行定性分析，在此基础上又可利用因素差异分析法进行定量分析。

2．降低成本的措施

通常，要压缩已经超支的成本而不损害其他目标是十分困难的，降低成本的措施必须与工期、质量、合同、功能通盘考虑。一般只有当给出的措施比原计划已选定的措施更为有利，或使工程范围减少，或生产效率提高，成本才能降低，例如：

(1)寻找新的、更好更省的、效率更高的技术方案，采用符合规范而成本低的原材料。

(2)购买部分产品，而不是采用完全由自己生产的产品。

(3)重新选择供应商，但会产生供应风险，选择需要时间。

(4)改变实施过程，在符合工程(或合同)要求的前提下改变工程质量标准。

(5)删去工作包，减少工作量、作业范围或要求。这会损害工程的最终功能，降低质量。

(6)变更工程范围。

(7)索赔，例如向业主、承(分)包商、供应商索赔以弥补费用超支等。

采取降低成本的措施尚有如下问题应注意：

(1)一旦成本失控，要在计划成本范围内完成项目是非常困难的。在项目一开始，就必须牢固树立这个观念，不放过导致成本超支的任何迹象，而不能等超支发生了再想办法。

在任何费用支出之前，应确定成本控制系统所遵循的程序，形成文件并通知负责授权工作或经费支出的人。

(2)当发现成本超支时，人们常常通过其他手段，在其他工作包上节约开支。这常常是十分困难的，这会损害工程质量和工期目标，甚至有时贸然采取措施，主观上企图降低成本，而最终却导致更大的成本超支。

(3)在设计阶段采取降低成本的措施是最有效的，而且不会引起工期问题，对质量的影响也小一些。

(4)成本的监控和采取措施的重点应放在：

1)价值最大的工作包或成本项目上；

2)近期就要进行的活动；

3)具有较大的估算成本的活动。

(5)成本计划(或预算)的修订和措施的选择应与项目的其他方面(如进度、实施方案、设计、采购)、项目其他参加者和投资者进行协调。

第五节　竣工验收阶段的投资控制

工程完工后，发承包双方必须在合同约定时间内办理工程竣工结算。工程竣工结算由承包人或受其委托具有相应资质的工程造价咨询人编制，由发包人或受其委托具有相应资质的工程造价咨询人核对。竣工结算办理完毕，发包人应将竣工结算文件报送工程所在地(或有该工程管辖权的行业管理部门)工程造价管理机构备案，竣工结算文件作为工程竣工验收备案、交付使用的必备文件。

一、竣工结算编制

(一) 工程竣工结算应根据下列依据编制和复核

(1)《建设工程工程量清单计价规范》GB 50500—2013；

(2)工程合同；

(3)发承包双方实施过程中已确认的工程量及其结算的合同价款；

(4)发承包双方实施过程中已确认调整后追加(减)的合同价款；

(5)建设工程设计文件及相关资料；

(6)投标文件；

(7)其他依据。

(二) 工程竣工结算的计价原则

(1)分部分项工程和措施项目中的单价项目应依据双方确认的工程量与已标价工程量清单的综合单价计算；如发生调整，应以发承包双方确认调整的综合单价计算。

(2)措施项目中的总价项目应依据已标价工程量清单的项目和金额计算；发生调整的，应以发承包双方确认调整的金额计算，其中安全文明施工费应按国家或省级、行业建设主管部门的规定计算。

(3)其他项目应按下列规定计价：

1)计日工应按发包人实际签证确认的事项计算；

2)暂估价应按计价规范相关规定计算；

3)总承包服务费应依据已标价工程量清单的金额计算；发生调整的，应以发承包双方确认调整的金额计算；

4)索赔费用应依据发承包双方确认的索赔事项和金额计算；

5)现场签证费用应依据发承包双方签证资料确认的金额计算；

6)暂列金额应减去工程价款调整(包括索赔、现场签证)金额计算，如有余额归发包人。

(4)规费和税金按国家或省级、建设主管部门的规定计算。规费中的工程排污费应按工程所在地环境保护部门规定标准缴纳后按实列入。

(5)发承包双方在合同工程实施过程中已经确认的工程计量结果和合同价款，在竣工结算办理中应直接进入结算。

二、竣工结算的程序

合同工程完工后，承包方应在经发承包双方确认的合同工程期中价款结算的基础上汇总编制完成竣工结算文件，并在合同约定的时间内，提交竣工验收申请的同时向发包人提交竣工结算文件。

承包人未在合同约定的时间内提交竣工结算文件，经发包人催告后 14 天内仍未提交或没有明确答复，发包人有权根据已有资料编制竣工结算文件，作为办理竣工结算和支付结算款的依据，承包人应予以认可。

发包人应在收到承包人提交的竣工结算文件后的 28 天内核对。发包人经核实，认为承包人还应进一步补充资料和修改结算文件，应在上述时限内向承包人提出核实意见，承包人在收到核实意见后的 28 天内按照发包人提出的合理要求补充资料，修改竣工结算文件，并应再次提交给发包人复核后批准。

发包人应在收到承包人再次提交的竣工结算文件后的 28 天内予以复核，并将复核结果通知承包人。若发承包双方对复核结果无异议，应在 7 天内在竣工结算文件上签字确认，竣工结算办理完毕。若发包人或承包人认为复核结果有误，无异议部分按照上述规定办理不完全竣工结算；有异议部分由发承包双方协商解决；协商不成的，按照合同约定的争议解决方式处理。

发包人在收到承包人竣工结算文件后的 28 天内，不核对竣工结算或未提出核对意见的，应视为承包人提交的竣工结算文件已被发包人认可，竣工结算办理完毕。

承包人在收到发包人提出的核实意见后的 28 天内，不确认也未提出异议的，应视为发包人提出的核实意见已被承包人认可，竣工结算办理完毕。

发包人委托工程造价咨询人核对竣工结算的，工程造价咨询人应在 28 天内核对完毕，核对结论与承包人竣工结算文件不一致的，应提交给承包人复核；承包人应在 14 天内将同意核对结论或不同意见的说明提交工程造价咨询人。工程造价咨询人收到承包人提出的异议后，应再次复核，复核无异议的，应在 7 天内在竣工结算文件上签字确认，竣工结算办理完毕。复核后仍有异议的，无异议部分办理不完全竣工结算；有异议部分由发承包双方协商解决，协商不成的，按照合同约定的争议解决方式处理。承包人逾期未提出书面异议，视为工程造价咨询人核对的竣工结算文件已经承包人认可。

对发包人委托的工程造价咨询人指派的专业人员与承包人指派的专业人员经核对后无异议并签名确认的竣工结算文件，除非发承包人能提出具体、详细的不同意见，发承包人都应在竣工结算文件上签名确认，如其中一方拒不签认，按以下规定办理：

(1)若发包人拒不签认，承包人可不提供竣工验收备案资料，并有权拒绝与发包人或其上级部门委托的工程造价咨询人重新核对竣工结算文件。

(2)若承包人拒不签认，发包人要求办理竣工验收备案的，承包人不得拒绝提供竣工验收资料，否则，由此造成的损失，承包人承担相应责任。

合同工程竣工结算核对完成，发承包双方签字确认后，禁止发包人又要求承包人与另一个或多个工程造价咨询人重复核对竣工结算。

发包人对工程质量有异议，拒绝办理工程竣工结算的，已竣工验收或已竣工未验收但实际投入使用的工程，其质量争议按该工程保修合同执行，竣工结算应按合同约定办理；已竣工未验收且未实际投入使用的工程以及停工、停建工程的质量争议，双方应就有争议的部分委托有资质的检测鉴定机构进行检测，根据检测结果确定解决方案，或按工程质量监督机构的处理决定执行后办理竣工结算，无争议部分的竣工结算按合同约定办理。

三、竣工结算的审查

竣工结算要有严格的审查，一般从以下几个方面入手。

(一)核对合同条款

首先，应核对竣工工程内容是否符合合同条件要求，工程是否竣工验收合格，只有按合同要求完成全部工程并验收合格才能竣工结算；其次，应按合同规定的结算方法、计价定额、取费标准、主材价格和优惠条款等，对工程竣工结算进行审核，若发现合同开口或有漏洞，应请发包人与承包人认真研究，明确结算要求。

(二)检查隐蔽验收记录

所有隐蔽工程均需进行验收，2 人以上签证；实行工程监理的项目应经监理工程师签字确认。审核竣工结算时应核对隐蔽工程施工记录和验收签证，手续完整，工程量与竣工图一致方可列入结算。

(三)落实设计变更签证

设计修改变更应有原设计单位出具设计变更通知单和修改的设计图纸、校审人员签字并加盖公章，经发包人和监理工程师审查同意、签证；重大设计变更应经原审批部门审批，否则不应列入结算。

(四)按图核实工程数量

竣工结算的工程量应依据竣工图、设计变更单和现场签证等进行核算，并按国家统一约定的计算规则计算工程量。

(五)执行定额单价

结算单价应按合同约定或招标规定的计价定额与计价原则执行。

(六)防止各种计算误差

工程竣工结算子目多、篇幅大，往往有计算误差，应认真核算，防止因计算误差多计少算。

四、竣工结算款支付

（一）承包人提交竣工结算款支付申请

承包人应根据办理的竣工结算文件，向发包人提交竣工结算款支付申请。申请应包括下列内容。

（1）竣工结算合同价款总额；

（2）累计已实际支付的合同价款；

（3）应预留的质量保证金；

（4）实际应支付的竣工结算款金额。

（二）发包人签发竣工结算支付证书与支付结算款

发包人应在收到承包人提交竣工结算款支付申请后7天内予以核实，向承包人签发竣工结算支付证书，并在签发竣工结算支付证书后的14天内，按照竣工结算支付证书列明的金额向承包人支付结算款。

发包人在收到承包人提交的竣工结算款支付申请后7天内不予核实，不向承包人签发竣工结算支付证书的，视为承包人的竣工结算款支付申请已被发包人认可；发包人应在收到承包人提交的竣工结算款支付申请7天后的14天内，按照承包人提交的竣工结算款支付申请列明的金额向承包人支付结算款。

发包人未按照上述规定支付竣工结算款的，承包人可催告发包人支付，并有权获得延迟支付的利息。发包人在竣工结算支付证书签发后或者在收到承包人提交的竣工结算款支付申请7天后的56天内仍未支付的，除法律另有规定外，承包人可与发包人协商将该工程折价，也可直接向人民法院申请将该工程依法拍卖。承包人应就该工程折价或拍卖的价款优先受偿。

五、质量保证金

发包人应按照合同约定方式预留保证金，保证金总预留比例不得高于工程价款结算总额的3%。合同约定由承包人以银行保函替代预留保证金的，保函金额不得高于工程价款结算总额的3%。

缺陷责任期从工程通过竣工验收之日起计。由于承包人原因导致工程无法按规定期限进行竣工验收的，缺陷责任期从实际通过竣工验收之日起计。由于发包人原因导致工程无法按规定期限进行竣工验收的，在承包人提交竣工验收报告90天后，工程自动进入缺陷责任期。

缺陷责任期内，由承包人原因造成的缺陷，承包人应负责维修，并承担鉴定及维修费用。如承包人不维修也不承担费用，发包人可按合同约定从保证金或银行保函中扣除，费用超出保证金额的，发包人可按合同约定向承包人进行索赔。承包人维修并承担相应费用后，不免除对工程的损失赔偿责任。

由他人原因造成的缺陷，发包人负责组织维修，承包人不承担费用，且发包人不得从保证金中扣除费用。

缺陷责任期内，承包人认真履行合同约定的责任，到期后，承包人向发包人申请返还保证金。

发包人在接到承包人返还保证金申请后，应于14天内会同承包人按照合同约定的内容进行核实。如无异议，发包人应当按照约定将保证金返还给承包人。对返还期限没有约定或者约定不明确的，发包人应当在核实后14天内将保证金返还承包人，逾期未返还的，依法承担违约责任。发包人在接到承包人返还保证金申请后14天内不予答复，经催告后14天内仍不予答复，视同认可承包人的返还保证金申请。

发包人和承包人对保证金预留、返还以及工程维修质量、费用有争议时，按承包合同约定的争议和纠纷解决程序处理。

六、最终结清

缺陷责任期终止后，承包人应按照合同约定向发包人提交最终结清支付申请。发包人对最终结清支付申请有异议的，有权要求承包人进行修正和提供补充资料。承包人修正后，应再次向发包人提交修正后的最终结清支付申请。发包人应在收到最终结清支付申请后的14天内予以核实，并应向承包人签发最终结清支付证书，并在签发最终结清支付证书后的14天内，按照最终结清支付证书列明的金额向承包人支付最终结清款。如果发包人未在约定的时间内核实，又未提出具体意见的，视为承包人提交的最终结清支付申请已被发包人认可。

发包人未按期最终结清支付的，承包人可催告发包人支付，并有权获得延迟支付的利息。最终结清时，如果承包人被扣留的质量保证金不足以抵减发包人工程缺陷修复费用的，承包人应承担不足部分的补偿责任。承包人对发包人支付的最终结清款有异议的，按照合同约定的争议解决方式处理。

案例分析

成本大计 精细为赢：
中建三局杭州国际中心项目的成本管控之术①

1. 引言

夜幕降临，杭州国际中心项目工地上的工人和设备都还在作业。中建三局的项目经理刘罡望着基坑，紧皱眉头，失去了以往乐观的精气神。目前基坑的第一道水平支撑已经施工完成，但是实际C35混凝土用量却远远超出了预算，这意味着成本也已超支。刘经理心中五味杂陈，不断在心中反问自己，是自己的管理不到位吗？整个工程才刚刚开始就出现了如此大的成本偏差，那之后可怎么办？一想到后续庞大的工程，刘经理不由得锁紧了眉头，心中的担心和忧虑开始弥散开来……

① 注：(1)本案例由浙江大学建筑工程学院俞洪良、刘晓罡、陈佳络撰写，案例的知识产权归属作者及所在单位所有。

(2)本案例源自真实工程项目，由于企业保密的要求，在本案例中对有关名称、数据等做了必要的掩饰性处理。

(3)本案例只供课堂讨论之用，并无意暗示或说明某种管理行为是否有效。

2. 中建三局与杭州国际中心

中建三局集团有限公司(以下简称“中建三局”)组建于1965年,是世界500强企业——中国建筑的重要全资子公司,为国内唯一一家拥有覆盖十大领域业务的建筑工程施工总承包特级、公路施工总承包特级、市政公用工程施工总承包特级资质的三特型企业,处于行业领先水平,连续多年被评为“建筑业企业第一名”。中建三局秉持“敢为天下先,永远争第一”的企业品格,承(参)建了上海环球金融中心、北京中国尊、天津117大厦等30多个省区市的第一高楼,创造了3天1层的“深圳速度”。

2017年,杭州国际中心项目招标文件正式发布。该项目位于浙江省杭州市钱江新城,建筑高度为299m,建筑层数为67层,建筑主体为不等高主副双塔,建筑造型采用钱江风帆和竹节的理念,既体现“扬帆致远”的胆略勇气,又象征杭州事业发展“节节攀升”,有望成为迄今为止杭州钱塘江北岸的第一高楼,成为新地标,如附图7-1所示。

附图7-1 杭州国际中心项目效果图

中建三局自然不会错过这样一个具有挑战性的项目。经过激烈的竞争,中建三局成功承接鲁能杭州国际中心项目。工程合同于2017年7月份签订,合同约定的工程开工日期为2017年7月30日,竣工日期为2022年5月15日;合同总额约25亿元,项目规划指标如附表7-1所示。同时,刘罡被任命为项目经理。刘经理深深地知道这个项目对他意味着什么,他必须打起十二分精神,在这个项目中一展宏图。

附表7-1 项目规划指标

项目		规划指标
总用地面积		30333m^2
总建筑面积		419364m^2
其中	地上建筑面积	303330m^2
	地下建筑面积	116034m^2
容积率		10
建筑密度		≤65%
绿地率		≥15%
建筑限高		299m

3. 班子组建

刘经理知道施工阶段的成本控制必须依赖各部门、各单位的通力合作,所以在项目之初，便针对成本控制工作进行了有效的组织与分工。

(1)建立以项目经理为核心的项目成本控制体系

中建三局的项目成本管理实行全额承包责任制和成本核算制，项目经理部为工程项目成本管理责任中心，项目经理对工程从开工到竣工的全过程成本管理及其经济效果负全部责任。

(2)建立成本管理责任制

项目经理部建立成本管理责任体系，主要包括项目各业务部门、岗位及作业层的成本管理责任制。项目管理人员的成本责任，不同于其工作责任。有时工作责任已经完成，甚至还完成得相当出色，但成本责任却没有完成。每一个项目管理人员都必须明确，在完成工作责任的同时，还要为降低成本精打细算，为节约成本开支严格把关。各个项目管理人员应明确自己对成本控制的责任。成本管理责任制同时有详细的量化责任目标和考核奖罚标准，并实行动态管理。

刘经理选取 5 个部门 8 名管理人员，形成了杭州国际中心项目的成本管理体系，如附图 7-2所示，其中包括物资部 1 名物资员、商务合约部 2 名商务管理员、工程部 1 名施工员和 1 名测量员、质量部 1 名质量员、技术部 2 名技术员。同时明确各管理人员的成本管理责任，如附表 7-2 所示。

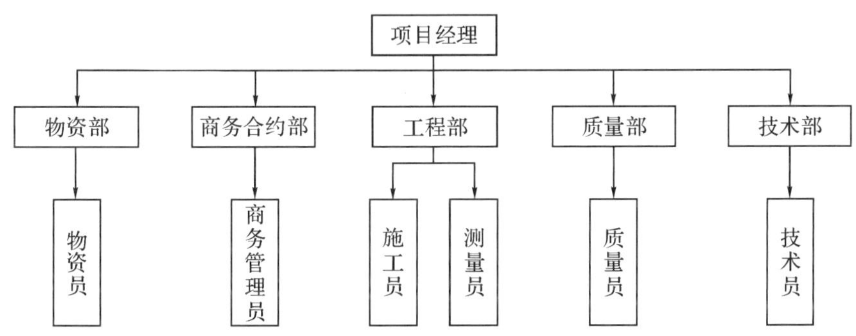

附图 7-2 杭州国际中心项目成本管理责任体系

附表 7-2 成本管理人员的控制责任

成本管理人员	成本控制责任
物资员	负责采购，保证材料供应量，选择质量相对较高、成本相对较低的材料，同时严格把控材料质量
商务管理员	合理编制预算，控制成本；根据项目的变更情况及时调整成本预算
施工员	做好施工现场的管理工作，实现平面布置的高效性和科学性，完善文明施工的效益，减少施工材料和施工成本浪费的问题的出现
测量员	严格按照规范要求做好工程测量工作，对放样精度负责
质量员	负责进场材料的抽样复核，负责工序质量检查；负责检验批和分项工程质量验收、评定
技术员	严格按规范要求组织施工，负责技术、质量信息的收集工作，积极贯彻新技术、新工艺的实施；负责施工现场的文明施工工作，保证施工安全

4. 项目进展

2017 年 10 月 31 日，当桩基工程施工完成后，北基坑水平支撑和土方开挖相继开始。

4.1 北区基坑概况

该项目的北区基坑如附图 7-3 所示，基坑平面大致呈长方形，长度约达 144.5m，宽度约达 94.7m，基坑总长度约 460.7m，总面积约为 13215.0m^2。基坑为地下四层，大面积开挖深度约 21.55m（塔楼位置为 23m），总挖土量约 29.2 万 m^3。地下室采用 1000mm 厚地下连续墙（两墙合一）结合四道钢筋混凝土内支撑方案，竖向立柱桩部分利用工程桩，其他立柱桩采用新打钻孔灌注桩加上部格构形式井字形钢构架。

附图 7-3　北区基坑

4.2 支撑施工量预算

北区基坑共 4 道支撑，土方工程根据支撑位置共分为 5 层，各支撑平面图如附图 7-4 所示。土方开挖遵从“开槽支撑、先撑后挖、分层开挖、严禁超挖”的原则进行。支撑施工共分三个区，由于工期要求紧，需同时展开施工，且中间段支撑坡道栈桥需投入使用，在施工过程

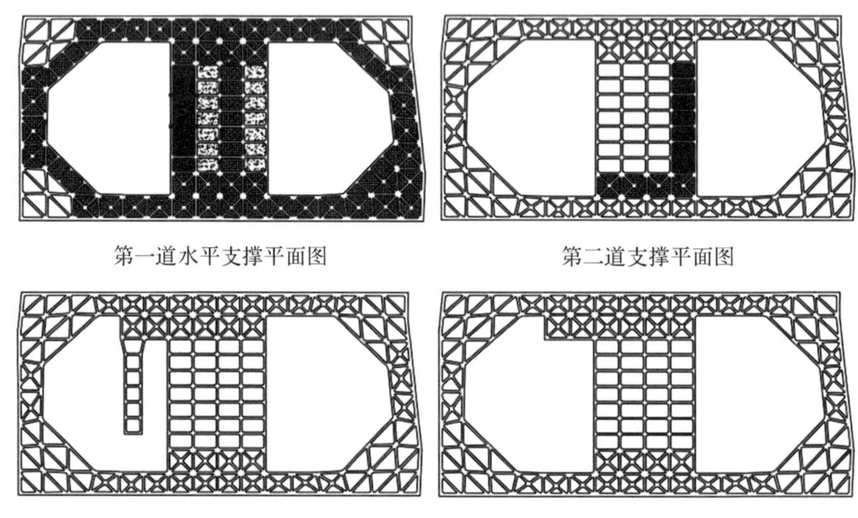

第一道水平支撑平面图　　第二道支撑平面图

第三道支撑平面图　　第四道支撑平面图

附图 7-4　各支撑平面图

中优先考虑。

其中各道支撑标高、梁截面尺寸如附表 7-3 所示。

附表 7-3 各道支撑标高、梁截面尺寸

	第一道	第二道	第三道	第四道
顶标高/m	－1.80	－7.10	－12.20	－17.40
冠(腰)梁/mm	1000×800	1200×900	1400×1000	1400×1000
支撑梁 1/mm	1000×800	1100×900	1300×1000	1300×1000
支撑梁 2/mm	900×800	900×900	1000×900	1000×900

根据工程项目结构分解方法对杭州国际中心项目进行分解，并以施工图纸为基准，计算每一个分部分项工程的施工量(成本计划)，如附表 7-4 所示。

附表 7-4 基坑水平支撑的施工量清单(成本计划)

部位		一道撑	二道撑	三道撑	四道撑
支撑梁	混凝土/m^3	2600.62	2573.18	2570.20	2892.67
	模板面积/m^2	4368.90	4745.41	4465.37	4839.47
板	混凝土/m^3	1667.89	226.41	620.41	0.00
	底面模板面积/m^2	6489.61	752.27	3702.14	0.00
	侧面模板面积/m^2	3.74	3.64	0.00	0.00
加腋	混凝土/m^3	51.24	64.46	54.00	79.60
	模板面积/m^2	280.94	329.44	272.47	398.15
翻边	混凝土/m^3	31.10	8.53	31.59	0.00
	模板面积/m^2	324.47	89.74	316.12	0.00
汇总	混凝土/m^3	4350.84	2872.58	3276.20	2972.27
	模板面积/m^2	11467.66	5920.51	8756.10	5237.62
垫层	混凝土/m^3	741.16	383.64	579.75	344.28
	模板面积/m^2	532.51	558.42	578.06	532.43

5. 不测风云

第一道水平支撑的施工已经结束，商务合约部的小陈拿着《三算(预算、计划量、实际量)对比表》找刘经理签字。当刘经理看到对比表中 C35 混凝土实际用量与预算量之间有较大差额时，他大吃一惊。

原本商务合约部预计的第一道水平支撑 C35 混凝土量约为 4350.84m^3，但是实际完成时，C35 混凝土的总用量达到了 4749.7m^3，比预期多了 398.86m^3，按照每方 530 元的单价计算，足足超了预算 21 万元。

面对这一突如其来的成本超支状况，刘经理陷入了沉思。是项目部建立的成本控制组织与分工不够有效吗？是项目部建立的成本控制体系不够完善吗？是项目部建立的成本管理责任制不够明确吗？

6. 拨云见日

经过刘经理及项目部成本控制相关人员两个多小时的讨论与分析，成本偏差的原因逐渐清晰。

(1)管理漏洞

是不是标高没有严格控制好呢？刘经理为了进行确认，马上穿上反光背心，戴上安全帽，快步下楼走向施工现场。他叫来测量员，让他马上对第一道水平支撑的底标高进行了复核。测量员看到表情严肃的刘经理，应了一声“好”便马上开始测量。

在基准点上通过水准仪，测量员测得第一道水平支撑的底标高为－2.93m。但是在施工图纸中，第一道水平支撑的底标高为－2.90m，说明实际施工时第一道水平支撑土方开挖时多挖了3cm。3cm虽然很小，但是却需要0.03m×0.8m×2143m＝51.4m^3的C35混凝土量进行填补。

这3cm的误差又是什么原因造成的呢？一般有两方面的因素，一是由于工人的施工操作不够精细，导致土方开挖过多；二是一开始测量员定的底标高就出现了误差。

但不管是施工工人还是测量员的失误，刘经理知道归根结底还是自己的施工现场技术管理存在漏洞，在施工时没有进行严格的核查，造成了成本的超支。

(2)垫层施工

由于本工程工期要求紧，建造总监陈经理在安排第一道水平支撑施工时，为了节省工期，在土方开挖已经完成的情况下，采用了成品水泥板代替10cm现浇C15混凝土垫层的方案。这样一来，垫层的施工工期由2天变成了1天，用于混凝土浇筑的人力也相应减少。但是由于施工前陈经理并未将这一施工方案进行通报，所以商务合约部在前期做预算时并没有考虑这种情况，土方开挖时也仍按原施工方案进行，即垫层为10cm厚，但水泥板只有3cm，所以实际施工中仍需用支撑混凝土(C35)对标高偏差的7cm进行浇筑，导致C35混凝土用量增加0.07m×0.8m×2143m＝120.008m^3。

但是这两种方案到底哪一种更有价值呢？采用水泥板是不是可以在一定程度上降低成本呢？刘经理与相关成本控制人员对两个方案进行了成本分析。

1)原方案：采用现浇混凝土垫层

10cm现浇混凝土垫层(C15)成本＝垫层厚度×垫层宽度×垫层总长度×C15混凝土单价＝0.1m×0.8m×2143m×435元/m^3＝74576.4元

加上垫层施工费＝垫层厚度×垫层宽度×垫层总长度×单位施工费＝0.1m×0.8m×2143m×50元/m^3＝8572元

原方案的成本共计83148.4元

2)优化方案：采用成品水泥板

3cm成品水泥板成本＝水泥板宽度×水泥板长度×单位面积单价＝0.8m×2143m×25元/m^2＝42860元

7cm现浇混凝土(C35)成本＝垫层厚度×垫层宽度×垫层总长度×C35混凝土单价＝0.07m×0.8m×2143m×530元/m^3＝63604.24元

加上垫层施工费＝垫层厚度×垫层宽度×垫层总长度×单位施工费＝0.07m×0.8m×2143m×50元/m^3＝6000.4元

优化方案的成本共计112464.64元

原方案、优化方案的对比如附表 7-5 所示。

附表 7-5 原方案与优化方案对比表

	原方案	优化方案
混凝土	10cm 现浇混凝土垫层(C15)	3cm 水泥板 7cm 现浇混凝土(C35)
工期	2 天	1 天
成本	83148.4 元	112464.64 元

通过方案的对比可以发现,铺设 3cm 的成品水泥板,在后期实际施工中会增加约 120m^3 的 C35 混凝土用量,似乎增加了项目成本。但是优化方案相比于原方案可以减少一天的工期,节约了项目每日固定开支 3.5 万元,所以整体来看优化方案成本更低。

(3)设计节点缺失

在设计方案中,水平支撑压顶梁与基坑围护(地连墙)相连节点处,仅要求将压顶梁部位混凝土凿除,但在实际施工时,根据规范要求,凿除深度要求大于等于 7cm,在水平支撑浇筑过程中增加了混凝土用量。而由于图纸中设计节点缺失,导致混凝土用量增加。

该部分超耗的混凝土量=地连墙总长度×地连墙厚度×凿除深度=460m×1m×0.07m=32.2m^3。

(4)文明施工策划

出于文明施工角度的考虑,技术部在第一道水平支撑中设计了排水坡度,直接导致了约 130m^3 的 C35 混凝土增量。但是从以往的施工经验来看,第一道水平支撑上若不设计坡度,往往会形成积水,则需要另外安排人员每天对地面进行清扫。这样一来,需要支付一笔较高的人工费用。所以在杭州国际中心这个项目中,第一道水平支撑设置有约 5‰的排水坡度,排水坡度坡向基坑,基坑底部设置排水沟和集水坑,从而减少了现场安排专人对道路进行清扫的工作。减少的人工费计算如下:

人工排水费用=人数×时间×人工费=2 人×300 天×180 元/(人·天)=108000 元。

而设置坡度后的成本增量为:

混凝土增量×混凝土单价=130m^3×530 元/m^3=68900 元

可以发现,因不设置坡度而需要支付的人工费显然比设置坡度后增加的施工成本要高得多,所以设计排水坡度是合理的。但是因该合理设计而增加的混凝土用量在预算时并没有考虑到,从而导致 C35 混凝土实际用量的增加。

(5)供应商

在考虑了现场管理及技术管理等方面存在的问题之后,刘经理和物资员对混凝土供应商的供货情况进行了检查。经过对前期混凝土车辆过磅单的认真检查对比,刘经理和物资员发现混凝土公司的供货量基本都是负偏差,平均达到-1.5%,导致了约 4350.84m^3×1.5%=65.26m^3 的 C35 混凝土用量增加。

通过以上分析,这 398.86m^3 的混凝土增量终于找到了出处,包括管理漏洞、垫层施工变更、设计节点缺失、文明施工策划、供应商供应量偏差等 6 个原因,如附表 7-6 所示。其中垫层施工变更、文明施工策划虽然增加了混凝土用量,但是从价值工程角度看,总项目成本降低，优化后的施工方案更具价值。

附表 7-6　第一道水平支撑混凝土增量表

原因分析	C35 混凝土增量/m^3
管理漏洞	51.4
垫层施工	120
设计节点缺失	32.2
文明施工策划	130
供应商供货量偏差	65.26
总计	398.86

7. *对症下药*

在找到了这些原因之后，刘经理心中的大石终于放下了一半，但后续还有 3 道水平支撑，甚至还有 299m 的高楼主体，他不希望再出现类似的问题。但显然他之前制定的成本控制体系和成本管理责任制度并没有发挥有效的作用，他必须马上做出调整。于是，刘经理将项目成本管理人员召集到一起，对此次成本超支情况进行了详细的说明，并对后续施工提出了明确的要求。

(1)针对标高偏差，这是技术管理制度落实不到位造成土方超挖，从而引起混凝土量增加。刘经理要求在后续的水平支撑施工中落实二次复核制度，确保标高准确无误。

(2)针对垫层施工，由于成本计划未及时根据优化方案进行调整，形成了成本超支的假象，但是从价值工程原理出发，优化方案相比于原方案节省了工期，项目总体成本降低。所以在后续水平支撑的施工中，刘经理决定仍然采用优化方案，即采用成品水泥板。但根据优化方案调整土方开挖控制标高，即将水平支撑的底标高升高 7cm，并及时调整成本计划，这样一来，优化方案中 7cm 的 C35 混凝土费用以及施工费也可以省去，将更加降低成本。

(3)针对设计节点缺失造成的成本偏差，刘经理要求在后续工作中，商务合约部和工程部要加强技术管理沟通，完善设计节点与施工工艺，并加强过程监控，从而避免后期的成本偏差。

(4)针对排水坡度设置，出于文明施工以及价值工程的考虑，这是控制成本的合理举措，但由于前期成本计划未及时调整，造成 C35 混凝土实际用量超过计划。不过由于第二、三、四道水平支撑积水相对较少，刘经理决定不在后续水平支撑上设置排水坡度。

(5)针对混凝土供货商供货量出现负偏差的情况，虽然−1.5%的负偏差属于合同允许范围(−2%)以内，但混凝土公司全部负偏差的行为应该得到相应的制约，刘经理与其联系，并进行了相关洽商，讲明项目成本控制的压力，混凝土公司表示后续会尽量控制负偏差，提高供货质量。

8. *尾声*

上述成本控制措施在后续第二、三、四道水平支撑的施工成本控制中得到了有效落实，C35 混凝土实际用量与计划混凝土量的偏差都控制在−1%以内，均较好地实现了成本控制的目标。具体数值如附表 7-7 所示。

附表 7-7 第二～四道水平支撑计划与实际 C35 混凝土量

水平支撑	计划 C35 混凝土量/m^3	实际 C35 混凝土量/m^3	偏差
第二道支撑	2872.58	2896	−0.82%
第三道支撑	3276.20	3291	−0.44%
第四道支撑	2972.27	2999	−0.91%

通过对杭州国际中心项目深基坑水平支撑体系施工成本的管控，刘经理认识到，要做好一个项目的成本控制工作，仅靠建立一套成本控制体系和成本管理责任制度是远远不够的，更需要精细化的管理。施工成本管理之路漫漫，影响施工成本控制的因素错综复杂，如何切实有效地做好每一个工作单元的成本控制，刘经理仍在思考。在余下的施工过程中，刘经理还会遇到成本控制的难题吗？他又将采取怎样的成本控制措施呢？

启发思考题

1. 项目成本控制首先需要制订一个合理的成本计划，请利用项目结构分解原理，对本案例中水平支撑结构成本计划的制订过程进行阐述。

2. 施工阶段成本控制的重点是什么？常见的成本分析的方法有哪些？你认为刘经理及其项目团队在这两个方面的工作开展得如何？

3. 请从成本管理的四大措施(组织措施、经济措施、技术措施、合同措施)分析刘经理所采取的措施是否合理？如果你是项目经理，针对本案例中出现的成本控制问题，你还将从哪些方面去制定应对策略？请详细阐述。

4. 结合案例，从工程项目动态控制原理出发，请分析中建三局的成本控制体系。你认为本案例中刘经理及其项目团队的成本控制有哪些不足？

复习思考题

1. 简述工程项目投资控制的概念及组成。
2. 简述工程项目投资控制的任务和措施。
3. 设计阶段投资控制的技术和方法有哪些？
4. 如何利用赢得值原理进行投资控制？
5. 简述成本超支的原因及降低成本的措施。
6. 竣工结算的审查一般应从哪几个方面着手？

第八章 工程项目质量控制

质量目标是工程项目管理的主要控制目标之一。工程项目的质量控制，需要系统有效地应用质量管理和质量控制的基本原理和方法，建立和运行工程项目质量控制体系，落实工程项目各参与方的质量责任，通过工程项目实施过程各个环节质量控制的职能活动，有效预防和正确处理可能发生的工程质量事故，在政府的监督下实现工程项目的质量目标。

第一节 工程项目质量控制概述

工程项目质量控制就是指为了满足工程项目的质量需求而采取的作业技术和活动，而工程项目质量是实现工程功能与效果的基本要素。为了进行有效的质量控制，必须熟悉工程项目质量形成过程及其影响因素，了解工程项目质量的特点、控制原则及工程项目质量管理的制度，掌握建设工程参与主体单位的工程质量责任。

一、质量管理与质量控制

（一）质量和质量管理

（1）根据国家标准《质量管理体系基础和术语》(GB/T 19000—2016/ISO 9000:2015)的定义，组织的产品和服务质量取决于满足顾客的能力以及对有关的相关方预期或非预期的影响；产品和服务的质量不仅包括其预期的功能和性能，而且还涉及顾客对其价值和利益的感知。就工程质量而言，其预期的功能和性能通常包括使用功能、寿命以及可靠性、安全性、经济性等特性，这些特性满足要求的程度越高，质量就越好。

（2）质量管理是指在质量方面指挥和控制组织的协调活动。这些活动通常包括制定质量方针和质量目标，以及质量策划、质量控制、质量保证和质量改进等一系列工作。组织必须通过建立质量管理体系实施质量管理：其中，质量方针是组织最高管理者的质量宗旨、经营理念和价值观的反映；在质量方针的指导下，制定组织的质量手册、程序性管理文件和质量记录；进而落实组织制度，合理配置各种资源，明确各级管理人员在质量活动中的责任分工与权限界定等，形成组织质量管理体系的运行机制，保证整个体系的有效运行，从而实现质量目标。

（二）质量控制

（1）根据国家标准《质量管理体系　基础和术语》(GB/T 19000—2016/ISO 9000:2015)的定义，质量控制是质量管理的一部分，是致力于满足质量要求的一系列相关活动。这些活动主要包括：

1）设定标准：即规定要求，确定需要控制的区间、范围、区域；

2）测量结果：测量满足所设定标准的程度；

3)评价:即评价控制的能力和效果;

4)纠偏:对不满足设定标准的偏差,及时纠偏,保持控制能力的稳定性。

(2)由于工程项目的质量要求是由业主(或投资者、项目法人)提出的,即工程项目的质量总目标是业主的建设意图通过项目策划,包括项目的定义及建设规模、系统构成、使用功能和价值、规格档次标准等的定位策划和目标决策来确定的。因此,工程项目质量控制,在工程勘察设计、招标采购、施工安装、竣工验收等各个阶段,项目参与各方均应围绕着致力于满足业主要求的质量总目标而努力。

(3)质量控制活动涵盖作业技术活动和管理活动。产品或服务质量的产生,归根结底是由作业过程直接形成的。因此,作业技术方法的正确选择和作业技术能力的充分发挥,是质量控制的着力点;而组织或人员具备相关的作业技术能力,只是产出合格的产品或服务质量的前提。在社会化大生产的条件下,只有通过科学的管理,对作业技术活动过程进行科学的组织和协调,才能使作业技术能力得到充分发挥,实现预期的质量目标。

(4)质量控制是质量管理的一部分而不是全部。质量控制是在明确的质量目标和具体的条件下,通过行动方案和资源配置的计划、实施、检查和监督,进行质量目标的事前预控、事中控制和事后纠偏控制,实现预期质量目标的系统过程。

(三)全面质量管理思想和方法的应用

1. 全面质量管理的思想

全面质量管理(Total Quality Control, TQC)是 20 世纪中期在欧美和日本广泛应用的质量管理理念和方法。我国从 20 世纪 80 年代开始引进和推广全面质量管理方法。这种方法的基本原理就是强调在企业或组织最高管理者的质量方针指引下,实行全面、全过程和全员参与的质量管理。

TQC 的主要特点是以顾客满意为宗旨;领导参与质量方针和目标的制定;提倡预防为主、科学管理、用数据说话等。在世界标准化组织颁布的 ISO 9000:2015 质量管理体系标准中,处处都体现了这些重要特点和思想。工程项目的质量管理,同样应贯彻“三全”管理的思想和方法。

(1)全面质量管理

工程项目的全面质量管理是指工程项目参与各方所进行的工程项目质量管理的总称,其中包括工程(产品)质量和工作质量的全面管理。工作质量是产品质量的保证,工作质量直接影响产品质量的形成。业主、监理单位、勘察单位、设计单位、施工总承包单位、施工分包单位、材料设备供应商等,任何一方、任何环节的怠慢疏忽或质量责任不到位都会造成对建设工程质量的不利影响。

(2)全过程质量管理

全过程质量管理是指根据工程质量的形成规律,从源头抓起,全过程推进。GB/T 19000—2016 强调质量管理的“过程方法”管理原则,要求应用“过程方法”进行全过程质量控制。要控制的主要过程有:项目策划与决策过程;勘察设计过程;施工采购过程;施工组织与准备过程;检测设备控制与计量过程;施工生产的检验试验过程;工程质量的评定过程;工程竣工验收与交付过程;工程回访维修服务过程等。

(3)全员参与质量管理

按照全面质量管理的思想,组织内部的每个部门和工作岗位都承担着相应的质量职能,组织的最高管理者确定了质量方针和目标，就应组织和动员全体员工参与到实施质量方针的系统活动中去，发挥自己的角色作用。开展全员参与质量管理的重要手段就是运用目标管理方法，将组织的质量总目标逐级进行分解，使之形成自上而下的质量目标分解体系和自下而上的质量目标保证体系，发挥组织系统内部每个工作岗位、部门或团队在实现质量总目标过程中的作用。

2. 质量管理的 PDCA 循环

在长期的生产实践和理论研究中形成的 PDCA 循环，是建立质量体系和进行质量管理的基本方法。PDCA 循环如图 8-1 所示。从某种意义上说，管理就是确定任务目标，并通过 PDCA 循环来实现预期目标。每一循环都围绕着实现预期的目标，进行计划、实施、检查和处置活动，随着对存在问题的解决和改进，在一次一次的滚动循环中逐步上升，不断增强质量能力，不断提高质量水平。每一个循环的四大职能活动相互联系，共同构成了质量管理的系统过程。

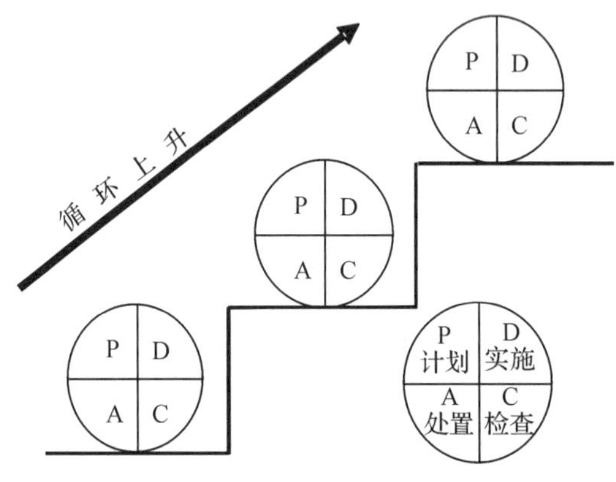

图 8-1 PDCA 循环示意

(1)计划 P(Plan)

计划由目标和实现目标的手段组成，所以说计划是一条“目标手段链”。质量管理的计划职能，包括确订质量目标和制定实现质量目标的行动方案两方面。实践表明质量计划的严谨周密、经济合理和切实可行，是保证工作质量、产品质量和服务质量的前提条件。

工程项目的质量计划，是由项目参与各方根据其在项目实施中所承担的任务、责任范围和质量目标，分别制订质量计划而形成的质量计划体系。其中，建设单位的工程项目质量计划，包括确定和论证项目总体的质量目标，提出项目质量管理的组织、制度、工作程序、方法和要求。项目其他各参与方则根据工程合同规定的质量标准和责任，在明确各自质量目标的基础上，制定实施相应范围质量管理的行动方案，包括技术方法、业务流程、资源配置、检验试验要求、质量记录方式、不合格处理、管理措施等具体内容和做法的质量管理文件，同时亦须对其实现预期目标的可行性、有效性、经济合理性进行分析论证，并按照规定的程序与权限，经过审批后执行。

(2)实施 D(Do)

实施职能在于将质量的目标值，通过生产要素的投入、作业技术活动和产出过程，转换为质量的实际值。为保证工程质量的产出或形成过程能够达到预期的结果，在各项质量活动实施前，要根据质量管理计划进行行动方案的部署和交底；交底的目的在于使具体的作业者和管理者明确计划的意图和要求，掌握质量标准及其实现的程序与方法。在质量活动的实施过程中，则要求严格执行计划的行动方案，规范行为，把质量管理计划的各项规定和安排落实到具体的资源配置和作业技术活动中去。

(3)检查 C(Check)

对计划实施过程进行各种检查，包括作业者的自检、互检和专职管理者专检。各类检查也都包含两大方面：一是检查是否严格执行了计划的行动方案，实际条件是否发生了变化，不执行计划的原因；二是检查计划执行的结果，即产出的质量是否达到标准的要求，对此进行确认和评价。

(4)处置 A(Action)

对于质量检查所发现的质量问题或质量不合格，及时进行原因分析，采取必要的措施，予以纠正，保持工程质量形成过程的受控状态。处置分纠偏和预防改进两个方面。前者是采取有效措施，解决当前的质量偏差、问题或事故；后者是将目前质量状况信息反馈到管理部门，反思问题症结或计划时的不周，确定改进目标和措施，为今后类似质量问题的预防提供借鉴。

二、工程项目质量的形成过程和影响因素分析

建筑产品的多样性和单件性生产的组织方式，决定了各个具体工程项目的质量特性和目标的差异，但它们的质量形成过程和影响因素却有共同的规律。

(一) 工程项目质量的基本特性

工程项目从本质上说是一项拟建或在建的建筑产品，它和一般产品具有同样的质量内涵，即一组固有特性满足需要的程度。这些特性是指产品的适用性、可靠性、安全性、经济性以及环境的适宜性等。由于建筑产品一般是采用单件性筹划、设计和施工的生产组织方式，因此，其具体的质量特性指标是在各工程项目的策划、决策和设计工程中进行定义的。工程项目质量的基本特性可以概括如下几点。

1. 反映使用功能的质量特性

工程项目的功能性质量，主要表现为反映建设工程使用功能需求的一系列特性指标，如房屋建筑的平面空间布局、通风采光性能；工业工程项目的生产能力和工艺流程；道路交通工程的路面等级、通行能力等等。按照现代质量管理理念，功能性质量必须以顾客关注为焦点，满足顾客的需求或期望。

2. 反映安全可靠的质量特性

建筑产品不仅要满足使用功能和用途的要求，而且在正常的使用条件下应能达到安全可靠的标准，如建筑结构自身安全可靠、使用过程防腐蚀、防坠、防火、防盗、防辐射，以及设备系统运行与使用安全等。可靠性质量必须在满足功能性质量需求的基础上，结合技术标准、规范(特别是强制性条文)的要求进行确定与实施。

3. 反映文化艺术的质量特性

建筑产品具有深刻的社会文化背景，历来人们都把建筑产品视同艺术品。其个性的艺术效果，包括建筑造型、立面外观、文化内涵、时代表征以及装修装饰、色彩视觉等，不仅使用

者关注，而且社会也关注；不仅现在关注，而且未来的人们也会关注和评价。工程项目艺术文化特性的质量来自设计者的设计理念、创意和创新，以及施工者对设计意图的领会与精益施工。

4. 反映建筑环境的质量特性

作为项目管理对象的工程项目，可能是独立的单项工程或单位工程甚至某一主要分部工程；也可能是一个由群体建筑或线型工程组成的建设项目，如新、改、扩建的工业厂区，大学城或校区，交通枢纽，航运港区，高速公路，油气管线等。建筑环境质量包括项目用地范围内的规划布局、交通组织、绿化景观、节能环保；还要追求其与周边环境的协调性或适宜性。

（二）工程项目质量的形成过程

工程建设的不同阶段，对工程项目质量的形成起着不同的作用和影响。

1. 项目可行性研究

项目可行性研究是在项目建议书和项目策划的基础上，运用经济学原理对投资项目的有关技术、经济、社会、环境及所有方面进行调查研究，对各种可能的拟建方案和建成投产后的经济效益、社会效益和环境效益等进行技术经济分析、预测和论证，确定项目建设的可行性，并在可行的情况下，通过多方案比较选择出最佳建设方案，作为项目决策和设计的依据。在此过程中，需要确定工程项目的质量要求，并与投资目标相协调。因此，项目的可行性研究直接影响项目的决策质量和设计质量。

2. 项目决策

项目决策过程是通过项目可行性研究和项目评估，对项目的建设方案做出决策，使项目的建设充分反映业主的意愿，并与地区环境相适应，做到投资、质量、进度三者协调统一。所以，项目决策阶段对工程质量的影响主要是确定工程项目应达到的质量目标和水平。

3. 工程勘察、设计

工程的地质勘察是为建设场地的选择和工程的设计与实施提供地质资料依据。而工程设计是根据建设项目总体需求（包括已确定的质量目标和水平）和地质勘察报告，对工程的外形和内在的实体进行筹划、研究、构思、设计和描绘，形成设计说明书和图纸等相关文件，使得质量目标和水平具体化，为施工提供直接依据。

工程设计质量是决定工程质量的关键环节。工程采用什么样的平面布置和空间形式、选用什么样的结构类型、使用什么样的材料、构配件及设备等，都直接关系到工程主体结构的安全可靠，关系到建设投资的综合功能是否充分体现规划意图。在一定程度上，设计的完美性也反映了一个国家的科技水平和文化水平。设计的严密性、合理性也决定了工程建设的成败，是建设工程的安全、适用、经济与环境保护等措施得以实现的保证。

4. 工程施工

工程施工是指按照设计图纸和相关文件的要求、在建设场地上将设计意图付诸实现的测量、作业、检验，形成工程实体建成最终产品的活动。任何优秀的设计成果，只有通过施工才能变成现实。因此，工程施工活动决定了设计意图能否体现，直接关系到工程的安全可靠、使用功能的保证，以及外表感能否体现建筑设计的艺术水平。在一定程度上，工程施工是形成实体质量的决定性环节。

5. 工程竣工验收

工程竣工验收就是对工程施工质量通过检查评定、试车运转，考核施工质量是否达到设计要求、是否符合决策阶段确定的质量目标和水平，并通过验收确保工程项目质量。所以，工程竣工验收对质量的影响是保证最终产品的质量。

（三）工程项目质量的影响因素

工程项目质量的影响因素主要是指在工程项目质量目标策划、决策和实现过程中影响质量形成的各种客观因素和主观因素，归纳起来主要有五个方面，即人（Man）、材料（Material）、机械（Machine）、方法（Method）和环境（Environment），简称 4M1E。

1. 人员素质

人是生产经营活动的主体，也是工程项目建设的决策者、管理者、操作者，工程建设的规划、决策、勘察、设计、施工与竣工验收等全过程，都是通过人的工作来完成的。人员的素质，即人的文化水平、技术水平、决策能力、管理能力、组织能力、作业能力、控制能力、身体素质及职业道德等，都将直接和间接地对规划、决策、勘察、设计和施工的质量产生影响，而规划是否合理，决策是否正确，设计是否符合所需要的质量功能，施工是否满足合同、规范、技术标准的需要等，都将对工程质量产生不同程度的影响。人员素质是影响工程质量的一个重要因素。因此，建筑行业实行资质管理和各类专业从业人员持证上岗制度是保证人员素质的重要管理措施。

2. 工程材料

工程材料是指构成工程实体的各类建筑材料、构配件、半成品等，它是工程建设的物质条件，是工程质量的基础。工程材料选用是否合理、产品是否合格、材质是否经过检验、保管使用是否得当等，都将直接影响建设工程的结构刚度和强度，影响工程外表及观感，影响工程的使用功能，影响工程的使用安全。

3. 机械设备

机械设备可分为两类：一类是指组成工程实体及配套的工艺设备和各类机具，如电梯、泵机、通风设备等，它们构成了建筑设备安装工程或工业设备安装工程，形成完整的使用功能。另一类是指施工过程中使用的各类机具设备，包括大型垂直与横向运输设备、各类操作工具、各种施工安全设施、各类测量仪器和计量器具等，简称施工机具设备，它们是施工生产的手段。施工机具设备对工程质量也有重要的影响。工程所需机具设备，其产品质量优劣直接影响工程使用功能质量。施工机具设备的类型是否符合工程施工特点，性能是否先进稳定，操作是否方便安全等，都将会影响工程项目的质量。

4. 方法

方法是指工艺方法、操作方法和施工方案。在工程施工中，施工方案是否合理，施工工艺是否先进，施工操作是否正确，都将对工程质量产生重大的影响。采用新技术、新工艺、新方法，不断提高工艺技术水平，是保证工程质量稳定提高的重要因素。

5. 环境因素

环境条件是指对工程质量特性起重要作用的环境因素，包括工程技术环境，如工程地质、水文、气象等；工程作业环境，如施工环境作业面大小、防护设施、通风照明和通信条件等；工程管理环境，主要指工程实施的合同环境与管理关系的确定，组织体制及管理制度等；

周边环境，如工程临近的地下管线、建筑物等。环境条件往往对工程质量产生特定的影响。加强环境管理，改进作业条件，把握好技术环境，辅以必要的措施，是控制环境对质量影响的重要保证。

(四) 工程项目质量的特点

工程项目质量的特点是由建设工程本身和建设生产的特点决定的。建设工程(产品)及其生产的特点：一是产品的固定性，生产的流动性；二是产品的多样性，生产的单件性；三是产品形体庞大、高投入、生产周期长、具有风险性；四是产品的社会性，生产的外部约束性。正是建设工程的上述特点形成了工程质量本身的以下特点。

1. 影响因素多

工程项目的质量受到各种自然因素、技术因素和管理因素的影响，如工程项目的地形、地质、水文、气象、规划、决策、设计、材料、机械、环境、施工工艺、施工方案、操作方法、技术措施、管理制度、施工人员素质等，都将直接或间接地影响工程项目的质量。

2. 质量波动大

工程项目建设因其具有复杂性、单件性，施工生产在露天进行，流动性大，而且受到的影响因素比较多，不像一般工业产品的生产那样，有固定的生产流水线，有规范化的生产工艺和稳定的生产环境，所以工程项目的质量容易产生波动，而且波动性大。

3. 质量隐蔽性

工程项目是由一道一道工序、一个部分一个部分逐步完成的，所以在施工过程中，工序的交接多，中间产品多，隐蔽工程多，故质量存在较强的隐蔽性。如果在施工过程中没有及时进行检查，事后只能从表面检查，就很难发现其内在的质量问题，这样就容易将不合格的产品认为是合格的产品。

4. 终检的局限性

工程项目不可能像一般工业产品那样，依靠终检来判断产品的质量和控制产品的质量。对工业产品来说，可以将产品进行拆卸或解体来检查其内在的质量，对于不合格的零件可以进行更换，而工程项目的终检(验收)无法进行项目内在质量的检验，发现隐蔽的质量缺陷，更无法进行部件的更换。因此，工程项目的终检存在很大的局限性。这就是说，工程项目的质量控制不能仅仅依靠终检，主要应加强工序的质量控制，强调预防性。

5. 评价方法的特殊性

工程质量的检查评定及验收是按检验批、分项工程、分部工程、单位工程进行的。检验批的质量是分项工程乃至整个工程质量验收的基础，检验批合格质量主要取决于主控项目和一般项目检验的结果。隐蔽工程在隐蔽前要检验合格后验收，涉及结构安全的试块、试件以及有关材料，应按规定进行见证取样检测，涉及结构安全和使用功能的重要分部工程要进行抽样检测。工程质量是在施工单位按合格质量标准自行检查评定的基础上，由项目监理机构组织有关单位、人员进行检验确认验收。这种评价方法体现了“验评分离、强化验收、完善手段、过程控制”的指导思想。

三、工程项目质量控制的原则

(一)坚持质量第一

任何事物都是质和量的统一，有质才有量。在工程项目的建设过程中，不存在没有质量的数量，也不存在没有数量的质量。质量是反映事物的本质，数量则是事物存在和发展的规模、程度、速度等标志。没有质量就没有数量、品种和效益，也就没有工期、成本和效益。工程项目的质量不仅关系到用户的利益，而且关系到人民生命财产的安全，所以必须坚持质量第一的原则。

(二)坚持质量标准

质量标准是评定产品质量的尺度。工程项目质量是否满足要求，应通过质量检验，严格对照标准来评定。符合质量标准要求的就是合格；不符合质量标准要求的就是不合格，必须返工处理。

(三)坚持以“人”为核心

人是工程项目建设的组织者、决策者、管理者和操作者，是工程项目建设全过程的参加者和实施者。工程项目建设中各部门、各岗位人员的工作水平和完善程度，都直接或间接地影响到工程项目的质量。所以，在工程项目质量控制中，要以“人”为核心，要重点控制人的素质和人的行为，提高人的质量意识，防止工作失误，充分发挥人的积极性和创造性，以提高人的工作质量来保证工程项目的质量。

(四)坚持以预防为主

工程项目的质量控制应该是积极主动的，而不能是消极被动的。等到出现质量问题后再进行处理，就会造成不必要的损失。此外，工程项目的终检也是有局限性的，所以应该变事后控制为事前控制和事中控制，以预防为主，加强工序质量和中间产品的质量控制。

(五)坚持一切为了用户的指导思想

真正好的质量是用户完全满意的质量，要把一切为了用户的思想，作为一切工作的出发点，贯穿到工程项目质量形成的各项工作中，确立“下道工序就是用户”的意识，要求每道工序和每个岗位都要立足本职工作，不给下道工序留麻烦，以保证工程项目质量和最终质量能使用户满意。

(六)坚持科学的工作方法

依靠确切的数据和资料，应用数理统计方法，对工作对象和工程项目实体进行科学的分析，研究工程项目质量的波动情况，寻求影响工程项目质量的主次原因，采取有效的改进措施，掌握保证和提高工程项目质量的客观规律。

第二节 工程质量管理制度体系与政府监督

我国《建筑法》及《建设工程质量管理条例》明确规定，国家实行建设工程质量监督管理制度，由政府行政主管部门设立专门机构对建设工程质量行使监督职能，其目的是保证建设工程质量，保证建设工程的使用安全及环境质量。

一、工程质量管理制度体系

(一) 工程质量管理体制

1. 建设工程管理的行为主体

根据我国投资建设项目管理体制，建设工程管理的行为主体可分为三类。

第一类是政府部门，包括中央政府和地方政府的发展和改革部门、城乡和住房建设部门、国土资源部门、环境保护部门、安全生产管理部门等相关部门。政府部门对建设工程的管理属于行政管理范畴，主要是从行政上对建设工程进行管理，其目标是保证建设工程符合国家的经济和社会发展的要求，维护国家经济安全、监督建设工程活动不危害社会公众利益。其中，政府对工程质量的监督管理就是为保障公众安全与社会利益不受到危害。

第二类是建设单位。在建设工程管理中，建设单位自始至终是建设工程管理的主导者和责任人，其主要责任是对建设工程的全过程、全方位实施有效管理，保证建设工程总体目标的实现，并承担项目的风险以及经济、法律责任。

第三类是工程建设参与方，包括工程勘察设计单位、工程施工承包单位、材料设备供应单位以及工程咨询、工程监理、招标代理、造价咨询单位等工程服务机构。他们的主要任务是按照合同约定，对其承担的建设工程相关任务进行管理，并承担相应的经济和法律责任。

2. 工程质量管理体系

工程质量管理体系是指为实现工程项目质量管理目标，围绕着工程项目质量管理而建立的质量管理体系。工程质量管理体系包括三个层次：一是承建方的自控，二是建设方（含监理等咨询服务方）的监控，三是政府和社会的监督。其中，承建方包括勘察单位、设计单位、施工单位、材料供应单位等；咨询服务方包括监理单位、咨询单位、项目管理公司、审图机构、检测机构等。

因此，我国工程建设实行“政府监督、社会监理与检测、企业自控”的质量管理与保证体系。但社会监理的实施，并不能取代建设单位和承建方按法律法规规定的应有的质量责任。

（二）政府监督管理职能

1. 建立和完善工程质量管理法规

包括行政性法规和工程技术规范标准，前者如《建筑法》《招标投标法》《建设工程质量管理条例》等，后者如工程设计规范、建筑工程施工质量验收统一标准、工程施工质量验收规范等。

2. 建立和落实工程质量责任制

包括工程质量行政领导的责任、项目法定代表人的责任、参建单位法定代表人的责任和工程质量终身负责制等。

3. 建设活动主体资格的管理

国家对从事建设活动的单位实行严格的从业许可制度，对从事建设活动的专业技术人员实行严格的职业资格制度。建设行政主管部门及有关专业部门按各自分工，负责各类资质标准的审查、从业单位的资质等级的最后认定、专业技术人员资格等级的核查和注册，并对资质等级和从业范围等实施动态管理。

4. 工程承发包管理

包括规定工程招投标承发包的范围、类型、条件，对招投标承发包活动的依法监督和工程合同管理。

5. 工程建设程序管理

包括工程报建、施工图设计文件审查、工程施工许可、工程材料和设备准用、工程质量监督、竣工验收备案等管理。

二、工程质量管理主要制度

近年来，我国建设行政主管部门先后颁发了多项建设工程质量管理规定。工程质量管理的主要制度包括以下几个方面。

（一）工程质量监督

政府质量监督的性质属于行政执法行为，是政府为了保证建设工程质量，保护人民群众生命和财产安全，维护公众利益，依据国家法律、法规和工程建设强制性标准，对责任主体和有关机构履行质量责任的行为以及工程实体质量进行的监督检查。

（二）施工图设计文件审查

施工图设计文件（以下简称施工图）审查是政府主管部门对工程勘察设计质量监督管理的重要环节。施工图审查是指国务院建设行政主管部门和省、自治区、直辖市人民政府建设行政主管部门委托依法认定的设计审查机构，根据国家法律、法规，对施工图涉及公共利益、公众安全和工程建设强制性标准的内容进行的审查。

（三）建设工程施工许可

建设工程开工前，建设单位应当按照国家有关规定向工程所在地县级以上人民政府建设行政主管部门申请领取施工许可证；但是，国务院建设行政主管部门确定的限额以下的小型工程除外。

办理施工许可证应满足的条件是：已经办理该建设工程用地批准手续；在城市规划区的建设工程，已经取得规划许可证；需要拆迁的，其拆迁进度符合施工要求；已经确定建筑施工企业；有满足施工需要的施工图纸及技术资料；有保证工程质量和安全的具体措施；建设资金已经落实；法律行政法规规定的其他条件。

（四）工程质量检测

工程质量检测工作是对工程质量进行监督管理的重要手段之一。工程质量检测机构是对建设工程、建筑构件、制品及现场所用的有关建筑材料、设备质量进行检测的法定单位，在建设行政主管部门领导和标准化管理部门指导下开展检测工作，其出具的检测报告具有法定效力。法定的国家级检测机构出具的检测报告，在国内为最终裁定，在国外具有代表国家的性质。

（五）工程竣工验收与备案

项目建成后必须按国家有关规定进行竣工验收，并由验收人员签字负责。建设单位收到建设工程竣工报告后，应当组织设计、施工、工程监理等有关单位进行竣工验收。建设工程竣工验收应当具备下列条件：

(1)完成建设工程设计和合同约定的各项内容；

(2)有完整的技术档案和施工管理资料；

(3)有工程使用的主要建筑材料、建筑构配件和设备的进场实验报告；

(4)有勘察、设计、施工、工程监理等单位分别签署的质量合格文件；

(5)有施工单位签署的工程保修书。

建设工程经验收合格，方可交付使用。建设单位应当自工程竣工验收合格起 15 日内，向工程所在地的县级以上地方人民政府建设行政主管部门备案。

(六) 工程质量保修

建设工程质量保修制度是指建设工程在办理交工验收手续后,在规定的保修期限内,因勘察、设计、施工、材料等原因造成的质量问题,要由施工单位负责维修、更换,由责任单位负责赔偿损失。质量问题是指工程不符合国家工程建设强制性标准、设计文件以及合同中对质量的要求。

建设工程承包单位在向建设单位提交工程竣工验收报告时,应向建设单位出具工程质量保修书,质量保修书中应明确建设工程保修范围、保修期限和保修责任等。

在正常使用条件下,建设工程的最低保修期限为:

(1)基础设施工程、房屋建设工程的地基基础和主体结构工程,为设计文件规定的该工程的合理使用年限;

(2)屋面防水工程、有防水要求的卫生间、房间和外墙面的防渗漏,为 5 年;

(3)供热与供冷系统,为 2 个采暖期、供冷期;

(4)电气管线、给排水管道、设备安装和装修工程,为 2 年。

其他项目的保修期由发包方与承包方约定。保修期自竣工验收合格之日起计算。

三、工程参与各方的质量责任

在工程项目建设中,参与工程建设的各方应根据《建设工程质量管理条例》以及合同、协议及有关文件的规定承担相应的质量责任。

(一)建设单位的质量责任

(1)建设单位要根据工程特点和技术要求,按有关规定选择相应资质等级的勘察、设计单位和施工单位,在合同中必须有质量条款,明确质量责任,并真实、准确、齐全地提供与建设工程有关的原始资料。凡法律法规规定建设工程勘察、设计、施工、监理以及工程建设有关重要设备材料采购实行招标的,必须实行招标,依法确定程序和方法,择优选定中标者。不得将应由一个承包单位完成的建设工程项目肢解成若干部分发包给几个承包单位;不得迫使承包方以低于成本的价格竞标;不得任意压缩合理工期;不得明示或暗示设计单位或施工单位违反建设强制性标准,降低建设工程质量。建设单位对其自行选择的设计、施工单位发生的质量问题承担相应责任。

(2)建设单位应根据工程特点,配备相应的质量管理人员。对国家规定强制实行监理的工程项目,必须委托有相应资质等级的工程监理单位进行监理。建设单位应与工程监理单位签订监理合同,明确双方的责任和义务。

(3)建设单位在工程开工前,负责办理有关施工图设计文件审查、工程施工许可证和工程质量监督手续,组织设计和施工单位认真进行设计交底;在工程施工中,应按国家现行有关工程建设法规、技术标准及合同规定,对工程质量进行检查,涉及建筑主体和承重结构变动的装修工程,建设单位应在施工前委托原设计单位或者相应资质等级的设计单位提出设计方案,经原审查机构审批后方可施工。工程项目竣工后,应及时组织设计、施工、工程监理等有关单位进行施工验收,未经验收备案或验收备案不合格的,不得交付使用。

(4)建设单位按合同的约定负责采购供应的建筑材料、建筑构配件和设备,应符合设计文件和合同要求,对发生的质量问题,应承担相应的责任。

(二)勘察、设计单位的质量责任

(1)勘察、设计单位必须在其资质等级许可的范围内承揽相应的勘察设计任务,不许承揽超越其资质等级许可范围以外的任务,不得将承揽工程转包或违法分包,也不得以任何形式用其他单位的名义承揽业务或允许其他单位或个人以本单位的名义承揽业务。

(2)勘察、设计单位必须按照国家现行的有关规定、工程建设强制性标准和合同要求进行勘察、设计工作,并对所编制的勘察、设计文件的质量负责。

勘察单位提供的地质、测量、水文等勘察成果文件应当符合国家规定的勘察深度要求,必须真实、准确。勘察单位应参与施工验槽,及时解决工程设计和施工中与勘察工作有关的问题;参与建设工程质量事故的分析,对因勘察原因造成的质量事故,提出相应的技术处理方案。勘察单位的法定代表人、项目负责人、审核人、审定人等相应人员,应在勘察文件上签字或盖章并对勘察质量负责。勘察单位的法定代表人对本企业的勘察质量全面负责,项目负责人对项目勘察文件负主要质量责任,项目审核人、审定人对其审核、审定项目的勘察文件负审核、审定的质量责任。

设计单位提供的设计文件应当符合国家规定的设计深度要求,注明工程合理使用年限。设计文件中选用的材料、构配件和设备,应当注明规格、型号、性能等技术指标,其质量必须符合国家规定的标准。除有特殊要求的建筑材料、专用设备、工艺生产线外,不得指定生产厂、供应商。设计单位应就审查合格的施工图文件向施工单位做出详细说明,解决施工中对设计提出的问题,负责设计变更。参与工程质量事故分析,并对因设计造成的质量事故,提出相应的技术处理方案。

(三)施工单位的质量责任

(1)施工单位必须在其资质等级许可的范围内承揽相应的施工任务,不许承揽超越其资质等级业务范围以外的任务,不得将承接的工程转包或违法分包,也不得以任何形式用其他施工单位的名义承揽工程或允许其他单位或个人以本单位的名义承揽工程。

(2)施工单位对所承包的工程项目的施工质量负责。应当建立健全质量管理体系,落实质量责任制,确定工程项目的项目经理、技术负责人和施工管理负责人。实行总承包的工程,总承包单位应对全部建设工程质量负责。建设工程勘察、设计、施工、设备采购的一项或多项实行总承包的,总承包单位应对其承包的建设工程或采购的设备的质量负责;实行总分包的工程,分包单位应按照分包合同约定对其分包工程的质量向总承包单位负责,总承包单位对分包工程的质量承担连带责任。

(3)施工单位必须按照工程设计图纸和施工技术规范标准组织施工。未经设计单位同意,不得擅自修改工程设计。在施工中,必须按照工程设计要求、施工技术规范标准和合同约定,对建筑材料、构配件、设备和商品混凝土进行检验;不得偷工减料,不使用不符合设计和强制性标准要求的产品,不使用未经检验和试验或检验和试验不合格的产品。

工程项目总承包是指从事工程总承包的企业受建设单位委托,按照合同约定对工程项目的勘察、设计、采购、施工、试运行(竣工验收)等实行全过程或若干阶段的承包。设计采购施工总承包是指工程总承包企业按照合同约定,承担工程项目的设计、采购、施工等工作。

工程项目总承包企业按照合同约定承包内容(设计、采购、施工)对工程项目的(设计、材料及设备采购、施工)质量向建设单位负责。工程总承包企业可依法将所承包工程中的部分工作发包给具有相应资质的分包企业,分包企业按照分包合同的约定对总承包企业负责。

(四)工程监理单位的质量责任

(1)工程监理单位应按其资质等级许可的范围承担工程监理业务,不许超越本单位资质等级许可的范围或以其他工程监理单位的名义承担工程监理业务,不得转让工程监理业务,不许其他单位或个人以本单位的名义承担工程监理业务。

(2)工程监理单位应依照法律、法规以及有关技术标准、设计文件和建设工程承包合同,与建设单位签订监理合同,代表建设单位对工程质量实施监理,并对工程质量承担监理责任。监理责任主要有违法责任和违约责任两个方面。如果工程监理单位故意弄虚作假,降低工程质量标准,造成质量事故的,要承担法律责任。如果工程监理单位与承包单位串通,谋取非法利益,给建设单位造成损失的,应当与承包单位承担连带赔偿责任。如果监理单位在责任期内,不按照监理合同约定履行监理职责,给建设单位或其他单位造成损失的,属违约责任,应当按监理合同约定向建设单位赔偿。

(五)工程材料、构配件及设备生产或供应单位的质量责任

工程材料、构配件及设备生产或供应单位对其生产或供应的产品质量负责。生产厂或供应商必须具备相应的生产条件、技术装备和质量管理体系,所生产或供应的工程材料、构配件及设备的质量应符合国家和行业现行的技术规定的合格标准和设计要求,并与说明书和包装上的质量标准相符,且应有相应的产品检验合格证,设备应有详细的使用说明等。

四、工程质量的政府监督

国务院建设行政主管部门对全国的建设工程质量实施统一监督管理。国务院铁路、交通、水利等有关部门按国务院规定的职责分工,负责对全国的有关专业建设工程质量的监督管理。县级以上地方人民政府建设行政主管部门对本行政区域内的建设工程质量实施监督管理。县级以上地方人民政府建设行政主管部门对本行政区域内的建设工程质量实施监督管理。县级以上地方人民政府交通、水利等有关部门在各自职责范围内,负责本行政区域内的专业建设工程质量的监督管理。

国务院发展和改革委员会按照国务院规定的职责,组织稽查特派员,对国家出资的重大建设项目实施监督检查;国务院工业与信息产业部门按国务院规定的职责,对国家重大技术改造项目实施监督检查。国务院建设行政主管部门和国务院交通运输、水利等有关专业部门、县级以上地方人民政府建设行政主管部门和其他有关部门,对有关建设工程质量的法律、法规和强制性标准执行情况加强监督检查。

县级以上政府建设行政主管部门和其他有关部门履行检查职责时,有权要求被检查的单位提供有关工程质量的文件和资料,有权进入被检查单位的施工现场进行检查。在检查中发现工程质量存在问题时,有权责令改正。政府的工程质量监督管理具有权威性、强制性、综合性的特点。

工程质量监督管理,可以由建设行政主管部门或者其他有关部门委托的建设工程质量监督机构具体实施。工程质量监督管理的主体是各级政府行政主管部门和其他有关部门。但由于工程建设周期长、环节多、点多面广,工程质量监督工作是一项专业技术强且很繁杂的工作,政府部门不可能亲自进行日常检查工作。因此,工程质量监督管理由建设行政主管部门或其他有关部门委托的工程质量监督机构具体实施。

工程质量监督机构是经省级以上建设行政主管部门或有关专业部门考核认定,具有独

立法人资格的单位。它受县级以上地方人民政府建设行政主管部门或有关专业部门的委托,依法对工程质量进行强制性监督,并对委托部门负责。

工程质量监督机构的主要任务:

(1)根据政府主管部门的委托,受理建设工程项目的质量监督。

(2)制定质量监督工作方案。确定负责该项工程的质量监督工程师和助理质量监督师。根据有关法律、法规和工程建设强制性标准,针对工程特点,明确监督的具体内容、监督方式。在方案中对地基基础、主体结构和其他涉及结构安全的重要部位和关键过程,做出实施监督的详细计划安排,并将质量监督工作方案通知建设、勘察、设计、施工、监理单位。

(3)检查施工现场工程建设各方主体的质量行为。检查施工现场工程建设各方主体及有关人员的资质或资格;检查勘察、设计、施工、监理单位的质量管理体系和质量责任制落实情况;检查有关质量文件、技术资料是否齐全并符合规定。

(4)检查建设工程实体质量。按照质量监督工作方案,对建设工程地基基础、主体结构和其他涉及安全的关键部位进行现场实地抽查,对用于工程的主要建筑材料、构配件的质量进行抽查。对地基基础分部、主体结构分部和其他涉及安全的分部工程的质量验收进行监督。

(5)监督工程质量验收。监督建设单位组织的工程竣工验收的组织形式、验收程序以及在验收过程中提供的有关资料和形成的质量评定文件是否符合有关规定,实体质量是否存在严重缺陷,工程质量验收是否符合国家标准。

(6)向委托部门报送工程质量监督报告。报告的内容应包括对地基基础和主体结构质量检查的结论,工程施工验收的程序、内容和质量检验评定是否符合有关规定,以及历次抽查该工程的质量问题和处理情况等。

(7)对预制建筑构件和商品混凝土的质量进行监督。

(8)政府主管部门委托的工程质量监督管理的其他工作。

第三节 ISO 质量管理体系及卓越绩效管理模式

本节主要从 ISO 质量管理体系标准构成、质量管理原则及特点、工程项目质量控制体系和卓越绩效管理模式几个方面进行阐述。

一、ISO 质量管理体系标准构成、质量管理原则及特点

(一) ISO 质量管理体系的内涵和构成

1. 质量管理体系的内涵

质量管理体系是组织内部建立的、为实现质量目标所必需的、系统的质量管理模式,是组织的一项战略决策。它将资源与过程结合,以过程管理方法进行系统管理,根据企业特点选用若干体系要素加以组合。一般包括与管理活动、资源提供、产品实现以及测量、分析与改进活动相关的过程组成,可以理解为涵盖了从确定顾客需求、设计研制、生产、检验、销售、交付之前全过程的策划、实施、监控、纠正与改进活动的要求。一般以文件化的方式,成为组织内部质量管理工作的要求。

针对质量管理体系的要求,质量管理体系国际标准化组织(ISO)的质量管理和质量保证技术委员会制定了 ISO 9000 族系列标准,以适用于不同类型、产品、规模与性质的组织。该类标准由若干相互关联或补充的单个标准组成,其中为大家所熟知的是 ISO 9001《质量管理体系要求》,它提出的要求是对产品要求的补充,经过数次的改版。

2. 2015 版 ISO 9000 族标准的构成

2015 版 ISO 9000 族标准包括 4 个核心标准、1 个支持性标准、若干个技术报告和宣传性小册子,见表 8-1。

表 8-1　2015 版 ISO 9000 族标准的文件结构

核心标准 (4 个)	GB/T 19000—2016idt ISO 9000:2015 质量管理体系基础和术语 GB/T 19001—2016idt ISO 9001:2015 质量管理体系要求 GB/T 19004—2020idt ISO 9004:2018 质量管理组织的质量实现持续成功指南 GB/T 19011—2021idt ISO 9011:2018 管理体系审核指南
支持性标准和文件	ISO 10012 测量控制系统 ISO/TR 10006 质量管理项目管理质量指南 ISO/TR 10007 质量管理技术状态管理指南 ISO/TR 10013 质量管理体系文件指南 ISO/TR 10014 质量经济性管理指南 ISO/TR 10015 质量管理培训指南 ISO/TR 10017 统计技术指南 质量管理原则 选择和使用指南 小型企业的应用

(1)GB/T 19000—2016idt ISO 9000:2015《质量管理体系基础和术语》

GB/T 19000—2016idt ISO 9000:2015《质量管理体系基础和术语》,起着奠定理论基础、统一术语概念和明确指导思想的作用,具有很重要的地位。

标准的“引言”部分提出了七项质量管理原则,标准提供了 13 项质量管理体系基础和 138 个与质量管理体系有关的术语及其定义。

(2)GB/T 19001—2016idt ISO 9001:2015《质量管理体系要求》

标准规定了质量管理体系的要求,取代了 2008 版 ISO 9001、ISO 9002 和 ISO 9003 三个质量保证模式标准,成为用于审核和第三方认证的唯一标准。

标准可用于组织证实其有能力稳定地提供满足顾客要求和适用法律法规要求的产品;也可用于组织通过质量管理体系的有效应用,包括持续改进质量管理体系的过程及保证符合顾客和适用法律法规的要求,实现增强顾客满意目标。

标准可用于内部和外部(第二方或第三方)评价组织提供满足组织自身要求、顾客要求、法律法规要求的产品的能力。

标准应用了以“过程为基础的质量管理体系模式”,鼓励组织在建立、实施和改进质量管理体系及提高其有效性时,采用“过程方法”,通过满足顾客要求增强顾客满意。

(3)GB/T 19004—2020idt ISO 9004:2018《质量管理 组织的质量 实现持续成功指南》

标准提供了超出 GB/T 19001 标准要求的指南,它不是 GB/T 19001 标准的实施指南。

标准为组织提供了在复杂、严峻和不断变化的环境中实现持续成功的指南。综合运用这些质量管理原则,能够为确立组织的价值观和战略奠定统一基础。

标准对组织改进其质量管理体系总体绩效提供了指导和帮助,是指南性质的标准,标准不能用于认证、审核、法规或合同的目的。

标准围绕“组织的领导作用”,阐述了组织实现持续成功的必要要素,为组织增强其实现持续成功的能力提供指南。

标准给出了附录“自我评价工具”,提供对组织绩效及其管理体系成熟度的总体认识,帮助组织识别改进和/或创新的领域,并确定后续措施的优先次序。

(4)GB/T 19011—2021idt ISO 9011:2018《管理体系审核指南》

标准是由全国质量管理和质量保证标准化技术委员会(SAC/TC 151)提出并归口的有关审核方面的指南标准,标准遵循了“不同管理体系可以共同管理和审核”的原则。

标准提供了管理体系审核的指南,包括审核原则、审核方案管理和管理体系审核实施,以及评价参与审核过程的人员能力的指南。这些活动涉及审核方案管理人员、审核员和审核组。

标准适用于需要策划和实施管理体系内部审核、外部审核或需要管理审核方案的所有组织。只要对于所需的特定能力予以特殊考虑,标准也可应用于其他类型的审核。

(二)ISO质量管理体系的质量管理原则及特征

1. 质量管理原则

为了确保质量目标的实现,ISO质量管理体系明确了以下七项质量管理原则。

(1)以顾客为关注焦点

“质量管理的主要关注点是满足顾客要求并且努力超越顾客期望。”

可开展的活动包括:1)辨识从组织获得价值的直接和间接的顾客;2)理解顾客当前和未来的需求和期望;3)将组织的目标与顾客的需求和期望联系起来;4)在整个组织内沟通顾客的需求和期望;5)对产品和服务进行策划、设计、开发、生产、交付和支持,以满足顾客的需求和期望;6)测量和监视顾客满意并采取适当的措施;7)针对有可能影响到顾客满意的有关的相关方的需求和适当的期望,确定并采取措施;8)积极管理与顾客的关系,以实现持续成功。

(2)领导作用

“各级领导建立统一的宗旨和方向,并且创造全员积极参与的环境,以实现组织的质量目标。”

可开展的活动包括:1)在整个组织内,就其使命、愿景、战略、方针和过程进行沟通;2)在组织的所有层级创建并保持共同的价值观、公平以及道德的行为模式;3)创建诚信和正直的文化;4)鼓励全组织对质量的承诺;5)确保各级领导者成为组织人员中的楷模;6)为人员提供履行职责所需的资源、培训和权限;7)激发、鼓励和认可人员的贡献。

(3)全员参与

“在整个组织内各级人员的胜任、被授权和积极参与是提高组织创造和提供价值能力的必要条件。”

可开展的活动包括:1)与员工沟通,以提升他们对个人贡献的重要性的理解;2)推动整个组织内部的协作;3)促进公开讨论,分享知识和经验;4)授权人员确定绩效制约因素并大胆地采取积极主动措施；5)认可和奖赏员工的贡献、学识和改进；6)能够对照个人目标进行绩效的自我评价；7)进行调查以评估人员的满意度，沟通结果并采取适当的措施。

(4)过程方法

“只有将活动作为相互关联的连贯系统进行运行的过程来理解和管理，才能更加有效和高效地得到一致的、可预知的结果。”

可开展的活动包括：1)规定体系的目标和实现这些目标所需的过程；2)确定管理过程的职责、权限和义务；3)了解组织的能力，并在行动前确定资源约束条件；4)确定过程相互依赖的关系，并分析每个过程的变更对整个体系的影响；5)将过程及其相互关系作为体系进行管理，以有效和高效地实现组织的质量目标；6)确保获得运行和改进过程以及监视、分析和评价整个体系绩效所需的信息；7)管理能影响过程输出和质量管理体系整个结果的风险。

(5)改进

“成功的组织持续关注改进。”

可开展的活动包括：1)促进在组织的所有层级建立改进目标；2)对各层级员工在如何应用基本工具和方法方面进行培训，以实现改进目标；3)确保员工有能力成功地筹划和完成改进项目；4)开发和展开过程，以在整个组织内实施改进项目；5)跟踪、评审和审核改进项目的计划、实施、完成和结果；6)将改进考虑因素融入新的或变更的产品、服务和过程开发之中；7)认可和奖赏改进。

(6)循证决策

“基于数据和信息的分析和评价的决定，更有可能产生期望的结果。”

可开展的活动包括：1)确定、测量和监视证实组织绩效的关键指标；2)使相关人员获得所需的所有数据；3)确保数据和信息足够准确、可靠和安全；4)使用适宜的方法分析和评价数据和信息；5)确保人员有能力分析和评价所需的数据；6)依据证据，权衡经验和直觉进行决策并采取措施。

(7)关系管理

“为了持续成功，组织管理其与有关的相关方(如：供方)的关系。”

可开展的活动包括：1)确定有关的相关方(如：供方、合作伙伴、顾客、投资者、雇员或整个社会)及其与组织的关系；2)确定并对优先考虑需要管理的相关方的关系；3)建立权衡短期利益和考虑长远因素的关系；4)收集并与有关的相关方共享信息、专业知识和资源；5)适当时，测量绩效并向相关方提供绩效反馈，以增强改进的主动性；6)与供方、合作伙伴及其他相关方确定合作开发和改进活动；7)鼓励和认可供方与合作伙伴的改进和成绩。

2. 质量管理体系的特征

(1)符合性

要有效开展质量管理，必须设计、建立、实施和保持质量管理体系。组织的最高管理者依据相关标准对质量管理体系的设计、建立应符合行业特点、组织规模、人员素质和能力，同时还要考虑到产品和过程的复杂性、过程的相互作用情况、顾客的特点等。

(2)系统性

质量管理体系是相互关联和相互作用的子系统所组成的复合系统，包括：

组织结构——合理的组织机构和明确的职责、权限及其协调的关系；程序——规定到位的形成文件的程序和作业指导书，是过程运行和进行活动的依据；过程——质量管理体系的有效实施,是通过其过程的有效运行来实现的;资源——必需、充分且适宜的资源包括人员、材料、设备、设施、能源、资金、技术、方法等。

(3)全面有效性

质量管理体系的运行应是全面有效的,既能满足组织内部质量管理的要求,又能满足组织与顾客的合同要求,还能满足第二方认定、第三方认证和注册的要求。

(4)预防性

质量管理体系应能采用适当的预防措施,有一定的防止重要质量问题发生的能力。

(5)动态性

组织应综合考虑利益、成本和风险,通过质量管理体系持续有效运行和动态管理使其最佳化。最高管理者定期批准进行内部质量管理体系审核,定期进行管理评审,以改进质量管理体系;还要支持质量职能部门(含现场)采用纠正措施和预防措施改进过程,从而完善体系。

(6)持续受控

质量管理体系应保持过程及其活动持续受控。

二、工程项目质量控制体系

工程项目的实施涉及业主方、设计方、施工方、监理方、供应方等多方主体的活动,各方主体各自承担不同的质量责任和义务。为了有效地进行系统、全面的质量控制,必须由项目实施的总负责单位,负责工程项目质量控制体系的建立和运行,实施质量目标的控制。

(一)工程项目质量控制体系的性质、特点和构成

1. 工程项目质量控制体系的性质

工程项目质量控制体系既不是业主方也不是施工方的质量管理体系或质量保证体系,而是工程项目目标控制的一个工作系统,具有下列性质:

(1)工程项目质量控制体系是以工程项目为对象,由工程项目实施的总组织者负责建立的面向项目对象开展质量控制的工作体系;

(2)工程项目质量控制体系是工程项目管理组织的一个目标控制体系,它与项目投资控制、进度控制、职业健康安全与环境管理等目标控制体系,共同依托于同一项目管理的组织机构;

(3)工程项目质量控制体系根据工程项目管理的实际需要而建立,随着工程项目的完成和项目管理组织的解体而消失,因此,是一个一次性的质量控制工作体系,不同于企业的质量管理体系。

2. 工程项目质量控制体系的特点

如前所述,工程项目质量控制系统是面向项目对象而建立的质量控制工作体系,它与建筑企业或其他组织机构按照 GB/T 19000—2016 族标准建立的质量管理体系相比较,有如下的不同点。

(1)建立的目的不同

工程项目质量控制体系只用于特定的工程项目质量控制,而不是用于建筑企业或组织的质量管理,其建立的目的不同。

(2)服务的范围不同

工程项目质量控制体系涉及工程项目实施过程所有的质量责任主体,而不只是某一个承包企业或组织机构,其服务的范围不同。

(3)控制的目标不同

工程项目质量控制体系的控制目标是工程项目的质量目标,并非某一具体建筑企业或组织的质量管理目标,其控制的目标不同。

(4)作用的时效不同

工程项目质量控制体系与工程项目管理组织系统相融合,是一次性的质量工作体系,并非永久性的质量管理体系,其作用的时效不同。

(5)评价的方式不同

工程项目质量控制体系的有效性一般由工程项目管理的总组织者进行自我评价与诊断,不需进行第三方认证,其评价的方式不同。

3. 工程项目质量控制体系的结构

工程项目质量控制体系一般形成多层次、多单元的结构形态,这是由其实施任务的委托方式和合同结构所决定的。

(1)多层次结构

多层次结构是对应于工程项目工程系统纵向垂直分解的单项、单位工程项目的质量控制体系。在大中型工程项目尤其是群体工程项目中,第一层次的质量控制体系应由建设单位的工程项目管理机构负责建立;在委托代建、委托项目管理或实行交钥匙式工程总承包的情况下,应由相应的代建方项目管理机构、受托项目管理机构或工程总承包企业项目管理机构负责建立。第二层次的质量控制体系,通常是指分别由工程项目的设计总负责单位、施工总承包单位等建立的相应管理范围内的质量控制体系。第三层次及其以下,是承担工程设计、施工安装、材料设备供应等各承包单位的现场质量自控体系,或称各自的施工质量保证体系。系统纵向层次结构的合理性是工程项目质量目标、控制责任和措施分解落实的重要保证。

(2)多单元结构

多单元结构是指在工程项目质量控制总体系下,第二层次的质量控制体系及其以下的质量自控或保证体系可能有多个。这是项目质量目标、责任和措施分解的必然结果。

(二)工程项目质量控制体系的建立

工程项目质量控制体系的建立过程,实际上就是工程项目质量总目标的确定和分解过程,也是工程项目各参与方之间质量管理关系和控制责任的确立过程。为了保证质量控制体系的科学性和有效性,必须明确体系建立的原则、内容、程序和主体。

1. 建立的原则

实践经验表明,工程项目质量控制体系的建立,遵循以下原则对于质量目标的规划、分解和有效实施控制是非常重要的。

(1)分层次规划原则

工程项目质量控制体系的分层次规划,是指工程项目管理的总组织者(建设单位或代建制项目管理企业)和承担项目实施任务的各参与单位,分别进行不同层次和范围的工程项目质量控制体系规划。

(2)目标分解原则

工程项目质量控制系统总目标的分解,是根据控制系统内工程项目的分解结构,将工程项目的建设标准和质量总体目标分解到各个责任主体,明示于合同条件,由各责任主体制订出相应的质量计划,确定其具体的控制方式和控制措施。

(3)质量责任制原则

工程项目质量控制体系的建立,应按照《建筑法》和《建设工程质量管理条例》有关建设工程质量责任的规定,界定各方的质量责任范围和控制要求。

(4)系统有效性原则

工程项目质量控制体系应从实际出发,结合项目特点、合同结构和项目管理组织系统的构成情况,建立项目各参与方共同遵循的质量管理制度和控制措施,并形成有效的运行机制。

2. 建立的程序

工程项目质量控制体系的建立过程,一般可按以下环节依次展开工作。

(1)确立系统质量控制网络

首先明确系统各层面的建设工程质量控制负责人。一般应包括承担项目实施任务的项目经理(或工程负责人)、总工程师,项目监理机构的总监理工程师、专业监理工程师等,以形成明确的项目质量控制责任者的关系网络架构。

(2)制定质量控制制度

包括质量控制例会制度、协调制度、报告审批制度、质量验收制度和质量信息管理制度等。形成工程项目质量控制体系的管理文件或手册,作为承担工程项目实施任务各方主体共同遵循的管理依据。

(3)分析质量控制界面

工程项目质量控制体系的质量责任界面,包括静态界面和动态界面。一般来说,静态界面根据法律法规、合同条件、组织内部职能分工来确定。动态界面主要是指项目实施过程中设计单位之间、施工单位之间、设计与施工单位之间的衔接配合关系及其责任划分,必须通过分析研究,确定管理原则与协调方式。

(4)编制质量控制计划

工程项目管理总组织者负责主持编制工程项目总质量计划,并根据质量控制体系的要求,部署各质量责任主体编制与其承担任务范围相符合的质量计划,并按规定程序完成质量计划的审批,作为其实施自身工程质量控制的依据。

3. 建立质量控制体系的责任主体

根据工程项目质量控制体系的性质、特点和结构,一般情况下,工程项目质量控制体系应由建设单位或工程项目总承包企业的工程项目管理机构负责建立;在分阶段依次对勘察、设计、施工、安装等任务进行分别招标发包的情况下,该体系通常应由建设单位或其委托的工程项目管理企业负责建立,并由各承包企业根据项目质量控制体系的要求,建立隶属于总的项目质量控制体系的设计项目、施工项目、采购供应项目等分质量保证体系(可称相应的质量控制子系统),以具体实施其质量责任范围内的质量管理和目标控制。

(三)工程项目质量控制体系的运行

工程项目质量控制体系的建立,为工程项目的质量控制提供了组织制度方面的保证。

工程项目质量控制体系的运行,实质上就是系统功能的发挥过程,也是质量活动职能和效果的控制过程。然而,质量控制体系要有效地运行,还有赖于系统内部的运行环境和运行机制的完善。

1. 运行环境

工程项目质量控制体系的运行环境,主要是指以下几方面为系统运行提供支持的管理关系、组织制度和资源配置的条件。

(1)建设工程的合同结构

建设工程合同是联系工程项目各参与方的纽带,只有在工程项目合同结构合理,质量标准和责任条款明确,并严格进行履约管理的条件下,质量控制体系的运行才能成为各方的自觉行动。

(2)质量管理的资源配置

质量管理的资源配置包括:专职的工程技术人员和质量管理人员的配置;实施技术管理和质量管理所必需的设备、设施、器具、软件等物质资源的配置。人员和资源的合理配置是质量控制体系得以运行的基础条件。

(3)质量管理的组织制度

工程项目质量控制体系内部的各项管理制度和程序性文件的建立,为质量控制系统各个环节的运行提供必要的行动指南、行为准则和评价基准的依据,是系统有序运行的基本保证。

2. 运行机制

工程项目质量控制体系的运行机制是由一系列质量管理制度安排所形成的内在能力。运行机制是质量控制体系的生命,机制缺陷是造成系统运行无序、失效和失控的重要原因。因此,在系统内部的管理制度设计时,必须予以高度的重视,防止重要管理制度的缺失、制度本身的缺陷、制度之间的矛盾等现象出现,才能为系统的运行注入动力机制、约束机制、反馈机制和持续改进机制。

(1)动力机制

动力机制是工程项目质量控制体系运行的核心机制,它来源于公正、公开、公平的竞争机制和利益机制的制度设计或安排。这是因为工程项目的实施过程是由多主体参与的价值增值链,只有保持合理的供方及分供方等各方关系,才能形成合力,是工程项目成功的重要保证。

(2)约束机制

没有约束机制的控制体系是无法使工程质量处于受控状态的。约束机制取决于各主体内部的自我约束能力和外部的监控效力。约束能力表现为组织及个人的经营理念、质量意识、职业道德及技术能力的发挥;监控效力取决于工程项目实施主体外部对质量工作的推动和检查监督。两者相辅相成,构成了质量控制过程的制衡关系。

(3)反馈机制

运行状态和结果的信息反馈,是对质量控制系统的能力和运行效果进行评价,并为及时做出处置提供决策依据。因此,必须有相关的制度安排,保证质量信息反馈的及时和准确,坚持质量管理者深入生产第一线,掌握第一手资料,才能形成有效的质量信息反馈机制。

(4)持续改进机制

在工程项目实施的各个阶段,不同的层面、不同的范围和不同的主体之间,应用 PDCA 循环原理,即计划、实施、检查和处置不断循环的方式展开质量控制,同时注重抓好控制点的设置,加强重点控制和例外控制,并不断寻求改进机会、研究改进措施,才能保证工程项目质量控制系统的不断完善和持续改进,不断提高质量控制能力和控制水平。

三、卓越绩效管理模式

卓越绩效管理模式反映了当今世界现代管理的理念和方法,是激励和引导组织追求卓越,成为世界级企业的有效途径。为了适应经济全球化的发展,我国引进了卓越绩效评价标准,于 2004 年发布了《卓越绩效评价准则》GB/T 19580—2004 和《卓越绩效评价准则实施指南》GB/T 19579—2004,标志着我国质量管理进入一个新的发展阶段。而如今,卓越绩效评价标准已经更新至 GB/T 19580—2012 和 GB/T 19579—2012 版本。

卓越绩效评价准则是质量奖评价的依据,是国家质量奖励制度的技术文件。制定这套标准的目的有两个:一是用于国家质量奖的评价;二是用于组织的自我学习,引导组织追求卓越绩效,提高产品、服务和经营质量,增强竞争优势,并通过评定获奖组织、树立典范并分享成功的经验,鼓励和推动更多的组织使用这套标准。

这套标准是国内外许多成功组织的实践经验总结,为组织的自我评价和外部评价提供了很好的依据。标准的制定和实施可帮助组织提高其整体绩效和能力,为组织的所有者、业主、员工、供方、合作伙伴和社会创造价值,有助于组织获得长期的市场成功,并使各类组织易于在质量管理实践方面进行沟通和共享,成为一种理解、管理绩效并指导组织进行规划和获得学习机会的工具。

(一)卓越绩效管理模式的实质和理念

1. 卓越绩效管理模式的实质

(1)强调“大质量”观

卓越绩效标准作为质量管理奖的评审标准,其中质量的内涵不仅限于产品、服务质量,而是强调“大质量”的概念,由产品、服务质量扩展到工作过程、体系的质量,进而扩展到企业的经营质量。产品、服务质量追求的是满足顾客需求,赢得顾客和市场,而经营质量追求的是企业综合绩效和持续经营的能力。产品、服务质量好,不等于经营质量一定好,但产品、服务质量是经营质量的核心和底线。卓越绩效标准对企业从领导力、战略,以顾客和市场为中心、测量分析和知识管理、以人为本、过程管理等方面提出了系统的要求,最终落实到企业的经营结果,是当今国际上公认的质量经营标准。

(2)关注竞争力提升

实施卓越绩效标准的目的在于提升企业和国家的竞争能力,因此其特别关注企业的比较优势和市场竞争力。例如:企业在进行战略策划时,强调注重对市场和竞争对手的分析,以制定出超越竞争对手、能在市场竞争中取胜的战略目标和规划;在评价绩效水平时,不仅要与自己原有水平和目标比,而且强调要与竞争对手比、与标杆水平比,在比较中识别自己的优势和改进空间,增强企业的竞争意识,提升企业的竞争能力。

(3)提供了先进的管理方法

卓越绩效标准不仅反映了现代经营管理的先进理念和实现卓越绩效的框架,而且提供了许多可操作的管理方法，有助于提高企业管理的有效性和效率。例如：提升组织领导力的方法；基于全面分析的战略制定和展开方法；评价绩效水平和组织学习的“水平对比法”，从市场和顾客的角度评价企业产品、服务质量的“顾客满意度、顾客忠诚度测量”方法；确定企业关键绩效指标体系的方法：员工绩效管理的“平衡计分卡”；促进员工绩效提高的“员工权益和满意度测量”等方法。

(4)聚焦于经营结果

卓越绩效标准强调结果导向，非常关注企业经营的绩效，“经营结果”一项在标准满分1000分中占到40%～50%。但标准中所指的“绩效”不只是利润和销售额，其中还包括了顾客满意、产品和服务、财务和市场、人力资源、组织有效性、社会责任等6个方面的综合绩效，充分考虑到企业的顾客、股东、员工、供应商、合作伙伴和社会等相关方的利益平衡，以保证企业的可持续发展。

(5)是一个成熟度标准

卓越绩效标准不同于ISO 9000质量管理体系，它不是一个符合性标准，而是一个成熟度标准。它不是规定了企业应达到的某一水平，而是引导企业持续改进、不断完善和趋于成熟，永无止境地追求卓越。据资料介绍，获得美国国家质量奖的企业得分在650～750分的水平，而我国获奖企业水平是在600分左右，距满分1000分还有很大的改进空间。

2. 卓越质量管理模式的理念

《卓越绩效模式准则》GB/T 19580—2012可促进各类组织增强战略执行力，改善产品和服务质量，帮助组织进行经营管理的改进和创新，持续提高组织的整体绩效和经营管理能力，以使组织获得长期成功。

《卓越绩效模式准则》GB/T 19580—2012具体体现了以下卓越质量管理的先进理念，这些核心价值观反映了国际上最先进的质量经营管理理念和方法，也是许多世界级成功企业的经验总结，它贯穿于卓越绩效模式的各项要求中，应成为各类组织高层经营管理人员的理念和行为准则。我们应该运用这些基本理念引导组织追求卓越。

(1)远见卓识的领导

领导力是一个企业成功的关键。监理单位的高层领导应以前瞻性的视野、敏锐的洞察力，确立组织的使命、愿景和价值观，带领全体员工实现组织的发展战略和目标。企业高层领导应建立顾客为中心的企业文化，建立起追求卓越、促进创新、构建知识和能力的战略、体系、方法和激励机制；企业高层领导应通过治理机构对企业的道德行为、绩效和所有利益相关方负责，并以前瞻性的视野、敏锐的洞察力，确立组织的使命、愿景和价值观，带领全体员工实现组织的发展战略和目标。

(2)战略导向

在复杂夺标的竞争环境下，组织不能只满足于眼前绩效水平，还要以战略统领经营管理活动，获得持续发展和成功，让组织的利益相关方——顾客、员工、供应商和合作伙伴以及股东、公众对组织建立长期信心。为追求持续稳定的发展，组织应制定长期发展战略和目标，分析、预测影响组织发展的诸多因素。战略要通过长期规划和短期计划进行部署，以保证战略目标的实现。

组织要以战略统领组织的管理活动，获得持续发展和成功。

(3)顾客驱动

组织要树立顾客导向的经营理念,认识到质量和绩效是由组织的顾客来评价和决定的。组织要将顾客当前和未来的需求、期望和偏好作为改进产品和服务质量、提高经营和管理水平及不断创新的动力,以提高顾客的满意和忠诚程度。组织必须考虑产品和服务如何为顾客创造价值,达到顾客满意和顾客忠诚,并由此提高组织绩效。组织在满足顾客基本要求的基础上,要努力掌握新技术和竞争对手的发展,为顾客提供个性化和差异化的产品和服务,对顾客需求变化和满意度保持敏感性,做出快速、灵活的反应。

(4)社会责任

组织要为自身的决策和经营活动对社会所造成的影响承担责任,促进社会的全面协调可持续发展。组织应注重对社会所负有的公共责任、道德规范,并履行好公民义务。领导应成为组织的表率,在组织的经营过程中,以及在组织提供产品和服务的生命周期内,要恪守商业之道,保护公众健康、安全和环境,注重保护资源。

(5)以人为本

员工是组织之本,一切管理活动应当以激发和调动员工的主动性、积极性为中心,培育学习型组织和个人是组织追求卓越的基础,促进员工的发展,保障员工的权益,提高员工的满意程度。企业要让顾客满意,首先要让创造商品和提供服务的员工满意。重视员工意味着确保员工的满意、发展和权益,为此组织应关注员工工作和生活的需要,创造公平竞争的环境,对优秀者给予奖励,为员工提供学习和交流的机会,促进员工的发展和进步,营造一个鼓励创新与共担风险的环境。

(6)合作共赢

合作伙伴对于组织的成功十分重要,在企业经营管理的过程中应给予高度的重视,建立起内部的和外部的合作伙伴关系,与顾客、关键的供方及其其他相关方建立长期伙伴关系,相互为对方创造价值,实现共同发展。建立良好的外部合作关系,应着眼于共同的长远目标,加强沟通,形成优势互补,互相为对方创造价值。

(7)重视过程与关注结果

组织的绩效源于过程,体现于结果。因此,既要重视过程,更要关注结果;要通过有效的过程管理,实现卓越的结果。

(8)学习、改进与创新

学习、改进与创新是组织持续发展的关键。组织只有通过创新才能形成组织的竞争优势,在激烈的竞争中取胜。创新意味着对生产、服务和过程进行有意义的变革,为组织的利益相关方创造新的价值,把组织的绩效提升到一个新的水平。创新不应仅局限于产品和技术的创新,创新对于组织经营的各个方面和所有过程都是非常重要的。组织应对创新进行引导,使之融入组织的各项工作中,进行观念、机构、机制、流程和市场等管理方面的创新。

培育学习型组织和个人是组织追求卓越的基础,传承、改进和创新是组织持续发展的关键。

(9)系统管理

将组织视为一个整体,以科学、有效的方法,实现组织经营管理的统筹规划、协调一致,提高组织管理的有效性和效率。

(二)《卓越绩效评价准则》的结构模式

根据系统原理,按照过程方法,《卓越绩效评价准则》GB/T 19580—2012 从领导,战略,顾客与市场,资源,过程管理,测量、分析与改进以及结果等七个方面对评价的要求规定了组织卓越绩效的评价要求,为组织追求卓越提供了自我评价的准则,也可作为质量奖的评价依据。其框架图如图 8-3 所示。

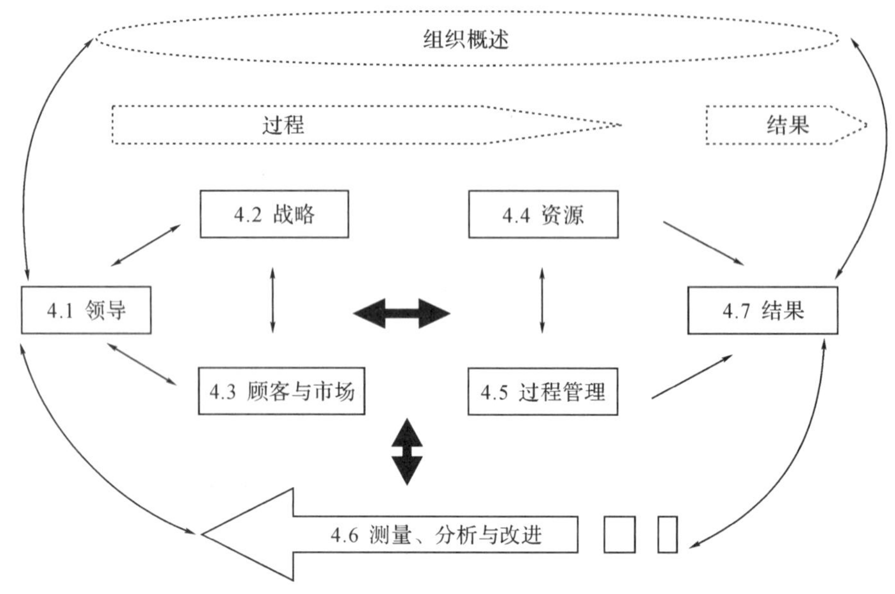

图 8-3　卓越绩效评价准则框架图

其中的逻辑关系为:

1)在框架图中,4.1～4.6 是有关过程的条目,4.7 是有关结果的条目。过程的目的是获取结果,而结果是通过过程得出的,并为过程的改进和创新提供目标。

2)“领导”掌握着组织的发展方向,并密切关注着“结果”,为组织寻找发展机会。

3)“领导”、“战略”与“顾客与市场”构成了“领导作用”三角,是驱动力;“资源”、“过程管理”与“结果”构成了“资源、过程和结果”三角,是从动的。而“测量、分析和改进”是连接两个三角的“链条”,转动着 PDCA 循环。

(三)《卓越绩效评价准则》评分系统

卓越绩效模式的七个要求构成了一套评价准则、评分系统。系统中将这七方面又分为三个层次,即基本要求、总体要求和多项要求。其中,基本要求是各条目最核心的概念和最基本的主题,共 23 条;总体要求是条目要求中最重要的特征,是针对条目的核心主题做出回答时必须包括的要点;多项要求是每一要点中所包括的提问,这些提问构成了条目要求的细节。见表 8-2(详见 GB/T 19580—2012)。准则的总分为 1000 分,其中经营绩效占 40%～45%,一般来说要超过 600 分才算基本建立了卓越绩效模式。

表 8-2 卓越绩效评价准则条目、分值列表

类目	条目	分值		要点
4.1 领导		110		
	4.1.1 高层领导的作用		50	高层领导的作用、组织的治理、组织绩效的评审
	4.1.3 组织治理			
	4.1.4 社会责任		30	公共责任、道德行为、公益支持
4.2 战略		90		
	4.2.1 战略制定		40	战略制定
	4.2.2 战略部署		40	战略规划的制定与部署、绩效预测
4.3 顾客与市场		90		
	4.3.1 顾客和市场的了解		40	顾客与市场的了解
	4.3.2 顾客关系与顾客满意		50	顾客关系的建立,顾客满意的测量
4.4 资源		130		
	4.4.2 人力资源		60	工作系统,员工的学习和发展、员工的权益和满意程度、员工的能力
	4.4.3 财务资源		15	财务资源
	4.4.4 信息和知识资源		20	信息和知识资源
	4.4.5 技术资源		15	技术资源
	4.4.6 基础设施		20	基础设施
	4.4.7 相关方关系		10	相关方关系
4.5 过程管理		100		
	4.5.2 过程的识别与设计		50	过程的识别,过程要求的确定、过程的设计,过程的实施和改进
	4.5.3 过程的实施与改进		50	过程的识别与改进,过程的设计,过程的实施和改进
4.6 测量、分析与改进		80		
	4.6.2 测量、分析与评价		40	绩效测量,绩效分析
	4.6.3 创新与改进		40	创新与改进
4.7 结果		400		
	4.7.2 产品与服务结果		80	主要产品和服务所具有的成果
	4.7.3 顾客与市场的结果		80	以顾客为中心的结果、产品和服务的结果、市场结果
	4.7.4 财务结果		60	人力资源结果、其他资源结果
	4.7.6 过程有效性结果		50	过程有效性结果
	4.7.7 领导方面的结果		50	组织在领导方面的绩效结果
总计分		1000		

（四）《卓越绩效评价准则》与 ISO 9000 的比较

1.《卓越绩效评价准则》与 ISO 9000 的相同点

(1)基本原理和原则相同

1) ISO 9000 与“卓越绩效”模式都是建立在全面质量管理的理论基础上，并且都采用 PDCA 循环基本原理。

2)七项质量管理原则同时适用于 ISO 9000 与“卓越绩效”模式，其中包括：以顾客为关注焦点；领导作用；全员参与；过程方法；循证决策；持续改进；关系管理。

(2)基本理念和思维方式相同

在现代科学思维中，存在着一种宇宙理论向统一发展的趋势，以提供理解所有自然力量和现象的科学和数学框架。ISO 9000 与“卓越绩效”模式都是这种理念和思维的产物。它们都尝试着把所有质量要求和组织的职能要求统一起来，异寓于同之中。它们都是面向顾客、面向过程和面向持续改进的。

(3)使用方法(工具)相同

ISO 9000 和“卓越绩效”模式都使用相同的工具，包括：价值工程与分析；质量功能展开；企业流程再造；生命周期管理；顾客满意；制造能力设计；供方认证；失效模式与影响分析；持续质量改进；统计过程控制；方差分析等。

2.《卓越绩效评价准则》与 ISO 9000 的不同点

(1)导向不同

ISO 9000 是标准化导向，作为一个质量标准系列，企业可根据这些标准确定和建设自身所需要的有效且合适的质量管理体系。“卓越绩效”模式是战略导向，条款的内容围绕组织战略目标的实现。它是过程与结果协同的动态网络，其标准注重绩效和持续改进，为设计、执行和评估组织的业务流程提供了完整的框架。

(2)驱动力不同

ISO 9000 来自市场准入的驱动，组织需要满足合格评定要求。“卓越绩效”模式来自市场竞争的驱动，通过质量奖及自我评价促进竞争力水平的提高。

(3)评价方式不同

ISO 9000 是符合性评审，按照 ISO 9001《质量管理体系要求》进行审核和评价，参加审核的组织只要符合要求，评分就可以及格，即审核通过。至于未来如何持续改进，则没有要求。“卓越绩效”模式是成熟度评价，采用目标驱动和绩效激励，对过程绩效与结果绩效进行诊断，通过对过程绩效的评价，可以了解企业处于成熟度的哪个阶段。其结果绩效的评价从三个方面进行说明：一是与企业自身的历史水平对比，以了解其发展的趋势；二是在行业内与竞争对手的水平对比，知道自己的位置；三是与标杆进行对比，了解差距。“卓越绩效”模式可以帮助企业更清晰地了解自己的当前水平，为企业的进一步发展指明方向。

(4)关注点不同

ISO 9000 主要关注过程，它以过程方法构筑和执行标准体系，它关注产品实现过程中的一系列符合标准或是符合顾客需求的管理活动。虽然在标准中也提到要对过程所产生的结果做测量和有效性分析，但却并没有对结果内容、所应达到的程度等做出更为明确的要求。“卓越绩效”模式更加关注结果，其结果不仅指产品实现过程带来的结果，而且包含了整个企业经营管理全方位的绩效和改进的结果，从领导作用、战略决策、对顾客的关注、产品和服务的实现、市场和财务的结果到社会责任的结果等，它是组织过程和组织结果的绩效互动。

(5)目标不同

ISO 9000是有限的目标，即顾客满意，认为把产品做得符合标准了，也就是符合顾客的要求了，而这种符合标准只是满足了顾客最基本的要求，并不能满足顾客的"情感需求"。"卓越绩效"模式是多元化的目标，需要实现相关方的满意，把顾客看作"自己人"，注意与顾客建立"战略伙伴关系"。

(6)责任人不同

ISO 9000强调的管理职责是以满足顾客需求，以进行与质量管理体系相适应的管理活动为主，在ISO 9000标准中没有更多的语言对管理者在企业经营理念、企业文化、企业战略等方面进行描述。"卓越绩效"模式强调领导责任，提出领导要从企业发展的角度来考虑企业的价值观、发展战略、绩效目标以及社会责任；领导应为企业良好发展营造创新、授权和快速反应的环境等。

(7)对组织的要求不同

ISO 9000强调遵纪守法，组织应提供满足顾客要求和适应法律法规要求的产品，也就是说在质量管理体系中涉及的与产品有关的活动必须建立在不违法违规的基础上。"卓越绩效"模式则明确提出组织的社会责任，表明组织应具有追求有利于社会长远目标的义务，它超越了法律和经济所要求的义务，要求组织应当对社会的和谐与文明发展做出贡献。可以说ISO 9000是"卓越绩效"模式的基础子集，它提供了基本方法，如持续改进、顾客满意方法等；而"卓越绩效"模式则超越了ISO 9000的范围，以更宏观、系统的方法诊断组织的质量管理水平。

第四节　工程项目勘察设计阶段质量管理

建设工程勘察、设计在我国国民经济建设和社会发展中占有重要的地位和作用，它是工程建设实施阶段的关键环节。建设工程勘察、设计的质量对于工程项目的质量起着决定性的作用。现阶段，工程项目勘察、设计阶段质量管理的工作通常由建设单位委托工程监理单位实施。

一、工程勘察质量管理

(一)工程勘察管理的工作特点

工程勘察是勘察单位通过技术手段查明、分析、评价建设场地的水文、地质、地理环境特征和岩土工程条件，编制建设工程勘察文件的活动。工程勘察管理服务是指工程监理单位根据建设单位的要求对于工程勘察活动的管理。

由于工程建设专业门类不同，勘察工作本身差异很大。例如，大城市一般基础设施建设条件较好，长期积累的水文地质资料较多，建设场地集中，勘察工作量不大。但对于高速公路、铁路等项目，线长、条件艰苦、工作量大，勘察工作必须与设计工作紧密结合，勘察设计工作的准确性决定了工程造价，在很大程度上决定着项目的可行性和成败。对于不同的专业门类，勘察管理服务的要求也不同。

（二）工程勘察阶段的划分

工程勘察工作一般分为三个阶段，即可行性研究勘察、初步勘察、详细勘察。对工程地质条件复杂或有特殊施工要求的重要工程，应进行施工勘察。各勘察阶段的工作要求如下：

（1）可行性研究勘察，又称选址勘察，其目的是通过搜集、分析已有资料，进行现场踏勘。必要时，进行工程地质测绘和少量勘探工作，对拟选场址的稳定性和适宜性做出岩土工程评价，进行技术经济论证和方案比较，满足确定场地方案的要求。

（2）初步勘察是指在可行性研究勘察的基础上，对场地内建筑地段的稳定性做出岩土工程评价，并为确定建筑总平面布置、主要建筑物地基基础方案及对不良现象的防治工作方案进行论证，满足初步设计或扩大初步设计的要求。

（3）详细勘察应对地基基础处理与加固、不良地质现象的防治工程进行岩土工程计算与评价，满足施工图设计的要求。

（三）工程监理单位勘察质量管理的主要工作

（1）协助建设单位编制工程勘察任务书和选择工程勘察单位，并协助签订工程勘察合同。（2）审查勘察单位提交的勘察方案，提出审查意见，并报建设单位。变更勘察方案时，应按原程序重新审查。（3）检查勘察现场及室内试验主要岗位操作人员的资格、所使用设备、仪器计量的检定情况。（4）检查勘察单位执行勘察方案的情况，对重要点位的勘探与测试应进行现场检查。（5）审查勘察单位提交的勘察成果报告，必要时对于各阶段的勘察成果报告组织专家论证或专家审查，并向建设单位提交勘察成果评估报告，同时应予勘察成果验收。经验收合格后勘察成果报告才能正式使用。

勘察成果评估报告应包括下列内容：勘察工作概况；勘察报告编制深度，与勘察标准的符合情况；勘察任务书的完成情况；存在问题及建议；评估结论。

（四）工程勘察成果的审查要点

监理工程师对勘察成果的审核与评定是勘察阶段质量控制最重要的工作。审核与评定包括程序性审查和技术性审查两个方面。

二、工程设计质量管理

建设工程设计是指根据建设单位的要求，对建设工程所需的技术、经济、资源、环境等条件进行综合分析、论证，编制建设工程设计文件的活动。一般分为方案设计、初步设计、施工图设计三个阶段。

工程设计管理服务是指监理单位根据建设单位的委托，组成设计管理咨询专家团队，通过对设计全过程的管理，在设计环节上满足对工程项目质量、进度、投资控制的需要，满足建设单位对于项目功能和品质的要求。

（一）工程设计质量管理的依据

（1）有关工程建设及质量管理方面的法律、法规，城市规划，国家规定的建设工程勘察、设计深度要求。铁路、交通、水利等专业建设工程，还应当依据专业规划的要求。（2）有关工程建设的技术标准，如勘察和设计的工程建设强制性标准规范及规程、设计参数、定额、指标等。（3）项目批准文件，如项目可行性研究报告、项目评估报告及选址报告。（4）体现建设单位建设意图的设计规划大纲、纲要和合同文件。（5）反映项目建设过程中和建成后所需要的有关技术、资源、经济、社会协作等方面的协议、数据和资料。

(二)工程设计质量管理的主要工作内容

1. 设计单位选择

设计单位可以通过招投标、设计方案竞赛、建设单位直接委托等方式选择和委托。组织设计招标时用竞争机制优选设计方案和设计单位。采用公开招标方式的,招标人应当按国家规定发布招标公告;采用邀请招标方式的,招标人应当向三个以上设计单位发出招标邀请书。

设计招标的目的是选择最适合项目需要的设计单位,设计单位的社会信誉、所选派的主要设计人员的能力和业绩等是主要的考察内容。

2. 起草设计任务书

设计任务书是设计依据之一,是建设单位意图的体现。现实情况基本是设计单位写一个设计任务书,请建设单位修改后,作为正式的设计任务书使用,有的甚至不编写设计任务书。起草设计任务书是各方就项目的功能、标准、区域划分、特殊要求等涉及项目具体事宜不断沟通和深化交流,最终达成一致并形成文字资料的过程,这对于建设单位意图的把握非常重要,可以相互启发,互相提醒,使设计工作少走弯路。

3. 起草设计合同

设计质量目标主要通过项目描述和设计合同反映出来,设计描述和设计合同综合起来,确立设计的内容、深度、依据和质量标准,设计质量目标要尽量避免出现语义模糊和矛盾。设计合同应重点注意写明设计进度要求、主要设计人员、优化设计要求、限额设计要求、施工现场配合以及专业深化图配合等内容。

4. 分阶段设计审查

由建设单位组织有关专家或机构进行工程设计评审,目的是控制设计成果质量,优化工程设计,提高效益。设计评审包括设计方案评审、初步设计评审和施工图设计评审各阶段的内容。

监理工程师应审查设计单位提交的设计成果,并给出评估报告。评估报告应包括下列主要内容:设计工作概况;设计深度与设计标准的符合情况;设计任务书的完成情况;有关部门审查意见的落实情况;存在的问题及建议。

5. 审查备案

审查设计单位提出的新材料、新工艺、新技术、新设备在相关部门的备案情况,必要时应协助建设单位组织专家评审。

6. 深化设计协调管理

对于专业性较强或有行业专门资质要求的项目,目前的通行做法是委托专业设计单位,或由具有专业设计资质的施工单位出具深化设计图纸,由设计单位统一会签,以确认深化设计符合总体设计要求,并对于相关的配套专业能否满足深化图纸的要求予以确认。设计管理对于总体设计单位和深化图设计单位的横向管理很重要。

设计质量横向控制的一项重要措施是建立联席会议制度。所谓联席会议是指各专业设计人员全部出席会议,共同研究和探讨设计过程中出现的矛盾,集思广益,提出对矛盾的解决办法,根据项目的具体特性和处于主导地位的专业要求进行综合分析,使矛盾得到合理的处理。联席会议可以定期召开,如每周一次,也可以根据设计进展情况不定期召开。

设计质量横向控制的另一重要措施是明确各专业互提要求。各专业互相提供资料,是进行正常建筑设计工作的客观要求,只有各专业设计配合协调,避免出现相互碰壁的问题,才能保证设计质量。

第五节　工程项目施工阶段的质量控制

工程施工质量控制是项目监理机构工作的主要内容。项目监理机构应基于施工质量控制的依据和工作程序,抓好施工质量控制工作。施工阶段的质量控制应重点做好图纸会审与设计交底、施工组织设计的审查、施工方案的审查和现场施工准备质量控制等工作。项目监理机构的质量控制包括审查、巡视、监理指令、旁站、见证取样、验收和平行检验、工程变更的控制和质量记录资料的管理等。

一、工程施工质量控制的依据和工作程序

(一)工程施工质量控制的依据

项目监理机构施工质量控制的依据大体上有以下四类。

1. 工程合同文件

建设工程监理合同、建设单位与其他相关单位签订的合同,包括与施工单位工签订的合同、与材料设备供应单位签订的材料设备采购合同等。项目监理机构监理人员应熟悉这些合同的相应条款,据以进行质量控制。

2. 工程勘察设计文件

工程勘察包括工程测量、工程地质和水文地质勘察等内容,工程勘察成果文件是项目监理机构审批工程施工组织设计或施工方案、工程地基基础验收等工程质量控制的重要依据。经过批准的设计图纸和技术说明书等设计文件,是质量控制的重要依据。

3. 有关质量管理方面的法律法规、部门规章与规范性文件

(1)法律:《中华人民共和国建筑法》《中华人民共和国刑法》《中华人民共和国防震减灾法》《中华人民共和国节约能源法》《中华人民共和国消防法》等。

(2)行政法规:《建设工程质量管理条例》《民用建筑节能条例》等。

(3)部门规章:《建筑工程施工许可管理办法》《实施工程建设强制性标准监督规定》《房屋建筑和市政基础设施工程质量监督管理规定》等。

(4)规范性文件:《房屋建筑工程施工旁站监理管理办法(试行)》《建设工程质量责任主体和有关机构不良记录管理办法(试行)》《关于〈建设行政主管部门对工程监理企业履行质量责任加强监督〉的若干意见》等。

4. 质量标准与技术规范(规程)

质量标准与技术规范(规程)是针对不同行业、不同的质量控制对象而制定的,包括各种有关的标准、规范或规程。根据适用性,标准分为国家标准、行业标准、地方标准和企业标准。它们是建立和维护正常的生产和工作秩序应遵守的准则,也是衡量工程、设备和材料质

量的尺度。对于国内工程，国家标准是必须执行与遵守的最低要求，行业标准、地方标准和企业标准的要求不能低于国家标准的要求。企业标准是企业生产与工作的要求与规定，适用于企业的内部管理。

在工程建设国家标准与行业标准中，有些条文用粗体字表达，它们被称为工程建设强制性标准(条文)，是指直接涉及工程质量、安全、卫生及环境保护等方面的工程建设标准强制性条文。国家规定，在中华人民共和国境内从事新建、扩建、改建等工程建设活动必须执行工程建设强制性标准。工程质量监督机构对工程建设施工、监理、验收等执行强制性标准的情况实施监督，项目监理机构在质量控制中不得违反工程建设标准强制性条文的规定。

项目监理机构在质量控制中，依据的质量标准与技术规范(规程)主要有以下几类：

(1)工程项目施工质量验收标准。

这类标准主要是由国家或部门统一制定的，用以作为检验和验收工程项目质量水平所依据的技术法规性文件。例如，《建筑工程施工质量验收统一标准》GB 50300—2013、《混凝土结构工程施工质量验收规范》GB 50204、《建筑装饰装修工程质量验收规范》GB 50210 等。

(2)有关工程材料、半成品和构配件质量控制方面的专门技术法规性依据。

(3)控制施工作业活动质量的技术规程。

例如电焊操作规程、砌体操作规程、混凝土施工操作规程等。它们是为了保证施工作业活动质量在作业过程中应遵照执行的技术规程。

凡采用新工艺、新技术、新材料的工程，事先应进行试验，并应有权威性技术部门的技术鉴定书及有关的质量数据、指标，在此基础上制定相应的质量标准和施工工艺规程，以此作为判断与控制质量的依据。如果拟采用的新工艺、新技术、新材料，不符合现行强制性标准规定的，应当由拟采用单位提请建设单位组织专题技术论证，报批准标准的建设行政主管部门或者国务院有关主管部门审定。

(二) 工程施工质量控制的工作程序

在施工阶段中，项目监理机构要进行全过程的监督、检查与控制，不仅涉及最终产品的检查、验收，而且涉及施工过程的各环节及中间产品的监督、检查与验收。这种全过程的质量控制工作流程图如图 8-4 所示。

在施工质量验收过程中，涉及结构安全的试块、试件以及有关材料，应按规定进行见证取样检测；对涉及结构安全和使用功能的重要分部工程，应进行抽样检测，承担见证取样检测及有关结构安全检测的单位应具有相应资质。

二、工程施工准备阶段的质量控制

(一) 图纸会审与设计交底

1. 图纸会审

图纸会审是建设单位、监理单位、施工单位等相关单位，在收到施工图审查机构审查合格的施工图设计文件后，在设计交底前进行的全面细致的熟悉和审查施工图纸的活动。监理人员应熟悉工程设计文件，并应参加建设单位主持的图纸会审会议，建设单位应及时主持召开图纸会审会议，组织项目监理机构、施工单位等相关人员进行图纸会审，并整理成会审问题清单，由建设单位在设计交底前约定的时间内提交设计单位。图纸会审由施工单位整理会议纪要，与会各方会签。

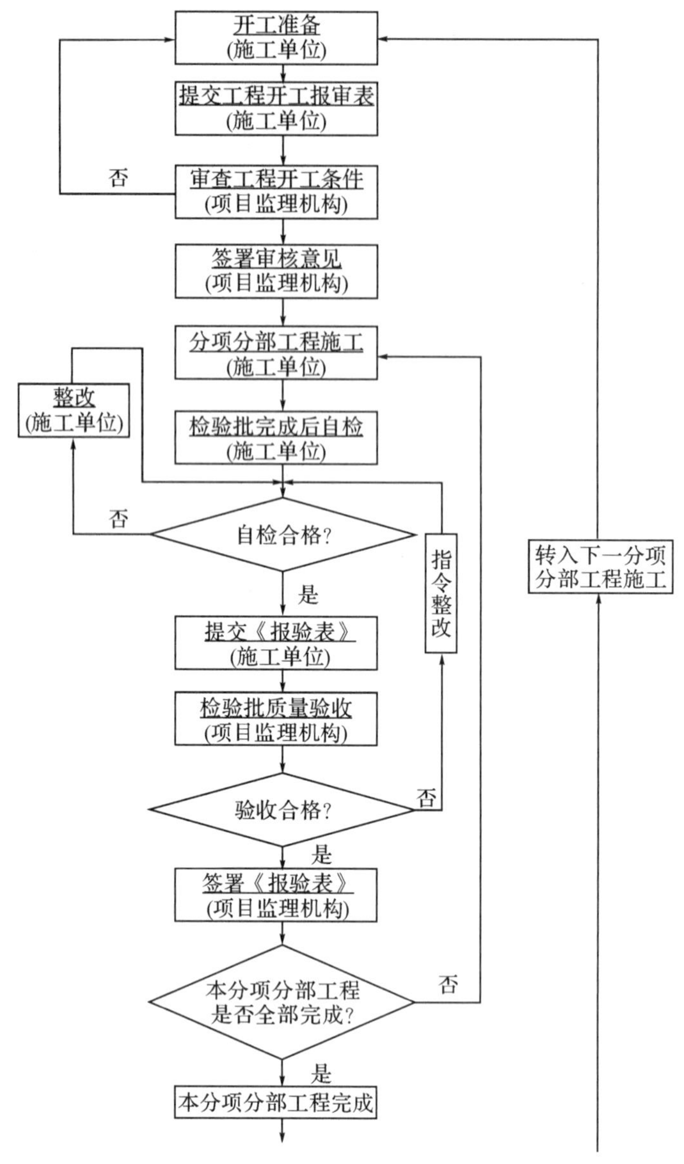

图 8-4　施工阶段工程质量控制工作流程图(一)

总监理工程师组织监理人员熟悉工程设计文件是项目监理机构实施事前质量控制的一项重要工作。

图纸会审的内容一般包括：

(1)审查设计图纸是否满足项目立项的功能、技术可靠、安全、经济适用的需求；

(2)图纸是否已经审查机构签字、盖章；

(3)地质勘探资料是否齐全，设计图纸与说明是否齐全，设计深度是否达到规范要求；

(4)设计地震烈度是否符合当地要求；

(5)总平面与施工图的几何尺寸、平面位置、标高等是否一致；

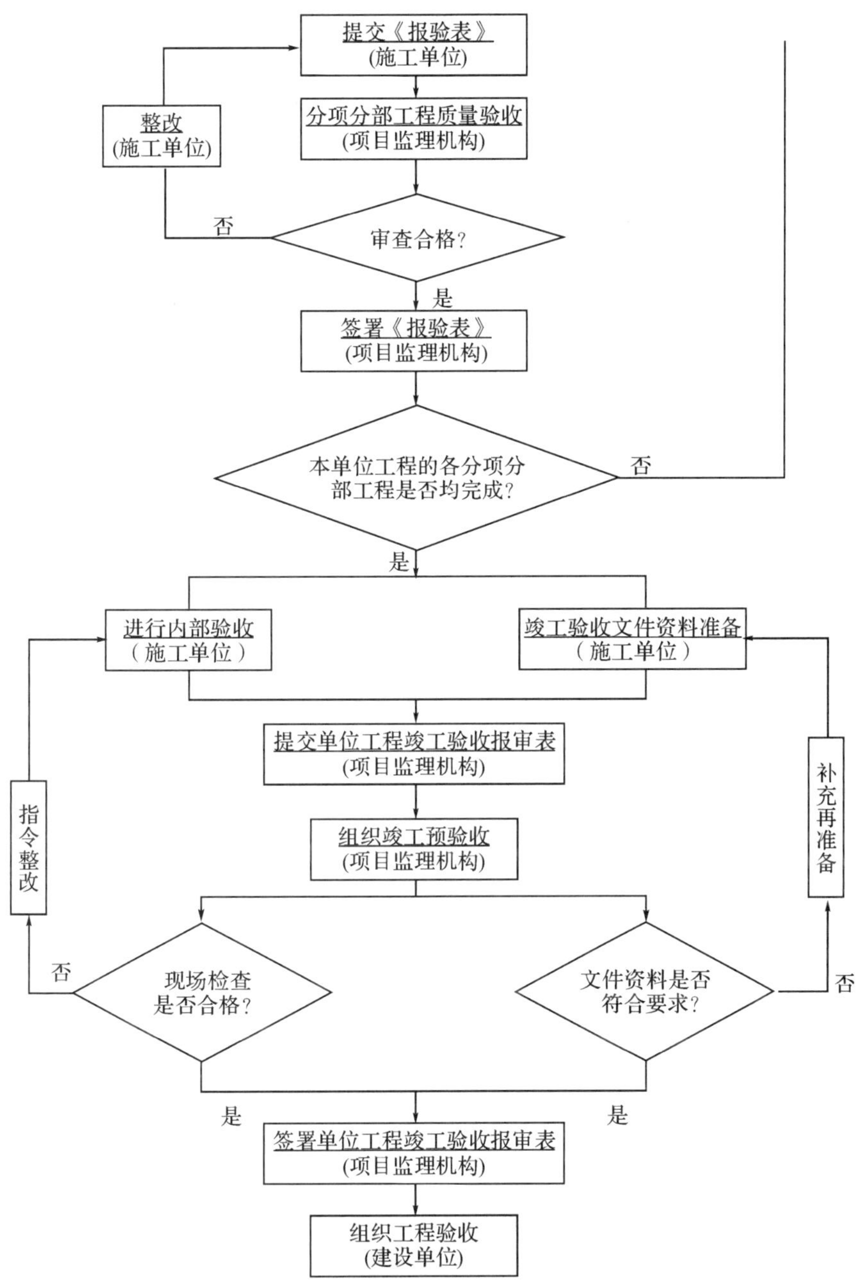

图 8-4 施工阶段工程质量控制工作流程图(二)

(6)防火、消防是否满足要求;

(7)各专业图纸本身是否有差错及矛盾,结构图与建筑图的平面尺寸及标高是否一致,建筑图与结构图的表示方法是否清楚,是否符合制图标准,预留、预埋件是否表示清楚;

(8)工程材料来源有无保证,新工艺、新材料、新技术的应用有无问题;

(9)地基处理方法是否合理,建筑与结构构造是否存在不能施工、不便于施工的技术问题,或容易导致质量、安全、工程费用增加等方面的问题;

(10)工艺管道、电气线路、设备装置、运输道路与建筑物之间或相互间有无矛盾。

2. 设计交底

这是指设计单位在交付工程设计文件后,按法律规定的义务就工程设计文件的内容向建设单位、施工单位和监理单位做出详细的说明。帮助施工单位和监理单位正确贯彻设计意图,加深对设计文件特点、难点、疑点的理解,掌握关键工程部位的质量要求,以确保工程质量。设计交底的主要内容一般包括:施工图设计文件总体介绍,设计的意图说明,特殊的工艺要求,建筑、结构、工艺、设备等各专业在施工中的难点、疑点和容易发生的问题说明,以及对施工单位、监理单位、建设单位等对设计图纸疑问的解释等。

工程开工前,建设单位应组织并主持召开工程设计技术交底会。先由设计单位进行设计交底,后转入图纸会审问题解释,设计单位对图纸会审问题清单予以解答。通过建设单位、设计单位、监理单位、施工单位及其他有关单位研究协商,确定图纸存在的各种技术问题的解决方案。

设计交底会议纪要由设计单位整理,与会各方会签。

(二)施工组织设计审查

施工组织设计是指导施工单位进行施工的实施性文件。

1. 施工组织设计审查的基本内容与程序要求

(1)审查的基本内容

施工组织设计审查应包括下列基本内容:

1)编审程序应符合相关规定;2)施工进度、施工方案及工程质量保证措施应符合施工合同要求;3)资金、劳动力、材料、设备等资源供应计划应满足工程施工需要;4)安全技术措施应符合工程建设强制性标准;5)施工总平面布置应科学合理。

(2)审查的程序要求

施工组织设计的报审应遵循下列程序及要求:

1)施工单位编制的施工组织设计经施工单位技术负责人审核签认后,与施工组织设计报审表一并报送项目监理机构;2)总监理工程师应及时组织专业监理工程师进行审查,需要修改的,由总监理工程师签发书面意见退回修改;符合要求的,由总监理工程师签认;3)已签认的施工组织设计由项目监理机构报送建设单位;4)施工组织设计在实施过程中,施工单位如需做较大的变更,应经总监理工程师审查同意。

2. 施工组织设计审查质量控制要点

(1)受理施工组织设计。施工组织设计的审查必须是在施工单位编审手续齐全(即有编制人、施工单位技术负责人的签名和施工单位公章)的基础上,由施工单位填写施工组织设计报审表,并按合同约定时间报送项目监理机构。

(2)总监理工程师应在约定的时间内,组织各专业监理工程师进行审查,专业监理工程师在报审核上签署审查意见后,总监理工程师审核批准。需要施工单位修改施工组织设计时,由总监理工程师在报审表上签署意见,发回施工单位修改。施工单位修改后重新报审,总监理工程师应组织审查。

施工组织设计应符合国家的技术政策,充分考虑施工合同约定的条件、施工现场条件及法律法规的要求;施工组织设计应针对工程的特点、难点及施工条件,具有可操作性,质量措施切实能保证工程质量目标,采用的技术方案和措施先进、适用、成熟。

(3)项目监理机构宜将审查施工单位施工组织设计的情况,特别是要求发回修改的情况及时向建设单位通报,应将已审定的施工组织设计及时报送建设单位。涉及增加工程措施费的项目,必须与建设单位协商,并征得建设单位的同意。

(4)经审查批准的施工组织设计,施工单位应认真贯彻实施,不得擅自任意改动。若需进行实质性的调整、补充或变动,应报项目监理机构审查同意。如果施工单位擅自改动,监理机构应及时发出监理通知单,要求按程序报审。

(三)施工方案审查

总监理工程师应组织专业监理工程师审查施工单位报审的施工方案,符合要求后应予以签认。施工方案审查应包括的基本内容:1)编审程序应符合相关规定;2)工程质量保证措施应符合有关标准。

1. 程序性审查

应重点审查施工方案的编制人、审批人是否符合有关权限规定的要求。根据相关规定,通常情况下,施工方案应由项目技术负责人组织编制,并经施工单位技术负责人审批签字后提交项目监理机构。项目监理机构在审批施工方案时,应检查施工单位的内部审批程序是否完善、签章是否齐全,重点核对审批人是否为施工单位技术负责人。

2. 内容性审查

应重点审查施工方案是否具有针对性、指导性、可操作性;现场施工管理机构是否建立了完善的质量保证体系,是否明确工程质量要求及目标,是否健全了质量保证体系组织机构及岗位职责,是否配备了相应的质量管理人员;是否建立了各项质量管理制度和质量管理程序等;施工质量保证措施是否符合现行的规范、标准等,特别是与工程建设强制性标准的符合性。

例如,审查建筑地基基础工程土方开挖施工方案,要求土方开挖的顺序、方法必须与设计工况相一致,并遵循“开槽支撑,先撑后挖,分层开挖,严禁超挖”的原则。在质量安全方面的要点是:1)基坑边坡土不应超过设计荷载,以防边坡塌方;2)挖方时不应碰撞或损伤支护结构、降水设施;3)开挖到设计标高后,应对坑底进行保护,验槽合格后,尽快施工垫层;4)严禁超挖;5)开挖过程中,应对支护结构、周围环境进行观察、监测,发现异常及时处理等。

3. 审查的主要依据

主要包括:建设工程施工合同文件及建设工程监理合同,经批准的建设工程项目文件和设计文件,相关法律、法规、规范、规程、标准图集等,以及其他工程基础资料、工程场地周边环境(含管线)资料等。

(四)现场施工准备质量控制

1. 施工现场质量管理检查

工程开工前,项目监理机构应审查施工单位现场的质量管理组织机构、管理制度及专职管理人员和特种作业人员的资格,主要内容包括:项目部质量管理体系;现场质量责任制;主要专业工种操作岗位证书;分包单位管理制度;图纸会审记录;地质勘察资料;施工技术标准;施工组织设计编制及审批;物资采购管理制度;施工设施和机械设备管理制度;计量设备配备;检测试验管理制度;工程质量检查验收制度等。

2. 分包单位资质的审核确认

分包工程开工前，项目监理机构应审核施工单位报送的分包单位资格报审表及有关资料，专业监理工程师进行审核并提出审查意见，符合要求后，应由总监理工程师审批并签署意见。分包单位资格审核应包括的基本内容：1)营业执照、企业资质等级证书；2)安全生产许可文件；3)类似工程业绩；4)专职管理人员和特种作业人员的资格。

3. 查验施工控制测量成果

专业监理工程师应检查、复核施工单位报送的施工控制测量成果及保护措施，签署意见，并应对施工单位在施工过程中报送的施工测量放线成果进行查验。施工控制测量成果及保护措施的检查、复核，包括：1)施工单位测量人员的资格证书及测量设备检定证书；2)施工平面控制网、高程控制网和临时水准点的测量成果及控制桩的保护措施。

4. 施工试验室的检查

专业监理工程师应检查施工单位为本工程提供服务的试验室(包括施工单位自有试验室或委托的试验室)。试验室的检查应包括下列内容：1)试验室的资质等级及试验范围；2)法定计量部门对试验设备出具的计量检定证明；3)试验室管理制度；4)试验人员资格证书。项目监理机构收到施工单位报送的试验室报审表及有关资料后，总监理工程师应组织专业监理工程师对施工试验室进行审查。专业监理工程师在熟悉本工程的试验项目及其要求后对施工试验室进行审查。

5. 工程材料、构配件、设备的质量控制

项目监理机构收到施工单位报送的工程材料、构配件、设备报审表后，应审查施工单位报送的用于工程的材料、构配件、设备的质量证明文件，并应按有关规定、建设工程监理合同约定，对用于工程的材料进行见证取样。

6. 工程开工条件审查与开工令的签发

总监理工程师应组织专业监理工程师审查施工单位报送的工程开工报审表及相关资料，同时具备下列条件时，应由总监理工程师签署审查意见，并应报建设单位批准后，总监理工程师签发工程开工令：

(1)设计交底和图纸会审已完成；

(2)施工组织设计已由总监理工程师签认；

(3)施工单位现场质量、安全生产管理体系已建立，管理及施工人员已到位，施工机械具备使用条件，主要工程材料已落实；

(4)进场道路及水、电、通信等已满足开工要求。

总监理工程师应在开工日期 7 天前向施工单位发出工程开工令。工期自总监理工程师发出的工程开工令中载明的开工日期起计算。总监理工程师应组织专业监理工程师审查施工单位报送的开工报审表及相关资料，并对开工应具备的条件进行逐项审查，全部符合要求时签署审查意见，报建设单位得到批准后，再由总监理工程师签发工程开工令。施工单位应在开工日期后尽快施工。

三、工程施工过程质量控制

(一) 巡视与旁站

1. 巡视

(1)巡视的内容

巡视是项目监理机构对施工现场进行的定期或不定期的检查活动,是项目监理机构对工程实施建设监理的方式之一。

项目监理机构应安排监理人员对工程施工质量进行巡视。巡视应包括下列主要内容:

1)施工单位是否按工程设计文件、工程建设标准和批准的施工组织设计、(专项)施工方案施工。

2)使用的工程材料、构配件和设备是否合格。

3)施工现场管理人员,特别是施工质量管理人员是否到位。

4)特种作业人员是否持证上岗。根据《建筑施工特种作业人员管理规定》,对于建筑电工、建筑架子工、建筑起重信号司索工、建筑起重机械司机、建筑起重机械安装拆卸工、高处作业吊篮安装拆卸工、焊接切割操作工以及经省级以上人民政府建设主管部门认定的其他特种作业人员,必须持施工特种作业人员操作证上岗。

(2)巡视检查要点

1)检查原材料

施工现场原材料、构配件的采购和堆放是否符合施工组织设计(方案)要求;其规格、型号等是否符合设计要求;是否已见证取样,并检测合格;是否已按程序报验并允许使用;有无使用不合格材料,有无使用质量合格证明资料欠缺的材料。

2)检查施工人员

施工现场管理人员,尤其是质检员、安全员等关键岗位人员是否到位,能否确保各项管理制度和质量保证体系的落实;特种作业人员是否持证上岗,人证是否相符,是否进行了技术交底并有记录;现场施工人员是否按照规定佩戴安全防护用品。

3)检查基坑土方开挖工程

土方开挖前的准备工作是否到位,开挖条件是否具备;土方开挖顺序、方法是否与设计要求一致;挖土是否分层、分区进行,分层高度和开挖面放坡坡度是否符合要求,垫层混凝土的浇筑是否及时;基坑坑边和支撑上的堆载是否在允许范围,是否存在安全隐患;挖土机械有无碰撞或损伤基坑围护和支撑结构、工程桩、降压(疏干)井等现象;是否限时开挖,尽快形成围护支撑,尽量缩短围护结构无支撑暴露时间;每道支撑底面黏附的土块、垫层、竹笆等是否及时清理;每道支撑上的安全通道和临边防护的搭设是否及时、符合要求;挖土机械工作是否有专人指挥,有无违章、冒险作业现象。

4)检查砌体工程

基层清理是否干净,是否按要求用细石混凝土/水泥砂浆进行了找平;是否有“碎砖”集中使用和外观质量不合格的块材使用现象;是否按要求使用皮数杆,墙体拉结筋型式、规格、尺寸、位置是否正确,砂浆饱满度是否合格,灰缝厚度是否超标,有无透明缝、“瞎缝”和“假缝”;墙上的架眼、工程需要的预留、预埋等有无遗漏等。

5)检查钢筋工程

钢筋有无锈蚀、被隔离剂和淤泥等污染现象;垫块规格、尺寸是否符合要求,强度能否满足施工需要,有无用木块、大理石板等代替水泥砂浆(或混凝土)垫块的现象;钢筋搭接长度、位置、连接方式是否符合设计要求,搭接区段箍筋是否按要求加密;对于梁柱或梁梁交叉部位的"核心区"有无主筋被截断、箍筋漏放等现象。

6)检查模板工程

模板安装和拆除是否符合施工组织设计(方案)的要求,支模前隐蔽内容是否已经验收合格;模板表面是否清理干净、有无变形损坏,是否已涂刷隔离剂,模板拼缝是否严密,安装是否牢固;拆模是否事先按程序和要求向项目监理机构报审并签认,拆模有无违章冒险行为;模板捆扎、吊运、堆放是否符合要求。

7)检查混凝土工程

现浇混凝土结构构件的保护是否符合要求;构件拆模后构件的尺寸偏差是否在允许范围内,有无质量缺陷,缺陷修补处理是否符合要求;现浇构件的养护措施是否有效、可行、及时等;采用商品混凝土时,是否留置标养试块和同条件试块,是否抽查砂与石子的含泥量和粒径等。

8)检查钢结构工程

主要检查内容:钢结构零部件加工条件是否合格(如场地、温度、机械性能等),安装条件是否具备(如基础是否已经验收合格等);施工工艺是否合理、符合相关规定;钢结构原材料及零部件的加工、焊接、组装、安装及涂饰质量是否符合设计文件和相关标准、要求等。

9)检查屋面工程

基层是否平整坚固、清理干净;防水卷材搭接部位、宽度、施工顺序、施工工艺是否符合要求,卷材收头、节点、细部处理是否合格;屋面块材搭接、铺贴质量如何、有无损坏现象等。

10)检查装饰装修工程

基层处理是否合格,是否按要求使用垂直、水平控制线,施工工艺是否符合要求;需要进行隐蔽的部位和内容是否已经按程序报验并通过验收;细部制作、安装、涂饰等是否符合设计要求和相关规定;各专业之间工序穿插是否合理,有无相互污染、相互破坏现象等。

11)检查安装工程等

重点检查是否按规范、规程、设计图纸、图集和批准的施工组织设计(方案)施工;是否有专人负责,施工是否正常等。

12)检查施工环境

施工环境和外界条件是否对工程质量、安全等造成不利影响,施工单位是否已采取相应措施;各种基准控制点、周边环境和基坑自身监测点的设置、保护是否正常,有无被压(损)现象;季节性天气中,工地是否采取了相应的季节性施工措施,比如暑期、冬季和雨季施工措施等。

2. *旁站*

旁站是指项目监理机构对工程的关键部位或关键工序的施工质量进行的监督活动。

项目监理机构应根据工程特点和施工单位报送的施工组织设计,将影响工程主体结构安全的、完工后无法检测其质量的或返工会造成较大损失的部位及其施工过程作为旁站的关键部位、关键工序,安排监理人员进行旁站,并应及时记录旁站情况。旁站记录应按《建设工程监理规范》GB/T 50319—2013 的要求填写,见表 8-3。

表 8-3 旁站记录

工程名称:　　　　　　　　　　　　　　　　　编号:

旁站的关键部位、关键程序		施工单位	
旁站开始时间	年 月 日 时 分	旁站结束时间	年 月 日 时 分
旁站的关键部位、关键工序施工情况:			
发现的问题及处理情况: 旁站监理人员(签字) 年　月　日			

注:本表一式一份,项目监理机构留存。

(1)旁站工作程序

1)开工前,项目监理机构应根据工程特点和施工单位报送的施工组织设计,确定旁站的关键部位、关键工序,并书面通知施工单位。

2)施工单位在需要实施旁站的关键部位、关键工序进行施工前书面通知项目监理机构。

3)接到施工单位书面通知后,项目监理机构应安排旁站人员实施旁站。

(2)旁站工作要点

1)编制监理规划时,应明确旁站的部位和要求。

2)根据部门规范性文件,房屋建筑工程旁站的关键部位、关键工序有如下一些。

①基础工程方面,包括:土方回填,混凝土灌注桩浇筑,地下连续墙、土钉墙、后浇带及其他结构混凝土、防水混凝土浇筑,卷材防水层细部构造处理,钢结构安装。

②主体结构工程方面,包括:梁柱节点钢筋隐蔽工程,混凝土浇筑,预应力张拉,装配式结构安装,钢结构安装,网架结构安装,索膜安装。

3)其他工程的关键部位、关键工序,应根据工程类别、特点及有关规定和施工单位报送的施工组织设计确定。

4)旁站人员的主要职责是:检查施工单位现场质检人员到岗、特殊工种人员持证上岗及施工机械、建筑材料准备情况;在现场监督关键部位、关键工序的施工执行施工方案以及工程建设强制性标准情况;核查进场建筑材料、构配件、设备和商品混凝土的质量检验报告等,并可在现场监督施工单位进行检验或者委托具有资格的第三方进行复验;做好旁站记录,保存旁站原始资料。

5)对施工中出现的偏差及时纠正,保证施工质量。发现施工单位有违反工程建设强制性标准行为的,应责令施工单位立即整改;发现其施工活动已经或者可能危及工程质量的,应当及时向专业监理工程师或总监理工程师报告,由总监理工程师下达暂停令,指令施工单位整改。

6)对需要旁站的关键部位、关键工序的施工,凡没有实施旁站监理或者没有旁站记录的,专业监理工程师或总监理工程师不得在相应文件上签字。工程竣工验收后,项目监理机构应将旁站记录存档备查。

7)旁站记录内容应真实、准确并与监理日志相吻合。对旁站的关键部位、关键工序,应按照时间或工序形成完整的记录。必要时可进行拍照或摄影,记录当时的施工过程。

(二)见证取样与平行检验

1. 见证取样

见证取样是指项目监理机构对施工单位进行的涉及结构安全的试块、试件及工程材料现场取样、封样、送检工作的监督活动。

(1)见证取样的工作程序

1)工程项目施工前,由施工单位和项目监理机构共同对见证取样的检测机构进行考察确定。对于施工单位提出的试验室,专业监理工程师要进行实地考察。试验室一般是和施工单位没有行政隶属关系的第三方。试验室要具有相应的资质,经国家或地方计量、试验主管部门认证,试验项目满足工程需要,试验室出具的报告对外具有法定效果。

2)项目监理机构要将选定的试验室报送负责本项目的质量监督机构备案并得到认可,同时要将项目监理机构中负责见证取样的专业监理工程师在该质量监督机构备案。

3)施工单位应按照规定制订检测试验计划,配备取样人员,负责施工现场的取样工作,并将检测试验计划报送项目监理机构。

4)施工单位在对进场材料、试块、试件、钢筋接头等实施见证取样前要通知负责见证取样的专业监理工程师,在该专业监理工程师现场监督下,施工单位按相关规范的要求,完成材料、试块、试件等的取样过程。

5)完成取样后,施工单位取样人员应在试样或其包装上做出标识、封志。标识和封志应标明工程名称、取样部位、取样日期、样品名称和样品数量等信息,并由见证取样的专业监理工程师和施工单位取样人员签字。如钢筋样品、钢筋接头,则贴上专用加封标志,然后送往试验室。

(2)实施见证取样的要求

1)试验室要具有相应的资质并进行备案、认可。

2)负责见证取样的专业监理工程师要具有材料、试验等方面的专业知识,并经培训考核合格,且要取得见证人员培训合格证书。

3)施工单位从事取样的人员一般应是试验室人员或专职质检人员担任。

4)试验室出具的报告一式两份,分别由施工单位和项目监理机构保存,并作为归档材料,是工序产品质量评定的重要依据。

5)见证取样的频率,国家或地方主管部门有规定的,执行相关规定;施工承包合同中如有明确规定的,执行施工承包合同的规定。

6)见证取样和送检的资料必须真实、完整、符合相应规定。

2. 平行检验

平行检验是指项目监理机构在施工单位自检的同时，按有关规定、建设工程监理合同约定对同一检验项目进行的检测试验活动。项目监理机构应根据工程特点、专业要求，以及建设工程监理合同约定，对施工质量进行平行检验。

平行检验的项目、数量、频率和费用等应符合建设工程监理合同的约定。对平行检验不合格的施工质量，项目监理机构应签发监理通知单，要求施工单位在指定的时间内整改并重新报验。

(三) 监理通知单、工程暂停令、工程复工令的签发

1. 监理通知单的签发

在工程质量控制方面，项目监理机构发现施工存在质量问题的，或施工单位采用不适当的施工工艺，或施工不当，造成工程质量不合格的，应及时签发监理通知单，要求施工单位整改。监理通知单由专业监理工程师或总监理工程师签发。

监理通知单对存在问题部位的表述应具体。

项目监理机构签发监理通知单时，应要求施工单位在发文本上签字，并注明签收时间。施工单位应按监理通知单的要求进行整改。整改完毕后，向项目监理机构提交监理通知回复单。项目监理机构应根据施工单位报送的监理通知回复单对整改情况进行复查，并提出复查意见。

2. 工程暂停令的签发

监理人员发现可能造成质量事故的重大隐患或已发生质量事故的，总监理工程师应签发工程暂停令。

项目监理机构发现下列情形之一时，总监理工程师应及时签发工程暂停令：

(1)建设单位要求暂停施工且工程需要暂停施工；

(2)施工单位未经批准擅自施工或拒绝项目监理机构管理；

(3)施工单位未按审查通过的工程设计文件施工；

(4)施工单位违反工程建设强制性标准；

(5)施工存在重大质量、安全事故隐患或发生质量、安全事故。

总监理工程师签发工程暂停令，应事先征得建设单位同意。在紧急情况下，未能事先征得建设单位同意的，应在事后及时向建设单位书面报告。施工单位未按要求停工，项目监理机构应及时报告建设单位，必要时应向有关主管部门报送监理报告。

暂停施工事件发生时，项目监理机构应如实记录所发生的情况。对于建设单位要求停工且工程需要暂停施工的，应重点记录施工单位人工、设备在现场的数量和状态；对于因施工单位原因暂停施工的，应记录直接导致停工发生的原因。

3. 工程复工令的签发

因建设单位原因或非施工单位原因引起工程暂停的，在具备复工条件时，应及时签发工程复工令，指令施工单位复工。

(1)审核工程复工报审表

因施工单位原因引起工程暂停的，施工单位在复工前应向项目监理机构提交工程复工报审表申请复工。工程复工报审时，应附有能够证明已具备复工条件的相关文件资料，包括相关检查记录、有针对性的整改措施及其落实情况、会议纪要、影像资料等。当导致暂停的原因是危及结构安全或使用功能时，整改完成后，应有建设单位、设计单位、监理单位各方共同认可的整改完成文件，其中涉及建设工程鉴定的文件必须由有资质的检测单位出具。

对需要返工处理或加固补强的质量缺陷，项目监理机构应要求施工单位报送经设计等相关单位认可的处理方案，并应对质量缺陷的处理过程进行跟踪检查，同时应对处理结果进行验收。

对需要返工处理或加固补强的质量事故，项目监理机构应要求施工单位报送质量事故调查报告和经设计等相关单位认可的处理方案，并对质量事故的处理过程进行跟踪检查，对处理结果进行验收。项目监理机构应及时向建设单位提交质量事故书面报告，并应将完整的质量事故处理记录整理归档。

(2)签发工程复工令

项目监理机构收到施工单位报送的工程复工报审表及有关材料后，应对施工单位的整改过程、结果进行检查、验收，符合要求的，总监理工程师应及时签署审批意见，并报建设单位批准后签发工程复工令，施工单位接到工程复工令后组织复工。施工单位未提出工程复工申请的，总监理工程师应根据工程实际情况指令施工单位恢复施工。

(四) 工程变更的控制

施工过程中，由于前期勘察设计的原因，或由于外界自然条件的变化，未探明的地下障碍物、管线、文物、地质条件不符等，以及施工工艺方面的限制、建设单位要求的改变，均会涉及工程变更。做好工程变更的控制工作，是工程质量控制的一项重要内容。

工程变更单由提出单位填写，写明工程变更原因、工程变更内容，并附必要的附件，包括：工程变更的依据、详细内容、图纸；对工程造价、工期的影响程度分析，及对功能、安全影响的分析报告。

工程变更单的提出单位可以是施工单位，也可以是建设单位或设计单位，项目监理机构应按不同程序进行处理。

如果变更涉及项目功能、结构主体安全，该工程变更还要按有关规定报送施工图原审查机构及管理部门进行审查与批准。

(五) 质量记录资料的管理

质量资料是施工单位进行工程施工或安装期间实施质量控制活动的记录，还包括对这些质量控制活动的意见及施工单位对这些意见的答复，它详细地记录了工程施工阶段质量控制活动的全过程。因此，它不仅在工程施工期间对工程质量的控制有重要作用，而且在工程竣工和投入运行后，对于查询和了解工程建设的质量情况以及工程维修和管理提供大量有用的资料和信息。

质量记录资料包括以下三方面内容。

1. 施工现场质量管理检查记录资料

主要包括施工单位现场质量管理制度，质量责任制度；主要专业工种操作上岗证书；分包单位资质及总承包施工单位对分包单位的管理制度；施工图审查核对资料(记录)，地质勘察资料；施工组织设计、施工方案及审批记录；施工技术标准；工程质量检验制度；混凝土搅拌站(级配填料拌和站)及计量设置；现场材料、设备存放与管理等。

2. 工程材料质量记录

主要包括进场工程材料半成品、构配件、设备的质量证明资料；各种试验检验报告（如力学性能试验、化学成分试验、材料级配试验等）；各种合格证；设备进场维修记录或设备进场运行检验记录。

3. 施工过程作业活动质量记录资料

施工或安装过程可按分项、分部、单位工程建立相应的质量记录资料。在相应质量记录资料中应包含有关图纸的图号、设计要求；质量自检资料；项目监理机构的验收资料；各工序作业的原始施工记录；检测及试验报告；材料、设备质量资料的编号、存放档案卷号。此外，质量记录资料还应包括不合格项的报告、通知以及处理及检查验收资料等。

质量记录资料应在工程施工或安装开始前，由项目监理机构和施工单位一起，根据建设单位的要求及工程竣工验收资料组卷归档的有关规定，研究列出各施工对象的质量资料清单。以后，随着工程施工的进展，施工单位应不断补充和填写关于材料、构配件及施工作业活动的有关内容，记录新的情况。当每一阶段（如检验批、一个分项或分部工程）施工或安装工作完成后，相应的质量记录资料也应随之完成，并整理组卷。

施工质量记录资料应真实、齐全、完整，相关各方人员的签字齐备、字迹清楚、结论明确，与施工过程的进展同步。在对作业活动效果的验收中，如缺少资料和资料不全，项目监理机构应拒绝验收。

监理资料的管理应由总监理工程师负责，并指定专人具体实施。除了配置资料管理员外，还需要包括项目总监理工程师、各专业监理工程师、监理员在内的各级监理人员自觉履行各自监理职责，保证监理文件资料管理工作的顺利完成。

第六节　工程项目质量验收

工程项目的质量验收是指工程施工质量在施工单位自行质量检查评定合格的基础上，由工程质量验收责任方组织，工程建设相关单位参加，共同对检验批、分项、分部、单位工程和隐蔽工程的质量进行抽样复验，对技术文件进行审核，并根据设计文件和相关标准以书面形式对工程质量是否达到合格做出确认。施工质量验收包括施工过程的质量验收及工程项目竣工质量验收两个部分，是工程质量控制的重要环节。

一、工程施工质量验收层次划分

（一）工程施工质量验收层次划分及目的

1. 施工质量验收层次划分

随着我国经济发展和施工技术的进步，工程建设规模不断扩大，技术复杂程度越来越高，出现了大量工程规模较大的单体工程和具有综合使用功能的综合性建筑物。大型单体工程可能在功能或结构上由若干个单体组成，且整个建设周期较长，可能出现已建成可使用的部分单体需先投入使用，或先将工程中一部分提前建成使用等情况，需要进行分段验收；再加之对规模特别大的工程进行一次验收也不方便等，因此标准规定，可将此类工程划分为若干个子单位工程进行验收。同时为了更加科学地评价工程施工质量和有利于对其进行验收，根据工程特点，按结构分解的原则将单位或子单位工程又划分为若干个分部工程。在分部工程中，按相近工作内容和系统又划分为若干个子分部工程。每个分部工程或子分部工程又可划分为若干个分项工程。每个分项工程中又可划分为若干个检验批。

检验批是工程施工质量验收的最小单位。

2. 施工质量验收层次划分目的

工程施工质量验收涉及工程施工过程质量验收和竣工质量验收，是工程施工质量控制的重要环节。根据工程特点，按项目层次分解的原则合理划分工程施工质量验收层次，将有利于对工程施工质量进行过程控制和阶段质量验收，特别是不同专业工程的验收批的确定，将直接影响到工程施工质量验收工作的科学性、经济性、实用性和可操作性。因此，对施工质量验收层次进行合理划分非常必要，这有利于工程施工质量的过程控制和最终把关，确保工程质量符合有关标准。

（二）单位工程的划分

单位工程是指具备独立的设计文件、独立的施工条件并能形成独立使用功能的建筑物或构筑物。对于建筑工程，单位工程的划分应按下列原则确定：

(1)具备独立施工条件并能形成独立使用功能的建筑物或构筑物为一个单位工程。如一所学校中的一栋教学楼、办公楼、传达室，某城市的广播电视塔等。

(2)对于规模较大的单位工程，可将其能形成独立使用功能的部分划分为一个子单位工程。

子单位工程的划分一般可根据工程的建筑设计分区、使用功能的显著差异、结构缝的设置等实际情况，施工前，应由建设、监理、施工单位商定划分方案，并据此收集整理施工技术资料和验收。

(3)室外工程可根据专业类别和工程规模划分单位工程或子单位工程、分部工程。室外工程的单位工程、分部工程划分见表 8-4。

表 8-4　室外工程的单位工程、分部工程划分

单位工程	子单位工程	分部工程
室外设施	道路	路基、基层、面层、广场与停车场、人行道、人行地道、挡土墙、附属构筑物
	边坡	土石方、挡土墙、支护
附属建筑及室外环境	附属建筑	车棚、围墙，大门，挡土墙
	室外环境	建筑小品、亭台，水景，连廊，花坛，场坪绿化，景观桥
室外安装	给水排水	室外给水系统，室外排水系统
	供热	室外供热系统
	电气	室外供电系统，室外照明系统

（三）分部工程的划分

分部工程是单位工程的组成部分。一般按专业性质、工程部位或特点、功能和工程量确定。对于建筑工程，分部工程的划分应按下列原则确定：

(1)分部工程的划分应按专业性质、工程部位确定。如建筑工程划分为地基与基础、主体结构、建筑装饰装修、屋面、建筑给水排水及供暖、通风与空调、建筑电气、建筑智能化、建筑节能、电梯十个分部工程。

(2)当分部工程较大或较复杂时,可按材料种类、施工特点、施工程序、专业系统及类别将分部工程划分为若干子分部工程。

如建筑智能化分部工程中就包含了通信网络系统、计算机网络系统、建筑设备监控系统、火灾报警及消防联动系统、会议系统与信息导航系统、专业应用系统、安全防范系统、综合布线系统、智能化集成系统、电源与接地、计算机机房工程、住宅智能化系统等子分部工程。

(四)分项工程的划分

分项工程是分部工程的组成部分。可按主要工种、材料、施工工艺、设备类别进行划分。如建筑工程主体结构分部工程中,混凝土结构子分部工程按主要工种分为模板、钢筋、混凝土等分项工程;按施工工艺又分为预应力、现浇结构、装配式结构等分项工程。建筑工程分部或子分部工程、分项工程的具体划分详见《建筑工程施工质量验收统一标准》GB 50300—2013 及相关专业验收规范的规定。

(五)检验批的划分

检验批在《建筑工程施工质量验收统一标准》GB 50300—2013 中是指按相同的生产条件或按规定的方式汇总起来供抽样检验用的,由一定数量样本组成的检验体。它是建筑工程质量验收划分中的最小验收单位。

分项工程可由一个或若干个检验批组成,检验批可根据施工、质量控制和专业验收的需要,按工程量、楼层、施工段、变形缝进行划分。

施工前,应由施工单位制定分项工程和检验批的划分方案,并由项目监理机构审核。对于《建筑工程施工质量验收统一标准》GB 50300—2013 及相关专业验收规范未涵盖的分项工程和检验批,可由建设单位组织监理、施工等单位协商确定。

通常,多层及高层建筑的分项工程可按楼层或施工段来划分检验批;单层建筑的分项工程可按变形缝等划分检验批;地基与基础的分项工程一般划分为一个检验批,有地下层的基础工程可按不同地下层划分检验批;屋面工程的分项工程可按不同楼层屋面划分为不同的检验批;其他分部工程中的分项工程,一般按楼层划分检验批;对于工程量较少的分项工程可划分为一个检验批;安装工程一般按一个设计系统或设备组别划分为一个检验批;室外工程一般划分为一个检验批;散水、台阶、明沟等含在地面检验批中。

二、工程施工质量验收程序和标准

(一)工程施工质量验收基本规定

(1)施工现场应具有健全的质量管理体系、相应的施工技术标准、施工质量检验制度和综合施工质量水平评定考核制度。

(2)当工程未实行监理时,建设单位相关人员应履行有关验收规范涉及的监理职责。

(3)建筑工程的施工质量控制应符合下列规定:

1)建筑工程采用的主要材料、半成品、成品、建筑构配件、器具和设备应进行进场检验。凡涉及安全、节能、环境保护和主要使用功能的重要材料、产品,应按各专业工程施工规范、验收规范和设计文件等规定进行复验,并应经专业监理工程师检查认可。

2)各施工工序应按施工技术标准进行质量控制，每道施工工序完成后，经施工单位自检符合规定后，才能进行下道工序施工。各专业工种之间的相关工序应进行交接检验，并应记录。

3)对于项目监理机构提出检查要求的重要工序，应经专业监理工程师检查认可，才能进行下道工序施工。

4)当专业验收规范对工程中的验收项目未做出相应规定时，应由建设单位组织监理、设计、施工等相关单位制定专项验收要求。涉及结构安全、节能、环境保护等项目的专项验收要求应由建设单位组织专家论证。

5)建筑工程施工质量应按下列要求进行验收：

①工程施工质量验收均应在施工单位自检合格的基础上进行；

②参加工程施工质量验收的各方人员应具备相应的资格；

③检验批的质量应按主控项目和一般项目验收；

④对涉及结构安全、节能、环境保护和主要使用功能的试块、试件及材料，应在进场时或施工中按规定进行见证检验；

⑤隐蔽工程在隐蔽前应由施工单位通知项目监理机构进行验收，并应形成验收文件，验收合格后方可继续施工；

⑥对涉及结构安全、节能、环境保护等的重要分部工程应在验收前按规定进行抽样检验；

⑦工程的观感质量应由验收人员现场检查，并应共同确认。

6)建筑工程施工质量验收合格应符合下列规定：

①符合工程勘察、设计文件的规定；

②符合《建筑工程施工质量验收统一标准》GB 50300—2013 和相关专业验收规范的规定。

(二)检验批质量验收

1. 检验批质量验收程序

检验批是工程施工质量验收的最小单位，是分项工程乃至整个建筑工程质量验收的基础。检验批质量验收应由专业监理工程师组织施工单位项目专业质量检查员、专业工长等进行。

验收前，施工单位应先对施工完成的检验批进行自检，合格后由项目专业质量检查员填写检验批质量验收记录及检验批报审、报验表，并报送项目监理机构申请验收；专业监理工程师对施工单位所报资料进行审查，并组织相关人员到验收现场进行主控项目和一般项目的实体检查、验收。对验收不合格的检验批，专业监理工程师应要求施工单位进行整改，并自检合格后予以复验；对验收合格的检验批，专业监理工程师应签认检验批报审、报验表及质量验收记录，准许进行下道工序施工。

2. 检验批质量验收合格的规定

(1)主控项目的质量经抽样检验均应合格。

(2)一般项目的质量经抽样检验合格。当采用计数抽样时，合格点率应符合有关专业验收规范的规定，且不得存在严重缺陷。

(3)具有完整的施工操作依据、质量验收记录。

检验批质量验收合格条件除主控项目和一般项目的质量经抽样检验合格外，其施工操作依据、质量验收记录尚应完整且符合设计、验收规范的要求。只有符合检验批质量验收合格条件，该检验批质量方能判定合格。

3. 检验批质量检验方法

（1）检验批质量检验，可根据检验项目的特点在下列抽样方案中选取：

1）计量、计数的抽样方案；

2）一次、二次或多次抽样方案；

3）对重要的检验项目，当有简易快速的检验方法时，选用全数检验方案；

4）根据生产连续性和生产控制稳定性情况，采用调整型抽样方案；

5）经实践证明有效的抽样方案。

（2）计量抽样的错判概率 α 和漏判概率 β 可按下列规定采取：

错判概率 α 是指合格批被判为不合格批的概率，即合格批被拒收的概率。

漏判概率 β 是指不合格批被判为合格批的概率，即不合格批被误收的概率。

抽样检验必然存在这两类风险，要求通过抽样检验的检验批 100%合格是不合理的，也是不可能的。在抽样检验中，两类风险的一般控制范围是：

1）主控项目：α 和 β 均不宜超过 5%；

2）一般项目：α 不宜超过 5%，β 不宜超过 10%。

（3）检验批抽样样本应随机抽取，满足分布均匀、具有代表性的要求，抽样数量不应低于有关专业验收规范的规定。

明显不合格的个体可不纳入检验批，但必须进行处理，使其满足有关专业验收规范的规定，并对处理情况予以记录。

（三）隐蔽工程质量验收

隐蔽工程是指在下道工序施工后将被覆盖或掩盖、不易进行质量检查的工程，如钢筋混凝土工程中的钢筋工程、地基与基础工程中的混凝土基础和桩基础等。因此隐蔽工程完成后，在被覆盖或掩盖前必须进行隐蔽工程质量验收。隐蔽工程可能是一个检验批，也可能是一个分项工程或子分部工程，所以可按检验批或分项工程、子分部工程进行验收。

如隐蔽工程为检验批时，其质量验收应由专业监理工程师组织施工单位项目专业质量检查员、专业工长等进行。

施工单位应对隐蔽工程质量进行自检，合格后填写隐蔽工程质量验收记录及隐蔽工程报审、报验表，并报送项目监理机构申请验收；专业监理工程师对施工单位所报资料进行审查，并组织相关人员到验收现场进行实体检查、验收，同时应留有照片、影像等资料。对验收不合格的工程，专业监理工程师应要求施工单位进行整改，自检合格后予以复查；对验收合格的工程，专业监理工程师应签认隐蔽工程报审、报验表及质量验收记录，准予进行下一道工序施工。

（四）分项工程质量验收

1. 分项工程质量验收程序

分项工程质量验收应由专业监理工程师组织施工单位项目技术负责人等进行。

验收前，施工单位应先对施工完成的分项工程进行自检，合格后填写分项工程质量验收记录及分项工程报审、报验表，并报送项目监理机构申请验收。专业监理工程师对施工单位所报资料逐项进行审查，符合要求后签认分项工程报审、报验表及质量验收记录。

2. 分项工程质量验收合格的规定

(1)分项工程所含检验批的质量均应验收合格。

(2)分项工程所含检验批的质量验收记录应完整。

分项工程的验收是在检验批的基础上进行的。一般情况下，检验批和分项工程两者具有相同或相近的性质，只是批量的大小不同而已，将有关的检验批汇集构成分项工程。

实际上，分项工程质量验收是一个汇总统计的过程，并无新的内容和要求。分项工程质量验收合格条件比较简单，只要构成分项工程的各检验批的质量验收资料完整，并且均已验收合格，则分项工程质量验收合格。因此，在分项工程质量验收时应注意以下三点：

1)核对检验批的部位、区段是否全部覆盖分项工程的范围，有没有缺漏的部位没有验收到。

2)一些在检验批中无法检验的项目，在分项工程中直接验收。如砖砌体工程中的全高垂直度、砂浆强度的评定。

3)检验批验收记录的内容及签字人是否正确、齐全。

(五) 分部工程质量验收

1. 分部(子分部)工程质量验收程序

分部(子分部)工程质量验收应由总监理工程师组织施工单位项目负责人和项目技术、质量负责人等进行。由于地基与基础、主体结构工程要求严格，技术性强，关系到整个工程的安全，为严把质量关，规定勘察、设计单位项目负责人和施工单位技术、质量负责人应参加地基与基础分部工程的验收。设计单位项目负责人和施工单位技术、质量负责人应参加主体结构、节能分部工程的验收。

验收前，施工单位应先对施工完成的分部工程进行自检，合格后填写分部工程质量验收记录及分部工程报验表，并报送项目监理机构申请验收。总监理工程师应组织相关人员进行检查、验收，对验收不合格的分部工程，应要求施工单位进行整改，自检合格后予以复查。对验收合格的分部工程，应签认分部工程报验表及验收记录。

2. 分部(子分部)工程质量验收合格的规定

(1)所含分项工程的质量均应验收合格。

(2)质量控制资料应完整。

(3)有关安全、节能、环境保护和主要使用功能的抽样检验结果应符合相应规定。

(4)观感质量应符合要求。

分部工程质量验收是在其所含各分项工程质量验收的基础上进行的。首先，分部工程所含各分项工程必须已验收合格且相应的质量控制资料齐全、完整，这是验收的基本条件。此外，由于各分项工程的性质不尽相同，因此作为分部工程不能简单地组合而加以验收，尚需进行以下两方面的检查项目：

1)涉及安全、节能、环境保护和主要使用功能等的抽样检验结果应符合相应规定。即涉及安全、节能、环境保护和主要使用功能的地基与基础、主体结构和设备安装等分部工程应进行有关见证检验或抽样检验。如建筑物垂直度、标高、全高测量记录，照明全负荷试验记录等。总监理工程师应组织相关人员，检查各专业验收规范中规定检验的项目是否都进行了检测；查阅各项检测报告，核查有关检测方法、内容、程序、检测结果等是否符合有关标准规定；核查有关检测单位的资质，见证取样与送样人员资格，检测报告出具单位负责人的签署情况是否符合要求。

2）观感质量验收，这类检查往往难以定量，只能以观察、触摸或简单量测的方法进行观感质量验收，并由验收人的主观判断，检查结果并不给出“合格”或“不合格”的结论，而是综合给出“好”“一般”“差”的质量评价结果。所谓“一般”是指观感质量检验能符合验收规范的要求；所谓“好”是指在质量符合验收规范的基础上，能到达精致、流畅的要求，细部处理到位、精度控制好；所谓“差”是指勉强达到验收规范要求，或有明显的缺陷，但不影响安全或使用功能。评为差的项目能进行返修的应进行返修，不能返修的只要不影响结构安全和使用功能的可通过验收。有影响安全和使用功能的项目，不能评价，应返修后再进行评价。

（六）单位工程质量验收

1. 单位（子单位）工程质量验收程序

（1）预验收

当单位（子单位）工程完成后，施工单位应依据验收规范、设计图纸等组织有关人员进行自检，对检查结果进行评定，符合要求后填写单位工程竣工验收报审表，以及质量竣工验收记录、质量控制资料核查记录、安全和功能检验资料核查以及观感质量检查记录等，并将单位工程竣工验收报审表及有关竣工资料报送项目监理机构申请验收。

总监理工程师应组织专业监理工程师审查施工单位提交的单位工程竣工验收报审表及有关竣工资料，并对工程质量进行竣工预验收。存在质量问题时，应由施工单位及时整改，整改完毕且合格后，总监理工程师应签认单位工程竣工验收报审表及有关资料，并向建设单位提交工程质量评估报告。施工单位向建设单位提交工程竣工报告，申请工程竣工验收。

对需要进行功能试验的项目（包括单机试车和无负荷试车），专业监理工程师应督促施工单位及时进行试验，并对重要项目进行现场监督、检查，必要时请建设单位和设计单位参加；专业监理工程师应认真审查试验报告单并督促施工单位搞好成品保护和现场清理。

单位工程中的分包工程完工后，分包单位应对所施工的建筑工程进行自检，并应按规定的程序进行验收；验收时，总包单位应派人参加。验收合格后，分包单位应将所分包工程的质量控制资料整理完整后，移交给总包单位。建设单位组织单位工程质量验收时，分包单位负责人应参加验收。

（2）验收

建设单位收到施工单位提交的工程竣工报告和完整的质量控制资料，以及项目监理机构提交的工程质量评估报告后，由建设单位项目负责人组织设计、勘察、监理、施工等单位项目负责人进行单位工程验收。对验收中提出的整改问题，项目监理机构应督促施工单位及时整改。工程质量符合要求的，总监理工程师应在工程竣工验收报告中签署验收意见。

《建设工程质量管理条例》规定，建设工程竣工验收应当具备下列条件：

1）完成建设工程设计和合同约定的各项内容；

2）有完整的技术档案和施工管理资料；

3）有工程使用的主要建筑材料、建筑构配件和设备的进场试验报告；

4）有勘察、设计、施工、工程监理等单位分别签署的质量合格文件；

5）有施工单位签署的工程保修书。

对于不同性质的建设工程还应满足其他一些具体要求，如工业建设项目，还应满足环境保护设施、劳动、安全与卫生设施、消防设施以及必需的生产设施已按设计要求与主体工程同时建成，并经有关专业部门验收合格可交付使用。

在一个单位工程中，对满足生产要求或具备使用条件，施工单位经自行检验，专业监理工程师已预验收通过的子单位工程，建设单位可组织进行验收。由多个施工单位负责施工的单位工程，当其中的施工单位所负责的子单位工程已按设计完成，并经自行检验，也可按规定的程序组织正式验收，办理交工手续。在整个单位工程进行全部验收时，已验收的子单位工程验收资料应作为单位工程验收的附件。

单位工程验收时，如有因季节影响需后期调试的项目，单位工程可先行验收。后期调试项目可约定具体时间另行验收。如一般空调制冷性能不能在冬季验收，采暖工程不能在夏季验收。

2. 单位(子单位)工程质量验收合格的规定

(1)所含分部(子分部)工程的质量均应验收合格；

(2)质量控制资料应完整；

(3)所含分部工程中有关安全、节能、环境保护和主要使用功能等的检验资料应完整；

(4)主要使用功能的抽查结果应符合相关专业质量验收规范的规定；

(5)观感质量应符合要求。

单位工程质量验收也称质量竣工验收，是建筑工程投入使用前的最后一次验收，也是最重要的一次验收。参建各方责任主体和有关单位及人员应加以重视，认真做好单位工程质量竣工验收，把好工程质量关。

3. 单位(子单位)工程质量竣工验收报审表及竣工验收记录

单位(子单位)工程质量竣工验收报审表、质量竣工验收记录、质量控制资料核查记录、安全和功能检验资料核查、观感质量检查记录等均按相应表格填写。表中的验收记录由施工单位填写，验收结论由监理单位填写。综合验收结论由参加验收各方共同商定，由建设单位填写，并应对工程质量是否符合设计和规范要求及总体质量水平做出评价。

(七) 工程施工质量验收不符合要求的处理

一般情况，不合格现象在检验批验收时就应发现并及时处理，但实际工程中不能完全避免不合格情况的出现，因此工程施工质量验收不符合要求的应按下列进行处理：

(1)经返工或返修的检验批，应重新进行验收。在检验批验收时，对于主控项目不能满足验收规范规定或一般项目超过偏差限值时，应及时进行处理。其中，对于严重的质量缺陷应重新施工；一般的质量缺陷可通过返修或更换予以解决，允许施工单位在采取相应的措施后重新验收。如能够符合相应的专业验收规范要求，则应认为该检验批合格。

(2)经有资质的检测单位检测鉴定能够达到设计要求的检验批，应予以验收。当个别检验批发现问题，难以确定能否验收时，应请具有资质的法定检测单位进行检测鉴定。当鉴定结果认为能够达到设计要求时，该检验批可以通过验收。这种情况通常出现在某检验批的材料试块强度不满足设计要求时。

(3)经有资质的检测单位检测鉴定达不到设计要求，但经原设计单位核算认可能够满足安全和使用功能要求时，该检验批可予以验收。如经检测鉴定达不到设计要求，但经原设计单位核算、鉴定，仍可满足相关设计规范和使用功能的要求时，该检验批可予以验收。一般情况下，标准、规范规定的是满足安全和功能的最低要求，而设计往往在此基础上留有一些余量。在一定范围内，会出现不满足设计要求而符合相应规范要求的情况，两者并不矛盾。

(4)经返修或加固处理的分项、分部工程，满足安全及使用功能要求时，可按技术处理方案和协商文件的要求予以验收。经法定检测单位检测鉴定以后认为达不到规范的相应要求，即不能满足最低限度的安全储备和使用功能时，则必须按一定的技术处理方案进行加固处理，使之能满足安全使用的基本要求。这样可能会造成一些永久性的影响，如增大结构外形尺寸，影响一些次要的使用功能等。但为了避免建筑物的整体或局部拆除，避免社会财富更大的损失，在不影响安全和主要使用功能条件下，可按技术处理方案和协商文件的要求进行验收，责任方应按法律法规承担相应的经济责任和接受处罚。这种方法不能作为降低质量要求、变相通过验收的一种出路，这是应该特别注意的。

(5)经返修或加固处理仍不能满足安全或重要使用要求的分部工程及单位或子单位工程，严禁验收。分部工程及单位工程如存在影响安全和使用功能的严重缺陷，经返修或加固处理仍不能满足安全使用要求的，严禁通过验收。

(6)工程质量控制资料应齐全完整，当部分资料缺失时，应委托有资质的检测单位按有关标准进行相应的实体检测或抽样试验。实际工程中偶尔会遇到因遗漏检验或资料丢失而导致部分施工验收资料不全的情况，使工程无法正常验收。对此可有针对性地进行工程质量检验，采取实体检测或抽样试验的方法确定工程质量状况。上述工作应由有资质的检测单位完成，检验报告可用于工程施工质量验收。

第七节　工程质量缺陷及事故

项目监理机构应采取有效措施预防工程质量缺陷及事故的出现。工程施工过程中一旦出现工程质量缺陷及事故，就需要对工程质量缺陷及事故进行处理。本节主要介绍工程质量缺陷及事故的分类与处理。

一、工程质量缺陷和工程质量事故的分类

（一）工程质量缺陷的涵义

工程质量缺陷是指工程不符合国家或行业的有关技术标准、设计文件及合同中对质量的要求。工程质量缺陷可分为施工过程中的质量缺陷和永久质量缺陷，施工过程中的质量缺陷又可分为可整改质量缺陷和不可整改质量缺陷。

（二）工程质量缺陷的成因

1. 常见质量缺陷的成因

由于建设工程施工周期较长，所用材料品种繁杂，在施工过程中，受社会环境和自然条件等方面因素的影响，产生的工程质量问题表现形式千差万别，类型多种多样。这使得引起工程质量缺陷的成因也错综复杂，往往一项质量缺陷是由多种原因引起的。虽然每次发生质量缺陷的类型各不相同，但通过对大量质量缺陷的调查与分析发现，其发生的原因有不少相同或相似之处，归纳其最基本的因素主要有以下几方面：

(1)违背基本建设程序

基本建设程序是工程项目建设过程及其客观规律的反映，不按建设程序办事，例如，未搞清地质情况就仓促开工；边设计、边施工；无图施工；不经竣工验收就交付使用等。

(2)违反法律法规

例如，无证设计；无证施工；越级设计；越级施工；转包、挂靠；工程招投标中的不公平竞争；超常的低价中标；非法分包；擅自修改设计等。

(3)地质勘察数据失真

例如，未认真进行地质勘察或勘探时钻孔深度、间距、范围不符合规定要求，地质勘察报告不详细、不准确、不能全面反映实际的地基情况，从而使得地下情况不清，或对基岩起伏、土层分布误判，或未查清地下软土层、墓穴、孔洞等，均会导致采用不恰当或错误的基础方案，造成地基不均匀沉降、失稳，使上部结构或墙体开裂、破坏，或引发建筑物倾斜、倒塌等。

(4)设计差错

例如，盲目套用图纸，采用不正确的结构方案，计算简图与实际受力情况不符，荷载取值过小，内力分析有误，沉降缝或变形缝设置不当，悬挑结构未进行抗倾覆验算，以及计算错误等。

(5)施工与管理不到位

不按图施工或未经设计单位同意擅自修改设计。例如，将铰接做成刚接，将简支梁做成连续梁，导致结构破坏；挡土墙不按图设滤水层、排水孔，导致压力增大，墙体破坏或倾覆；不按有关的施工规范和操作规程施工，浇筑混凝土时振捣不良，造成薄弱部位；砖砌体砌筑上下通缝，灰浆不饱满等均能导致砖墙破坏。施工组织管理紊乱，不熟悉图纸，盲目施工；施工方案考虑不周，施工顺序颠倒；图纸未经会审，仓促施工；技术交底不清，违章作业；疏于检查、验收等。

(6)操作工人素质差

近年来，施工操作人员的素质不断下降，过去师傅带徒弟的技术传承方式没有了，熟练工人的总体数量无法满足全国大量开工的基本建设需求，工人流动性大，缺乏培训，操作技能差，质量意识和安全意识差。

(7)使用不合格的原材料、构配件和设备

近年来，假冒伪劣的材料、构配件和设备大量出现，一旦把关不严，不合格的建筑材料及制品被用于工程，将导致质量隐患，造成质量缺陷和质量事故。例如，钢筋物理力学性能不良导致钢筋混凝土结构破坏；骨料中碱活性物质导致碱骨料反应使混凝土产生破坏；水泥安定性不合格会造成混凝土爆裂；水泥受潮、过期、结块，砂石含泥量及有害物含量超标，外加剂掺量等不符合要求时，影响混凝土强度、和易性、密实性、抗渗性，从而导致混凝土结构强度不足、裂缝、渗漏等质量缺陷。此外，预制构件截面尺寸不足，支承锚固长度不足，未可靠地建立预应力值，漏放或少放钢筋，板面开裂等均可能出现断裂、坍塌；变配电设备质量缺陷可能导致自燃或火灾。

(8)自然环境因素

空气温度、湿度、暴雨、大风、洪水、雷电、日晒和浪潮等。

(9)盲目抢工

盲目压缩工期，不尊重质量、进度、造价的内在规律。

(10)使用不当

对建筑物或设施使用不当。例如,装修中未经校核验算就任意对建筑物加层;任意拆除承重结构部件;任意在结构物上开槽、打洞、削弱承重结构截面等。

2. 质量缺陷成因分析方法

工程质量缺陷的发生,既可能因设计计算和施工图纸中存在错误,也可能因施工中出现不合格或质量缺陷,也可能因使用不当。要分析究竟是哪种原因所引起,必须对质量缺陷的特征表现,以及其在施工中和使用中所处的实际情况和条件进行具体分析。分析的基本步骤和要领如下。

(1)基本步骤

1)进行细致的现场调查研究,观察记录全部实况,充分了解与掌握引发质量缺陷的现象和特征;

2)收集调查与质量缺陷有关的全部设计和施工资料,分析摸清工程在施工或使用过程中所处的环境及面临的各种条件和情况;

3)找出可能产生质量缺陷的所有因素;

4)分析、比较和判断,找出最可能造成质量缺陷的原因;

5)进行必要的计算分析或模拟试验予以论证确认;

(2)分析要领

1)确定质量缺陷的初始点,即所谓原点,它是一系列独立原因集合起来形成的爆发点。因其反映出质量缺陷的直接原因,而在分析过程中具有关键性作用;

2)围绕原点对现场各种现象和特征进行分析,区别导致同类质量缺陷的不同原因,逐步揭示质量缺陷萌生、发展和最终形成的过程;

3)综合考虑原因复杂性,确定诱发质量缺陷的起源点即真正原因。工程质量缺陷原因分析是对一堆模糊不清的事物和现象客观属性和联系的反映,它的准确性和管理人员的能力学识、经验和态度有极大关系,其结果不是简单的信息描述,而是逻辑推理的产物,其推理可用于工程质量的事前控制。

(三)工程质量事故等级划分

根据《关于做好房屋建筑和市政基础设施工程质量事故报告和调查处理工作的通知》(建质〔2010〕111号),工程质量事故是指由于建设、勘察、设计、施工、监理等单位违反工程质量有关法律法规和工程建设标准,使工程产生结构安全、重要使用功能等方面的质量缺陷,造成人身伤亡或者重大经济损失的事故。根据工程质量事故造成的人员伤亡或者直接经济损失,工程质量事故分为4个等级:

(1)特别重大事故,是指造成30人以上死亡,或者100人以上重伤,或者1亿元以上直接经济损失的事故;

(2)重大事故,是指造成10人以上30人以下死亡,或者50人以上100人以下重伤,或者5000万元以上1亿元以下直接经济损失的事故;

(3)较大事故,是指造成3人以上10人以下死亡,或者10人以上50人以下重伤,或者1000万元以上5000万元以下直接经济损失的事故;

(4)一般事故,是指造成3人以下死亡,或者10人以下重伤,或者100万元以上1000万元以下直接经济损失的事故。

该等级划分所称的“以上”包括本数，所称的“以下”不包括本数。

二、工程质量缺陷和工程质量事故的处理

（一）工程质量缺陷的处理

工程施工过程中，由于种种主观和客观原因，出现质量缺陷往往难以避免。对已发生的质量缺陷，项目监理机构应按下列程序进行处理，如图 8-5 所示。

(1)发生工程质量缺陷后，项目监理机构签发监理通知单，责成施工单位进行处理。

(2)施工单位进行质量缺陷调查，分析质量缺陷产生的原因，并提出经设计等相关单位认可的处理方案。

(3)项目监理机构审查施工单位报送的质量缺陷处理方案，并签署意见。

(4)施工单位按审查合格的处理方案实施处理，项目监理机构对处理过程进行跟踪检查，对处理结果进行验收。

(5)质量缺陷处理完毕后，项目监理机构应根据施工单位报送的监理通知回复单对质量缺陷处理情况进行复查，并提出复查意见。

(6)处理记录整理归档。

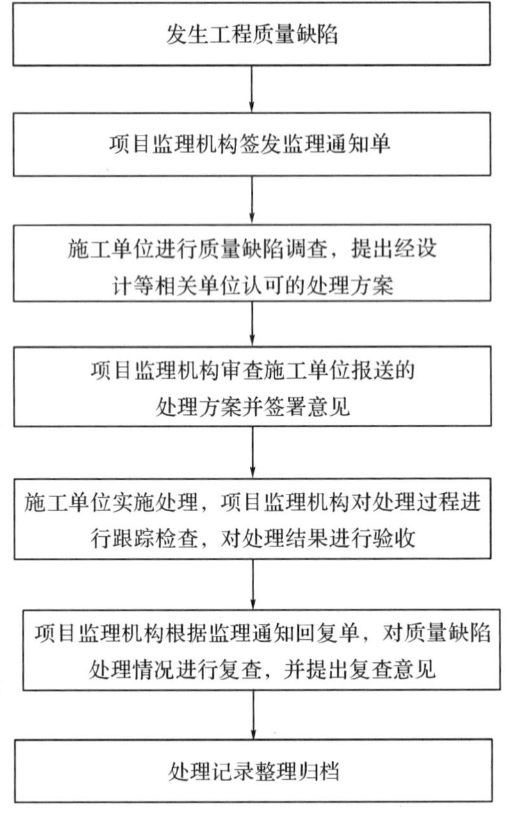

图 8-5 工程质量缺陷处理程序

（二）工程质量事故处理

建设工程一旦发生质量事故，除相关行业有特殊要求外，应按照《关于做好房屋建筑和市政基础设施工程质量事故报告和调查处理工作的通告》(建质〔2010〕111 号)的要求，由各级政府建设行政主管部门按事故等级划分开展相关的工程质量事故调查，明确相应责任单位，提出相应的处理意见。项目监理机构除积极配合做好上述工程质量事故调查外，还应做好由于事故对工程产生的结构安全及重要使用功能等方面的质量缺陷处理工作。为此，项目监理机构应掌握工程质量事故所造成缺陷的处理依据、程序和基本方法。

1. 工程质量事故处理的依据

进行工程质量事故处理的主要依据有四个方面：一是相关的法律法规；二是具有法律效力的工程承包合同、设计委托合同、材料或设备购销合同以及监理合同或分包合同等合同文件；三是质量事故的实况资料；四是有关的工程技术文件、资料、档案。

(1)相关法律法规

相关法律法规包括《中华人民共和国建筑法》《建设工程质量管理条例》等。《中华人民共和国建筑法》颁布实施，对加强建筑活动的监督管理，维护市场秩序，保证建设工程质量提供了法律保障。《建设工程质量管理条例》以及相关的配套法规的相继颁布，完善了工程质量及质量事故处理有关的法律法规体系。

(2)有关合同及合同文件

1)所涉及的合同文件可以是工程承包合同、设计委托合同、设备与器材购销合同、监理合同等。

2)有关合同和合同文件在处理质量事故中的作用是:确定在施工过程中有关各方是否按照合同有关条款实施其活动,借以探寻产生事故的可能原因。例如,施工单位是否在规定时间内通知项目监理机构进行隐蔽工程验收,项目监理机构是否按规定时间实施了检查验收;施工单位在材料进场时,是否按规定或约定进行了检验等。此外,有关合同文件还是界定质量责任的重要依据。

(3)质量事故的实况资料

要搞清质量事故的原因和确定处理对策,首要的是要掌握质量事故的实际情况。有关质量事故实况的资料主要来自以下几个方面。

1)施工单位的质量事故调查报告

质量事故发生后,施工单位有责任就所发生的质量事故进行周密的调查、研究,掌握情况,并在此基础上写出调查报告,提交项目监理机构和建设单位。在调查报告中首先就与质量事故有关的实际情况做详尽的说明,其内容应包括:

①质量事故发生的时间、地点、工程部位。

②质量事故发生的简要经过,造成工程损失状况,伤亡人数和直接经济损失的初步估计。

③质量事故发展变化的情况(其范围是否继续扩大,程度是否已经稳定等)。

④有关质量事故的观测记录、事故现场状态的照片或录像。

2)项目监理机构所掌握的质量事故相关资料

其内容大致与施工单位调查报告中有关内容相似,可用来与施工单位所提供的情况对照、核实。

(4)有关的工程技术文件、资料和档案

1)有关的设计文件

如施工图纸和技术说明等。在处理质量事故中,其作用一方面是可以对照设计文件,核查施工质量是否完全符合设计的规定和要求;另一方面是可以根据所发生的质量事故情况,核查设计中是否存在问题或缺陷,成为导致质量事故的原因。

2)与施工有关的技术文件、档案和资料

①施工组织设计或施工方案、施工计划。

②施工记录、施工日志等。根据它们可以查对发生质量事故的工程施工时的情况,如:施工时的气温、降雨、风力、海浪等有关的自然条件;施工人员的情况;施工工艺与操作过程的情况;使用的材料情况;施工场地、工作面、交通等情况;地质及水文地质情况等。借助这些资料可以追溯和探寻事故的可能原因。

③有关建筑材料的质量证明资料。例如,材料批次、出厂日期、出厂合格证或检验报告、施工单位抽检或试验报告等。

④现场制备材料的质量证明资料。例如,混凝土拌和料的级配、水灰比、坍落度记录;混凝土试块强度试验报告;沥青拌和料配比、出机温度和摊铺温度记录等。

⑤质量事故发生后,对事故状况的观测记录、试验记录或试验报告等。例如,对地基沉

降的观测记录;对建筑物倾斜或变形的观测记录;对地基钻探取样记录与试验报告;对混凝土结构物钻取试样的记录与试验报告等。

上述各类技术资料对于分析质量事故原因、判断其发展变化趋势、推断事故影响及严重程度、确定处理措施等都是不可缺少的。

2. 工程质量事故处理程序

工程质量事故发生后,项目监理机构可按以下程序进行处理,如图 8-6 所示。

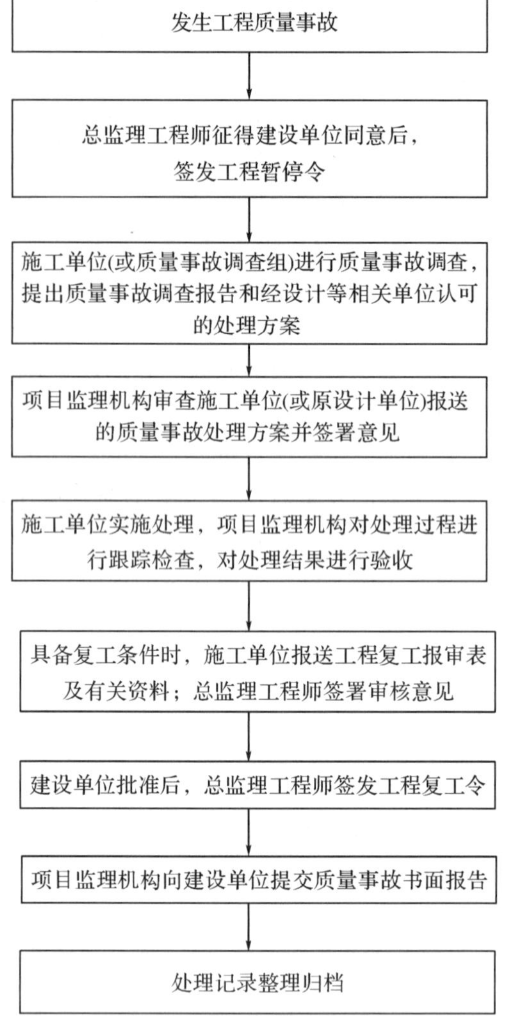

图 8-6 工程质量事故处理程序

(1)工程质量事故发生后,总监理工程师应签发工程暂停令,要求暂停质量事故部位和与其有关联部位的施工,要求施工单位采取必要的措施,防止事故扩大并保护好现场。同时,要求质量事故发生单位迅速按类别和等级向相应的主管部门上报。

(2)项目监理机构要求施工单位进行质量事故调查、分析质量事故产生的原因,并提交质量事故调查报告。对于由质量事故调查组处理的,项目监理机构应积极配合,客观地提供相应证据。

(3)根据施工单位的质量调查报告或质量事故调查组提出的处理意见,项目监理机构要求相关单位完成技术处理方案。质量事故技术处理方案一般由施工单位提出,经原设计单位同意签认,并报建设单位批准。对于涉及结构安全和加固处理等的重大技术处理方案,一般由原设计单位提出。必要时,应要求相关单位组织专家论证,以确保处理方案可靠、可行、保证结构安全和使用功能。

(4)技术处理方案经相关各方签认后,项目监理机构应要求施工单位制定详细的施工方案。对处理过程进行跟踪检查,对处理结果进行验收。必要时应组织有关单位对处理结果进行鉴定。

(5)质量事故处理完毕后,具备工程复工条件时,施工单位提出复工申请,项目监理机构应审查施工单位报送的工程复工报审表及有关资料,符合要求后,总监理工程师签署审核意见,报建设单位批准后,签发工程复工令。

(6)项目监理机构应及时向建设单位提交质量事故书面报告,并应将完整的质量事故处理记录整理归档。质量事故书面报告应包括如下内容:

1)工程及各参建单位名称;

2)质量事故发生的时间、地点、工程部位;

3)事故发生的简要经过、造成工程损伤状况、伤亡人数和直接经济损失的初步估计;

4)事故发生原因的初步判断;

5)事故发生后采取的措施及处理方案;

6)事故处理的过程及结果。

3. 工程质量事故处理的基本方法

工程质量事故处理的基本方法包括工程质量事故处理方案的确定及工程质量事故处理后的鉴定验收。其目的是消除质量缺陷,以达到建筑物的安全可靠和正常使用功能及寿命要求,并保证后续施工的正常进行。其一般处理原则是:正确确定事故性质,是表面性还是实质性、是结构性还是一般性、是迫切性还是可缓性;正确确定处理范围,除直接发生部位,还应检查处理事故相邻影响作用范围的结构部位或构件。其处理基本要求是:安全可靠,不留隐患;满足建筑物的功能和使用要求;技术可行,经济合理。

(1)工程质量事故处理方案的确定

工程质量事故处理方案的确定,要以分析事故调查报告中事故原因为基础,结合实地勘查成果,并尽量满足建设单位的要求。因同类和同一性质的事故常可以选择不同的处理方案,在确定处理方案时,应审核其是否遵循一般处理原则和要求,尤其应重视工程实际条件,如建筑物实际状态、材料实测性能、各种作用的实际情况等,以确保做出正确判断和选择。

尽管质量事故的技术处理方案多种多样,但根据质量事故的情况可归纳为三种类型的处理方案,监理人员应掌握从中选择最适用处理方案的方法,方能对相关单位上报的事故处理方案做出正确审核结论。

1)工程质量事故处理方案类型

①修补处理。这是最常用的一类处理方案。通常当工程的某个检验批、分项或分部工程的质量虽未达到规定的规范、标准或设计要求,存在一定缺陷,但通过修补或更换构配件、设备后还可达到要求的标准,又不影响使用功能和外观要求时,可以进行修补处理。

属于修补处理类的具体方案很多,诸如封闭保护、复位纠偏、结构补强、表面处理等。某些事故造成的结构混凝土表面裂缝,可根据其受力情况,仅做表面封闭处理;某些混凝土结构表面的蜂窝、麻面,经调查分析,可进行剔凿、抹灰等表面处理,一般不会影响其使用和外观。

对较严重的质量缺陷,可能影响结构的安全性和使用功能,必须按一定的技术方案进行加固补强处理,这样往往会造成一些永久性缺陷,如改变结构外形尺寸,影响一些次要的使用功能等。

②返工处理。当工程质量未达到规定的标准和要求,存在严重质量缺陷,对结构的使用和安全构成重大影响,且又无法通过修补处理时,可对检验批、分项、分部工程甚至整个工程返工处理。例如,某防洪堤坝填筑压实后,其压实土的干密度未达到规定值,经核算将影响土体的稳定且不满足抗渗能力要求,可挖除不合格土,重新填筑,进行返工处理。对某些存在严重质量缺陷,且无法采用加固补强等修补处理或修补处理费用比原工程造价还高的工程,应进行整体拆除,全面返工。

③不做处理。某些工程质量缺陷虽然不符合规定的要求和标准构成质量事故,但视其严重情况,经过分析、论证、法定检测单位鉴定和设计等有关单位认可,对工程或结构使用及安全影响不大,也可不做专门处理。通常不用专门处理的情况有以下几种:

a.不影响结构安全和正常使用。例如,有的建筑物出现放线定位偏差,且严重超过规范标准规定，若要纠正会造成重大经济损失，若经过分析、论证其偏差不影响生产工艺和正常使用，在外观上也无明显影响，可不做处理。又如，某些隐蔽部位结构混凝土表面裂缝，经检查分析，属于表面养护不够的干缩微裂，不影响使用及外观，也可不做处理。

b. 有些质量缺陷，经过后续工序可以弥补。例如，混凝土墙表面轻微麻面，可通过后续的抹灰、喷涂或刷白等工序弥补，亦可不做专门处理。

c. 经法定检测单位鉴定合格。例如，某检验批混凝土试块强度值不满足规范要求，强度不足，在法定检测单位对混凝土实体采用非破损检验方法，测定其实际强度已达规范允许和设计要求值时，可不做处理。对经检测未达要求值，但相差不多，经分析论证，只要使用前经再次检测达设计强度，也可不做处理。

d. 出现的质量缺陷，经检测鉴定达不到设计要求，但经原设计单位核算，仍能满足结构安全和使用功能。例如，某一结构构件截面尺寸不足，或材料强度不足，影响结构承载力，但经按实际检测所得截面尺寸和材料强度复核验算，仍能满足设计的承载力，可不进行专门处理。这是因为一般情况下，规范标准给出了满足安全和功能的最低限度要求，而设计往往在此基础上留有一定余量，这种处理方式实际上是挖掘了设计潜力或降低了设计的安全系数。

不论哪种情况，特别是不做处理的质量缺陷，均要备好必要的书面文件，对技术处理方案、不做处理结论和各方协商文件等有关档案资料认真组织签认。对责任方应承担的经济责任和合同中约定的罚则应正确判定。

2)选择最适用工程质量事故处理方案的辅助方法

选择工程质量处理方案是复杂而重要的工作，它直接关系到工程的质量、费用和工期。处理方案选择不合理，不仅劳民伤财，严重的会留有隐患，危及人身安全，特别是对需要返工或不做处理的方案，更应慎重对待。下面给出一些可采取的选择工程质量事故处理方案的辅助决策方法。

①试验验证。即对某些有严重质量缺陷的项目，可采取合同规定的常规试验以外的试验方法进一步进行验证，以便确定缺陷的严重程度。如，公路工程的沥青面层厚度误差超过了规范允许的范围，可采用弯沉试验，检查路面的整体强度等。监理人员可根据对试验验证结果的分析、论证，再研究选择最佳的处理方案。

②定期观测。有些工程在发现其质量缺陷时，其状态可能尚未达到稳定仍会继续发展，在这种情况下一般不宜过早做出决定，可以对其进行一段时间的观测，然后再根据情况做出决定。属于这类的质量缺陷如桥墩或其他工程的基础在施工期间发生沉降超过预计的或规定的标准；混凝土表面发生裂缝，并处于发展状态等。有些有缺陷的工程，短期内其影响可能不十分明显，需要较长时间的观测才能得出结论。对此，项目监理机构应与建设单位及施工单位协商，是否可以留待责任期解决或采取修改合同、延长责任期的办法。

③专家论证。对于某些工程质量缺陷，可能涉及的技术领域比较广泛，或问题很复杂，有时仅根据合同规定难以决策，这时可提请专家论证。而采用这种办法时，应事先做好充分准备，尽早为专家提供尽可能详尽的情况和资料，以便使专家能够进行较充分、全面和细致的分析、研究，提出切实的意见与建议。实践证明，采取这种方法，对于监理人员正确选择重大工程质量缺陷的处理方案十分有益。

④方案比较。这是比较常用的一种方法。同类型和同一性质的事故可先设计多种处理方案，然后结合当地的资源情况、施工条件等逐项给出权重，做出对比，从而选择具有较高处

理效果又便于施工的处理方案。例如,结构构件承载力达不到设计要求,可采用改变结构构造来减少结构内力、结构卸荷或结构补强等不同处理方案,可将其每一方案按经济、工期、效果等指标列项并分配相应权重值,进行对比,辅助决策。

(2)工程质量事故处理的鉴定验收

质量事故的技术处理是否达到了预期目的,消除了工程质量不合格和工程质量缺陷,是否仍留有隐患,项目监理机构应通过组织检查和必要的鉴定,对此进行验收并予以最终确认。

1)检查验收

工程质量事故处理完成后,项目监理机构在施工单位自检合格的基础上,应严格按施工验收标准及有关规范的规定进行检查,依据质量事故技术处理方案设计要求,通过实际量测,检查各种资料数据进行验收,并应办理验收手续,组织各有关单位会签。

2)必要的鉴定

为确保工程质量事故的处理效果,凡涉及结构承载力等使用安全和其他重要性能的处理工作,常需做必要的试验和检验鉴定工作。如果质量事故处理施工过程中建筑材料及构配件保证资料严重缺乏,或对检查验收结果各参与单位有争议时,常见的检验工作有:混凝土钻芯取样,用于检查密实性和裂缝修补效果,或检测实际强度;结构荷载试验,确定其实际承载力;超声波检测焊接或结构内部质量;池、罐、箱柜工程的渗漏检验等。检测鉴定必须委托具有资质的法定检测单位进行。

3)验收结论

对所有质量事故,无论经过技术处理通过检查鉴定验收,还是不需专门处理,均应有明确的书面结论。若对后续工程施工有特定要求,或对建筑物使用有一定限制条件,应在结论中提出。验收结论通常有以下几种:

①事故已排除,可以继续施工;

②隐患已消除,结构安全有保证;

③经修补处理后,完全能够满足使用要求;

④基本上满足使用要求,但使用时应有附加限制条件,例如限制荷载等;

⑤对耐久性的结论;

⑥对建筑物外观影响的结论;

⑦对短期内难以做出结论的,可提出进一步观测检验意见。

对于处理后符合《建筑工程施工质量验收统一标准》GB 50300—2013 规定的,监理人员应予以验收、确认,并应注明责任方承担的经济责任。对经加固补强或返工处理仍不能满足安全使用要求的分部工程、单位(子单位)工程,应拒绝验收。

案例分析

匠心筑造 质量为本：曹县 PPP 项目的质量控制之路[①]

1. 引言

上海明凯市政工程有限责任公司（以下简称：明凯市政）成功中标山东曹县乡村公路三年提升改造工程，该项目总投资达 14 亿。这一消息让明凯市政全体员工为之振奋。但此次中标最大的“功臣”是曹县城区道路基础设施 PPP 项目二标段（以下简称：曹县 PPP 项目）。因为曹县 PPP 项目工程质量过硬，受到了当地政府与群众的广泛好评，明凯市政也因此成功打开了山东市场。该项目的项目经理陈义望着楼下刚刚交付的西环路上车来车往，心中的成就感与自豪感油然而生，他的思绪也回到了那段难忘的时光……

2. 明凯市政及项目概况

2.1 上海明凯市政简介

上海明凯市政工程有限责任公司成立于 1997 年，具有建设部颁发的公路工程施工总承包一级资质、市政公用工程施工总承包一级资质、桥梁工程专业承包一级资质和房屋建筑工程施工总承包二级资质证书。明凯市政施工技术力量雄厚，专业设备先进，承建了“上海南北高架道路工程”“上海南浦大桥”“上海徐浦大桥”等工程，获得过“中国建筑工程鲁班奖”（五项）、“中国市政工程金奖”（五项）、“中国建设工程质量银奖”（三项）等奖项，在工程建设市场上有着良好信誉和相当知名度。

2.2 项目概况

2017 年 5 月，正处于城市化加速发展的山东省菏泽市曹县，为有效改善曹县基础设施现状，曹县住房和城乡建设局提出了建设曹县城区道路基础设施项目。但考虑到曹县财政压力，曹县人民政府决定采用 PPP 模式实施本项目，通过政府与社会资本合作拓宽项目融资渠道，提高财政资金管理效率，充分利用社会资本的投融资能力和运营管理经验，加快曹县城镇化建设进程。

通过招投标，上海明凯市政成功中标，成为曹县城区道路基础设施 PPP 项目二标段的施工单位。该标段的建设规模及内容主要包括闽江路、五台山路、泰山路三条道路新建工程，山东路、清荷路北路、清荷路南路等 9 条道路改建工程，如附表 8-1 所示。

---

① 注：(1)本案例由浙江大学建筑工程学院俞洪良、丛福祥、陈佳络、许浩撰写，案例的知识产权归属作者及所在单位所有。

(2)本案例源自真实工程，由于企业保密的要求，在本案例中对有关名称、数据等做了必要的掩饰性处理。

(3)本案例只供课堂讨论之用，并无意暗示或说明某种管理/实践行为是否有效。

附表 8-1　曹县 PPP 项目二标段建设规模与内容

建设类别	建设路段	建设规模	建设内容
新建道路	闽江路	道路长度 4.2km 控制宽度为 54m	修建道路、人行道、路缘石、雨污水管网、绿化带、路灯、板桥
	五台山路	道路长度 4.0km 控制宽度为 47m	修建道路、人行道、路缘石、雨污水管网、绿化带、路灯、板桥
	泰山路	道路长度 2.7km 控制宽度为 62m	修建道路、人行道、路缘石、雨污水管网、绿化带、路灯
改扩建道路	山东路	道路长度 5km	修补路面网裂、坑槽部分;拓宽部分路面
	青荷路北路	道路长度 6.9km	修补路面网裂、坑槽部分;修筑绿化带
	青荷路南路	道路长度 1.7km	修补路面网裂、坑槽部分;修筑绿化带
	湘江路	道路长度 2.66km	修补路面网裂、坑槽部分;加铺沥青砼罩面
	富民大道	道路长度 4.3km	翻修现有道路,埋设雨水管道
	峨眉山路	道路长度 890m	翻修现有道路
	赣江路	道路长度 330m	翻修现有道路
	庐山路	道路长度 430m	翻修现有道路
	鸭绿江路	道路长度 2100m	翻修现有道路

2.3　任重道远

陈义,市政工程道路工程专家,拥有极为丰富的基础设施施工经验,被上海明凯市政任命为曹县 PPP 项目的项目经理,负责该项目的建设工作。他深知,曹县 PPP 项目是公司开拓山东市场的标志性工程,公司倾注了大量的人力物力,该项目意义之大不言而喻。同时,曹县住建局也在合同中制定了严格的绩效考核标准与质量要求。

所以陈义明白,他所肩负的责任与压力非同一般,必须不惜一切代价保障曹县 PPP 项目的质量,不仅要达到合同中优良级的质量要求,更要实现质量创优目标。

3. 质量调查

近年来,国内沥青混凝土路面实际使用寿命短、早期损坏严重等问题层出不穷,导致车辆行驶的舒适性及安全性得不到保证。曹县的沥青混凝土路面也不例外,陈义发现当地路面经汽车碾压后会出现脱沥现象,道路两边有很多碎石料。所以,要实现曹县 PPP 项目的质量目标并不是易事,但陈义并没有被这些困难吓倒,时间紧,任务重,他马上组织人员对沥青混凝土质量问题展开调研。

一个月后,调研团队向陈义提交了一份详细的调研报告,报告指出目前曹县沥青混凝土路面的质量缺陷主要为四类:路基沉降、出现裂缝、泛油以及平整度超标,具体原因分析如附表 8-2 所示。

附表 8-2　曹县道路问题及原因分析

质量问题	原因分析
路基沉降	路基松软,压实度不够
出现裂缝	①路基不均匀下沉引起 ②沥青路面施工作业不标准,沥青比例不合格 ③使用材料质量不合格
泛油	①沥青结合料含蜡量高 ②施工时没有充分压实或料温不够 ③路基强度和稳定性不足
平整度超标	①路基不均匀沉降,造成已铺筑路面出现坑凹 ②基层不平整 ③路面摊铺机械性能及施工工艺较差,碾压不当

通过上表可以发现,路面施工过程中,与面层质量有直接关系的关键环节包括原材料质量控制、施工配合比设计、施工工艺控制以及道路基础施工质量控制等。在原材料质量控制方面,存在原材料质量把关不严、使用不合格原材料等问题;在施工配合比设计方面,存在沥青混合料的配合控制不严,使沥青路面后期出现裂缝、泛油等问题;在施工工艺控制方面,存在工艺落后等问题,如摊铺碾压的厚度及摊铺温度控制不到位;在道路基础施工质量控制方面,存在基础施工质量验收把关不严、验收后保护不到位等问题。

陈义马上意识到这些问题将是曹县 PPP 项目质量管理的重中之重,寻找一条有效的解决之道刻不容缓。

4. 质量计划

陈义明白,接下来的质量控制之路必定是曲折而艰难的。凡事预则立,不预则废。根据曹县 PPP 项目招投标文件、施工合同以及项目具体情况,陈义制订了具体的质量控制计划,以更好地保障沥青混凝土路面施工的质量管理。

4.1　质量目标

整个项目达到优良工程评定标准,并通过 3 年运营期;项目周边居民和游客的满意度达到 80%以上。

4.2　质量原则

(1)坚持质量第一

项目中的道路工程建设、管廊工程建设、配套设施工程建设严格按照国家及山东省有关项目建设的法律法规和规范要求,组织本项目的工程建设,严控项目质量标准要求,做到一次性验收合格,并承担工程建设中的费用和风险。

(2)坚持以人为本

以"人"为核心,建设管理团队专业化,合理分工,把控各部门、各岗位人员的工作水平和完善程度,提高工作人员的质量意识,防止工作失误,充分发挥人的积极性和创造性,以提高工作人员的工作质量来保证工程项目的质量。

(3)坚持顾客导向

以实现车辆行驶的舒适性及安全性为最终质量目标，贯穿到工程项目质量形成的各项工作中。把一切为了用户的思想，作为一切工作的出发点，要求每道工序和每个岗位都要立足本职工作，不给下道工序留麻烦，以保证工程项目质量和最终质量能使用户满意。

4.3 质量保证体系

4.3.1 道路工程质量控制标准

曹县PPP项目的建设规模及内容主要包括道路新建工程、道路改扩建工程、综合管廊建设工程，陈义针对各工程提出了明确的验收标准，包括具体建设指标、标准依据、质量要求，如附表8-3所示，从而为各部门明确工作目标提供依据。

附表8-3 曹县PPP项目道路工程质量控制标准

	道路新建工程	道路改扩建工程
建设指标	道路长10.9km、车行道面积216200m²、人行道面积64100m²、路缘石长度70400m、雨污管网32700m、分车绿化带24100m²、绿化带40800m²、路灯545盏、桥梁5座	修复道路24310m、拓宽道路30000m²、新增绿化151600m²、埋设雨水管8600m。
标准依据	《城镇道路工程施工与质量验收规范》(CJJ 1—2008)、《道路交通标志和标线》(GB 5768—1999)、《城市道路照明工程施工及验收规程》(CJJ 89—2012)、《给水排水管道工程施工及验收规范》(GB 50268—2008)、《城市道路绿化规划与设计规范》(CJJ 75—1997)	《城镇道路工程施工与质量验收规范》(CJJ 1—2008)、《道路交通标志和标线》(GB 5768—1999)、《给水排水管道工程施工及验收规范》(GB 50268—2008)、《城市道路绿化规划与设计规范》(CJJ 75—1997)等
质量要求	一次性验收合格	一次性验收合格

4.3.2 质量管理组织体系

曹县PPP项目质量管理组织体系如附图8-1所示。项目经理为质量管理的第一责任人，质检部为质量管理的主要责任部门，以质量管理部门为核心主抓施工质量，其余设置项目副经理1名以及技术部、安全科、质检科、材料科、施工科、综合办公室等部门，各部门以及质量管理人员的质量职责如附表8-4所示。

附表8-4 质量管理人员质量职责

职务	质量职责
项目经理	全面负责项目组织、管理、领导和控制工作，组织项目经理部人员实现项目质量目标
项目副经理	负责项目施工现场管理工作，组织工程阶段验收工作，组织解决工程施工中的现场管理及技术工艺问题
总工程师	负责图纸会审，及时反馈设计变更；与各专业间技术接口；组织编写施工方案与技术措施
技术科	负责编写技术方案，组织解决各项施工技术问题，参与质量事故分析

续表

职务	质量职责
施工科	负责土建、装饰工程的质量、进度、安全、现场文明施工等各项工作的组织落实;出现质量、安全问题,及时向项目经理汇报,组织对不合格品进行评审及处置
质检科	负责施工现场质量管理工作,定期汇报质量情况;针对工程质量通病,制定质量通病预防措施
材料科	负责材料的进场验证(材料质量、数量验证)的报验工作,并记录存档;负责进场物资在使用过程中的监督工作,并负责处理废、剩物资
安全科	负责现场安全管理、文明施工、现场平面、现场临水、临电管理

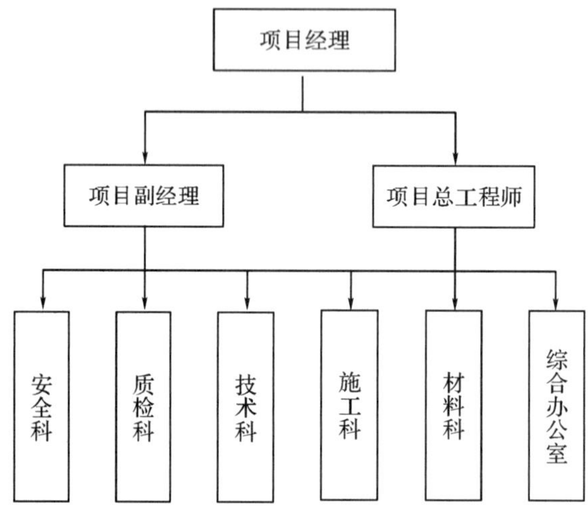

附图 8-1　质量管理组织机构

4.3.3　质量保证制度

(1)项目经理联动质检科,全面负责本工程的质量检验工作,明确奖惩措施,定期开展有针对性的质量教育活动、学习,每月底组织工程质量检查评比,不定期进行质量评定分析,实行工程质量一票否决制度。

(2)成立工地试验室,按工程需要配齐试验所需的仪器和设备。施工前提供工程施工所需的有关参数,用以指导生产,施工后参与对工程的检查验收。

(3)认真做好施工前的技术交底工作,明确工程质量标准。确保上下目标一致,任务具体明确。

(4)组织专业队伍施工,推行标准化作业,以设备保工艺,以工艺保质量。

(5)施工前组织全体人员学习施工规范,强化全员质量意识,推行全员质量管理责任制,在各个工序均定岗定期提高全员质量的自觉性,教育好全体施工人员。

(6)虚心接受甲方领导、工程监理及技术人员的意见,施工过程中欢迎甲方亲临现场指导工作,积极对待工程质量的监理,主动反映情况,积极改进工作,使工程质量真正达到全优标准。

5. 质量控制

明确了质量计划，陈义对曹县PPP项目的质量目标实现总算有了几分把握，但是有计划还不够，最重要的还是执行！在项目建设期，陈义始终绷着一根弦，力求以专业化严格要求管理团队，以高标准、高精度严格要求材料设备与施工工艺。

5.1 严抓严控沥青混凝土质量

陈义在实地考察当地沥青混凝土厂后发现，当地生产的所有沥青混凝土都是使用回收料，这类沥青混凝土的所有参数都比设计值低3%～5%，根本不符合要求。沥青混凝土可是道路工程最根本的铺路原料，如果沥青混凝土的质量都无法保证，更不用说道路质量了。

于是，陈义立刻召集材料科、质检科、技术科有关成员召开会议，讨论当地沥青混凝土质量问题。会上，技术科小王提出："既然当地出售的沥青混凝土不能满足我们对质量的要求，那不如我们建立自己的沥青混凝土搅拌站，用自己的沥青混凝土生产线，既能保证质量，又能产生经济效益。"针对小王这个大胆的提议，会上人员都纷纷点头表示赞成，陈义也认为这是目前唯一经济有效的办法了，说道："既然这样，那我们就建自己的沥青混凝土搅拌站。"于是，陈义马上购置了高质量的沥青搅拌设备。

但同时，拥有多年施工经验的陈义心里也很清楚，一旦建立了专有的混凝土搅拌站，后续将面临更大的挑战，沥青混凝土原材料的质量、配合比、炼制方法、运输和储存条件等都需要严格把控，才能制成符合要求的沥青混凝土。

5.1.1 沥青质量控制

陈义心里很清楚，沥青的性能与来源、炼制方法、运输或储存条件息息相关，这些因素有可能导致沥青发生性质上的相对差异，这种性能或者质量的随机不确定性就被称为沥青的变异性。

为了更好地进行沥青质量控制，陈义让质检员晓婷制定了一份详细的沥青材料控制方案。不久，晓婷便拿着一份文件来向陈义报告。"陈经理，沥青质量控制方案已经制定完成，请您过目。"方案中明确提出了沥青质量控制要求。

(1)使用优良的稠油资源：优选原油品种，且除了特殊情况，原油的品种不得随意更换，从而保证原油所炼制的沥青产品性能；结合本地的气候情况及路面质量和质保期要求，建议沥青下面层采用优质道路70号A级道路石油进口沥青，具体质量要求如附表8-4所示，中上面层采用优质SBS改性沥青。

附表8-4 70号A级道路石油沥青的质量要求

项　　目	单位	质量要求
针入度(25℃,100g,5s)	0.1mm	60～80
针入度指数PI,不小于		－1.5～＋1.0
延度(5cm/min,10℃),不小于	cm	20
延度(5cm/min,15℃),不小于	cm	100
软化点(环球法),不小于	℃	46
动力黏度(60℃),不小于	Pa.S	180
含蜡量(蒸馏法),不大于	%	2.0

续表

项目		单位	质量要求
密度(15℃),不小于		g/cm	1.01
溶解度(三氯乙烯),不小于		%	99.5
薄膜加热试验163℃	质量损失,不大于	%	0.6
	加热后针入度比,不小于	%	65
	延度(10℃),不小于	cm	6

(2)改善沥青的运输、存储储存条件:在运输与存储中,沥青在罐或贮油池中的贮存温度不宜低于130℃,并不得高于180℃,从而防止沥青的老化。

(3)建立严格的检验制度:由工地试验室按施工技术规范要求对到场沥青进行严格的取样与检测,主要包括针入度、软化点、延度等指标,且每次检验的沥青必须留存4kg备检。

陈义看完沥青质量控制方案后,满意地说道:"很好,我们就按这个对沥青材料进行质量管控。"

5.1.2 沥青混凝土配合比设计

对于沥青混凝土路面来说,除了要选取优质的沥青材料之外,还必须要有级配良好、性能优异的集料材料,并进行科学合理的配合比设计,这样才能保证沥青路面拥有良好的质量。依据之前的工程经验,陈义在会上重点强调沥青混合料的配合比设计必须满足现行规范的有关规定,采用马歇尔实验设计方法进行沥青路面沥青混合料设计,决定混合料的材料品种、矿料级配及沥青用量。

根据JTG F40—2004的规定,面层沥青混凝土应符合附表8-5规定的马歇尔试验技术标准。

附表8-5 热拌沥青混凝土马歇尔试验技术标准

试验项目	沥青混凝土类型	技术标准
击实次数/次	AC-25	双面各75
稳定度/kN(不小于)		8.0
流值/0.1mm		20~40
空隙率/%		3.0~5.0
沥青饱和度/%		65~75
残留稳定度/%(不小于)		85

在此基础上,材料部门进一步梳理了进行配合比设计时应满足的条件,严格进行沥青混合料配合比的质量控制。(1)热拌沥青混凝土下面层配合比设计由马歇尔试验设计、浸水马歇尔试验残留稳定度检验等组成;(2)热拌沥青混凝土中上面层配合比设计由马歇尔试验设计、浸水马歇尔残留稳定度与冻融劈裂水稳性检验、车辙试验抗车辙能力检验和小梁弯曲试验极限弯拉应变检验四部分组成;(3)Superpave沥青混合料配合比设计采用Superpave混合料设计方法设计,设计成果用马歇尔试验方法进行试验和设计检验;(4)改性沥青混合料动稳定度不应小于3000次/mm,小梁低温抗裂试验的弯曲破坏应变不小于2500$\mu\varepsilon$。

陈义也强调,在之后的施工中切记加强过程控制,实行动态管理,加强试验检测的及时性,实行动态分析制指导生产施工。重视加强实验室对各结构层及沥青混合料的取样抽检试验检测,加强信息反馈,控制好沥青拌和料的拌和质量。同时应加强全过程的质量控制,在施工过程中将质量控制措施形成书面报告,实时更新向陈义汇报。

5.2 路面施工工艺精益求精

5.2.1 路面摊铺工艺

沥青材料及混合料的质量控制为现在路面施工工艺的质量打下了坚实的基础。但是加强沥青混合料摊铺过程当中的质量控制对于降低沥青混合料的变异性也非常重要。

目前,沥青混凝土施工采用机械化施工,采用了沥青混合料摊铺机,保证了摊铺路基、路面的平整度和摊铺质量。但陈义仍丝毫不敢松懈,他在正式施工前特意召集工程技术人员,强调了混合料的摊铺质量控制的注意事项,主要包括以下几个方面:

(1)选择混合料摊铺机时,要按照路面的等级,选择结构参数较平稳且工作性能良好、与混合料拌和机工作性能吻合的。

(2)对摊铺机的各项参数进行适当的调节,如摊铺机宽度、速度、摊铺机熨平板初始仰角等,保持适合的摊铺速度。

(3)选择合适的碾压方式,并做好质量监控的工作。

(4)运料及卸料的过程当中,运料车须与摊铺机保持适当距离,要避免卸料过猛的情况出现,卸料时运料车不得突然制动,使摊铺机加大摊铺的阻力。

(5)合理处理施工接缝,保证路面整体的平整度。

(6)保持适当的碾压温度。

(7)为了保证摊铺质量,如果发现表面层的离析,必须进行人工补填细沥青混合料。

5.2.2 路面压实工艺

铺设沥青混凝土后,非常重要的一步是压实,压实环节如果做得不充分,即使是最优的混合料设计都会使路面的使用性能降低,良好的压实可使混合料的结果有效改进。因此,针对压实环节的质量保证,陈义从以下几个方面进行了部署:

(1)选择合理的压路机组合方式和碾压方式,沥青混合料的碾压全程宜采用追随式碾压方式,具体采用何种碾压组合方式可以由试验路的最终结果综合经济性确定。

(2)控制好沥青混合料碾压温度。由于沥青混合料路面的压实性能受到压实温度的影响很大,因此只有控制好碾压温度,才能保证压实度和使用性能的要求。

(3)要根据适合的压实模式及压实程序来碾压。压实程序通常分为3个阶段,即初压、复压及终压,其中初压主要是整平并稳定混合料,这是混合料压实的基础;复压是为了使混合料变得密实、稳定并最终成型,复压决定了混合料的密实程度;终压主要是消除轮迹,使成型的路面变得压实且平整。

5.3 全力营造文明施工环境

“怎么回事?是谁允许就这么直接在沥青路面上拌和水泥砂浆的!”正在现场视察的陈义指着刚完工的道路对着现场施工人员说道,“看来大家的质量意识还不够,现场施工环境管理不到位!材料本身的特性决定我们不能在沥青路面上拌和水泥砂浆,如果施工流程不到位,会导致无法挽回的质量缺陷。”

回到办公室,陈义马上联系施工科要求全力营造文明安全的施工环境,包括:(1)加强施

附图 8-2 施工现场

工人员质量意识，规范施工流程，同时采取有效措施避免在施工过程中污染沥青路面，坚决制止直接在沥青路面上拌和水泥砂；(2)及时处理各标段在施工过程中产生的废弃沥青混合料，防止乱堆乱放，以免影响环境美观或日后路面施工质量。

5.4 全面提升人员专业素质

除了对项目材料设备、施工工艺、施工环境进行高要求管理，陈义也为提升所有项目人员的专业素质采取了一系列举措。

(1)定期开展质量教育。每月上旬由管理人员开展一次全员质量教育，质检科、施工科对作业人员定期进行质量教育；并于每季度进行相应的质量绩效考核。

(2)所有入场作业人员必须培训合格，并执证上岗；同时在施工作业过程中，通过人员进出场管理系统等手段，对人员在岗情况进行实时管控。

6. 达标验收

2019 年 5 月，通过陈义团队两年来科学有效的质量控制，曹县 PPP 项目沥青混凝土路面的质量得到有效的保证。项目竣工后，政府有关部门组织了对该项目的竣工验收，经过综合评定，该项目达到了优良工程的标准，实现了预定的质量目标，有关路面质量的检测结果见附表 8-6 所示。

附表 8-6 有关路面质量的检测结果

质量指标	单位	技术要求	试验检测结果	单项评定
沥青针入度 (25℃,100g,5s)	0.1mm	60～80	63～71	合格
软化点	℃	≥46	46.7～50.8	合格
粗集料相对密度		≥2.5	2.708～2.727	合格
吸水率	%	≤3	1.09	合格
混合料最小孔隙率	%	≥2	2.34(平均值)	合格

7. 尾声

“宝剑锋从磨砺出，梅花香自苦寒来。”质量取胜之道，源于每一次的求索、源于每一个创新、源于每一滴汗水。曹县PPP项目犹如那宝剑，只有在项目部的全体员工不懈努力下，才能成就让人民放心的质量保障之路。曹县PPP项目犹如那梅花，只有经历严格的全过程质量管控，才能造就让人民为之叫好的城市道路。相信以陈义为代表的项目管理者们仍将以不变的追求、坚定的信心，不忘初心，继续前行，书写市政道路工程质量管理的新篇章。

启发思考题

1. 试分析案例中项目经理陈义组织编制施工质量计划的目的、依据与主要内容。

2. 通过调研，陈义团队发现路面质量缺陷主要包括路基沉降、路面出现裂缝、泛油、平整度超标等通病，试根据4M1E原理分析总结这些缺陷产生的原因。

3. 试分析项目经理陈义建立的质量保证体系所遵循的质量控制原则。

4. 试从PDCA循环原理分析陈义在曹县PPP项目中质量控制成功的原因。

5. 陈义及其管理团队在曹县PPP项目的质量控制过程中运用了哪些质量管理原理？如果你是陈义，你将采用哪些新型质量管理方法或原理？

复习思考题

1. 什么是质量？工程项目质量有哪些基本特性？

2. 简述工程项目质量的形成过程及工程项目质量的影响因素。

3. 简述工程项目质量的特点及控制原则。

4. 简述工程参与各方的质量责任。

5. 简述ISO质量管理体系标准的构成及ISO质量管理体系的质量管理原则。

6. 简述工程项目质量控制体系的建立与运行。

7. 简述卓越绩效管理模式的实质和理念。

8.《卓越绩效评价准则》与ISO 9000的异同。

9. 简述工程勘察、设计质量管理。

10. 简述工程施工质量控制的依据及程序。

11. 简述工程施工准备阶段质量控制的内容。

12. 简述工程施工过程质量控制的手段及内容。

13. 什么是检验批？检验批划分的原则是什么？

14. 试说明工程施工质量验收不符合要求时应如何处理。

15. 简述工程质量事故处理的依据及程序。

16. 结合案例，阐述工程项目施工过程质量控制。

第九章　工程项目合同管理

工程项目合同的本质在于规范市场交易、节约交易费用。在工程项目全寿命周期过程中，众多的项目参与方之间，如业主、承包商、设计单位、监理单位、供应商等，形成了大量的合同法律关系，如工程勘察合同、设计合同、监理合同等，工程合同确定了成本、工期、质量、安全和环境等总体目标，规定和明确了当事人各方的权利、义务和责任。因此合同管理是工程项目管理的核心，合同管理贯穿于工程实施的全过程。

第一节　工程项目合同管理概述

现代工程合同管理是一个复杂的系统工程，技术复杂、建设周期长、投资大、不确定因素多、项目参与方多、合同种类和数量多，对于每一份具体的工程合同，都存在从合同成立、生效、履行到终止的合同寿命周期。众多独立而又相互联系的合同的圆满履行，就意味着工程项目的最终成功。因此，如何管理合同使之圆满履行对我们非常重要，本节主要讲述有关合同管理的基本概念和知识。

一、工程项目合同的概念及特点

（一）工程项目合同的概念

工程项目合同是承包人进行工程建设、发包人支付相应价款的合同（《中华人民共和国民法典》第 788 条）。承包人是指在工程项目合同中负责工程项目的勘察、设计、施工任务的一方人；发包人是指在工程项目合同中委托承包人进行工程项目的勘察、设计、施工任务的建设单位（业主、项目法人）。

（二）工程项目合同的特点

工程项目合同是一种特殊的承揽合同，在《民法典》中作为一种独立的合同类型来规定，其具有承揽合同的一般特征，如也是诺成合同、双务合同、有偿合同等。但工程项目合同也与一般承揽合同有明显区别，主要有如下特征：

（1）工程项目的主体只能是法人。

（2）工程项目合同的标的仅限于工程项目。

（3）工程项目合同具有国家管理的特殊性。

（4）工程项目合同为要式合同。

二、工程项目合同的主要合同关系

工程项目是一个极为复杂的社会生产过程，要经历可行性研究、勘察设计、工程施工、运行和维修改造等阶段；有建筑、土建、水电、设备安装、通信等专业设计和施工活动；需要各种材料、设备、资金和劳动力的供应。由于现代的社会化大生产和专业化分工，一个较大规模的工程项目其参加单位可能有几十个，甚至成百上千个，它们之间形成各式各样的合同关系。工程项目的建设过程实质上就是一系列合同的签订和履行过程。

(一)业主的主要合同关系

业主根据对工程的需要，确定工程项目的整体目标。为了实现这一目标，业主必须将工程项目的勘察、设计、工程施工、设备和材料供应等工作委托出去，必须与有关单位签订下列各种合同：

(1)咨询(监理)合同，即业主与咨询(监理)单位签订的合同。咨询(监理)单位负责工程项目的可行性研究以及勘察、设计、招标、施工的监理中的一项或几项工作。

(2)勘察合同，即业主与勘察单位签订的合同。勘察单位负责工程项目的地质勘察工作。

(3)设计合同，即业主与设计单位签订的合同。设计单位负责工程项目的设计工作。

(4)供应合同。对由业主负责提供的材料和设备，必须与有关的材料和设备供应单位签订供应(采购)合同。

(5)工程施工合同，即业主与承包人签订的工程施工合同。

(6)贷款合同，即业主与金融机构签订的合同。后者向业主提供资金保证。

(二)承包人的主要合同关系

承包人是工程项目施工的具体实施者，是工程施工合同的执行者。承包人通过投标竞争获得工程的承包权，与业主签订工程施工合同或工程总承包合同。工程施工合同和承包人是任何工程项目中不可缺少的。总承包人或施工承包人经发包人(业主)同意，可以将自己承包的部分工作交由第三人完成。所以，承包人常常又有自己复杂的下列各种合同关系。

1. 分包合同

工程承包单位可以将其承包工程中的部分工程发包给具有相应资质的分包单位。分包工程除总承包合同中约定的分包外，必须经建设单位认可。承包人与分包人签订分包合同。

承包人在承包合同下可能签订若干个分包合同，而分包单位仅完成总承包人的部分工程。分包单位按分包合同的约定对总承包人负责，与业主无合同关系。总承包人和分包单位就分包工程对发包人承担连带责任。

2. 供应合同

承包人为工程施工所进行的必要的材料和设备的采购，必须与供应商签订供应合同。

3. 运输合同

承包人为解决材料和设备的运输而与运输单位签订的合同。

4. 加工合同

承包人将建筑材料、构配件、特殊构件加工任务委托给加工承揽单位而签订的合同。

5. 租赁合同

在工程施工过程中承包人需要施工机械设备、运输设备、周转材料等。当有些机械设备、运输设备、周转材料在现场使用率较低，或自己购置需要大量资金投入而自己又不具备这个经济实力时，可以采用租赁方式，与租赁单位签订租赁合同。

6. 劳务供应合同

承包人与劳务供应商之间签订的合同。由劳务供应商向承包人提供工程需要的劳务。

7. 保险合同

承包人按施工合同要求对工程及其操作者进行保险,与保险公司签订保险合同。

三、工程项目合同的分类

(一) 按照工程建设阶段分类

工程项目的建设须经过勘察、设计、施工等若干个过程才能最终完成,这些过程具有一定的顺序性,前一个过程是后一个过程的基础和前提,后一个过程是前一个过程的目的和结果,各个阶段不可或缺。各个阶段的建设任务虽然有着十分紧密的联系,但仍然有明显的区别,可以单独地存在并分别订立合同。因而,《民法典》第 788 条将工程项目合同分为勘察合同、设计合同和施工合同。

1. 工程勘察合同

工程勘察合同是指对工程项目进行实地考察或察看,其主要内容包括工程测量、水文地质勘察和工程地质勘察等,其任务是为建设项目的选址、工程设计和施工提供科学、可靠的依据。

2. 工程设计合同

工程设计合同是指正式进行工程的建筑、安装之前,预先确定工程的建设规模、主要设备配置、施工组织设计的合同。根据我国现行法律规定,一般建设项目按初步设计和施工图设计两个阶段进行设计;技术复杂又缺乏经验的项目,需增加技术设计阶段;对一些大型联合企业、矿区和水利枢纽工程,在初步设计之前还需要进行总体规划或总体设计。

有时勘察合同、设计合同结合在一起,则称作工程勘察设计合同。

3. 工程施工合同

工程施工合同是指承包人按照发包人的要求,依据勘察、设计的有关资料、要求,进行建设、安装的合同。工程施工合同可分为施工合同和安装合同两种。实践中,这两种合同还是有区别的。施工合同是指承包人从无到有、进行土木建设的合同。安装合同是指承包人在发包人提供基础设施、相关材料的基础上,进行安装的合同。一般来说,施工合同往往包含安装工程的部分;而安装合同虽然也进行施工,但往往是辅助工作。

(二) 按照承包工程计价方式分类

按照承包工程计价方式,工程项目合同可以分为以下几种。

1. 总价合同

总价合同是指根据合同规定的工程施工内容和有关条件,业主应付给承包商的款额是一个规定的金额,即明确的总价。总价合同也称作总价包干合同,即根据施工招标时的要求和条件,当施工内容和有关条件不发生变化时,业主付给承包商的价款总额就不发生变化。

总价合同又分固定总价合同和变动总价合同两种。

2. 单价合同

单价合同是指根据计划工程内容和估算工程量,在合同中明确每项工程内容的单位价格(如每米、每平方米或者每立方米的价格),实际支付时则根据每一个子项的实际完成工程量乘以该子项的合同单价计算该项工作的应付工程款。

单价合同又分为固定单价合同和变动单价合同。

3. 成本加酬金合同

成本加酬金合同也称为成本补偿合同，这是与固定总价合同正好相反的合同，工程施工的最终合同价格将按照工程的实际成本再加一定的酬金进行计算。在合同签订时，工程实际成本往往不能确定，只能确定酬金的取值比例或者计算原则。

成本加酬金合同有许多形式，主要有成本加固定费用合同、成本加固定比例费用合同、成本加奖金合同、最大成本加费用合同。

（三）与工程项目有关的其他合同

严格地讲，与工程项目有关的其他合同并不属于工程项目合同的范畴。但是这些合同所规定的权利和义务等内容，与工程项目活动密切相关，甚至可以说工程项目合同从订立到履行的全过程离开了这些合同是不可能顺利进行的。这些合同主要有以下几种。

1. 工程项目监理合同

《建筑法》规定了建筑工程监理制度，作为明确业主与监理单位之间权利义务关系的协议，工程项目监理合同在工程建设全过程中发挥着重要作用，与工程项目合同密不可分。

2. 国有土地使用权出让或转让合同、城市房屋拆迁合同

建设单位进行工程项目的建设，必须合法取得土地使用权，除以划拨方式取得土地使用权以外，都必须通过签订国有土地使用权出让或转让合同来获得。

城市房屋拆迁合同的有效履行，是建设单位依法取得施工许可的先决条件。根据《建筑法》的有关规定，建设单位申请施工许可证时，应当具备的条件之一是拆迁进度符合施工要求。

3. 工程项目保险合同和担保合同

工程项目保险合同是为了化解工程风险，由业主或承包商与保险公司订立的保险合同。工程项目担保合同是为了保证工程项目合同当事人的适当履约，由业主或承包商作为被担保人，与银行或担保公司签订的担保合同。

工程项目保险合同和工程担保合同是实施工程建设有效风险管理、提高合同当事人履约意识、保证工程质量和施工安全的需要，FIDIC 和我国《建筑工程施工合同》等合同条件中都规定了工程保险和工程担保的内容。

第二节　工程项目合同的策划

在项目的实施战略确定后，必须对与工程相关的合同进行策划，它是保证工程项目目标实现的基础，合同的策划分为业主的合同策划和承包商的合同策划。本节主要围绕合同策划的主要内容、业主合同策划、承包商合同策划进行阐述。

一、合同策划的内容

工程项目合同策划的目的是通过合同保证项目目标的实现。它反映了工程项目战略和

企业战略，反映了企业经营指导方针和根本利益。合同策划主要应确定以下一些重要问题：

(1)将项目分成若干个施工段，每段分别签订独立的合同，并明确每个合同的工程范围。

(2)合同所采取的委托方式和承包方式。

(3)合同所采用的类型和条件。

(4)合同的重要条款。

(5)各相关合同在内容、时间、组织、技术等方面的协调。

(6)合同的签订与实施中的重大问题。

二、业主的合同策划

由于业主在工程建设过程中的主导地位，业主的合同策划对于整个工程项目会产生很大影响，承包商的合同策划也直接受其影响。业主的合同策划必须确定以下几个问题。

(一) 确定合同范围与分标

招标前，业主须首先确定整个工程项目将划分成几个标或是采用总包。

传统的工程发包方式是业主将工程项目的勘察、设计、工程施工、材料和设备供应分别发包给几个独立的承包商：勘察承包商、设计承包商、施工(包括土建、安装、装饰)承包商、材料和设备供应商，分别签订合同。

在工程规模大、工期长、技术复杂等情况下，业主可以将整个工程项目，特别是工程项目的施工阶段，按项目、按专业划分成几个合同段，分别发包给不同的承包商。

采用分标方式，有利于业主多方组织强大的施工力量，按专业选择优秀的施工企业。完善的计划安排还有利于缩短建设周期。但是，由于分标，招标次数增多、合同数多、业主直接面对的承包商数量多，因此对业主来说，管理跨度大、协调工作多、合同争执也较多、索赔较多，管理工作量大而且复杂。这就要求业主必须有较强大的管理能力，或委托得力的监理单位。

总包(交钥匙工程)则是将项目的勘察、设计、施工、供应，甚至项目前期工作的后期运营等全部包给一个承包商，承包商向业主承担全部责任。当然，承包商可将部分项目分包出去。这种方式的特点是：业主的管理工作量较小，仅需一次招标，合同争执及索赔较少，协调工作容易，现场管理较简单。但是，对承包商的要求甚高，业主选择的承包商必须既有强大的各专业工程施工能力、供应能力，又有强大的勘察能力、设计能力；既有管理能力，又有良好的资信，甚至很强的融资能力。对业主来说，承包商资信风险很大，须加强对承包商的宏观控制，例如业主可以采用联合体投标承包方式，按法律规定联合体成员之间承担连带责任，以降低风险。

(二) 选择招标方式

根据我国《招投标法》的规定，招标采用公开招标和邀请招标的方式，所以这里也主要介绍这两种招标方式。这两种招标方式各有其特点和适用范围。一般要根据发包模式、合同类型、业主所拥有的招标时间(工程项目紧迫程度)、业主的项目管理能力和期望控制工程建设的程度等决定。

1. 公开招标(无限竞争性招标)

对业主来说，公开招标选择范围大，利于择优选取理想的承包商。承包商之间公平竞争，有利于降低报价。但是公开招标程序多、时间较长，业主管理工作量大，如准备较多的资格预审文件和招标文件。资格预审、评标、澄清会议工作量大，且必须严格认真，以防止不合格承包商混入。

2. 邀请招标(有限竞争性招标)

业主根据工程项目的特点，有目标、有条件地选择几个承包商，邀请他们参加工程项目的投标竞争，这是国内外经常采用的招标方式。邀请招标，由于不需要进行资格预审，减少了程序，简化了手续，可以节约招标费用和时间。业主对所邀请的投标人较了解，降低了风险。但是由于被邀请的投标人较少，可能漏掉一些技术上、报价上有竞争力的承包商，业主获得的报价可能不十分理想。

邀请招标一般适合以下几种情况：专业性强，特别是在施工经验、技术装备、专门技术人员等方面有特殊要求的；工程不大，若公开招标使业主在时间和资金上耗费不必要的精力；工期紧迫、涉及专利保护或保密工程等；公开招标后无人投标的。

(三) 合同类型的选择

合同按其计价方式主要有单价合同、固定总价合同和成本加酬金合同等。各种类型合同有其适用条件，合同双方有不同的权利与责任分配，承担不同的风险。工程实践中应根据具体情况选择合同类型，有时一个项目的不同分部分项工程选用不同的计价方式。

1. 单价合同

单价合同适用范围广泛，如 FIDIC 土木工程施工合同和我国的工程项目施工合同文本都采用单价合同。单价合同的优点在于：

(1)招标前，发包人无须对工程做出完整、详尽的设计，因而可以缩短招标时间。

(2)能鼓励承包商提高工作效率，节约工程成本，增加承包商利润。

(3)支付时，只需按已定的单价乘以支付工程量即可求得支付费用，计价程序较简单。单价合同适用于招标时尚无详细图纸或设计内容尚不十分明确，工程量尚不够准确的工程。单价合同中，承包商承担价格变化的风险，而业主则承担工程量增减的风险，这是符合风险管理原理且公平合理的。

2. 固定总价合同

固定总价合同以一次包死的总价格委托。价格不因环境的变化和工程量增减而变化。所以在这类合同中承包商要承担单价和工程量的双重风险。除了设计有重大变更一般不允许调整合同价格。由于承包商的风险较大，所以报价一般都较高。

这种合同适用于设计深度满足精确计算工程量的要求，图纸和规定、规范中对工程做出了详尽的描述，工作范围明确，施工条件稳定，结构不甚复杂，规模不大，工期较短，且对最终产品要求很明确，而业主也愿意以较大富裕度的价格发包的工程项目。

3. 成本加酬金合同

成本加酬金合同是以实际成本加上双方商定的酬金来确定合同总价。这种合同与固定总价合同截然相反，合同价格在签订合同时不能确定。工程费用实报实销，业主承担着全部工程量和价格的风险；而承包商不承担风险，一般说获利较小，但能确保获利。这种合同的应用受到很大的限制，主要适用于下列几种情况。

(1)开工前工程内容不十分确定，投标阶段依据不准，工程范围无法界定，缺少工程的详细说明，工程量及人工、材料用量有较大出入。

(2)质量要求高或采用新技术、新工艺,事先无法确定价格的工程。

(3)时间紧迫的抢险、救灾工程。

(4)带有研究、开发性质的工程。

对于这种合同,业主应加强对工程的控制,合同中应规定成本开支范围,规定业主有权对成本开支进行决策、监督和审查。综上所述,合同类型的选择应考虑下列因素:业主的意愿、工程项目设计的深度、项目的规模及其复杂程度、工程项目的技术先进性、承包商的意愿和能力、工程进度的紧迫性、市场情况、业主的管理能力、外部因素或风险(如政局动荡、通货膨胀、恶劣气候等)。

采用何种合同类型不是固定不变的,有时一个项目中的各不同工程部分,或不同阶段,可能采用不同类型的合同,业主必须根据实际情况,全面、反复地权衡利弊,选定最佳的合同类型。

(四)合同条款的选用

合同条款和合同协议书是合同文件最重要的部分。业主应根据需要选择拟定合同条款,可以选用标准的合同条款,也可以根据需要对标准的文本做出修改、限定或补充。

选用合同条款时,应注意以下几个问题:

(1)合同条款应尽可能使用标准的合同条款。

(2)合同条款应与双方的管理水平相当,否则执行时有困难。

(3)选用的合同条款双方都较熟悉,既利于业主管理工程,又利于承包商对条款的执行,可减少争执和索赔的发生。

(4)选用合同条款还应考虑到各方面的制约。因为招标文件由业主起草,业主居于合同主导地位,所以业主应特别关注下列重要合同条款:

1)适用合同关系的法律、合同争执仲裁机构和程序等。

2)付款方式。

3)合同价格调整的条件、范围、方法,特别是由于物价、汇率、法律、关税等的变化对合同价格调整的规定。

4)对承包商的激励措施。如:对提前竣工,提出新设计,使用新技术、新工艺使业主节省投资等进行奖励;奖励型的成本加酬金合同以及质量奖等。

5)合同双方的风险分配。

6)保证业主对工程的控制权力。包括:工程变更权力,进度计划审批权力,实际进度监督权力,施工进度加速权力,质量的绝对检查权力,工程付款的控制权力,承包商不履约时业主的处置权力,等等。

(五)合同间的协调

工程项目的建设,业主要签订若干合同,如勘察合同、设计合同、施工合同、供应合同、贷款合同等。在这个合同体系中,相关的同级合同之间,主合同与分合同之间关系复杂,业主必须对此做出周密安排和协调,其中既有整体的合同策划,又有具体的合同管理问题。

1. 工作内容的完备性

业主签订的所有合同所确定的工作范围应涵盖项目的全部工作,完成了各个合同也就实现了项目总目标。为防止缺陷和遗漏,应做好下述工作:

(1)招标前进行项目的系统分析,明确项目系统范围。

(2)将项目做结构分解,系统地分成若干独立的合同,并列出各合同的工程量表。

(3)进行各合同(各承包商或各项目单元)间的界面分析,划清界面上工作的责任、质量、工期和成本。

2. 技术上的协调

各合同间只有在技术上协调,才能构成符合项目总目标的技术系统。应注意下述几个方面:

(1)主要合同之间设计标准的一致性,土建、设备、材料、安装等,应有统一的技术质量标准及要求,各专业工程(结构、建筑、水、电、通信、机械等)之间应有良好的协调。

(2)分包合同应按照总承包合同的条件订立,全面反映总合同的相关内容;采购合同的技术要求须符合承包合同中的技术规范的要求。

(3)各合同之间应界面清晰、搭接合理。如基础工程与上部结构、土建与安装、材料与运输等,它们之间都存在责任界面和搭接问题,必须一一处理好。

在工程实践中,各个合同签订时间、执行时间往往不是同步的,管理部门也常常发生需要协调的问题。因此,不仅在签约阶段,而且也在实施阶段;不仅在合同内容上,而且也在各部门管理过程上,都应统一、协调。有时,合同管理的组织协调甚至比合同内容更为重要。

三、承包商的合同策划

对于业主的合同策划,承包商常常必须执行或服从。如招标文件规定,承包商必须按照招标文件的要求做标,不允许修改合同条件,甚至不允许使用保留条件。但承包商也有自己的合同策划问题。承包商的合同策划主要是下面几个问题。

(一) 投标项目的选择

承包商通过市场调查获得许多工程项目的招标信息,承包商需就是否参与某一项目的投标做出战略决策。其依据为下面几个方面:

(1)政治文化环境,例如国内政局、国际关系、法律规定、风俗习惯、宗教信仰等;

(2)经济环境,例如市场景气、生产水平、劳动力成本、汇率、利率、价格水平等;

(3)自然环境,例如水文、地质、气候、自然灾害等;

(4)业主的状况,例如资信、经营状况、支付能力、招标方式、合同类型及主要条款、工程性质、范围、等级、技术难度、执行规范标准、工期要求等;

(5)承包商自身的状况,例如施工力量、技术水平、管理水平、工程经验、在手工程数量、资金状况等;

(6)竞争对手的状况等。

总之,选择的投标项目应符合承包商自身的经营战略要求,最大限度地发挥自身优势。对于技术水平、管理水平、财务能力和竞争能力勉为其难的,应予否决。

(二) 合同风险评价

承包商在合同策划时必须对工程的合同风险有一个总体的评价。合同风险评价主要包括风险的辨识和风险的评估两项工作。一般情况下,如果工程存在下列问题,则说明工程风险很大。

(1)工程规模大,工期较长,而业主采用固定总价合同形式。这种情况下,承包商需承担全部工程量和价格的风险。

(2)业主要求采用固定总价合同,但工程招标文件中的图纸不详细、不完备,工程量不准确,范围不清楚等。

(3)业主将投标期压缩得很短,承包商没有时间详细分析招标文件,而且招标文件为外文,采用承包商不熟悉的合同条件。这不仅对承包商风险很大,而且还会造成对整个工程总目标的损害,常常欲速则不达。

(4)工程环境不确定性大,如物价和汇率大幅度变动、水文地质条件不清楚,而业主要求采用固定价格合同。

大量的工程实践证明,如果存在上述问题,特别当一个工程同时出现上述多种问题,则这个工程可能会彻底失败,甚至将整个承包企业拖垮。这些风险可能造成损失的大小,在签订合同时往往是难以想象的。遇到这类工程,承包商应有足够的思想准备和应对措施。

(三)合作方式的选择

在总发包模式下,承包商必须就如何完成合同范围的工程做出决定。因为任何承包商都不可能自己独立完成全部工程,而必须与其他承包商合作,充分发挥各自的技术、管理、财力优势,以共同承担风险。但不同的合作方式其风险分担程度也不相同。

1. 分包

分包在工程中使用较多,通常由于下述几个原因:

(1)技术上的需要:承包商不可能也不必要具备工程所需各种专业的施工能力,其可以通过分包这种形式得到弥补。

(2)经济上的目的:对于某些分项,将其分包给有能力且报价低的分包商,可获得一定的经济效益。

(3)转嫁或减小风险:通过分包可将风险部分地转移给分包商。

(4)业主的要求:即业主指定承包商将某些分项工程分包出去。一般有两种情况:一是业主对某些分项只信任某一承包商;另一种是某些国家规定,外国承包商必须分包一定量的工程给本国的承包商。

承包商在投标报价时,一般就应确定分包商的报价,商定分包的主要条件,甚至签订分包意向书。由于承包商向业主承担工程责任,分包商出现任何问题都由总包负责,所以选择分包商应十分慎重,要选择符合要求的、有能力的、长期合作的分包商。此外,还应注意分包不宜过多,以免出现协调和管理的困难,以及引起业主对承包商能力的怀疑。

2. 联营承包

联营承包是指两家或两家以上的承包商联合投标,共同承接工程。承包商通过联营承包,可以承接工程规模大、技术复杂、风险大、难以独家承揽的工程,扩大经营范围;同时,在投标中可以发挥联营各方的技术、管理、经济和社会优势,使报价更具竞争力;联营各方可取长补短,增强完成合同的能力,业主较欢迎,易于中标。

联营有多种方式,最常见的是联合体方式。联合体方式指各自具有法人资格的施工企业结成合作伙伴联合承包一项工程。他们以联合体名义与业主签订合同,共同向业主承担责任。组成联合体时,应推举其中一成员为该联合体的责任方,代表联合体的一方或全体成员承担本合同的责任,负责与业主和监理工程师联系并接受指令,以及全面负责履行合同。

联营各方应签订联合体协议和章程,经业主确认的联合体协议和章程应作为合同文件的组成部分。在合同履行过程中,未经业主同意,不得修改联合体协议和章程。联合体协议属于施工承包合同的从合同。通常联合体协议先于施工承包合同签订,但是,只有施工承包合同签订了,联合体协议才有效;施工承包合同结束,联合体协议也结束,联合体也就解散。

第三节 工程项目合同的履行管理

由于工程项目合同具有价值高、周期长的特点,合同能否顺利履行将直接对当事人的经济利益乃至社会利益产生很大影响。因此,在合同订立后,当事人必须认真分析合同条款,做好合同交底和合同控制工作,加强合同的变更管理,以保证合同能顺利履行。

一、合同履行的概念及原则

(一) 合同的履行的概念

合同履行是指合同各方当事人按照合同的规定,全面履行各自的义务,实现各自的权利,使各方的目的得以实现的行为。合同依法成立,当事人就应当按照合同的约定,全部履行自己的义务。签订合同的目的在于履行,通过合同的履行而取得某种权益。合同的履行以有效的合同为前提和依据,因为无效合同从订立之时起就没有法律效力,不存在合同履行的问题。合同履行是该合同具有法律约束力的首要表现。工程项目合同的目的也是履行,因此,合同订立后同样应当严格履行各自的义务。

(二) 合同履行的原则

1. 实际履行原则

当事人订立合同的目的是满足一定的经济利益,满足特定的生产经营活动的需要。当事人一定要按合同约定履行义务,不能用违约金或赔偿金来代替合同的标的。

2. 全面履行原则

当事人应当严格按合同约定的数量、质量、标准、价格等完成合同义务。全面履行原则对合同的履行具有重要意义,它是判断合同各方是否违约以及违约应当承担何种违约责任的根据和尺度。

3. 协作履行原则

合同当事人各方在履行合同过程中,应当互谅、互助,尽可能为对方履行合同义务提供相应的便利条件。

贯彻协作履行原则对工程合同的履行具有重要意义,因为工程承包合同的履行过程是一个经历时间长,涉及面广,质量、技术要求高的复杂过程,一方履行合同义务的行为往往就是另一方履行合同义务的必要条件,只有贯彻协作履行原则,才能达到双方预期的合同目的;因此,承发包双方必须严格按照合同约定履行自己的每一项义务;本着共同的目的,相互之间应进行必要的监督检查,及时发现问题,平等协商解决,保证工程顺利实施;当一方违约给工程实施带来不良影响时,另一方应及时指出,违约方应及时采取补救措施;发生争议时,双方应顾全大局,尽可能不采取极端化行为等。

4. 诚实信用原则

诚实信用原则是《民法典》的基本原则,它是指当事人在签订和执行合同时,应讲究诚实，恪守信用，实事求是，以善意的方式行使权利并履行义务，不得回避法律和合同，以使双方所期待的正当利益得以实现。

对施工合同来说，业主在合同实施阶段应当按合同规定向承包方提供施工场地，及时支付工程款，聘请工程师进行公正的现场协调和监理；承包方应当认真计划，组织好施工，努力按质、按量在规定时间内完成施工任务，并履行合同所规定的其他义务。在遇到合同文件没有做出具体规定或规定矛盾、含糊时，双方应当善意地对待合同，在合同规定的总体目标下公正行事。

5. 情事变更原则

情事变更原则是指在合同订立后，如果发生了订立合同时当事人不能预见且不能克服的情况，改变了订立合同时的基础，使合同的履行失去意义或者履行合同将使当事人之间的利益发生重大失衡，应当允许受不利情况影响的当事人变更合同或者解除合同。情事变更原则实质上是按诚实信用原则履行合同的延伸，其目的在于消除合同因情事变更所产生的不公平后果。理论上一般认为，适用情事变更原则应当具备以下条件：

(1)有情事变更的事实发生。即作为合同环境及基础的客观情况发生了异常变动。

(2)情事变更发生于合同订立后、履行完毕之前。

(3)该异常变动无法预料且无法克服。如果合同订立时，当事人已预见该变动将要发生，或当事人能予以克服，则不能适用该原则。

(4)该异常变动不可归责于当事人。如果是因一方当事人的过错所造成或是当事人应当预见的，则应由其承担风险或责任。

(5)该异常变动应属于非市场风险。如果该异常变动是市场中的正常风险，则当事人不能主张情事变更。

(6)情事变更将使维持原合同显失公平。

在施工合同中，建筑材料涨价常常是承包方要求增加合同价款的理由之一。如果合同对材料没有包死，则补偿差价是合理的。如果合同已就工程总价或材料价格一次包死，则发生建筑材料涨价时是否补偿差价，应当判断建筑材料涨价是属于市场风险还是情事变更。可以认为，通货膨胀导致物价大幅上涨及因国家产业政策的调整或国家定价物资调价造成的物价大幅度上涨，属于情事变更，涨价部分应当由发包方合理负责一部分或全部承担，处于不利地位的承包方可以主张增加合同价款。如果属于正常的市场风险，则由承包方自行负担。

二、合同分析

(一) 合同分析的概念

合同分析是指从执行的角度分析、补充、解释合同，将合同目标和合同规定落实到合同实施的具体问题上和具体事件上，用以指导具体工作，使合同能符合日常工程管理的需要。

合同签订后，合同当事人的主要任务是按合同约定圆满地实现合同目标，完成合同责任。而整个合同责任的完成是靠在一段段时间内，完成一项项工程和一个个工程活动实现的。因此对承包商来说，必须将合同目标和责任贯彻落实在合同实施的具体问题上和各工程小组以及各分包商的具体工程活动中。承包商的各职能人员和各工程小组都必须熟练地掌握合同，用合同指导工程实施和工作，以合同作为行为准则。

从项目管理的角度来看，合同分析就是为合同控制确定依据。合同分析确定合同控制的目标，并结合项目进度控制、质量控制、成本控制的计划，为合同控制提供相应的合同工作、合同对策、合同措施。从此意义上讲，合同分析是承包商项目管理的起点。

合同履行阶段的合同分析不同于合同谈判阶段的合同审查与分析。合同谈判时的合同分析主要是对尚未生效的合同草案的合法性、完备性和公正性进行审查，其目的是针对审查发现的问题，争取通过合同谈判改变合同草案中于己不利的条款，以维护己方的合法权益。而合同履行阶段的合同分析主要是对已经生效的合同进行分析，其目的主要是明确合同目标，并进行合同结构分解，将合同落实到合同实施的具体问题上和具体事件上，用以指导具体工作，保证合同能够得到顺利履行。

（二）合同分析的作用

1. 分析合同漏洞、解释争议内容

工程的合同状态是静止的，而工程施工的实际情况千变万化，一份合同无论多么标准，也不可能将所有问题都考虑在内，难免会有漏洞。同时许多工程的合同系由发包方自行起草，条款简单，诸多的合同条款均未详细和合理地约定。在这种情况下，通过分析这些合同漏洞，并将分析的结果作为合同的履行依据就非常必要。

由于合同中出现错误、矛盾和二义性解释，以及施工中出现合同未做出明确约定的情况，在合同实施过程双方会有许多争执。要解决这些争执，首先必须做合同分析，按合同条文的表达，分析它的意思，以判定争执的性质。要解决争执，双方必须就合同条文的理解达成一致。特别是在索赔中，合同分析为索赔提供了理由和根据。

2. 分析合同风险、制定风险对策

工程承包是高风险行业，存在诸多风险因素，这些风险有的可能在合同签订阶段已经经过合理分摊，但仍有相当的风险并未落实或分摊不合理。因此，在合同实施前有必要做进一步的全面分析，以落实风险责任。对己方应承担的风险也有必要通过风险分析和评价，制定和落实风险回应措施。

3. 分解合同工作并落实合同责任

合同事件和工程活动的具体要求（如工期、质量、技术、费用等）、合同方的责任关系、事件和活动之间的逻辑关系极为复杂，要使工程按计划有条理地进行，必须在工程开始前将它们落实下来，从工期、质量、成本、相互关系等各方面定义合同事件和工程活动，这就需要通过合同分析分解合同工作，落实合同责任。

4. 进行合同交底，简化合同管理工作

在实际工作中，由于许多工程小组、项目管理职能人员所涉及的活动和问题并不涵盖整个合同文件，而仅涉及一小部分合同内容，因此，他们没有必要花费大量时间和精力全面把握合同，他们只需要掌握自己所涉及的部分合同内容。为此由合同管理人员先做全面的合同分析，再向各职能人员和工程小组进行合同交底就不失为较好的方法。

从另一方面讲，由于合同条文往往不直观明了，一些法律语言不容易理解，遇到具体问题，即使查阅合同，也不是所有查阅人都能够准确全面地把握合同。只有合同管理人员通过合同分析，将合同约定用最简单易懂的语言和形式表达出来，才能使大家了解自己的合同责任，从而使得日常合同管理工作容易、方便。

（三）合同分析的内容

合同分析应当在合同谈判前的审查分析的基础上进行。按其性质、对象和内容，合同分析可分为合同总体分析与合同结构分解、合同的缺陷分析、合同的风险分析及合同交底。合同分析的结果是合同事件表。合同事件表反映了合同分析的一般方法，它是工程施工中最重要的文件之一，从各个方面定义了该合同事件。合同事件表实质上是承包商详细的合同执行计划，有利于项目组在工程施工中落实责任，安排工作，进行合同监督、跟踪和处理索赔事项。合同事件表 9-1 和具体说明如下：

（1）事件编码。这是为了计算机数据处理的需要。计算机对事件的各种数据处理都靠编码识别。所以编码要能反映事件的各种特性，如所属的项目、单项工程、单位工程、专业性质、空间位置等。通常它应与网络事件（或活动）的编码有一致性。

表 9-1　合同事件表

<table>
<tr><td>子 项 目</td><td colspan="2">事件编码</td><td colspan="2">变更日期</td><td>变更次数</td></tr>
<tr><td colspan="6">事件名称和简要说明</td></tr>
<tr><td colspan="6">事件内容说明</td></tr>
<tr><td colspan="6">前提条件</td></tr>
<tr><td colspan="6">本事件的主要活动</td></tr>
<tr><td colspan="6">负责人（单位）</td></tr>
<tr><td colspan="2">费用
计划：
实际：</td><td colspan="2">其他参加者</td><td colspan="2">工期
计划：
实际：</td></tr>
</table>

（2）事件名称和简要说明。对一个确定的承包合同，承包商的工程范围、合同责任是一定的，则相关的合同事件和工程活动也是一定的，在一个工程中，这样的事件通常可能有几百甚至上千件。

（3）变更次数和最近一次的变更日期。它记载着与本事件相关的工程变更。在接到变更指令后，应落实变更，修改相应栏目的内容。最近一次的变更日期表示从这一天以来的变更尚未考虑到，这样可以检查每个变更指令的落实情况，既防止重复又防止遗漏。

（4）事件的内容说明。主要为该事件的目标，如某一分项工程的数量、质量、技术要求以及其他方面的要求。这由工程量清单、工程说明、图纸、规范等定义，是承包商应完成的任务。

（5）前提条件。该事件进行前应有哪些准备工作？应具备什么样的条件？这些条件有的应由事件的责任人承担，有的应由其他工程小组、其他承包商或业主承担。这里不仅仅确定了事件之间的逻辑关系，而且确定了各参加者之间的责任界限。

（6）本事件的主要活动。即完成该事件的一些主要活动和他们的实施方法、技术与组织措施。这完全是从施工过程的角度进行分析的，这些活动组成该事件的子网络。例如设备安装可包括如下活动：现场准备，施工设备进场、安装，基础找平、定位，设备就位，吊装，固定，施工设备拆卸、出场等。

（7）责任人（或负责人）。即负责该事件实施的工程小组或分包商。

(8)成本(或费用)。这里包括计划成本和实际成本,有如下两种情况:若该事件由分包商承担,则计划费用为分包合同价格。如果在总包和分包之间有索赔,则应修改这个值,而相应的实际费用为最终实际结算账单金额综合。若该事件由承包商的工程小组承担,则计划成本可由成本计划得到,一般为直接成本,而实际成本为会计核算的结果,在事件完成后填写。

(9)计划与实际的工期。计划工期由网络分析得到。这里有计划开始期、结束期和持续时间。实际工期按实际情况,在该事件结束后填写。

(10)其他参加者。对该事件的实施提供帮助的其他人员。

(五)合同交底

合同交底指合同管理人员在对合同的主要内容做出解释和说明的基础上,通过组织项目管理人员和各工程小组负责人学习合同条文和合同总体分析结果,使大家熟悉合同中的主要内容、各种规定、管理程序,了解承包商的合同责任和工程范围、各种行为的法律后果等,使大家都树立全局观念,避免执行中的违约行为,同时使大家的工作协调一致。

合同交底应分解落实如下合同和合同分析文件:合同事件表(任务单、分包合同)、图纸、设备安装图纸、详细的施工说明等。最重要的是以下几个方面的内容:工程的质量、技术要求和实施中的注意点;工期要求;消耗标准;合同事件之间的逻辑关系;各工程小组(分包商)责任界限的划分;完不成责任的影响和法律后果等。

合同管理人员应在合同的总体分析和合同结构分解、合同工作分析的基础上,按施工管理程序,在工程开工前,逐级进行合同交底,使得每一个项目参加者都能够清楚地了解自身的合同责任,以及自己所涉及的应当由对方承担的合同责任,以保证在履行合同义务过程中自己不违约,同时,如发现对方违约,及时向合同管理人员汇报,以便及时要求对方履行合同义务及进行索赔。在交底的同时,应将各种合同事件的责任分解落实到各分包商或工程小组直至每一个项目参加者,以经济责任制形式规范各自的合同行为,以保证合同目标能够实现。

三、合同控制

(一)合同控制方法

合同控制方法适用一般的项目控制方法。项目控制方法可分为多种类型:按项目的发展过程分类,可分为事前控制、事中控制、事后控制;按照控制信息的来源分类,可分为前馈控制、反馈控制;按是否形成闭合回路分类,可分为开环控制、闭环控制。归纳起来,可分为两大类,即主动控制和被动控制。

1. 被动控制

被动控制是控制者从计划的实际输出中发现偏差,对偏差采取措施及时纠正的控制方式。因此要求管理人员对计划的实施进行跟踪,把它输出的工程信息进行加工、整理,再传递给控制部门,使控制人员从中发现问题,找出偏差,寻求并确定解决问题和纠正偏离。被动控制实际上是在项目实施过程中,事后检查过程中发现问题及时处理的一种控制,因此仍为一种积极且十分重要的控制方式,如图 9-1 所示。

被动控制的措施如下:

(1)应用现代化方法、手段,跟踪、测试、检查项目实施过程的数据,发现异常情况及时采

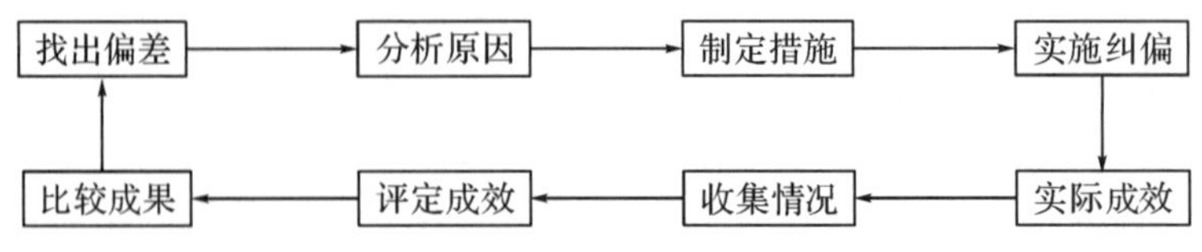

图 9-1 合同被动控制流程

取措施。

(2)建立项目实施过程中人员控制组织,明确控制责任,检查发现情况及时处理。

(3)建立有效的信息反馈系统,及时将偏离计划目标值进行反馈,以使其及时采取措施。

2. 主动控制

主动控制就是预先分析目标偏离的可能性,并拟订和采取各项预防性措施,以保证计划目标得以实现。主动控制是一种对未来的控制,它可以最大可能改变即将成为事实的被动局面,从而使控制更有效。当它根据已掌握的可靠信息分析预测得出系统将要输出偏离计划的目标时,就制定纠正措施并向系统输入,以使系统因此而不发生目标的偏离。它是在事情发生之前就采取了措施的控制。

主动控制措施一般如下:

(1)详细调查并分析外部环境条件,以确定那些影响目标实现和计划运行的各种有利和不利因素,并将它们考虑到计划和其他管理职能当中。

(2)识别风险,努力将各种影响目标实现和计划执行的潜在因素揭示出来,为风险分析和管理提供依据,并在计划实施过程中做好风险管理工作。

(3)用科学的方法制订计划,做好计划可行性分析,消除那些造成资源不可行、技术不可行、经济不可行和财务不可行的各种错误和缺陷,保障工程的实施能够有足够的时间、空间、人力、物力和财力,并在此基础上力求计划优化。

(4)高质量地做好组织工作,使组织与目标和计划高度一致,把目标控制的任务与管理职能落实到适当的机构和人员,做到职权与职责明确,使全体成员能够通力协作,为共同实现目标而努力。

(5)制定必要的应急备用方案,以对付可能出现的影响目标或计划实现的情况。一旦发生这些情况,则有应急措施作保障,从而减少偏离量,或避免发生偏离。

(6)计划应留有余地,这样可避免那些经常发生、又不可避免的干扰对计划的不断影响,减少“例外”情况产生的数量,使管理人员处于主动地位。

(7)沟通信息流通渠道,加强信息收集、整理和研究工作,为预测工程未来发展提供全面、及时、可靠的信息。

被动控制与主动控制对承包商进行项目管理而言缺一不可,它们都是实现项目目标所必须采用的控制方式。有效的控制是将被动控制和主动控制紧密地结合起来,力求加大主动控制在控制过程中的比例,同时进行定期、连续的被动控制。只有如此,方能完成项目目标控制的根本任务。主动控制和被动控制的关系可用图 9-2 表示。

(二)合同控制的日常工作

1. 参与落实计划

合同管理人员与项目的其他职能人员一起落实合同实施计划,为各工程小组、分包商的

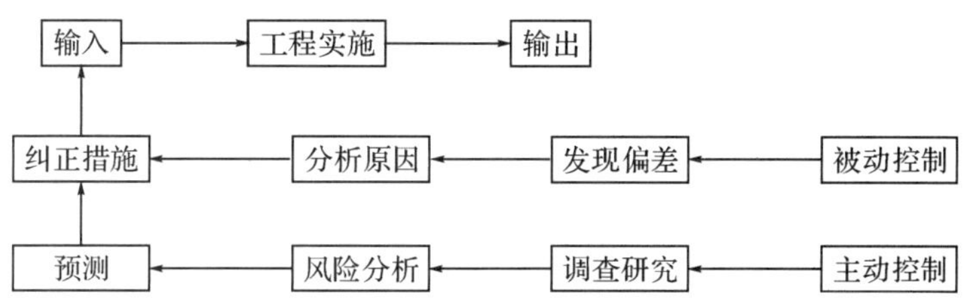

图 9-2 合同主动控制与被动控制的关系

工作提供必要的保证，如施工现场的安排，人工、材料、机械等计划的落实，工序间的搭接关系和安排及其他一些必要的准备工作。

2. 协调各方关系

在合同范围内协调业主、工程师、项目管理各职能人员、所属的各工程小组和分包商之间的工作关系，解决相互之间出现的问题。如合同责任界面之间的争执、工程活动之间时间上和空间上的不协调。合同责任界面争执在工程实施中是很常见的。承包商与业主、与业主的其他承包商、与材料和设备供应商、与分包商，以及承包商的分包商之间、工程小组与分包商之间常常互相推卸一些合同中或合同事件表中未明确划定的工程活动的责任。这会引起内部和外部的争执，对此合同管理人员必须做判定和调解工作。

3. 指导合同工作

对各工程小组和分包商进行工作指导，做经常性的合同解释，使各工程小组都有全局观念，对工程中发现的问题提出意见、建议或警告。合同管理人员在工程实施中起"漏洞工程师"的作用，但他不是寻求与业主、工程师、各工程小组、分包商的对立，他的目标不仅仅是索赔和反索赔，更重要的是将各方面在合同关系上联系起来，防止漏洞和弥补损失，更完善地完成工程。例如，促使工程师放弃不适当、不合理的要求（指令），避免对工程的干扰、工期的延长和费用的增加；协助工程师工作，弥补工程师工作的遗漏，如及时提出对图纸、指令、场地等的申请，尽可能提前通知工程师，让工程师有所准备，使工程更为顺利。

4. 参与其他项目控制工作

合同项目管理的有关职能人员每天检查、监督各工程小组和分包商的合同实施情况，对照合同要求的数量、质量、技术标准和工程进度，发现问题并及时采取对策措施。对他们的已完工程做最后的检查核对，对未完成的工程，或有缺陷的工程指令限期采取补救措施，防止影响整个工期。按合同要求，会同业主及工程师等对工程所用材料和设备开箱检查或做验收，看是否符合质量、图纸和技术规范等的要求，进行隐蔽工程和已完工程的检查验收，负责验收文件的起草和验收的组织工作，参与工程结算，会同造价工程师对向业主提出的工程款账单和分包商提交来的收款账单进行审查和确认。此外，还有合同实施情况的追踪、偏差分析及参与处理、工程变更管理、工程索赔管理、工程文档管理、争议处理等。

（三）合同跟踪

在工程实施过程中，由于实际情况千变万化，导致合同实施与预定目标（计划和设计）的偏离，如果不采取措施，这种偏差常常由小到大，日积月累。这就需要对合同实施情况进行跟踪，以便及时发现偏差，不断调整合同实施，使之与总目标一致。

1. 合同跟踪的依据

合同跟踪时，判断实际情况与计划情况是否存在差异的依据主要有：合同和合同分析的结果，如各种计划、方案、合同变更文件等，它们是比较的基础，是合同实施的目标和方向；各种实际的工程文件，如原始记录、各种工程报表、报告、验收结果、量方结果等；工程管理人员每天对现场情况的直观了解，如通过施工现场的巡视、与各种人谈话、召集小组会议、检查工程质量、量方，通过报表、报告等。

2. 合同跟踪的对象

合同实施情况追踪的对象主要有如下几个方面：

(1)具体的合同事件

对照合同事件表的具体内容，分析该事件的实际完成情况。如以设备安装事件为例分析：

1)安装质量，如标高、位置、安装精度、材料质量是否符合合同要求？安装过程中设备有无损坏？

2)工程数量，如是否全都安装完毕？有无合同规定以外的设备安装？有无其他的附加工程？

3)工期，是否在预定期限内施工？工期有无延长？延长的原因是什么？该工程工期变化原因可能是：业主未及时交付施工图纸；生产设备未及时运到工地；基础土建工程施工拖延；业主指令增加附加工程；业主提供了错误的安装图纸，造成工程返工；工程师指令暂停施工等。

4)成本的增加和减少。

将上述内容在合同事件表上加以注明，这样可以检查每个合同事件的执行情况。对一些有异常情况的特殊事件，即实际和计划存在大的偏离的事件，可以列特殊事件分析表，做进一步的处理。从这里可以发现索赔机会，因为经过上面的分析可以得到偏差的原因和责任。

(2)工程小组或分包商的工程和工作

一个工程小组或分包商可能承担许多专业相同、工艺相近的分项工程或许多合同事件，所以必须对它们实施的总情况进行检查分析。在实际工程中常常因为某一工程小组或分包商的工作质量不高或进度拖延而影响整个工程施工。合同管理人员在这方面应给他们提供帮助，如协调他们之间的工作，对工程缺陷提出意见、建议或警告，责成他们在一定时间内提高质量、加快工程进度等。

作为分包合同的发包商，总承包商必须对分包合同的实施进行有效的控制。这是总承包商合同管理的重要任务之一。分包合同控制的目的如下：

1)控制分包商的工作，严格监督他们按分包合同完成工程责任。分包合同是总承包合同的一部分，如果分包商完不成他们的合同责任，则总包就不能顺利完成总包合同责任。

2)为向分包商索赔和对分包商反索赔做准备。总包和分包之间利益是不一致的，双方之间常常有尖锐的利益争执。在合同实施中，双方都在进行合同管理，都在寻求向对方索赔的机会。所以双方都有索赔和反索赔的任务。

3)对分包商的工程和工作，总承包商负有协调和管理的责任，并承担由此造成的损失。所以分包商的工程和工作必须纳入总承包工程的计划和控制中，防止因分包商工程管理失误而影响全局。

(3)业主和工程师的工作

业主和工程师是承包商的主要工作伙伴,对他们的工作进行监督和跟踪十分重要。

1)业主和工程师必须正确、及时地履行合同责任,及时提供各种工程实施条件,如及时发布图纸、提供场地、及时下达指令、做出答复、及时支付工程款等。这常常是承包商推卸工程责任的托词,所以要特别重视。在这里合同工程师应寻找合同中以及对方合同执行中的漏洞。

2)在工程中承包商应积极主动地做好工作,如提前催要图纸、材料,对工作事先通知。这样不仅可以让业主和工程师及时准备,以建立良好的合作关系,保证工程顺利实施,而且可以推卸自己的责任。

3)有问题及时与工程师沟通,多向他汇报情况,及时听取他的指示(书面的)。

4)及时收集各种工程资料,对各种活动、双方的交流做出记录。

5)对有恶意的业主提前防范,并及时采取措施。

(4)工程总的实施状况

1)工程整体施工秩序状况。如果出现以下情况,合同实施必定存在问题:现场混乱、拥挤不堪;承包商与业主的其他承包商、供应商之间协调困难;合同事件之间和工程小组之间协调困难;出现事先未考虑到的情况和局面;发生较严重的工程事故等。

2)已完工程没有通过验收,出现大的工程质量事故,工程试运行不成功或达不到预定的生产能力等。

3)施工进度未能达到预定计划,主要的工程活动出现拖期,在工程周报和月报上计划和实际进度出现大的偏差。

4)计划和实际的成本曲线出现大的偏离。在工程项目管理中,工程累计成本曲线对合同实施的跟踪分析起很大作用。计划成本累计曲线通常在网络分析、各事件计划成本确定后得到,在国外它又被称为工程项目的成本模型。而实际成本曲线由实际施工进度安排和实际成本累计得到,两者对比,可以分析出实际和计划的差异。

通过合同实施情况追踪、收集、整理,能反映工程实施状况的各种工程资料和实际数据,如各种质量报告、各种实际进度报表、各种成本和费用收支报表及其分析报告。将这些信息与工程目标,如合同文件、合同分析的资料、各种计划、设计等进行对比分析,可以发现两者的差异。根据差异的大小确定工程实施偏离目标的程度。如果没有差异,或差异较小,则可以按原计划继续实施工程。

(四)合同实施情况偏差分析

合同实施情况偏差表明工程实施偏离了工程目标,应加以分析调整,否则这种差异会逐渐积累,越来越大,最终导致工程实施远离目标,使承包商或合同双方受到很大的损失,甚至可能导致工程的失败。

合同实施情况偏差分析,指在合同实施情况追踪的基础上,评价合同实施情况及其偏差,预测偏差的影响及发展的趋势,并分析偏差产生的原因,以便对该偏差采取调整措施。

合同实施情况偏差分析的内容包括以下几点。

1. 合同执行差异的原因分析

通过对不同监督和跟踪对象的计划和实际的对比分析,不仅可以得到合同执行的差异,而且可以探索引起这个差异的原因。原因分析可以采用鱼刺图，因果关系分析图(表)，成本量差、价差、效率差分析等方法定性或定量地进行。

例如，通过计划成本和实际成本累计曲线的对比分析，不仅可以得到总成本的偏差值，而且可以进一步分析差异产生的原因。引起上述计划和实际成本累计曲线偏离的原因可能有：整个工程加速或延缓；工程施工次序被打乱；工程费用支出增加，如材料费、人工费上升；增加新的附加工程，使主要工程的工程量增加；工作效率低下，资源消耗增加等。

上述每一类偏差原因还可进一步细分，如引起工作效率低下的原因可以分为：内部干扰，如施工组织不周，夜间加班或人员调遣频繁；机械效率低，操作人员不熟悉新技术，违反操作规程，缺少培训；经济责任不落实，工人劳动积极性不高等。外部干扰，如图纸出错，设计修改频繁；气候条件差；场地狭窄，现场混乱，施工条件如水、电、道路等受到影响等。

在上述基础上还应分析出各原因对偏差影响的权重。

2. 合同差异责任分析

即这些原因由谁引起？该由谁承担责任？这常常是索赔的理由。一般只要原因分析详细、有根有据，则责任分析自然清楚。责任分析必须以合同为依据，按合同规定落实双方的责任。

3. 合同实施趋向预测

分别考虑不采取调控措施和采取调控措施，以及采取不同的调控措施情况下合同的最终执行结果。最终的工程状况，包括总工期的延误、总成本的超支、质量标准、所能达到的生产能力(或功能要求)等；承包商将承担什么样的后果，如被罚款、被清算，甚至被起诉，对承包商资信、企业形象、经营战略的影响等；最终工程经济效益(利润)水平。

(五) 合同实施情况偏差处理

根据合同实施情况偏差分析的结果，承包商应采取相应的调整措施。调整措施可分为：

(1)组织措施，如增加人员投入，重新进行计划或调整计划，派遣得力的管理人员。

(2)技术措施，例如变更技术方案，采用新的更高效率的施工方案。

(3)经济措施，如增加投入；对工作人员进行经济激励等。

(4)合同措施，例如进行合同变更，签订新的附加协议、备忘录，通过索赔解决费用超支问题等。

合同措施是承包商的首选措施，该措施主要由承包商的合同管理机构来实施。承包商采取合同措施时通常应考虑：

1)如何保护和充分行使自己的合同权利，例如通过索赔以降低自己的损失。

2)如何利用合同使对方的要求降到最低，即如何充分限制对方的合同权利，找出业主的责任。如果通过合同诊断，承包商已经发现业主有恶意、不支付工程款或自己已经陷入合同陷阱中，或已经发现合同亏损，而且估计亏损会越来越大，则要及早确定合同执行战略。例如及早解除合同，降低损失；争取道义索赔，取得部分补偿；采用以守为攻的办法拖延工程进度，消极怠工。因为在这种情况下，承包商投入资金越多，工程完成得越多，承包商越被动，损失会越大。等到工程完成交付使用，承包商的主动权就没有了。

四、合同变更、转让和解除

(一) 合同变更

《民法典》第 543 条对合同变更做出了规定,即“当事人协商一致,可以变更合同。法律、行政法规规定变更合同应当办理批准、登记等手续的,依照其规定”。本条规定是指合同内容的变更,而不包括合同主体的变更。

合同变更的法律效力应当包括下列方面:

(1)变更后的合同部分,原有的合同内容失去效力,当事人应按照变更后的合同内容履行。

(2)合同的变更只对合同未履行的部分有效,不对合同已经履行的内容发生效力。也即合同的变更没有溯及力。合同的当事人不得以合同发生了变更,而要求对已履行的部分归于无效。

(3)合同的变更不影响当事人请求损害赔偿的权利。合同变更以前,由于一方的原因而给对方造成损害的,对方有权要求责任方承担赔偿责任,并不因合同发生了变更而受影响。合同的变更本身给一方当事人造成损害的,另一方当事人也应对此承担赔偿责任,不得以合同的变更是当事人自愿的而不负赔偿责任。

(二) 合同的转让

合同转让是指合同当事人一方依法将其合同的权利和(或)义务全部或部分地转让给第三人。合同转让包括合同的权利转让、合同的义务转让、合同的权利和义务一并转让。

合同转让的主要特征是:

(1)合同的转让以有效合同的存在为前提。

(2)合同的转让是合同主体的改变。

(3)合同的转让不改变原合同的权利义务内容。

(4)必须经债权人同意或通知债务人。

(5)合同权利的转让必须是转让依法能转让的权利。

(三) 合同的解除

合同的解除是指合同生效成立后,在一定的条件下通过当事人的单方或者双方协议终止合同效力的行为。合同解除有协议解除和单方解除两种基本方式。

1. 合同的协议解除

合同的协议解除是指当事人通过协议解除合同的形式。《民法典》第 562 条规定:“经当事人协商一致,可以解除合同。当事人可以约定一方解除合同的条件。解除合同的条件成就时,解除权人可以解除合同。”经当事人协商一致解除合同的,当然属于协议解除。而在约定的解除条件成就时的解除,是以合同对解除权的约定为基础的,所以也可以是看作一种特殊的协议解除。

2. 合同的单方解除

合同的单方解除(也可称为法定解除)是指在具备法定事由时合同一方当事人通过行使解除权就可以终止合同效力。

《民法典》第 563 条规定:“有下列情形之一的,当事人可以解除合同:①因不可抗力致使不能实现合同目的;②在履行期限届满之前,当事人一方明确表示或者以自己的行为表明不履行主要债务;③当事人一方迟延履行主要债务,经催告后在合理期限内仍未履行;④当事人一方迟延履行债务或者有其他违约行为致使不能实现合同目的;⑤法律规定的其他情形。”

《民法典》第566条规定:“合同解除后,尚未履行的,终止履行;已经履行的,根据履行情况和合同性质,当事人可以请求恢复原状,或者采取补救措施,并有权要求赔偿损失。”

《民法典》第567条规定:“合同权利义务终止,不影响合同中结算和清理条款效力。”也就是说合同解除后结算和清理条款的效力不受影响。合同中结算和清理条款属于在权利义务终止时进行善后处理的条款,不同于当事人在合同中享有的实体权利义务条款,合同的终止不但不影响其法律效力,而且还可以作为处理合同终止后善后事宜的依据。

案例分析

大海捞针寻线索峰回路转扭乾坤:CC公司与HF公司的工程索赔、工程款支付纠纷

案例正文:(请扫描阅读)

启发思考题

(1)试分析HF公司、CC公司与GZ公司之间的合同关系,并分析赵某某是以什么身份起诉HF公司的。

(2)分析本案例中CC公司在面对HF公司的索赔时,采取了哪些应对措施?

(3)依据合同解释的基本原则,本案例中关于质量保证金支付的条款,一审法院、二审法院是根据什么原则进行判决的?

(4)根据工程合同管理的主要内容,分析CC公司、HF公司在案涉工程合同管理方面存在的问题。

复习思考题

1. 什么是工程项目合同?工程项目合同的特点有哪些?
2. 试述工程项目合同的主要合同关系。
3. 简述业主及承包商合同策划的主要内容。
4. 合同履行的概念和原则是什么?

5. 简述合同分析的内容。

6. 什么是合同控制？它与成本控制、质量控制、进度控制的关系是什么？

7. 合同实施情况偏差分析的内容包括哪些？合同实施情况出现偏差时的调整措施有哪些？

8. 举例说明工程项目业主方合同类型的选择及合同策划的要点。

第十章　工程项目安全与环境管理

改革开放以来，我国经济持续高速增长，工程项目的投资在其中起到了很大的拉动作用。在诸多的工程项目中，由于各方对安全生产和环境管理重视不够，在建设的过程中出现了不少安全事故和环境问题，不仅影响工程的顺利实施，还给家庭、国家和社会造成惊人的损失。因此在工程建设项目中，加强安全和环境管理，对保证工程项目顺利实施，减少损失，提高投资效益和社会效益，达到人与自然环境的可持续发展具有十分重要的意义。

第一节　工程项目安全管理

工程项目安全管理是工程项目管理的重要组成部分，它不仅关系到人民的生命财产和工程项目能否按相关设计要求顺利完工，而且还关系到社会的安全稳定与和谐。因此，加强工程项目的安全管理是每一工程项目管理的重中之重。

一、工程项目安全管理概述

(一) 工程项目安全管理

工程项目安全管理是指为保证工程项目生产顺利进行，避免人员、财产损失和环境的破坏，确保安全生产而采取的各种对策、方针和行动的总称。

工程项目安全管理是一门综合性的系统科学，从宏观上来说，包括安全法规、安全技术、工业卫生等三个相互联系又相互独立的内容：安全法规，也叫劳动保护法规，侧重于以政策、规程、条例、制度等形式来规范操作和管理行为，从而使劳动者的劳动安全与身体健康得到应有的法律保障；安全技术，侧重于生产过程中对劳动手段和劳动对象的管理，包括预防伤亡事故和减轻劳动强度所采取的工程技术和安全技术规范、规定、标准、条例等；工业卫生，也叫生产卫生、职业卫生，侧重于在生产过程中对高温、粉尘、振动、噪声、毒物的管理，包括防止其对劳动者身体造成危害所采取的防护、医疗、保健等措施。

(二) 工程项目安全管理的基本原则

1. 必须贯彻预防为主的方针

安全生产的方针是“安全第一、预防为主”。进行安全管理不仅是处理事故，而更重要的是在生产活动中，针对生产的特点，对生产因素采取管理措施，有效地控制不安全因素的发展与扩大，把可能发生的事故消灭在萌芽状态。

2. 管生产同时管安全

安全管理是生产管理的重要组成部分，安全与生产在实施过程中，两者存在着密切的联系，存在着进行共同管理的基础。各级领导人员在管理生产的同时，必须负责管理安全工作。(企业)工程项目中一切与生产有关的机构、人员，都必须参与安全管理并在管理中承担责任。

3. 坚持安全管理的目的性

安全管理的内容是对生产中的人、物、环境因素状态的管理，有效地控制人的不安全行为和物的不安全状态，消除或避免事故，达到保护劳动者安全与健康的目的。

4. 坚持“四全”动态管理

安全管理涉及生产活动的方方面面，包括从开工到竣工交付的全部生产过程、全部的生产时间和一切变化着的生产因素。因此，生产活动中必须坚持全员、全过程、全方位、全天候的动态安全管理。

5. 安全管理重在控制

在安全管理的各项内容中，对生产因素状态的控制与安全管理目的之间的关系更直接、更突出。因此，对生产因素状态(生产中人的不安全行为和物的不安全状态等)的控制必须看作是安全管理的重点。

6. 在管理中发展提高

安全管理是一种动态管理，需要不断发展、不断变化，以适应变化的生产活动，消除新的危险因素，摸索新的规律，总结管理的办法与经验，从而使安全管理上升到新的高度。

二、安全生产责任制

(一) 我国的安全生产管理体制

安全生产管理体制是在社会主义市场经济建设中不断总结经验的基础上发展起来的。1993 年国务院在《关于加强安全生产工作的通知》中，将原来的“国家监察、行政监察、群众监督”的安全生产管理体制，发展为“企业负责、行业管理、国家监察、群众监督”。1996 年 1 月全国安全生产工作电视电话会议上增加了“劳动者遵章守纪”这一条规定。随着经济体制改革的深入，特别是 2002 年 6 月《中华人民共和国安全生产法》等法律法规的颁布与实施，这一管理体制在实践中又得到进一步的补充和完善，提出安全生产工作实行管行业必须管安全、管业务必须管安全、管生产经营必须管安全，强化和落实生产经营单位主体责任与政府监管责任，建立生产经营单位负责、职工参与、政府监管、行业自律和社会监督的机制。2004 年 1 月 9 日国务院在《关于进一步加强安全生产工作的决定》中将其调整概括为“政府统一领导、部门依法监管、企业全面负责、群众参与监督、全社会广泛支持”，提出了构建全社会齐抓共管的安全生产工作格局的要求。

(二) 建设单位的安全责任

建设单位是建设工程的投资人，是整个工程的总负责人。建设单位的不规范行为，直接或者间接地导致安全事故的发生，因此必须明确建设单位的下述安全责任：

(1)应当向施工单位提供施工现场及毗邻区域内供水、排水、供电、供气、供热、通信、广播电视等地下管线资料，气象和水文观测资料，相邻建筑物和构筑物、地下工程的有关资料，并保证资料的真实、准确、完整。

(2)不得对勘察、设计、施工、工程监理等单位提出不符合建设工程安全生产法律、法规和强制性标准规定的要求，不得压缩合同约定的工期。

(3)编制工程概算时，应当确定建设工程安全作业环境及安全施工措施所需费用。

(4)不得明示或者暗示施工单位购买、租赁、使用不符合安全施工要求的安全防护用具、机械设备、施工机具及配件、消防设施和器材。

(5)在申请领取施工许可证时,应当提供建设工程有关安全施工措施的资料。依法批准开工报告的建设工程,应当自开工报告批准之日起 15 日内,将保证安全施工的措施报送建设工程所在地的县级以上地方人民政府建设行政主管部门或者其他有关部门备案。

(6)应当将拆除工程发包给具有相应资质等级的施工单位。在拆除工程施工 15 日前,应将有关资料报送建设工程所在地的县级以上地方人民政府建设行政主管部门或者其他有关部门备案。

(三)勘察、设计、工程监理及其他有关单位的安全责任

安全生产是一个系统工程,与工程施工安全有关的不仅仅是施工单位,从生产安全事故的原因分析,不少是与勘察、设计、工程监理及其他有关单位有关的,其安全责任包括:

(1)勘察单位应当按照法律、法规和工程建设强制性标准进行勘察,提供的勘察文件应当真实、准确,满足建设工程安全生产的需要。在勘察作业时,应当严格执行操作规程,采取措施保证各类管线、设施和周边建筑物、构筑物的安全。

(2)设计单位应当按照法律、法规和工程建设强制性标准进行设计,防止因设计不合理导致生产安全事故的发生。应当考虑施工安全操作和防护的需要,对涉及施工安全的重点部位和环节在设计文件中注明,并对防范生产安全事故提出指导意见。采用新结构、新材料、新工艺的建设工程和特殊结构的建设工程,应当在设计中提出保障施工作业人员安全和预防生产安全事故的措施建议。设计单位和注册建筑师等注册执业人员应当对其设计负责。

(3)工程监理单位应当审查施工组织设计中的安全技术措施或者专项施工方案是否符合工程建设强制性标准。在实施监理过程中,发现存在安全事故隐患的,应当要求施工单位整改;情况严重的,应当要求施工单位暂时停止施工,并及时报告建设单位。施工单位拒不整改或者不停止施工的,应当及时向有关主管部门报告。工程监理单位和监理工程师应当按照法律、法规和工程建设强制性标准实施监理,并对建设工程安全生产承担监理责任。

(4)为建设工程提供机械设备和配件的单位,应当按照安全施工的要求配备齐全有效的保险、限位等安全设施和装置。

(5)出租的机械设备和施工机具及配件,应当具有生产(制造)许可证、产品合格证。出租单位应当对出租的机械设备和施工机具及配件的安全性能进行检测,在签订租赁协议时,应当出具检测合格证明。禁止出租检测不合格的机械设备和施工机具及配件。

(6)在施工现场安装、拆卸施工起重机械和整体提升脚手架、模板等自升式架设设施,必须由具有相应资质的单位承担。安装、拆卸施工起重机械和整体提升脚手架、模板等自升式架设设施,应当编制拆装方案、制定安全施工措施,并由专业技术人员现场监督。施工起重机械和整体提升脚手架、模板等自升式架设设施安装完毕后,安装单位应当自检,出具自检合格证明,并向施工单位进行安全使用说明,办理验收手续并签字。

(7)施工起重机械和整体提升脚手架、模板等自升式架设设施的使用达到国家规定的检验检测期限的,必须经具有专业资质的检验检测机构检测。经检测不合格的,不得继续使用。检验检测机构对检测合格的施工起重机械和整体提升脚手架、模板等自升式架设设施,应当出具安全合格证明文件,并对检测结果负责。

(四) 施工单位的安全责任

建设工程安全生产主要是指施工过程中的安全生产,施工现场的安全生产由施工单位负责,其主要安全责任有:

(1)施工单位从事建设工程的新建、扩建、改建和拆除等活动,应当具备国家规定的注册资本、专业技术人员、技术装备和安全生产等条件,依法取得相应等级的资质证书,并在其资质等级许可的范围内承揽工程。

(2)施工单位主要负责人依法对本单位的安全生产工作全面负责。施工单位应当建立健全安全生产责任制度和安全生产教育培训制度,制定安全生产规章制度和操作规程,保证本单位安全生产条件所需资金的投入,对所承担的建设工程进行定期和专项安全检查,并做好安全检查记录。施工单位的项目负责人应当由取得相应执业资格的人员担任,对建设工程项目的安全施工负责,落实安全生产责任制度、安全生产规章制度和操作规程,确保安全生产费用的有效使用,并根据工程的特点组织制定安全施工措施,消除安全事故隐患,及时、如实报告生产安全事故。

(3)施工单位对列入建设工程概算的安全作业环境及安全施工措施所需费用,应当用于施工安全防护用具及设施的采购和更新、安全施工措施的落实、安全生产条件的改善,不得挪作他用。

(4)施工单位应当设立安全生产管理机构,配备专职安全生产管理人员。专职安全生产管理人员负责对安全生产进行现场监督检查。发现安全事故隐患,应当及时向项目负责人和安全生产管理机构报告;对违章指挥、违章操作的,应当立即制止。

(5)建设工程实行施工总承包的,由总承包单位对施工现场的安全生产负总责。总承包单位应当自行完成建设工程主体结构的施工。总承包单位依法将建设工程分包给其他单位的,分包合同中应当明确各自的安全生产方面的权利、义务。总承包单位和分包单位对分包工程的安全生产承担连带责任。

分包单位应当服从总承包单位的安全生产管理,分包单位不服从管理导致生产安全事故的,由分包单位承担主要责任。

(6)垂直运输机械作业人员、安装拆卸工、爆破作业人员、起重信号工、登高架设作业人员等特种作业人员,必须按照国家有关规定经过专门的安全作业培训,并取得特种作业操作资格证书后,方可上岗作业。

(7)施工单位应当在施工组织设计中编制安全技术措施和施工现场临时用电方案,对下列达到一定规模的危险性较大的分部分项工程编制专项施工方案,并附具安全验算结果,经施工单位技术负责人、总监理工程师签字后实施,由专职安全生产管理人员进行现场监督:基坑支护与降水工程;土方开挖工程;模板工程;起重吊装工程;脚手架工程;拆除、爆破工程;国务院建设行政主管部门或者其他有关部门规定的其他危险性较大的工程。

涉及深基坑、地下暗挖工程、高大模板工程的专项施工方案,施工单位还应当组织专家进行论证、审查。

(8)建设工程施工前,施工单位负责项目管理的技术人员应当对有关安全施工的技术要求向施工作业班组、作业人员做出详细说明,并由双方签字确认。

(9)施工单位应当在施工现场入口处、施工起重机械、临时用电设施、脚手架、出入通道口、楼梯口、电梯井口、孔洞口、桥梁口、隧道口、基坑边沿、爆破物及有害危险气体和液体存放处等危险部位，设置明显的安全警示标志。安全警示标志必须符合国家标准。施工单位应当根据不同施工阶段和周围环境及季节、气候的变化，在施工现场采取相应的安全施工措施。施工现场暂时停止施工的，施工单位应当做好现场防护，所需费用由责任方承担，或者按照合同约定执行。

(10)施工单位应当将施工现场的办公、生活区与作业区分开设置，并保持安全距离，办公、生活区的选址应当符合安全性要求。职工的膳食、饮水、休息场所等应当符合卫生标准。施工单位不得在尚未竣工的建筑物内设置员工集体宿舍。

施工现场临时搭建的建筑物应当符合安全使用要求。施工现场使用的装配式活动房屋应当具有产品合格证。

(11)施工单位对因建设工程施工可能造成损害的毗邻建筑物、构筑物和地下管线等，应当采取专项防护措施。施工单位应当遵守有关环境保护法律、法规的规定，在施工现场采取措施，防止或者减少粉尘、废气、废水、固体废物、噪声、振动和施工照明对人和环境的危害和污染。在城市市区内的建设工程，施工单位应当对施工现场实行封闭围挡。

(12)施工单位应当在施工现场建立消防安全责任制度，确定消防安全责任人，制定用火、用电、使用易燃易爆材料等各项消防安全管理制度和操作规程，设置消防通道、消防水源，配备消防设施和灭火器材，并在施工现场入口处设置明显标志。

(13)施工单位应当向作业人员提供安全防护用具和安全防护服装，并书面告知危险岗位的操作规程和违章操作的危害。作业人员有权对施工现场的作业条件、作业程序和作业方式中存在的安全问题提出批评、检举和控告，有权拒绝违章指挥和强令冒险作业。在施工中发生危及人身安全的紧急情况时，作业人员有权立即停止作业或者在采取必要的应急措施后撤离危险区域。

(14)作业人员应当遵守安全施工的强制性标准、规章制度和操作规程，正确使用安全防护用具、机械设备等。

(15)施工单位采购、租赁的安全防护用具、机械设备、施工机具及配件，应当具有生产(制造)许可证、产品合格证，并在进入施工现场前进行查验。施工现场的安全防护用具、机械设备、施工机具及配件必须由专人管理，定期进行检查、维修和保养，建立相应的资料档案，并按照国家有关规定及时报废。

(16)施工单位在使用施工起重机械和整体提升脚手架、模板等自升式架设设施前，应当组织有关单位进行验收，也可以委托具有相应资质的检验检测机构进行验收；使用承租的机械设备和施工机具及配件的，由施工总承包单位、分包单位、出租单位和安装单位共同进行验收。验收合格的方可使用。《特种设备安全监察条例》规定的施工起重机械，在验收前应当经有相应资质的检验检测机构监督检验合格。施工单位应当自施工起重机械和整体提升脚手架、模板等自升式架设设施验收合格之日起30日内，向建设行政主管部门或者其他有关部门登记。登记标志应当置于或者附着于该设备的显著位置。

(17)施工单位的主要负责人、项目负责人、专职安全生产管理人员应当经建设行政主管部门或者其他有关部门考核合格后方可任职。施工单位应当对管理人员和作业人员每年至少进行一次安全生产教育培训，其教育培训情况记入个人工作档案。安全生产教育培训考核不合格的人员，不得上岗。

(18)作业人员进入新的岗位或者新的施工现场前，应当接受安全生产教育培训。未经教育培训或者教育培训考核不合格的人员,不得上岗作业。施工单位在采用新技术、新工艺、新设备、新材料时,应当对作业人员进行相应的安全生产教育培训。

(19)施工单位应当为施工现场从事危险作业的人员办理意外伤害保险。

(20)企业行政主管部门管理本行业的安全生产工作。建立安全管理机构,配备安全技术干部;组织贯彻执行国家安全生产方针、政策、法规;制定行业的规章制度和规范标准;对本行业安全生产工作进行计划、组织和监督、检查、考核。

(21)群众(工会组织)监督。工会对危害职工安全健康的现象有抵制、纠正以至控告的权利,这是一种自下而上的群众监督。这种监督是与国家安全监察和行政管理相辅相成的。

三、工程项目安全控制

工程项目安全控制是指在生产过程中涉及的计划、组织、监控、调节和改进等一系列满足生产安全所进行的活动。

(一) 工程项目安全控制的目标

工程项目安全控制的目标是减少和消除施工过程中的事故,保证人员健康安全和财产免受损失。具体可包括:减少或消除人的不安全行为的目标;减少或消除设备、材料等的不安全状态的目标;改善生产环境和保护自然环境的目标。

(二) 工程项目安全控制的特点

工程项目安全控制的特点主要有以下几个方面。

1. 控制面广

由于建设规模较大,生产工艺复杂、工序多,在生产过程中流动作业多,作业位置多变,遇到的不确定因素多,安全控制工作涉及范围大、控制面广。

2. 控制的动态性

由于建设工程项目的单件性,每项工程所处的条件不同,所面临的危险因素和防范措施也会有所改变,员工在转移工地后,熟悉一个新的工作环境需要一定的时间,有些工作制度和安全技术措施也会有所调整,员工同样有个熟悉的过程。

再者,现场施工分散于施工现场的各个部位,尽管有各种规章制度和安全技术交底的环节,但是面对具体的生产环境时,仍然需要自己的判断和处理,有经验的人员还必须适应不断变化的情况。

3. 控制系统的交叉性

建设工程项目是开放系统,受自然环境和社会环境影响很大,同时也会对社会和环境造成影响,安全控制需要把工程系统、环境系统及社会系统结合起来。

4. 控制的严谨性

由于建设工程施工的危害因素复杂、风险程度高、伤亡事故多,所以预防控制措施必须严谨,如有疏漏就可能发展到失控,而酿成事故,造成损失和伤害。

(三) 工程项目安全控制程序

工程项目的安全控制按照一定的程序开展,如图 10-1 所示。

1. 确定每项具体工程项目的安全目标

按“目标管理”方法在以项目经理为首的项目管理系统内进行分解,从而确定每个岗位

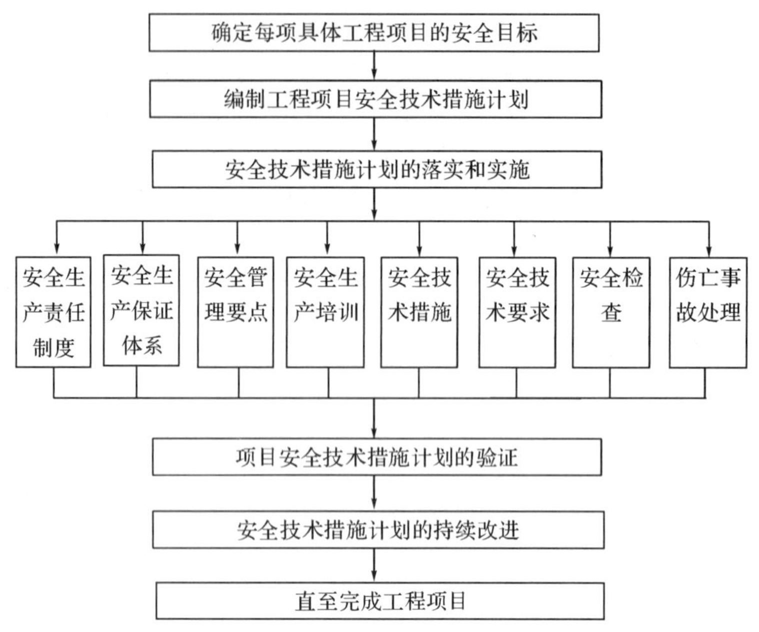

图 10-1　工程项目安全控制程序

的安全目标，实现全员安全控制。

2. 编制工程项目安全技术措施计划

工程项目安全技术措施计划是对生产过程中的不安全因素，用技术手段加以消除和控制的文件，是落实"预防为主"方针的具体体现，是进行工程项目安全控制的指导性文件。

3. 安全技术措施计划的落实和实施

安全技术措施计划的落实和实施包括建立健全安全生产责任制，设置安全生产设施，采用安全技术和应急措施，进行安全教育和培训，安全检查，事故处理，沟通和交流信息，通过一系列安全措施的贯彻，使生产作业的安全状况处于受控状态。

4. 安全技术措施计划的验证

安全技术措施计划的验证是通过施工过程中对安全技术措施计划实施情况的安全检查，纠正不符合安全技术措施计划的情况，保证安全技术措施的贯彻和实施。

5. 安全技术措施计划的持续改进

根据安全技术措施计划的验证结果，对不适宜的安全技术措施计划进行修改、补充和完善，直至完成工程项目的所有工作。

(四) 工程项目安全技术措施的一般要求和主要内容

1. 安全技术措施的一般要求

(1)安全技术措施必须在工程开工前制定

施工安全技术措施是施工组织设计的重要组成部分，应在工程开工前与施工组织设计统一编制。为保证各项安全设施的落实，在工程图纸会审时，就应特别注意考虑安全施工的问题，并在开工前制定好安全技术措施，使得用于该工程的各种安全设施有较充分的时间进行采购、制作和维护等准备工作。

(2)施工安全技术措施要有全面性

按照有关法律法规的要求，在编制工程施工组织设计时，应当根据工程特点制定相应的施工安全技术措施。对于大中型工程项目、结构复杂的重点工程，除必须在施工组织设计中编制施工安全技术措施外，还应编制专项工程施工安全技术措施，详细说明有关安全方面的防护要求和措施，确保单位工程或分部分项工程的施工安全。对爆破、拆除、起重吊装、水下、基坑支护和降水、土方开挖、脚手架、模板等危险性较大的作业，必须编制专项安全施工技术方案。

(3)施工安全技术措施要有针对性

施工安全技术措施是针对每项工程的特点制定的，编制安全技术措施的技术人员必须掌握工程概况、施工方法、施工环境、条件等一手资料，并熟悉安全法规、标准等，才能制定有针对性的安全技术措施。

(4)施工安全技术措施应力求全面、具体、可靠

施工安全技术措施应把可能出现的各种不安全因素考虑周全，制定的对策措施方案应力求全面、具体、可靠，这样才能真正做到预防事故的发生。但是，全面具体不等于罗列一般通常的操作工艺、施工方法以及日常安全工作制度、安全纪律等。这些制度性规定，安全技术措施中不需要再作抄录，但必须严格执行。

对大型群体工程或一些面积大、结构复杂的重点工程，除必须在施工组织总设计中编制施工安全技术总体措施外，还应编制单位工程或分部分项工程安全技术措施，详细地制定出有关安全方面的防护要求和措施，确保该单位工程或分部分项工程的安全施工。

(5)施工安全技术措施必须包括应急预案

由于施工安全技术措施是在相应的工程施工实施之前制定的，所涉及的施工条件和危险情况大都是建立在可预测的基础上，而建设工程施工过程是开放的过程，在施工期间的变化是经常发生的，还可能出现预测不到的突发事件或灾害(如地震、火灾、台风、洪水等)。所以，施工技术措施计划必须包括面对突发事件或紧急状态的各种应急设施、人员逃生和救援预案，以便在紧急情况下，能及时启动应急预案，减少损失，保护人员安全。

(6)施工安全技术措施要有可行性和可操作性

施工安全技术措施应能够在每个施工工序之中得到贯彻实施，既要考虑保证安全要求，又要考虑现场环境条件和施工技术条件能够做得到。

2. 安全技术措施的主要内容

安全技术措施主要内容包括：进入施工现场的安全规定；地面及深槽作业的防护；高处及立体交叉作业的防护；施工用电安全；施工机械设备的安全使用；在采取“四新”技术时，有针对性的专门安全技术措施；有针对自然灾害预防的安全措施；预防有毒、有害、易燃、易爆等作业造成危害的安全技术措施；现场消防措施。

安全技术措施中必须包含施工总平面图，在图中必须对危险的油库、易燃材料库、变电设备、材料和构配件的堆放位置、塔式起重机、物料提升机(井架、龙门架)、施工用电梯、垂直运输设备位置、搅拌台的位置等按照施工需求和安全规程的要求明确定位，并提出具体要求。

结构复杂，危险性大、特性较多的分部分项工程，应编制专项施工方案和安全措施。如

基坑支护与降水工程、土方开挖工程、模板工程、起重吊装工程、脚手架工程、拆除工程、爆破工程等，必须编制单项的安全技术措施，并要有设计依据、有计算、有详图、有文字要求。

季节性施工安全技术措施，就是考虑夏季、雨季、冬季等不同季节的气候对施工生产带来的不安全因素可能造成的各种突发性事故，而从防护上、技术上、管理上采取的防护措施。一般工程可在施工组织设计或施工方案的安全技术措施中编制季节性施工安全措施；危险性大、高温期长的工程，应单独编制季节性的施工安全措施。

（五）安全技术交底

工程项目负责人应根据职业健康安全技术措施计划向参加施工的各类人员认真进行安全技术措施交底。结构复杂的分部分项工程施工前，应有针对性地进行全面详细的安全技术交底，使执行者了解安全技术及措施的具体内容和施工要求，确保安全措施落到实处。

1．安全技术交底的内容

安全技术交底是一项技术性很强的工作，对于贯彻设计意图、严格实施技术方案、按图施工、循规操作、保证施工质量和施工安全至关重要。

安全技术交底主要内容有：安全生产纪律、该施工项目的施工作业特点和危险点、针对危险点的具体预防措施、应注意的安全事项、相应的安全操作规程和标准、发生事故后应及时采取的避难和急救措施。

2．安全技术交底的要求

(1)项目经理部必须实行逐级安全技术交底制度，纵向延伸到班组全体作业人员。

(2)技术交底必须具体、明确，针对性强。

(3)技术交底的内容应针对分部分项工程施工中给作业人员带来的潜在危险因素和存在问题。

(4)应优先采用新的安全技术措施。

(5)对于涉及“四新”(新技术、新工艺、新材料、新设备)项目或技术含量高、技术难度大的单项技术设计，必须经过两阶段技术交底，即初步设计技术交底和实施性施工图技术设计交底。

(6)单位工程开工前，单位工程技术负责人必须将工程概况、施工方法、安全技术交底的内容、交底时间和参加人员、施工工艺、施工程序、安全技术措施，向承担施工的作业队负责人、工长、班组长和相关人员进行交底，使全体施工人员懂得各自岗位职责和安全操作方法。

(7)定期向由两个以上作业队和多工种进行交叉施工的作业队伍进行书面交底。

(8)应保存双方签字确认的安全技术交底的内容、时间和参加人员的记录。

(9)当出现下列情况时，项目经理、项目总工程师或安全员应及时对班组进行安全技术交底：

1)因故改变安全操作规程时；

2)实施重大的和季节性的安全技术措施时；

3)发生工伤事故、机械损坏事故及重大未遂事故时；

4)出现其他不安全因素及安全生产环境发生较大变化时。

（六）工程项目安全控制的应急准备与响应

工程现场管理人员应负责识别各种紧急情况，编制应急预案或应急响应措施，准备相应的应急响应资源(包括：消防和医疗机构等的沟通)，发生安全事故时及时进行应急响应。

1. 应急响应程序

安全事故的应急响应程序可以包括:工程现场识别可能的紧急情况,制定应急响应方法和人员职责,规定提供应急的准备手段和资源等。重点考虑施工条件困难和恶劣的应急情况,包括:施工场地狭窄,酷暑、严冬和风雨下的露天施工,隧道、洞室中的施工和封闭容器内的施工。特别是火灾、高空坠落、触电、物体打击、坍塌、爆炸、有毒气体泄露、地震、突然停电等的应急措施应该成为应急程序的重要内容。

2. 应急响应

应急响应措施要有机地与施工安全管理措施相结合,做到风险预防与事故响应相结合,以尽可能减少相应的事故影响和损失。应特别注意防止在应急响应活动中可能发生的次生伤害。

3. 应急评估

项目应针对应急程序及时实施相应的测量或演习,评估应急程序的效果,以便确保紧急情况发生时的应急响应能力。

第二节 工程项目环境管理

当今世界面临着严重的环境问题,主要表现在资源的过度消耗、污染物的任意排放,人类生活和生产的环境日益恶化、生态环境遭到破坏,人类的健康受到严重威胁。因此为了可持续发展,加强环境保护已迫在眉睫。而工程项目建设既要消耗大量的资源,又要排放大量的废水、废气、废渣等,是造成环境问题的主要根源之一,因此,在施工过程中必须满足有关环境保护法规的要求,注意环境保护、加强文明施工,这对企业发展、员工健康和社会文明有着重要意义。

一、工程项目环境管理的概念

工程项目环境管理是指为了达到环境免遭造污染、资源得到节约、社会的经济发展与人类的生存环境相协调的目的,通过法律、技术、组织等手段所进行的规范劳动者行为、控制劳动手段等一系列环境保护活动的总称。

二、工程项目环境管理的特点

工程项目经常要面临不同的自然环境,一方面这些独特的自然环境必将对工程项目的实施带来不同的影响,另一方面施工活动也会对自然环境和社会环境产生负面影响。因此,工程项目环境管理有着自己的特征,主要表现为以下几个方面:

(1)环境因素的多样性和复杂性。工程建设项目一般由多个分部分项构成,涉及多种材料、施工机具和人员,这些多样性的生产要素蕴含了众多的环境因素和环境影响,形成了环境管理的复杂性。

(2)环境保护与工程建设的同时性。建筑产品设计中蕴含着大量的环境因素,施工过程伴随着持续的环境影响,而且一些环境影响甚至可能导致重大环境事故。因此,必须在客观上要求环境保护与工程的设计施工活动同时实施。

(3)环境影响的持久性。施工过程的环境影响不仅产生在施工过程和工程产品中,而且可能影响建筑产品的寿命和使用功能,甚至影响自然环境时间可能多达几十年。

(4)资源的大量消耗。工程项目投资大、周期长,需要长期占用大量的人力、物力和财力,必然导致资源的大量消耗。

项目环境管理的特征都不是孤立的,它们彼此相互依存。一方面施工环境的适宜、安全、经济、可观赏、可利用等都是必须达到的基本要求,另一方面确保施工过程污染的达标排放,降低资源的各种消耗,也必须从内在和外在方面与环境要求协调一致,缺一不可。

三、工程项目环境保护的要求

根据《中华人民共和国环境保护法》和《中华人民共和国环境影响评价法》的有关规定,建设工程项目对环境保护的基本要求如下。

(1)涉及依法划定的自然保护区、风景名胜区、生活饮用水水源保护区及其他需要特别保护的区域时,应当符合国家有关法律法规及该区域内建设工程项目环境管理的规定,不得建设污染环境的工业生产设施;建设的工程项目设施的污染物排放不得超过规定的排放标准。

(2)开发利用自然资源的项目,必须采取措施保护生态环境。

(3)建设工程项目选址、选线、布局应当符合区域、流域规划和城市总体规划。

(4)应满足项目所在区域环境质量、相应环境功能区划和生态功能区划标准或要求。

(5)拟采取的污染防治措施应确保污染物排放达到国家和地方规定的排放标准,满足污染物总量控制要求;涉及可能产生放射性污染的,应采取有效预防和控制放射性污染措施。

(6)建设工程应当采用节能、节水等有利于环境与资源保护的建筑设计方案、建筑材料、装修材料、建筑构配件及设备。建筑材料和装修材料必须符合国家标准。禁止生产、销售和使用有毒、有害物质超过国家标准的建筑材料和装修材料。

(7)尽量减少建设工程施工中所产生的干扰周围生活环境的噪声。

(8)应采取生态保护措施,有效预防和控制生态破坏。

(9)对环境可能造成重大影响、应当编制环境影响报告书的建设工程项目,可能严重影响项目所在地居民生活环境质量的建设工程项目,以及存在重大意见分歧的建设工程项目,环保部门可以举行听证会,听取有关单位、专家和公众的意见,并公开听证结果,说明对有关意见采纳或不采纳的理由。

(10)建设工程项目中防治污染的设施,必须与主体工程同时设计、同时施工、同时投产使用。防治污染的设施必须经原审批环境影响报告书的环境保护行政主管部门验收合格后,该建设工程项目方可投入生产或者使用。

(11)禁止引进不符合我国环境保护规定要求的技术和设备。

(12)任何单位不得将产生严重污染的生产设备转移给没有污染防治能力的单位使用。

《中华人民共和国海洋环境保护法》规定:在进行海岸工程建设和海洋石油勘探开发时,必须依照法律的规定,防止对海洋环境的污染损害。

四、工程项目环境保护内容

工程项目环境保护的内容具体来说主要包括以下一些：

(1)在工程项目建议书中可根据拟建项目的性质、规模、厂址、环境现状等有关资料，对工程项目建成后可能造成的环境影响进行简要说明，完成工程项目环境影响报告书或环境影响报告表(对环境影响较小的大中型基本工程项目和限额以上技术改造项目，经省级环境保护部门确认，可只填报环境影响报告表。小型基建项目和限额以下技改项目(包括乡镇、街道、个体生产经营者的工程项目)填报环境影响报告表，县级或县级以上环境保护部门确认对环境有较大影响的建设项目，要编制环境影响报告书)，并在工程项目的初步设计中编写环境保护篇章(内容包括：环境保护措施的设计依据；环境影响报告书或环境影响报告表及审批规定的各项要求和措施；防治污染的处理工艺流程、预期效果，对资源开发引起的生态变化所采取的防范措施；绿化设计、监测手段、环境保护投资的概预算等内容)。

(2)工程项目在施工过程中，应当保护施工现场周围的环境，防止对自然环境造成不应有的破坏，防止和减轻粉尘、噪声、振动等对周围生活居住区的污染和危害。

(3)建设项目竣工后，施工单位应当修整和复原在建设过程中受到破坏的环境；工程项目在正式投产或使用前，建设单位必须向负责审批的环境保护部门提交“环境保护设施竣工验收报告”，说明环境保护设施运行的情况，治理的效果，达到的标准。经验收合格并发给“环境保护设施验收合格证”后，方可正式投入生产或使用。

如上所述，工程项目环境保护的内容很多，如何采取具体措施来保护环境，概括起来，主要体现在工程项目前期环境评价报告、施工阶段文明施工和工程现场的环境保护三个方面。

复习思考题

1. 什么是工程项目安全管理？工程项目安全管理的基本原则有哪些？
2. 简述工程项目建设各方主体的安全责任。
3. 简述工程项目安全控制的程序。
4. 简述安全技术交底的内容、要求和要点。
5. 工程项目环境管理的特点是什么？
6. 简述工程项目环境保护的内容。

第十一章 工程项目风险管理

由于工程项目的实施是一次性的、创新性的、涉及多种关系且存在很多变数的复杂过程，因此，在工程项目实施过程中存在着很多的不确定性，这些特性决定了工程项目实施过程中存在各种各样的风险。尤其是现代工程项目规模越来越大，技术越来越复杂，风险同样也在增大，如果不能很好地处理风险，就很可能造成工程项目的巨大损失，因此，必须积极地开展工程项目风险管理，充分识别、评估和控制工程项目风险。

第一节 概 述

工程项目是一个复杂的、开放的系统，受到的影响因素很多，且其投资周期长、实施难度大、参与主体多，各种潜在的危险因素更是难以全部预测。为了采用全面、系统的方法来防范工程项目实施过程中可能出现的各种损失，规避或抑制导致这些损失的诱导因素，一门系统的风险管理学科作为项目管理学的子学科，已经形成并发展成熟起来。

一、风险

（一）风险概念

风险是人类历史上长期存在的客观现象，并深刻而广泛地存在于人类社会生活的各个方面。但由于对风险的概念存在着多种角度的理解，因此学术界和实务界还没有一个统一的风险定义。归纳起来，主要有两类观点：

其一，风险即损失的不确定性。由美国学者罗伯特·梅尔(Robert I. Mehr)提出。

其二，风险是给定情况下和特定时间内的可能结果间的差异性。由小阿瑟·威廉姆斯(C. Arthur Williams)和理查德·M. 汉斯(Richard M. Heins)提出。

前者强调风险带来的不利后果，后者认为风险既可能是威胁，也可能是机会。接受风险反过来可能会产出更令人满意的、合适的收益水平，这已经得到人们的普遍认同。当然也可以考虑把两种定义结合起来。由上述风险定义可知，所谓风险要具备两方面条件：一是不确定性，二是产生损失后果，否则就不能称为风险。因此，肯定发生损失后果的事件不是风险，没有损失后果的不确定性事件也不是风险。

（二）风险的属性

风险具有下列属性。

(1)风险的不确定性。风险事件的发生及其后果都具有不确定性。表现在：事件是否发生，何时发生，发生之后会造成什么样的后果等均是不确定的。

(2)风险的相对性。风险总是相对于事件的主体而言的。同样的不确定事件对不同的主体有不同的影响。人们对于风险事件都有一定的承受能力，但是这种能力因活动、人、时间而异。

(3)风险的可变性。在一定条件下任何事物总是会发展变化的。风险事件也不例外,当引起风险的因素发生变化时,必然会导致风险的变化。风险的可变性表现为:风险性质的变化、风险后果的变化、出现了新的风险或风险因素已经消除。

(4)风险存在的客观性和普遍性。风险是不以人的主观意志为转移并超越人们主观意识的客观存在,它在项目的整个寿命周期内都无时没有、无处不在。

二、工程项目风险

(一)工程项目风险的概念

工程项目风险是指在给定的工程项目条件下,影响工程项目实际结果偏离预期目标的不确定性。由于工程项目中不同经济主体(个人、业主/项目法人、承包方、咨询方、监理方、设计方等)的项目目标不同,因此其面临的风险也相应不同。

(二)工程项目风险的特性

工程项目风险一般具有以下几个特性。

1. 客观性和普遍性

工程项目风险是有着自身发展规律的自然现象,它存在于项目的整个生命周期内,这种客观存在不以人的意志为转移。因此,人们只能有限地改变风险存在和发生的条件,尽可能降低其发生的频率,减少其造成的损失,而绝不可能完全消除风险。

随着管理科学的不断发展,人们对于风险规律性的认识不断提高,这为风险管理人员管理水平的不断提高提供了有力基础。

2. 不确定性

不确定性是风险的本质特性。人们对于风险的具体感知是在风险事件发生之后,而对于尚未发生的风险,人们无法确定它是否要发生、发生时间、产生的后果。风险本身就是不确定因素的集合,工程项目风险事件的发生具有随机性。

3. 可预测性

人们对于具有不确定性的客观事物并非毫无办法,因为客观事物的发展都具有一定的规律性,虽然这种规律无法改变,但随着人们对其认识的不断深入,可以对这一事物的发生和变化做出预测。风险也不例外。工程项目是人类的一项社会活动,它的环境变化和过程实施都具有规律性,因此风险的发生和影响也是具有规律性的。收集以往发生的风险事件的信息和数据进行整理分析,对风险的发生概率和产生的后果进行总结研究,就可以对正在实施或尚未实施的工程项目的风险进行预判和估计。风险分析的过程其实就是风险预测和衡量的过程。

4. 多样性和阶段性

工程项目一般具有规模大、涉及面广、开发周期长等特点,其中的风险因素种类复杂繁多,工程项目在不同的环节都要面临不同种类的风险。在工程项目生命周期的不同阶段,同一风险因素受到时间、空间等条件变化的制约,所产生的影响程度也会不同。一般情况下,工程项目前期风险因素最多,对工程项目目标影响也最大,而随着工程项目的进展,风险因素的数量会逐步减少,影响程度会逐渐降低。

除了与工程项目的阶段性相关，风险本身的发展也是分阶段的，一般包括潜在风险阶段、风险发生阶段和造成后果阶段。潜在风险尚未发生，不产生任何损失，但可能逐步发展变化从而进入风险发生阶段。风险发生阶段持续时间不长，这是风险正在发生发展但还没有形成后果的阶段，而最终是否产生严重的后果取决于风险管理人员的应对。后果产生阶段是指风险已对项目的人身、财产造成了无法挽回的损失，只能尽量减少损失或伤害的程度。

5. 全局性

工程项目成本、工期、质量、安全等各目标之间相互关联、相互制约。一个活动受到风险干扰，可能影响到与之相关的一系列活动，进而有推移扩大的趋势。因此工程项目风险的影响不会仅局限于工程项目的某时段、某部分或某一方面，而是影响着项目总体目标的实现。

6. 相对性

由于工程项目中不同经济主体的项目目标不同，因此工程项目风险对不同的经济主体影响程度不同，各经济主体对风险的认识、处理和承受能力也不相同。风险实际上是决策行为和风险状态的结合，风险状态的客观存在性无法改变，但风险结果会受到决策的影响。因为不同的经济主体中的风险管理人员会根据自身风险承受能力、专长、利益大小、成本情况、所处地位和拥有的资源对面临的风险做出不同的决策，所以风险相对不同经济主体产生的后果也就不相同。

(1)单个风险发生的偶然性和大量风险发生的必然性

单个风险发生的偶然性是指单个风险是否会发生、何时发生、后果如何都不确定。大量风险发生的必然性是指通过对大量同质风险的统计和分析，可以发现风险呈现出十分明显的规律性。

(2)风险结果双重性

风险引发的结果既可能是损失，也可能是收益，这就是风险结果的双重性。由于传统意义上都把风险视为损失，因此一般人会采取风险规避策略，这是风险的约束效应。人们规避风险的行为使得竞争因素减少，报酬也就相应增多，这也就是为什么“风险越大，利益越大；风险越小，利益越小”。与风险并存的收益机会诱使人们甘冒风险去获取利益，这就是风险结果的诱惑效应。两种效应的相互作用会影响人们在面对风险时的决策。风险结果双重性使人们认识到，威胁与机会并存，对待风险不应只是消极地看到其可能带来的损失，还应通过有效的管理手段来尽量获取收益。

三、工程项目风险管理

(一) 工程项目风险管理的概念

工程项目风险管理是指工程项目管理组织在对工程项目进行风险辨识、风险评估的基础上，通过风险规划，选择和实施最佳风险应对策略组合，并在工程项目实施过程中进行有效的风险监控，期望以最小成本来保障项目总目标最大限度地实现。

(二) 工程项目风险管理目标

风险管理是一项有目的的管理活动，只有目标明确，才能起到有效的作用。否则，风险管理就会流于形式，没有实际意义，也无法评价其效果。

风险管理目标的确定一般要满足以下几个基本要求：

(1)风险管理目标与风险管理主体总体目标的一致性；

(2)目标的现实性，即确定目标要充分考虑其实现的客观可能性；

(3)目标的明确性，以便于正确选择和实施各种方案，并对其效果进行客观的评价；

(4)目标的层次性，从总体目标出发，根据目标的重要程度，区分风险管理目标的主次，以利于提高风险管理的综合效果。

从风险管理目标与风险管理主体总体目标的一致性的角度，建设工程风险管理的目标通常更具体地表述为：实际投资不超过计划投资；实际工期不超过计划工期；实际质量满足预期的质量要求；建设过程安全。因此，从风险管理目标的角度分析，建设工程风险可分为投资风险、进度风险、质量风险和安全风险。

（三）工程项目风险管理的内容

工程项目风险管理的主要内容包括以下几个方面。

1. 风险识别

风险识别是通过某种或几种途径的结合，尽可能全面地对工程项目所面临的和潜在的风险加以分析、判断、归类的过程。

2. 风险评估

风险评估是将工程项目风险的不确定性进行量化，用概率论来评估风险潜在影响的一个过程。包括确定风险可能发生的概率、一旦发生可能造成的损失、发生后对项目财务造成的影响等。

3. 风险应对计划

对各种风险管理对策进行规划，并根据项目的总体目标，就处理风险的最佳对策组合进行决策。风险管理有五种对策，即风险回避、风险自留、风险转移、风险控制和风险利用。

4. 风险监控

在实施风险应对计划过程中对风险的发展变化进行观察，在工程项目情况发生变化的情况下制订应急计划，并在决策实施后，评估这些决策对降低风险的有效性。

（四）工程项目风险管理的作用

(1)工程项目风险管理是在对风险的预测、辨识、评估、科学分析的基础上进行的，其为管理人员综合运用各种策略对风险进行全面、合理的处置提供了可能。风险管理决策是在大量翔实的、可靠的风险分析基础上做出的，大大增加了管理人员决策的科学性，增强了项目管理者的信心，提高了工作效率。

(2)工程项目风险管理是一种主动控制方式，克服了传统工程管理以保险为单一风险应对策略的局限性，能够将处理风险后果的各种方式更灵活地组合起来，在工程项目管理中减少被动，可以有效地降低工程项目投资，缩短工期，提高质量，增加项目的安全性，最大限度地保障工程项目总目标的实现。

(3)可以提高项目管理水平。工程项目风险管理总结了以往工程项目管理的知识和经验，并采纳了最新的科学技术和管理手段，从而可以极大地提高项目管理者的管理水平。工程项目风险管理实践可以不断地为以后的工程项目风险管理积累并提供资料、数据和经验，使之能够不断改进和完善，并能促进工程项目风险管理学科的发展。

（五）工程项目风险管理与项目管理的关系

1. 风险管理与项目管理的三大目标一致

从项目的费用、进度和质量目标来看，风险管理和项目管理的目标是一致的。通过风险管理识别出可能使费用超支的风险，并在此基础上采用有效的措施加以预防、转移等就可以对成本实现主动控制。项目风险管理把风险导致的各种不利后果减少到最低程度，符合项目有关各方在时间和质量方面的要求。

2. 从项目管理的计划职能来看，风险管理为工程项目计划的制订提供了依据

风险管理计划和风险应对计划是项目计划体系的组成部分。工程项目风险管理的职能之一是减少工程项目过程中的不确定性，为工程项目计划提供依据，保证工程项目计划的精确性和可实现性。

3. 从工程项目的成本管理职能来看，风险管理为项目成本管理提供依据

通过风险分析，指出有哪些可能的意外费用并估计出意外费用的多少，把通过风险应对策略仍不能规避的费用列为一项成本。这就为在工程项目预算中列入必要的应急费用提供了重要依据。另外，采取何种风险管理技术，其风险管理的成本是不同的，所以风险管理本身也在项目成本管理范畴中。

4. 通过风险管理，可以有效地控制项目实施过程中的潜在威胁

从项目的实施过程来看，许多风险都在项目的实施过程中由潜在变成现实。无论是机会还是威胁，都在实施中见分晓。风险管理就是在认真地对风险进行分析的基础上，拟定出各种具体的风险应对措施，以在风险事件发生时采用。项目风险管理的另一内容就是对风险实施有效的控制。

5. 风险管理与传统的项目管理模式存在区别

传统的项目管理模式是目标控制，发现项目实施过程中出现与目标的偏差再行纠偏，属于被动控制方式；而风险管理则是通过预先找到出现偏差的根源、可能性和影响程度，利用各种应对策略，针对工程项目目标进行主动控制。

6. 风险管理的好坏直接影响到项目管理的成效

在项目可支配的所有资源中，人是最重要的因素。项目人力资源管理通过科学的方法激励项目班子，调动项目有关各方全体人员的积极性，推动项目的顺利进展。项目班子成员的工资、奖金、劳保、医疗、退休、住房以及其他福利是项目人力资源管理的重要内容，其中许多都要通过保险来解决，而这些工作恰恰是项目风险管理的范围。另外，项目风险管理通过风险分析，确定哪些风险与人有关，项目班子成员身心状态的哪些变化会影响到项目的实施。

第二节　工程项目风险识别

在工程项目风险管理中，首要的任务就是要进行风险的识别，它是风险管理过程中的第一步，也是最基本、最重要的一步。只有将所有的风险全部识别出来，人们才能对工程项目的风险进一步进行分析；相反，如果很重要的风险因素没有识别出来，或者风险识别质量不

高,全面性、准确性、及时性不能得到保证,即使再复杂精确的数学分析,也只能得出虚假的结论。然而,在大部分情况下风险并不显而易见,它往往隐藏在工程项目实施的各个环节或被种种假象所掩盖。因此,风险识别要经过合理的识别程序,采用有效的识别方法,特别要根据工程项目风险的特点,采用具有针对性的识别方法和手段,将各种对项目实施和目标系统有影响的风险因素识别出来。

一、工程项目风险识别的概念

工程项目风险识别就是通过搜集和分析相关资料,确定何种风险事件可能影响当前的工程项目,并将这些风险的特性整理成文档。它是工程项目风险管理的基础和重要组成部分。

二、风险识别的原则

在风险识别过程中应遵循以下原则。

(1)由粗及细,由细及粗。由粗及细是指对风险因素进行全面分析,并通过多种途径对工程风险进行分解,逐渐细化,以获得对工程风险的广泛认识,从而得到工程初始风险清单。而由细及粗是指从工程初始风险清单的众多风险中,根据同类建设工程的经验以及对拟建建设工程具体情况的分析和风险调查,确定那些对建设工程目标实现有较大影响的工程风险,作为主要风险,即作为风险评价以及风险对策决策的主要对象。

(2)严格界定风险内涵并考虑风险因素之间的相关性。对各种风险的内涵要严格加以界定,不要出现重复和交叉现象。另外,还要尽可能考虑各种风险因素之间的相关。如主次关系、因果关系、互斥关系、正相关关系、负相关关系等。应当说,在风险识别阶段考虑风险因素之间的相关性有一定的难度,但至少要做到严格界定风险内涵。

(3)先怀疑,后排除。对于所遇到的问题都要考虑其是否存在不确定性,不要轻易否定或排除某些风险,要通过认真的分析进行确认或排除。

(4)排除与确认并重。对于肯定可以排除和肯定可以确认的风险应尽早予以排除和确认。对于一时既不能排除又不能确认的风险再做进一步的分析,予以排除和确认。最后,对于肯定不能排除但又不能肯定予以确认的风险按确认考虑。

(5)必要时,可做实验论证。对于某些按常规方式难以判定其是否存在,也难以确定其对建设工程目标影响程度的风险,尤其是技术方面的风险,必要时可做实验论证,如抗震实验、风洞实验等。这样做的结论可靠,但要以付出费用为代价。

三、工程项目风险识别流程

工程项目风险识别是工程项目风险管理中一项经常性的工作,其流程分为四步进行:第一步是收集资料;第二步是分析不确定性;第三步是确定风险事件并分类;第四步是编制风险识别报告。

(一)收集资料

完整的资料是保证风险清单完备和准确的基础。收集与风险事件直接相关的信息可能比较困难,但是风险事件往往并不孤立,可能会存在一些与之相关、有间接联系的信息,或是与本工程项目可以类比的信息。工程项目风险识别应注重下列几方面的数据信息的收集。

(1)工程项目环境方面的数据资料;

(2)工程项目的前提、假设和制约因素;

(3)工程的设计、施工文件;

(4)类似工程项目的有关数据资料。

(二) 分析不确定性

在资料收集完整的基础上,从以下几个方面分析工程项目的不确定性,从而确定存在的风险。

(1)不同建设阶段的不确定性分析;

(2)不同目标的不确定性分析;

(3)按照工作结构分解进行不确定性分析;

(4)工程项目建设环境的不确定性分析。

(三) 确定风险事件并分类

将所有识别出来的风险罗列起来,便得到工程项目的初步风险清单,然后根据需要对风险进行分类,以确定风险的性质。分类可先按照工程项目目标、阶段、结构进行,然后按照可控性进行分类,最后按照技术和非技术进行分类,也可根据其他标准进行分类(如内部风险、外部风险;也可再细化为政治、经济、法律、技术等风险)。

(四) 编制工程项目风险识别报告

风险识别之后要把结果整理出来,写成书面文件,为风险分析的其余步骤和风险管理做准备。风险识别的成果应包含以下内容。

1. 风险来源表

表中应列出所有的风险。罗列应尽可能全面,不管风险事件发生的频率和可能性、收益或损失、伤害有多大,都要一一列出。对于每一种风险来源,都要有文字说明,说明中一般包括风险事件的可能后果、对预期发生时间的估计、对该来源产生的风险事件预期发生次数的估计。

2. 风险的分类或分组

风险识别之后,应根据工程项目的特点,按风险的性质和可能的结果及彼此可能发生的关系对风险进行分类,分类结果应便于进行风险分析的其余步骤和风险管理。

对风险进行分类的目的在于:一方面是为加深对风险的认识和理解;另一方面是为了进一步识别风险的性质,从而有助于制定风险管理的目标和措施。

3. 风险征兆

风险征兆也称为触发器或预警信号,是指风险已经发生或即将发生的各种外在表现,如苗头和前兆等。项目管理班子成员不及时交换彼此间的不同看法,就是项目进度出现拖延的一种征兆;施工现场混乱,材料、供给随便乱丢,无人及时回收整理就是安全事故和项目质量、成本超支风险的征兆。对工程项目风险症状须密切注意,并考虑应对计划和措施。

4. 对项目管理其他方面的要求

在风险识别的过程中可能会发现项目管理其他方面的问题,需要完善和改进。如发现项目工作结构分解做得不够详细,应要求进一步完善;发现项目有超支风险时,要求采取措施防止项目超支。

四、工程项目风险识别技术和方法

(一)德尔菲法

德尔菲法又称专家调查法,由美国著名咨询机构兰德公司于20世纪50年代初发明,其本质上是一种匿名反馈函询法。其做法是:在针对所要预测的问题征得各专家的意见后,进行整理、归纳、统计,再匿名反馈给各专家,再次征求意见,再集中,再反馈,直至得到较集中稳定的意见。德尔菲法不仅可用于风险因素的罗列,还可用于估计风险发生的可能性及其影响。

德尔菲法有三个特点:其一,在风险辨识过程中发表意见的专家互相匿名,这样可以避免公开发表意见时各种心理对专家们的影响;其二,对上一轮的意见进行统计处理后的结果会尽量客观、准确地反馈给专家,使各种意见互相启迪;其三,有一套较为成熟的程序,费用不高,较适于基本数据资料缺乏的重要问题的预测。

(二)经验数据法

经验数据法也称为统计资料法,即根据已建各类建设工程与风险有关的统计资料来识别拟建建设工程的风险。不同的风险管理主体都应有自己关于建设工程风险的经验数据或统计资料。在工程建设领域,可能有工程风险经验数据或统计资料的风险管理主体包括咨询公司(含设计单位)、承包商以及长期有工程项目的业主(如房地产开发商)。由于这些不同的风险管理主体的角度不同、数据或资料来源不同,其各自的初始风险清单一般多少有些差异。但是,建设工程风险本身是客观事实,有客观的规律性,当经验数据或统计资料足够多时,这种差异性就会大大减小。何况,风险识别只是对建设工程风险的初步认识,还是一种定性分析,因此,这种基于经验数据或统计资料的初始风险清单可以满足对建设工程风险识别的需要。

(三)财务报表分析法

财务报表有助于确定一个特定工程项目可能会遭受哪些损失以及在何种情况下会遭受这些损失。通过分析资产负债表、营业报表以及有关补充资料,可以识别企业当前的所有资产、责任及人身损失风险。将这些报表和财务预测、预算结合起来,可以发现未来的风险。

采取财务报表分析法进行风险分析,要对财务报表中所列的各项会计科目都做深入的研究,并提出研究结果报告,以确定其可能产生的损失。还应通过一些实地调查并辅以法律文件和其他信息资料以补充财务记录。由于工程财务报表与企业财务报表不尽相同,因而需要结合工程财务报表的特点来识别工程项目风险。

(四)风险调查法

由风险识别的个别性可知,两个不同的建设工程不可能有完全一致的工程风险。因此,在工程项目风险识别的过程中,花费人力、物力、财力进行风险调查是必不可少的,这既是一项非常重要的工作,也是工程项目风险识别的重要方法。

风险调查应当从分析具体建设工程的特点入手,一方面对通过其他方法已识别出的风险(如初始风险清单所列出的风险)进行鉴别和确认,另一方面,通过风险调查有可能发现此前尚未识别出的重要的工程风险。

通常,风险调查可以从组织、技术、自然及环境、经济、合同等方面分析拟建建设工程的特点以及相应的潜在风险。

风险调查并不是一次性的。由于风险管理是一个系统的、完整的循环过程，因而风险调查也应该在建设工程实施全过程中不断地进行，这样才能了解不断变化的条件对工程风险状态的影响。当然，随着工程实施的进展，不确定性因素越来越少，风险调查的内容亦将相应减少，风险调查的重点有可能不同。

对于建设工程的风险识别来说，仅仅采用一种风险识别方法是远远不够的，一般都应综合采用两种或多种风险识别方法，才能取得较为满意的结果。而且，不论采用何种风险识别方法组合，都必须包含风险调查法。

第三节　工程项目风险评估

经过系统的风险识别过程之后，工程项目管理者可能会发现项目实施全过程的风险因素繁多，类别多样，触发条件不同，后果也各异。由于工程项目实施有不同的方案，对应不同的风险水平，有些工程项目方案可能由于整体风险太高是不可以接受的，那么如何评判项目方案的整体风险水平呢？在选定一种工程项目方案之后，针对工程项目实施的各种风险，又分别应采取什么样的应对措施呢？工程项目风险评估就是为了使工程项目管理者对不同工程项目方案的整体风险水平有一个评判，以便准确地选择项目方案，也是为了对项目中存在的各项风险的严重程度有一个定性或定量的判断，从而决定采取何种应对风险的策略。

一、工程项目风险评估概述

(一) 工程项目风险评估的概念

工程项目风险评估是指系统分析和权衡项目风险的各种因素，依据风险对项目目标的影响程度进行项目风险分级排序，并采用适当的评估方法综合评估项目方案整体风险水平的过程。

(二) 工程项目风险评估的目的

工程项目风险评估的目的包括：

(1)对项目诸风险进行比较和评估，确定项目各风险的先后顺序。

(2)明确各风险事件之间的因果关系，为制订风险应对计划提供基础。

(3)表面上看起来不相干的多个风险事件常常是由一个共同的风险来源所造成的，考虑不同风险之间相互转换的条件，研究如何才能化威胁为机会，以及原本以为是机会的在什么条件下转变为威胁。

(4)进一步量化已识别风险的发生概率和后果，减少风险发生概率和后果估计中的不确定性。

二、定性风险分析

定性风险分析包括为了采取进一步行动，对已识别的风险进行优先排序的方法。项目的组织可通过关注高优先级风险来有效改善项目绩效。定性风险分析是指通过考虑风险发生的概率、风险发生后对项目目标的影响和其他因素，对已识别风险的优先级进行评估。

定性风险分析通常是为风险应对计划过程确立优先级的一种经济、有效和快捷的方法，并为定量风险分析(如果需要该过程)奠定基础。在项目生命周期内应该对定性风险分析进行重新审查，以确保其反映项目风险的实时变化。定性风险分析的成果是风险登记手册。风险登记手册是在风险识别过程中形成的，并根据定性风险分析的信息进行分析，将更新后的风险登记手册纳入项目管理计划中。

定性分析主要有如下几种方法。

(一) 风险概率与影响评估

风险概率评估是调查每项具体风险发生的可能性。风险影响评估旨在调查风险对项目目标的潜在影响，既包括威胁和消极影响，也包括机会和积极影响。

评估的具体过程是通过挑选对风险类别熟悉的人员，采用访谈或召开会议等方式进行的，其中包括项目团队成员和项目外部的专业人士。若项目组织的历史数据中缺乏关于风险方面的信息，则需专家做出主观判断。参与者不具有风险评估经验时，需要经验丰富的主持人引导讨论过程。

访谈或会议中应当记载相关的说明信息，包括确定概率和影响级别所依赖的假设条件等。根据风险管理计划中给定的定义，确定风险概率和影响的等级。概率和风险明显很低的风险一般不进行等级排序，而是作为待观察项目列入清单，供将来进一步检测。

(二) 风险分类

按照风险来源及受影响的项目区域，或其他分类标准(如项目阶段)，对项目风险进行分类，以明确受不确定因素影响最大的项目区域。对风险进行分类有助于制定有效的风险应对措施。

(三) 风险紧迫性评估

需要近期采取应对措施的风险可被视为急需解决的风险。实施风险应对措施所需的时间、风险征兆、警告和风险等级等都可作为确定风险优先级或紧迫性的指标。

三、定量风险分析

定量风险分析是对通过定性风险分析排出优先顺序的风险进行量化分析。尽管有经验的风险经理有时在风险识别之后直接进行定量分析，但定量风险分析一般在定性风险分析之后进行。

定量风险分析一般应当在确定风险应对计划时再次进行，以确定项目总风险是否已经减少到满意。重复进行定量风险分析反映出来的趋势可以指出需要增加还是减少风险管理措施，它是风险应对计划的一项依据，并作为风险监测和控制的组成部分。

定量风险分析主要有如下几种方法。

(一) 概率分布

概率分布表明了每一可能事件及其发生的概率。由于诸事件的互斥性，这些概率的和为1。我们可以使用历史数据(资料)或理论概率分布来建立实际概率分布。

(1)历史资料法。在基本相同的条件下，我们通过观察各个潜在的风险在长期历史中已经发生的次数，就能估计每一可能事件的概率，这种估计是每一事件过去已经发生的频率。但是，由于人们缺乏广泛而足够的经验，以致不能用这种方法建立可靠的概率分布。项目风险的客观概率是很难得到的，即使有这样一些历史数据，也会因样本过小而无法建立概率分布。

(2)专家打分法。由于项目风险的客观概率很难得到,为了建立这种风险的概率分布就该利用主观概率和合成概率。有一种说法认为主观概率准确性差而不赞成使用,实际上,这种专家的估计是专家根据自身的专业素质以及丰富的实践经验,依照项目的具体情况做出的合理判断。可以将主观概率看成客观概率的近似值。

(3)理论分布法。当历史资料不充分或不可信时,风险经理可以根据理论上的某些概率分布来补充或修正,从而建立风险的分布图。常用的风险概率分布是正态分布。正态分布可以描述许多风险的概率分布:如财产损失,交通事故等。还有一些风险分析中常用的理论概率分布,如泊松分布、三角形分布、离散分布、等概率分布、阶梯长方形分布、梯形分布、二项分布和对数正态分布等。

(二) 敏感性分析

敏感性分析法用于研究在工程项目周期内当工程项目变数(如产量、投资、产品价格、变动成本等)以及工程项目的各种前提与假设发生变动时的经济指标(如项目的净现值、内部收益率、投资回收期等)变化程度,从而估算各风险对工程项目的影响程度。该方法在项目进行技术经济分析时经常使用。

另外,在项目决策阶段的可行性研究中一般也使用该方法分析工程风险。使用这种方法,能向决策者简要地提供影响项目成本变化的因素及其影响程度,使决策者在做最终决策时考虑这些因素的影响,并优先考虑某种最敏感因素对成本的影响。因此,敏感性分析方法一般被认为是一个有用的决策工具。

(三) 决策树分析

决策树分析是一种从结果到原因逻辑分析事故发生的有向过程,遵循逻辑学的演绎分析原则,即仿照树型结构,将多种风险画成树状,进行多种可能性分析。

运用决策树对多阶段风险型决策问题进行分析通常也是依据期望值准则。具体做法是:先从树的末梢开始,计算出每个状态点的期望值,然后将其中的最大值标在相应的决策点旁。决策时,根据期望值最大原则从后向前剪枝,直到最开始的决策点,从而得到一个多阶段决策树构成的完整决策方案。

(四) 蒙特卡罗法

蒙特卡罗法是用来解决数学和物理问题的非确定性的(概率统计的或随机的)数值方法。它是用一系列随机数来近似解决问题的一种方法,是通过寻找一个概率统计的相似体并用实验取样过程来获得该相似体的近似解的处理数学问题的一种手段。运用该近似方法所获得的问题的解更接近于物理实验结果,而不是经典数值计算结果。

蒙特卡罗法依据每个模拟变量的概率分布,随机产生大量的模拟样本,根据模拟模型计算模拟结果,形成一种模拟情景。随着模拟次数的增多,可以产生丰富的模拟情景。模拟变量的取值按照模拟变量本身的概率分布随机取得,如果模拟次数足够多,可以认为模拟情景反映了模拟变量所发生的各种变化,所以最后得出的统计结果也可以认为反映了模拟结果可能发生的各种情景和不确定性变化。

(五) 层次分析法

层次分析法(Analytic Hierarchy Process,AHP)是对一些较为复杂、较为模糊的问题做出决策的简易方法,它特别适用于那些难于完全定量分析的问题。它是美国运筹学家 T.

L. Saaty 教授于 20 世纪 70 年代初期提出的一种简便、灵活而又适用的多准则决策方法。它将要识别的复杂问题分解成若干层次，由专家和决策者对所列指标通过两两比较重要程度，逐层进行判断评分，利用计算判断矩阵的特征向量，确定下层指标对上层指标的贡献程度，从而得到基层指标对总体目标或综合评价指标重要性的排列结果。

第四节　工程项目风险应对

虽然风险无处不在，表现形式多种多样，而且难以预料，但风险并非不可防范。通过对工程项目风险的识别、评估，风险管理者应该对其存在的各种风险和潜在的损失等有了一定的了解。在此基础上，只要项目风险管理者进一步编制一个切实可行的风险应对计划，然后在回避、自留、转移、控制和利用风险等众多应对措施中，选择行之有效的措施，并寻求既符合实际，又会有明显效果的应对措施，人们在风险面前就不是无能为力的。

一、工程项目风险应对计划

编制工程项目风险应对计划是一个制定应对风险方案和应对措施的过程，目的是提升实现项目目标的机会，降低对其有威胁事件发生的概率。

(一)编制风险应对计划的依据

(1)风险管理计划和风险清单。风险管理计划包括风险管理的方法、岗位的划分和职责分工、时间计划、风险承受度等；风险清单一般应包括每种风险发生的可能性及其对工程项目目标的影响等。

(2)风险等级。风险应对计划要针对不同的风险等级和性质分别处理。

(3)风险承受度。即工程项目抗风险能力，包括项目总目标的变动限度、项目经理承受风险的心理能力、经济单位提供资源的能力等。

(4)概率分析。预测工程项目可能实现的工期和成本及其相关的置信区间，以及工期和成本目标实现的概率。

(5)风险分析详细资料。包括工程项目风险因果分析、风险的最大损失值和项目风险发展趋势分析以及风险因素对风险事件的转化条件和触发条件等。

(6)可供选择的风险应对策略。每种风险都有若干应对策略，一般是过去经常使用或有成功先例的策略，若无成功先例则需要研发新的策略。在风险辨识阶段可由专家提出初步应对策略，对于关键风险则需经过成本效益分析之后选择最佳应对策略。

(二)风险应对计划的内容

风险应对计划是风险控制的指导性文件，应详细到可操作的程度，一般应包括以下内容：工程项目概况、风险管理的组织机构及其责任分配；风险辨识、风险清单、风险特征描述以及对工程项目目标的影响；对于已辨识出的关键风险因素的评估；对于关键风险因素建议的风险应对策略；风险应对策略的成本、时间进度和技术要求的说明；应急计划、应急储备、后备应急策略和反馈计划；风险应对策略实施后，二级风险及预期的残留风险状况；如何更新工程项目风险清单以及风险量化结果的说明；实施风险管理的时间安排；风险应对策略有效性的描述或特征；项目执行组织高层领导对风险应对计划的认可和签字。

二、工程项目风险应对的策略

从改变风险后果的性质、风险发生的概率和风险后果大小三个方面，可以提出多种工程项目风险管理对策。具体采取哪一种或几种，取决于工程项目的具体实际情况。下面列出的风险回避、风险自留、风险转移、风险损失控制是工程项目常用的四种风险应对策略。风险应对策略应具有较强的理论知识和客观条件，如果应对策略本身具有很大的不确定性或需要较强的理论知识和客观条件，有时会带来新的风险。

(一) 风险回避

风险回避就是以一定的方式中断风险源，使其不发生或不再发展，从而避免可能产生的潜在损失。例如，某建设工程的可行性研究报告表明，虽然从净现值、内部收益率指标看是可行的，但敏感性分析的结论是对投资额、产品价格、经营成本均很敏感，这意味着该建设工程的不确定性很大，亦即风险很大，因而决定不投资建造该建设工程。

采用风险回避这一对策时，有时需要做出一些牺牲，但较之承担风险，这些牺牲比风险真正发生时可能造成的损失要小得多。例如，某投资人因选址不慎原决定在河谷建造某工厂，而保险公司又不愿为其承担保险责任。当投资人意识到在河谷建厂将不可避免地受到洪水威胁，且又别无防范措施时，只好决定放弃该计划。虽然他在建厂准备阶段耗费了不少投资，但与其厂房建成后被洪水冲毁，不如及早改弦易辙，另谋理想的厂址。又如，某承包商参与某建设工程的投标，开标后发现自己的报价远远低于其他承包商的报价，经仔细分析发现，自己的报价存在严重的误算和漏算，因而拒绝与业主签订施工合同。虽然这样做将被没收投标保证金或投标保函，但比承包后严重亏损的损失要小得多。

从以上分析可知，在某些情况下，风险回避是最佳对策。

在采用风险回避对策时需要注意以下问题：

首先，回避一种风险可能产生另一种新的风险。在建设工程实施过程中，绝对没有风险的情况几乎不存在。就技术风险而言，即使是相当成熟的技术也存在一定的风险。

例如，在地铁工程建设中，采用明挖法施工有支撑失败、顶板坍塌等风险。如果为了回避这种风险而采用逆作法施工方案的话，又会产生地下连续墙失败等其他新的风险。

其次，回避风险的同时也失去了从风险中获益的可能性。由投机风险的特征可知，它具有损失和获益的两重性。例如，在涉外工程中，由于缺乏有关外汇市场的知识和信息，为避免承担由此而带来的经济风险，决策者决定选择本国货币作为结算货币，从而也就失去了从汇率变化中获益的可能性。

再次，回避风险可能不实际或不可能。这一点与工程项目风险的定义或分解有关。工程项目风险定义的范围越广或分解得越粗，回避风险就越不可能。例如，如果将工程项目的风险仅分解到风险因素这个层次，那么任何建设工程都必然会发生经济风险、自然风险和技术风险，根本无法回避。又如，从承包商的角度，投标总是有风险的，但决不会为了回避投标风险而不参加任何建设工程的投标。建设工程几乎每一个活动都存在大小不一的风险，过多地回避风险就等于不采取行动，而这可能是最大的风险所在。由此，可以得出结论：不可能回避所有的风险。正因为如此，才需要其他不同的风险对策。

总之，虽然风险回避是一种必要的、有时甚至是最佳的风险对策，但应该承认这是一种消极的风险对策。如果处处回避，事事回避，其结果只能是停止发展，直至停止生存。因此，应当勇敢地面对风险，这就需要适当运用风险回避以外的其他风险对策。

(二) 风险自留

顾名思义，风险自留就是将风险留给自己承担，是从企业内部财务的角度应对风险。风险自留与其他风险对策的根本区别在于，它不改变工程项目风险的客观性质，即既不改变工程风险的发生概率，也不改变工程风险潜在损失的严重性。这是一种重要的财务型风险处理手段，其实质在于，在风险发生并导致损失后，工程项目管理组织融入资金来弥补损失。

1. 风险自留的类型

风险自留可分为非计划性风险自留和计划性风险自留两种类型。

(1)非计划性风险自留

由于风险管理人员没有意识到工程项目某些风险的存在，或者不曾有意识地采取有效措施，以致风险发生后只好由自己承担。这样的风险自留就是非计划性的和被动的。

导致非计划性风险自留的主要原因有：1)缺乏风险意识；2)风险识别失误；3)风险评价失误；4)风险决策延误；5)风险决策实施延误。

事实上，对于大型、复杂的工程项目来说，风险管理人员几乎不可能识别出所有的工程风险。从这个意义上讲，非计划性风险自留有时是无可厚非的，因而也是一种适用的风险处理策略。但是，风险管理人员应当尽量减少风险识别和风险评价的失误，要及时做出风险对策决策，并及时实施决策，从而避免被迫承担重大和较大的工程风险。总之，虽然非计划性风险自留不可能不用，但应尽可能少用。

(2)计划性风险自留

计划性风险自留是主动的、有意识的、有计划的选择，是风险管理人员在经过正确的风险识别和风险评价后做出的风险对策决策，是整个工程项目风险对策计划的一个组成部分。也就是说，风险自留绝不可能单独运用，而应与其他风险对策结合使用。在实行风险自留时，应保证重大和较大的工程项目风险已经进行了工程保险或实施了损失控制计划。计划性风险自留的计划性主要体现在风险自留水平和损失支付方式两方面。所谓风险自留水平，是指选择哪些风险事件作为风险自留的对象。确定风险自留水平可以从风险量数值大小的角度考虑，一般应选择风险量小或较小的风险事件作为风险自留的对象。计划性风险自留还应从费用、期望损失、机会成本、服务质量和税收等方面与工程保险比较后才能得出结论。损失支付方式的含义比较明确，即在风险事件发生后，对所造成的损失通过什么方式或渠道来支付。

2. 损失支付方式

计划性风险自留应预先制订损失支付计划，常见的损失支付方式有以下几种。

(1)从现金净收入中支出。采用这种方式时，在财务上并不对自留风险做特别的安排，在损失发生后从现金净收入中支出，或将损失费用计入当期成本。实际上，非计划性风险自留通常都是采用这种方式。因此，这种方式不能体现计划性风险自留的“计划性”。

(2)建立非基金储备。这种方式是设立了一定数量的备用金，但其用途并不是专门针对自留的风险，其他原因引起的额外费用也在其中支出，例如，本属于损失控制对策范围内的风险实际损失费用，甚至一些不属于风险管理范畴的额外费用。

(3)自我保险。这种方式是设立一项专项基金(亦称为自我基金)，专门用于自留风险所造成的损失。该基金的设立不是一次性的，而是每期支出，相当于定期支付保险费，因而称为自我保险。这种方式若用于建设工程风险自留，需做适当的变通，如将自我基金（或风险费）在施工开工前一次性设立。

（4）母公司保险。这种方式只适用于存在总公司与子公司关系的集团公司，往往是在难以投保或自保较为有利的情况下运用。从子公司的角度来看，与一般的投保无异，收支较为稳定，税赋可能得益（是否按保险处理，取决于该国的规定）；从母公司的角度，可采用适当的方式进行资金运作，使这笔基金增值，也可再以母公司的名义向保险公司投保。对于建设工程风险自留来说，这种方式可用于特大型建设工程（有众多的单项工程和单位工程），或长期有较多建设工程的业主，如房地产开发（集团）公司。

3. 风险自留的适用条件

计划性风险自留至少要符合以下条件之一才应予以考虑：

（1）别无选择。有些风险既不能回避，又不可能预防，且没有转移的可能性，只能自留，这是一种无奈的选择。

（2）期望损失不严重。风险管理人员对期望损失的估计低于保险公司的估计，而且根据自己多年的经验和有关资料，风险管理人员确信自己的估计正确。

（3）损失可准确预测。在此，仅考虑风险的客观性。这一点实际上是要求建设工程有较多的单项工程和单位工程，满足概率分布的基本条件。

（4）企业有短期内承受最大潜在损失的能力。由于风险的不确定性，可能在短期内发生最大的潜在损失，这时，即使设立了自我基金或向母公司保险，已有的专项基金仍不足以弥补损失，需要企业从现金收入中支付。如果企业没有这种能力，可能因此而摧毁企业。对于建设工程的业主来说，与此相应的是要具有短期内筹措大笔资金的能力。

（5）投资机会很好（或机会成本很大）。如果市场投资前景很好，则保险费的机会成本就显得很大，不如采取风险自留，将保险费作为投资，以取得较多的投资回报。即使今后自留风险事件发生，也足以弥补其造成的损失。

（6）内部服务优良。如果保险公司所能提供的多数服务完全可以由风险管理人员在内部完成，且由于他们直接参与工程的建设和管理活动，从而使服务更方便，质量在某些方面也更高，在这种情况下，风险自留是合理的选择。

（三）风险转移

风险转移是设法将某风险的结果连同对风险应对的权利转移给第三方，实质上是将管理风险的责任转移给另一方。风险转移要遵循两个原则：其一，必须让风险承担者获得相应回报；其二，对于各具体风险，谁最有能力管理就让谁承担。

风险转移的方式可分为保险转移方式和非保险转移方式。保险转移方式是指业主、承包人或其他被保险人向保险人交纳一定的保险费，一旦所投保的风险事件发生，造成财产或人身伤亡时，则由保险人给予补偿的一种制度。工程项目业主和承包商一般采用保险方法，但并非所有的风险都可通过保险方式转移。

我国的工程项目保险主要包括强制性保险和自愿性保险。自愿性保险是指由投保人决定是否参加保险，投保的条件和赔付金额等事项由投保人和保险公司通过合同加以约定，常用的险种有境内货物运输险、国际货物运输险、汇率风险保险、政治风险保险等。强制性保险是根据国家法律、行业标准等要求投保人必须选择一家保险公司进行投保的保险，为确保工程的各个阶段都处在保险之中，可以根据工程项目所处的阶段有所不同而设计保险，主要有工程决策险、工程勘察责任险、设计责任险、安装工程项目保险、建筑工程项目保险、监理人员执业责任险、工程质量保修责任险等。

非保险转移方式主要有以下几种。

1. 出售

通过买卖契约将风险转移给其他单位。这种方法在将项目所有权出售给别人的同时，也将风险转移出去。

2. 发包

发包就是通过从项目执行组织外部获取货物、工程或服务而把风险转移出去。发包需要选择不同合同形式来转移风险。工程项目按照合同计价形式可分为总价合同、单价合同和成本加薪金合同。总价合同将工程量风险和费率风险都让承包方式承担，业主承担的风险较少。成本加薪金合同中业主承担的风险较大，而承包商风险不大。单价合同将费率风险由承包商承担，而由业主承担工程量风险，风险划分相对公平，所以国际上常见的还是单价合同。

3. 分包

承包人在履行合同的过程中，常会遇到一些安全风险较大的特殊施工，这种情况下，承包人一般将其分包，把这种安全风险转移给分包人。在一些工程的承包中，当承包人发现本身的施工力量不足或施工经验不足等问题，面临着施工工期、施工成本或施工质量风险时，其总是向业主提出申请，将对他来说有各种各样风险的施工内容分包给其他承包人，以转移风险。当然，这种对原承包人具有风险的施工内容，对分包人不一定存在风险，可能还有机会。这取决于具体施工内容和分包人的具体条件。

4. 开脱责任合同

合同责任条款规定了经济单位之间的责任和义务，即风险由谁承担。经济单位往往采取一些合同责任开脱条款将风险转移给合同方。在国际通用的 FIDIC 条款中，明确规定了业主和承包商的一般风险承担方式，但对于有些风险，如通货膨胀、汇率等风险，则需要在合同特殊条款中具体规定。

5. 工程保证担保

工程保证担保是指担保人(银行、担保公司、保险公司、其他金融机构、商业团体或个人)应工程合同一方(被担保人)的要求向另一方(权利人)做出书面承诺，保证如果被担保人无法完成其与权利人签订的合同中规定应由被担保人履行的义务，则由担保人代为履约或做出其他形式的补偿。工程保证担保分为保函和担保两类。业主为避免承包商不履行合同或不能偿还预付款，要求承包商提交由银行或保险公司出具的投标保函、履约保函、预付款保函、保留金保函、设备临时进口保函等，有时也采用担保形式。同理，如果承包商认为业主的支付有风险，也可以要求业主开具银行支付担保等，国外常用的业主责任保证担保还有回垦担保、管辖地担保、完工担保、特许经营权担保等。

(四) 风险损失控制

风险损失控制是一种主动、积极的风险对策。风险损失控制可分为预防损失和减少损失两个方面。预防损失措施的主要作用在于降低或消除(通常只能做到降低)损失发生的概率，而减少损失措施的作用在于降低损失的严重性或遏制损失的进一步发展，使损失最小化。一般来说,风险损失控制方案都应当是预防损失措施和减少损失措施的有机结合。

制定风险损失控制措施必须考虑其付出的代价,包括费用和时间两个方面的代价,而时间方面的代价往往又会引起费用方面的代价。风险损失控制措施的最终确定,需要综合考虑其效果和相应的代价。在采用风险控制对策时,所制定的风险控制措施应当形成一个周密的、完整的风险损失控制计划系统。该计划系统一般应由预防计划、灾难计划和应急计划三部分组成。

1. 预防计划

预防计划的目的在于有针对性地预防损失的发生,其主要作用是降低损失发生的概率,在许多情况下也能在一定程度上降低损失的严重性。在风险损失控制计划系统中,预防计划的内容最广泛,具体措施最多,包括组织措施、经济措施、合同措施、技术措施。

2. 灾难计划

灾难计划是一组事先编制好的、目的明确的工作程序和具体措施,为现场人员提供明确的行动指南,使其在灾难性的风险事件发生后,不至于惊慌失措,也不需要临时讨论研究应对措施,可以做到从容不迫、及时妥善地处理风险事故,从而减少人员伤亡以及财产和经济损失。灾难计划的内容应满足以下要求:1)安全撤离现场人员;2)援救及处理伤亡人员;3)控制事故的进一步发展,最大限度地减少资产和环境损害;4)保证受影响区域的安全尽快恢复正常。灾难计划在灾难性风险事件发生或即将发生时付诸实施。

3. 应急计划

应急计划就是事先准备好若干种替代计划方案,当遇到某种风险事件时,能够根据应急预案对建设工程原有计划范围和内容做出及时调整,使中断的建设工程能够尽快全面恢复,并减少进一步的损失,使其影响程度减至最小。应急计划不仅要制定所要采取的相应措施,而且要规定不同工作部门相应的职责。应急计划应包括的内容有:调整整个建设工程实施进度计划、材料与设备的采购计划、供应计划;全面审查可使用的资金情况;准备保险索赔依据;确定保险索赔的额度;起草保险索赔报告;必要时需调整筹资计划等。

第五节　工程项目风险监控

工程项目风险监控在风险管理中是不可缺少的环节。在工程项目的实施过程中,风险会不断发生变化,可能会有新的风险出现,也可能预期的风险会消失。工程项目风险监控主要任务是:随着工程项目的进展,密切跟踪已识别的风险,监视残余风险和识别新的风险;分析工程项目目标的实现程度,以及风险因素的变化和风险应对措施产生的效果;进一步寻找机会,细化风险应对措施,实现消除或减轻风险的目标。

一、工程项目风险监控概述

(一) 工程项目风险监控的概念

工程项目风险监控,即对工程项目风险的监视和控制。具体来说,是指通过风险识别、分析、预警应对,对风险管理全过程的监视和控制。它是工程项目风险管理的一项重要工作,是系统化的风险追踪过程。

风险监视是在采取风险应对措施后,对风险和风险因素的发展变化的观察与把握;风险控制则是在风险监视的基础上采取的技术、作业或管理措施。在某一时段内,风险监视和控制交替进行,即发现风险后经常需要马上采取控制措施,或风险因素消失后立即调整风险应对措施。因此,常将风险监视和控制整合起来考虑。

(二)工程项目风险监控的依据

工程项目风险监控的主要依据包括:

(1)风险管理计划。对已识别的风险的管理活动都是按这一计划展开的,但在新的风险出现后要立即对其更新。

(2)风险应对计划。它是风险应对措施和项目风险控制工作的具体计划,是工程项目风险监控的直接依据之一。

(3)工程项目的变更。对工程项目做出变更后,可能会出现新的风险。

(4)在工程项目实施中新识别的风险。随着工程项目的进展,建设环境也在不断发生变化,新的风险也常常随之而生。

(5)已发生的风险和已实施的风险应对策略。以此对风险应对策略的有效性进行评估。

(6)项目的沟通。通过项目沟通中的文档,可以了解项目进展及项目风险状况,这些文档包括事件记录、行动规程、风险预报等。

(7)项目评审。风险应对计划是否有效、执行是否有效可以通过项目评审者的检测与记录来了解,以此为依据来调整应对计划或制订新的应对计划。

(三)工程项目风险监控的内容

工程项目风险监控不能仅停留在关注风险的大小上,还应动态地分析影响风险事件因素的发展和变化。具体风险监控的内容包括:按照风险管理计划和风险应对计划,针对风险实施应对策略;风险应对策略是否达到预期效果,是否需要制定新的应对方案;对工程项目建设环境的预期分析,以及对项目整体目标实现可能性的预期分析是否仍然成立;风险的发生情况与预期的状态相比是否发生了变化,并对风险的发展变化做出分析判断;识别到的风险哪些已发生,哪些正在发生,哪些可能在后面发生;是否出现了新的风险因素和新的风险事件,它们的发展变化趋势如何。

二、工程项目风险监视

工程项目风险监视没有一套公认的、可供单独使用的技术与方法,但工程管理及风险评估适用的技术风险监视都可以使用,如关键路线法、费用偏差分析、计划评审技术和图形评审技术等。风险监视技术有两大类,一类监视与建筑产品有关的风险,另一类监视与过程有关的风险。常用的工程项目风险监视方法如下。

(一)审核检查法

审核检查法是监视风险的首选方法。该法用于项目的全过程,从项目建议书开始,直至项目结束。项目建议书、项目产品或服务的技术规格要求、项目的招标文件、设计文件、实施计划、必要的实验等都需要审核。审核时要查出错误、疏漏、不准确、前后矛盾、不一致之处。审核还会发现以前或他人未注意或未想到的地方和问题。

审核会议要有明确的目标。提的问题要具体,要请多方面的人员参加。参加者不要审核自己负责的那部分工作。检查是在项目实施过程中进行,而不是在项目告一段落时进行。检查是为了把各方面来的反馈意见立即通知有关人员,一般以已完成的工作成果为对象,包括项目的设计文件、实施计划、实验计划、施工的工程、运到现场的材料设备等。审核结束后,要把发现的问题及时交代给原来负责的人员,让他们马上采取行动予以解决,问题解决后要签字验收。

(二) 风险图表示法

风险图表示法就是根据风险评价的结果,从项目的所有风险中挑选出几个,例如前十个最严重的,列入监视范围。然后每月都对这十个进行检查,同时写出风险规避计划,说明用于规避风险的策略和措施是否取得了成功。与此同时,画一张图表,列出当月前十个优先考虑的风险。其中每一个都写上当月优先顺序号、上个月的优先顺序号以及它在这张图表上已经持续的时间等。如果发现表上出现了以前未出现过的新风险,或者有的风险情况变化很小,那么就要考虑重新进行风险分析。要注意尽早发现问题,不要让其由小变大,进而失去控制。同样重要的是,要及时注意和发现在规避风险方面取得的进展,因此,也要把已成功控制住的风险记在图表中。

另外,还要跟踪列入图表中风险的前后类别变化,如果新列入图表的风险以前被划入未知或不可预见的类别,那么就预示着项目很可能要出现麻烦。这种情况还表明原来做的风险分析不准确,项目实际面临的风险要比当初考虑的大。

三、工程项目风险控制

在风险监视的基础上,应针对发现的问题,及时采取风险控制措施。这些措施包括权变策略、纠正措施,以及提出项目变更申请或建议等。并对工程项目风险重新进行评估,对风险应对计划做重新调整。

(一) 权变策略

权变策略是为了应对那些新出现的或先前未曾辨识的风险而采取的未经计划的应对策略。由于工程项目的一次性、复杂性、可变性以及人们认识能力的有限性,在风险辨识过程中不可能全部辨识出所有的风险,有些风险即使辨识了,但对其严重程度估计不够,没有采取切实可行的应对策略,所以当这样的风险发生时,就需要临时制定应对策略,称为权变策略。对权变策略需要及时完整地记录和评估,并纳入风险应对计划中去。

(二) 纠正措施

纠正措施就是使项目未来预计绩效与原定计划一致所做的变更。借助风险监视的方法,或发现被监视工程项目风险的发展变化,或是出现了新的风险。若监视结果显示,工程项目风险的变化在按预期发展,风险应对计划也在正常执行,这表明风险计划和应对措施均在有效地发挥作用。一旦发现工程项目列入控制的风险未按预期发展,而是随着发展出现了新的变化,则应对项目风险做深入分析的评估,并在找出引发风险事件影响因素的基础上,及时采取纠正措施(包括实施应急计划和附加应急计划)。

(三) 项目变更申请

在频繁地实施应对策略和权变策略后,项目基准计划会变得不切合实际,以至于严重影响工程项目的进展,这时需要变更工程项目计划,即进行工程项目变更。在工程项目施工阶段,无论是业主、监理单位、设计单位,还是承包商,认为原设计图纸、技术规范、施工条件、施工方案等方面不适应项目目标的实现，或可能会出现风险，均可向监理工程师提书面的变更要求或建议。工程变更申请书或建议书包括以下内容。

(1)变更的原因及依据。

(2)变更的内容及范围。

(3)变更引起的合同价的增加或减少。

(4)变更引起的合同期的提前或延长。

(5)为审查所必须提交的附图及其计算资料等。

工程变更申请一般由监理工程师组织审查。监理工程师应充分与业主、设计单位、承包商进行协商，对变更项目的单价和总价进行估算，分析因变更引起的该项工程费用增加或减少的数额，以及分析工程变更实施后对控制项目的纯风险所产生的效果。工程变更一般应遵循以下原则。

(1)工程变更的必要性与合理性。

(2)变更后不降低工程的质量标准，不影响工程完工后的运行与管理。

(3)工程变更在技术上必须可行、可靠。

(4)工程变更的费用及工期是经济合理的。

(5)工程变更尽可能不对后续施工在工期和施工条件上产生不良影响。

(四) 风险应对计划更新

风险是随机事件，发不发生均有可能；风险发生后的损失可能不严重，比预期小，也可能损失较严重，比预期大。通过风险监视和采取应对措施，可能会减少一些已识别风险的出现概率和后果。因此，在风险监控的基础上，有必要对项目的各种风险重新进行评估，将项目风险的次序重新进行排列，对风险的应对计划也相应进行更新，以有效地控制新的风险和重要风险。

案例分析

居安思危，曲突徙薪——
成都地铁6号线盾构法隧道项目的施工风险管控之道

案例正文：(请扫描阅读)

启发思考题

(1)结合案例，分析曹经理以及项目管理团队在风险识别过程中主要采用了哪些常见的方法，并比较各种方法的优缺点和适用范围。

(2)风险评估是风险管理研究中的核心工作,结合案例,分析曹经理及其团队在是如何进行风险评估的?

(3)简要分析项目管理团队采用了哪些针对性的风险应对措施,他们是如何确保应对措施实施到位的?

(4)结合案例,分析曹经理所进行的风险管理全过程还存在哪些不足?你认为还可以从哪些方面进行改进?

复习思考题

1. 什么是工程项目风险?其特性包括哪些内容?
2. 什么是工程项目风险管理?工程项目风险管理的内容有哪些?
3. 工程项目风险识别的定义和原则是什么?
4. 请简要叙述工程项目风险识别的流程。
5. 工程项目风险识别的技术和方法有哪些?
6. 工程项目风险评估的定义和内容是什么?工程项目风险评估的目的有哪些?
7. 工程项目风险应对的策略有哪些?
8. 什么是工程项目风险监控?它的主要依据是什么?
9. 常用的工程项目风险监视方法有哪些?
10. 简述工程项目保险险种设置。工程项目担保的主要类型有哪几种?

第十二章　工程项目信息管理

信息资源是工程项目实施过程中需要进行充分开发和利用的重要资源之一，随着信息技术、计算机技术和通信技术的飞速发展以及工程项目规模的不断加大，信息资源的有效组织与管理对工程项目的顺利实施有着越来越重要的意义。本章从工程项目信息有关概念入手，介绍了工程项目信息管理的信息流、内容、任务以及文档资料的管理，并对工程项目信息管理的发展动态进行了阐述。

第一节　工程项目信息管理

众所周知，工程项目的实施需要人力资源和物质资源，但也应明白，信息资源也是项目实施的重要资源之一。那么，什么是信息？信息管理的含义、特征及工程项目信息管理的内容和任务是什么？它有哪些分类，又如何编码？本节将逐一进行介绍。

一、工程项目信息有关概念

（一）信息的基本概念及特征

1. 信息

在对事物的描述过程中用到的各种经过加工处理的数据（如符号、声音和图像等）就是信息。数据是人们为了反映客观实体的属性而记录下来的抽象符号，是一种中性的概念。它虽然能够表现信息的形体，但却不能直接表达信息所要传递的含义。而信息是对数据的解释，它是被人为赋予了一定含义的，例如建设过程中关于质量问题的文字记录、工程项目全寿命周期中得出的各类统计报表以及建设过程中所用的图纸等都可被称为信息，它们都是经过对数据的加工处理后产生的。

2. 信息的特征

（1）普遍性：信息记录的是事物的状态和属性，而事物的状态是在不断变化的。因此，只要人类能够观察到这种变化，就会有信息存在。所以，信息的存在是普遍的。

（2）可传输性：信息能够通过某种媒介在组织成员间传递，被需要此信息的成员加以利用。

（3）可加工性：人们可以对信息进行加工处理，把信息从一种形式变换为另一种形式，从而适应不同人的需求。

（4）可存储性：信息的可存储性即信息存储的可能程度。这种可能程度表现在存储过程中信息的内容仍然保持真实，不发生畸变，且存储安全，不会丢失。另外，对已经保存的信息可以进行快速检索也是可存储性的一个重要表现。

（5）价值性：信息是人类劳动的成果，并且对人们的行为活动具有指导作用，因此它是有价值的。现代社会信息是一种宝贵的资源，如果能够及时获得准确客观的信息，信息掌握者往往能够利用它创造可观的物质财富。

(6)依存性：信息是对事物属性的反映，它必须依存于其所反映的对象而存在，不可能有信息脱离物质对象而单独存在。此外，信息的存储和传播也离不开物质载体。

(7)时效性或重复利用性：由于特定环境的限制，某些工程项目中的信息只在一定时期内适用于该项目本身，项目结束后便失去了再次利用的价值，像这样的信息便具有时效性。此外，很多信息都具有被重复利用的价值，这类信息会被保存较长的时间，以便给类似项目提供参考。由于特定环境的限制，某些信息只在一定时期内适用，时过境迁，过后便失去了其利用价值。而有的信息时效性长，有被重复利用的价值。

(二) 工程项目信息管理的含义

信息管理是指对信息的收集、加工、整理、存储、传递与应用等一系列工作的总称。信息管理的目的就是通过有组织的信息流通，使决策者能及时、准确地获得相应的信息。为了达到信息管理的目的，就要把握信息管理的各个环节，并做到：了解和掌握信息来源，对信息进行分类；掌握和正确运用信息管理手段，如计算机等；掌握信息流程的不同环节，建立信息管理系统。

工程项目信息管理指的是在工程项目决策和实施的全过程中，对工程建设信息的获取、存储、存档、处理和交流进行合理的组织和控制。工程项目的信息管理是通过对各个系统、各个工作和各种数据的管理，使建设项目信息能方便和有效地获取、存储、存档、处理和交流。工程项目信息管理的目的旨在通过信息传输的有效组织管理和控制为工程项目建设提供增值服务。

(三) 工程项目信息的特点

(1)大量性：建筑工程往往是一个十分复杂的整体，而且其生命周期又很长，包括决策阶段、勘察设计阶段、施工阶段、验收阶段、运营阶段等，每一个阶段都要产生其特定的信息。这些因素的叠加导致工程项目产生的信息量十分庞大。

(2)复杂性：多个部门、多个企业和众多跨学科人员经常为了完成一项工程任务而被短期地组合在一起，隶属于工程的每个成员都可能属于不同的分包单位，来自不同单位、不同岗位人员提交的信息交织在一起组成了一个复杂的信息网。

从上面对信息的介绍中我们可以清楚地认识到，工程项目的成功实施不仅仅需要物质资源，信息资源在现代建筑业的运行中也占有举足轻重的地位。

二、工程项目中的信息流

(一) 信息流的概念与重要性

信息流是指信息的传播与流动，是物质流动过程的影像。

信息流对工程项目管理有特别重要的意义。工程项目管理者设置目标、做出决策、制订计划、组织资源供应以及领导、协调、激励各项目参加者的工作都是靠信息来实现的；项目组织成员之间、组织成员与项目相关者之间都需要进行充分、准确、适时的信息沟通，及时采取相应的协调措施，以减少冲突，保证工程项目目标的顺利实现。因此，工程建设中信息流能否达到通畅、高效、迅捷的标准，将对其最终目标能否实现产生重大的影响。

（二）信息流的形成与传递

1. 项目中的信息流

工程项目的运作由多个环节组成，需要参与者通力合作、共同完成。在项目的实施过程中会产生如下几种重要信息流动过程。

(1)工作流

由项目的结构分解得到项目的所有工作，这些工作在一定时间和空间上实施，便形成项目的工作流。工作流构成了项目的实施过程和管理过程，主体是劳动者和管理者。

(2)物流

项目各项工作的实施需要各种材料、设备和能源，它们由外界输入，经过处理转换成为工程实体，通过加工最终形成项目产品。物流由工作流引起，其表现为项目的物资生产过程。

(3)资金流

资金流是工程实施过程中价值的运动形态。例如资金变为库存的材料和设备、工人的工资。项目完工投入运营后作为固定资产，通过项目的运营取得收益。

(4)信息流

工程项目实施的同时将会不断产生信息。这些信息伴随着上述几种流动过程按一定的规律产生、转换、变化，并被传递到相关单位供其使用，从而形成项目实施过程中的信息流。

这四种流动过程之间相互联系、相互依赖又相互影响，共同构成了项目实施和管理的总过程。在这四种流动过程中，信息流将项目的工作流、物流、资金流联系在一起。它不仅反映而且控制和指挥着工作流、物流和资金流。例如，在项目实施过程中，各种文件、报告、报表反映了工程项目的进度、费用和质量等方面的状况；各种指令、计划、协调方案又控制和指挥着项目的实施。

2. 工程项目信息的传递方式

项目内部的信息交换，即项目实施过程中各个参与者因相互沟通而产生的大量信息。内部信息的交换主要包括以下这几种信息流。

(1)自上而下的信息流。通常决策、指令、通知、计划是由上向下传递，但在这个传递过程中信息流并不是一成不变的，而是每经过一个层级就被具体化一次，直到成为可执行的具体计划。

(2)自下而上的信息流。通常关于工程实际情况的信息是由基层逐渐向上传递的，这个传递过程是一个信息整合的过程。由于项目决策者不可能在短时间内研究大量的信息并做出决策，所以这就需要下级员工将重要的信息整理出来提供给决策者由其拍板。为了不使决策失误，企业员工就要做到不使信息失真、不遗漏重要信息。因此，拥有高素质的员工团队是一个企业在市场竞争中胜出的重要一环。

(3)横向信息流。项目各职能部门由于要相互协调工作，所以必然要互通有无。这种平级部门之间的信息流就是横向信息流。

3. 项目与外界的信息交换

项目作为一个开放系统，它与外界有大量的信息交换。主要包括：由外界输入的信息，例如环境信息、物价变动的信息、市场状况信息以及政府或上级公司的指令等；项目向外界输出的信息，如项目状况的报告、请示、要求等。

（三）工程项目各阶段的信息流

1. 决策阶段

此阶段进行信息交换的单位主要有业主及相关政府主管部门、金融机构、设计单位等。政府主管部门提供强制或引导性的政策信息；业主根据有关规定、自身所具备的专业知识以及咨询机构的意见初步确定项目未来的功能、运营成本、收益等指标信息；设计单位依照业主的需求对初步设计方案进行估价，得出项目建设成本的信息；业主与金融机构共同商定融资计划，得出的结果就是融资信息。这些信息在项目决策阶段各参与单位之间交换，形成了决策阶段的信息流。

2. 设计与计划阶段

此阶段业主与设计单位的信息交换频繁，设计单位从中进一步了解了业主的需求，可以详细地为工程制定出专门方案。设计单位是这一阶段信息交换的核心部门，它的要求可以通过业主向多个相关单位传递，这些单位的反馈信息又可以传达到设计单位这里，从而在业主、设计单位和相关单位之间形成了新的信息流。最终，设计单位通过这种方式形成了经过协调后的设计方案。而后，承包商根据已经确定的项目工期、质量要求和设计方案开展进度计划的编制，然后根据进度计划将分包信息传递给分包商、设备制造商和材料供应商，通过与他们的协调确定最终的项目进度计划。

3. 施工阶段

这一阶段传递的信息主要是项目各参与单位之间的日常管理信息。业主方作为项目的主导方，应该由其牵头组成一个由多种技术专家参与的核心组织，由该组织协调各相关方之间的信息交换。该组织最主要的职能是进行例外管理——当出现不可预见的"例外"问题时，产生问题的部门应该将其交由专家进行研讨，以便确定问题出现的原因并及时采取措施应对。有关应对措施的信息传递到设计单位和施工单位后，他们应该通过调整设计方案、改变施工计划的方式确保项目顺利进行。

4. 运营与后评价阶段

项目竣工后，专家将设计和建设过程中产生的信息整理后交给业主保存，作为项目运营所需信息的一部分。业主又将有关的信息提供给项目的运营商，为他们的活动提供信息基础。在项目运营进程中，运营商将项目的日常维护及运营信息不断地反馈给业主。在这种信息的交换中，形成了运营阶段业主与运营商之间的信息流。在运营的过程中，业主通过将得到的运营信息和决策阶段制定的项目目标比较，对工程目标的实现情况进行客观的评价，为下次决策提供可靠的反馈信息。

上述各过程的信息流传递是相互联系的统一整体，不可将它们孤立地看待。

三、工程项目信息管理的内容

工程项目各阶段需要收集的信息就是信息管理的内容。工程项目质量的好坏，很大程度上取决于管理者所取得信息的全面性和可靠性。

（一）工程决策阶段需要收集的信息

（1）立项过程产生的文件：调查研究资料、项目建议书及项目建议书审批意见、可行性研究报告及可行性研究报告审批意见、与立项有关的会议纪要和主管部门下达的文件等。

(2)批准的建设项目选址报告、城市规划部门的批文、土地使用要求和环保要求等。

(3)规定的设计标准、设备条件和各项技术经济指标等。

(4)国家或地方的各项法规制度。

(5)气象、地质和地震烈度等自然条件资料。

(二)工程准备阶段需要收集的信息

(1)建设用地、征地或拆迁文件。

(2)工程区域图、地形测量图、地质和水文地质勘查报告。

(3)同类工程相关信息,如建设规模、结构形式、造价、建设工期和采用新技术的效果等。

(4)设计任务书、设计进度信息、初步设计图纸和说明、技术设计图纸和说明、施工图及其说明、设计计算书以及政府关于设计的审批文件等。

(5)招投标文件以及建设前期签订的各类合同文件。

(6)更为详细的技术经济状况:如原材料、燃料来源、水电供应和交通运输条件、劳动力来源及工资标准等。

(7)施工组织设计和建设质量、进度、成本等方面的计划。

(8)业主要收集施工单位管理水平、质量保证体系、设备先进性和以往项目施工质量等方面的信息;施工单位要收集业主的信誉、资金周转状况等信息。

(三)施工阶段的信息收集

(1)与业主相关的信息。业主是工程项目建设的组织者,应该给出对建设过程中项目进度、质量、投资等方面的指令或意见。当业主负责某些材料的采购时,还需要其收集这些材料的品种、数量、质量、价格以及供货地点等方面的信息。

(2)与施工单位相关的信息。现场发生的各种情况施工单位都要掌握和收集。施工单位应该向有关部门(如上级部门、设计单位、业主)传递这些信息。同时其还应该向监理单位报送各类单项工程的施工措施、质量自检报告、施工进度安排、支付申请报告和工地会议记录等。

(3)与监理单位相关的信息。主要包括各类施工的历史记录,如工地日记、周报、月报、对施工单位的指示、给施工单位的补充图纸、现场每日的天气记录、工地会议信息、工程质量记录以及工程计量和工程款记录等。

(四)竣工验收信息

工程竣工并按要求进行竣工验收时,需要大量的对竣工验收有关的各种资料信息。这些信息一部分是在整个施工过程中长期积累形成的,一部分是在竣工验收期间根据积累的资料整理分析而成的。这些信息主要包括工程竣工总结,竣工验收记录,财务文件,声音、影像、电子档案等。完整的竣工资料应由承建单位编制,经工程监理单位和有关方面审查后,移交建设单位并通过建设单位移交项目管理运行单位以及相关的政府主管部门。

各方在工程实施各阶段会有相应的信息需求,管理者要考虑如何及时地将信息提供给他们。

四、工程项目信息管理的任务

工程项目一般具有周期长、参建单位多、单位性和专业性强等特征,一个项目在决策和实施过程中，项目信息往往数量大、变化多且错综复杂，项目信息资源的组织和管理任务十分重大。具体任务如下。

(一) 编制信息管理手册并确定信息需求

1. 编制信息管理手册

为充分利用和发挥信息资源的价值、提高信息管理的效率以及实现有序和科学的信息管理，各方面应根据以往信息管理的经验，编制各自的信息管理手册，以规范信息管理工作。信息管理手册描述和定义信息管理的任务、任务分工和每项任务执行的时间等。它的主要内容包括信息管理的任务、信息的分类、信息的编码、信息流程图、信息的输入输出模型、各种信息管理工作流程图、信息处理工作平台及其使用规定、信息管理保密制度、工程档案管理制度、信息管理的任务分工表和管理职能分工表等。

2. 确定信息需求

项目组织各层级和各职能部门人员的信息需求是与他们要完成的工作和应行使的权利相对应的。不同层级的管理者对信息的内容、精度和侧重点有不同的要求，所需要的信息当然也是不同的。

(二) 建立信息管理系统

1. 建立工程项目管理部门

目前，许多工程项目都专门设立信息中心(即工程项目管理部门)，以确保信息管理工作的顺利进行。也有一些大型工程项目专门委托咨询公司从事项目信息动态跟踪和分析，以信息流指导工程建设的物质流，从宏观上对项目的实施进行控制。建立工程项目信息中心的重要目的，是在工程项目各参建方之间共享项目信息和知识，具体目标是努力做到在恰当的时间、恰当的地点、为恰当的人及时地提供恰当的项目信息和知识。随着现代信息和通信技术的发展，如视频会议、远程在线讨论等，信息交流技术使分处异地的工程项目参建各方可以利用功能丰富的现代信息和通信技术实现交流和沟通。

工程项目信息管理部门的任务是：负责编制信息管理手册，在项目实施过程中进行信息管理手册的必要修改和补充，并检查和督促其执行；负责协调和组织项目管理班子中各个工作部门的信息处理工作；建立信息处理工作平台并维护运行；与其他工作部门协同组织收集信息、处理信息和形成各种反映项目进展和项目目标控制的报表和报告；负责工程档案的管理等。在国际上，许多建设工程项目都专门设立信息管理部门或信息中心，以确保信息管理工作的顺利进行。

2. 建立项目信息处理平台

由于建设工程项目大量数据处理的需要，在当今的时代应重视利用信息技术的手段进行信息管理，其核心的手段是基于网络的信息处理平台。

(三) 信息管理系统运行后的工作

1. 信息的收集和加工

(1)信息的收集。在项目实施过程中，每天都要产生大量的原始数据，这些数据必须要有确定的负责人记录，注明数据的来源并由其对数据的准确性和及时性负责。以施工阶段为例，这个任务通常由专业班组的班组长、记工员、核算员、材料管理员或分包商承担。

(2)信息的加工。原始资料面广量大，表达方式多种多样，必须经过加工才能形成针对不同需求者的特定表达方式，满足不同层次项目管理者的需求。信息加工的基本过程如下：制定项目信息分类和编码规则并进行编码，将项目基本情况信息具体化、系统化；确定信息需求者对信息的格式、内容、数据结构等方面的要求，并按这些要求对信息进行加工。

按照工程信息加工的深浅程度可将信息分为如下几个类别：第一类为对资料和数据进行简单整理加工；第二类是对信息进行分析，概括综合后产生辅助建设项目管理决策的信息；第三类是通过应用数学模型和统计推断等手段产生的决策信息。

2. 信息存贮和文档系统的建立

许多信息作为工程项目的历史资料和实施情况的证明，不仅在项目实施过程中要被经常使用，还要作为工程资料持续保存到项目结束或者保存更长的时间。这就要求项目信息管理部门按不同的使用和储存要求，将数据和资料储存于一定的信息载体上，做到安全可靠、使用方便。此外，为了查找方便，信息在入库前要拟定一套科学的检索方法，做好编目分类工作。健全的检索系统可以使报表、文件、资料、人事和技术档案查找更加方便。否则，资料将杂乱无章，难以利用。因此，建立项目文档系统，将所有信息分解、编目是十分必要的。

3. 信息的使用和传递

将信息通过一定的媒介传输到工程项目信息管理工作的相关部门和单位就是信息传递。在项目管理中，信息管理部门的职责是设计好信息传递路径并综合考虑传输速度、错误率、成本等方面的因素选择一种廉价高效的信息传递方式，通过多种手段的组合保证信息传递渠道畅通，向相关方提供准确可靠的信息，使这些信息能够成为相关方工作的依据。此外，还应该由信息管理部门建立信息使用管理制度，特殊情况下还要设立信息保密制度规范信息的使用，以保证信息使用和传递过程中的安全。

信息管理的工作任务图如图 12-1 所示。

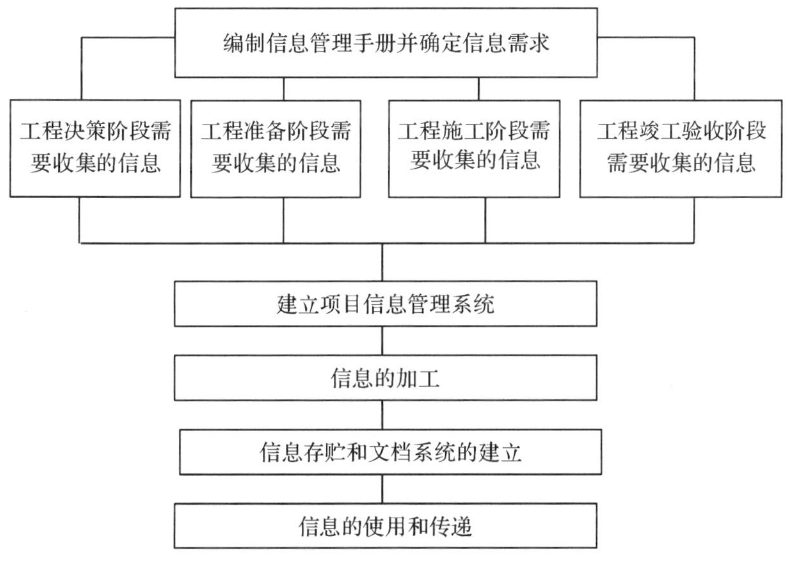

图 12-1 信息管理的工作任务图

五、工程项目信息分类及编码工作简介

(一) 工程项目信息的分类

具体地说,工程项目的信息大致包括项目决策过程、实施过程、运行过程和后评价阶段中产生的信息。这些过程中产生的信息有不同的形态,最常见的包括如下几种:文字图形信息(如勘察测绘图纸、设计图纸、合同、施工组织设计、统计报表和设计图纸等)、电子媒介信息(包括从互联网或电视等设备上收集的信息和专门介绍工程项目的音像和影像等)和语言类信息(如项目参与者口头表述的信息,工作汇报、指示、谈判交涉、建议与意见、讨论等信息)。

(1)按照信息与项目目标控制的关系划分,可分为投资控制信息、质量控制信息、进度控制信息和合同管理信息。

(2)按照项目信息的来源划分,可分为内部信息和外部信息两类。内部信息是指项目内部各个部门在开展工作时产生的信息,这些信息在项目内部共享;外部信息是来自项目外部环境的信息。

(3)按照信息的属性划分,可以分为组织类信息、技术类信息、经济类信息、管理类信息、法规类信息和自然环境类信息。

(4)按照项目的工作内容划分,可以分为设计、招投标、施工阶段各项工作和项目运行阶段工作产生的信息。

(5)按照信息的流向划分,可分为自上而下流动的信息、自下而上流动的信息和横向流动的信息等。

(6)按照项目的工作对象划分,即按项目的分解结构,如子项目 1、子项目 2 等进行划分。

(7)按照信息的层次划分。第一层次是战略信息层,指的是该项目建设过程中进行的战略决策所需的信息,如合同价、工程完工时间等信息;第二层次是管理信息层,指的是项目实施进度、财务计划等方面的信息;第三层是任务信息层,指的是各部门在处理日常任务时所需的信息。

(二) 工程项目信息编码的含义

工程项目信息编码由一系列符号(如文字)和数字组成,是信息处理过程中的一项基本工作。工程项目是由多个环节组成的复合体,参与单位众多,因此产生的信息量很大,种类繁多;许多信息不仅在项目实施过程中要被经常使用,而且还要作为工程资料持续保存到项目结束或保存更长的时间;项目自身以及将来类似的项目很可能也要用到已经产生的信息作为参考资料。为了能够更方便地对各类信息进行加工、存储和检索,对其进行编码是十分必要的。

(三) 设计编码时的原则

项目信息的编码宜在信息综合分类的基础上进行,并且需要清楚易懂。它应该适应于工程项目的特点以及相关单位的需求。工程项目信息编码的原则如下。

(1)唯一性。每一个代码仅代表一种特定的信息,不可交叉使用同一种代码。

(2)合理性。编码的方法必须是合理的,能够适应相关人员的使用习惯和信息处理的要求。项目信息编码的结构应与项目信息分类体系相适应。

(3)可扩充性。代码设计时应留出适当的扩充位置,以便增加新的内容时,可直接利用原代码扩充,而无须更改整个代码系统。

(4)逻辑性与直观性。代码不但要具有一定的逻辑含义,以便于数据的信息化处理;而且要简明直观,便于识别和记忆。

(5)规范性。国家编制的编码标准是代码设计的重要依据,要严格遵照国家标准及行业规范进行代码设计。

(6)精练性。代码的长度不仅会影响所占据的存储空间和信息处理的速度,还会影响代码输入时出错的概率及输入输出的速度,因而代码的长度应该适中。

(四)信息编码的方法

一个建设工程项目有不同类型和不同用途的信息,为了有组织地存储信息、方便信息的检索和信息的加工整理,必须对项目的信息进行编码。编码的方法有很多,根据不同的用途选用不同的编码方法。

(1)顺序编码法。顺序编码法是一种按对象出现的顺序进行编码的方法,就是从 001(或 0001,00001 等)开始依次排下去,直至项目信息所需要的最后一个编码为止。需要时可以在数据之后留有一定的余地,以备添加新的数据时增加编码。但是这种编码方法存在逻辑意义不清的问题。

(2)多属性编码法。一个事物可能具有多个属性,如果在编码的过程中能为这些属性规定其相应的位置,就形成了多属性码。该方法的优点是逻辑性好,但由于事物往往具有多个属性,所以此码位数较长,不便于存储和调用数据。

(3)十进制编码法。该方法是先把编码对象分成若干大类,编以若干位十进制代码,然后将每一大类再分成若干小类,编以若干位十进制代码,依次下去,直至不再分类为止(图 12-2)。采用十进制编码法,编码、分类比较简单,直观性强,可以无限扩充下去;但代码位数较多,空码也较多。

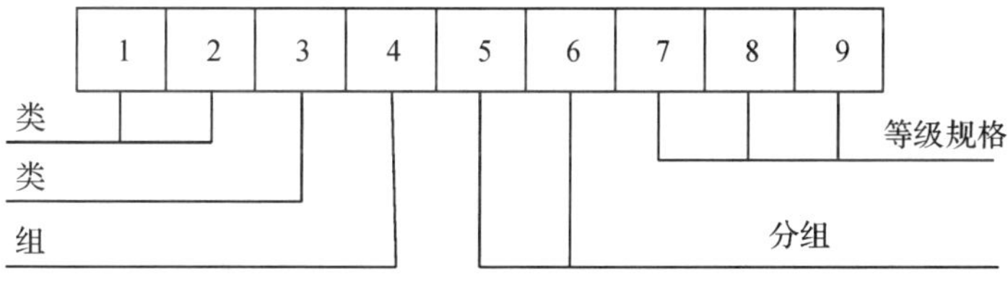

图 12-2 十进制编码示意图

(4)文字编码法。这种方法是用文字表明对象的属性,其文字部分一般用英文或汉语拼音的缩写编写。这种编码的直观性较好,记忆和使用也都方便。但当数据类型较多、数据量较大时,单靠字头很容易造成信息含义的混淆并造成误解。

上述各种编码方式都有其优缺点,具体使用时要根据工程项目信息的特性进行选择,有时还可将这些方法配合起来使用。

下面举一个应用文字编码法的例子,供读者了解实际编码的形式。我们应用工程项目信息的“中文名汉语拼音缩写+流水号”的方式为项目中的“3 号楼主体工程设计资料”编码,为“3-ztgcsj001,3-ztgcsj002,3-ztgcsj003”等。这样的编码方式就十分简单直观。

六、项目信息处理的方法

在当今的时代，信息处理已逐步向电子化和数字化的方向发展，但建筑业和基本建设领域的信息化已明显落后于许多其他行业，建设工程项目信息处理基本上还沿用传统的方法和模式。应采取措施，使信息处理由传统的方式向基于网络的信息处理平台方向发展，以充分发挥信息资源的价值，以及信息对项目目标控制的作用。基于网络的信息处理平台由一系列硬件和软件构成：

(1)数据处理设备(包括计算机、打印机、扫描仪、绘图仪等)；

(2)数据通信网络(包括形成网络的有关硬件设备和相应的软件)；

(3)软件系统(包括操作系统和服务于信息处理的应用软件)等。

数据通信网络主要有如下三种类型：

(1)局域网(LAN)：由与各网点连接的网线构成网络，各网点对应于装备有实际网络接口的用户工作站。

(2)城域网(MAN)：在大城市范围内两个或多个网络的互联。

(3)广域网(WAN)：在数据通信中，用来连接分散在广阔地域内的大量终端和计算机的一种多态网络。

互联网是目前最大的全球性的网络，它连接了覆盖100多个国家的各种网络，如商业性的网络(.com或.co)、大学网络(.ac或.edu)、研究网络(.org或.net)和军事网络(.mil)等，并通过网络连接数以千万台的计算机，以实现连接互联网的计算机之间的数据通信。互联网由若干个学会、委员会和集团负责维护和运行管理。

建设工程项目的业主方和项目参与各方往往分散在不同的地点、不同的城市或不同的国家，因此其信息处理应考虑充分利用远程数据通信的方式，如：

(1)通过电子邮件收集信息和发布信息。

(2)通过基于互联网的项目专用网站(Project Specific Web Site, PSWS)实现业主方内部、业主方和项目参与各方，以及项目参与各方之间的信息交流、协同工作和文档管理(图12-3)；或通过基于互联网的项目信息门户(Project Information Portal, PIP)ASP模式

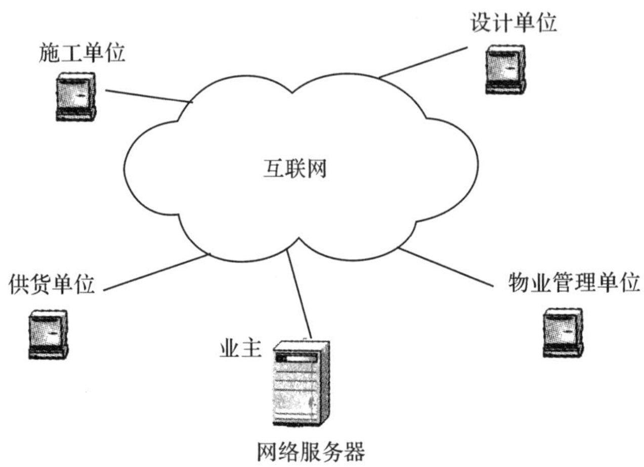

图12-3 基于互联网的信息处理平台

为众多项目服务的共用信息平台实现业主方内部、业主方和项目参与各方，以及项目参与各方之间的信息交流、协同该工作和文档管理。

(3)召开网络会议。

(4)基于互联网的远程教育与培训等。

第二节　工程项目文档资料管理

在建筑工程中，工程文档资料是建设施工中的一项重要组成部分，是工程建设及竣工验收的必备条件，也是对工程进行检查、维护、管理、使用、改建和扩建的原始依据。住房城乡建设部与各省市住建部门对工程文档资料管理工作都非常重视，明确指出：任何一项工程如果工程资料不符合标准规定，则判定该工程不合格，对工程质量具有否决权。因此，对工程项目文档资料的管理显得尤为重要。

工程项目文档资料的管理涉及建设单位、施工单位以及地方城建档案管理部门等。为了做好文档资料的管理工作，就有必要对工程项目文档资料的相关知识进行进一步探讨。本节主要从工程项目文档资料的概念、分类、特征、作用及管理过程和职责等方面进行介绍。

一、工程项目文档资料的概念和分类

(一) 工程项目文件概念

工程项目文件指在工程建设过程中形成的各种形式的信息记录，包括工程准备阶段文件、监理文件、施工文件、竣工图和竣工验收文件，也可简称为工程文件。

(1)工程准备阶段文件：工程开工以前，在立项、审批、征地、勘察、设计、招投标等工程准备阶段形成的文件。

(2)监理文件：监理单位在工程设计、施工等阶段监理过程中形成的文件。

(3)施工文件：施工单位在工程施工过程中形成的文件。

(4)竣工图：工程竣工验收后，真实反映工程项目施工结果的图样。

(5)竣工验收文件：工程项目竣工验收活动中形成的文件。

(二) 工程项目档案概念

工程项目档案指在工程建设活动中直接形成的具有归档保存价值的文字、图表、声像等各种形式的历史记录，也可简称工程档案。

(三) 工程项目文件档案资料

工程项目文件和档案组成工程项目文件档案资料。

(四) 分类

1. 按照文档资料保存的载体分类

(1)纸质载体。纸质载体档案包括工程前期资料，招投标文件，合同文件，设计资料，施工资料，进度、投资、质量控制资料，会议纪要，发函、来函和回函等。

(2)影像和声音载体。包括照片、录音和录像等。项目的重要阶段、重大事件，必须要有完整的影像和声音资料记载，并且应注明事由、时间、地点、人物和作者等内容。

(3)电子载体。如电子文档、电子照片等。归档的电子文件如果同时存在相应的纸质或

其他载体形式的文件时,应在内容、相关说明及描述上保持一致。

2. 按照项目文档资料的内容划分

(1)基建文件。包括决策立项文件,建设用地、征地、拆迁文件,勘察、设计文件,工程招标投标及承包合同文件,工程施工文件,竣工备案文件等。

(2)工程监理资料。包括监理合同类文件、监理管理和工作记录、监理验收资料。

(3)施工资料。包括工程测量资料、施工管理资料、技术资料、施工记录、施工验收资料、竣工图等。

二、工程项目文档资料的特征

(一)真实性和全面性

工程项目文档资料必须真实反映工程情况,包括发生的事故和存在的隐患。虽然真实性是对所有文件档案资料的共同要求,但在建设领域,这方面的要求更为迫切。此外,由于只引用一部分信息往往会引起误导,因此,工程项目文档资料只有全面反映项目的各类信息,才更有实用价值。

(二)积累性和时效性

随着建筑技术、施工工艺的不断发展以及建筑企业管理水平的不断提高,文档资料可以积累并得到再利用。新的工程在施工过程中可以吸取以往的经验,避免重犯以往的错误。同时,一些文档资料有很强的时效性,它们的价值会随着时间的推移而衰减,有时甚至是一经生成,就必须传达到相关部门,否则其利用价值就会大打折扣。

(三)多专业性和综合性

工程项目文档资料依附于不同的专业而存在,涉及建筑、市政、消防、安保等多个专业,同时也涉及电子、力学、声学、美学等多种学科,并综合了质量、进度、造价、合同、组织协调等多方面的内容。

(四)复杂性和随机性

工程项目周期长,生产工艺复杂,材料种类多,影响工程的因素多种多样。由此导致了工程文档资料的复杂性。工程项目文件档案资料产生于工程建设的整个过程中,其中部分文档资料的产生有规律性,但还有相当一部分的产生是由具体工程事件引发的。因此,工程项目文档资料的产生是有随机性的。

三、工程项目文档资料管理的基本要求

(1)文档要有系统性和完整性。

归档之前首先要明确各类资料的特点,并对它们进行系统化,这些资料包括与项目相关的、应进入信息系统运行的所有资料。项目部应按照有关档案管理的规定标准,将项目设计、采购、施工、试运行和项目管理过程中形成的所有文件进行归档。

(2)各个文档要有单一标志,能够互相区别,这通常是通过编码实现的。

相关部门应随项目进度对项目资料及时收集、整理,并按项目的统一规定对文档进行标识。建设项目施工过程中的图片、照片、录音、录像等材料,以及建设项目施工过程中的重要事件、事故等,应有完整的文字说明。同时,要详细地填写档案资料情况登记表。

(3)要有专门的人员或部门负责文档资料管理工作,落实文档管理的责任。

四、工程项目各方文档资料管理的职责

(一) 通用职责

工程项目文档资料管理的职责涉及建设单位、监理单位、施工单位以及地方城建档案管理部门。它们的通用职责主要有以下几方面。

(1)各参建单位填写工程项目档案应以施工及验收规范、工程合同、设计文件、工程施工质量验收统一标准等为依据。

(2)工程档案资料应随工程进度及时收集、整理,并应按专业归类,认真细致,字迹清楚,项目齐全、准确、真实,无未了事项。表格应采用统一表格,特殊要求需增加的表格应统一归类。

(3)各单位的文档资料应该由专人负责,对文档分级管理,负责对本单位工程档案资料的全过程组织工作并负责审核。各相关单位档案管理员负责工程档案资料的收集、整理工作。凡是对工程档案资料进行涂改、伪造、随意抽撤或者损毁的人员或单位,应按有关规定予以处罚,情节严重的,应依法追究法律责任。

(二) 各单位自身的文档资料管理职责

1. 建设单位的职责

(1)在工程招标及与勘察、设计、监理、施工等单位签订协议、合同时,应对工程文件的套数、费用、质量、移交时间等提出明确要求。

(2)负责组织、监督和检查勘察、设计、施工、监理等单位的工程文件的形成、积累和归档工作,并可委托监理单位监督、检查工程文件的形成、积累和立卷归档工作。

(3)在组织工程竣工验收前,应提请当地城建档案管理部门对工程档案进行预验收;未取得工程档案验收认可文件,不得组织工程竣工验收。

(4)收集和汇总勘察、设计、施工、监理等单位组卷、归档的工程档案;收集并整理工程准备阶段、竣工验收阶段形成的文件,并进行组卷、归档。

(5)负责组织工程档案的编制工作,可委托承包单位、监理单位、设计单位组织工程档案的编制工作以及负责组织竣工图的绘制工作。

(6)对列入当地城建档案管理部门接收范围的工程,按照规定及时收集、整理工程项目各环节的资料,建立健全工程档案,工程竣工验收三个月内,向当地城建档案管理部门移交一套符合规定的工程文件。

2. 监理单位的职责

建设工程监理文件资料应以施工及验收规范、工程合同、设计文件、工程施工质量验收标准、建设工程监理规范等为依据填写,并随工程进度及时收集、整理,认真书写,项目齐全、准确、真实,无未了事项。表格应采用统一格式,特殊要求需增加的表格应统一归类,按要求归档。

根据《建设工程监理规范》GB/T 5039—2013,项目监理机构文件资料管理的基本职责如下:

(1)应建立和完善监理文件资料管理制度,宜设专人管理监理文件资料。

(2)应及时、准确、完整地收集、整理、编制、传递监理文件资料,宜采用信息技术进行监

理文件资料管理。

(3)应及时整理、分类汇总监理文件资料,并按规定组卷,形成监理档案。

(4)应根据工程特点和有关规定,保存监理档案,并应向有关单位、部门移交需要存档的监理文件资料。

3. 施工单位的职责

(1)实行技术负责人负责制,逐级建立、健全施工文件管理岗位责任制,配备专职档案管理员,负责施工资料的管理工作。工程项目的施工文件应设专门的部门(专人)负责收集和整理。

(2)工程项目实行总承包的,总承包单位负责收集、汇总各分包单位形成的工程档案,各分包单位应将本单位形成的工程文件整理、立卷后及时移交总承包单位。工程项目由几个单位承包的,各承包单位负责收集、整理、立卷其承包项目的工程文件,并应及时向建设单位移交,各承包单位应保证归档文件的完整、准确、系统,能够全面反映工程建设活动的全过程。

(3)可以按照施工合同的约定,接受建设单位的委托进行工程档案的组织、编制工作。

(4)按要求在竣工前将施工文件整理汇总完毕,再移交建设单位进行工程竣工验收。

(5)负责编制的施工文件的套数不得少于地方城建档案管理部门要求,但应有完整施工文件移交建设单位及自行保存,保存期可根据工程性质以及地方城建档案管理部门有关要求确定。如建设单位对施工文件的编制套数有特殊要求的,可另行约定。

4. 地方城建档案管理部门的职责

(1)负责接收和保管所辖范围内应当长期或永久保存的工程档案和相关资料。

(2)负责对城建档案工作进行业务指导,监督和检查有关城建档案法规的实施。

(3)列入本部门工程档案管理范围的工程项目,其竣工验收应由本部门参加并负责对移交的工程档案进行验收。

五、工程项目档案验收与移交

(一)验收

(1)列入城建档案管理部门档案接收范围的工程,建设单位在组织工程竣工验收前,应提请城建档案管理部门对工程档案进行预验收。建设单位未取得城建档案管理部门出具的认可文件,不得组织工程竣工验收。

(2)城建档案管理部门在进行工程档案预验收时,应重点验收以下内容:工程档案分类齐全、系统完整;工程档案的内容真实、准确地反映工程建设活动和工程实际状况;工程档案已整理立卷,立卷符合现行《建设工程文件归档整理规范》的规定;竣工图绘制方法、图式及规格等符合专业技术要求,图面整洁,盖有竣工图章;文件的形成、来源符合实际,要求单位或个人签章的文件,其签章手续完备;文件材质、幅面、书写、绘图、用墨、托裱等符合要求。

工程档案由建设单位进行验收,属于向地方城建档案管理部门报送工程档案的工程项目还应会同地方城建档案管理部门共同验收。

(3)国家、省市重点工程项目或一些特大型、大型的工程项目的预验收和验收,必须有地方城建档案管理部门参加。

(4)为确保工程档案的质量,各编制单位、地方城建档案管理部门、建设行政管理部门等要对工程档案进行严格检查、验收。编制单位、制图人、审核人、技术负责人必须进行签字或盖章。对不符合技术要求的，一律退回编制单位进行改正、补齐，问题严重者可令其重做。不符合要求者，不能交工验收。

(5)凡报送的工程档案，如验收不合格将其退回建设单位，由建设单位责成责任者重新进行编制，待达到要求后重新报送。检查验收人员应对接收的档案负责。

(6)地方城建档案管理部门负责工程档案的最后验收，并对编制报送工程档案进行业务指导、督促和检查。

(二) 移交

(1)列入城建档案管理部门接收范围的工程，建设单位在工程竣工验收后3个月内向城建档案管理部门移交一套符合规定的工程档案。

(2)停建、缓建工程的工程档案，暂由建设单位保管。

(3)对改建、扩建和维修工程，建设单位应当组织设计单位、监理单位、施工单位据实修改、补充和完善工程档案。对改变的部位，应当重新编写工程档案，并在工程竣工验收后3个月内向城建档案管理部门移交。

(4)建设单位向城建档案管理部门移交工程档案时，应办理移交手续，填写移交目录，双方签字、盖章后交接。

(5)施工单位、监理单位等有关单位应在工程竣工验收前将工程档案按合同或协议规定的时间、套数移交给建设单位，办理移交手续。

第三节　工程项目信息管理的发展动态

信息技术在工程项目的实施过程中扮演着越来越重要的角色，整个项目的生产与管理过程都与信息技术密切相关，它已深入建筑业生产过程的各个环节，成为建筑业发展的突破口。然而，随着工程项目系统的变化，工程项目信息管理的技术和方法也在不断地变化着。

一、电子商务的普及化

电子商务主要是指基于互联网的一种新型商务模式，其特征是商务活动借助于网络，以数字化的方式完成。

建筑业本身具有“分散”的特点。一是往往要在远离指挥中心的异地进行生产活动。二是可能要在短时间内切换于不同的工程领域。三是具有复杂的物流。这些特点决定了它将比其他行业更易受益于电子商务。所以，建筑业比其他任何行业都有更充分的理由发展电子商务。此外，随着国际工程承包市场规模的进一步扩大，我国建筑业面临的竞争将会更为激烈。目前，国内建筑企业的综合竞争实力普遍低于发达国家同行，主要差距就在于管理方面的劣势，而电子商务就是弥补管理缺陷的一种重要手段。

因此，电子商务将成为建筑业信息管理方式的重要发展趋势。对于建筑企业来说，抓住电子商务兴起的有利时机，实现生产经营模式的改变，将有力提升其竞争力。

二、建筑信息模型(BIM)

(一)BIM 的定义

BIM(Building Information Modeling)技术是一种应用于工程设计、建造、管理的数据化工具,通过对建筑的数据化、信息化模型整合,在项目策划、运行和维护的全生命周期过程中进行共享和传递,使工程技术人员对各种建筑信息做出正确理解和高效应对,为设计团队以及包括建筑、运营单位在内的各方建设主体提供协同工作的基础,在提高生产效率、节约成本和缩短工期方面发挥重要作用。

这里引用美国国家 BIM 标准(NBIMS)对 BIM 的定义,定义由三部分组成:

(1)BIM 是一个设施(建设项目)物理和功能特性的数字表达;

(2)BIM 是一个共享的知识资源,是一个分享有关这个设施的信息,为该设施从概念到拆除的全生命周期中的所有决策提供可靠依据的过程;

(3)在设施的不同阶段,不同利益相关方通过在 BIM 中插入、提取、更新和修改信息,以支持和反映其各自职责的协同作业。

(二)BIM 相关国家标准

2015 年 8 月 27 日,中华人民共和国住房和城乡建设部发布《工业化建筑评价标准》国家标准,编号为 GB/T 51129—2015,自 2016 年 5 月 1 日起实施。本标准由中国建筑科学研究院、住房城乡建设部住宅产业化促进中心主编,由住房城乡建设部标准定额研究所组织中国建筑工业出版社出版发行。2016 年 12 月 2 日,中华人民共和国住房和城乡建设部发布《建筑信息模型应用统一标准》国家标准,编号为 GB/T 51212—2016,自 2017 年 7 月 1 日起实施。本标准由中国建筑科学研究院主编,由住房城乡建设部标准定额研究所组织中国建筑工业出版社出版发行。

2017 年 5 月 4 日,中华人民共和国住房和城乡建设部发布《建筑信息模型施工应用标准》国家标准,编号为 GB/T 51235—2017,自 2018 年 1 月 1 日起实施。本标准由中国建筑科学研究院、中国建筑股份有限公司主编,由住房城乡建设部标准定额研究所组织中国建筑工业出版社出版发行。

(三)BIM 的特点

BIM 具有以下五个特点。

1. 可视化

可视化即“所见所得”的形式,对于建筑行业来说,可视化的真正运用在建筑业的作用是非常大的,例如经常拿到的施工图纸,只是各个构件的信息在图纸上采用线条绘制表达,但是其真正的构造形式就需要建筑业从业人员去自行想象了。BIM 提供了可视化的思路,让人们将以往的线条式的构件形成一种三维的立体实物图形展示在人们的面前。建筑业也有设计方面的效果图,但是这种效果图不含有除构件的大小、位置和颜色以外的其他信息,缺少不同构件之间的互动性和反馈性。而 BIM 提到的可视化是一种能够同构件之间形成互动性和反馈性的可视化,由于整个过程都是可视化的,可视化的结果不仅可以用效果图展示及报表生成,更重要的是,项目设计、建造、运营过程中的沟通、讨论、决策都在可视化的状态下进行。

2. 协调性

协调是建筑业中的重点内容，不管是施工单位，还是业主及设计单位，都在做着协调及相互配合的工作。一旦项目的实施过程中遇到了问题，就要将各有关人士组织起来开协调会，找各个施工问题发生的原因及解决办法，然后做出变更，做出相应补救措施等来解决问题。在设计时，往往由于各专业设计师之间的沟通不到位，出现各种专业之间的碰撞问题。例如，暖通等专业中的管道在进行布置时，由于施工图纸是各自绘制在各自的施工图纸上的，在真正施工过程中，可能在布置管线时正好在此处有结构设计的梁等构件阻碍管线的布置，像这样的碰撞问题的协调解决就只能在问题出现之后再进行解决。BIM 的协调性服务就可以帮助处理这种问题，也就是说 BIM 可在建筑物建造前期对各专业的碰撞问题进行协调，生成协调数据，并提供出来。当然，BIM 的协调作用也并不是只能解决各专业间的碰撞问题，它还可以解决例如电梯井布置与其他设计布置及净空要求的协调、防火分区与其他设计布置的协调、地下排水布置与其他设计布置的协调等。

3. 模拟性

模拟性并不是只能模拟设计出的建筑物模型，还可以模拟不能够在真实世界中进行操作的事物。在设计阶段，BIM 可以对设计上需要进行模拟的一些东西进行模拟实验，例如节能模拟、紧急疏散模拟、日照模拟、热能传导模拟等。在招投标和施工阶段可以进行 4D 模拟（三维模型加项目的发展时间），也就是根据施工的组织设计模拟实际施工，从而确定合理的施工方案来指导施工。同时还可以进行 5D 模拟（基于 4D 模型加造价控制），从而实现成本控制。后期运营阶段可以模拟日常紧急情况的处理方式，例如地震人员逃生模拟及消防人员疏散模拟等。

4. 优化性

事实上整个设计、施工、运营的过程就是一个不断优化的过程。当然优化和 BIM 也不存在实质性的必然联系，但在 BIM 的基础上可以做更好的优化。优化受三种因素的制约：信息、复杂程度和时间。没有准确的信息，做不出合理的优化结果，BIM 模型提供了建筑物的实际存在的信息，包括几何信息、物理信息、规则信息，还提供了建筑物变化以后的实际存在信息。复杂程度较高时，参与人员本身的能力无法掌握所有的信息，必须借助一定的科学技术和设备的帮助。现代建筑物的复杂程度大多超过参与人员本身的能力极限，BIM 及与其配套的各种优化工具提供了对复杂项目进行优化的可能。

5. 可出图性

BIM 模型不仅能绘制常规的建筑设计图纸及构件加工的图纸，还能通过对建筑物进行可视化展示、协调、模拟、优化，并出具各专业图纸及深化图纸，使工程表达更加详细。

(四)常用的 BIM 建模软件

常用的 BIM 建模软件有：

(1)Autodesk 公司的 Revit 建筑、结构和设备软件。常用于民用建筑。

(2)Bentley 建筑、结构和设备系列，Bentley 产品常用于工业设计（石油、化工、电力、医药等）和基础设施（道路、桥梁、市政、水利等）领域。

(3)ArchiCAD，属于一个面向全球市场的产品，应该可以说是最早的一个具有市场影响力的 BIM 核心建模软件。

三、工程项目总控理论介绍

(一) 工程项目总控理论的产生背景

20 世纪 80 年代,企业经营与管理学在发展过程中引入了以企业策划、协调和控制为核心内容的一门新兴的学科 Controlling(暂译为企业控制论),在管理实践中也产生了新兴的提供企业策划、协调和控制咨询服务的咨询公司,他们被称为 Controller(暂译为控制者)。初始阶段其被称为外部控制者,外部控制者并不是企业内部的工作部门,起初帮助企业进行财务控制,而后逐步扩展为较全面的协调和控制(如企业内部各职能部门的工作协调)。外部控制者的主要服务对象是企业的决策者。随着企业经营与管理学的发展,以及在管理实践中的知识和经验的积累,若干年后,许多大型企业在企业内部设置专门的部门负责企业策划、协调和控制,该部门被命名为 Controlling(暂译为控制部),其任务并不同于常规的人、财、物、产、供、销事务管理部门,而侧重于宏观的、整体的、方向性的策划、协调和控制。

在今天的国际社会中,有些企业的最高层领导(如董事长、总经理)专门聘请外部控制者提供面向其个人的策划、协调和控制咨询顾问服务。外部控制者不定期到企业最高层领导者办公室和企业相关部门查阅资料、参加最高层领导主持或出席的谈话和会议,通过对所采集的信息进行处理,经研究分析,每月向企业最高层领导递交一份报告,分析企业最高层领导在企业经营管理中存在的问题,并在可能的条件下,提出解决问题的可能的途径和方案的建议。

企业控制论的发展在企业管理实践中取得了令人注目的成就,引起建设工程界的思考:可否把企业控制论的理论和方法应用到工程管理中去。在 20 世纪 80 年代末、90 年代初,项目管理在工业发达国家已得到非常广泛的应用,信息技术发展也非常快,在这样的基础上,也是前提下,人们大胆尝试在大型和巨型建设工程管理中应用企业控制论的方法论。通过应用实践逐步形成建设工程的策划、协调和控制的理论和方法,并被命名为 Project Controlling(暂译为项目控制论),它不同于传统的项目目标控制。由于它从总体上和宏观上基于信息处理的成果对项目进行控制,暂赋予它一个中文的名称:建设工程项目总控(以下简称项目总控)。这样的背景和过程可以用图 12-4 表示。

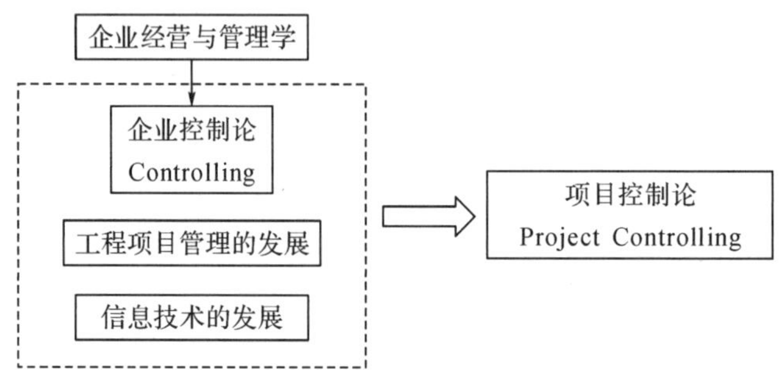

图 12-4　项目控制论产生背景

(二) 工程项目总控的内涵和特征

工程项目总控的内涵和特征包含以下几个方面:

(1)项目总控是一种知识密集型的、面向(服务于)项目实施的决策者的高层次的工程管理活动。

要求项目总控负责人(项目总控经理)具备以下知识和能力:组织理论、项目管理、信息技术和相应的工程技术知识;大中型建设工程项目管理的实践经验;组织能力、协调能力和与领导人员的沟通的能力;项目管理的能力;信息处理的能力。

项目总控的定位如图 12-5 所示(图中双箭头虚线表示信息交流关系,而不是指令关系)。项目总控提出的书面报告只给业主方最高层领导(图 12-5(a)),或业主代表(图 12-5(b)),或代表业主利益的项目管理负责人(业主方的项目经理)(图 12-5(c)),而不是给业主方工作班子,或代表业主利益的项目管理工作班子,因为报告涉及的有些问题是探讨性的,有些问题纯属决策层关注的,有些还不宜广为传播。项目总控负责人的直接对话者也是业主方最高层领导,或业主代表或代表业主利益的项目管理负责人(业主方的项目经理),因此项目总控是面向(服务于)项目实施的决策者的高层次的工程管理活动。

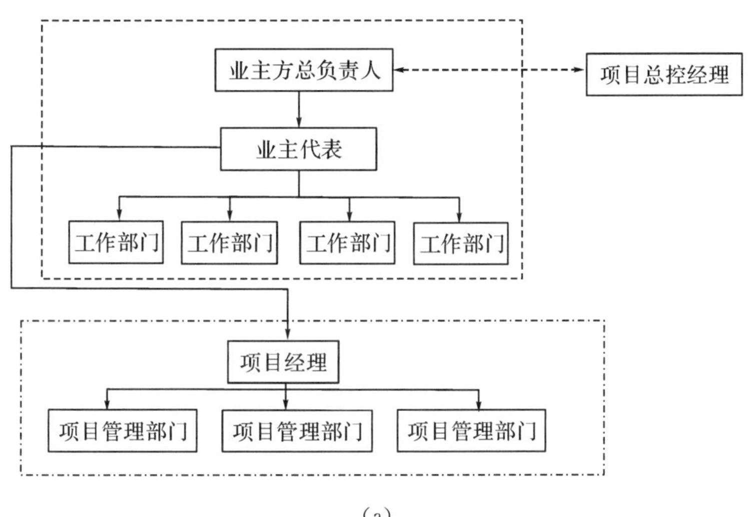

(a)

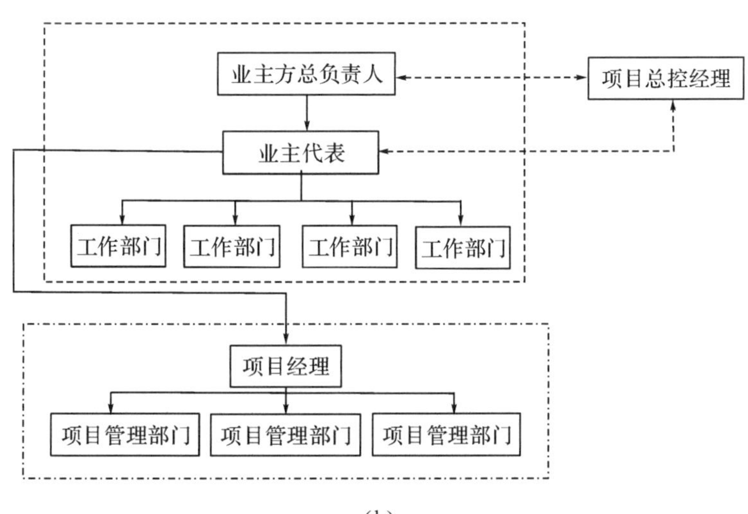

(b)

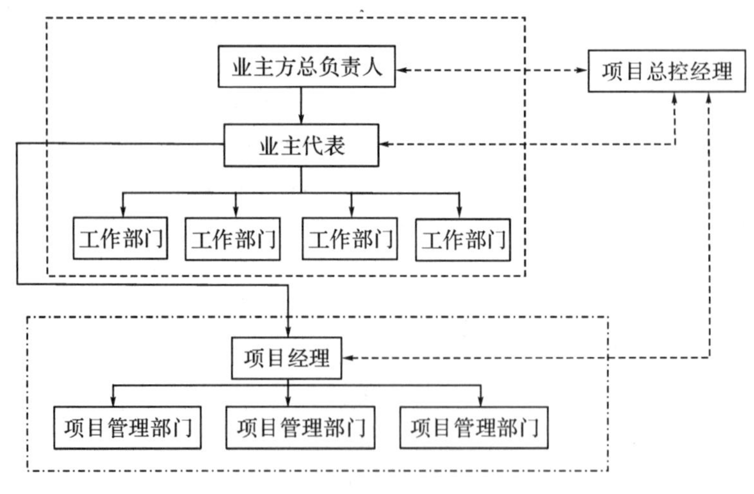

(c)

图 12-5　项目总控的定位

(2)项目总控一般由独立于业主的具有从事项目总控能力的工程顾问公司承担。

项目总控是一项基于信息处理、专业性较强的业务，多数业主方并不具备项目总控应具备的知识和能力，因此项目总控应独立于业主；另外，独立于业主，有利于发挥外部控制的效果。当然，如果业主方具备条件，也不排斥业主方自行承担项目总控的可能。

(3)项目总控的目的是为项目建立安全可靠的目标控制机制，它运用的理论和方法是：

1)大型建设项目管理的理论；

2)企业控制论的理论；

3)现代组织协调技术；

4)信息处理技术。

(4)项目总控在项目实施全过程中(包括设计前准备阶段、设计阶段、施工阶段和保修期)执行信息处理任务，并对项目进展进行总体和宏观的系统分析及科学论证。

(三) 工程项目总控与代表业主利益的项目管理的比较分析

代表业主利益的项目管理单位的工作基本上面向项目的各参与方，包括业主方、设计方、施工方和供货方等(图 12-6)，代表业主利益的项目管理单位主持各种会议与项目的各参与方讨论工程进展的问题，并与这些单位有大量书面往来关系。代表业主利益的项目管理单位与业主方的领导以及业主方的各工作部门有工作联系。项目管理单位代表业主的利益(不是业主的代表)，可以给项目实施各方(设计方、施工方和供货方)发工程管理的指令。我国当前建设监理的工作主要面向施工单位和供货单位，它可以给施工单位和供货单位发指令。正如前述，项目总控的工作结果直接与业主方的决策层沟通，项目总控并不进行实务性的管理，它的工作结果直接与业主方项目实施的决策层沟通。

代表业主利益的项目管理方的工作在项目的实施阶段进行，它的主要任务是全方位的目标管理(图 12-7)，它的工作是实物性的策划和控制。建设监理的主要任务是施工质量与安全的管理(也包括投资控制、进度控制和合同管理等)。项目总控的任务是宏观和总体层面上的策划与控制(针对项目的目标)，它的作用是在项目实施阶段对业主方决策的支持。

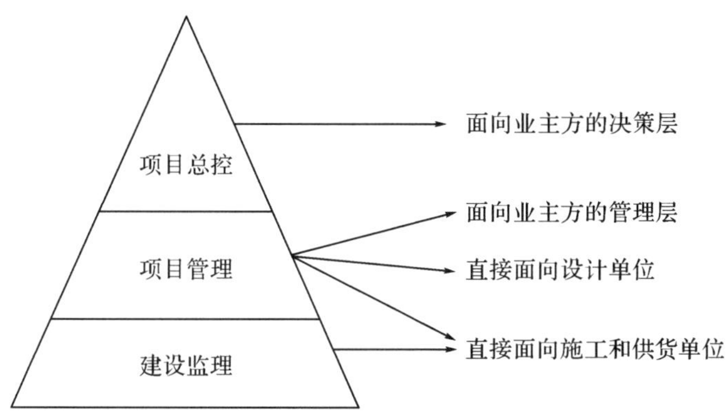

图 12-6 项目总控与代表业主利益的项目管理的比较

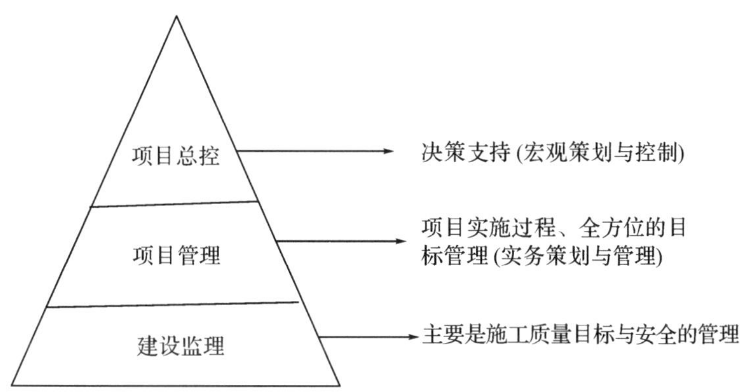

图 12-7 项目总控与代表业主利益的项目管理的比较

复习思考题

1. 试述工程项目信息的特点和工程项目信息管理的含义。
2. 简述工程项目各方文档资料管理的职责。
3. 简述工程项目信息管理技术的发展趋势。

参考文献

[1] 安德锋,王晶. 建设工程信息管理[M]. 北京:北京理工大学出版社,2020.

[2] 蔡中辉,等. 建设工程项目信息管理[M]. 北京:中国计划出版社,2007.

[3] 陈德强,潘高. 几种项目风险评估方法比较[J]. 合作经济与科技,2011(18).

[4] 陈俊,常保光. 建筑工程项目管理[M]. 北京:北京理工大学出版社,2009.

[4] 陈俊,张国强,等. 建筑工程项目管理[M]. 北京:北京理工大学出版社,2019.

[5] 丛培经,等. 工程项目管理[M]. 北京:中国建筑工业出版社,2017.

[6] 陈赟. 工程风险管理[M]. 北京:人民交通出版社,2008.

[7] 陈伟珂,何伟怡. 工程项目管理手册[M]. 天津:天津大学出版社,2010.

[8] 成虎,陈群. 工程项目管理[M]. 北京:中国建筑工业出版社,2015.

[9] 丁士昭. 工程项目管理[M]. 北京:中国建筑工业出版社,2017.

[10] 董平. 工程项目管理实训指导[M]. 北京:科学出版社,2003.

[11] 杜晓玲. 建设工程项目管理[M]. 北京:机械工业出版社,2006.

[12] 邓铁军. 工程建设项目管理[M]. 武汉:武汉理工大学出版社,2016.

[13] 郭海,郭长起. 工程项目保险在工程风险管理中的作用及实现[J]. 西北水电,2009(6):5.

[14] 何成旗,李宁,等. 工程项目计划与控制[M]. 北京:中国建筑工业出版社,2013.

[16] 梁世连. 工程项目管理[M]. 北京:清华大学出版社,北京交通大学出版社,2010.

[17] 梁世连. 工程项目管理学[M]. 2 版. 大连:东北财经大学出版社,2011.

[18] 李启明. 土木工程合同管理[M]. 2 版. 南京:东南大学出版社,2019.

[19] 李晓东,张德群,孙立新. 建设工程信息管理[M]. 2 版. 北京:机械工业出版社,2016.

[21] 乐云,李永奎. 工程项目前期策划[M]. 北京:中国建筑工业出版社,2011.

[22] 陆惠民,苏振民,王延树. 工程项目管理[M]. 2 版. 南京:东南大学出版社,2012.

[23] 毛义华. 建筑工程项目管理[M]. 2 版. 北京:中央广播电视大学出版社,2017.

[24] 牟培超. 建筑工程施工组织与项目管理[M]. 上海:同济大学出版社,2011.

[25] 曲娜,陈顺良. 工程项目投资控制[M]. 北京:北京大学出版社,2013.

[26] 丁士昭. 建设工程项目管理[M]. 北京:中国建筑工业出版社,2019.

[27] R. 尼尔. 国际工程项目管理综述[M]. 秦川,王世文,译. 北京:水利水电出版社,1996.

[28] 宋伟,刘岗. 工程项目管理[M]. 北京:科学出版社,2012.

[29] 孙剑,余健俊. 工程项目管理[M]. 北京:中国水利水电出版社,2011.

[30] 汤伟钢,李丽红. 工程项目投资与融资[M]. 北京:人民交通出版社,2015.

[31] 吴贤国,等. 工程项目管理[M]. 武汉:武汉大学出版社,2009.

[32] 王延树.建筑工程项目管理[M].北京:中国建筑工业出版社,2007.
[33] 王雪青.工程估价[M].3版.北京:中国建筑工业出版社,2020.
[34] 王卓甫,杨高升.工程项目管理原理与案例[M].3版.北京:中国水利水电出版社,2014
[35] 王卓甫,简迎辉.工程项目管理模式及其创新[M].北京:中国水利水电出版社,2006
[36] 吴涛.建筑工程专业一级注册建造师继续教育培训辅导教材《建设工程项目经理执业导则》实施指南[M].北京:中国建筑工业出版社,2011.
[37] 吴涛.建筑工程专业一级注册建造师继续教育培训辅导教材《建设工程项目管理案例选编》[M].北京:中国建筑工业出版社,2012.
[38] 乌云娜,陈文君.工程项目管理[M].北京:电子工业出版社,2009.
[39] 徐伟,吴加云,邹建文.土木工程项目管理.上海:同济大学出版社,2010.
[40] 谢亚伟.工程项目风险管理与保险[M].2版.北京:清华大学出版社,2016.
[41] 邢娟.国内外工程项目风险管理模式研究[J].山西建筑,2009,35(9).
[42] 杨琴,徐蓉.建筑工程项目安全管理应用创新[M].北京:中国建筑工业出版社,2011.
[43] 杨树峰.工程建设项目风险监控的意义和方法研究[J].黑龙江科技信息,2009(2).
[44] 余子华.工程项目风险管理与工程项目保险[M].杭州:浙江大学出版社,2005.
[45] 余建星.工程风险评估与控制[M].北京:中国建筑工业出版社,2009.
[46] 俞洪良,张士乔,潘新华.支模脚手架安全管理控制系统研究[J].建筑经济(专),2007,12.
[47] 杨俊涛,俞洪良,吴小刚,等.工程风险管理中的保险和担保的比较研究[J].建筑经济,2006(1):5.
[48] 殷焕武.项目管理导论[M].3版.北京:机械工业出版社,2012.
[49] 商丽萍.建筑工程[M].北京:中国建筑工业出版社,2012.
[50] 商丽萍.综合科目(适用一、二级)[M].北京:中国建筑工业出版社,2012.
[51] 张英.建设工程计价与投资控制[M].北京:机械工业出版社,2018.
[52] 张胜利.大型工程项目财务评价中的风险分析研究[D].大连:大连理工大学,2006.
[53] 赵永生.工程风险管理与工程项目保险理论及实证研究[D].青岛:青岛理工大学,2010.
[54] 张婀娜.建设工程项目管理[M].北京:中国电力出版社,2011.
[55] 中国建设监理协会.建设工程监理概论[M].北京:中国建筑工业出版社,2014.
[56] 中国建设监理协会.建设工程进度控制[M].北京:中国建筑工业出版社,2014.
[57] 中国建设监理协会.建设工程质量控制[M].北京:中国建筑工业出版社,2014.
[58] 中国建设监理协会.建设工程投资控制[M].北京:中国建筑工业出版社,2014.
[59] Anthony Walker. Project Management in Construction[M]. Cambridge: Blackwell Science,2002.

[60] S. L. Tang, S. W. Poon, Syed M. Ahmed, et al. Modern Construction Project Management[M]. 香港:香港大学出版社, 2003.

[61] Gould, Frederick E. Construction Project Management[M]. 北京:中国建筑工业出版社,2006.